תלמוד בבלי

— מהדורת נאה —

יומא חלק ג

Steinsaltz
Center

KOREN

Please note that the number ranges that appear at the bottom of each daf of the Vilna pages indicate the corresponding pages of the Koren Talmud Bavli translation and commentary.

תלמוד בבלי

הוצאת קורן ירושלים

מהדורת נאה

מסכת יומא

דף מז. עד דף סח:

COMMENTARY BY

Rabbi Adin Even-Israel Steinsaltz

EDITOR-IN-CHIEF

Rabbi Dr Tzvi Hersh Weinreb

EXECUTIVE EDITOR

Rabbi Joshua Schreier

STEINSALTZ CENTER
KOREN PUBLISHERS JERUSALEM

הוציאו לו אֶת הַכַּף וְאֶת הַמַּחְתָּה, חָפַן מְלֹא חָפְנָיו וְנָתַן לְתוֹךְ הַכַּף, הַגָּדוֹל לְפִי גָּדְלוֹ וְהַקָּטָן לְפִי קָטְנוֹ, וְכָךְ הָיְתָה מִדָּתָהּ. נָטַל אֶת הַמַּחְתָּה בִּימִינוֹ, וְאֶת הַכַּף בִּשְׂמֹאלוֹ.§ **גמ'** מַחְתָּה(א) תָּנָא לֵיהּ *נָטַל אֶת הַמַּחְתָּה וְעָלָה לְרֹאשׁ הַמִּזְבֵּחַ וְחוֹתֶה וְיוֹרֵד! הָתָם מַחְתָּה דְּגֶחָלִים, וְהָכָא מַחְתָּה דִּקְטוֹרֶת. דְּתַנְיָא: הוֹצִיאוּ לוֹ(ב) כַּף רֵיקָן מִלִּשְׁכַּת הַכֵּלִים, וּמַחְתָּה גְּדוּשָׁה שֶׁל קְטוֹרֶת מִלִּשְׁכַּת בֵּית אַבְטִינָס.§ "חָפַן מְלֹא חָפְנָיו וְנוֹתֵן לְתוֹךְ הַכַּף הַגָּדוֹל לְפִי גָּדְלוֹ וְהַקָּטָן לְפִי קָטְנוֹ וְכָךְ הָיְתָה מִדָּתָהּ".§ כַּף בְּיוֹם הַכִּפּוּרִים לָמָּה לִי? "מְלֹא חָפְנָיו וְהֵבִיא" אָמַר רַחֲמָנָא! מִשּׁוּם דְּלָא אֶפְשָׁר; דְּהֵיכִי נַעֲבֵיד? נְעַיֵּיל וַהֲדַר נְעַיֵּיל – הֲבָאָה אַחַת אָמַר רַחֲמָנָא, וְלֹא שְׁתֵּי הֲבָאוֹת. נִשְׁקְלֵיהּ לִקְטוֹרֶת בְּחוֹפְנָיו וְנַחְתֵּיהּ [לַמַּחְתָּה](ג) עֲלָהּ, וְלֵיעוּל, כִּי מָטֵי הָתָם הֵיכִי לַעֲבֵיד? נִשְׁקְלֵיהּ בְּשִׁינֵּיהּ וְנַחְתֵּיהּ לַמַּחְתָּה – *הַשְׁתָּא לִפְנֵי מֶלֶךְ בָּשָׂר וָדָם אֵין עוֹשִׂין כֵּן, לִפְנֵי מֶלֶךְ מַלְכֵי הַמְּלָכִים הקב"ה עַל אַחַת כַּמָּה וְכַמָּה! הִלְכָּךְ, לָא אֶפְשָׁר. וְכֵיוָן דְּלָא אֶפְשָׁר – עָבְדִינַן כִּדְאַשְׁכְּחַן בַּנְּשִׂיאִים.§ "נָטַל אֶת הַמַּחְתָּה בְּיָמִין וְאֶת הַכַּף בִּשְׂמֹאל".§ *יַצִּיבָא בְּאַרְעָא וְגִיּוֹרָא בִּשְׁמֵי שְׁמַיָּא?! זוֹ מְרוּבָּה וְזוֹ מוּעֶטֶת. וַאֲפִילּוּ בִּזְמַן שֶׁשְּׁנֵיהֶן שָׁוִין, וּכְמַעֲשֶׂה דְּרַבִּי יִשְׁמָעֵאל בֶּן קִמְחִית(ד) – זוֹ חַמָּה וְזוֹ צוֹנֶנֶת. אָמְרוּ עָלָיו עַל רַבִּי יִשְׁמָעֵאל בֶּן קִמְחִית שֶׁהָיָה חוֹפֵן אַרְבַּעַת קַבִּין בִּמְלוֹא חָפְנָיו, וְאוֹמֵר: כָּל הַנָּשִׁים זָרְדוּ, וְזָרֶד אִימָּא עָלָה לַגַּג. אִיכָּא דְּאָמְרִי: בְּעַרְסָן, וּכְדְרַבָּה בַּר יוֹנָתָן. דְּאָמַר *רַבָּה בַּר יוֹנָתָן אָמַר רַבִּי יְחִיאֵל: עַרְסָן יָפֶה לְחוֹלֶה. וְאִיכָּא דְּאָמְרִי: בְּשִׁכְבַת זֶרַע, וּכְדְרַבִּי אַבָּהוּ. *דְּרַבִּי אַבָּהוּ רָמֵי: כְּתִיב: "וַתְּזָרֵנִי [חַיִל] לַמִּלְחָמָה" וּכְתִיב:(א) "הַמְאַזְּרֵנִי חַיִל לַמִּלְחָמָה"! אָמַר דָּוִד לִפְנֵי הקב"ה: רבש"ע, זֵרִיתַנִי וְזֵרַזְתַּנִי. אָמְרוּ עָלָיו עַל רַבִּי יִשְׁמָעֵאל בֶּן קִמְחִית:(ב) פַּעַם אַחַת סִיפֵּר דְּבָרִים עִם עַרְבִי אֶחָד בַּשּׁוּק, וְנִתְּזָה צִינּוֹרָא מִפִּיו עַל בְּגָדָיו, וְנִכְנַס יְשֵׁבָב אָחִיו וְשִׁמֵּשׁ תַּחְתָּיו, וְרָאֲתָה אִמָּן שְׁנֵי כֹהֲנִים גְּדוֹלִים בְּיוֹם אֶחָד. וְשׁוּב אָמְרוּ עָלָיו עַל רַבִּי יִשְׁמָעֵאל בֶּן קִמְחִית: פַּעַם אַחַת יָצָא וְסִיפֵּר עִם אָדוֹן אֶחָד בַּשּׁוּק, וְנִתְּזָה צִינּוֹרָא מִפִּיו עַל בְּגָדָיו, וְנִכְנַס יוֹסֵף (עִם) אָחִיו וְשִׁמֵּשׁ תַּחְתָּיו, וְרָאֲתָה אִמָּן שְׁנֵי כֹהֲנִים גְּדוֹלִים בְּיוֹם אֶחָד. ת"ר: שִׁבְעָה בָּנִים הָיוּ לָהּ לְקִמְחִית וְכוּלָּן שִׁמְּשׁוּ בִּכְהוּנָּה גְּדוֹלָה. אָמְרוּ לָהּ חֲכָמִים: מָה עָשִׂית שֶׁזָּכִית לְכָךְ? אָמְרָה לָהֶם: מִיָּמַי לֹא רָאוּ קוֹרוֹת בֵּיתִי קַלְעֵי שְׂעָרִי. אָמְרוּ לָהּ: הַרְבֵּה עָשׂוּ כֵּן, וְלֹא הוֹעִילוּ. ת"ר: "בְּקוּמְצוֹ" – שֶׁלֹּא יַעֲשֶׂה מִדָּה לַקּוֹמֶץ. אִיבַּעְיָא לְהוּ: מַהוּ שֶׁיַּעֲשֶׂה מִדָּה לַחֲפִינָה? הָתָם הוּא דִּכְתִיב "בְּקוּמְצוֹ", אֲבָל הָכָא דְּלָא כְּתִיב בְּחָפְנָיו אֶלָּא "מְלֹא חָפְנָיו קְטוֹרֶת סַמִּים דַּקָּה" – לָא. אוֹ דִּילְמָא: יָלֵיף 'מְלֹא' 'מְלֹא' מִקּוּמְצוֹ? ת"ש: וְכָךְ הָיְתָה מִדָּתָהּ. מַאי לָאו, שֶׁאִם רָצָה לַעֲשׂוֹת מִדָּה(ה) – עוֹשֶׂה! לָא, ה"ק: וְכָךְ הָיָה חוֹזֵר וְחוֹפְנָהּ לִפְנִים. שָׁמְעַתְּ מִינַּהּ: *חוֹפֵן וְחוֹזֵר וְחוֹפֵן! דִּילְמָא שֶׁאִם רָצָה לַעֲשׂוֹת מִדָּה – עוֹשֶׂה, אִי נַמִי: שֶׁלֹּא יְחַסֵּר וְשֶׁלֹּא יוֹתִיר. ת"ר: *"מְלֹא קוּמְצוֹ", יָכוֹל מְבוֹרָץ – ת"ל "בְּקוּמְצוֹ", אִי "בְּקוּמְצוֹ" – יָכוֹל אֲפִילּוּ בְּרָאשֵׁי אֶצְבְּעוֹתָיו, תַּלְמוּד לוֹמַר "מְלֹא קוּמְצוֹ" – כִּדְקָמְצֵי אֱינָשֵׁי. הָא כֵּיצַד? חוֹפֶה שָׁלֹשׁ אֶצְבְּעוֹתָיו עַל פִּיסַּת יָדוֹ, וְקוֹמֵץ. וּבַמַּחֲבַת

א) [נ"ל ותאזרני] ב) [תוספתא ספ"ג ע"ש]

תורה אור: ויקרא טז | שמואל ב כב | תהלים יח | ויקרא ו | שם טז

[שבת עד:] [מנחות ס.] [עירובין ע. ב"ק מב.] [נדרים מט:] [נדה לא.] [ע"ש לקמן]

רש"י

הוציאו לו. מִלִּשְׁכַּת הַכֵּלִים: וְכָךְ הָיְתָה מִדָּתָהּ. מְפָרֵשׁ בַּגְּמָ': **גמ'** מַחְתָּה דִּקְטוֹרֶת. לַחְפּוֹן מִתּוֹכָהּ: לְעַיֵּיל. מַחְתָּה וַהֲדַר נְעַיֵּיל קְטוֹרֶת בְּחָפְנָיו: הֲבָאָה אַחַת אָמַר רַחֲמָנָא. בַּגֶּחָלִים וּבַקְּטוֹרֶת, וְלֹא שְׁתֵּי הֲבָאוֹת, דִּכְתִיב (ויקרא טז) "וְלָקַח[א](ו) הַכֹּהֵן מְלֹא הַמַּחְתָּה גַּחֲלֵי אֵשׁ מֵעַל הַמִּזְבֵּחַ וּמְלֹא חָפְנָיו וגו' וְהֵבִיא מִבֵּית לַפָּרוֹכֶת": כִּדְאַשְׁכְּחַן בַּנְּשִׂיאִים. כַּף אַחַת מְלֵאָה קְטֹרֶת: מְרוּבָּה. וּכְבֵידָה לִיקַּח, צְרִיכָה יָמִין: אֲפִי' בִּזְמַן שֶׁשְּׁנֵיהֶם שָׁוִין. כֹּהֵן שֶׁחָפְנָיו גְּדוֹלִים וְחוֹפֵן שְׁלֹשֶׁת קַבִּין, אֲפִילּוּ הָכִי, כֵּיוָן דִּבְרוֹב כֹּהֲנִים גְּדוֹלִים גֶּחָלִים מְרוּבִּים מֵחָפְנָיו – נוֹטֵל כַּף בִּשְׂמֹאל: קִימְחִית. שֵׁם אִמּוֹ: עָלָה לַגַּג. גָּבַר עַל כּוּלָּן: אִיכָּא דְּאָמְרִי. הַאי זֶרֶד בְּעַרְסָן קָאָמַר, וְיָפֶה הוּא לַחוֹלֶה. וּסְתָם נָשִׁים מְעוּבָּרוֹת חוֹלוֹת וְאוֹכְלוֹת(ז) זְרִיד וְעַרְסָן, שֶׁהֵן מִינֵי מַאֲכַל חִיטִּין, כִּדְאָמְרִינַן בְּמַסֶּכֶת (*בְּרָכוֹת (דף לז.)): חִילְקָא – חִיטֵּי דְּמִיתַּבְרֵי בַּאֲסִיתָא לִתְרֵי תְּרֵי, טַרְגִּיס – לִתְלָת תְּלָת, זְרִיד – לְאַרְבַּע אַרְבַּע, עַרְסָן – לְחָמֵשׁ חָמֵשׁ. וְהָכִי קָאָמַר: כָּל הַנָּשִׁים מְעוּבָּרוֹת תִּקְנוּ לָהֶם זְרִיד וְעַרְסָן לְהַבְרוֹת אוֹתָן וְהָעוּבָּרִים, וְאוֹתָן שֶׁל אִמִּי גָּבַר עַל כּוּלָּן:(ח) אִיכָּא דְּאָמְרִי בְּשִׁכְבַת זֶרַע. קָאָמַר, שֶׁאֵין יוֹלֶדֶת הַוָּולָד מִכָּל הַטִּיפָּה אֶלָּא מִן הַבֵּירוּר שֶׁבָּהּ. זֶרֶד – לְשׁוֹן חֲבִילֵי זְרָדִים, טודי"ל. כְּלוֹמַר: בֵּירוּר טִיפָּה שֶׁקָּלְטָה אִמִּי, הַזֶּרֶד(ט) גָּדַל וְעָלָה לַגַּג: וַתְּזָרֵנִי. לְשׁוֹן "זוֹרֶה אֶת גּוֹרֶן הַשְּׂעוֹרִים" (רות ג) – מְבָרֵר אֶת הַטִּיפָּה: וְזֵירַזְתַּנִי. הִזַּרְתַּנִי מִן הַבֵּירוּר שֶׁבָּהּ: פַּעַם אַחַת. יוה"כ הָיָה: צִינּוֹרָא. רוֹק: לֹא רָאוּ קוֹרוֹת בֵּיתִי כו'. רָאִיתִי בְּתַלְמוּד יְרוּשַׁלְמִי: "כָּל כְּבוּדָּה בַת מֶלֶךְ פְּנִימָה מִמִּשְׁבְּצוֹת זָהָב לְבוּשָׁהּ" אִשָּׁה צְנוּעָה רְאוּיָה לָצֵאת מִמֶּנָּה כֹּהֵן גָּדוֹל הַלָּבוּשׁ מִשְׁבְּצוֹת זָהָב: הָכִי גָּרְסִינַן: תָּנוּ רַבָּנַן בְּקוּמְצוֹ שֶׁלֹּא יַעֲשֶׂה מִדָּה לַקּוֹמֶץ. וְהֵרִים מִמֶּנּוּ בְּקוּמְצוֹ, וְלֹא שֶׁיַּעֲשֶׂה כְּלִי לְמִידַּת קוּמְצוֹ וְיִמְדּוֹד בּוֹ קוֹמֶץ מִן הַמִּנְחָה: אֲבָל הָכָא לֹא כְּתִיב בְּחָפְנָיו. וְאִם עָשָׂה מִדָּה מַחֲזֶקֶת חֲפִינָתוֹ – "מְלֹא חָפְנָיו וְהֵבִיא" קָרֵינַן בֵּיהּ: יָלֵיף מְלֹא. דִּכְתִיב קְרָא אַחֲרִינָא "וְקָמַץ מִשָּׁם מְלֹא קוּמְצוֹ" (ויקרא ב) מַה לְּהַלָּן בְּקוּמְצוֹ יִקְמוֹץ וְלֹא בְּמִדָּה – אַף כָּאן בְּחָפְנָיו: מַאי לָאו. וְכָךְ הָיְתָה מִדָּתָהּ דְּקָתָנֵי הָכִי קָאָמַר: אִם בָּא לַעֲשׂוֹת מִדָּה לַחֲפִינָה – כֵּן יַעֲשֶׂה הַגָּדוֹל לְפִי גָּדְלוֹ וְהַקָּטָן לְפִי קָטְנוֹ: לֹא הָכִי קָאָמַר וְכָךְ הָיָה חוֹזֵר וְחוֹפְנָהּ לִפְנִים. מְעָרֶה אוֹתָהּ לְתוֹךְ חָפְנָיו מִן הַכַּף, וְנוֹתְנָהּ עַל הַגֶּחָלִים שֶׁבַּמַּחְתָּה: שָׁמְעַתְּ מִינַּהּ כו'. וּלְקַמָּן (דף מט.) בָּעֵינַן לָהּ: דִּילְמָא שֶׁאִם רָצָה כו'. כְּלוֹמַר: לֹא הָא וְלֹא הָא תִּפְשׁוֹט מִינָּהּ. דְּדָחֵינַן לָךְ לְהָכָא וּלְהָכָא: אִי נַמִי. הָכִי קָאָמַר: כָּךְ הָיְתָה מִדָּתָהּ מְלֹא חָפְנָיו מְלוּמְלָמִין: מְבוֹרָץ. מְבַצְבְּצִין מִכָּל צַד וְיוֹצֵא: אִי בְּקוּמְצוֹ. דְּדַיְיקִינַן יָכוֹל בְּרָאשֵׁי אֶצְבְּעוֹתָיו יִקְמוֹץ מְעַט, וְכָל כַּמָּה דִּמְחוּסַּר טְפֵי מְעַלֵּי – ת"ל "מְלֹא":

תוספות

הוציאו לו. השתא לפני מלך בשר ודם אין עושין כן. תימה לי: והאמר לקמן (דף מט:): נוטל הבזך בראשי אצבעותיו ויש אומרים בשיניו. והיכי עביד הכי? השתא לפני מלך בשר ודם אין עושין כן! ויש לומר: דהתם אינו אלא מושך הבזך אצלו, והבזך אינו מונח באויר אלא על ידו הוא מונח ומושכו אצלו בשיניו כדי לחפון פעם אחרת. אבל לימשוך למחתה בשיניו, ולאחותה אארעא – לאו אורח ארעא. אבל תימה לי: לעביד למחתה בית יד ארוך. דבלאו הכי אמרינן לעיל דביום הכפורים ידה ארוכה, ויעשה לה בית יד ארוכה שתגיע עד בית השחי, ויתפוש אותה בבית השחי, וראש המחתה תהא מונחת על ידיו או על זרועו השמאלי, וכי מטי לפנים – ישלשל ידיו עד הרצפה, וישמוט ידיו בנחת מתחת המחתה, ויושיב המחתה על הרצפה! וי"ל: כיון דבעינן מלא המחתה גחלי אש – אי אפשר שלא יפזר מהן קצת אי הוה עביד הכי. אי נמי, י"ל: לפני מלך בשר ודם אין עושין כן כו':

וכך היתה מדתה מאי לאו שאם רצה לעשות מדה עושה כו'. תימה: אמאי לא קאמר: כך היה מדתה של הכף כשיעור חפניו של כל כהן גדול, הגדול לפי גדלו והקטן לפי קטנו, היו עושין כל שעה כף אחת כפי אותו שיעור! יש לומר: דלמה היה להם לעשות כן? אדרבה, טפי ניחא אם הכף היתה גדולה יותר, דאי שוה למלא חפניו היתה – אם כן כשמערה מחפניו לתוכה אי אפשר שלא יתפזר ויפול לארץ מעט:

***וזו היא עבודה קשה שבמקדש.** סבירא ליה כמאן דאמר בפרק "אלו מנחות" (דף עה:) שהיה קופל אחד לשנים ושנים לארבעה. אבל לתנא דבי רבי ישמעאל דאמר פותתן עד שמחזירן לסולתן – אינה עבודה קשה יותר מאשר מנחות:

הדר

עין משפט נר מצוה

א א ב ג מיי' פ"ד מהל' עבודת יוה"כ הל' א:
ב ד מיי' פי"ג מהלכות מעשה קרבנות הל' יג:

רבינו חננאל

פ"ה הוציאו לו את הכף ואת המחתה כו' ואוקימנא למחתה דמתניתין מחתה של קטורת כדתניא ומחתה גדושה מלאה קטורת מלשכת בית אבטינס. כף למה לי ומלא חפניו כתיב ואסיקנא משום דלא אפשר כו' ופשוטה [היא]: יציבא בארעא וגיורא בשמי שמיא משל הוא כלומר האזרח למטה והגר למעלה. הגחלים בימין והקטרת בשמאל ושנינן מחתת הגחלים כבידה שיש בה גחלים ג' סאין ועוד היא [חמה] וצריך כח לנושאה והקטורת מלא חפניו וצוננת. פי' זרד זרדו לשון זרד הן עשבים כגון חבילי זרדין כלומר *) דבתי חבילת קמחית עלה לגג. דת"ר התולש עשבים והמזרד זרדין אם לאכילה כגרוגרת אם לבהמה כמלא פי הגדי ומפני מה היו בניה בעלי כח. י"א שגדלתן בערסן שהוא שני לסלת ומאמץ הכח וי"א בשכבת זרע כמו שהיתה עושה בת שבע אם שלמה (כדאיתא בסנהדרין) כדכתיב ותזרני חיל למלחמה. כלומר זריתני כדכתיב זורה את גורן השעורים וזירזתני אמצתני. כל העולם נוצרים מן הברור שבטיפה של ש"ז ואני מן הברור שבברור ואמר זכיתי לשבעה בנים הללו כי לא ראו קורות ביתי קלעי שער ראשי שהיתה צנועה ביותר. תנו רבנן (מלא קומצו) [בקומצו] שיהא קומץ ונוטל בקומצו שלא יעשה מדה לקומץ ויהיה קומץ בה אלא לעולם לא תהיה קמוצה אלא בידו של כהן. איבעיא להו מהו לעשות מדה לחפינה. ת"ש מדתנן וכך היתה מדתה ש"מ שאם רוצה לעשות לה מדה עושה ודחינן לא הכי קתני וכך היתה מדתה בפנים כדרך שמדידתה בחוץ ואקשינן וכי החופן בחוץ חוזר עוד וחופן בפנים להקטיר ודחינן לא דלמא שאם רצה לעשות מדה מקודם כדי שיהא מודד באותה מדה עושה אי נמי שלא יחסר ושלא יותיר אלא יכנים מלא חפניו. ולעולם אם חפן בחוץ אינו חוזר וחופן בפנים **) על המחתה אלא בחפניו: ת"ר וקמץ משם מלא קומצו מסלת המנחה ומשמנה יכול מבורץ כלומר יהיה שותת יורד מאחרי אצבעותיו ומחוץ של אצבעותיו תלמוד לומר והרים ממנו בקומצו מסולת המנחה. כלומר אין לך אלא מה שבתוך הקומץ. הא כיצד חופה שלש אצבעותיו על פיסת ידו וקומץ במנחת

*) נראה דל"ל זרדי חבילת קמחית. **) לשון רבינו בכאן הוא מסולל הבנה ואולי נפל איזה ט"ס בדבריו וצ"ע.

מסורת הש"ס

לקמן מח: לעיל מג: זבחים סד. [תמיד כח:]

[נ"ל מו"ק יג:]

[לקמן מט.]

מנחות יח.

הגהות הב"ח

(א) גמ' מחתה הא תנא ליה נטל כו': (ב) שם הוציאו לו את הכף ריקן מלשכת: (ג) שם נשקליה לקטרת בחפניו ונחתיה למחתה דגחלים עלויה וליעול כי מטי להתם היכי לעביד: (ד) שם וכמעשה דרבי ישמעאל בן קמחית (זו חמה וזו צוננת) תא"מ ונ"ב מפי' רש"י משמע דלא גרס ליה: (ה) שם מאי לאו שאם רצה לעשות מדה עושה כצ"ל ותיבת אחרת נמחק: (ו) רש"י ד"ה הבאה כו' דכתיב ולקח מלא המחתה וכו' כצ"ל ותיבת הכהן נמחק: (ז) שם ד"ה איכא דאמרי האי כו' ואוכלות (זריד) תז"מ ונ"ב ס"א ואוכלות מעשה קדרה וערסן: (ח) שם ד"ה ואיכא דאמרי כצ"ל: (ט) שם שקלטה אמי הזרד גבר ועלה לגג:

הגהות מהר"ב רנשבורג

[א] רש"י ד"ה הבאה אחת וכו' ולקח הכהן. מלת הכהן נמחק ונ"ב עי' ש"י:

תוספות ישנים

פרק חמישי הבא מחתה דקטורת. הקשה ה"ר אלחנן דהכא משמע שהיו מקטירין הקטורת בתוך המחתה וכן משמע נמי בקרא דכתיב וקחו איש מחתתו ותנו בהן אש ושימו עליהן קטרת וכן גבי נדב ואביהוא ואילו בסדר תמיד משמע שהיו עושין אותו ע"ג מזבח הפנימי דתנן התם (תמיד דף לג.) מי שזכה במחתה צבר גחלים על המזבח הפנימי ורדדן בשולי מחתה ואמרינן נמי כשהיו חוזרין הכהנים המכניסין את הקטורת בפנים והמחתה ביד אחד אלמא לא היה שם נשרף ועוד תדע שהיה צריך מזבח הפנימי ואומר רבי כי של יוה"כ וודאי היה נשרף בתוך המחתה מלאה גחלי אש כי לא היה מזבח לפני ולפנים כי אם ארון או אבן שתיה בבית שני אבל של כל יום ויום וודאי נשרף על המזבח [וקטורת] דנדב ואביהוא ועדת קרח שהקריבו במחתה הוראת שעה היתה וגם היה על מזבח החיצון ולכך היה צריך להיות שם מחתה: **ואפי'** בזמן ששניהם שוין כגון דר' ישמעאל כו'. התם נמי היה קטורת מרובה שהיה חופן ד' קבין ובמחתה לא היה רק ג' קבין אלא לא דק: **זיריתני** ורזתני. לשון זריזות הוא ולא מלשון זרדו זירוד ואע"ג דמייתי ליה עלה ולא כפי' הקונטרס א): **וכולם** שימשו בכהונה גדולה. כגון שאירע פסול באחד מהן ולא היה אז אותו ששימש ראשון במקום כ"ג שם דהא פשיטא שלא קברתם מדשבח הוה לה: **לא** ראו קורות ביתי קלעי שערי. בשעה שהיתה יכולה לכסותם: **שלא** יעשה מדה לקומץ. פירש בקונטרס שלא יעשה כלי למדת קומצו ואין נראה לרבינו שמואל ב) דקומץ משמע שיש לו לקמוץ בידיו ולא שיעשה מדה לקומץ ועוד דפשיטא ליה דחופן וחוזר וחופן גבי קטורת ואי כפי' הקונטרס יש להוכיח משם דילפינן מלא מלא דקטורת מקומץ דאי לא ילפינן מלא מלא מקומץ א"כ לחפון בכלל אלא יעשה כלי מחזיק מלא מדת חופניו למה צריך להיות חופן וחוזר וחופן שזו היא עבודה קשה שבמקדש כדאמרינן בסמוך אלא ודאי בין מלא חפניו בין מלא קומצו משמע ממילא שצריך לחפון ולקמוץ על כן נראה לרבינו שמואל לפרש שלא יעשה מדה לקומץ היינו שלא יתן תחלה מדת קומצו בכלי ואח"כ יקמוץ אלא בקמילתו יש לו למוד וטעמא דחופן וחוזר וחופן משמע ליה משום דכתב מלא חפניו והביא מבית לפרכת שמלא חפניו יש לו להביא לפני ולפנים ולא בכלי ומה שהתרנו להביא בכלי היינו משום דלא אפשר כדאמרינן לקמן הלכך צריך לחפון בפנים ולהגיחו בחפניו ושביקיה לקרא דהוא דחיק ומוקי

א) עיין בפ' המפלת דף לא וברש"י שם ודברי התו"י כאן תמוה ועי' ש"י. ב) נ"ל דוקמן:

ג א מיי' פי"א מהלכות פסולי מוקדשין הלכה כ:
ד ב מיי' פ"ה מהלכות איסורי מזבח הל' ה:
ה ג מיי' פי"ג מהלכות מעשה הקרבנות הלכה יג:
ו ד מיי' פ"ה מהלכות עבודת יוה"כ הל' כח:

וּבַמַּחֲבַת וּבַמַּרְחֶשֶׁת מוֹחֵק בְּגוּדָלוֹ מִלְּמַעְלָה, וּבְאֶצְבָּעוֹ קְטַנָּה מִלְּמַטָּה, וְזוֹ *הִיא עֲבוֹדָה קָשָׁה שֶׁבַּמִּקְדָּשׁ. זוֹ הִיא וְתוּ לָא?! וְהָא אִיכָּא מְלִיקָה, וְהָא אִיכָּא חֲפִינָה! אֶלָּא: זוֹ הִיא מֵעֲבוֹדוֹת קָשׁוֹת שֶׁבַּמִּקְדָּשׁ. א"ר יוֹחָנָן, בָּעֵי רַבִּי יְהוֹשֻׁעַ בֶּן עוּזָּאָה: בֵּין הַבֵּינַיִם שֶׁל מְלֹא קוּמְצוֹ מַהוּ? א"ר פַּפָּא: דְּגַוַּאי – לָא תִּיבָּעֵי לָךְ דְּוַדַּאי קוֹמֶץ הוּא, דְּבָרָאֵי – לָא תִּיבָּעֵי לָךְ דְּוַדַּאי שִׁירַיִם הוּא, כִּי תִּיבָּעֵי לָךְ – דְּבֵינֵי בֵּינֵי, מַאי? א"ר יוֹחָנָן הֲדַר פְּשָׁטָהּ(א) יְהוֹשֻׁעַ [בֶּן] עוּזָּאָה: בֵּין הַבֵּינַיִם סְפֵק נִינְהוּ. הֵיכִי עָבֵיד? אָמַר רַבִּי חֲנִינָא: מַקְטִיר קוֹמֶץ לְחוּדֵיהּ תְּחִלָּה, וַהֲדַר בֵּין הַבֵּינַיִם. דְּאִי אָמְרַתְּ בֵּין הַבֵּינַיִם בְּרֵישָׁא – דִּילְמָא שִׁירַיִם נִינְהוּ, וְהָווּ לְהוּ שִׁירַיִם שֶׁחָסְרוּ בֵּין קְמִיצָה [לְהַקְטָרָה], וְאָמַר מָר: *א שִׁירַיִם שֶׁחָסְרוּ בֵּין קְמִיצָה לְהַקְטָרָה – אֵין מַקְטִירִין עֲלֵיהֶן אֶת הַקּוֹמֶץ. אִי הָכִי, הָשְׁתָּא נַמִּי אִיקְרִי כָּאן: *ב כָּל שֶׁמִּמֶּנּוּ לָאִשִּׁים הֲרֵי הוּא בְּבַל תַּקְטִירוּ! א"ר יְהוּדָה בְּרֵיהּ דר"ש בֶּן פַּזִּי: דְּמַקְטִיר לֵיהּ לְשׁוּם עֵצִים, כְּרַבִּי אֱלִיעֶזֶר. דְּתַנְיָא, *רַבִּי אֱלִיעֶזֶר אוֹמֵר: °"לְרֵיחַ נִיחוֹחַ" – אִי אַתָּה מַעֲלֶה, אֲבָל אַתָּה מַעֲלֶה לְשׁוּם עֵצִים. – הָנִיחָא לְרַבִּי אֱלִיעֶזֶר, אֶלָּא לְרַבָּנַן מַאי אִיכָּא לְמֵימַר? אָמַר רַב מָרִי: דְּקָמְצֵי שְׁמִינֵי. הָשְׁתָּא דְּאָתֵית לְהָכִי, רַבִּי אֱלִיעֶזֶר נַמִּי, לְכַתְּחִילָּה דְּקָמְצֵי שְׁמִינֵי.§ (בֵּין הַבֵּינַיי"ם פָּשַׁ"ט וּמָחַ"ץ וּפִזֵּ"ר וְחִשֵּׁ"ב בַּחֲפִינַ"ת חֲבִיר"וֹ סִימָן).§ בָּעֵי רַב פַּפָּא: בֵּין הַבֵּינַיִם שֶׁל מְלֹא חָפְנָיו מַהוּ? מַאי קָא מִבַּעֲיָא לֵיהּ? אִי גָּמַר 'מְלֹא' 'מְלֹא' מֵהָתָם – הַיְינוּ הַךְ! רַב פַּפָּא הָכִי בָּעֵי לֵיהּ: "מְלֹא חָפְנָיו וְהֵבִיא" בָּעֵינַן – וְהָא אִיכָּא, אוֹ דִּילְמָא "וְלָקַח וְהֵבִיא" בָּעֵינַן – וְהָא לֵיכָּא? תֵּיקוּ. אָמַר *רַב פַּפָּא: פְּשִׁיטָא לִי; מְלֹא קוּמְצוֹ – כְּדְקָמְצֵי אֱינָשֵׁי. בָּעֵי רַב פַּפָּא: קָמַץ ג בְּרָאשֵׁי אֶצְבְּעוֹתָיו מַהוּ? מִלְּמַטָּה לְמַעְלָה מַהוּ? מִן הַצְּדָדִין מַהוּ? תֵּיקוּ. אָמַר רַב פַּפָּא: פְּשִׁיטָא לִי; מְלֹא חָפְנָיו – כְּדְחָפְנִי אֱינָשֵׁי. בָּעֵי רַב פַּפָּא: ד חָפַן בְּרָאשֵׁי אֶצְבְּעוֹתָיו מַהוּ? מִלְּמַטָּה לְמַעְלָה מַהוּ? מִן הַצַּד מַהוּ? חָפַן בָּזוֹ וּבָזוֹ וְקֵרְבָן זוֹ אֵצֶל זוֹ מַהוּ? תֵּיקוּ. בָּעֵי רַב

תורה אור: א ויקרא ב

[מנחות כז:] [מנחות יא.]

רש"י

וּבַמַּחֲבַת וּבַמַּרְחֶשֶׁת. שֶׁהוּא מִינֵי טִיגּוּן, שֶׁהֵן אֲפוּיוֹת תְּחִילָּה וְחוֹזֵר וּפוֹתְתָן, וְקָשֶׁה קְמִיצָתָן מִלְּהְיוֹת מְבוֹרֶרֶת יוֹתֵר מִקְּמִיצַת מִנְחַת סוֹלֶת שֶׁבֵּירוּלֶיהָ נוֹפְלִין מֵאֲלֵיהֶן. צָרִיךְ לִהְיוֹת מוֹחֵק בְּגוּדָלוֹ בֵּירוּלִין שֶׁל מַעְלָה, וּבְאֶצְבָּעוֹ קְטַנָּה בֵּירוּלִין שֶׁל מַטָּה: וְהָאִיכָּא מְלִיקָה. דְּתַנְיָא בָּהּ נַמִּי "וְזוֹ הִיא עֲבוֹדָה קָשָׁה" (*בְּהַכֹּל שׁוֹחֲטִין): וְהָא אִיכָּא חֲפִינָה. שֶׁבִּפְנִים, דְּתַנְיָא בָּהּ נַמִּי לְקַמָּן בְּפִירְקִין (דף מט:) "וְזוֹ הִיא עֲבוֹדָה קָשָׁה": הָכִי גָּרְסִינַן: אֵימָא זוֹ הִיא עֲבוֹדָה מֵעֲבוֹדוֹת קָשָׁה שֶׁבַּמִּקְדָּשׁ: בֵּין הַבֵּינַיִם. הַנִּכְנָס בֵּין הָאֶצְבָּעוֹת, מַהוּ, קוֹמֶץ הֵן אוֹ שְׁיָרַיִים הֵן? דְּאָמַר מָר. בִּמְנָחוֹת, בְּפ"ק (דף ט.): שֶׁחָסְרוּ. שֶׁנִּתְפַּזְּרוּ מֵהֶן: אֵין מַקְטִירִין כו'. דְּתַנְיָא (מנחות דף ט.) "מִן הַמִּנְחָה". פְּרָט לְשֶׁחֲסֵרָה הִיא, אוֹ שֶׁחָסֵר קוּמְצָהּ: כָּל שֶׁמִּמֶּנּוּ לָאִשִּׁים. מֵאַחַר שֶׁנָּתַתָּ לָאֵשׁ כָּל מִשְׁפָּטוֹ – הֲרֵי הַשִּׁירַיִים בְּבַל תַּקְטִירוּ, דִּכְתִיב (ויקרא ב) "לֹא תַקְטִירוּ מִמֶּנּוּ אִשֶּׁה לַה'" – לֹא תַקְטִירוּ דָּבָר שֶׁנִּיתָּן מִמֶּנּוּ לָאֵשׁ: דְּמַקְטִיר לֵיהּ לְשׁוּם עֵצִים דְּמַתְנֶה וְאוֹמֵר: אִי שִׁירַיִים נִינְהוּ – הֲרֵי הֵן כִּשְׁאָר עֵצִים: כְּרַבִּי אֱלִיעֶזֶר. דְּפָלֵיג בְּמַסֶּ' זְבָחִים (דף עז:) בְּאֵיבְרֵי חַטָּאת שֶׁהֵן שִׁירַיִים, מֵאַחַר שֶׁהוּקְטְרוּ אֵימוּרִים וְנִתְעָרְבוּ אֵיבְרֵי חַטָּאת בְּאֵיבְרֵי עוֹלָה שֶׁהֵן כָּלִיל, ר' אֱלִיעֶזֶר אוֹמֵר: יִתֵּן הַכֹּל לְמַעְלָה, וְרוֹאֶה אֲנִי אֶת בְּשַׂר חַטָּאת לְמַעְלָה כְּאִילּוּ הֵן עֵצִים. וְיָלֵיף טַעְמָא מֵהַאי קְרָא "וְאֶל הַמִּזְבֵּחַ לֹא יַעֲלוּ וגו'" בַּתְרֵיהּ דְּהַאי קְרָא לֹא תַקְטִירוּ מִמֶּנּוּ כְּתִיב: דְּקָמְצֵי שְׁמִינֵי. כֹּהֲנִים שְׁמֵנִים, שֶׁבְּשַׂר אֶצְבְּעוֹתֵיהֶן בּוֹלֵט, וְדוֹחֵק זֶה לְתוֹךְ זֶה. וְאֵין שָׁם בֵּין הַבֵּינַיִים: לר' אֱלִיעֶזֶר נַמִּי לְכַתְּחִילָּה דְּקָמְצֵי שְׁמִינֵי. שֶׁלֹּא הִתִּיר רַבִּי אֱלִיעֶזֶר לְהַעֲלוֹת שִׁירַיִים לְשֵׁם עֵצִים אֶלָּא מִפְּנֵי תַּעֲרוֹבֶת אֵיבְרֵי עוֹלָה, שֶׁלֹּא יֵצְאוּ לְבֵית הַשְּׂרֵיפָה, כִּדְקָאָמְרֵי רַבָּנַן: אִי גָּמַר מְלֹא מְלֹא. מַה קוֹמֶץ בֵּירוּצוֹ אֵינוֹ נִקְטָר – אַף חֲפִינָה בֵּירוּצֶיהָ פְּסוּלִין: הַיְינוּ הַךְ. דְּבָעֵינַן לְעֵיל מַהוּ שֶׁיֵּעָשֶׂה מִדָּה לַחֲפִינָה – דְּהָנֵי תַּרְוַיְיהוּ חֲדָא טַעְמָא הוּא, דְּבֵירוּצִין וּמִדָּה לַקּוֹמֶץ מִ"קּוּמְצוֹ" נָפְקָא לָן, כִּדְאָמְרִינַן לְעֵיל: "בְּקוּמְצוֹ" – שֶׁלֹּא יַעֲשֶׂה מִדָּה לַקּוֹמֶץ. וְגַבֵּי בֵּירוּצִין נַמִּי תַּנְיָא לְעֵיל: יָכוֹל מְבוֹרָץ – ת"ל "בְּקוּמְצוֹ". וְאִי אִיפְּשַׁט לָן דְּמַיְיתִינַן לַחֲפִינָה דְּרָשָׁה דִּבְקוּמְצוֹ בִּגְזֵירָה שָׁוָה, כְּאִילּוּ כְּתִיב בְּחָפְנָיו – תַּרְוַיְיהוּ מִיפַּשְׁטֵי מִינַּהּ: רַב פַּפָּא הָכִי בָּעֵי. לְהָא בְּלֹא גְּזֵירָה שָׁוָה דִּמְלֹא מְלֹא אִיכָּא לְמִיבְּעֲיָא לְהָא. אִי נַמִּי: לָא מַיְיתִי בְּחָפְנָיו לְגַבֵּי חֲפִינָה.(ג) אֲבָל הַהִיא דִּלְעֵיל לַעֲשׂוֹת מִדָּה לַחֲפִינָה – לֵיכָּא לְמִיבְּעֲיָא אֶלָּא מִגְּזֵירָה שָׁוָה, דְּמִ"וְּלָקַח" לָא שָׁמְעִינַן שֶׁלֹּא יַעֲשֶׂה מִדָּה לַקּוֹמֶץ, דִּלְקִיחָה עַל יְדֵי דָּבָר אַחֵר שְׁמָהּ לְקִיחָה, בְּמַסֶּכֶת סוּכָּה (דף לז.): וְהָא לֵיכָּא. שֶׁמֵּאֵלָיו נִכְנָס לְבֵין הַבֵּינַיִם, וְהוּא לֹא נִתְכַּוֵּון: כִּדְקָמְצֵי אֱינָשֵׁי. לְיָדוֹ שֶׁל אֶצְבְּעוֹתָיו לְמַטָּה: בְּרָאשֵׁי אֶצְבְּעוֹתָיו. פַּס יָדוֹ לְמַטָּה וְתָחַב אֶצְבְּעוֹתָיו בַּסֹּלֶת, וְקָמַץ קוֹמֶץ שָׁלֵם עַד שֶׁמִּילֵּא כָּל אוֹרֶךְ פַּס יָדוֹ: מִלְּמַטָּה לְמַעְלָה. שֶׁהָפַךְ גַּב יָדוֹ לְמַטָּה, וְהֶעֱלָה הַקּוֹמֶץ בְּרָאשֵׁי אֶצְבְּעוֹתָיו לְתוֹךְ פַּס יָדוֹ: מִן הַצַּד. כְּלוֹמַר שֶׁלֹּא כְּדֶרֶךְ הַקּוֹמְצִין(ג) גַּב יָדוֹ לְמַטָּה, וְלֹא תָּחַב אֶצְבְּעוֹתָיו בַּסֹּלֶת אֶלָּא מוֹלִיךְ[א] עַל גַּב יָדוֹ בְּדוֹחַק, וְהַסֹּלֶת נִכְנָס בְּפַס יָדוֹ דֶּרֶךְ אֶצְבְּעוֹתָיו: כִּדְחָפְנִי אֱינָשֵׁי. חוּדָּהּ שֶׁל פַּס הַיָּד לְמַטָּה:

דַּבְּקֵיהּ

תוספות

הדר פשטה בין הביניים ספק. לא ידענא מאי קאמר: הדר פשטה. הא מעיקרא נמי כי הוה מיבעי ליה, ספק הוא! ושמא יש לומר: דמעיקרא מספקא, והוה סלקא דעתך למיפשט האי בכלל קומץ הוא או בכלל שיריים, והדר פשטה: דספק הוא – ואינו בא לחזור ולפשוט הבעיא אי ודאי קומץ אי ודאי שיריים, אלא בודאי ספק הוא, ואין אדם יכול לעולם לעמוד עליו. אי נמי, נראה לי: דמעיקרא מיבעיא ליה אי טיבלא הוי כדמעיקרא אי ספק הוי, ספק קומץ ספק שיריים, אי טיבלא הוי, כמו מרבה במעשרות, דאמר (קדושין דף נא.) פירותיו מתוקנין ומעשרותיו מקולקלות. דכל מאי דשקיל טפי מדיניה ואינו נראה בתוך בדעתיה *דכהן תליא מילתא ואין דעתו שיהא קומץ אלא דגואי, ומה שנשאר בכלי ומאי דבראי – להוו שיריים, אבל דביני ביני – טיבלא הוי, כדמעיקרא קודם קמילה. או דילמא: פשיטא דטיבלא לא הוי, אלא ספק או קומץ או שיריים. הדר פשטה: דספק הוא. ונפקא מינה אי טיבלא הוי, אם נתערב בחולין שבעזרה הנאכל עם המנחה, כדאמר ב"הקומץ רבה" (מנחות דף כא:): "יאכלו" – שיאכלו עמה חולין, כדי שתהא נאכלת על השובע – לא בטיל, וטבל במשהו, ואי ספיקא – הוי בטיל: **ואמר** מר שיריים שחסרו בין קמיצה להקטרה אין מקטירין עליהן את הקומץ. ואפי' רבי יוחנן דאמר פ"ק דמנחות (דף ט.): מקטיר קומץ עליהן – מודה הוא דאותם שיריים אסורים באכילה, כדיליף התם מקרא. והכי קאמר: אין מקטירין עליהן, כלומר: אין מקטירין בשבילן את הקומץ כדי להתירן באכילה. ולהכי שני בלישניה, דהתם קאמר: אין מקטירין קומץ עליהן, דסמיך לשון הקטרה אצל הקומץ, דעיקר הקטרה דהתם בשביל קומץ היא. והכא יש ברוב ספרים: אין מקטירין עליהן *כו'. ולהכי קאמר דלא לקטיר בין הבינים ברישא, דא"כ מפסיד להו לשיריים מאכילה: **אלא** רב פפא הכי קא מבעיא ליה מלא חפניו אמר רחמנא. פי': את"ל דגבי קומץ פסול משום דכתיב "וקמץ הכהן" ולא בין הבינים, דלאו כהן קומץ אלא ממילא עייל להתם. אבל בחפינה – לא כתיב ולקח מלא חפניו, אלא "מלא חפניו", דמשמע אפי' בא ממילא לתוך חפניו. דקרא "ולקח" – גבי גחלים כתיב ולא אקטרת, או דילמא: ולקח והביא – כלומר ולקח דרישיה דקרא קאי נמי אקטרת כמו אגחלים: **קמץ** בראשי אצבעותיו מהו. לאו היינו כמו ההוא דלעיל: יכול אפי' בראשי אצבעותיו, דההוא דלעיל היינו שאין לו סלת אלא בראשי אצבעותיו. והכא בעי למימר שהתחיל לקמוץ בראשי אצבעותיו ונוטל סלת כל כך עד שחופה אצבעותיו על פס ידו: **מלמטה** למעלה מהו. פרש"י: שהכניס ראשי אצבעותיו בסלת וגב ידו כנגד הקמח וקמץ. ואין זה בראשי אצבעותיו דקא מיבעיא ליה מעיקרא – דההוא הוי פירוש: שקמץ בראשי אצבעותיו ופס ידו כנגד הקמח: **חפן** בראשי אצבעותיו מהו. אין להקשות: כיון דכבר איבעיא לן גבי קמילה, מאי הדר תו מבעיא ליה בחפינה – היינו הך כדפריך לעיל? וי"ל: דפשיטא גוף החפינה והקמילה אינם שוו להדדי – דהאי כדקמלי אינשי והאי כדחפני אינשי, ולהכי הדר תו מיבעיא ליה: אפי' את"ל דרך קמילה בכך או אין דרך קמילה בכך, דרך חפינה בכך או לא:

בעי

[מנחות כז:] [ולהכי קאמר פי' כל"ל]

רבינו חננאל

במנחת מחבת ומרחשת שהן קשין כדתניא מרחשת עמוקה ומעשיה רוחשים ומחבת צפה ומעשיה קשים מוחק בגודלו מלמעלה וחותך היוצא למעלה מאצבעותיו ובאצבעו הקטנה חותך היורד היוצא חוץ מן הקמיצה. וזו היא עבודה קשה מעבודות קשות שבמקדש. פי' מבורץ. שהוא הנמשך ושופע יוצא ויורד אחרי אצבעותיו וכמו שפירשנו הוא מפורש במנחות פרק שתי מדות של יבש (דף נ) (כלומר הלכתא) מדות הלח בירוציהן קודש מדות היבש בירוציהן חול כו'. עד ר' יוסי לא מן השם הוא זה אלא שהלח נעקר אחרי שנכנס בכלי ונקדש נעקר ונשתת לאחוריו לפיכך הוא קדש שכבר קדש. והיבש אינו נעקר. וכיון שנתברר כי אינו קדוש בירוץ הקומץ מיבעיא לן המתקבץ מן המנחה בין האצבעות ביני [סדק] הנראה כמו נקב מפולש מהו מן הקומץ חשוב או לא ופשטנא לכתחלה לא קמצי אלא כהנים בעלי בשר שמנים שאצבעותם עבות מלמטה וכשסותם אצבעותיו וקומץ ואין שם סדק כלל ואם קמצו כחושים לר' אליעזר ההוא דביני ביני מעלה לשום עצים *) ומקטיר הקומץ ואוכל המנחה אבל לרבנן ספק הוא יש לומר שיריים הוא וכל שממנו לאשים השירין שלו אסורין להקטיר מהן כי קומץ אמרה תורה הקטר ולא שיריים ויש לומר קומץ הוא ואין המנחה ניתרת אלא אחרי הקטרת הקומץ לפיכך אין לה תקנה היכי דמי כל שממנו לאשים הרי הוא בבל תקריבו כגון חטאת ואשם שיש אימורין לגבוה שהוא לאשים אם אמר אעלה את כולה עובר בבל תקטירו אבל עולה שכתב בה והקטיר הכהן את הכל המזבחה וכן כל המנחות כולן מקטירין מהן קומץ אם חזר והקטירן עובר בבל תקטירו. אבל חביתי כ"ג שכתוב בהן כליל תקטר. וכן קומץ לבונה כדאמרי' **) בהוציאו לו ואיבעיא לן ביני וביני של מלא חפניו מהו ועלתה בתיקו. ועוד בעי מי שקמץ בראשי אצבעותיו או מן הצדדין של אצבעותיו מהו וכן מי שחפן בראשי אצבעותיו או מקצת אצבעותיו עד שמעלה לתוך חפניו. או חפן בידו אחת ובידו אחת וקירבן זו אצל זו מהו ועלו כולן בתיקו

דבקיה

*) בגמ' איתא למקטיר הקומץ ואח"כ מעלה ההיא דביני וביני לשום עצים ואפשר דרבינו לא איירי בסדר הקרבה כלל רק ר"ל דלר"א מקטיר שניהם. **) נראה דצ"ל כדתנן (בזבחים דף קט ע"ב) מקטיר את כולן.

מסורת הש"ס

[נ"ל בפ' קדשי קדשים (דף סד:)]
זבחים סד: [לקמן מט: מנחות יא.]
מנחות ט. קו
סוטה כג. מנחות נח. יבמות ק. זבחים טו:
[שם]

הגהות הב"ח

(א) גמ' א"ר יוחנן הדר פשטה ר' יהושע עוזאה: (ב) רש"י ד"ה רב פפא כו' בחפניו לגבי חפינה כמו בקומצו גבי קמילה אפ"ה יש סברא לאסור בין הביניים אבל ההיא דלעיל: (ג) ד"ה מן הצד כו' הקומצין שגב ידו למטה:

גליון הש"ס

גמרא או דילמא ולקח והביא בעינן. עיין לקמן דף מט ע"א תוס' ד"ה בעי רב פפא:

הגהות מהר"ב רנשבורג

[א] רש"י ד"ה מן הצד וכו' אלא מוליך על גב ידו. מלת על נמחק:

תוספות ישנים

אנפשיה. ה"ר יוסף: **דגואי** לא תבעי לך. מה שנראה בפנים דבראי מה שנראה בחוץ: **הדר** פשטה בין הביניים ספק הוא. מספקא ליה לרבינו אריה מאי פשיטותא היא זו דמ"מ ספק הוא לחומרא ולא פשט בעייתו ודאי לא איירי דקמי שמיא גליא אם היא מן הקומץ או לא: **חפן** בראשי אצבעותיו מהו. וא"ת מאי קמיבעיא אי ילפינן מלא מלא מקטורת היינו הך י"ל דמיבעיא ליה אפילו לא ילפינן מלא מלא מקטורת אי נימא משמעות א) דחפינה משמע ליה חפינה בכי האי גוונא ומספק יש לו לעשות כן דמדאורייתא ועוד דמוסיף על בעיותיו חפן בזו ובזו וקרבן זו אצל זו כו':

דבקיה

תורה אור

רַב פַּפָּא:* [א]דַּבְקֵיהּ לַקּוֹמֶץ בְּדוֹפְנֵיהּ דְּמָנָא מַאי? תּוֹךְ כְּלִי בָּעֵינַן – וְהָא אִיכָּא, אוֹ דִילְמָא הַנָּחָה בְּתוֹכוֹ כְּתִקְנוֹ בָּעֵינַן – וְהָא לֵיכָּא? תֵּיקוּ. בָּעֵי מָר בַּר רַב אַשִׁי: [ב]אַפְּכֵיהּ לְמָנָא, וְדַבְקֵיהּ לַקּוֹמֶץ בְּאַרְעִיתֵיהּ דְּמָנָא, מַהוּ? הַנָּחָה בְּתוֹכוֹ בָּעֵינַן – וְהָא אִיכָּא, אוֹ דִילְמָא: הַנָּחָה כְּתִקְנוֹ בָּעֵינַן – וְלֵיכָּא? תֵּיקוּ. בָּעֵי רַב פַּפָּא: מְלֹא חָפְנָיו שֶׁאָמְרוּ מְחוּקוֹת אוֹ גְּדוּשׁוֹת? א"ל רַבִּי אַבָּא לְרַב אַשִׁי, ת"ש: [ג]מְלֹא חָפְנָיו שֶׁאָמְרוּ לֹא מְחוּקוֹת וְלֹא גְּדוּשׁוֹת אֶלָּא טְפוּפוֹת. תְּנַן הָתָם: *[ד]נִשְׁפַּךְ הַדָּם עַל הָרִצְפָּה וַאֲסָפוֹ – פָּסוּל, *מִן הַכְּלִי עַל הָרִצְפָּה וַאֲסָפוֹ – כָּשֵׁר. מה"מ? דת"ר: *°"וְלָקַח מִדַּם הַפָּר" (ויקרא ד) – [ה]"מִדַּם הַנֶּפֶשׁ" וְלֹא מִדַּם הָעוֹר, וְלֹא מִדַּם הַתַּמְצִית. "מִדַּם הַפָּר" – דָּם מֵהַפָּר יְקַבְּלֶנּוּ. דְּאִי סָלְקָא דַעְתָּךְ "מִדַּם הַפָּר" "מִדָּם" וַאֲפִילּוּ מִקְצָת דָּם, וְהָאָמַר *רַב יְהוּדָה: [ו]הַמְקַבֵּל צָרִיךְ שֶׁיְּקַבֵּל אֶת כָּל דָּמוֹ שֶׁל פַּר שֶׁנֶּאֱמַר (שם) °"וְאֵת כָּל דַּם הַפָּר יִשְׁפּוֹךְ אֶל יְסוֹד מִזְבֵּחַ". אֶלָּא ש"מ: מַאי "מִדַּם הַפָּר" – "דָּם מֵהַפָּר" יְקַבְּלֶנּוּ, וְקָסָבַר: גּוֹרְעִין וּמוֹסִיפִין וְדוֹרְשִׁין. בָּעֵי רַב פַּפָּא: [ז]נִתְפַּזֵּר הַקְּטוֹרֶת מִמְּלוֹא חָפְנָיו, מַהוּ? יָדוֹ כְּצַוַּאר בְּהֵמָה דָּמֵי – וּפְסוּלָה, אוֹ דִילְמָא: כִּכְלִי שָׁרֵת דָּמֵי – וְלֹא פְּסוּלָה? תֵּיקוּ. בָּעֵי רַב פַּפָּא: חִישֵּׁב בַּחֲפִינַת קְטוֹרֶת מַהוּ? מִי אָמְרִינַן: יָלֵיף 'מְלֹא' 'מְלֹא' מִמִּנְחָה, מָה הָתָם – מְהַנְיָא בָּהּ מַחֲשָׁבָה, הָכִי נַמִי – מְהַנְיָא בָּהּ מַחֲשָׁבָה, אוֹ לָא? א"ל רַב שִׁימִי בַּר אַשִׁי לְרַב פַּפָּא, ת"ש: *הוֹסִיף רַבִּי עֲקִיבָא (*הַקּוֹמֶץ) [נ"ל הסולת] וְהַקְּטוֹרֶת וְהַלְּבוֹנָה וְהַגֶּחָלִים שֶׁאִם נָגַע טְבוּל יוֹם בְּמִקְצָתָן – פָּסַל אֶת כּוּלָּן. קָא סָלְקָא דַעְתָּךְ: מִדְּפָסַל טְבוּל יוֹם – פָּסְלָה נַמִי לִינָה! וּמִדְּלִינָה פָּסְלָה – [ח]פָּסְלָה נַמִי מַחֲשָׁבָה. בָּעֵי רַב פַּפָּא: חִישֵּׁב

רש"י

דַּבְקֵיהּ לַקּוֹמֶץ בְּדוֹפְנֵיהּ דְּמָנָא. קַיְימָא לָן בְּמַסֶּכֶת מְנָחוֹת (דף כו.) שֶׁהַקּוֹמֶץ טָעוּן מַתַּן כְּלִי, וְקוֹמֵץ מִתּוֹךְ כְּלִי זֶה, וּמְקַדְּשׁוֹ לְתוֹךְ כְּלִי אַחֵר. וְאִם לֹא נְתָנוֹ בְּשׁוּלָיו וּנְתָנוֹ בְּדוֹפְנָיו, וְדִבְּקוֹ – מַהוּ? טְפוּפוֹת. לְשׁוֹן דָּבָר לָף בְּגוּבְהָהּ מְעַט, כְּמוֹ "עַל דַּאֲטֵיפְתְּ אַטְפוּךְ" (אבות פ"ב משנה ו): נִשְׁפַּךְ הַדָּם עַל הָרִצְפָּה. וְלֹא נִתְקַבֵּל בִּכְלִי: מִן הַכְּלִי כו'. מִשְׁנָה הִיא לְעַצְמָהּ בְּפֶרֶק אַחֵר (דף לב.) וְאֵינָן זוֹ בְּצַד זוֹ, וּשְׁתֵּיהֶן בְּמַסֶּכֶת זְבָחִים: מְנָא הָנֵי מִילֵּי. דְּבָעֵינַן שֶׁיֵּרֵד מִצַּוַּאר בְּהֵמָה לִכְלִי: מִדַּם הַנֶּפֶשׁ. דַּם קִילּוּחַ שֶׁהַנֶּפֶשׁ יוֹצְאָה בּוֹ: גּוֹרְעִין. אוֹת מִתֵּיבָה זוֹ, וּמוֹסִיפִין עַל תֵּיבָה זוֹ וְדוֹרְשִׁין: חִישֵּׁב בַּחֲפִינַת קְטוֹרֶת. עַל מְנָת לְהַקְטִירָהּ לְמָחָר: מִי יָלֵיף מְלֹא מְלֹא מִמִּנְחָה. מָה הָתָם מְהַנְּיָא מַחֲשָׁבָה בִּקְמִיצָתָהּ, דִּנְפָקָא לָן בִּמְנָחוֹת (דף פג.) מִ"זֹּאת הַתּוֹרָה לָעוֹלָה וְלַמִּנְחָה וגו'" הוּקְשׁוּ לִשְׁלָמִים, מַה שְּׁלָמִים מְפַגְּלִין וּמִתְפַּגְּלִין – אַף מִנְחָה וכו': וְהָכָא נַמִי מְהַנְּיָא מַחֲשָׁבָה. בַּחֲפִינָתָהּ, אוֹ לָא? וְהָכָא לֵיכָּא לְאַקְשׁוּיֵי הַיְינוּ הַךְ, כִּדְאַקְשִׁי לְעֵיל. דְּהָנְהוּ תַּרְוַיְיהוּ בָּעֵי הָווּ לְהוּ כְּחַד טַעְמָא, [א] לְאֵיתוּיֵי הָכָא בְּחָפְנָיו כִּדְהָתָם בְּקוּמְצוֹ. אֲבָל הַךְ – מִילְּתָא אַחֲרִיתֵי הִיא. וְאִי נַמִי לָא דָּרְשִׁי גְּזֵירָה שָׁוָה לְעִנְיַן בְּקוּמְצוֹ – דִּילְמָא דָּרְשִׁי לָהּ לְעִנְיַן מַחֲשָׁבָה: פּוֹסֵל אֶת כּוּלָּם. שֶׁזּוֹ הִיא מֵאַחַת עֶשְׂרֵה מַעֲלוֹת שֶׁנֶּאֶמְרוּ בְּ"חוֹמֶר בַּקֹּדֶשׁ" (חגיגה דף כ:), שֶׁהַכְּלִי מְצָרֵף כָּל מַה שֶּׁבְּתוֹכוֹ לִהְיוֹת כְּאִלּוּ נָגַע בְּכוּלּוֹ: קס"ד מִדְּפָסִיל טְבוּל יוֹם. אַלְמָא קִידְּשָׁהּ הַכְּלִי קְדוּשַּׁת הַגּוּף פָּסְלָה נַמִי לִינָה, וְכֵיוָן דְּפָסְלָה לִינָה – פָּסְלָה נַמִי מַחֲשֶׁבֶת לִינָה כְּשֶׁחִישֵּׁב לְהַקְטִירָהּ לְמָחָר. וְקַשְׁיָא לִי: דְּשַׁבְקֵיהּ לְמַתְנִיתִין דִּמְעִילָה (דף י.) דִּתְנַן בָּהּ בְּהֶדְיָא: הַקּוֹמֶץ וְהַקְּטוֹרֶת וּמִנְחַת כֹּהֲנִים – מוֹעֲלִין בָּהֶן מִשֶּׁהוּקְדְּשׁוּ, קָדְשׁוּ בִּכְלִי – הוּכְשְׁרוּ לִיפָּסֵל בִּטְבוּל יוֹם וּבִמְחוּסַּר כִּפּוּרִים וּבְלִינָה. וְהָכָא דָּחֵיק לְאֵיתוּיֵי בְּקָא ס"ד מִטְּבוּל יוֹם: חִישֵּׁב

תוספות

בעי רב פפא דבקיה לקומץ בדופניה דמנא וכו'. בתר הכי גרס: בעי מר בר רב אשי אפכיה למנא ודבקיה לקומץ בארעיתיה דמנא מאי? הנחה בתוכו בעינן – והא איכא, או דילמא כתיקונו בעינן והא ליכא. תיקו. וברוב ספרים ליתא לבעיא דמר בר רב אשי, אבל בפרק קמא דמנחות (דף יא.) איתא בכל הספרים. וכיון דמייתי לכולה מילתא דהתם: הכא אגב גררא – נראה דגרסינן נמי לבעיא דמר בר רב אשי. ותימה לי: דבפרק "המזבח מקדש" (זבחים דף פח.) אמר שמואל: כלי שרת אין מקדש אלא בפנים. ופר"ת: למעוטי חקק מושבו מבחוץ, ושמא יש לומר דהוא היה מפרש כאן שהיפך הכלי כי כיתונא, ונעשה תוכו ברו וברו תוכו – שפיר מקדש. ורש"י פי' שם: אלא בפנים – בעזרה. וקשה: דהוה ליה למימר בקודש, כדתנן התם:

גורעין ומוסיפין ודורשין. לא שייך למיפרך: סכינא חריפא דמפסקא לקראי! כדפריך בפ' "יש נוחלין" (ב"ב דף קיא:). דהתם [נמי] נסיב וי"ו ד"ונחלתו" ולמ"ד ד"לשארו" ועושה תיבה בפני עצמה. בפ"ב דזבחים (דף כה.) גרס: אמר רב יהודה אמר שמואל השוחט צריך שיגביה סכין למעלה, שנאמר: "ולקח מדם הפר" ולא מדם הפר ודבר אחר. ותימה: מדמעטינן דם הסכין – כל שכן שעל הרצפה! וי"ל: דילמא דם הסכין גרע טפי, שנתקבל בפסול. כדאמרינן במנחה: לא בלל – כשר, ואם בללה חוץ לחומת העזרה – איכא למאן דאמר פסולה, בפ"ק דמנחות (דף ט.). אי נמי: אי לאו טעמא דגורעין ומוסיפין ודורשין, ה"א דמדם הפר ודבר אחר – אתא למעוטי שעל הרצפה, אבל דסכין – שפיר דמי. הא דלא מיבעיא לן הכא: אין לי אלא קדשי קדשים, קדשים קלים מניין, כדקא מיבעיא בפרק שני דזבחים (דף כה:) גבי הגורס אוזן הפר ואחר כך קיבל דמו פסול, שנאמר "הפר" שהיה כבר – דכיון דגלי בחד מינייהו דה"ה קדשים קלים – הכי נמי באידך: **או** דילמא בכלי שרת דמי ולא פסולה. תימה לי: תיפשוט מדקא מייתי ליה לפני ולפנים בכף, ולא מייתי ליה בחפניו, ואמר לעיל משום דלא אפשר. ואי ידיו ככלי שרת דמו – נעייל בחפניו, ונינחה למחתה עילויה, וכי מטי התם – ירפה קצת ידיו זו מזו, ויניח לקטורת ליפול על הרצפה, והמחתה תשאר עדיין בידיו, ולישקלה למחתה ולותבה אארעא, והדר יגביה הקטורת מן הקרקע ויתננה על הגחלים – כיון דידיו ככלי שרת דמו! וי"ל: אפילו את"ל דידיו ככלי שרת דמו ולא מיפסיל אי נפלה אארעא ואספה – מכל מקום לאו אורח ארעא לעשות כן לכתחילה בכל שנה ושנה, השתא לפני מלך ב"ו אין עושין כן – לפני מלך מלכי המלכים הקב"ה עאכ"ו:

מי יליף מלא מלא מהתם. פירש"י: ומנחה מתפגלת בקמיצה, דילפא בהיקשא מ"זאת התורה לעולה ולמנחה" וגו', דהוקשה לשלמים שמפגלין ומתפגלין. ותימה לי: והאמרינן בפרק "איזהו מקומן" (זבחים דף מט:) דדבר הלמד בהיקש אינו חוזר ומלמד בג"ש בקדשים! וי"ל לפרש: דפשיטא ליה דשייך בה פיגול בהליכתה ובהקטרתה, למ"ד במנחה: הקטרה מפגלת הקטרה, בפרק "הקומץ זוטא" (מנחות דף יז.) כיון דכל הני עבודות דמו לגמרי לעבודת המנחה, ואע"ג דלא איתקש לשלמים – הא כתב בתר קרא ד"וזאת התורה ביום צוותו את בני ישראל להקריב את קרבניהם" (ויקרא ז) ודרשינן מיניה: זה בכור מעשר ופסח וכל מידי דשייך ביה הקרבה והקטרה, עד שאני מרבה לוג שמן של מצורע, דמוכח בפרק "הקומץ רבה" (מנחות דף כח.) דבעינן לשמו. ושאל הרב רבי יוסי טוב הקדוש את ריב"א: מנלן? והשיב לו: מ"ביום צוותו להקריב את קרבניהם" נפקא, דאיהו נמי איקרי קרבן, כדכתיב (ויקרא יד): "והקריב אותו לאשם ואת לוג השמן" ודרשינן בפרק "בית שמאי" (זבחים דף מד:): "כל קרבנם" (במדבר יח) – לרבות לוג שמן של מצורע, כ"ש קטורת, דאיהי גופה קריבה לאשים, וכתב בה לשון הקטרה. ולא מיבעיא ליה הכא אלא אי חשיבא חפינה עבודה, כמו קמיצה. דבקמיצה פשיטא לן דהיא עבודה ומפגלין בה כמו שחיטה בזבח, שהשחיטה היא מפרשת חלק גבוה, הדם, מחלק הדיוט – כך קמיצה מפרשת הקומץ מן המותר, אבל בחפינה – לא שייך למימר הכי, דאפילו מה שנשאר במחתה – הוא חלק גבוה, ובפעם אחרת מקריב אותה. אבל מטעמא אחרינא מיבעיא ליה. אי גמרי מלא מלא וחשיבא כמו קמיצה, או לא. ופשיט רב שימי בר אשי מדפסלה בה לינה – פסלה בה מחשבה, ככל עבודה שהזקיק לה הכתוב, ואם כן בחפינה נמי פסלה בה מחשבה:

מדפסיל בה טבול יום פסלה בה לינה. תימה: האמר בפ"ק דשבועות (דף יח:): נתנה למכתשת – נפסלת בטבול יום, ואפילו הכי לא פסלה בה לינה, שהרי היו משהין אותה כל השנה כולה! י"ל: ההוא פסולה דפסיל בה טבול יום – אינו אלא מדרבנן, ולהכי לא פסלה בה לינה, אבל האי דהכא – מדאורייתא, כמו שאפרש. הקשה רש"י: אמאי מייתי מדיוקא מדפסיל בה טבול יום פסל בה לינה. לייתי ממתניתין דפ"ב דמעילה (דף י.) דקתני בהדיא: הקומץ והלבונה והקטרת מנחת כהנים ומנחת כהן משוח ומנחת נסכים – מועלין בהן משהוקדשו, קדשו בכלי – הוכשרו ליפסל בטבול יום ובמחוסר כפורים ובלינה! ולא תירץ. וריב"א תירץ: דההיא דהתם איכא למימר דאיירי

עין משפט נר מצוה

ז א ב מיי' פ"א מהל' פסולי מוקדשין הל' כה:

ח ג מיי' פ"ד מהלכות עבודת יוה"כ הל' א:

ט ד מיי' פ"א מהלכות פסולי מוקדשין הלכה כב:

י ה שם הלכה כו:

יא ו מיי' פ"ד מהלכות מעשה הקרבנות הלכה ח:

יב ז מיי' פ"ה מהלכות עבודת יום הכפורים הלכה כח:

יג ח שם הלכה כז:

רבינו חננאל

דבקיה לקומץ בדפניה דמנא או בארעיתו מהו ועלו בתיקו. תניא מלא חפניו לא מחוקות ולא גדושות ולא טפופות. תנן התם נשפך הדם מבית הצואר של פר על הרצפה ואספו פסול כו' מנ"ל דת"ר ולקח מדם הפר (ומדם) [מדם] הנפש ולא מדם העור כו' ואסיקנא מדם הפר קרי ביה דם מהפר כלומר מדם שכתוב בפסוק קח המ"ם ממנו ונשאר הדם והוסף אותו על הפר שנמצא הפסוק דם מהפר קסבר גורעין המ"ם ומוסיפין אותו על הפר ודורשין אותו דם מהפר. וזהו שאמר רב יהודה השוחט צריך לקבל כל דם הפר מהפר. ואם קבל דם הפר בכלי ונשפך מן הכלי ואספו כשר כי הכלי קדשו כבר. וזה שמועה מפורשת בשחיטת קדשים פ"ב [ד' כה] נתפזרה הקטורת ממלא חפניו מהו תיקו ומיבעיא לן חישב בחפינת קטרת להקטירם למחר מהו יליף מלא מקומץ מה קומץ פסל בה מחשבה דתנן בתחלת [פ"ב] מנחות הקומץ את המנחה להקטיר קומצה למחר פיגול וחייבין עליו הכא בקטורת נמי פסלה בה

תוספות ישנים

דבקיה לקומץ בדופניה דמנא. בפ"ק דמנחות (דף יא.) בעי אכתי בעיא אחרת בכי האי גוונא: **ולקח** מדם הפר ומדם השעיר. ריב"א פי' דגרס ולקח הכהן המשיח מדם הפר וה"ג לה בת"כ ול"נ ולקח הכהן מדם [הפר ומדם] השעיר דההיא בפר ושעיר של יוה"כ במתן דמים שהיה נותן על טהרו של מזבח הפנימי לפני ולפנים ודהיכל אבל קרא דולקח הכהן המשיח מדם הפר מיירי בקבלה כדאיירי הכא: **ואת** כל הדם ישפוך. בפ"ב דזבחים (דף כה.) קאמר אם אינו ענין לשיריים דכתיב ואת כל הדם דבשיריים ליכא כולו דם תנהו לענין קבלה: **נתפזרה** קטרת ממלא חפניו מהו. תימה לרב ר' אלחנן מדבקיה לקומץ ונקט קטורת משמע דבקומץ פשיטא ליה ואי ילפינן מלא מלא מקומץ היינו כך ואומר רבי דפשיטא לגבי קומץ הוי כצואר בהמה לפי שיש ד' עבודות במנחה כנגד ד' עבודות של דם כדאמרינן במנחות (דף יג:) אבל בקטרת מיבעיא ליה לפי שאין כלי לחפינה אלא משום דלא אפשר [...]ך לא דמיא ליה קמיצה שהיא במקום שחיטה וקידוש בכלי הוא במקום קבלת דם: **מדפסיל** טבול יום פסלה נמי לינה ומדפסלה לינה פסלה נמי מחשבה. מה שהקשה הקונטרס אמאי לא מייתי [...]ילה (דף י.) קדשו בכלי הוכשרו ליפסל בטבול יום ומחוסר כפורים ובלינה אומר רבי דההיא דמעילה איכא לאוקמה מדרבנן וריב"א פי' דלהכי לא בעי לאיתויי משם דמיירי בקטרת של כל השנה [...] בכלי לכך פסלה בה לינה לפי שמתקדשת בכלי שרת אבל הך דהכא מיירי בקטרת של יוה"כ דעיקרה אינה בכלי אלא משום דלא אפשר כדאמרינן לעיל ואין כאן כלי שרת לקדשה, לא הוה אמרינן דמפסלי [...] דגחלים דמיירי בגחלים של יוה"כ כדמשמע בירושלמי וכדפי' לעיל אך קשה קצת דמשמע דחפניו קדשו כמו כלי שרת ועוד דסוף סוף נותנה בכף שהוא כלי שרת: **מדפסיל** טבול יום פסלה נמי [...]רי קטרת שנפסלת בט"י משנתנה במכתשת כדאמרינן בפ"ק דשבועות (דף יח.) ואפ"ה לא פסלה בלינה עד שקדשה בכלי כדתנן בפרק שני דמעילה (דף י.) י"ל דמדרבנן הוא דמפסלא מאז בטבול [...] ההיא דמעילה לפירוש רבי דמדרבנן והא דקתני וחייבין עליהן משום נותר כו' היינו מכת מרדות מדרבנן כדאמרינן בפ"ג דכריתות (דף יב:) אבל אוכלין טמאין ושתה משקין טמאין כו' עד ונכנס [...] מדרבנן דפסול גויה דרבנן כדאמרינן לקמן בפ"ב (דף פ:) אבל הכא מיירי בדאורייתא מדפסיל טבול יום ע"י צירוף דמדרבנן לא מחמרינן לפסול ע"י צירוף מיהו תימה אמאי לא פשיט דפסלה ביה [...] בסיפא ושאין לו מתירין חייבין עליו משום נותר וטמא ופיגול אין בו ולמה לי טעמא לפי שאין לו מתירין תיפוק לי דלא שייכא ביה כלל מחשבה אפילו ליפסל אלא ש"מ דשייכא ביה מחשבה לפסול [...] צריך האי טעמא אלא משום (טעמא) אחרינא ומ"מ בקטרת שייך האי טעמא אע"ג דלא שייך התם וא"ת איך תועיל כלל מחשבה בקטרת הלא אינו על מזבח החיצון כשלמים י"ל דפסול מיהא הוי [...] מק"ו בפ"ק דזבחים (דף יד.): **ומדלינה** פסלה פסלה נמי מחשבה. וא"ת מדאמרינן בזבחים פרק טבול יום (דף קד:) לינה מהו שתועיל בפרים הנשרפים ובשעירים הנשרפים ופשיט ליה מדאמרינן [...] אכילת פרים הנשרפים ושעירים הנשרפים לא עשה ולא כלום מאי לאו מדמחשבה לא פסלה לא פסלה נמי לינה ודחי דילמא מחשבה לא פסלה ואומר רבי דה"נ לא פשיט לן מדפסלה לינה פסלה [...] קאמר קס"ד לפי שאין פשוט לן כ"כ והתלמוד לא חש לדחות ולהאריך כאן: **ומדפסיל** טבול יום פסלה נמי מחשבה כו'. וא"ת כיון דתליא במחשבה בטבול יום אמאי לא בעי רב פפא בטבול יום [...] פשוט מחשבה ושמא הך דהא בהא תליא לא פשיטא ליה דקס"ד הוא דקאמר כדפי' לעיל ועוד שמא אפילו לא פסיל טבול יום הוי פסלה נמי מחשבה: **מחשבה** נמי פסלה. וא"ת הרי אברים ופדרים [...] אם אינם בראשו של מזבח ומחשבה לא פסלה בהו אם חישב ע"מ להקטיר כזית למחר או לאכול מן השלמים שלא בזמנם. ה"ר יוסף. ורבי אומר דלא דמי להקטרה שאינה מתרת בקרבן ועיקרו כבר נעשה

מסורת הש"ס

[מנחות יח.]

זבחים כה.

שם לב.

[שם כה.]

[לקמן נו: זבחים כה. ע"ש]

חגיגה כג: פסחים יט. עדיות פ"ח מ"א

גליון הש"ס

תוס' ד"ה מדפסיל בה טבול יום וכו' עד ע"ב ואי משום חיבת הקדש הא לא שייכא בה כשנעשית אפר. עיין חגיגה דף כג ע"ב תוס' ד"ה והא דרבנן. ובטורי אבן שם דף כג ע"א ד"ה לא יגא:

הגהות מהר"ב רנשבורג

[א] רש"י ד"ה והכא נמי מהניא מחשבה וכו' לאיתויי הכא בחפניו. נ"ב עי' רש"א וש"י:

יד א מיי' פ"ה מהל' עבודת יוה"כ הל' כז:
טו ב מיי' פ"ו מהלכות מעשה הקרבנות הלכה יח:

[א]חִישֵּׁב בַּחֲתִיַּית גֶּחָלִים מַהוּ? מַכְשִׁירֵי מִצְוָה – כְּמִצְוָה דָּמוּ, אוֹ לֹא? תֵּיקוּ. בָּעֵי מִינֵּיהּ מֵרַב שֵׁשֶׁת: הוֹלָכָה בִּשְׂמֹאל מַהוּ? אָמַר לְהוּ רַב שֵׁשֶׁת, תְּנִיתוּהָ: *נָטַל אֶת הַמַּחְתָּה בִּימִינוֹ וְאֶת הַכַּף בִּשְׂמֹאלוֹ. וְנִפְשׁוֹט לְהוּ מֵהָא דִּתְנַן: *[ב]הָרֶגֶל שֶׁל יָמִין בִּשְׂמֹאל, וּבֵית עוֹרָהּ לַחוּץ! אִי מֵהָתָם, הֲוָה אָמִינָא: הָנֵי מִילֵּי – הוֹלָכָה דְּלָא מְעַכְּבָא כַּפָּרָה, אֲבָל הוֹלָכָה דִּמְעַכְּבָא כַּפָּרָה – לֹא, קָמַשְׁמַע לָן. מֵיתִיבִי

חִישֵּׁב בַּחֲתִיַּית גֶּחָלִים. מַהוּ לְהַפְסִיל הַקְּטוֹרֶת? כְּמִצְוָה דָּמֵי. וַהֲוֵי לֵיהּ כִּמְחַשֵּׁב בַּעֲבוֹדָה. לָשׁוֹן אַחֵר: חִישֵּׁב בַּחֲתִיַּית גֶּחָלִים מַהוּ שֶׁיִּפָּסְלוּ גֶּחָלִים בְּמַחֲשָׁבָה זוֹ מִלְּהַקְטִיר עֲלֵיהֶן? לִינָה שָׁמְעִינַן דְּפָסְלָה בְּהוּ מִדְּפָסֵיל טְבוּל יוֹם כִּדְתְנַן לְעֵיל. מִיהוּ, הָא מִיבַּעְיָא לָן אִי הָוֵי חֲתִיָּיתָן עֲבוֹדָה לְמִיפְסַל בָּהּ מַחֲשָׁבָה: מַכְשִׁירֵי מִצְוָה כְּמִצְוָה דָּמוּ. וְכִי הֵיכִי דְּמַחֲשֶׁבֶת חֲפִינָה פָּסְלָה בַּקְּטוֹרֶת, מַחֲשֶׁבֶת חֲתִיָּיה נַמִי פָּסְלָה בַּגֶּחָלִים: הוֹלָכָה בִּשְׂמֹאל מַהוּ. הוֹלָכַת הַדָּם מִיבָּעֵי לֵיהּ, קַבָּלָה וּזְרִיקָה דִּכְתִיב בְּהוּ כְּהוּנָּה – פְּשִׁיטָא לָן, דְּכָל מָקוֹם שֶׁנֶּאֱמַר אֶצְבַּע וּכְהוּנָּה אֵינָהּ אֶלָּא יָמִין. אֲבָל הוֹלָכָה לָא כְּתִיב בְּהֶדְיָא, וּמִדְּאַפְּקָהּ רַחֲמָנָא לְקַבָּלָה בִּלְשׁוֹן הוֹלָכָה, דְּתַנְיָא: "וְהִקְרִיבוּ" – זוֹ קַבָּלַת הַדָּם, נָפְקָא לָן בְּמַסֶּכֶת חֲגִיגָה (דף יא.) שֶׁהִיא עֲבוֹדָה. וּמִיהוּ, שְׂמֹאל אִיכָּא לְמֵימַר דְּלָא פָּסֵיל, דְּהָא לֹא כָּתַב בָּהּ כְּהוּנָּה בְּהֶדְיָא: אֶת הַכַּף בִּשְׂמֹאלוֹ. אַלְמָא: כְּשֵׁירָה בִּשְׂמֹאל: וְתִיפְשׁוֹט לֵיהּ מֵהָא. דִּבְגוּפוֹ שֶׁל מִזְבֵּחַ קָמַיְירֵי: הָרֶגֶל שֶׁל יָמִין בִּשְׂמֹאל. מִי שֶׁזָּכָה לְהַעֲלוֹת לַכֶּבֶשׁ הָרֹאשׁ וְהָרֶגֶל, מְקַבֵּל מִיַּד הַמְנַתֵּחַ אֶת הָרֹאשׁ בִּימִינוֹ, וְאֶת רֶגֶל הַיְמָנִית שֶׁל תָּמִיד מְקַבֵּל בִּשְׂמֹאלוֹ: וּבֵית עוֹרָהּ לַחוּץ. וּמְקוֹם חֲתָךְ לְפָנִים, כְּלַפֵּי כֹּהֵן, וְכֵן נָאֶה: הָנֵי מִילֵּי הוֹלָכָה וכו'. הוֹלָכַת אֵבָרִים, דְּלָא מְעַכְּבָא כַּפָּרָה, שֶׁאֵין כַּפָּרָה אֶלָּא בְּדָם, וְהוּא עַצְמוֹ שֶׁלֹּא הוּקְטְרוּ אֵבָרָיו – כָּשֵׁר: אֲבָל הוֹלָכַת דָּם דְּדָם מְעַכֵּב כַּפָּרָה הוּא. אֵימָא לָא נִתְכַּשַּׁר בִּשְׂמֹאל:
זר

דאיירי בקטורת דכל השנה, דחשיבא קידוש כלי דידה לאיפסולי בטבול יום ובמחוסר כפורים ובלינה, מדקתני(א) קדשן בכלי אלמא דאיירי בההיא שהיא צריכה כלי כדי לקדשה קידוש גמור. אבל קטרת דיוה"כ, דלא חשיבא קידוש כלי דידה, דמן הדין הוה לן למימר שלא תהא בכלי, אלא נעייל בחפניו, אלא משום דלא אפשר כדאמר לעיל – אימא דלא תיפסל בלינה בקדושת כלי דידה. דבההיא ודאי לא איירי התם, מדקתני קדשו בכלי – דמשמע שנותנין אותה בכלי כדי לקדשה בכלי. וההיא דיום הכפורים אינה כן, דאדרבה טפי הוה עדיף בלא כלי, אלא משום דלא אפשר. אבל מהכא מייתי ראיה שפיר, דמדקתני קטורת סתמא – בכל מיני קטורת איירי. אי נמי אומר ר"י: דמההיא ליכא למידק מדפסלה בה לינה פסלה בה מחשבה, דדילמא לינה לא פסלה בה – אלא מדרבנן, ואע"ג דקתני סיפא: וחייב עליהן משום נותר וטמא – היינו נמי מדרבנן, כדתנן בפרק "אמרו לו" (כריתות דף יג:): אכל אוכלים טמאים ושתה משקין טמאין, ונכנס למקדש – חייב, אע"פ דפסול גוייה הוי מדרבנן. כדאיתא בפרק בתרא דיומא (דף פ:).(ב) ולהכי לא הוי מחמרינן כולי האי דליטמא אפילו על ידי צירוף. אבל הכא – דייק שפיר, מדפסל בה טבול יום דאורייתא – פסל בה לינה והמחשבה נמי דאורייתא. והקשה ריצב"א: והא אשכחן צירוף כלי במילתא דרבנן, דקתני רישא במס' עדיות (פרק ח מ"א): העיד(ג) ר"ש בן בתירא על אפר חטאת שנגע טמא במקצתו – טימא את כולו, אע"ג דאפר חטאת אין לו טומאה דאורייתא! ואי משום חיבת הקדש – הא לא שייכא בה כשנעשית אפר, כדמשמע ס"פ "התכלת" (מנחות דף נא:) גבי ועל הפרה – שלא יהו מועלין באפרה. מיהו, יכילנא לשנויי: דנהי דבטמא גזרו רבנן, בטבול יום דקלישה טומאתו – לא הוי גזרי'. ואדרבה, יש ראיה משם: מדקתני ברישא גבי אפר חטאת – טמא, ובסיפא קתני – טבול יום. ורבינו יצחק בן אברהם מפרש: דהכא דייק מדפסיל ביה טבול יום ע"י צירוף – ש"מ דצריך לכלי הוא, דאי לא צריך לכלי – לא היה כלי מצרפו, כדאיתא בפרק בתרא דחגיגה (דף כד.). ואע"ג דאמר התם דהוי דרבנן, וכגון שצברו על גבי קטבלייא, ודאורייתא יש לו תוך דווקא, ואתו רבנן וגזור אפי' אין לו תוך – היינו דעשו דאין לו תוך כיש לו תוך, אבל לא עשו אין לו תוך יותר חשוב מיש לו תוך, ולעולם צריך לכלי בעינן. וכיון דצריך לכלי פסלה(ד) ביה לינה, כדאמר בפרק "התכלת" (מנחות דף נא.) "על מחבת בשמן" – מלמד שטעונה כלי, ואי אפיה לה מאתמול – איפסלא(ה) לה בלינה. וכיון דפסלה בה דאורייתא – פסלה בה מחשבה. ולהכי לא מייתי מההיא דמעילה, אע"ג דקתני קדשו בכלי – הוה אמינא מדרבנן, ואע"ג דכתיב "כף אחת" – לא הוה ילפינן דורות משעה. אי נמי: משום דלא כתב בלשון ציווי, ה"א דאינה טעונה כלי. ומיהו (קשה), למאי דאוכחן ממתניתין דמסכת עדיות(ו) דטעונה כלי, מהתם ילפינן מדכתיב "כף אחת"! ול"נ: דלא הוה מצי לאיתויי ממתניתין דמעילה, דהוי אמר הא דקתני קדשו בכלי הוכשרו ליפסל בטבול יום ובמחוסר כפורים ובלינה – לא קאי אקטורת, אלא אשארא. ולהא מילתא לחודה הוא קתני התם קטורת – לענין דמועלין בה משהוקדשה. ותדע דלא קאי אקטורת, דקתני: קדשו בכלי הוכשרו ליפסל בטבול יום,(ז) *וקטורת נפסלת בטבול יום מיד שנתנה במכתשת, כדאמר בפ"ק דשבועות (ד' יא.)! ומיהו הא לאו ראיה היא, דשאני התם דנהי דקטורת מיפסלא מעיקרא משנתנה למכתשת, מ"מ נקט קדשו בכלי הוכשרו כו', דאפי' בקטורת שייך האי לישנא דבקדושת כלי דמכתשת מיפסלא בטבול יום ובמחוסר כפורים, ובקדושת כלי דמחתה מיפסלא בלינה. מיהו, בלא זה איכא טובא בהתלמוד דקאמר אשארא, היכא דלא מצי קאי אכל מאי דקתני. והא דפריך בפ"ק דשבועות (גם זה שם): אלא מאי קדושת הגוף היא – תיפסל בלינה, אלמה תנן: הקומץ והלבונה והקטורת כו'. קדשו בכלי – אין, לא קדשו – לא. ממה נפשך דייק שפיר: אי אקטורת נמי קאי – אם כן משמע לא קדשו בכלי לא מיפסלי בלינה, ואי לא קאי אקטורת, דבקטורת אפילו קדשו בכלי לא מיפסלא בלינה אף לאחר שקדשו בכלי – כל שכן דקשה טפי אמאי לא מיפסלא בלינה,(ח) כדמפרש הכא בקא סלקא דעתך! ולמאי דדייקינן הכא דמיפסלא בלינה בההיא דהוסיף ר"ע – אז ניחא נמי דההיא דמעילה נמי קיימא אקטורת, קדשו בכלי – הוכשרו ליפסל בלינה. מיהו, לענין טבול יום – לאו דווקא קדשו בכלי, דאפילו מעיקרא נמי משנתנה למכתשת נפסלת בטבול יום. והא דנקט קדשו בכלי ולא נקט אפילו קודם קידוש כלי – משום הנך דמיתנן בהדה, דלא מיפסלי קודם קידוש כלי:

חישב בחתיית גחלים מהו. הקשה רש"י: אמאי לא פשיט נמי מההיא דהוסיף רבי עקיבא: מדפסל בהו טבול יום – פסיל בהו לינה, פסיל בהו מחשבה. ולי נראה: דנהי דלינה פסלה בה, אי לא חשיבא עבודה – לא פסלה בה מחשבה. תדע, שהרי קידוש מנחה והנחתה בכיסא – פסלה בה טבול יום ולינה, ואפ"ה אם חישב בשעת הנחתה – לא פסלה בה מחשבה. וכן בשעת יציקה ובלילה – לא פסלה בה מחשבה, אלא בד' עבודות שבמנחה שיש כנגדן בזבח. ולהכי מיבעיא ליה: את"ל חפינת קטורת חשיבא עבודה כמו קמילה, חתיית גחלים מהו? מכשירי מצוה כמצוה דמו, וחפינה אריכתא היא, והויא חתיית גחלים וחפינה במקום קמילה – או לא? בס"פ "טבול יום" (זבחים דף קד.) בעי רבי ירמיה: לינה מהו שתועיל בבשר פרים הנשרפים ושעירים הנשרפים וכו', עד ושוין שאם חישב באכילת פרים ובשריפתן לא עשה ולא כלום. מאי לאו מדמחשבה לא פסלה – לינה נמי לא פסלה? ודחי לה: מחשבה לא פסלה, לינה פסלה. ותימה: א"כ היכי פשיט הכא מדפסלה בהו לינה בחפינה, פסלה בה מחשבה? וי"ל: הכא, כיון דאכילת מזבח היא מדפסלה בה לינה – פסלה בה מחשבה. אבל בשר פרים ושעירים הנשרפים, שנשרפים חוץ לג' מחנות, נהי דלינה פסלה בהו – דילמא מחשבה לא פסלה בהו. וא"ת: דהכא מסקינן דמחשבה פסלה בקטורת, ובזבחים פרק "בית שמאי" (דף מג:) תנן: אלו דברים שאין חייבין עליהן משום פיגול: הקטורת כו', יש לומר: דאין חייבין דקתני התם – היינו להתחייב כרת האוכלן, מיהו מיפסל על ידי מחשבת פיגול. דלהכי אהני גזירה שוה ד'מלח', 'מלח' ממנחת חוטא. וכי האי גוונא אמרינן בסוף פרק קמא דזבחים (דף יד.), ר"ש אומר: כל שאין על מזבח החיצון – אין חייבין עליו משום פיגול, ואפילו הכי קאמר התם: מודה רבי שמעון ליפסול מקל וחומר דשלא לשמן:

הולכה בשמאל מהו. תימה: אי לא אסיק אדעתא למיפשטא מ"לקח את הכף בשמאלו" מאי קמבעיא ליה? האמר בפ"ק דזבחים (דף ד.) דלכל מילי הולכה לא נפקא מכלל קבלה! וי"ל: דהיא גופה מספקא להו, אי גמרינן מכף או איכא שום סברא שאין ללמוד משם, ונימא הולכה לא תפקא מכלל קבלה. ופשיט להו רב ששת: דגמרינן מינה, דכיון דכתב רחמנא הבאה אחת בקטורת, ואי אפשר לעשות בהבאה אחת אא"כ יוליך הכף בשמאלו – אלמא: הולכה בשמאל כשירה. וטפי הוי סברא למיגמר הולכה מהולכה, מלמיגמר הולכה מקבלה:
זר

רבינו חננאל

מחשבה וכן המחשב בחתיית גחלי המחתה מהו ופשטינן לה מהא דתנן בעדיות פרק ו' הוסיף ר' עקיבא הסולת והקטורת והלבונה והגחלים שאם נגע טבול יום במקצתן פסל את כולן ומדפסיל בהו טבול יום פסיל בהו נמי לינה ומדפסלה בהו נמי לינה פסלה בהו נמי מחשבה. בעו מיניה מרב ששת הולכת הדם בשמאל כדי להזותו (מזבח) [על המזבח] מהו. ופשט ממתניתין דקתני ואת הכף בשמאלו. שמע מיניה אפילו הולכת הקטורת דמעכבה כפרה כדאמרן קטרת מכפרת שנאמר ויתן את הקטרת ויכפר על העם כשרה וכ"ש הולכת אברים שאין בהם כפרה (אין) [שאין] כפרה אלא בדם שנא' כי הדם הוא בנפש יכפר

תוספות ישנים

נעשה בדם אבל הכא קמילה וחפינה במקום עבודות קיימין:
חישב בחתיית גחלים מהו. וא"ת תפשוט ליה מדלעיל דקתני גחלים ומדפסיל טבול יום פסלה נמי לינה ומדפסלה לינה כו' י"ל דדוקא במילי דהקרבה הוא דפשיטא הכי אבל לא בגחלים שאינן גוף הקרבן:

[לעיל מז.]

זבחים כד. מנחות י. תמיד לא:

רש"א מ"ז

[והא אפילו נתנו במכתשת הוכשרו לפסול בטבול יום כדאמר בפ"ק כל"ל] רש"א

הגהות הב"ח

(א) תוס' ד"ה (בע"א) מדפסיל כו' ובלינה מדקתני קדשו בכלי: (ב) בא"ד כדאיתא בפ"ב דיומא אבל הכא דייק שפיר מדפסל בה טבול יום לאורייתא פסל בה לינה ובמחשבה נמי לאורייתא לאי דרבנן לא הוי מחמרי כולי האי דליטמא אפילו על ידי צירוף והקשה ריצב"א כצ"ל: (ג) בא"ד העיד ר' יהושע בן בתירא וכו' במקצתו שטימא את כולו: (ד) בא"ד פסלה בה לינה לאורייתא כדאמר בפרק: (ה) בא"ד ואי אפי לה מאתמול איפסלה בלינה וכיון דפסלה בה לינה לאורייתא: (ו) בא"ד דלאוכחן ממתני' דמסכת עדיות מהתם ילפינן דטעונה כלי מדכתיב כף: (ז) בא"ד הוכשרו ליפסל בטבול יום ובבריייתא קתני נתנה במכתשת נפסלה בטבול יום כדאמר בפ"ק דשבועות כצ"ל והשאר נמחק: (ח) בא"ד דקשה טפי אמאי לא מיפסל בלינה אף לאחר שקדשו בכלי ולמאי דדייקינן הכא דמיפסלה בלינה מההיא דהוסיף ר"ע אז ניחא נמי דההיא כו' כצ"ל:

מיתיבי: אזר, בואונן גשיכור, דובעל מום, בקבלה ובהולכה ובזריקה – פסול. הובן יושב, ווכן שמאל – פסול! תיובתא. והא רב ששת הוא דאותבה, דאמר ליה רב ששת לאמוריה דרב חסדא: *בעי מיניה מרב חסדא: הולכה בזר מהו? – אמר ליה: כשירה, ומקרא מסייעני: "וישחטו הפסח ויזרקו הכהנים מידם והלוים מפשיטים". ומותיב רב ששת: זר, ואונן, שיכור, ובעל מום, בקבלה ובהולכה ובזריקה – פסול, וכן יושב וכן שמאל פסול! בתר דשמעה הדר אותבה. – והא רב חסדא קרא קאמר! דעבוד מעשה איצטבא. בעי רב פפא: זחפן חבירו ונתן לתוך חפניו מהו? מלא חפניו בעינן – והא איכא, או דילמא "ולקח והביא" בעינן – והא ליכא? תיקו. בעי רבי יהושע בן לוי: חחפן ומת, מהו שיכנס אחר בחפינתו? א"ר חנינא: בא וראה שאלת הראשונים. למימרא דרבי יהושע בן לוי קשיש? והאמר רבי יהושע בן לוי: לי התיר רבי חנינא לשתות שחליים בשבת! לשתות?! פשיטא, דתנן: *טכל האוכלין אוכל אדם לרפואה, וכל המשקין שותה!(א) אלא: לשחוק ולשתות שחליים בשבת. היכי דמי? אי דאיכא סכנתא – משרא שרי, ואי דליכא סכנתא – מיסר אסיר! לעולם דאיכא סכנתא, והכי קא מבעיא ליה: מי מסיא – דניחול עלייהו שבתא, או לא מסיא, ולא ניחול עלייהו שבתא. ומאי שנא רבי חנינא? – משום דבקי ברפואות הוא, דאמר ר' חנינא: *מעולם לא שאלני אדם על מכת פרדה לבנה וחיה. והא קא חזינן דחיי! אימא: וחיית. – והא קא חזינן דמיתסי! בסומקן אינהו, וחיורן ריש כרעיהו קאמרינן. מכל מקום שמע מינה דרבי חנינא קשיש. אלא הכי קאמר: שאלתן – כשאילה של ראשונים. ומי אמר רבי חנינא הכי? והאמר רבי חנינא: 'בפר' – ולא בדמו של פר. *ואמר רבי חנינא: קטורת שחפנה קודם שחיטת הפר – לא עשה ולא כלום! – הכי קאמר: מדקא מיבעיא ליה הא – מכלל דקסבר 'בפר' – ואפילו בדמו של פר, ולמאי דסבירא ליה – שאילתו כשאילת הראשונים. מאי הוי עלה? אמר רב פפא: אי חופן חוזר וחופן – חבירו נכנס בחפינתו, דהא מקיימא חפינה. אי אין חופן וחוזר וחופן – תבעי לך. אמר ליה רב הונא בריה דרב יהושע לרב פפא: אדרבה, אי חופן וחוזר וחופן – לא יכנס אחר בחפינתו, אי אפשר שלא יחסר ושלא יותיר. ואי אין חופן חוזר וחופן – תיבעי לך. דאיבעיא להו: *חופן חוזר וחופן או לא? תא שמע: כף היתה מידתה. מאי לאו: כשם שמידתה מבחוץ – כך מידתה מבפנים! לא, דילמא שאם רצה לעשות מדה – עושה. אי נמי: שלא יחסר ושלא יותיר. תא שמע: כיצד

רש"י

זר ואונן שיכור ובעל מום. כולהו נפקי לן מקראי דמחלי עבודה, בפ"ב דזבחים (דף טו.): ובן יושב. דבעי "לעמוד לשרת" (דברים יח): והא רב ששת הוא דאותבה. להא מתני', לאמוריה דרב חסדא, כדמפרש ואזיל, אלמא שמיעא ליה, והיכי טעי למיפשט דכשרה בשמאל? ויזרקו הכהנים(ב) הדם. מידם של שוחטים שהם זרים(ג) וחזרו וקבלו הדם מיד הכהן המקבל, והוליכוהו אל הזורק: ומתיב רב ששת גרסינן: בתר דשמעה. דאותבוה ניהליה הכא, הדר אותבה איהו לרב חסדא: מעשה איצטבא. המקבלים היו מושיבים את הדם ביד הזרים, ואין הזרים מקרבין אותו לצד המזבח כלל, אלא מושיבים הדם על ידם כאשר על גבי איצטבא: או דילמא ולקח והביא. דולקח נמי אמלא חפניו קאי: מהו שיכנס אחר. כהן המשמש תחתיו, מהו שיכנס לפנים בחפינה זו שנתן הראשון לתוך הכף, ואין צריך לחזור ולחפון? א"ר חנינא. לתלמידים: בא וראה שהדור האחרון זוכה להתחכם כדורות הראשונים, שאף אני הייתי שואל שאילה זו, ועכשיו שאלה רבי יהושע בן לוי שהוא מן הראשונים: שחליים. קרסו"ן: לשחוק. ולשתות: אימא וחיית. המכה: שמע מינה. דרבי יהושע בן לוי לא הוה קשיש, מדקרי ליה רבי, דקאמר: לי התיר רבי חנינא. ולא היה דרך הזקנים לומר על הבחורים רבי, אלא לי התיר חנינא היה אומר. כלומר: לי אמר חנינא שהיא רפואה: אלא הכי קאמר. ר' חנינא לתלמידיו: בא וראה ששאלתן של אחרונים כשאלתי, שאני מן הראשונים, שאף אני הייתי מתקשה: ומי אמר רבי חנינא הכי. מי מספקא ליה אי נכנס אחר בחפינתו אי לא? בפר ולא בדמו של פר. "בזאת יבא אהרן אל הקדש בפר" (ויקרא טז) ולא בדמו של פר, שאם שחט פרו ומת – אין המשמש תחתיו נכנס באותו דם לפנים, אלא צריך להביא פר אחר ולשחוט וכיון דצריך להביא פר אחר – צריך לחפון לאחר שחיטתו:(ד) ואמר רבי חנינא קטורת שחפנה קודם שחיטה לא עשה ולא כלום. שכן סדר העבודות.[א] בעינן חפן ומת נמי אי אפשר שלא שחט פרו תחילה, וזה הבא אחריו צריך להביא פר אחר! ואי אמרת יכנס בחפינתו של ראשון – נמצאת חפינה זו קודם שחיטת פרו של שני: הכי קאמר רבי חנינא. מדקא מבעיא ליה לרבי יהושע בן לוי הא – מכלל דס"ל דאין צריך להביא פר אחר, דאם כן – הויא לה קטורת שחפנה קודם שחיטת הפר:(ה) ולמאי דס"ל. יפה שאל כשאילת הראשונים, אותן שנחלקו עלי בפר ואפילו בדמו של פר, אף להן נשאל שאילה זו: מאי הוי עלה. חפן ומת, מהו שיכנס אחר בחפינתו: אי חופן חוזר וחופן. אי מפשטא לן בעיין דאיבעיא לן גבי חפינת פנים, אם צריך לחזור ולחפון או לא, ותימצי לומר דצריך לחזור ולחפון – חבירו נכנס בחפינתו, דהא מיקיימא חפינה: אדרבה אי חופן וחוזר וחופן. אז אין חבירו נכנס בחפינתו, שאי אפשר שלא יחסיר חבירו ושלא יותיר,(ו) *חפניו של ראשון שוין לחפניו של שני: כיצד

תוספות

זר ואונן ושיכור. בספ"ק דזבחים (דף יד.) נמי מייתי לה, ופירש שם רש"י: שיכור – שתויי יין. והקשה רבינו חיים כהן זצ"ל, דבס"פ "אלו מומין" (בכורות דף מה:) תנן: החרש והשוטה והשיכור פסולין באדם וכשרים בבהמה וכו'. ופריך בגמ': שיכור אחולי מחיל עבודה, ובהדי מומי בעי למיחשביה! ומוקי לה בשאר דברים המשכרים, ודלא כרבי יהודה דאמר חייב מיתה אף בשאר דברים המשכרים. על כן פירש רבינו חיים דהכא נמי איירי בשאר דברים המשכרים. וריצב"א פי' דפרש"י עיקר, ואדרבה מהתם יש ראיה לפירושו, מדפריך סתמא שיכור אחולי מחיל עבודה וכו' אלמא: דסתם שיכור איירי בשתויי יין, והתם דקשיא ליה בהדי מומין בעי למיחשביה – להכי מוקי ליה בשאר דברים המשכרים, אבל הכא דקתני ליה בהדי מחללי עבודה – נוקמיה בשתויי יין, כמו סתם שיכור דבכל דוכתא: בעי רב פפא חפן חבירו ונתן לתוך חפניו מהו מלא חפניו בעינן וכו'. תימה לי: הא איבעיא ליה לעיל כבר כי האי גוונא גבי בין הבינים! וי"ל: באת"ל קאמר את"ל בין הביניים לא – דלא קרי ביה "ולקח והביא" כיון דלא אתי מכח גברא, הכא מאי? מי אמרינן: אע"ג דלאו איהו חפן – מ"מ כיון דמכח גברא קאתי שפיר דמי, ושפיר קרינן ביה "ולקח הלוקח" מי שהוא, ויש בחפניו של כ"ג, והדר נעייל הוא וקרי ביה "מלא חפניו והביא" או דילמא "ולקח והביא" בעינן – שהלוקח יביא: אי חופן וחוזר וחופן נכנס חבירו בחפינתו. תימה: אי חובה הוא לחפון פעמיים אחד מבחוץ ואחד מבפנים – היכי עייל חבריה בחפינתו? מ"מ הרי לא חפן כהן אחד תרי זימני! ונראה דה"פ: אי חופן וחוזר וחופן, לפי שמן התורה אין לדבר קצבה, שיכול לחפון כל כך פעמים כמו שירצה, ובלבד שלא יחסיר ולא יותיר, ולהכי תקינו רבנן שיחזור ויחפון בפנים שמא נתפזר לו מן הקטורת בדרך ונחסר קצת – וא"כ אם חפן ונתן לתוך הכף, ומת בחוץ – חוזר חבירו וחופן פעם שנית, וחוזר ונותן לכף ונכנס, דקרינן ביה "מלא חפניו והביא" דליכא אלא הבאה אחת. ואי אין חופן וחוזר וחופן, משום דמשמע "מלא חפניו" חד אמר רחמנא ולא תרי זימני מלא חפניו – א"כ אין חבירו נכנס בחפינתו: והאיכא

רבינו חננאל

ומותבינן עליה הא דתני זר ואונן שכור ובעל מום בקבלה ובהולכה ובזריקה פסול וכן יושב וכן שמאל תיובתא ואקשינן וכי רב ששת לא הוה ידע להא מתניתא דהא רב ששת דאותבא לרב חסדא במס' שחיטת קדשים באחרית פרק א' בעידנא דפשיט הולכה בזר כשרה ומקרא מסייעני וישחטו הפסח ויזרקו מידם והלוים מפשיטים. דייקינן מדכתיב ויזרקו הכהני' מידם מכלל שלא היתה הולכה בכהנים אלא בזריקה בלבד. ואותביה רב ששת הא מתני' ופרקינן בתר דאיתותב בה רב ששת הדר הוא ואותבה לרב חסדא. ואוקימנא לרב חסדא דעביד מעשה אצטבא כלומר כולם עומד בשורה זה מושט לזה וזה מושיט לזה. והולכה שלא ברגל כי האי גוונא *) ואין הולכה בהן כלל. חפן כהן אחר ונתן בחפני כ"ג מהו להביא ולהקטיר בהן או צריך לחפון הוא תיקו. בעי ריב"ל חפן ומת מהו להיכנס אחר בחפינתו כו'. א"ר חנינא בוא וראה שאילת הראשונים ואקשינן למימר דריב"ל קשיש מר' חנינא (הוא) והאריב"ל התיר לי ר' חנינא לשחוק שחלים בשבת דהוי סכנה ובעאי מיניה משום דהוה בקי ברפואות מי מאסו שחלים דניחול שבתא ונשחקינהו אי לא וא"ל מאסו. הנה ר' חנינא יותר זקן מריב"ל. ופרקינן הכי קאמר ר' חנינא לתלמידיו שאילתן כשאילת הראשונים מכם כלומר שאלוהו תלמידיו זו השאילה ואמר להן כבר שאלו את הגדולים מכם והוא ריב"ל ולא אפשיטא ליה. ומי מספקא ליה הא לר' חנינא. והא מדאמר ר' חנינא קטורת שחפנה קודם שחיטת הפר לא עשה כלום ואמר נמי בזאת יבא אהרן אל הקדש בפר בן בקר ולא בדמו של פר. כלומר אם שחוט כ"ג פרו ומת אין אחר נכנס בדם זה הפר אלא צריך להביא פר אחר ולשחטו וליכנס בדמו ממילא שמעינן דאפילו אי חפן איהו קמיה שחיטת פרו ולא עשה כלום כ"ש אם חפן כהן אחר שלא עשה כלום. וא"כ מאי לא פשט להו משמעת' ושנינן ה"ק מדקא מיבעיא ליה לריב"ל הא ש"מ דקסבר בפר ואפי' בדמו של פר וחפינה הוא דקא מיבעיא ליה ולמאי דסבירא ליה [שאילתו] כשאילת הראשונים כלומר מן דסבר בפר ואפילו בדמו של פר מאי הוי עלה אמר רב פפא אי חופן וחוזר וחופן נכנס השני בחפינתו של ראשון דהא לא אפשר דלא חפין ליה השני בשעת הקטרה וקא מקיימא חפינה בכהן המשמש בקטורת אי אין חופן וחוזר וחופן תיבעי לך. ואקשינן עליה אדרבא אי חופן בחוץ חוזר וחופן בפנים. לא תיבעי לך דודאי אינו נכנס השני בחפינת הראשון שאי אפשר שלא יחסיר ושלא יותיר ובעינן להכנים מלא חפניו של מקטיר ממש לא פחות דהא מלא חפניו כתיב ולא יתר דהא חפניו כתיב אי אין חופן בחוץ חוזר וחופן בפנים אלא מערה הקטורת מן הכף אל המחתה ודיו תבעי לך דאיבעיא להו החופן בחוץ חוזר וחופן בפנים אי לא. ת"ש

*) נ"ל דל"ל לא הויא הולכה ואין הולכה כזו פוסל בזר כלל.

עין משפט נר מצוה

טז א מיי' פ"ט מהלכות ביאת מקדש הלכה ה והלכה טו סמג לאוין שט:
יז ב מיי' שם הלכה טו ופ"ב הלכה ז סמג לאוין שג:
יח ג מיי' פ"א שם הלכה א ופ"ט הלכה טו סמג לאוין שו:
יט ד מיי' שם פ"ז הלכה א ופ"ט הלכה טו סמג לאוין שו:
כ ה מיי' שם פ"ה הלכה טז יז ופ"ט הלכה טו:
כא ו מיי' שם פ"ה הלכה יח ופ"ט הלכה טו ופ"ד מהלכות עבודת יוה"כ הלכה א:
כב ז ח מיי' פ"ה מהל' עבודת יוה"כ הלכה כח:
כג ט מיי' פכ"א מהל' שבת הלכה כב סמג לאוין סה טוש"ע א"ח סי' שכח סעיף לז:

מסורת הש"ס

זבחים יד. | חולין ז. | [לקמן ס:] | [לעיל מז.]

הגהות הב"ח

(א) גמ' וכל המשקין שותה אדם לרפואה אלא לשחוק: (ב) רש"י ד"ה ויזרקו הכהנים מידם כו' כצ"ל ותיבת הדם נמחק: (ג) בא"ד שהם זרים שחזרו וקבלו: (ד) ד"ה בפר כו' לאחר שחיטתו דאמר ר' חנינא כצ"ל והד"א: (ה) ד"ה הכי קאמר כו' הד"א עם ד"ה ולמאי כו' שנחלקו עלי בפר דס"ל ואפילו בדמו של פר: (ו) ד"ה אדרבה כו' ושלא יותיר שיהיו חפניו של ראשון:

הגהות מהר"ב רנשבורג

(א) רש"י ד"ה ואמר ר' חנינא וכו' כענין חפן. נ"ב נ"ל בעיין לחפן וכ"כ הש"י.

נ"ל שאין

תוספות ישנים

ושיכור. אפילו לא הוי שתוי יין כגון שלא שתה בעינן ביאה: וכן שמאל קשיא. וממתניתין אין ראיה דהיינו משום דלא אפשר וקיימא לה נמי בהקומץ רבה (מנחות כה.) הומר מכללו אלא יוה"כ: והלוים מפשיטין. הפשט וניתוח כשירין בזר כדנפקא בסוף פ"ב לעיל (דף כו:) מקרא ומדברי קבלה לא ילפינן ליה: בעי רב פפא חפן חבירו כו'. תימה אמאי לא קמיבעיא ליה הכי בהנך בעיות דרב פפא לעיל ועוד דהוכא נמי כי הך בעיא לעיל בין הביניים כו' והביא בעינן כו': חפן ומת כו'. ה"נ הוה מצי למיבעי חפן ונטמא א"נ כיון שכ"ג קיים יכול ליכנס אחר בעבודתו הואיל ועדיין הוא קיים וראוי לעבודה ויש כאן חפינה של כ"ג אבל כשמת אין כאן חפינה משום אדם בעולם. ה"ר יוסף: חבירו נכנס בחפינתו. דקא מקיימא חפינה ואע"ג דלא מקיימא חפינה ראשונה אע"פ שהיא עיקר דמחשבה פסלה בה א) וכדאמרן נמי לעיל דמש"ה אינו יכול לעשות מדה לחפינה ואפילו יכול לעשות מדה [הא] פי' לעיל שצריך לחפון מ"מ כיון שכ"ג חפן חפינה ראשונה וכ"ג שיכנס יחפין עוד סברא הוא שלא הקפיד הכתוב באותו כהן עצמו דהכי סבר רב פפא. ה"ר יוסף: שחט

א) נ"ל ואמרן:

עין משפט
נר מצוה

כד א ב ג מיי' פ"ד מהל' עבודת יוה"כ הלכה א:
כה ד מיי' שם פ"ה הלכה יג:
כו ה מיי' פ"ב מהלכות קרבן פסח הלכה יד:
כז ו מיי' פי"ב מהלכות בכורים הלכה ח:

כֵּיצַד הוּא עוֹשֶׂה? אאוֹחֵז אֶת הַבָּזָךְ בְּרֹאשׁ אֶצְבְּעוֹתָיו, וְיֵשׁ אוֹמְרִים: בְּשִׁינָּיו,[א] וּמַעֲלֶה בְּגוּדָלוֹ, עַד שֶׁמַּגַּעַת לְבֵין אַצִּילֵי יָדָיו. בוְחוֹזֵר וּמַחֲזִירָהּ לְתוֹךְ חָפְנָיו, גוְצוֹבְרָהּ, *כְּדֵי שֶׁיְּהֵא עֲשָׁנָהּ שׁוֹהֶה לָבוֹא. וְיֵשׁ אוֹמְרִים: מְפַזְּרָהּ, כְּדֵי שֶׁיְּהֵא עֲשָׁנָהּ מְמַהֶרֶת לָבוֹא. וְזוֹ *הִיא עֲבוֹדָה קָשָׁה שֶׁבַּמִּקְדָּשׁ. זוֹ הִיא וְתוּ לָא?! וְהָא אִיכָּא מְלִיקָה, וְהָא אִיכָּא קְמִיצָה! אֶלָּא: זוֹ הִיא עֲבוֹדָה קָשָׁה מֵעֲבוֹדוֹת קָשׁוֹת שֶׁבַּמִּקְדָּשׁ. שְׁמַע מִינָּהּ: חוֹפֵן וְחוֹזֵר וְחוֹפֵן, שְׁמַע מִינָּהּ. אִיבַּעְיָא לְהוּ: שָׁחַט וָמֵת, מַהוּ שֶׁיִּכָּנֵס אַחֵר בְּדָמוֹ? מִי אָמְרִינַן: "בְּפַר" – וַאֲפִילּוּ בְּדָמוֹ שֶׁל פַּר, אוֹ דִילְמָא: "בְּפַר" – וְלֹא בְדָמוֹ שֶׁל פַּר? רַבִּי חֲנִינָא אוֹמֵר: *בְּפַר וְלֹא בְדָמוֹ שֶׁל פַּר, וְרֵישׁ לָקִישׁ אָמַר: דבְּפַר וַאֲפִילּוּ בְּדָמוֹ שֶׁל פַּר. רַבִּי אַמִּי אָמַר: בְּפַר וְלֹא בְדָמוֹ שֶׁל פַּר, רַבִּי *יִצְחָק אָמַר: בְּפַר וַאֲפִילּוּ בְּדָמוֹ שֶׁל פַּר. אֵיתִיבֵיהּ רַבִּי אַמִּי לְרַבִּי יִצְחָק נַפָּחָא: *נִמְנִין הוּמוֹשְׁכִין יְדֵיהֶן מִמֶּנּוּ עַד שֶׁיִּשָּׁחֵט, וְאִם אִיתָא – עַד שֶׁיִּזָּרוֹק מִיבְּעֵי לֵיהּ!(א) – שָׁנֵי הָתָם דִּכְתִיב: °"מִהְיוֹת מִשֶּׂה" – מֵחִיּוּתֵהּ דְּשֶׂה. מְתִיב מָר זוּטְרָא: *ואֵין פּוֹדִין לֹא בְּעֵגֶל וְלֹא בְחַיָּה, וְלֹא בִשְׁחוּטָה, וְלֹא בִטְרֵיפָה, וְלֹא בְכִלְאַיִם, וְלֹא בְכוֹי, אֶלָּא בְשֶׂה! שָׁאנֵי הָתָם, דְּיָלֵיף שֶׂה שֶׂה מִפֶּסַח. *אִי מַה לְּהַלָּן זָכָר תָּם וּבֶן שָׁנָה – אַף כָּאן זָכָר תָּם וּבֶן שָׁנָה? ת"ל: °"תִּפְדֶּה" "תִּפְדֶּה" רִיבָּה. – אִי "תִּפְדֶּה תִּפְדֶּה" רִיבָּה – אֲפִילּוּ כּוּלְּהוּ נַמִּי! אִם כֵּן, "שֶׂה" מַאי אַהֲנֵי לֵיהּ?

אֵיתִיבֵיהּ

[רש"י]

כֵּיצַד הוּא עוֹשֶׂה. חֲפִינָה שְׁנִיָּה שֶׁבִּפְנִים מִן הַבָּזָךְ לְתוֹךְ חָפְנָיו, אוֹחֵז אֶת רֹאשׁ הַבָּזָךְ בְּרָאשֵׁי אֶצְבְּעוֹתָיו, לְאַחַר שֶׁהִנִּיחַ אֶת הַמַּחְתָּה בָּאָרֶץ וְיָדָהּ שֶׁל בָּזָךְ כְּלַפֵּי בֵּין זְרוֹעוֹתָיו, וּמַעֲלֶה בִּשְׁנֵי גוּדָלָיו וּמוֹשֵׁךְ אֶת יָדָהּ בְּגוּדָלָיו לְצַד גּוּפוֹ מְעַט מְעַט עַד שֶׁמַּגִּיעַ רֹאשׁ יָדָהּ לְבֵין אַצִּילֵי יָדָיו, וְרֹאשׁ הַבָּזָךְ מַגִּיעַ לְגוֹבַהּ פַּס יָדוֹ, וְחוֹזֵר וּמַחֲזִירָהּ דֶּרֶךְ לְדָהּ לְתוֹךְ חָפְנָיו, וְצוֹבְרָהּ עַל הַגֶּחָלִים: נִימְנִין. עַל הַפֶּסַח מִי שֶׁרוֹצֶה לִימָּנוֹת, וּמוֹשֵׁךְ יָדָיו מִמֶּנּוּ מִי שֶׁרוֹצֶה לִימָּשֵׁךְ, עַד שֶׁיִּשָּׁחֵט: וְאִם אִיתָא. דִּלְאַחַר שְׁחִיטָה נַמִּי קָרֵינַן בֵּיהּ עַל הַשֶּׂה – עַד שֶׁיִּזָּרֵק מִיבָּעֲיָא לֵיהּ: וְאִם יִמְעַט הַבַּיִת. אִם בָּאוּ מְנוּיִין לְהִימָּעֵט וְלִמְשׁוֹךְ אֶת יְדֵיהֶם: מִהְיוֹת מִשֶּׂה. בְּעוֹד שֶׁהֲוָיָיתוֹ קַיֶּימֶת יִתְמַעֲטוּ, וְלֹא מִשֶּׁיִּשָּׁחֵט: אֵין פּוֹדִין. פֶּטֶר חֲמוֹר: לֹא בְעֵגֶל וְלֹא בְחַיָּה. דְּשֶׂה כְּתִיב: וְלֹא. בְּשֶׂה שְׁחוּטָה: וְלֹא בְכִלְאַיִם. דְּעֵז וְרָחֵל, וְאַע"ג דְּמַשְׁנֵי לְדָדָיו הוּא שֶׂה: וְלֹא בְכוֹי. דְּתַיִשׁ וּצְבִיָּה. קָתָנֵי מֵיתָה וְלֹא בִשְׁחוּטָה, אַלְמָא: שְׁחוּטָה לָאו שֶׂה הוּא:

וְהוֹאִיל

[תוספות]

והאיכא קמיצה. ומה שמקשה ר"י: דבפ' קמא דמנחות (דף יא.) אמרינן גבי מנחת מאפה ומחבת ומרחשת – זו היא עבודה קשה שבמקדש, ובפרק "כל המנחות באות מצה" (שם דף נד.) אמרינן: אין לך שקשה לקמיצה יותר ממנחת חוטא. נראה לי דהנך ג' דקא חשיב הכא עבודות קשות הם לכהן לעשות, שיש בהן צער; מליקה – למלוק בצפורנו לחתוך המפרקת, וכן קמיצה דמנחת מאפה – שיש לו צער לכהן למחוק בגודלו מלמעלה ובאצבע קטנה מלמטה ולהשוות דבר קשה, וכן בחפינה כדמפרש שנוטל הבזך בשיניו. ועוד מפרש לקמן: שהיה צריך ליזהר מאד שלא יכוה מחום הגחלים. אבל גבי מנחת חוטא לא קאמר: אין לך עבודה קשה יותר ממנחת חוטא – אלא קשה לקמיצה קאמר, לפי שאין מגובלת, אין יכול להשוות בשעת קמיצה, אבל צער אין לו:

שאני התם דיליף שה שה מפסח. מכאן יש לדקדק דהא דקאמר רבא ב"מרובה" (ב"ק דף עז:): זה בנה אב כל מקום שנאמר שה – אינו אלא להוציא את הכלאים, היינו שה [דפסח], כדאמרינן הכא דילפינן מיניה שה דפטר חמור. וב"מרובה" מסקינן דבנין אב דרבא לפטר חמור אילטריך, וכדתנן: אין פודין לא בעגל וכו'. ולא כמו שפירש"י בפרק "אותו ואת בנו" (חולין דף עח:) דבנין אב דרבא מ"שה כשבים ושה עזים" – עד שיהא אביו ואמו שניהם כשבים או שניהם עזים. ועוד קשה לפירושו מההיא ד"מרובה" גופה, דפריך התם: ולרבי אלעזר דמתיר בכלאים מפני שהוא שה, בנין אב דרבא למאי אתא? ומשני: לטמא שנולד מן הטהור ועיבורו מן הטמא, ודלא כרבי יהושע. דאי רבי יהושע – מ"שה כשבים ושה עזים" נפקא. שמע מינה דבנין אב דרבא לא הוי מ"שה כשבים ושה עזים". על כן נראה כמו שפירשתי, דמשה דפסח נפקא. אבל תימה: דרבא קרי ליה בנין אב, ובן בג בג פ"ק דבכורות (דף יב.) קרי ליה גזירה שוה, דקאמר: נאמר כאן 'שה' ונאמר להלן 'שה', מה להלן פרט לכל השמות הללו וכו'. ועוד: מאי שנא דנקט רבא להוציא כלאים טפי מטריפה ושחוטה? ועוד: דבאותו ואת בנו דכתיב ביה שה למעט טריפה, כמו שהיינו ממעטי' כלאים, אי לאו דכתיב "או שה" – לרבות הכלאים, כדאיתא בפ' "אותו ואת בנו" וב"מרובה", אלמה תנן:* אותו ואת בנו נוהג בטריפה? ואפילו ר"ש לא פטר בטריפה אלא משום דשחיטה שאינה ראויה לא שמה שחיטה, אבל ממשמעות שה – לא פטר לא באותו ואת בנו, ולא בתשלומי ד' וה'. וכן רבי יוחנן,* אמאי מחייב בד' וה' מוכר את הטריפה? ועוד: רבי אלעזר דמתיר בכלאים לפדות, ומוקי בנין אב דרבא לטמא שנולד מן הטהור, מנא ליה דאין פודין בשחוטה וטריפה? ועוד: כי פריך ב"מרובה" לרבי אלעזר, בנין אב דרבא ל"ל, לימא דאיצטריך למעוטי שחוטה וטריפה! וליכא למימר דהני בלא בנין אב נפקא ממשמעותא דשה דהני לאו שה נינהו, דהאמר בשמעתא דפר שחוט נמי מיקרי פר! וי"ל: דבנין אב דרבא וגזירה שוה לאו חדא מלתא היא, אלא דתרוייהו נפקי מפסח, דכתיב* "שה תמים זכר בן שנה יהיה לכם מן הכבשים ומן העזים תקחו" והשתא בנין אב דרבא נפיק מיתורא ד"מן הכבשים ומן העזים" דמשמע עד שיהא אביו כבש ואמו כבשה, דמגזירה שוה לא הוה מסתבר למעוטי כלאים, דהוה שרינן לה כרבי אלעזר אי לאו משום בנין אב מפני שהוא שה, והוה מרבינן ליה מ'תפדה' 'תפדה' ריבה. ואע"ג דטריפה ושחוטה מיקרו שה, ולא מרבינן להו, כלאים מסתבר להו לרבויי אבל מבנין אב ד"מן הכבשים" ממעיט שפיר, דלגופיה דפסח לא איצטריך, דמשאר קדשים נפקא דממעטינן בהו כלאים מ"שור או כשב או עז" ואע"ג דהאי קרא דמן הכבשים במצרים נאמר, ועדיין לא נאמרו קדשים – מ"מ בתר דנכתבו קדשים לא איצטריך למיכתב להאי קרא, אלא זה בנה אב שכתב 'שה' וכתב אצלו "מן הכבשים" כל מקום שנאמר שה אינו אלא להוציא הכלאים. ואם תאמר: "תמים" דכתיב בהאי קרא למה לי? תיתי משאר קדשים! נראה לי דאיצטריך לכדדרשינן בפרק שני דזבחים (דף כה:): הגורס אוזן הפר ואחר כך קיבל דמו – פסול, שנאמר: "ולקח מדם הפר" – הפר שהיה כבר, אין לי אלא קדשי קדשים, קדשים קלים מניין? דכתיב: "זכר תמים בן שנה יהיה לכם" – שיהו כל הוויותיו תם ובן שנה. ואף על גב דפריך עלה מכל הזבחים שנשתייר בהם כזית חלב זורק הדם, אלמא לא בעינן שלם בשעת זריקה, ומשני: תרגמא אבן שנה. נהי דכל הוויותיו לא בעינן שיהא תם – קבלה מיהו גמר מיניה, דילמד סתום מן המפורש. כיון דגלי לן בפר דבעינן שיהא תם בשעת קבלה. והשתא ניחא לרבי אלעזר, אע"ג דשרי בכלאים ולא מוקי בנין אב לפטר חמור – אסר באחריני מגזירה שוה. והא דקאמר התם נאמר כאן 'שה' ונאמר להלן 'שה', מה להלן פרט לכל השמות הללו לאו דווקא, דכלאים לא מגזירה שוה נפקא אלא מבנין אב, אלא ניחא ליה לכלול כולם יחד – דהא עגל וחיה נמי לא נפקי מגזירה שוה אלא ממשמעות דשה – וניחא נמי הא דאותו ואת בנו נוהג בטריפה וכן תשלומי ד' וה', דבנין אב לא הוי אלא מכלאים. וא"ת: מכל מקום ליתי בגזירה שוה ד'שה' 'שה' כדילפינן פדיון פטר חמור! יש לומר: דשה דידהו לא מופנה לגזירה שוה. ותימה. דקא דייק ב"מרובה": בנין אב דרבא למה לי? אי לקדשים – בהדיא כתב בהו. ומשמע, דאי לא הוה כתב בהו בהדיא, אלא ילפינן בנין אב דרבא – הוה ניחא ליה, ואמאי? הא אי לא כתב בקדשים – אז לא היה מיותר מן הכבשים ומן העזים, דהוה צריך למעוטי כלאים בגופיה! ואומר ר' יצחק: דדרך הגמרא להקשות כן, לפי מה שלא פירש רבא בבנין אב שלו, וה"ק: אי לקדשים, ותימה ד"מן הכבשים ומן העזים" מיותר בלא מילף מקדשים אלא מקרא אחרינ', אפילו אי אמרינן הכי – לא ניחא, דהא בהדיא כתב בהו. וכי האי גוונא איכא בכתובות בפרק "נערה" (כתובות דף מו:) ובריש מסכת קידושין (דף ג:) גבי כסף קידושיה מנלן דאבוה הוי, אי מבושת ופגם, ואף על גב דבושת ופגם גופייהו לא קי"ל בכתובות בפרק "אלו נערות" (כתובות דף מ: ושם) דאבוה הוו אלא מקדושין, דאי בעי מסר לה למנוול ומוכה שחין, אלא לרווחא קאמר גמרא: אפילו את"ל דבושת ופגם מקרא אחרינא נפקא – לא מצי למילף כסף קידושיה מהתם, דמה להנך – שכן אבוה שייך בגווייהו. מיהו, יש פירושים הרבה לשם, ואין להאריך כאן בזה. ולא ידענא מאי קשה מההיא ד"מרובה", דאפילו אי לא מייתר "מן הכבשים" אלא משום דגמרינן מקדשים – ניחא הא דקאמר: אי לקדשים אי לא הוה כתב בהדיא בהו הוה אמרינן נהי דאיצטריך "מן הכבשים" לגופיה, קדשים גמרינן שפיר מהכא, דקדשים מקדשים גמרינן בהיקשא ד"וזאת התורה לעולה" וגו'. וא"ת: מאי קמיבעיא ליה בפ"ק דבכורות (דף יב.) לרבנן דאסרי בכלאים: מהו לפדות בנדמה, והא כלאים לא ממעטינן מגזירה שוה אלא מבנין אב, ואם כן נדמה מהיכא תיתי? וי"ל: כיון דכלאים הוה מיסתבר לרבויי מ'תפדה' 'תפדה', ואתא בנין אב למעוטי – מהשתא נמעט נמי נדמה מגזירה שוה, ונימא דג"ש דווקא, ולא נרבייה מ'תפדה' 'תפדה':

איתיביה

רבינו חננאל

כיצד הוא עושה אוחז הכף בראשי אצבעותיו וי"א בשניו ומערה בגודלין עד שמעלה לבין אצילי ידיו. וחוזר ומרכינהו ומערה לחפניו וצוברה על גחלי המחתה כדי שתהא מעובה על הגחלים שיהא עשנה שוהה לעלות וי"א מפזרה כדי שיהא עשנה ממהרת לבוא וזו היא מעבודות הקשות שבמקדש ואסיקנא ש"מ חופן בחוץ וחוזר וחופן בפנים ש"מ. שחט ומת מהו שיכנס אחר בדם זה הפר פליגי בה ר' חנינא ור"ל ור' אמי ור' יצחק נפחא ומותבינן למ"ד בפר ואפילו בדמו של פר הא דתנן בפסח נמנין ומושכין ידיהם ממנו עד שישחוט. ואם דדמו כמותו עד שיזרק הדם היה לומר. ודחינן שאני התם משה דדרשינן ביה מחיותיה דשה. תוב מותבינן הא דתנן אין פודין פטר חמור לא בעגל כו'

תוספות ישנים

שחט ומת כו'. וה"ה נמי שחט ונטמא אלא מילתא אגב אורחיה קמ"ל דחטאת שמתו בעליה לניבור היא ולא למיתה אזלא כדלקמן ועוד כיון שהראשון חי והקרבן שלו כדפירש' לעיל הוינו כשלו שאינו אלא שלוחו של ראשון ופר עצמו קרינא ביה: עד שיזרק מיבעי ליה. ור"ש קתני התם עד שיזרק ומיהו פריך ליה מדרבנן עד שיזרק מיבעי ליה אלא ש"מ דמהיות משה עד שעת שחיטה קרוי' שה ומשני שאני התם דכתיב מהיות משה מחיותה דשה ור"ש אומר עד שיזרק דריש מהוייתה דשה אבל הקונטרס שהביא בכך שיבא על השה א) למנות דמיניה לא משני הכא מידי דתפסו על השה מישתעי בהמנאה ולא במשיכה ובהביא מודו כ"ע דתלי בשחיטה דכתיב במכסת והדר תכסו אבל ממשיכה פריך הכא דמהיות משה משמע ליה משיכה כדדרשינן בפרק האשה (פסחים דף פט.) אבל תכסו פשיטא ליה לתלמודא דהוי עד שעת שחיטה מדכתיב במכסת והדר תכסו ולהכי לא פריך מיניה: שאני התם דיליף שה שה מפסח. תימה על הא דאמרי' בב"ק פרק מרובה (דף עז:) אמר רבא זה בנה אב כל מקום שנאמר שה אינו אלא להוציא את הכלאים ומפרש רבי דהיינו שה של פסח דכתיב שה תמים זכר מן הכבשים ומן העזים כלומר שאינו כלאים ומיותר הוא האי שה מדכתיב מן הכבשים ומן העזים לגופיה למעט הכלאים לא אוצטריך דילפינן ליה משאר קדשים דממעטים בהו כלאים בהו כלאים בפרק מרובה מאו והשתא קשה ל"ל בנין אב דרבא מהך ג"ש דשה שה מפסח נפקא וג"ש זו בן בג בג קאמר לה בפ"ק דבכורות (דף יב.) ועוד אמאי קאמר רבא להוציא את הכלאים ולא קאמר כל השמות הללו דעגל חיה שחוטה וטריפה ועוד רבי אלעזר שמתיר בכלאים אמאי לא שרי בכל אחרים דשה שחוט מיקרי שה כדאמרינן הכא דכ"ע בעור ובשר ופרש הוי פר גמור וה"ה שה ובבהמה המקשה (חולין דף עד:) גבי מהו לפדות בכן פקועה פשיט דאין לפדות שהוא כשחוט וכבשרא בדיקולא ...ועוד בכל מקום שכתיב שה כגון גבי אותו ואת בנו וגבי תשלומי [ד' וה'] נמעט טריפה כי היכי דממעטינן כלאים במרובה ... נראה לרבי דתרוייהו צריכי שפיר ג"ש זו ובנין אב דרבא ... [illegible]

[מנחות יא.] [שם נד.] [לקמן נב.] [לעיל מז: זכחי' סד: מנחות יא.] [מנחות עז.] [נ"ל יצחק נפחא] גיטין כה. פסחים ס: פט. שמות יב ב"ק עח. ע"ש בכורות יב. [חולין עז:] שמות יג [חולין פא.] [ב"ק עז:] [שמות יב]

הגהות הב"ח

(א) שאני התם הכתיב:

הגהות הגר"א

[א] גמ' בשיניו ומערה בגודלו לתוך חפניו. כצ"ל ושבנוסחים הגהות טעות ועיין ברמב"ם הלכות עבודת יוה"כ פ"ד הלכה א' ובכ"מ שם:

תורה אור

איתיביה רבי יצחק נפחא לר' אמי: "והוציא את כל הפר"! שיוציא את כולו. "ואת פר החטאת ואת שעיר החטאת!" – אמר רב פפא: בעור ובשר ופרש – דכולי עלמא לא פליגי, כי פליגי – בדם. מר סבר: דם איקרי פר, ומר סבר: דם לא איקרי פר. אמר רב אשי: מסתברא כמאן דאמר דם איקרי פר, דכתיב: "בזאת יבא אהרן אל הקדש בפר בן בקר" אטו בקרניה מעייל ליה? אלא, בדמו, וקרי ליה פר. ואידך: במה הוכשר אהרן לבא אל הקדש – בפר בן בקר לחטאת. ותיפוק ליה דחטאת שמתו בעליה היא, וחטאת שמתו בעליה למיתה אזלא! א"ל רבין בר רב אדא לרבא, אמרי תלמידיך, אמר רב עמרם: חטאת צבור היא, ולא למיתה אזלא. דתנן, אמר לו ר"מ: והלא פר יום הכפורים, וחביתי כהן גדול, ופסח, דקרבן יחיד הוא, ודוחה את השבת ואת הטומאה! לאו מכלל דאיכא למאן דאמר דצבור? ולטעמיך דקתני, אמר לו רבי יעקב: והלא פר העלם דבר של צבור, ושעירי עבודה זרה, וחגיגה דקרבן צבור, ואין דוחין לא את השבת ולא את הטומאה, מכלל דאיכא למאן דאמר דיחיד?! אלא, לתנא קמא קא מהדר ליה. דשמעיה דקאמר: קרבן צבור דוחה את השבת ואת הטומאה, וקרבן יחיד אינו דוחה לא את השבת ולא את הטומאה. אמר לו רבי מאיר: קרבן יחיד כללא הוא?! והלא פר יום הכפורים וחביתי כהן גדול ופסח, דקרבן יחיד הוא, ודוחין את השבת ואת הטומאה. ואמר לו רבי יעקב: קרבן צבור כללא הוא?! והלא פר העלם דבר של צבור, ושעירי עבודה זרה, וחגיגה, דקרבן צבור הוא ואין דוחין לא את השבת ולא את הטומאה! אלא נקוט האי כללא בידך: *)כל שזמנו קבוע – דוחה את השבת ואת הטומאה אפילו ביחיד, וכל שאין זמנו קבוע – אינו דוחה לא את השבת ולא את הטומאה ואפילו בצבור. איתיביה אביי: פר ושעיר של יום הכפורים שאבדו והפריש אחרים תחתיהן – כולם ימותו, וכן שעירי עבודה זרה שאבדו והפריש אחרים תחתיהן כולם ימותו. דברי רבי יהודה. רבי (*אליעזר) ורבי שמעון אומרים: ירעו עד שיסתאבו, וימכרו, ויפלו דמיהן לנדבה, שאין חטאת צבור מתה. אמר ליה: מאי פר – פר העלם דבר של צבור. והא של יוה"כ קתני! כי קתני – אדשעיר. והתניא: פר של יוה"כ, ושעיר של יום הכפורים שאבדו, והפריש אחרים תחתיהן – כולם ימותו, דברי רבי יהודה. רבי (*אליעזר) ורבי שמעון אומרים: ירעו עד שיסתאבו, וימכרו, ויפלו דמיהן לנדבה, שאין חטאת צבור מתה! לא תימא: שאין חטאת צבור מתה, אלא אימא: שאין חטאת השותפין מתה. ומאי נפקא מינה – דלא מייתו כהנים פר בהוראה. ת"ש, דבעי ר' (*אליעזר): לדברי

[נ"ל אלעזר]

רש"י

והוציא את כל הפר. אלמא: לאחר שחיטה פר קרי ליה: שיוציא את כולו. תירוצא הוא, כלומר: לאו דאיקרי פר, אלא הכי קאמר: יוציא את כל הנשאר ממנו: ואת פר החטאת. קושיא הוא, והכתיב (ויקרא טז) "ואת פר החטאת" גבי יום הכפורים, ולאחר מתן דמו משתעי קרא להוציאם לשריפה: בעור ובשר ופרש. היכא דמשתעי קרא בגוף הפר שעורו ובשרו ופרשו כולן יחד כי התם, כולי עלמא לא פליגי דמיקרי פר: כי פליגי. לגבי ביאת פנים שאינו מכניס שם אלא הדם: במה הוכשר לבא. מה יעשה כדי שיהא רשאי ליכנס – יביא פר חי לעזרה, ויעשה עבודות שבעינן: ותיפוק ליה. בעיין דבעינן לעיל דעל כרחין אין אחר נכנס בשחיטתו, דהא חטאת שמתו בעליה היא: חטאת צבור היא. הואיל ועליו ועל אחיו הכהנים בא (ועל כל קהל ישראל) דכתיב "וכפר בעדו ובעד ביתו (ובעד כל קהל ישראל)" (שם): אמר לו רבי מאיר. במס' תמורה (דף יד.) היא: לאו מכלל דאיכא למאן דאמר דצבור. לאו מכלל דשמעיה לתנא קמא דאמר דצבור היא, והיינו טעמא דדחי: אמר לו רבי יעקב. לתנא קמא דר' מאיר, תרווייהו לחד תנא קמהדרי, דאמר: קרבן צבור – דוחה, קרבן יחיד – אינו דוחה: חגיגה. מפרש לקמיה(א) מאי טעמא קרי ליה קרבן צבור: חביתי כהן גדול. זמנן קבוע בכל יום כתמיד, חגיגה אין זמנה קבוע לדחות שבת, שהרי יש לה תשלומין כל שבעה: כולן ימותו. דהויא לה חטאת שכפרו בעליה, וחמש חטאות מתות: ולד חטאת, ותמורת חטאת, וחטאת שמתו בעליה, ושכפרו בעליה, ושעברה שנתה: שאין חטאת צבור מתה. וכי גמירי חמש חטאות מתות – ביחיד גמירי: לנדבה. לקיץ המזבח. והיא קרויה נדבת צבור, ובאה מן המותרות של כל הרועות האמורות בכל מקום: ה"ג: והתניא פר יום הכפורים ושעיר יום הכפורים: שאין חטאת השותפין מתה. דרבי שמעון סבר: חמש חטאות המתות במקום אחד אגמרינהו רחמנא למשה, מה תמורת חטאת מתה ליתא בשותפות, שאין קרבן השותפות עושה תמורה, דכתיב "ואם המר ימיר" (ויקרא כז) לשון יחיד, אף כולן אינן מתות בצבור ולא בשותפין, אפילו המצויות בהן, והכי מפרש בהוריות (ו.): ומאי נפקא מינה. כיון דסוף סוף לאו למיתה אזיל, ושפיר פריך רב עמרם לעיל להא דקשיא לן, תיפוק ליה דחטאת שמתו בעליה היא, מאי נפקא ליה לרבא לסלוקיה לרב עמרם ממאי דקרייה חטאת צבור ולאוקמי' בחטאת השותפין? דלא מייתי כהנים פר בהוראה. כלומר: בבעיין ודאי(ב) מודינן דמתפלגי בין אי איקרי חטאת צבור בין אי איקרי חטאת השותפין, אבל לא ניחא ליה לרבא לקרותן צבור – כדי שלא יאמרו התלמידים שאם הורו בית דין[א] של כהנים לעבור על אחת מן המצות, ועשו כהנים על פיהם, שיהו מביאין פר העלם דבר כאחד מכל השבטים, דקיימא לן (הוריות דף ה:): שבט אחד איקרי קהל, כהנים ודאי לאו איקרו קהל, אלא אותן שנטלו נחלה: לדברי

תוספות

איתיביה רבי יצחק נפחא לרבי אמי והוציא את כל הפר. הכא משמע דלמאן דאמר: אפילו בדמו של פר – מיקרי פר אפילו לאחר זריקה, דהאי קרא לאחר זריקה איירי. והא דפריך לעיל גבי פסח: עד שיזרק מיבעי ליה, לאו משום דלאחר זריקה לא מיקרי שה, אלא משום דבתר זריקה דכבר נעשה עיקר כפרה – במה יהא נמנה עליו ותו לא מיקרי בעליו:

ואת פר החטאת ואת שעיר החטאת. והכא ליכא למימר שיוציא את כולו, כל מה שנשאר מן הפר שהיה כבר, דהא לא כתב 'כל' כדכתיב בפר כהן משיח. והא דלא פריך מ"ולקח מדם הפר", דהא איצטריך לכדדרשינן בפ"ב דזבחים (דף כה:): הגורס אוזן הפר ואח"כ קיבל דמו – פסול, שנאמר "מדם הפר" הפר שהיה כבר, פירוש: מחיים:

חטאת צבור היא ולאו למיתה אזלא. תימה לי: אכתי תיקשה ליה, נהי דלא אזלא למיתה – הא רועה היא, דהא ר"ש דאמר לקמן דאין חטאת צבור מתה, קאמר: ירעו עד שיסתאבו! ונראה לי: דיש לומר דההיא רעייה דרבנן היא, ולא גזור אלא כעין ההיא דלקמן דנתכפרו בעליה באחר לגמרי, כיון דכיוצא בה בחטאת יחיד מתה. אבל הכא, דלא מתו כל בעליה לגמרי, שהרי אחיו הכהנים קיימין, ועוד דכהן גדול אחר ממונה תחתיו, דלא דמו למתו בעליה דחטאת יחיד – לא גזרו:

פר העלם של צבור ושעירי עבודה זרה. בכל דוכתא נקט פר לשון יחיד, ושעירי עבודה זרה לשון רבים. ותימה הוא: אמאי? אי כמאן דאמר בפ"ק דהוריות (דף ה.) דכל שבט ושבט מביא שעיר בעבודה זרה, ולהכי נקט לשון רבים – אם כן נימא נמי פרי העלם דבר, דסבירא ליה דבשאר מצות כל שבט ושבט מביא פר! ונראה לי: דסבירא ליה כל שבט ושבט מביא שעיר, והא דלא נקט פרי העלם דבר, משום דלא פסיקא ליה, דאתי למיטעי למימר דאיירי נמי בפר שמביא צבור בעבודה זרה, וזה אינו, *)דההיא עולה הוי. הלכך נקט פר, דלא ניתו למיטעי:

והתניא פר של יום הכפורים ושעיר של יום הכפורים כו'. ה"ג רש"י. ובספרים ישנים יש: "והא קתני" ולהכי ל"ג ליה: ד"והא קתני" משמע והא קתני בברייתא דאייתינן כבר, וזה אינו. דאי מיתני' הכי, פר של יוה"כ ושעיר של יום הכפורים במאי טעי מעיקרא דשני ליה אשעיר? אלא ודאי 'והתניא' גרסינן, וברייתא אחריתי היא בעלמא דתניא הכי, ולאו ההיא דלעיל היא:

ונפקא מינה דלא מייתו כהנים פר בהוראה. הא דלא קאמר דנפקא מינה לאהדורי אטהורים, דאי קרבן צבור הוא – לא מהדרינן, למ"ד טומאה הותרה היא בצבור. ואי דשותפין הוא – מהדרינן, כדמשמע בפ"ק (דף ו:) דדווקא בצבור היתר היא ותו לא, לא בשל יחיד ולא בשל שותפין. ורבא דהכא סבירא ליה התם טומאה היתר היא בצבור! וי"ל: משום דר"ש קאמר הכא אין חטאת צבור מתה, וצריך להגיה נמי בדבריו: אין חטאת שותפים מתה ולדידיה לא נפקא מינה מידי לענין טומאה, דסבירא ליה בפרק קמא (דף ו:) טומאה דחויה היא בצבור: לדברי

*) [דההיא עולה הוי ואפי' אם יביא כל שבט שעיר בע"ז פר מיהא לא מייתי הלכך נקט פר כצ"ל רש"א מה"י]

רבינו חננאל

ופשוטה היא. ומותבינן תוב והוציא את כל הפר כו' ופריק רב פפא בעור ובשר ופרש כ"ע לא פליגי דאקרי פר כי פליגי בדם הפר. ר' חנינא ור' אמי אמרי לא אקרו פר ור"ל ור' יצחק נפחא אמרי דם נמי אקרי פר. ואע"ג דאמר רב אשי מסתברא כמ"ד דם נמי אקרי פר הא דחו רבי חנינא ור' אמי ואמרי במה הוכשר אהרן לבא אל הקדש בפר בן בקר לחטאת ולעולם כדאמרי' בפר ולא בדמו של פר. ואקשינן למ"ד בפר ואפילו בדמו של פר היאך מקריבין זה הפר וכבר מת בעליו וקי"ל בחטאת שמתו בעליה למיתה אזלא ולא קריבה כלל. א"ל רבין בר רב אדא לרבה הכי אמרי תלמידיך אמר רב עמרם זה הפר חטאת צבור הוא וחטאת צבור לא (לוזלה) [אזלא] למיתה אלא קריבה משום דלא אפשר שימות צבור כולו. דתנן בתמורה פרק ב' א"ר מאיר והלא פר יוה"כ וחביתי כ"ג ופסח דקרבן יחיד הן ודוחין את השבת ואת הטומאה לאו מכלל דאיכא תנא דתני דאנון קרבן צבור ואתמהינן ולטעמיך הא דתניא א"ר יעקב והלא פר העלם דבר של צבור ושעירי ע"ז ותגיגה דקרבן צבור הן ואין דוחין לא את השבת ולא את הטומאה מכלל דאיכא תנא דתני הני דקרבן יחיד נינהו אלא ר"מ ור' יעקב תרווייהו [קמהדרי] להאי תנא דתני במתניתין במסכת תמורה יש בקרבנות הצבור מה שאין בקרבנו' היחיד. שקרבנות הצבור דוחין השבת והטומאה וקרבנות יחיד אין דוחין לא שבת ולא טומאה וא"ל ר' מאיר כללא הוא ביחיד. והרי פר יוה"כ כו'. וא"ל ר' יעקב כללא הוא בצבור. והרי פר העלם דבר של צבור כו' אלא אי שמיע לך כללא. האי כללא כל שזמנו קבוע דוחה שבת ודוחה טומאה ואפילו קרבן יחיד וכל שאין זמנו קבוע לא דחי לא שבת ולא טומאה. אפילו קרבן צבור. [איתיביה אביי] וכי (אין) [מי לא מצינו] מי ששונה כי פר יוה"כ קרבן צבור הוא. והתני פר של יוה"כ או שעיר ע"ז שאבדו כו' ר"א ור"ש אומרים ירעו עד שיסתאבו וימכרו ויפלו לנדבה. שאין חטאת צבור מתה. הנה אלו התנאים אומרים כי פר יוה"כ חטאת צבור הוא. ודחינן מאי פר פר העלם דבר של צבור כו' והתניא בהדיא פר של יוה"כ ושעיר של יוה"כ ותריצנא לא תימא שאין חטאת צבור מתה אלא תני שאין חטאת השותפין מתה. למאי נפקא מינה דלא מייתי כהנים פר בהוראה כדגרסינן (בהודאות) [בהוריות]

עין משפט נר מצוה

כח א מיי' פ"ד מהלכות פסולי המוקדשין הל' ח:

כט ב מיי' פ"ז מהלכות תמידין הלכה ד ופ"ד מהל' ביאת מקדש הלכה ט:

ל ג מיי' פ"ד מהלכות פסולי המוקדשין הל' ב:

לא ד מיי' פ"ה מהלכות עבודת יוה"כ הלכה יג:

מסורת הש"ס

[הוריות ו: נזיר כה: תמורה טו. טז. כה:]

[במשנה ליתא ופסקה לכך נ"ל דתניא משום דברייתא היא]

[תוספ' תמורה פ"א ע"ש]

[תוספ' שם שבת קמז וש"נ]

*) [עי' תוס' פסחים ע: ד"ה מ"ט]

[תוספ' פ' ב' לקמן סה. שבועות יא. הוריות ו.]

[נ"ל אלעזר]

תמורה יז.

[נ"ל אלעזר]

הגהות הב"ח

(א) רש"י ד"ה חגיגה. מפרש לקמיה. נ"ב כדף נא ע"א: (ב) ד"ה דלא מייתי וכו' בבעיין ודאי מודינן דמתפלגי:

הגהות מהר"ב רנשבורג

[א] רש"י ד"ה דלא מייתי כהנים וכו' ב"ד של כהנים. נ"ל ב"ד לכהנים:

תוספות ישנים

ולטעמיך הא דתניא גרס דאינה משנה. וא"ת ליקשי ליה מחביתי כ"ג דאינם של צבור שבאין משלו ולא שייכי מידי לאחיו הכהנים אלא כאילו של אהרן דחשבינן לקמן בשמעתין קרבן יחיד י"ל דכיון שקריבין עם מנחת צבור קרי ליה קרבן צבור ועוד דאמרינן בהתכלת (דף נא:) דכ"ג שמת ולא מינו אחר תחתיו שמביאין חביתין משל צבור. ה"ר יוסף: ור"ש אומר ירעו עד שיסתאבו כו'. הקשה ריב"א מ"מ מה פריך למעלה חטאת צבור היא ולא למיתה אזלא נהי דלאו למיתה אזלא מ"מ רועה היא וקשה להני תנאי א) דלעיל דקאמרי שמתכפרים בה ופריך דהא דאמרינן רועה היינו היכא שנתכפרו בה כבר אבל היכא שעומדת עדיין להקרבה שלא נתכפרו בה אחיו הכהנים לאו לרעייה נמי אזלא ורבי אומר כי אין צריך לזה דהא דאמרן לעיל חטאת צבור שמתו בעליה לאו למיתה אזלא היינו לכ"ע אפילו לרבי יהודה דהתם מיירי במתו בעליה וההיא לאו מתה בצבור לשום תנא דאין צבור מתים כדנפקא לן בספ"ק דהוריות (דף ו.) כפר לעמך ישראל אשר פדית ראויה כפרה זו שתכפר על יוצאי מצרים ואפילו לרבי יהודה מייתי לה התם והוי כפר העלם דבר של צבור שמת אחד מן הצבור דקרבה. יש לתמוה למה הזכיר בכל פעם פר העלם דבר של צבור לשון יחיד ושעירי ע"ז מזכיר בלשון רבים ואע"פ שלא היה כי אם אחד ושמא לא ניחא ליה ליקנא לאדכורי פר בלשון רבים ולומר פרי העלם דבר של צבור אבל אי הוה אמר פרי ע"ז היה מזכירם בלשון רבים כמו שעירי אבל פרי העלם אינו לשון יפה: לא תימא שאין חטאת צבור מתה. פי' רב עמרם לא תירץ כן לעיל אלא אימא שאין חטאת שותפין מתה דפרו של אהרן חטאת שותפין הוא: ומאי נ"מ דלא מייתו כהנים פר בהוראה. דלאו צבור נינהו וקשה לרבי הא נ"מ טובא דאי של צבור הוא אינה מתה דאין מיתה בצבור ונפקא לן בפ"ק דהוריות (דף ו.) מכפר לעמך ישראל ואי של שותפין היא מתה כשמתו בעליה דבצבור דוקא מפקינן מההוא קרא דהכי משמע בספ"ק דהוריות דתניא התם מת אחד מב"ד פטורין אחד מן הצבור חייבין ומוקי לה רב כר"מ ומתקיף לה רב יוסף דטקמא כר"ש דאמר ב"ד מביאין עם הצבור מת אחד מב"ד פטורין דהוי חטאת השותפין שמת אחד מהן אחד מצבור חייבין דאין חטאת צבור מתה וא"ל אביי שמעינן ליה לר"ש דאמר חטאת שותפין לאו למיתה אזלא דתניא פר ושעיר כו' פירוש וא"כ

א) נ"ל ולעיל קאמר:

לב א מיי' פ"ז מהלכות ערכין הלכה ד:
לג ב מיי' פ"א מהלכות תמורה הלכה ד:
לד ג מיי' פ"ד מהלכות תרומות הלכה ב:
לה ד ה מיי' פ"ג מהל' תמורה הלכה ה:
לו ו מיי' שם פ"א הלכה י:
לז ז מיי' פ"ד מהלכות פסולי המוקדשין הלכה א ופ"ג מהלכות תמורה הלכה א:

לדברי האומר: פר יום הכפורים קרבן יחיד, עושה תמורה או אינו עושה תמורה? לאו מכלל דאיכא למאן דאמר דצבור? לא, מכלל דאיכא למאן דאמר דשותפין. גופא, בעי רבי (*אליעזר): לדברי האומר פר יוה"כ קרבן יחיד, עושה תמורה או אינו עושה תמורה? מאי קא מיבעיא ליה? אי בתר מקדיש אזלינן אי בתר מתכפר אזלינן, פשיטא דבתר מתכפר אזלינן! דא"ר אבהו א"ר יוחנן: *[א]המקדיש מוסיף חומש, [ב]והמתכפר עושה בה תמורה, [ג]והתורם משלו על של חבירו טובת הנאה שלו! לעולם פשיטא ליה דבתר מתכפר אזלינן, והכי קא מיבעיא ליה: אחיו הכהנים בקביעותא מתכפרי, או דילמא בקופיא מתכפרי? ת"ש: חומר בזבח מבתמורה, וחומר בתמורה מבזבח. חומר בזבח, שהזבח נוהג *ביחיד *כבצבור, ודוחה את השבת, ואת הטומאה, ועושה תמורה, מה שאין כן בתמורה. חומר בתמורה מבזבח: [ד]שהתמורה חלה על בעל מום קבוע, [ה]ואינה יוצאה לחולין ליגזז וליעבד, משא"כ בזבח. האי זבח היכי דמי? אילימא דיחיד – מי דחי שבת וטומאה? אלא דצבור – מי עושה תמורה? אלא לאו – דפר, ודוחה את השבת ואת הטומאה – דקביע ליה זמן, ועושה תמורה – דקרבן יחיד הוא. אמר רב ששת: לא, [ו]באילו של אהרן. הכי נמי מסתברא, דאי סלקא דעתך דפרו; תמורה דפר, שבת וטומאה הוא דלא דחיא, הא בחול מקריב קרבה? הא [ז]תמורת חטאת היא, ותמורת חטאת למיתה אזלא! לא, לעולם פרו. ומאי תמורה – שם תמורה. אי הכי, זבח נמי – שם זבח. שם זבח לא קתני. ממאי? מדקתני חומר בתמורה, שהתמורה חלה על בעל מום קבוע, ואינה יוצאה לחולין ליגזז וליעבד. ואי סלקא דעתך מאי זבח – שם זבח, והא איכא בכור

(תוספות)

לדברי האומר פר יום הכפורים קרבן יחיד, עושה תמורה או אינו עושה תמורה כו'. מכלל דאיכא מאן דאמר דשותפות אף על גב דאיכא למימר דהא דקרי ליה רבי מאיר קרבן יחיד – לא אתא אלא לאפוקי מת"ק, דקא סתים למילתיה וקאמר: קרבנות צבור דוחה שבת וטומאה, וקאמר ליה רבי מאיר: לא היה לך לומר בהאי לישנא, דאין הדבר תלוי בזה, כדאמר לעיל, אבל מודה הוא דקרבן שותפין הוי ואינו עושה תמורה, לדידיה כמו לת"ק. ור' *אליעזר משמע ליה דקרבן יחיד ממש הוי, מדקרי ליה קרבן יחיד. דאי לא אתא אלא לאפוקי מת"ק – הכי הוה ליה למימר: והלא פר יום הכפורים וחביתי כהן גדול ופסח שאינן קרבן צבור, ודוחה שבת וכו'. ולמסקנא דמסקינן דרבי *אליעזר מיבעיא ליה האי מקיבעא מכפרי או מקופיא – היינו ספיקי' דמספקא ליה אי קרבן יחיד דר"מ דווקא או לאו דווקא, אלא לאפוקי מת"ק קאתי כדפי': אחיו הכהנים בקביעותא מכפרי או בקופיא מכפרי. הכא משמע: אי מקופיא מכפרי – אז עושה תמורה, אע"ג דאיכא טובא דמכפרי בה מקופיא – לא חשיב קרבן שותפין, ועושה תמורה. ותימה: דאמרינן בזבחים, בפ"ק (דף ה:): הניח בהמה לשני בניו ומת – קריבה, ואין ממירין בה, משום דאין שותפין עושין תמורה. אע"ג דמסיק התם דיורש לא מכפר אלא מקופיא! ויש לומר: התם דליכא אלא יורשין דמכפרי ביה מקופיא – חשיב קרבן שותפין, אבל הכא דאיכא כהן גדול דמכפר ביה מקיבעא – לא חשיבא כפרה דידהו כלום, וכמאן דליתא דמי, ולא חשיב קרבן שותפין, ומימר בה*: או דילמא מקופיא מכפרי. וביתו נמי מקופיא מכפרי, דאי לאו הכי – הויא ליה דשותפין, ואין עושין תמורה: חומר בתמורה כו'. תימה לי: אמאי לא חשיב שהתמורה חלה אפילו בטעות, דאמר: "יהיה" (ויקרא כז) – לרבות שוגג כמזיד, מה שאין כן בזבח, דהקדש טעות אינו הקדש באותו זבח שדוחה שבת וטומאה. ואע"ג דמעשר בהמה נמי ישנו בטעות, שאם קרא לתשיעי עשירי ולעשירי תשיעי ולאחד עשר עשירי – שלשתן מקודשין, הכא לא איירי במעשר שהרי אינו דוחה שבת וטומאה. ויש לומר: דשמא תנא ושייר, דאיכא נמי מילי אחריני, אי נמי: לא קא חשיב אלא מילי דאידי ואידי איילא, אלא דהאי עדיף ותמור מהאי, אבל בטעות דתמורה – איילא, וזבח לא אייל כלל – לא קא חשיב: תמורת חטאת היא ותמורת חטאת למיתה אזלא. ולא מצי לשנויי רבי שמעון היא *דלית ליה מיתה – בחטאת שותפות, דמ"מ רעייה אית ליה: ואי ס"ד מאי זבח שם זבח האיכא בכור ומעשר וכו'. הא דלא אוקמה בזבח שלמים, דנוהגין בצבור כביחיד דאיכא שלמי צבור, ואיכא שלמים דדחו שבת וטומאה, כגון כבשי עצרת, ואיכא שלמים דעושין תמורה כגון שלמי יחיד. יש לומר: כיון דלא שוו להדדי, שלמי צבור דזה ליום ולילה ולפנים מן הקלעים לזכרי כהונה וקדשי קדשים, ושלמי יחיד לשני ימים ולילה אחד ובכל העיר לכל אדם, וקדשים קלים הן – לא הוה כייל להו תנא למיקרינהו זבח סתמא. ובעולה או בחטאת לא אוקמיה, שבאין בצבור כביחיד, ויש מהן מן העולות והחטאות שדוחין שבת וטומאה, ויש מהן עושין תמורה. יש לומר: כיון שאין כל אלו הדרכים נוהגין בכל העולות – לא הוה קרי ליה תנא זבח בסתם: נוקמה

(רש"י)

לדברי האומר וכו'. ר' מאיר, דקרייה לעיל קרבן יחיד: מאי קמיבעיא ליה. הא ודאי פשיטא לן דאחיו הכהנים מתכפרים בו, וקרבן השותפין אין עושין תמורה, ומאי מספקא ליה בגויה? אי נימא אי בתר מקדיש אזלינן. לענין תמורה, והאי יחיד אקדשיה, דמשלו הוא בא ולא משל שותפות: אי בתר מתכפר אזלינן. והרבה מתכפרים בו: פשיטא. דלענין תמורה מתכפר הוי בעליו: דאמר ר' אבהו אמר ר' יוחנן. שלשה דברים, הנותן משלו את חובת חבירו: המקדיש. בהמתו לצאת בו חבירו חובה שעליו. המקדיש הוי בעלים לענין תוספת חומש, אם הוממה ובא לחללה. אבל אם בא המתכפר לחללה – אינו צריך להוסיף חומש, דגבי חומש כתיב (ויקרא כז) "ואם המקדיש יגאל וגו'" – מקדיש ולא מתכפר: והמתכפר עושה בה תמורה. אבל המקדיש, אם המיר בה – אינה תמורה, דאין ממירין בשל אחרים, והאי לאו בעלים דידיה הוא: והתורם משלו על של חבירו טובת הנאה שלו. בידו לתתה לכל כהן שירצה. ואם בא אחר ואמר: הילך סלע זה ותן תרומה זו לבן בתי כהן – של זה היא שתרומה שלו, שנאמר "כי תכלה לעשר את כל מעשר תבואתך [וגו'] ונתתה ללוי וגו'" (דברים כו) – תלה הכתוב הנתינה במי שמעשרה משלו: בקביעותא מתכפרי. כשאר המכפרים שהפרישו אחרים עליהן, שהקנו להם הבהמה לכפרה. אף כאן, נקנה להן חלק בו, והויא לה חטאת השותפין לענין תמורה: או דילמא בקופיא מתכפרי. כלומר: אין כפרתן קבועה בו, אלא צפה על גב כפרת כהן גדול כדבר הצף על פני המים, ואין הקרבן נקרא על שמם, וקרבן יחיד הוא. "ויצף הברזל" (מ"ב ו) מתרגמא "וקפא פרזלא": חומר בזבח. שבא תחילת הקדש מבתמורה שהומרה בו: שהזבח וכו'. ולקמיה מפרש ואזיל בהי זבח משכחת לה: מה שאין כן בתמורה. שהתמורה אינה בצבור, ואינה דוחה שבת, שאין זמנה קבוע, ואינה עושה תמורה דכתיב "והיה הוא ותמורתו" – ולא תמורת תמורתו: שהתמורה חלה. עליה קדושת הגוף אפילו היא בעלת מום קבוע בשעת התמורה, ואם בא לחללה – אינה יוצאה לחולין אלא לענין זביחה ואכילה בלבד, אבל לא ליגזז וליעבד, שאין חילוק בה בין תם לבעל מום, דכתיב (ויקרא כז) *"רע בטוב או טוב ברע ואם המר ימיר וגו'": משא"כ בזבח. שהזבח אם קדם הקדישו את מומו – אין יוצא בפדיונו לחולין ליגזז וליעבד, דכתיב בפסולי המוקדשין (דברים יב) "תזבח ואכלת בשר", 'תזבח' – ולא גיזה, 'בשר' – ולא חלב, אבל קדם מומו להקדישו – הרי הוא כמקדיש עצים ואבנים לדמי עולה, שאין קדושת הגוף עליהן, אלא קדושת דמים בלבד, ויוצאין בפדיונן לחולין גמורין, כדתנן בבכורות (דף יד.) ובשחיטת חולין (דף קל.): אלא לאו דפר. יום הכפורים נוהג בצבור כביחיד, דחטאת היא, וחטאת נוהגת בצבור ועושה תמורה. אלמא: פר יום הכפורים עושה תמורה: באילו של אהרן. דיום הכפורים: מאי תמורה שם תמורה. לעולם בפר, והאי חומר בזבח מבתמורה דקתני – לאו אתמורה דידיה קאי, אלא הכי קאמר: חומר בזבח משם תמורה שאין לך דבר ששמו תמורה דוחה שבת, ואפילו התמורות הקריבות: אי הכי. דשם קתני, זבח נמי – שם זבח קתני, וכיון דשם זבח תני תנא – מאי דוחקיך לאוקומי בחד זיבחא, דתשמע מינה דבפרו של אהרן או באילו מיירי, דילמא הכי קאמר תנא: חומר בדבר ששמו זבח מדבר ששמו תמורה, שיש זבח נוהג בצבור כביחיד, ויש זבח (תמורה) שדוחה שבת כגון דצבור או דיחיד שזמנו קבוע, ויש זבח שעושה תמורה, כגון קרבן יחיד: שם זבח לא קתני. האי תנא, אלא בחד זיבחא נקט למילתיה:

[נ"ל אלעזר] [נ"ל אלעזר]
תמורה ב: ו. זבחים ו. נדרים לו:
ובצבור רש"א
[נ"ל טוב כרע או רע בטוב]
[עי' תוס' זבחים ו. ד"ה מקופיא]

רבינו חננאל

פרק ראשון (דף ו.). א"ל אביי לרב יוסף שמענא ליה לר' שמעון דאמר חטאת השותפין לא אזלא למיתה. דתניא פר ושעיר של יוה"כ שאבדו והפריש אחרים תחתיהן כולן ימותו דברי ר' יהודה ר' אלעזר ור' שמעון אומרים ירעו עד שיסתאבו א"ל רב יוסף כהנים קאמרת שני כהנים דכהנים עם לעצמן אקרו שנאמר ועל הכהנים ועל כל עם הקהל יכפר. אלא מעתה לייתו פר בהוראה וכי תימא הכי נמי אי הכי נפישו להו פרים כו'. ופשוטה היא. בעי ר' אלעזר לדברי האומר פר של יוה"כ קרבן יחיד הוא עושה תמורה או לא כלומר אם ימירו כ"ג נתפסה תמורתו אי לא. *) ולעולם ר' אלעזר היא דא"ר אלעזר המקדיש כשפודה הקדשו מוסיף חומש והמתכפר הוא המימר. התורם משלו על של חבירו טובת הנאה שלו כלומר נותנו לכל כהן שירצה. הא דא"ר יוחנן פשיטא ליה לר' אלעזר מיהו הכי קמיבעיא ליה לר' אלעזר אחיו הכהנים בקביעותא מתכפרים וכיון שנקבעו בזבח נעשה זבח של שותפין ואינו יכול המקדיש להמיר שהרי גם אחרים מתכפרים בו. ותנן (לא) [דאין] השותפים עושים תמורה או דלמא בהיקפא מתכפרים כלומר אין לאחיו הכהנים בפר כ"ג כלום עד שעת הקפת הוידוי וכשמתקבצים ביוה"כ להאזין הוידוי באותה שעה מתכפרים ואם מימר מקודם לכן תמורתו תמורה אי לא. ת"ש מהא דתני בתוספתא בתמורה חומר בזבח מבתמורה שהזבח דוחה שבת וטומאה ונוהג ביחיד כבצבור ועושה תמורה משא"כ בתמורה ותנינן בסוף ת"כ והיה הוא. הוא הקודש עושה תמורה ולא תמורתו עושה תמורה ומוקים לה להאי זבח דקתני הכא פר כ"ג הוא ודחי שבת וטומאה משום דקביע ליה זמן ותנינן כל הקבוע לו זמן מן התורה דחי שבת ודחי טומאה ועושה תמורה דקרבן יחיד הוא. ש"מ בהיקפא מתכפרי. ודחי רב ואמר הכי האי זבח לא יכלת למימר דפר כ"ג הוא אלא האי זבח אילו של כ"ג הוא שהוא עולה ותמורת עולה אע"ג דקרבה עולה. כדתנן תמורת עולה

*) [נראה דצ"ל ופרכינן הא דר"א דר"י הוא דאמר ר' יוחנן המקדיש וכו'].

הגהות מהר"ב רנשבורג

[א] בת"י ד"ה ומאי וכו' ומיהו אומר רבי דהתם מעיקרא בהוריות וכו' כצ"ל: [ב] בא"ד שאינו בא על חטא אין מניחין וכו'. נ"ל שאינו בא על חטא מבורר אין מניחין וכו': [ג] צ"ל דכעיין וכו':

תוספות ישנים

וא"כ לר"ש מת אחד מב"ד חייבין אבל לר' יהודה דאמר ימותו יש חילוק דחטאת שותפין מתה ולכך מת אחד מב"ד פטורין אבל גבי צבור אין מיתה בצבור דלר"י נמי אמרינן לעיל האי טעמא וא"כ ע"כ כ"מ טובא לר"י ועוד לר"ש גופיה נמי תימה דמשמע דלדידיה נמי יש חילוק בין חטאת שותפין לשל צבור ונהי דס"ל דחטאת שותפין אינה מתה אלא רועה כשנתכפרו בעליה מ"מ יש חילוק דהיכא דמת אחד מהם ס"ל שפיר שאינה קריבה אבל בצבור אינה נדחית בשביל מיתת האחד אבל בשותפין נדחית דמהיכא תיתי לן דקריבה ועוד תימה מנא ליה לאביי התם דלר"ש נמי מת אחד מבית דין חייבין משום דאית ליה בהך ברייתא דאין חטאת שותפין מתה והלא מ"מ לא [קרבה] ומיהו אומר רבי דהתם [א] איכא למימר דמעיקרא בהוריות סבר טעמא דר"ש משום דאין חילוק בין שותפין לצבור אבל לפי מסקנא דספ"ק דהוריות מצינו למימר דלר"ש נמי מת א' מן השותפין פטורין ומוקמינן לה להך ברייתא דהתם כר"ש כדמוקמא רב יוסף לעיל והשתא קשה דכ"מ טובא בין השותפין לשל צבור ואפילו לר"ש כדפרישנא ומה דוחק כאן התלמודא לאשכוחי נפקותא ונראה לרבי דהכא בשמעתין לא מני משכח הך נפקותא דודאי גבי חטאת כרת כגון פר הבא על חטאת חלב ודם יש חילוק בין מת אחד מב"ד למת אחד מן (השותפין) הצבור אבל גבי פר חטאת דיוה"כ שאינו בא על [ב] חטא אין מניחין מלהביאה בשביל אותו כ"ג שמת דאית לן למימר דבין לר"י בין לר"ש ראויה היא להקרבה ואינה נדחית כלל בשביל מיתת האחד ואין חילוק בין ציבור לשותפין בזה ואף על גב דבעי לאיתויי ראיה התם לעיל מעשיר ראש חדש שבא מתרומת הלשכה שאינו בא על חטא מבורר ואע"ג דאיכא אינש דמיית ומייתינן ליה מדידיה ולא אמרינן דאין מיתתו דוחה אותו התם ודאי יש לחוש כי שמא כל המעות שלו וכי האי גוונא ודאי קפדינן אבל כשאין לו אלא חלק בו לא קפדינן כי הכא בפרו של אהרן ול"נ דלא קשיא ולא מידי דנהי דודאי כ"מ בין צבור לשותפין היינו כגון שני בני אדם או ג' או כגון ב"ד שיטולין למות כולן וכיון שמת אחד מהן נדחה הקרבן אבל פר הבא על כל השבט בהא ודאי לא נ"מ אי מיקרו שותפין או צבור דכי היכי דאין חטאת צבור מתה לפי שאין מיתה בצבור הוא הדין נמי בשבט אחד מהאי טעמא דצבור נינהו כדאמרינן בבבא בתרא (דף קטו:) גמירי דלא כלה שבטא וקרינא בהן שפיר ראויה כפרה זו שתכפר על יוצאי מצרים והא דקאמר אביי בסוף פרק קמא דהוריות (דף ו.) דחטאת השותפין (מתה) שמעינן ליה לרבי שמעון דלא למיתה אזלא ומייתי הברייתא דפר ושעיר של יום הכפורים כו' ודחי ליה רב יוסף כהנים קאמרת שאני כהנים דעם לעצמן הן וחטאת צבור נינהו אבל אביי היה סבור דשותפין נינהו ול"ג התם שעירי ע"ז כי הכא דאי גרס ליה הוה מצינו למימר דלא מייתי ראיה מפר של יום הכפורים דההוא ודאי של צבור מיקרי אלא מייתי ראיה משעירי ע"ז דאית ליה לר"ש דבית דין נמי מייתי והילכך קרי ליה חטאת השותפין ומשום בית דין אבל פר של יום הכפורים חטאת צבור הוא והשתא א"ש דלא תיקשי דמאי שנא דקרי ליה אביי הכא חטאת צבור והא התם קאמר שמעינן ליה לרבי שמעון דאמר חטאת השותפין לא למיתה אזלא כו' וקרי ליה חטאת השותפין דהתם קאי אפר ושעירי ע"ז דמייתי ב"ד והכא קאי אפר יום הכפורים אבל התם אין לגרוס שעירי ע"ז ולומר דפריך מינה מדלחי אמר רב יוסף כהנים קאמרת ומהאי טעמא נראה לי דל"ג ליה הכא דאי גרס ליה היה יכול אביי להקשות (תימה) לו משעירי ע"ז דב"ד מייתי אם לא תאמר דקאמר אהני דמשל צבור מיהו שמעתין אתיא שפיר [ג] דכעי דקאמר

לח א ב מיי' פ"א מהל' מעילה הלכה ט:
לט ג מיי' פ"א מהלכות קרבן פסח הלכה ח:
מ ד מיי' שם פ"ז הלכה א:
מא ה ו שם פ"ז הלכה טו:

בכור ומעשר [א]דחלין על בעל מום קבוע, [ב]ואין יוצאין לחולין ליגזז וליעבד. אלא: שם זבח לא קתני. ומאי שנא? תמורה, שם תמורה – אחת היא, זבח – איכא בכור ואיכא מעשר. ולרב ששת, אדמוקים לה באילו של אהרן לוקמה בפסח, [ג]דדוחה את השבת [ד]ואת הטומאה, ועושה תמורה דקרבן יחיד הוא! קסבר: *אין שוחטין הפסח על היחיד. ונוקמיה בפסח שני! – מי דחי טומאה? אמר ליה רב הונא בריה דרב יהושע לרבא: ותנא, מ"ש פסח דקרי ליה קרבן יחיד, ומ"ש חגיגה דקרי לה קרבן *ציבור? אי משום דאתי בכנופיא – פסח נמי אתי בכנופיא! איכא פסח שני, דלא אתי בכנופיא. אמר ליה: אם כן, יהא דוחה את השבת ואת הטומאה! אמר ליה: אין, כמאן דאמר דחי. דתניא: [ה]*פסח שני דוחה את השבת, [ו]ואינו דוחה את הטומאה. ר' יהודה אומר: אף דוחה את הטומאה. מ"ט דתנא קמא? אמר לך: מפני טומאה דחיתו, ויעשה בטומאה?! ורבי יהודה אמר לך: אמר קרא "ככל חקת הפסח יעשו אותו" – ואפילו בטומאה. התורה הזהירה עליו לעשותו בטהרה, לא זכה – יעשנו בטומאה.

ותיפוק

בכור. קדושתו מרחם, בין תם בין בעל מום, ואין לו שום פדיון, דכתיב ביה (במדבר יח) "אך בכור שור לא תפדה" ובמעשר בהמה נמי כתיב (ויקרא כז) "לא יבקר בין טוב לרע". אלמא: חל על בעל מום, ופדיון אין לו דכתיב (שם) "לא יגאל": אלא שם זבח לא קתני. אלא בחד זבחא נקט למילתיה, וקאמר: חומר בו מה שאין בשם תמורה, וחומר בשם תמורה שאין באותו זבח שאנו עסוקין כאן: מאי שנא. דלינקוט תנא מילתיה בתרי גווני: שם תמורה אחת היא. כל התמורות שוות בכל הנך דקתני הכא: בציבור ובדחיית שבת ובעשיית תמורה ובגיזה ובעבודה, אבל זבח לא מצי למיתני שם, דהא קתני גיזה ועבודה דלא מצי למימר מה שאין כן בשם זבח – דהא איכא בכור ומעשר: קסבר אין שוחטין פסח על היחיד. כר' יהודה דאמר הכי במסכת פסחים (דף צא.) ויליף לה מ"לא תוכל לזבוח את הפסח באחד" וכיון דאינו בא בלא שותפות – אין עושה תמורה: מי דחי טומאה. איכא למאן דאמר לקמן בשמעתין דלא דחי: ותנא מאי שנא חגיגה וכו'. ההוא תנא דתמורה, דגבי רבי מאיר ורבי יעקב דאייתי לעיל[א]: בכנופיא. ברגלים:

[פסחים צא. צה. צט. קידושין מב.]
[עי' תוס' חגיגה ו. ד"ה קרבן יחיד]
פסחים צה:
במדבר ט

נוקמה בפסח. נראה משום דחטאת ואילו של אהרן לא הוה ליה למיתנינהו בלשון זבח סתמא, דלא אשכחן דאיקרי זבח. אבל פסח – כתיב "זבח פסח הוא". תימה לי: לוקמה בפסח ראשון, ונימא דהכי קאמר: חומר בזבח, שיש זבח אחד דשייך ביה כל הני מילי דקא חשיב, דנהיג ביחיד כבציבור ודוחה שבת וטומאה ועושה תמורה אם לא קרב בזמנו, דהוה ליה מותר פסח וממירין בו אפילו למאן דאמר דאין שוחטין הפסח על היחיד – אם משכו בעליו את ידיהם ולא נשאר עליו אלא אחד – עושה תמורה, כדאמרי' בפרק "מי שהיה טמא" (פסחים דף צו:): דפסח בשאר ימות השנה עושה תמורה, מה שאין כן בשום תמורה. חומר בתמורה – שכן חלה על בעל מום קבוע, ואינו יוצא לחולין ליגזז וליעבד, מה שאין כן בזבח פסח שאמרנו! וי"ל: דמותר פסח נמי חל על בעל מום קבוע, דאם הפריש פסח והומם, ועבר עליו הפסח – הוי מותר פסח, ואין יוצא לחולין ליגזז וליעבד כיון דקדם הקדישו דפסח למומו:

דוחה השבת ואין דוחה הטומאה. נ"ל דבין רבי יהודה ובין רבנן גמרי מ"ככל חקת הפסח" ובהא סברא פליגי, דתנא קמא סבר: ככל חקת פסח ראשון אין דוחה טומאה אלא ברוב ציבור, אבל במיעוט ציבור – נדחה מפני הטומאה אף פסח שני. ורבי יהודה סבר, ה"ק: מה פסח ראשון אין בטל לגמרי אף וכו'. אבל מ"במועדו" בגזירה שוה לא גמרינן. חדא: דלמה לי ג"ש? הא אתיא שפיר מ"ככל חקת הפסח". ועוד: אי מגזירה שוה מאי טעמא דתנא קמא דלא דחי טומאה? ניגמר מגזירה שוה דדחי שבת וטומאה. וליכא למימר, דאדרבה גמרינן מפסח ראשון, מה פסח ראשון – לא דחי טומאה ביחידים אף פסח שני. דאם כן מנלן דפסח דחי שבת אפילו כשהוא בא ביחיד, כגון שרוב ציבור זבין ומיעוטן עושין את הראשון בשבת מנלן? הא מתמיד ליכא למיגמר אלא כשכל ישראל עושין פסח, דומיא דתמיד דהוי קרבן של כל ישראל. ונימא: דיו לבא מן הדין להיות כנדון, מה להלן כל ישראל – אף כאן כל ישראל דווקא. אלא על כרחך, כיון דגמרינן בג"ש הכי גמרינן: מה להלן 'במועדו' אפילו בשבת, ואינו בטל בשביל שהוא שבת, אף בפסח לא יתבטל בשבת, ואם היו כל ישראל זבין או בדרך רחוקה חוץ מאדם אחד או שנים, וחל ע"פ בשבת, אי אמרת לא דחי שבת ביחיד – הרי הוא בטל לגמרי, הכי נמי, נימא גבי פסח שני שלא יתבטל מפני הטומאה כמו פסח ראשון, שאין בטל לגמרי בשביל טומאת מת. וליכא למימר דת"ק סבירא ליה ד"במועדו" קאי אפסח ראשון, כרבי נתן בפרק "מי שהיה טמא" (פסחים דף צג.), וא"כ בפסח שני לא כתב "במועדו" וגמר מ"ככל חקת הפסח" אבל ר' יהודה גמר שפיר מ"במועדו" דסבר דאפסח שני קאי. דהא בשמעתא קאמר, ורבי יהודה אמר לך: אמר קרא "ככל חקת". אלמא מ"ככל חקת" נפקי ליה נמי לר' יהודה. על כן נראה לי: ד"כי קרבן ה' לא הקריב במועדו" (במדבר ט) לא מיסתבר כלל לדרוש אותו לגזירה שוה אליבא דשום תנא, דלא דמי לאינך שנכתבו בלשון צווי "תשמרו להקריב לי במועדו" (שם כח) "ויעשו בני ישראל את הפסח במועדו" (שם ט) "אלה תעשו לה' במועדיכם" (שם כט) "וידבר משה את מועדי ה' אל בני ישראל" (ויקרא כג) לעשות המועדות. אבל האי קרא כתב: "כי קרבן ה' לא הקריב במועדו" אבל מ"ככל חקת הפסח" – גמרינן שפיר, ובסברא פליגי, כדפי'. וא"ת: והא פסח ראשון לא נפקא לן דדחי שבת אלא מגזירה שוה מתמיד, והיכי גמר פסח שני מיניה בהיקישא? הניחא למאן דאמר דבר הלמד בגזירה שוה חוזר ומלמד בהיקש, אלא למאן דאמר אינו חוזר ומלמד – מאי איכא למימר? ויש לומר: דסבירא ליה הימנו ודבר אחר – לא הוי היקש, כיון דמ"ככל חקת הפסח" גמרינן דברים שכתובים בפסח ראשון גופיה – גמרינן מיניה נמי מידי דגמרינן בה בגזירה שוה. אבל קשה, למאן דאמר בס"פ "איזהו מקומן" (זבחים דף נז.): הימנו ודבר אחר – הוי היקש, וליכא למימר דאיהו סבירא ליה דדבר הלמד בגזירה שוה חוזר ומלמד בהיקש – דא"כ מאי טעמא פליגי בה אמוראי בפ' "איזהו מקומן" (שם דף נ.), תיפשוט דחוזר ומלמד בהיקש מדר' ישמעאל, דאית ליה הימנו ודבר אחר הוי היקש. וצריכין אנו לומר לדידיה דדבר הלמד בגזירה שוה חוזר ומלמד בהיקש. ודוחק הוא לומר דלר' ישמעאל פסח שני אינו דוחה לא שבת ולא טומאה – דא"כ הוו להו שלש מחלוקות בדבר! וי"ל: כיון דכתיב: "ככל חקת הפסח יעשו אותו" – צריכים אנו ללמוד כמו כן ממנו דבר שלמדנו בו בגזירה שוה. שאם לא כן – אינך מקיים "ככל חקת הפסח". וכי האי גוונא משני לקמן בפירקא (דף נז.): חוץ מבפנים בחד זימנא גמר, כלומר: כיון דכתיב "וכן יעשה לאהל מועד" – צריך לעשות באהל מועד בפר כל מה שעשה לפני ולפנים, וכן בשעיר – ואפילו דבר שלמדו בהיקש, דאם לא כן – לא קרינן ביה "וכן יעשה". אבל יש פירוש בפסחים שמוגה בהם ד"במועדו" גמרי בגזירה שוה. וכן נמצא בספרי: "כי קרבן ה' לא הקריב במועדו" – בא הכתוב ולימד על פסח שני שדוחה את השבת, או ידחה את הטומאה – אמרת: כל עצמו אינו בא אלא בשביל הטומאה. וסתמא כרבנן. וצריך אני ליישב מהא שהקשיתי לעיל, דודאי פסח גמר שפיר מתמיד, דאפילו יחיד עביד בשבת, דהא תמיד כל שעה יבא בשבת – אף פסח כל שעה יבא בשבת, ואפילו יחיד. ואע"ג דתמיד לא אתו ביחיד בשבת – היינו משום דלא משכחת ליה ביחיד כלל. אבל פסח שהוא בא ביחיד – יש לך ללמוד הימנו דניתי בשבת, בין ביחיד בין בציבור. אבל בטומאה, כיון דפסח ראשון גופיה זימנין דלא דחי טומאה, כגון במיעוט ציבור, דעבדי בטהרה ולא עבדי בטומאה – הכי נמי פסח שני. וא"ת: למה לי גזירה שוה? הא אתיא מ"ככל חקת הפסח"! יש לומר: דסבירא ליה דמימעיט מכעין הפרט דמצות ומרורים, מה הפרט מפורש מצות עשה דלא דחי לא תעשה שיש בו כרת, אף כל – למעוטי שלא ידחה שבת שהוא לא תעשה שיש בו כרת. מיהו, לר' נתן דאמר "במועדו" אפסח ראשון קאי, צריך לומר דפסח שני דדחי שבת – נפקא ליה מ"ככל חקת הפסח" כרבי יהודה דשמעתין, דנפקא ליה נמי מהתם. ואפשר דרבנן דרבי יהודה נמי סבירא להו הכי כרבי נתן, ולא כתב "במועדו" אפסח שני, ונפקא להו מ"ככל חקת" או סבירא להו כר' חנניא בן עקביא ורבי, דדרשי "במועדו" בפסח שני, ונפקא להו מ"במועדו" כדאיתא בסיפרי. מיהו, קשה לי: דבספרי קאמר מעיקרא, "כי קרבן ה' לא הקריב במועדו" על פסח ראשון ענוש כרת, אתה אומר על פסח ראשון או אינו אלא על פסח שני – אמרת: איזהו מועדו – זה ראשון. ובתר הכי קאמר דבמועדו בפסח שני כתב! ושמא, היינו דקאמר: דבר אחר, בא הכתוב ולימד על פסח שני שדוחה השבת. ודרשא קמייתא למאן דאמר דאפסח ראשון קאי, ודבר אחר דקאמר למאן דאמר דאפסח שני קאי. מיהו קשה, דא"כ הוה ליה למימר בא הכתוב ולימד על פסח שני לענין כרת דאיירי ביה מעיקרא, מאי טעמא שבקיה לכרת ונקט מילתא אחריתי? כיון דלמאן דאמר דאשני קא איירי. והא אינהו פליגי לענין כרת בפרק "מי שהיה טמא" (פסחים דף צג.)! ועוד: איני סבור שיש כי האי גוונא בשום מקום בברייתא אחת, שדורש שתי דרשות בסתם

שסותרין

רבינו חננאל

וולדותיה הרי הן כעולה טעונה הפשט וניתוח אינה דוחה לא שבת ולא טומאה דלא קביע לה זמנא. אבל הפר של כה"ג ביוה"כ חטאת היא ותמורת חטאת למיתה אזלא דתנן בתמורה בתחלת פרק ד' וולד חטאת ותמורת חטאת וחטאת שמתו בעליה כולן ימותו וכיון דלמיתה אזלו [למאי] הוצרך לומר שאינ' דוחה לא שבת ולא טומאה. ופרקינן מאי תמורה שם תמורה. פי' לעולם פר כ"ג הוא והאי דאמרת תמורתו למיתה אזלא ודאי הכי הוא אלא האי דקתני משא"כ בתמורה לאו אהאי דא' ועושה תמורה קאי אלא אתמורה דעלמא דחיילא עלייהו תמורה עלה תני אינה דוחה את השבת ולא את הטומאה. ואקשינן אי הכי האי דקתני [זבח] נוקמה שם זבח ולא פר כ"ג וא"ל לא יכלת למימר שם זבח קתני דקתני סיפא דהא מתניתא חומר בתמורה שהתמורה חלה על בעל מום קבוע ואין יוצא לחולין ליגזז וליעבד מה שאין כן בזבח. ואי ס"ד שם זבח הא איכא בכור ומעשר דחלין על בעל מום קבוע ואין יוצאין לחולין ליגזז וליעבד אלא שם זבח לא קתני. ומ"ש. ושנינן כל שם תמורה אחת היא. אבל זבח האיכא זבח והאיכא בכור. והאיכא שלמים והאיכא מעשר. ואקשינן ולרב ששת אדמוקים לה באילו של אהרן נוקמה בפסח כו' ושנינן פסח אינו קרבן יחיד דקתני אין שוחטין את הפסח על היחיד ופסח שני נמי לא דחי טומאה דתניא הראשון דוחה טומאה השני אינו דוחה טומאה ואקשינן לר' יעקב מ"ש פסח דקרי ליה קרבן יחיד. וחגיגה קרי ליה קרבן צבור. אי משום דאתי בכנופיא כלומר בבוא כל ישראל לחוג. פסח נמי בכנופיא אתי דהא כל ישראל חייבין לעשות הפסח. ודחי האי פסח דקתני ר' יעקב פסח שני הוא דליתיה בצבור. ומי דחי טומאה סבר לה כר' יהודה דתניא השני דוחה שבת ולא את הטומאה דהאי מפני טומאה דחיתו יחזור ויעשנו בטומאה. ר' יהודה אומר דוחה אף את הטומאה התורה הזהירה עליו לעשות בטהרה לא זכה יעשנו בטומאה שנאמר ככל חקת הפסח יעשו אותו

הגהות הב"ח

(א) רש"י ד"ה ותנא כו' דאייתי לעיל. נ"ב בדף נ ע"א:

הגהות מהר"ב רנשבורג

בתו"י א] דלענין אין מיתה בצבור לא קשה לן מידי דצבור ניניהו וכו' וחוזרת לתרץ בין ההיא דהכא וכו' כצ"ל.

תוספות ישנים

דקאמר הכא מאי נ"מ אי קרינן לפר של יוה"כ חטאת שותפין או חטאת צבור א] דלענין אין מיתה בצבור לא נפקא לן מידי אם לצבור ניניהו כדפרי' וכן משמע ההיא דהוריות דכהנים קאמרת כו' זה נראה עיקר וזה הגהת רבי וחזרתי לתרץ ההיא דהכא לבין ההוא דהוריות בע"א דההיא דהוריות נ"ל דלאו ליה דמייתי ר"ש טעמא לפר יוה"כ דחטאת השותפין אינה מתה במאי דקי"ל הלכה למשה מסיני דאין חטאת צבור מתה אלמא פשיטא ליה דשותפין לענין דין חטאת כצבור דמי וא"כ כי היכי דאין מיתה בצבור אין מיתה בשותפין ואין לדחות ראיה זו ולומר שזה ודאי יש ללמוד בחטאת שותפין מחטאת צבור דאין חטאת שותפין מתה כי כפרו בעליה כמו שחטאת צבור אינה מתה לפי שהטעם הגורם לחטאת צבור שאינה מתה דהיינו משום דלא משכחת בה ולד חטאת ותמורת חטאת וכולהו בחד מקום גמיר להו גורם כמו כן לחטאת השותפין שלא תמות דבה נמי לא משכחת ולד חטאת ותמורת חטאת אבל אחד מן השותפין [שמת] שלא תזיק לענין חטאת אין ללמוד ממיתת אחד מן הצבור דגבי צבור הוא דגלי קרא ראויה כפרה על יוצאי מצרים ולא גבי שותפין דהא לאו דיחויא היא דהא טעמא לא הוי משום דלא משכחת לה בצבור ושותפין ולד חטאת ותמורה לא תהא חטאתם מתה כי לא נאמר בסיני אלא כך חמש חטאות מתות ביחיד ואין חטאת מתה בצבור אלא רועה ושכחו באיזה נאמרה הלכה למות ובאיזה לרעות כדמוכח בפרק שני דתמורה (דף טז:) ונודע להם על ידי דהוה קים להו שבמקום שנאמרה מיתה יש ה' מיתות ולד חטאת ותמורת חטאת וחטאת שמתו בעליה וכיפרו בעליה ועברה שנתה מתוך כך נתברר להם שביחיד נאמרה

מיתה ובצבור רעייה אבל הטעם של רעייה לא תלאו הקב"ה בסיני לא בולד ולא בתמורה שאין בצבור ולא בשותפות דמסתמא כענין שנאמרה בסיני אר"ש בברייתא והוא תלה הטעם כמו שאין חטאת צבור מתה א"כ כך נאמר בסיני חטאת יחיד מתה וחטאת צבור רועה שאם נאמר בסיני חטאת צבור ושותפין רועה כך היה לו לומר לר"ש שאין חטאת צבור ושותפין מתה הואיל ונאמר בסיני שאין חטאת [מתה] אלא במקום שחמשתן יכולין להיות בענין זה כמו כן היה לו לר"ש לשנות אלא ודאי לא נתלה הטעם של רעייה בסיני אלא במה שהיא של צבור ומדמייתי ראיה מחטאת צבור שנאמרה בה רעייה בסיני לחטאת השותפין אלמא חטאת צבור וחטאת שותפין שוות ושמעינן מינה דה"ה כמו שבחטאת צבור אין מיתת אחד לא מעלה ולא מוריד לענין החטאת וגם בחטאת השותפין כמו כן ודחי רב יוסף התם בהוריות דלא מייתי ר"ש ראיה מינה לשותפין אלא כהנים גופייהו שהפר של יוה"כ מכפר עליהם והוו צבור דאיקרו קהל לגבי הפר דאיתקש לקהל לענין כפרת פר יוה"כ ומדמסיק ובעי מאי הוי עלה אי כאביי דאמר דמייתי ר"ש ראיה מצבור לשותפין ונלמוד משם שחטאותיהם שוין גם לענין שאין מועלת בשותפין כמו שאינה מועלת בצבור אי כרב יוסף דאמר דפר יוה"כ חשיב דצבור ולא דשותפין ומסקינן כאביי דבחד מקום גמיר להו אלמא חטאת דצ"ד נמי אינה מתה וצ"ד ליכא למימר [דחשיבי כצבור] אלא ודאי חטאת שותפין כחטאת צבור ירעה. הכי אתיא שפיר סוגיא דהוריות. וה"נ בשמעתין אתי שפיר להאי פירושא דלא מצי למימר השתא אליבא דר"ש נפקותא בין אי הוי פר יוה"כ חטאת צבור בין אי הוי חטאת שותפין אלא לענין איתויי פר הוראה אבל

מב א ב מיי' פ"ה מהלכות עבודת יוה"כ הלכה יב:
מג ג שם פ"ד הלכה א:
מד ד ה מיי' פ"ד מהל' בית הבחירה הלכה ב:
מה ו מיי' שם פ"ג הלכה יב:

וְתֵיפּוּק לִי °דַּ"אֲשֶׁר לוֹ" אָמַר רַחֲמָנָא, מִשֶּׁלּוֹ הוּא מֵבִיא! דְּתַנְיָא: "אֲשֶׁר לוֹ" – *[א]מִשֶּׁלּוֹ הוּא מֵבִיא וְלֹא מִשֶּׁל צִיבּוּר. יָכוֹל לֹא יָבִיא מִשֶּׁל צִיבּוּר, שֶׁאֵין הַצִּיבּוּר מִתְכַּפְּרִין בּוֹ, אֲבָל יָבִיא מִשֶּׁל אֶחָיו הַכֹּהֲנִים, שֶׁהֲרֵי אֶחָיו הַכֹּהֲנִים מִתְכַּפְּרִים בּוֹ – ת"ל: "אֲשֶׁר לוֹ". יָכוֹל לֹא יָבִיא, וְאִם הֵבִיא כָּשֵׁר – ת"ל: שׁוּב °"אֲשֶׁר לוֹ", *שָׁנָה הַכָּתוּב עָלָיו לְעַכֵּב. וְלִיטַעְמִיךְ, אֶחָיו הַכֹּהֲנִים אִי לָאו דְּקָנוּ בְּגַוֵּיהּ הֵיכִי מְכַפֵּר לְהוּ?(א) אֶלָּא, שָׁאנֵי בֵּי גַּזָּא דְּאַהֲרֹן בדְּאַפְקְרֵיהּ רַחֲמָנָא גַּבֵּי אֶחָיו הַכֹּהֲנִים, הָכָא [גַּבֵּי תְּמוּרָה] נַמִי שָׁאנֵי בֵּי גַּזָּא דְּאַהֲרֹן דְּאַפְקְרֵיהּ רַחֲמָנָא גַּבֵּי אֶחָיו הַכֹּהֲנִים(ב):

(ויקרא טז) [מנחות יט. ע"ש]

מתני' גהָיָה מְהַלֵּךְ בַּהֵיכָל עַד שֶׁמַּגִּיעַ לְבֵין שְׁתֵּי הַפָּרוֹכֹת הַמַּבְדִּילוֹת בֵּין הַקֹּדֶשׁ וּבֵין קֹדֶשׁ הַקֳּדָשִׁים, וּבֵינֵיהֶן אַמָּה. ר' יוֹסֵי אוֹמֵר: לֹא הָיְתָה שָׁם אֶלָּא פָּרֹכֶת אַחַת בִּלְבַד, שֶׁנֶּאֱמַר: °"וְהִבְדִּילָה הַפָּרֹכֶת לָכֶם בֵּין הַקֹּדֶשׁ וּבֵין קֹדֶשׁ הַקֳּדָשִׁים". (שמות כו)

§. **גמ'** שַׁפִּיר קָאָמַר לְהוּ רַבִּי יוֹסֵי לְרַבָּנַן! וְרַבָּנַן אָמְרִי לָךְ: הָנֵי מִילֵּי – בְּמִשְׁכָּן, אֲבָל בְּמִקְדָּשׁ שֵׁנִי, כֵּיוָן דְּלָא הֲוַאי אַמָּה טְרַקְסִין, דוּבְמִקְדָּשׁ רִאשׁוֹן הוּא דַּהֲוַאי, וְאִיסְתַּפְּקָא לְהוּ לְרַבָּנַן בִּקְדוּשָּׁתֵיהּ אִי כְּלִפְנִים אִי כְּלַחוּץ, הוַעֲבוּד שְׁתֵּי פָּרוֹכֹת. תָּנוּ רַבָּנַן: בֵּין הַמִּזְבֵּחַ לַמְּנוֹרָה הָיָה מְהַלֵּךְ, דִּבְרֵי ר"י, ר"מ אוֹמֵר: בֵּין שֻׁלְחָן לַמִּזְבֵּחַ. וְיֵשׁ אוֹמְרִים: בֵּין שֻׁלְחָן לְכוֹתֶל. מַאן *יֵשׁ אוֹמְרִים? אָמַר רַב חִסְדָּא: רַבִּי יוֹסֵי הִיא, דְּאָמַר: *פִּיתְחָא בְּצָפוֹן קָאֵי. וְרַבִּי יְהוּדָה אָמַר לָךְ: *פִּיתְחָא בַּדָּרוֹם קָאֵי. וְרַבִּי מֵאִיר כְּמַאן סְבִירָא לֵיהּ? אִי כְּרַבִּי יְהוּדָה סְבִירָא לֵיהּ – נֵיעוּל כְּרַבִּי יְהוּדָה, אִי כְּרַבִּי יוֹסֵי סְבִירָא לֵיהּ – נֵיעוּל כְּרַ' יוֹסֵי! לְעוֹלָם כְּרַבִּי יוֹסֵי סְבִירָא לֵיהּ, וְאָמַר לָךְ: *שׁוּלְחָנוֹת צָפוֹן וְדָרוֹם מוּנָּחִין וּמַפְסְקָא לֵיהּ שֻׁלְחָן, וְלָא מִתְעַיֵּיל לֵיהּ. וְאִיבָּעֵית אֵימָא: ילְעוֹלָם מִזְרָח וּמַעֲרָב מוּנָּחִין. וּמִשּׁוּם שְׁכִינָה לָאו אוֹרַח אַרְעָא לְמֵיעַל

[לקמן נב:] [מנחות צח:]

רש"י

וְתֵיפּוּק לִי. בָּעֲיָא דְּרַבִּי אֶלְעָזָר דִּלְעֵיל, דְּפַר יוה"כ דְּהַכֹּהֲנִים בְּקוּפְיָא הוּא דְּמִתְכַּפְּרֵי בֵּיהּ, דְּהָא "אֲשֶׁר לוֹ" כְּתַב בֵּיהּ תְּלָתָא זִימְנֵי, לְמַעוֹטֵי צִיבּוּר וְאֶחָיו הַכֹּהֲנִים, דְּלָא מִדִּידְהוּ אָתֵי. תְּלָתָא "אֲשֶׁר לוֹ" כְּתִיבֵי בֵּיהּ בִּתְרֵי קְרָאֵי "וְהִקְרִיב אַהֲרֹן וגו'" וְהִקְרִיב תִּנְיָינָא "וְשָׁחַט אֶת פַּר הַחַטָּאת אֲשֶׁר לוֹ": **אֶלָּא שָׁאנֵי בֵּי גַּזָּא** וכו' גָּרְסִינַן: **אַפְקוּרֵיהּ** אַפְקְרֵיהּ. לְגַבֵּי הַךְ כַּפָּרָה: **מתני'** מְהַלֵּךְ בַּהֵיכָל. נִכְנָס וּמְהַלֵּךְ לְתוֹכוֹ לַמַּעֲרָב: שְׁתֵּי הַפָּרוֹכֹת. פְּרוּפוֹת מִן הַצָּפוֹן לַדָּרוֹם, אַחַת חִיצוֹנָה וְאַחַת פְּנִימִית: וּבֵינֵיהֶן. אֲוִיר אַמָּה: **גמ'** אַמָּה טְרַקְסִין. כָּךְ נִקְרֵאת כּוֹתֶל מְחִיצָּה *שֶׁהִפְסִיק בְּמִקְדָּשׁ רִאשׁוֹן. אֲבָל בְּמִקְדָּשׁ שֵׁנִי שֶׁהָיָה גָּבוֹהַּ (*מֵאָה) אַמָּה – לֹא עֲשָׂאוּהוּ, לְפִי שֶׁלֹּא הָיוּ עוֹבְיָהּ אֶלָּא אַמָּה וְאֵינָהּ יְכוֹלָה לַעֲמוֹד בְּגוֹבַהּ (*מֵאָה) אַמָּה. וּלְהוֹסִיף עַל עוֹבְיָהּ אִי אֶפְשָׁר, דִּכְתִיב "הַכֹּל בִּכְתָב מִיַּד ה' עָלַי הִשְׂכִּיל" (דה"א כח): **וְאִיסְתַּפְּקָא לְהוּ.** בִּמְקוֹם הַמְּחִיצָּה, אִי כְּלִפְנִים אִי כְּלַחוּץ: וְעָבוּד שְׁתֵּי פָּרוֹכֹת. לִקְלוֹט בֵּינֵיהֶן אֲוִיר מְקוֹם הַמְּחִיצָּה: בֵּין הַמִּזְבֵּחַ וְלַמְּנוֹרָה הָיָה מְהַלֵּךְ. כְּשֶׁבָּא לִיכָּנֵס הָיָה בּוֹקֵעַ בַּהֵיכָל דֶּרֶךְ הַדָּרוֹם לְהַלֵּךְ בֵּין מִזְבֵּחַ הַפְּנִימִי וְלַמְּנוֹרָה שֶׁהִיא בַּדָּרוֹם, וְהוֹלֵךְ עַד הַפָּרֹכֶת: בֵּין שׁוּלְחָן וְלַמִּזְבֵּחַ. דֶּרֶךְ הַצָּפוֹן: רַבִּי יוֹסֵי הִיא. דְּאָמַר בְּמַתְנִי': לֹא הָיְתָה שָׁם אֶלָּא פָּרֹכֶת אַחַת, וְאֵצֶל הַכּוֹתֶל הַצְּפוֹנִי הָיָה רֹאשָׁהּ כָּפוּל, וּפְרוּפָה בְּקֶרֶס זָהָב כְּלַפֵּי הַחוּץ, וּבוֹ נִכְנָסִין לִפְנַי וְלִפְנִים. כִּדְתָנֵי מַתְנִי' אַלִּיבָּא דְּרַבָּנַן: הַחִיצוֹנָה פְּרוּפָה מִן הַדָּרוֹם, הַפְּנִימִית מִן הַצָּפוֹן. וְרַבִּי יוֹסֵי דְּאָמַר אֵין שָׁם אֶלָּא אַחַת – פְּרִיפָתָהּ בַּצָּפוֹן הִיא, דִּבְהָא לָא פָּלֵיג דִּכְנִיסָתוֹ לְתוֹךְ חֲלַל בֵּית קָדְשֵׁי הַקֳּדָשִׁים בַּצָּפוֹן הֲוָה: **פִּיתְחָא בַּדָּרוֹם קָאֵי.** דִּשְׁתֵּי פָּרוֹכֹת הָיוּ שָׁם, וְהַחִיצוֹנָה פְּרוּפָה מִן הַדָּרוֹם, כִּדְתְנַן מַתְנִי' וּלְקַמָּן פָּרֵיךְ: לְר' יְהוּדָה נֵיעוּל בֵּין מְנוֹרָה לַכּוֹתֶל: שׁוּלְחָנוֹת צָפוֹן וְדָרוֹם מוּנָּחִין. עֶשֶׂר שׁוּלְחָנוֹת עָשָׂה שְׁלֹמֹה, שֶׁנֶּאֱמַר (דה"ב ד) "חָמֵשׁ מִיָּמִין וְחָמֵשׁ מִשְּׂמֹאל" וְתַנְיָא בִּמְנָחוֹת (צח:): אִי אֶפְשָׁר לוֹמַר חָמֵשׁ מִימִין הַפֶּתַח וְחָמֵשׁ מִשְּׂמֹאל הַפֶּתַח, שֶׁאִם אַתָּה אוֹמֵר כֵּן – מָצִינוּ שׁוּלְחָן בַּדָּרוֹם, וְהַתּוֹרָה אָמְרָה "וְהַשּׁוּלְחָן תִּתֵּן עַל צֶלַע צָפוֹן" (שמות כו). אֶלָּא: שֶׁל מֹשֶׁה בָּאֶמְצַע, חָמֵשׁ מִימִינוֹ וְחָמֵשׁ מִשְּׂמֹאלוֹ. וּפְלִיגֵי בָּהּ תַּנָּאֵי: אִיכָּא לְמַאן דְּאָמַר מִזְרָח וּמַעֲרָב מוּנָּחִין, וְאִיכָּא לְמַאן דְּאָמַר צָפוֹן וְדָרוֹם מוּנָּחִין, וְר"מ סְבִירָא לֵיהּ כְּמַאן דְּאָמַר צָפוֹן וְדָרוֹם, רָאשֵׁי שׁוּלְחָנוֹת מִן הַצָּפוֹן לַדָּרוֹם הָיוּ, חָמֵשׁ בְּשׁוּרָה אַחַת פּוֹנוֹת רֹאשָׁהּ שֶׁל זוֹ לְרֹאשָׁהּ שֶׁל זוֹ, וְהַשּׁוּלְחָן אַמָּתַיִם אָרְכּוֹ – הֲרֵי עֶשֶׂר אַמּוֹת. וְעַל כָּרְחָךְ צָרִיךְ הָיָה לִסְמוֹךְ רֹאשׁ הַשּׁוּלְחָן הַצְּפוֹנִי לַכּוֹתֶל, שֶׁאִם אַתָּה מוֹשְׁכוֹ לְהַלָּן מִן הַכּוֹתֶל – נִמְצָא מִן הַשּׁוּלְחָן הַדְּרוֹמִי מִקְצָתוֹ יוֹשֵׁב בַּדָּרוֹם, שֶׁהַהֵיכָל רָחְבּוֹ עֶשְׂרִים אַמָּה, נִמְצָא צָפוֹן שֶׁלּוֹ עֶשֶׂר אַמָּה. וְאִי אֶפְשָׁר לִהְיוֹת כְּלוּם מִן הַשּׁוּלְחָן בַּדָּרוֹם. הִלְכָּךְ מַפְסְקֵי שׁוּלְחָנוֹת אֶת הַדֶּרֶךְ, וְלָא מִתְעַיֵּיל לֵיהּ בֵּין שׁוּלְחָן לַכּוֹתֶל. וְאִם תֹּאמַר: אַף בֵּין הַמִּזְבֵּחַ לַשּׁוּלְחָן אֵין דֶּרֶךְ, שֶׁהֲרֵי הַמִּזְבֵּחַ בְּאֶמְצַע הַהֵיכָל וְרֹאשׁ הַשּׁוּלְחָן הַדְּרוֹמִי סָמוּךְ לַמִּזְבֵּחַ – הָא אָמְרַן בְּפֶרֶק "אָמַר לָהֶם הַמְּמוּנֶּה" (לעיל דף לג:) שֶׁאֵין הַמִּזְבֵּחַ מְכוּוָּן כְּנֶגֶד הַשּׁוּלְחָן, אֶלָּא מָשׁוּךְ קִימְעָא כְּלַפֵּי חוּץ:

לְמֵיעַל

תוספות

שסותרין זו את זו. ובתרי תנאי בהרבה מקומות יש דבר אחר אחר דבר אחר. דמקרא אחד יוצא לכמה טעמים. אבל כי האי גוונא – לא אשכחן! ונראה לי: דההיא דרשא דספרי כרבי אתיא, וה"פ: או אינו אלא על פסח שני, כלומר: שלא יתחייב כרת אראשון לחודיה אלא אפסח שני, משום דקרא בפרשת פסח שני כתיב, ונימא דאפסח שני חייב כרת אפילו היכא דשגג בראשון והזיד בשני ולא אראשון. אפילו הזיד בראשון ושגג בשני – אמרת איזהו "במועדו" – זה ראשון. כלומר: אינו סברא כלל לומר דאשני קאי ולא אראשון, דעיקר במועדו בראשון כתיב: "ויעשו בני ישראל את הפסח במועדו". וא"כ קאי נמי אראשון, ואי לא כתב "חטאו ישא" – הוה אמינא אראשון לחודיה קאי, השתא דכתיב "חטאו ישא" – דריש ליה נמי בפסח שני, כדאיתא בפ' "מי שהיה טמא", וגלי לן "חטאו ישא" ד"במועדו" אתרוייהו קאי. ואי לא כתיב "במועדו" הוה אמינא דכרת אפסח שני לחודיה קאי. והשתא קאמר שפיר: דבר אחר במועדו איצטריך למימר דפסח שני דוחה שבת. עוד נראה לקיים הכל: דהא דדחי שבת – נפקא לן מ"ככל חוקת" ומ"במועדו", דאי מ"ככל חוקת" – איכא למימר כדפרישית לעיל, ואי מ"במועדו" – איכא למימר כדפר' לעיל. להכי צריכי תרוייהו, ובא זה ולימד על זה, ובא זה ולימד על זה. מיהו, לרבי נתן מ"ככל חוקת" לחודיה נפקא: (ויקרא ט)

תיפוק לי דאשר לו אמר רחמנא משלו הוא מביא דתניא כו'. תימה לי: מאי איצטריך לאתויי ברייתא לומר דדרשינן הכי: משלו הוא מביא, כל שכן אי לא דרשינן הכי[א] לא הוה דרשינן "אשר לו" שהוא מתכפר לו, דתקשי לך טפי. ועוד: דבכל הספרים ישנים גרסינן בסמוך: שאני בי גזא דאהרן, ול"ג 'אלא'! אלא שרש"י גרס 'אלא'. ונראה לי דהכי פירושו: תיפוק לי ד"אשר לו" אמר רחמנא, דמשמע שהוא מתכפר בו, ומשמע אבל אחריני – לא מכפרי. ומשני: האי "אשר לו" דרשינן משלו הוא מביא, אבל לעולם אימא לך דאינהו נמי מכפרי מקיבעא, כדתניא וכו'. והדר פריך: ולטעמיך, הא דמייתי מברייתא דלא דרשינן ליה להאי "אשר לו" לומר שהוא לבדו מתכפר בו, אלא לומר משלו הוא מביא. ומברייתא משמע דאחיו מתכפרין בו, מה תירצת לי בזה? והא הא בהא תליא, כיון דמודית לי דמשלו הוא מביא – א"כ אחיו הכהנים לא מכפרי ביה, דאי לאו דקנו ליה בגויה – היכי מכפרי ביה? ומשני שאני בי גזא וכו':

טרקסין פרש"י פנים [וחוץ]. וי"מ: טרקסין – מלשון "טרוקו גלי" (ברכות כח). שסגור היה לפנים הימנו – הלוחות שניתנו בסיני*):

ועבוד שתי פרוכת. תימה: וליעבד פרוכת אחת שעוביה אמה! ולי נראה דמשמע להו לרבנן פי' דקרא "והבדילה הפרוכת לכם בין הקדש וגו'" (שמות כו) שמצד חילון של פרוכת יהא קדש, ומתחילת עוביה ולפנים יהא הכל קדש קדשים. ולהכי לא מצי למיעבד פרוכת אחת שעוביה אמה ולאוקמה במקום אמה טרקסין, דילמא קדושתה כלחוץ, ונמצא דמתחילת עוביה ולפנים אינו הכל קדש קדשים. אע"ג דבמקדש ראשון אוקמוה התם אמה טרקסין – ע"פ הדבור עביד, כדכתיב "הכל בכתב", ואי בעו למיעבד פרוכת – צריכין לעשות כמו שעשו במשכן, כדאיתא בפ' קמא דבבא בתרא (דף ג:): גמירי או כוליה בפרוכת או כוליה בבנין. הכי נמי גמירי דאי בעי למיעבד פרוכת – ליעבדו כי היכי דעבדו במשכן, דמתחילת עובי הפרוכת ולפנים הוה קדש קדשים. אבל השתא, דעבוד שתי פרוכת ניחא. הדא אוקמוה בתחילת מקום אמה טרקסין, והשנייה בסוף אמה טרקסין בקדש הקדשים בסוף חלל העשרים של קודש הקדשים לצד החוץ, דבוקה למקום סוף אמה טרקסין. דאי מקום אמה טרקסין כלפנים – הרי מעובי פרוכת החיצונה ולפנים הוי קדשי הקדשים הכל. ואי מקום אמה טרקסין כלחוץ – מעובי הפרוכת השניה ולפנים הוי קדשי הקדשים. אבל רבי יוסי סבירא ליה והבדילה הפרוכת – היינו בין חלל לחלל, דחלל שחוצה לה קדש וחלל שלפנים הימנה קדשי הקדשים, דעביד עוביה אמה. אי נמי: דילמא פשיטא ליה לקדושת אמה טרקסין כלפנים, נמצא לדידיה דמתחילת עוביה ולפנים הוי קדש קדשים.

*) [עי' תוס' ב"ב ג. ד"ה טרקסין] [illegible]

ועשרים

מסורת הש"ס

שבועות יז.

[ועי' פירש"י לקמן נב. ד"ה טרקסין]

*[הסמ"ש גרים מ' ע"ש]

[ומי' אמה כ"כ הסמ"ש ע"ש]

[ועי' תוס' ב"ב ג: ד"ה מאן יהיישב ב"ב דהכל]

מנחות צח:

הגהות הב"ח

(א) גמ' היכי מכפר להו קף בקופיא אלא שאני: (ב) שם גבי אחיו הכהנים ויש לומר דמתכפרה בקביעותא מתני' וכו'

הגהות מהר"ב רנשבורג

א] תוס' ד"ה תיפוק לי וכו' כ"ש אי לא דרשינן הכי לא. נמחק לא בהגה"ה וכ"כ צ"ל אלא. וכ"כ הגר"א יעש"ק.

רבינו חננאל

ותיפוק ליה בפר כ"ג אשר לו אשר לו כתוב ביה הכתוב שנה אשר לו לעכב שלא יביא משל צבור ולא משל אחיו הכהנים אלא משלו ממש ואמרינן ואי לא קנו להו לכהנים בפר היכי מתכפרי ביה אלא משום דאמרינן בי גזא דכ"ג אפקריה רחמנא גבי כהנים ש"מ קניה אית להו בגויה: היה מהלך בהיכל וכו'. סתיא דשמעתא במשכן היתה פרוכת אחת מבדלת בין הקודש ובין קודש הקדשים. במקדש ראשון היה במקום הפרוכת כותל רחבו אמה במקדש שני נסתפק להן זו האמה מקום הכותל או כלפנים קדושתה או כהיכל לפיכך עשו ב' פרוכת וביניהם אמה והיתה נקראת אמה טרקסין והוא לשון יון פנים וחוץ. וכך מפורש בתלמוד א"י. ור' יוסי פשיטא ליה דקדושתיה כקדושת ההיכל. ת"ר בין המזבח למנורה היה מהלך כ"ג בשעה שהיה נכנס לבית קודש הקדשים *) דברי ר' מאיר מ"ט קסבר פתח הקדש בכותל טרקסין בדרום היה פתוח והמנורה נתונה בדרום לפיכך כיון שהיה נכנס בהיכל והפתח בדרום היה מהלך כנגדו בין מזבח הזהב למנורה עד הפתח ובין המנורה למזבח הזהב שש אמות שהיה רוחב הבית כ' אמות והיתה המנורה נתונה בדרום משוכה מן הכותל ב' אמות ומחצה והשלחן היה נתון בצפון משוך ב' אמות ומחצה הרי ה' אמות ומקום המזבח והמנורה והשלחן בשלש אמות והמזבח ממוצע ביניהן נמצא ביניהן השיעור שאמרנו ולפיכך לא היה מהלך בין הכותל למנורה שהיה מקום צר ב' אמות ומחצה ומטנפי בגדיו מן המנורה והיה מהלך בין המנורה למזבח שהמקום מרווח ולא יבא להתחבר במנורה כדי שיטנפו כליו. ור' יוסי אומר בין שלחן לכותל היה מהלך קסבר פיתחא דכותל המבדיל בין ההיכל ובין קודש הקדשים **) בצפון קאי שנכנס מהלך כנגדו ונכנס בקדש אצל הארון. ופשוטה היא. אבל ר' יהודה שהיה אומר בין המזבח לשלחן היה מהלך [illegible] ואמרינן לעולם

ר' יהודה פתחא בצפון קאי וקסבר שלחנות בצפון ודרום מונחין ומפסקי ליה ולא מתעייל ליה ומפורש כך במנחות פרק שתי הלחם [illegible]

תוספות ישנים

[illegible]

עין משפט נר מצוה

מו א מיי' פ"ד מהלכות בית הבחירה הלכה ג:

גמרא

לְמֵיעַל לְהֶדְיָא. וְרַבִּי יוֹסֵי אָמַר לָךְ: חֲבִיבִין יִשְׂרָאֵל שֶׁלֹּא הִצְרִיכָן הַכָּתוּב לְשָׁלִיחַ. וְר' יְהוּדָה נַמִי, נֵיעוּל בֵּין מְנוֹרָה לְכוֹתֶל! מְשַׁחֲרֵי מָאנֵיהּ. א"ר נָתָן: אַמָּה טְרַקְסִין לֹא הִכְרִיעוּ בּוֹ חֲכָמִים אִי כְּלִפְנִים אִי כְּלַחוּץ. מַתְקִיף לָהּ רָבִינָא: מ"ט? אִילֵימָא מִשּׁוּם דִּכְתִיב: °"וְהַבַּיִת אֲשֶׁר בָּנָה הַמֶּלֶךְ שְׁלֹמֹה לַה' שִׁשִּׁים אַמָּה אָרְכּוֹ וְעֶשְׂרִים רָחְבּוֹ וּשְׁלֹשִׁים אַמָּה קוֹמָתוֹ" וּכְתִיב: °"וְאַרְבָּעִים בָּאַמָּה הָיָה הַבָּיִת הוּא הַהֵיכָל לִפְנָי" וּכְתִיב: °"וְלִפְנֵי הַדְּבִיר עֶשְׂרִים אַמָּה אוֹרֶךְ וְעֶשְׂרִים אַמָּה רוֹחַב וְעֶשְׂרִים אַמָּה קוֹמָתוֹ" וְלָא יָדְעִינַן אַמָּה טְרַקְסִין אִי מֵהָנֵי עֶשְׂרִים, וְאִי מֵהָנֵי אַרְבָּעִים. וְדִילְמָא, לָא מֵהָנֵי עֶשְׂרִין וְלָא מֵהָנֵי אַרְבְּעִין, וַחֲלָלָא קָא חָשֵׁיב, כּוֹתָלִים לָא קָא חָשֵׁיב! תֵּדַע, דְּכָל הֵיכָא דְּקָא חָשֵׁיב כּוֹתָלִים חָשֵׁיב לֵיהּ לְדִידֵיהּ, *דִּתְנַן: אהַהֵיכָל מֵאָה עַל מֵאָה בְּרוּם מֵאָה, כּוֹתֶל אוּלָם חָמֵשׁ, וְהָאוּלָם אַחַת עֶשְׂרֵה, כּוֹתֶל הַהֵיכָל שֵׁשׁ, *וְאָרְכּוֹ אַרְבָּעִים אַמָּה וְאַמָּה טְרַקְסִין, וְכ' אַמָּה בֵּית קָדְשֵׁי הַקֳּדָשִׁים, כּוֹתֶל הַהֵיכָל שֵׁשׁ, וְהַתָּא שֵׁשׁ, וְכוֹתֶל הַתָּא חָמֵשׁ. אֶלָּא: קְדוּשָּׁתֵיהּ, אִי כְּלִפְנִים אִי כְּלַחוּץ. וְהַיְינוּ דְּאָמַר רַבִּי יוֹחָנָן, בָּעֵי יוֹסֵף אִישׁ הוּצָל: °"וּדְבִיר בְּתוֹךְ הַבַּיִת מִפְּנִימָה הֵכִין לְתִתֵּן שָׁם אֶת אֲרוֹן בְּרִית ה'". אִיבַּעְיָא לְהוּ: הֵיכִי קָאָמַר קְרָא? "וּדְבִיר בְּתוֹךְ הַבַּיִת מִפְּנִימָה הֵכִין לְתִתֵּן שָׁם" אוֹ דִּילְמָא הָכִי קָאָמַר: "וּדְבִיר בְּתוֹךְ הַבַּיִת מִפְּנִימָה". וּמִי מְסַפְּקָא לֵיהּ? וְהָתַנְיָא, אִיסִי בֶּן יְהוּדָה אוֹמֵר: ° חָמֵשׁ מִקְרָאוֹת בַּתּוֹרָה אֵין לָהֶן הֶכְרֵעַ:

שְׂאֵת

(מסורת הש"ס בשולי הגמרא: מ"א ו | שם | שם | מדות פרק ד משנה ו וז' | ס"א ותוכו | שם)

רש"י

לְמֵיעַל לְהֶדְיָא. לֵילֵךְ אֵצֶל הַכּוֹתֶל הַצְּפוֹנִי כָּל אוֹרֶךְ הַהֵיכָל, וְכָל שָׁעָה עֵינָיו זוֹנוֹת מִבֵּית קָדְשֵׁי הַקֳּדָשִׁים דֶּרֶךְ הַפְּרִיפָה שֶׁכְּנֶגְדּוֹ: וְר' יוֹסֵי אָמַר לָךְ חֲבִיבִין יִשְׂרָאֵל שֶׁלֹּא הִצְרִיכָן הַכָּתוּב לְשָׁלִיחַ. אֶלָּא כָּל אֶחָד וְאֶחָד מִתְפַּלֵּל עַל עַצְמוֹ, שֶׁנֶּאֱמַר "אֲשֶׁר יֵדְעוּן אִישׁ נֶגַע לְבָבוֹ וּפָרַשׂ כַּפָּיו אֶל הַבַּיִת הַזֶּה" (מלכים א ח), הִלְכָּךְ חָבִיב הוּא שְׁלוּחָן לִיכָּנֵס לִפְנִים: מְשַׁחֲרֵי מָאנֵיהּ. בְּגָדָיו מַשְׁחִירִין מֵעֲשַׁן הַמְּנוֹרָה שֶׁהִשְׁחִיר אֶת הַכּוֹתֶל: טְרַקְסִין. לְשׁוֹן פְּנִים וְחוּץ הוּא, כָּךְ רָאִיתִי בְּתַלְמוּד יְרוּשַׁלְמִי. וּרְאָיָה לַדָּבָר: חֲסִידִים הָרִאשׁוֹנִים הָיוּ מַכְנִיסִין פֵּירוֹתֵיהֶן דֶּרֶךְ טְרַקְסְמוֹן כְּדֵי לְחַיְּיבָם בְּמַעֲשֵׂר (ברכות דף לה:), לָמַדְנוּ שֶׁהַטְּרַק לְשׁוֹן כְּנִיסַת פְּנִים הוּא: דְּבִיר. הִיא הַמְּחִיצָּה לִפְנֵי הַדְּבִיר חֲלַל בֵּית קָדְשֵׁי הַקֳּדָשִׁים שֶׁהוּא לִפְנִים מִן הַמְּחִיצָּה: קָחָשֵׁיב (א) לְדִידֵיהּ. לִמְקוֹם הַמְּחִיצָּה לְבַד מִן הַשִּׁשִּׁים: כּוֹתֶל אוּלָם. כּוֹתֶל הַחִיצוֹן, לְמַטָּה רוֹחַב הַיְּסוֹד וְהָאַסְקוּפָּה, וּלְמַעְלָה מִגּוֹבַהּ כִּיפַּת הַפֶּתַח עוֹבִי הַחוֹמָה שֶׁעוֹלֶה עַד ק' אַמָּה, לְבַד רוֹחַב כִּיפַּת הֶחָלָל שֶׁהִיא י"א אַמָּה, לְבַד רוֹחַב (ב) כִּיפַּת עוֹבִי הַחוֹמָה: וְהַתָּא שֵׁשׁ. יָלִיעַ שֶׁאֲחוֹרֵי בֵּית הַכַּפֹּרֶת: הֵיכִי קָאָמַר קְרָא. מִי אָמְרִינַן, ה"ק: וּדְבִיר בְּתוֹךְ הַבַּיִת – מְחִיצָּה עָשָׂה שֶׁמַּפְסֶקֶת בְּתוֹךְ הַבַּיִת: מִפְּנִימָה הֵכִין. וְלִפְנִים מֵאוֹתָהּ מְחִיצָּה הֵכִין מָקוֹם חֲלָלָהּ, וְהִזְמִינוֹ לָתֵת שָׁם אֶת הָאָרוֹן. אַלְמָא: דְּבִיר גּוּפֵיהּ לָאו מְקוּדֶּשֶׁת פְּנִים הוּא: אוֹ דִילְמָא ה"ק וּדְבִיר בְּתוֹךְ הַבַּיִת מִפְּנִימָה. דִּמְקוֹם הַדְּבִיר גּוּפֵיהּ מִשֶּׁל פְּנִים הֲוָה, וְאוֹתוֹ הֵכִין לָתֵת שָׁם בְּאוֹתָהּ כְּנִיסָה אֶת הָאָרוֹן: אֵין לָהֶם הֶכְרֵעַ. לָדַעַת הֵיכָן הֵן נוֹטִין:

שְׂאֵת

תוספות

ועשרים אמה קומתו. רש"י פי' בפי' מלכים דהא דאמר לעיל "ושלשים אמה קומתו" – היינו כל הבית עד הגג, והא דכתיב: "ועשרים אמה קומתו" – היינו עד עליית בית קדשי הקדשים. ובב"ב פרק "המוכר פירות" (דף נח:) פריך ליה, ומשני: עשרים אמה קומתו – משפת כרובים ולמעלה, שהכרובים שעשה שלמה העומדים בקרקע משני לדי הארון גבהם עשר אמות*:

[וע"ע תוס' סוכה ה: ד"ה בשלים]

כותל ההיכל שש והתא שש וכותל התא חמש. ותימה: והכתיב "היציע התחתונה חמש באמה רחבה" (מלכים א ו) וי"ל: דהכא מיירי בתא האמצעי דכתיב "והתיכונה שש באמה רחבה כי מגרעות נתן לבית סביב". ופר"י דה"פ דקרא: שעובי כותל ההיכל לא היה שוה בכל מקום, שאם כן היו צריכות לנקב החומה לתחוב בה ראשי הקורות של התא, וזה לא רצו לעשות פן ירקבו אלא עשו את חומת ההיכל במערב למטה שבעה אמות, והוצרכו לגרוע ממנה אמה כנגד תקרת התא האמצעי, להניח ראשי הקורות על אותה כניסה, ושוב הוצרכו לגרוע עוד אמה כנגד תקרת תא השלישי. לפיכך התחתונה חמש באמה רחבה, והתיכונה ו' באמה רחבה, והג' ז' באמה רחבה. והיינו דתנן במס' מדות [פ"ד מ"ד]: התחתונה רחבה חמש, והרובד ששה, רובד ששה היינו התקרה המפסקת בינה לתא התיכונה שעל גבה, והאמצעית שש והרובד ז' והקשה ר"י בר מרדכי: אי למטה קא חשיב הכא – לשם לא היתה התא שש אלא חמש, ואי בתיכונה קא חשיב – מאי קאמר כותל ההיכל שש? והא כבר נגרע ממנה כנגדה! ולפי מה שפירשנו ניחא, דכותל ההיכל כנגד תא התחתונה היה עוביה ז', וכנגד התיכונה עוביה ו', כי כבר נגרע ממנה אמה. והכא כנגד התיכונה קא חשיב, דהוי התם כותל ההיכל ו' והתא ו'. וא"ת: ואמאי לא קא חשיב למטה כותל ההיכל ז', והתא ה' ואידי ואידי חד שעורא הוא! י"ל: דניחא ליה למיחשב במקום שהיה כותל ההיכל ו' כמו כותל מזרחי של היכל שהיה כמו כן ו'. אי נמי, נראה לר"י: שהמגרעות היו בכל הכתלים בכותל ההיכל ובשלשת כותלי התא. וכותל ההיכל היה למטה ו' אמות ומחצה, וכותל התא ה' אמות ומחצה, וכשהיה מגרע חצי אמה מכל כותל, כדכתיב "כי מגרעות נתן לבית סביב" – נמצא התא התחתונה חמש על חמש, והתיכונה שש על שש, והשלישית שבע על שבע. והא דקתני רובד שש ורובד שבע – אור"י: דהיינו אורך המגרעת הראשונה היא שש, והמגרעת השניה ארכה שבעה, וקרי להו רובד – לפי שהמגרעת כעין שורה בולטת, כעין ששנינו במסכת תמיד בפ"ק (דף כה:): בית גדול היה ומוקף רובדים. וקאמר בגמ':* רובדים מאי ניניהו – *גורתא דאיצטוותא דסלקי בהו לאצטוותא, שהיו עושין כעין אצטוואות סביו לפנים מסטיו, מעלותם של אבנים שקורין דגוריד ולשון רובד הוא שורה. עוד פר"י דנראה לו: דכותל ההיכל שש והתא שש – דלמטה לגמרי קא חשיב, ואע"ג דכתיב במשכנה דמלכים "חמש באמה רחבה" של מסכת מדות דבית שני היו חלוקין משל שלמה, כמו שהיו חלוקין ממשכנה דיחזקאל דלעתיד, דכתיב ביחזקאל (מא) בתר דפריש היכל ובית קדשי הקדשים כתיב "ורחב הצלע ד' אמות" וצלע היינו תא, כדאמר פ' "המוכר הבית" (ב"ב דף סא.) וכתיב נמי התם (שם), "והצלעות צלע אל צלע *שלשים ושלש פעמים" אלמא דלא הוו בההיכל אלא ל"ג תאים, ובמסכת מדות [פ"ד מ"ג] תנן: ל"ח תאים היו שם, ט"ו בצפון וט"ו בדרום ושמנה במערב. והר' יצחק בר מרדכי פי': דלא בהיכל היו המגרעות, אלא בתא היו. והא דתנן רובד שש – היינו שורות אבנים עליונים של כותל היציע התחתונה, שעליה מונחים ראשי הקורות. וכשהיתה אותה שורה רחבה שש – נמצאת שהיתה בולטת אמה, שעובי כותל התא לא היה אלא ה' אמות, ולכך בולטת אמה מבחוץ, לפי שהיו צריכין לכנוס אמה מקום הנחת הקורות, לבלתי אחוז בקירות הבית. ונמצא דעכשיו נמי, כשהיו כונסין אמה, היתה החומה מכל מקום עדיין עובי ה' אמות, לפי שבמקום אמה הכניסה נתוספה אמה מבחוץ. ולא נהירא לר"י: דלמה היו מוסיפין אמה? אי מחמת חוזק החומה, כדי שתהא בכל מקום לכל הפחות ה' – אדרבה, אותה תוספת היא גרעון, שהיה בנין העליון בולט אמה חוץ לתחתון, ומכביד עליו. ועוד קשה: התינח רובד שש, אבל רובד שבע למה? וכשהיה רובד שלמעלה ז', נמצא שהיה בולט חוץ לחומה שתי אמות, שעובי החומה חמש ומה היו צריכין לבליטת שתי אמות? והלא לא היו כונסין ביציע השלישית אלא אמה, שהיה שבע אמות רחבה, אמה אחת יותר מן התיכונה. ועוד, לפי דבריו היו נוקבין כותל ההיכל, ויותר היה נכון לנקוב כותלי התא, ועוד דלישנא דקרא "כי מגרעות נתן לבית" – משמע היכל ולא תאים, דלא איקרו בית. מיהו, הא לא קשיא, דמצינו למימר: "מגרעות נתן לדביר" – שהיה לבית סביב, דהיינו לכותלי התאים. ואני שמעתי בשם רבינו יצחק הבחור: שלא היה בכותל ההיכל לא מגרעות, ולא כניסה, ולא בליטה. וראשי הקורות היו מונחין מכותל תא לכותל תא שכנגדו, ובמקום הנחת הקורות היה כניסה בכותל התא חצי אמה מזה וחצי אמה מזה, וכל התאים היו שוים ממזרח למערב שש אמות, בין התחתונה [בין] התיכונה בין השלישית, וכותל התא חמש, אבל מצפון לדרום התחתונה ה' והתיכונה ו' והשלישית שבע. והשתא ניחא כותל ההיכל ו' והתא שש, וכותל התא [חמש], דבין התחתונה בין התיכונה בין השלישית היו שש ממזרח למערב, וכותל היכל שש, וכותל התא חמש, בין למטה בין למעלה:

שאת

[שם כו:] [לפנינו איתא גזרתא] [נ"ל שלוש ושלשים]

רבינו חננאל

עד שיטה מעט לפיכך מטה כמעט ומהלך. ור' יוסי אמר לך חביבין ישראל שלא הצריכן (הק') [הכתוב] לזה. הלא תראה כי בכל השנה הצריכו (הק') [הכ'] לכהן במקום שליח הקשת הרמונים בתוך הפעמונים כי בשעה שיבא אל הקדש ללבוש המעיל שהוא כשליח המגיד כלומר רוצה ליכנס כדכתיב והיה על אהרן לשרת ונשמע קולו בבואו אל הקודש וגו' ועכשיו ביוה"כ בבואו לפני ולפנים לא הצריכו לזה המעיל לפיכך לא חיישינן להא דקאמר ר' יהודה: **א"ר** נתן אמה טרקסין לא הכריעו בו חכמים אי כלפנים אי כלחוץ ופשוטה היא. ואסיקנא קדושת זו האמה איני יודע אי בקדושת ההיכל היא אי בקדושת קודש הקדשים היא והיינו דא"ר יוחנן בעי ר' יוסי איש הוצל כתיב ודביר בתוך הבית מפנימה וגו' היכי פשטיה ודביר בתוך הבית מפנימה הכין לתתם שם ארון ברית ה' דמשמע שהדביר כלחוץ. או דלמא הכי קאמר ודביר בתוך הבית מפנימה הכין לתתן שם ארון ברית ה' *) דמשמע מבפנים. ואמרינן ומי מספקא ליה לר' יוסי איש הוצל פשטיה דהאי קרא. והתניא איסי בר יהודה אומר ה' מקראות בלבד אין להם הכרע מן התורה

*) נראה דל"ל דמשמע למקום הדביר גופיה הוא מבפנים.

תוספות ישנים

תפסלנו לרבי יהודה. לשון רבי. ושוב כתב מה שכתבתי לעיל שהלכה נאמרה חטאת המתה ביחיד ולא בצבור איתו מיושב שאם כן לא היה להם להסתפק בימי אבלו של משה בולד חטאת ותמורת חטאת ומתו בעליה כי באחת מאותן לא היה ראוי לשנות ביחיד נאמרה ולא בצבור דהא ליתא בצבור כלל וכתב רבי כי שוב פירשה בענין אחר ואותו ענין לא ראיתי אבל כדפרישנא לעיל הוא נכון ונראה: **אימא** לפי שאין חטאת השותפין מתה. ואביי קרי להו לכהנים [illegible]

הגהות הב"ח

(א) רש"י ד"ה קחשיב ליה לדידיה: (ב) ד"ה כותל כו' י"א אמה לבד רוחב עובי החומה כצ"ל ותיבת כיפת נמחק:

גליון הש"ס

גמ' חמש מקראות בתורה אין להם הכרע. עיין ירושלמי פרק אין מעמידין:

צבור ואף על גב דבפרק קמא דהוריות (דף ו.) קרי להו אביי שותפין הכא קרי להו צבור לבתר דשמעה מרב יוסף דהתם וא"ת והא לקמן פרק שני שעירי (דף סה.) פריך אביי מהא מילתא דפר ושעיר כו' ומשני שאני קרבנות צבור כדרבי טבי כו' הא תינח שעיר פר מאי איכא למימר אלמא לא מחשיב פר קרבן צבור י"ל דאליבא דרבא איירי התם דלא קרי ליה קרבן צבור. מ"ר. א"נ לענין תרומת הלשכה כ"ע מודו דלא הוי של צבור [דמ"מ משלו] בעינן דאשר לו כתיב ולא שייך התם תרומה חדשה: **דלא** מייתו כהנים פר בהוראה. פי' שאם תקראהו קרבן צבור יכול לטעות ולקרותו פר צבור שיביאו הכהנים פר בהוראה ומ"מ אפילו מאן דקרי ליה קרבן צבור לא מייתו כהנים פר בהוראה כדאמרינן פ"ק דהוריות (פסחים דף ו.) משום דלאו קהל איקרי הראויין לכפרה נינהו: (ע"כ שייך לדף נ ע"א)

לדברי האומר פר יוה"כ כו'. דפליגי לעיל אי קרבן צבור הוא או לא ודלא כרבא דאמר לעיל דליכא פלוגתא בהא: **עושה** תמורה או אין עושה כו'. ל"ע אמאי לא מיבעיא ליה אי מתה אי לא ואמאי פשיטא ליה במתה טפי מבתמורה: **ודוחה** את השבת. מסא"כ בתמורה דלא דחיא שבת ותימה לרבי מדתנן פרק מי שהיה טמא (דף נו:) הפסח שנמצא קודם שחיטת הפסח ירעה וכן תמורתו פירוש שנראה לשחיטת הפסח [illegible]

שאת, משוקדים, מחר, ארור, וקם.(א) והתניא: הוא יוסף איש הוצל, הוא יוסף הבבלי, הוא איסי בן יהודה, הוא איסי בן גור אריה, הוא איסי בן גמליאל, הוא איסי בן מהללאל. ומה שמו – איסי בן עקיבא שמו! בדאורייתא ליכא, בדנביאי איכא. ובדאורייתא ליכא? והא איכא דבעי רב חסדא: "וישלח את נערי בני ישראל ויעלו עולות", כבשים, "ויזבחו זבחים שלמים פרים", או דילמא אידי ואידי פרים? לרב חסדא מספקא ליה, לאיסי בן יהודה – פשיטא ליה.§

מתני' החיצונה היתה פרופה מן הדרום, ופנימית מן הצפון, מהלך ביניהן עד שמגיע לצפון, הגיע לצפון הופך פניו לדרום, מהלך לשמאלו עם הפרוכת עד שהוא מגיע לארון. הגיע לארון, נותן את המחתה בין שני הבדים. צבר את הקטורת על גבי גחלים, ונתמלא כל הבית כולו עשן. יצא ובא לו בדרך בית כניסתו, ומתפלל תפלה קצרה בבית החיצון. ולא היה מאריך בתפלתו, שלא להבעית את ישראל.§

גמ' במאי עסקינן? אילימא במקדש ראשון – מי הוו פרוכת? אלא במקדש שני – מי הוה ארון? והתניא: משנגנז ארון נגנזה עמו צנצנת המן, וצלוחית שמן המשחה, ומקלו של אהרן ושקדיה ופרחיה, וארגז ששגרו פלשתים דורון לאלהי ישראל, שנאמר: "וכלי הזהב אשר השיבותם לו אשם תשימו בארגז מצדו ושלחתם אותו והלך". ומי גנזו – יאשיהו גנזו. מה ראה שגנזו – ראה שכתוב: "יולך ה' אותך ואת מלכך אשר תקים עליך" עמד וגנזו, שנאמר: "ויאמר ללוים המבינים לכל ישראל הקדושים לה' תנו את ארון הקודש בבית אשר בנה שלמה בן דוד מלך ישראל אין לכם משא בכתף עתה עבדו את ה' אלהיכם ואת עמו ישראל". ואמר ר' אלעזר: אתיא 'שמה' 'שמה', ואתיא 'דורות' 'דורות', ואתיא 'משמרת' 'משמרת'. לעולם במקדש שני, ומאי הגיע לארון – מקום ארון. והא קתני נתן את המחתה לבין שני הבדים! אימא: כבין שני הבדים.§ "צבר את הקטרת על גבי גחלים".§ תנן כמאן דאמר צוברה. תני חדא: צוברה פנימה, שהיא חוצה לו. ותניא אידך: צוברה חוצה, שהיא פנימה לו. אמר אביי: תנאי היא. ואמר אביי: מסתברא כמאן דאמר פנימה שהיא חוצה לו, דתנן: מלמדין אותו: הזהר שלא

רש"י

שאת. "הלא אם תיטיב שאת" (בראשית ד) ולשון סליחה הוא, או "שאת אם לא תיטיב" – ולשון נשיאות עון הוא: משוקדים. "ארבעה גביעים משוקדים" (שמות כה) או "משוקדים כפתוריה ופרחיה": מחר. "וצא הלחם בעמלק מחר" (שם יז) או "צא והלחם בעמלק" מיד, "ומחר אנכי נצב" והיום אי אתה צריך לתפלתי: ארור. "וברצונם עקרו שור" (בראשית מט) ארור שור של שכם שהוא מארור כנען, או "ארור אפם כי עז": וקם. "הנך שוכב עם אבותיך וקם" (דברים לא) וכאן *רמז לו תחיית המתים, או "וקם העם הזה וזנה": ויעלו עולות כבשים. וכ"מ לפסוק כאן את הטעם באתנחתא, או דילמא אידי ואידי פרים, ואין אתנחתא בטעם עולות, אלא טעם גרש, ויעלו עולות כדי שיתחבר לשל אחריו:

מתני' החיצונה פרופה מן הדרום. רבנן קאמרי לה: פרופה. ראשה כפולה לצד החוץ, ונאחזת בקרס של זהב להיות פתוחה ועומדת: מהלך ביניהן. נכנס בפריפת הדרום ומהלך ביניהן עד שמגיע לפריפת הצפון: הגיע לצפון. ומשנכנס לתוך(ב) החלל הפך פניו לדרום לילך עד בין הבדים שהם באמצע החלל, כדאמר מר (ב"ב דף צט.): ארון שעשה משה היה לו אויר עשרה אמות בבית קדשי הקדשים לכל רוח ורוח: מהלך לשמאלו עם הפרוכת. שהמהלך מצפון לדרום שמאלו למזרח, והפרוכת היתה לו למזרח החלל[א] לבין שני הבדים, והבדים היו ארוכים עד הפרוכת – ראשן אחד למערב והשני למזרח, אחד בראש הארון לצפון ואחד בראשו לדרום, ואורך אמתים וחצי של ארון ביניהן: דרך כניסתו. כשם שנכנס כשהולך לדרום עד שהגיע לארון פניו כלפי דרום, כך כשיצא לא היסב את פניו לצאת, אלא יוצא דרך אחוריו, ופניו לארון: בבית החיצון. בהיכל: גמ' מי הוו פרוכת. אמה טרקסין הוה: תשימו בארגז מצדו. אלמא: גבי ארון הוה קאי, ומדאמילא שמעינן דעמו נגנז: יולך ה' אותך. ודאג שמא יגלה לבבל: תנו את ארון הקודש בבית. והא התם קאי, אלא גניזה היא: אתיא שמה שמה וכו'. כתיב בארון "אשר אועד לך שמה" (שמות ל) וכתיב בצנצנת המן "ותן שמה מלא העומר" (שם טז.) ואתיא צלוחית מצנצנת המן: דורות דורות. כתיב בצנצנת "למשמרת לדורותיכם" (שם) וכתיב בצלוחית "שמן משחת קודש יהיה זה" וגו', (שם ל) ואתיא מקלו של אהרן מצנצנת במשמרת משמרת, דכתיב ביה "למשמרת לאות לבני מרי" (במדבר יז): כבין שני הבדים. כאילו היו שם, ונותנה ביניהם: תנן. מתני' כמ"ד בברייתא דלעיל [דף מט:]: צוברה כדי שיהא עשנה שוהה לצאת: תני חדא צוברה פנימה שהיא חוצה לו. מתחיל לצוברה בראש המחתה של צד פנים, שאותו ראש המחתה אינו לצד ידו, והולך ומושך ידו אליו, וצובר תמיד במשיכה עד ראש המחתה השני, אשר אצל בית ידה: ותניא אידך. מתחיל לצוברה בראש הפונה חוצה לצד ההיכל שהיא פנימה לו בצד גופו, והולך וצובר תמיד הלאה, עד ראש המחתה השני:

שלא

תוספות

שאת משוקדים מחר ארור וקם. תימה הוא דלא נקטינהו כסדר שהן כתובים בתורה והכי הוה ליה למימר: שאת ארור מחר משוקדים וקם. וא"ת: אמאי לא דרשינהו להו לפניהם ולאחריהם כמו בנשך ובמרבית (ויקרא כה), דדרשינן ליה בפרק "איזהו נשך" (ב"מ סא.) לפניו ולאחריו, וכמו 'ורחץ' דדרשינן ליה בפ' "אמר להם הממונה" (לעיל דף לא:) אופשטו ואולבש! י"ל: גבי שאת, אי קאי א"אם תיטיב"–אז הוא לשון סליחה, ואי קאי א"ואם לא תיטיב" – אז הוא לשון נשיאות עון. וכן ארור, אי קאי אשור – אז קאי אשכם שהוא כנען, דכתיב ארור כנען. ואי קאי אאפם – אז קלל אפם. וכן מחר, אי קאי אמלחמה "ואנכי נצב על ראש הגבעה היום" להתפלל קודם המלחמה, כדכתיב "היערוך שועך לא בצר" (איוב לו), או קאי א"אנכי נצב" מחר להתפלל, וכן וקם. ולפי שאין פירוש שוה – ע"כ אין להם הכרע. אבל אמשוקדים קשה! וי"ל: משום דאיכא אתנחתא בגביעים, "ובמנורה ארבעה גביעים" ומשמעו "משוקדים כפתוריה ופרחיה", וקרא אחרינא מוכחא דמשוקדים לא קאי אלא אגביעים, דכתיב "שלשה גביעים משוקדים" ולהכי אין לו הכרע. והא דפליגי תנאי בזבחים בפ' שני (דף כד.) גבי "ולקח הכהן מדם החטאת באצבעו ונתן" (ויקרא ד) דאיכא דמוקי באצבעו אלקיחה ואיכא דמוקי אנתינה, ואיכא דמוקי אתרוייהו – יש לפרש טעמא דמאן דמוקי ליה אתרוייהו משום דפשטא דקרא אלקיחה דלפניו קאי, ומוקמינן ליה נמי אנתינה, כדאשכחן במלואים דכתיב: "ולקחת מדם הפר ונתתה על קרנות המזבח באצבעך" (שמות כט) והתם על כרחך קאי אנתינה, ומאן דלא מוקי ליה אלא אלקיחה – כמשמעותיה, ומאן דמוקי ליה אנתינה – יליף ממלואים, דהתם לא קאי אלא אנתינה דלפניו, ולאו אלקיחה דלפניו פניו*:

הוא יוסף הבבלי כו'. והא דאמר ליה רב אסי לרבי שילא בפ' "בנות כותים" (נדה דף לו:): אנא הוא איסי בן יהודה, דהוא איסי בן גור אריה, דהוא איסי בן גמליאל, דהוא איסי בן מהללאל, אסיתא דנחשא דלא שליט ביה רוקבא. ולא קאמר נמי דהוא יוסף הבבלי, דהוא יוסף איש הוצל שהרי כל השמות הללו היה לו, כדמשמע הכא! י"ל דלא קא חשיב התם אלא שמות דאיסי דדמיא לשמו של רב אסי*): **יצא** ובא לו דרך כניסתו. אע"ג דביאה דרך אחוריו לא שמה ביאה, כדאמר פ' שני דשבועות (ד' יז:): הנכנס לבית המנוגע, אפילו נכנס כולו חוץ מחוטמו – טהור, מדאצטריך "והבא אל הבית" (ויקרא יד) – דרך ביאה אסרה תורה. יציאה דרך אחוריו שמה יציאה, כדאמר הכא. דאע"ג דכתיב: "ויצא אל המזבח" (ויקרא טז) – יוצא דרך אחוריו, כתלמיד הנפטר מרבו**):

שלא

*) [וע"ע תוס' נדה לו: ד"ה איסי] **) [וע"ע תוס' חולין י: ד"ה כ"ג]

רבינו חננאל

ואלו הן שאת משוקדים מחר ארור וקם. ותניא הוא יוסף איש הוצל הוא איסי בן יהודה. ופרקינן בדאורייתא ליכא אבל בנביאי איכא קראי טובא דלית להו הכרע. והא דבעי רב חסדא כתיב וישלח את נערי בני ישראל ויעלו עולות וגו' האי בעיא בחגיגה היא בפרק ראשון. ואמרינן בה למאי נפקא מינה מר זוטרא אמר לפיסוק טעמא רב אחא אמר לאומר הרי עלי עולה כעולה שהקריבו ישראל במדבר. מאי פרים הוו או כבשים הוו תיקו: [מתני'] החיצונה [היתה] פרופה מן הדרום כו'. תנן סתמא כר' מאיר דאמר בין המזבח למנורה היה מהלך. *) סוגיא נא במקדש ראשון היה בו הארון והיה כותל ולא היה בו פרוכת ובמקדש שני היה בו פרוכת ולא היה בו ארון כי יאשיהו גנזו שנאמר ויאמר ללוים המבינים לכל ישראל הקדושים לה' תנו את ארון הקודש בבית שלמה בן דוד מלך ישראל אין לכם משא בכתף עתה עבדו את ה' אלהיכם ואת עמו ישראל. ותניא משגנז ארון נגנזה עמו צנצנת המן וצלוחית שמן המשחה ומקלו של אהרן ושקדיה ופרחיה וארגז ששגרו הפלישתים דורון לאלהי ישראל וכל כלי הזהב וא"ר אלעזר אתיא שמה שמה. נאמר בארון והבאת שמה מבית לפרוכת את ארון העדות ובצנצנת נאמר קח צנצנת ותן שמה ונאמר במקלו של אהרן והנחתם באהל מועד לפני העדות אשר אועד לכם שמה ונאמר בשמן המשחה ואל בני ישראל תדבר לאמר שמן משחת קודש יהיה זה לי לדורותיכם. ובמטה אהרן נאמר ויאמר ה' אל משה השב את מטה אהרן למשמרת לדורותיכם: **צבר** את הקטורת ע"ג הגחלים. תנן

*) אולי צ"ל סוגיא דשמעתא במקדש הראשון.

עין משפט נר מצוה

מז א ב ג ד מיי' פ"ד מהלכות עבודת יוה"כ הלכה א:

מח ה ו ז ח ט מיי' פ"ד מהל' בית הבחירה הלכה א:

[בתנחומא פ' בשלח תניא אמר איסי בן יהודה ה' מקראות אין להם הכרע שאת ארור מחר משוקדים וקם וגם בילקוט איתא על נכון כסדר שהן כתובין ועי' תוס' דהכא ד"ה שאת וכו' וגם בתוס' פסחים כא: ד"ה לכתוב וכו' ותוס' ב"מ סא. ד"ה קרי ביה העתיקו סוגיא דהכא על נכון שאת ארור מחר משוקדים וקם וע"ע תוס' חולין קיז. ד"ה או ותוס' ע"ז לה. ד"ה מאי]

מט י מיי' פ"ד מהלכות עבודת יוה"כ הלכה א:

נ כ מיי' שם ופ"ג מהל' תמידין הלכה ח:

נ"ל ואת כלי

[וע"ע תוס' לעיל לא: ד"ה ופשט ותוס' פסחים כא: ד"ה לכתוב ותוס' ב"מ סא. ד"ה קרי ובע"ז כ. ד"ה אחד ובחולין קיז: ד"ה או ותוס' חגיגה ו: ד"ה לפסוקי]

מסורת הש"ס

פסחים קיג: מכילתא פ' בשלח

כדאיתא סנהדרין צ:

חגיגה ו:

[לה' פרים]

[חולין י:]

[תענית כד:]

לקמן נג.

[הוריות יב. כריתות ה: אדר"נ פמ"א וע"ש תוספתא פ"ב ותוספתא דסוטה פי"ג]

הגהות הב"ח

(א) גמ' ותניא הוא יוסף איש הוצל: (ב) רש"י ד"ה הגיע לצפון ומשנכנס לתוך חלל בית קדש הקדשים הפך פניו לדרום והבדים כו' יוצאים רוח ורוח והבדים היו ארוכים עד הפרוכת וכו' ואורך אמתים וחצי של ארון בינייהם הס"ד מה"ד מהלך לשמאלו וכו' והפרוכת היתה במזרח נמצא שמהלך עם הפרוכת הס"ד:

הגהות מהר"ב רנשבורג

א] רש"י ד"ה מהלך לשמאלו וכו' היתה לו למזרח החלל כאן הס"ד ואח"כ מתחיל הדבור בין שני הבדים וכו'. וכ"ה הס"י:

תוספות ישנים

שאת דמשמע ליה דקאי אאם תיטיב אז לשון שאת סליחת עון או שאת אם לא תטיב לשון נשיאות עון ווי"ו של ואם יתירה ובירושלמי ראיתי שכתוב עוד מקרא ובני יעקב באו מן השדה כשמעם או כשמעם וגו': **וקם** העם. קשה דבחלק (דף צ:) משמע מדר' יהושע דקאי אתרווייהו דקאמר שאלו רומיים את ר' יהושע מנין שהקב"ה מחיה מתים ויודע מה שעתיד להיות אמר להם הנך שוכב עם אבותיך וקם ודילמא וקם העם הזה וזנה נקוט מיהא פלגא בידך משמע דקאי אדלעיל ואדלרע וי"ל דפשיטא ליה דלא קאי אלא אדלעיל ויודע מה שעתיד להיות פשיט להו מדכתיב וזנה אחרי אלהי נכר: **או** דילמא אידי ואידי פרים. ובפ"ק דחגיגה (דף ו:) מפרש למאי נפקא מינה: **החיצונה** פרופה מן הדרום. אבל איפכא לא מצינו למיעבד שתהא חיצונה פרופה מן הצפון ופנימית מן הדרום דאם כן שמאלו כלפי ארון ואין זה דרך כבוד. ריב"א: **והתניא** משנגנז הארון כו'. הוה מצי לאיתויי ברייתא דלקמן דארון גלה לבבל דס"ל להך מתניתא כוותה דקתני בה משניטל הארון: **מקלו** של אהרן שקדיה ופרחיה. תמהני למה מזכיר ופרחיה והלא גמל שקדים ונראה כי מקצת הפרחים נשארו שלא גמלו שקדים ונשארו פרחים: **אתיא** שמה שמה. וא"ת למה לי ג"ש הא כתיב ויניחהו אהרן לפני העדות משמע שלעולם צריך שיהא סמוך לו ויש לומר דהוה אמינא לפני העדות היינו מרחוק קמ"ל ג"ש דבעי שלעולם בעינן סמוך לו. ה"ר יוסף:

ותיפוק

שלא תתחיל מפניך שמא תכוה. ת"ר: "ונתן את הקטורת על האש לפני ה'" – *שלא יתקן מבחוץ ויכנים, א)להוציא מלבן של צדוקין שאומרים יתקן מבחוץ ויכנים. מאי דרוש? "כי בענן אראה על הכפורת" – מלמד שיתקן מבחוץ ויכנים. אמרו להם חכמים: והלא כבר נאמר: "ונתן את הקטורת על האש לפני ה'". אם כן מה ת"ל "כי בענן אראה על הכפורת" – ב)מלמד שנותן בה מעלה עשן. ומניין שנותן בה מעלה עשן – שנאמר: "וכסה ענן הקטורת את הכפורת". ג)הא לא נתן בה מעלה עשן, *או שחיסר אחת מכל סממניה – חייב מיתה. ותיפוק ליה ד)דקא מעייל ביאה ריקנית! אמר רב ששת: הכא במאי עסקינן – ה)כגון ששגג בביאה, והזיד בהקטרה. רב אשי אמר: אפילו תימא הזיד בזו ובזו, ו)כגון דעייל שתי הקטרות, אחת שלימה ואחת חסירה. אביאה לא מיחייב – דהא עייל ליה שלימה, אהקטרה מיחייב – דקא מקטר קטורת חסירה. אמר מר: ומניין שנותן בה מעלה עשן – ת"ל: "וכסה". קרא לקרא?! אמר רב יוסף, הכי קאמר: אין לי אלא עלה מעלה עשן, עיקר מעלה עשן מניין? ת"ל "וכסה". א"ל אביי: והא איפכא תניא, דתניא: נתן בה עיקר מעלה עשן, היה מתמר ועולה כמקל עד שמגיע לשמי קורה. כיון שהגיע לשמי קורה – ממשמש ויורד בכותלים עד שנתמלא הבית עשן, שנאמר: "והבית ימלא עשן". אלא אמר אביי: הכי קאמר, אין לי אלא עיקר מעלה עשן, עלה מעלה עשן מניין? ת"ל: "וכסה". רב ששת אמר: אין לי אלא אהל מועד *שבמדבר, שילה ובית עולמים מניין? ת"ל: "וכסה". – האי מ"וכן יעשה לאהל מועד השוכן אתם" נפקא! אלא, הכי קאמר: אין לי אלא ביום הכפורים, בשאר ימות השנה מניין – ת"ל: "וכסה". רב אשי אמר: חד – למצוה, וחד – לעכב, רבא אמר: חד – לעונש, וחד – לאזהרה. תניא, ר"א אומר: "ולא ימות" – עונש, "כי בענן אראה" – אזהרה. יכול יהיו שניהם אמורין קודם מיתת בני אהרן – ת"ל: "אחרי מות שני בני אהרן", יכול יהיו שניהם אמורים אחר מיתת שני בני אהרן – ת"ל: "כי בענן אראה על הכפורת". הא כיצד? אזהרה קודם מיתה, ועונש אחר מיתה. מאי תלמודא? אמר רבא, אמר קרא: "כי בענן אראה" – ועדיין לא נראה. ואלא מ"ט איענוש? *כדתניא, ר"א אומר: לא מתו בני אהרן אלא על שהורו הלכה בפני משה רבן. מאי דרוש? "ונתנו בני אהרן הכהן אש על המזבח" – ז)אע"פ *שהאש יורדת מן השמים, מצוה להביא מן ההדיוט. § "יצא ובא לו דרך כניסתו". § מנא הני מילי? א"ר שמואל בר נחמני א"ר יונתן: אמר קרא: "ויבא שלמה לבמה אשר בגבעון ירושלם", וכי מה ענין גבעון אצל ירושלים? אלא מקיש יציאתו מגבעון לירושלים לביאתו מירושלים לגבעון. מה ביאתו מירושלים לגבעון – פניו כלפי במה כדרך ביאתו, אף יציאתו מגבעון לירושלים – פניו כלפי במה כדרך ביאתו. וכן ח)כהנים בעבודתן, ט)ולוים בדוכנן, י)וישראל במעמדן, כשהן נפטרין – לא היו מחזירין פניהן והולכין, אלא מצדדין פניהן והולכין, כ)וכן תלמיד הנפטר מרבו לא יחזיר פניו וילך, אלא מצדד פניו והולך. כי הא דר' אלעזר, כד הוה מיפטר מיניה דר' יוחנן, ל)כד הוה בעי ר' יוחנן לסגויי הוה גחין קאי ר' אלעזר אדוכתיה, עד דהוה מיכסי ר' יוחנן מיניה. וכד הוה בעי ר' אלעזר לסגויי, הוה קא אזיל לאחוריה עד דמכסי מיניה דרבי יוחנן, רבא כד הוה מיפטר מיניה דרב יוסף הוה אזיל לאחוריה, עד *דמנגפן כרעיה ומתווסן אסקופתא דבי רב יוסף דמא. אמרו

(תורה אור: ויקרא טז; שם; שם; ישעיהו ו; ויקרא טז; שם; שם א; דה"ב א)

רש"י

שלא תתחיל מפניך. לצבור וליליך הלאה: שמא תכוה. שהקטורת שנצברה לצדך בוערת תמיד, וזרועך המתפשט והולך להלן נכוה בתימור העולה: כי בענן. אל יבא כי אם בענן של עשן הקטורת: מעלה עשן. שם עשב שגורם לעשן לעלות זקוף כמקל: ומנין שנותן בה וכו'. לקמן פריך: ל"ל? הא נפקא ליה! הא אם לא נתן וכו'. הא למדנו מכאן שנאמר "ולא ימות" שאם לא נתן וכו': או שחיסר. דכתיב "הקטורת" – שלימה ולא חסירה: תיפוק ליה. דאי נמי לא כתב הכא "ולא ימות" מיחייב מיתה אקטורת חסירה, דאשכחן דעייל ביאה ריקנית שלא לצורך, וכתיב "ואל יבא בכל עת ולא ימות": ששגג בביאה. ריקנית, אבל ידע שיש מיתה במקטיר קטורת חסירה, ואין עונש מיתה על השוגג: דעייל שתי הקטרות. בביאה אחת: קרא לקרא. הא נפקא ליה מ"כי בענן": עיקר. שורש: והא איפכא תניא. שהשורש יפה מן העלין: לשמי קורה. לשון שמים: ממשמש בכתלים. כן דרך העשן כשאינו יכול לצאת כנגדו מתפשט למעלה תמיד עד שמתמלא חלל הבית למעלה מכותל לכותל, וכשאין לו עוד מקום ממשמש ויורד אצל הכתלים: האי מ"וכן יעשה לאהל מועד השוכן אתם" נפקא. אל מקום שיהא שכני אתם יעשו כן: חד לעונש וחד לאזהרה. "ואל יבא כי בענן" – אזהרה, "וכסה ענן ולא ימות" – זה עונש. ואילו לא ימות ד"אל יבא" – לאו אחסרון ענן כתיב, אלא אביאה ריקנית: תניא ר' אליעזר אומר. "וכסה ולא ימות" – זה עונש מעלה עשן: יכול יהיו שניהן אמורים קודם מיתת בני אהרן. ונאמר שבעון מעלה עשן שלא נתנו מתו: ועדיין לא נראה. אראה משמע לעתיד, אלמא: כשנאמר מקרא זה עדיין לא נראה, ואי לאחר מיתתן – כבר נראה בו ביום, שנאמר "ויצאו ויברכו את העם וירא כבוד ה' אל כל העם" (ויקרא ט): מצוה להביא מן ההדיוט. ואע"פ שהורו כראוי, נענשו שלא נטלו רשות: הבמה אשר בגבעון לירושלים. היה לו ליכתוב מירושלים או מן הבמה אשר בגבעון לירושלים. בגבעון היתה קדושה, ששם מזבח שעשה משה, והיה הולך ומקריב שם: מקיש יציאתו מגבעון לירושלים לביאתו מירושלים לגבעון. והכי משמע קרא: ויבא שלמה לבמה אשר בגבעון דרך הליכתו, וכן לירושלים בשובו מגבעון היתה כביאה ראשונה: וישראל במעמדם. העומדים בעזרה, במקום כל ישראל על קרבן התמיד. דכתיב "תשמרו להקריב לי" (במדבר כח) – היו עומדים ומשמרים על קרבנכם: עד דהוה מכסי מיניה ר' יוחנן. שאין ר' אלעזר רואהו(א): מיניה דר' יוחנן. שאין ר' יוחנן רואהו מחזיר פניו:

תוספות

שלא תתחיל מפניך שמא תכוה. לא ידענא מאי קאמר: מסתברא כמאן דאמר – מדתניא הכא כוותיה, דילמא הא ברייתא *איהו נמי תני לה, כמו ההיא דלעיל. ואי מייתי ראיה מן הטעם המפורש בה שלא תכוה, ולהכי קא מסתברא כמאן דאמר – בלא ברייתא נמי הוי מצי למימר האי טעמא, ונימא דמהאי טעמא מסתברא כוותיה! ושמא י"ל: דאי לאו ברייתא לא הוה אמרינן אותה סברא למיחש לשעה קלה כל כך שמא יכוה. אי נמי י"ל: הנך תרי ברייתות דמייתי מעיקרא לא מיתני בי רבי חייא ורבי אושעיא, ומייתי מהא דמיתניא בי ר' חייא ור' אושעיא:

חד למצוה וחד לעכב. תימה לי: מאי איצטריך קרא לעכב? הא חוקה כתיב בפרשה! וי"ל: דחוקה לא קאי אלא איום הכפורים, אבל קטורת דכל השנה – איצטריך קרא לעכב. ואין זה מעין התירוץ, דמעיקרא קאמר דחד קרא ליום הכפורים וחד קרא לשאר ימות השנה, והשתא קאמר דתרוייהו בין ביוה"כ(ב) בין בשאר ימות השנה:

שהורו הלכה בפני משה רבן. בת"כ איכא פלוגתא דתנאי טובא מ"ט איענוש, איכא מאן דאמר מסיני נטלו, [ואית דאמרי מפני] שאמרו: מתי ימותו שני זקנים הללו ואני ואתה ננהיג את הדור וכו', ובפ' "ד' מיתות" (סנהדרין דף נב.) נמי מייתי לה. ואיכא מאן דאמר פרועי ראש היו, ואיכא מ"ד שתויי יין היו ואיכא מאן דאמר מחוסרי בגדים היו:

וכי

רבינו חננאל

כמ"ד צוברה לאפוקי ממ"ד מפזרה. וכשמקטיר עומד אחוריו למזרח ופניו למערב וצובר הקטורת כלפי המערב שהוא פנים הבית ולפיכך א"ל הזהר אל תתחיל מלפניך שמא תכוה מן השלהבת העולה ומן העשן: ת"ר ונתן את הקטרת על האש לפני ה' כלומר הבא אש לפני ה' ואח"כ תן עליה הקטורת. כי בענן אראה על הכפורת מלמד שנותן בקטורת סם שהוא מעלה עשן להוציא מלבן של צדוקים שנאמר כי בענן אראה על הכפרת מלמד שמתקן מבחוץ ומכנים כשהעשן עולה כולה ותריצנה הכי ונתן את הקטורת על האש לפני ה' כי בענן אראה על הכפורת אין לי אלא עיקר מעלה עשן כלומר השרש שהוא חזק שהוא מתמר ועולה כמקל עד שמגיע לשמי קורה וכיון שהיה מגיע לשמי קורה היה ממשמש בכתלים ויורד עד שנתמלא הבית עשן שנא' וימלא הבית את הענן וגו' אין לי אלא עיקר מעלה עשן [עלה] מעלה עשן שחוקה מנ"ל ת"ל וכסה ענן הקטורת וגו' כלומר כיון שהיא שחוקה נתערבה ונתכסת ואסקה רב אשי הני תרי קראי חד למצוה וחד לעכב. רבא אמר כי בענן אראה על הכפורת לאזהרה. וכסה ענן הקטורת את הכפורת אשר על העדות ולא ימות לעונש. ואי אפשר לומר כי שניהם נאמרו קודם מיתת בני אהרן דהא אחרי מות שני בני אהרן כתיב. אלא כי בענן אראה על הכפורת קודם מיתת בני אהרן דדייקינן אראה מכלל שעדיין לא נראה. וכסה ענן הקטורת אחר מיתתם. א"כ עדיין לא פירש העונש למה נענשו מפני שהורו הלכה לפני משה רבן. אע"פ שהאש יורדת מן השמים מצוה להביא מן ההדיוט. והא דאמר למעלה או שחיסר אחת מסממניה חייב מיתה ואקשינ' ותיפוק ליה דכיון דאינה עשויה כהלכתה כאילו אינה קטורת ונמצאת כאתן בלא עבודה, וכתיב ואל יבא בכל עת אל הקודש ולא ימות. ופירק רב אשי כגון דעייל ב' קטורת אחת שלמה ואחת חסירה אביאה לא מחייב דהא עייל ליה שלמה. אהקטרה הוא דמחייב דקא מקטר חסירה: **ירושלמי** היה מהלך בין ב' פרוכות ודוחק באצילי ידיו כדי שלא ישרפו בפרוכת. כיצד הוא עושה א"ר חנינא מניח את הכף בארץ וזורקה באויר וקולטה במחתה. שמואל אמר בורדה *) בגודלו. ר' יוחנן אמר מערה מתוך הכף והיא מתמרת ועולה. ואח"כ היא פושה ויורדת. יצא ובא לו דרך כניסתו כר' יוסי ברם ר' מאיר אפי' בעי לא יכיל למה כדי שלא יתן אחוריו לקודש מנ"ל שנאמר ויבא שלמה לבמה אשר בגבעון ירושלים מקיש ביאת גבעון לביאת ירושלים מה ביאתו לגבעון פניו כלפי במה אף ביאתו לירושלים פניו כלפי במה וכן הכהנים בעבודתם ולוים בדוכנם וישראל במעמדם כולם כשנפטרים לא היו מחזירים פניהם והולכים אלא מצדדים וכן תלמיד הנפטר מרבו אין מחזיר את פניו אלא מצדד והולך. כי הא דר' אלעזר כי הוה מיפטר מר' יוחנן אי הוה בעי ר' יוחנן לסגויי הוה גחין ר' אלעזר קאי אדוכתיה עד דהוה ר' יוחנן מיכסי מיניה. ואי הוה בעי ר' אלעזר לסגויי הוה אזיל אחוריה אחוריה עד דהוה מיכסי מיניה ר' יוחנן מיניה. רבא כד הוה מיפטר מרב יוסף הוה אזיל אחוריה אחוריה עד דהוו מנקפן

*) בירושלמי לפנינו הגי' בורדה בגלו וגי' רבינו בגודלו והוא הנכון.

עין משפט נר מצוה

[דברי תוס' הם תמוהים וכן הגהות הב"ח בפ"ג מ"ג לתמיד דבריהם בפליאה]

נא א מיי' פ"ה מהלכות עבודת יוה"כ הלכה ז:

נב ב מיי' פ"ב מהלכות כלי המקדש הלכה ב ג סמג עשין קסז:

נג ג ד ה ו מיי' פ"ה מהלכות עבודת יוה"כ הלכה כה:

נד ז מיי' פ"ב מהלכות תמידין הלכה ח:

נה ח ט י מיי' פ"ז מהל' בית הבחירה הלכה ד:

נו כ ל מיי' פ"ה מהלכות ת"ת הלכה ו טוש"ע י"ד סי' רמב סעיף טז [רב אלפס קידושין פ"א דף רכח. [סי' תרי"ג] וע"ש הגירסא בענין אחר הרא"ש שם סימן נג]

הגהות הב"ח

(א) רש"י ד"ה עד דהוה כו' רואהו הס"ד ואח"כ מה"ד מיניה דר' יוחנן: (ב) תוס' ד"ה חד וכו' דתרוייהו בין ביוה"כ בין בשאר ימות השנה. נ"ב עיין בזה בכ"מ סי' רי"ל.

[לעיל יט:] [כריתות ו.] [עי' תוס' לעיל מד. ד"ה בהיכלא] [עירובין סג.] [לעיל כח:] [גי' הערוך דהוה מינקפן]

תוספות ישנים

ותיפוק ליה דקא מעייל ביאה ריקנית. דסבירא ליה להאי מקשה כרב אשי דלאמר לקמן דאיכא עיכובא [ואי נמי] לגבי עלמא ואפילו לרבא דאף על פי דלא נפקא ליה מהאי קרא נפיק ליה מקרא אחרינא ... בפטום הקטורת והיא ברייתא שנויה בירושלמי חסר מכל סימן וסימן או שלא נתן לתוכה ... חייב מיתה א"ר זעירא משום הכנסה יתירה מאי האי דלאמר משום הכנסה יתירה אי ... על הביאה ואי דשגג בביאה אם מקטירה חייב על הקטרה שפסולה ואי אין מקטירה מאי ... רבי דהכנסה היא ביאה שנכנס להיכל בחנם כמו פועל בכניסתו משלו וחייב משום ביאה ... מנחם פי' משום הכנסה יתירה כמו בהכנסה יתירה כלומר בהכנסה יתירה של יוה"כ ... דההיא דוקא כתיב בה מעלה עשן ואין נראה דבכל יום נמי הוא שם מעלה עשן ומהאי ... א"כ חייב מיתה נמי ילפינן מיניה ועוד דבירושלמי דמכילתין פרק טרף בקלפי קאמר א"ר ... הכנסה יתירה אלמא לאו איום הכפורים קאי. ה"ר אלחנן. ועוד ק"ל לפי סברתו שסובר ... אלא בשל יום הכפורים מאי האי דקאמר בסמוך יכול שניהם אמורים קודם מיתת בני אהרן ... בני אהרן פי' שלא היו נענשים על מעלה עשן (שלא) שנלטוו ואי ס"ד שלא נלטוו [אלא ... בשמיני למלואים בניסן ויום הכפורים היה אחר כך ומה מפרש ר"ח אלא ודאי הוא ס"ד ... עשן שלא שמו בקטורת חוץ ועל זה הוא מפרש שהעונש נכתב אחרי מותם. הג"ה: ... ימלא עשן. אין זה אלא דמיון בעלמא דקרא גבי שרפים כתיב ולא גבי קטורת:

האי מוכן יעשה לאהל מועד נפקא. לעיל (דף מד.) לא שייך לאקשויי הכי גבי וכל אדם לא יהיה באהל מועד אין לי אלא אהל מועד שבמדבר כו' דהכא לא מיירי אלא בהזאות והקטרות ועוד דוכן יעשה משמע עשיה אבל לא יהיה אינו לא יעשה אלא [שלא] יכנס אחר עמו: **וחד** לעכב. ואע"ג דכתיב עיכובא במה שנעשה בבגדי לבן בפנים לכולי עלמא הכא לא שייך למימר הכי שתיקון הקטורת אין חובה עליו לעשותו בו ביום אלא מאתמול וכן משמע לקמן בריש שני שעירי דלא מפקינן עיכובא למה שצריך שיהו שניהן שוין ולקיחתן כאחד: **ונתנו** בני אהרן הכהן אש. ואע"ג דמוקמי ליה לעיל גבי הצתת האליתא במזבח החיצון מ"מ ה"ה דבכל מקום מצוה להביא מן ההדיוט: **אע"פ** שהאש יורד מן השמים מצוה להביא מן ההדיוט. הקשה ה"ר א) אלעזר והלא קטורת היה על המזבח הפנימי ואש שמים על מזבח החיצון הוא דהוה אבל על מזבח הפנימי לא היה שם אלא מן הגחלים של מזבח החיצון וא"ל רבי כי קטורת נתקון היה שעשו על מזבח החיצון כדאמרינן במדרש שתיתי יייני עם חלבי בקטורת נשיאים שהיה על מזבח החיצון עם שאר קרבנות בשביל חיבתן של ישראל ומהאי טעמא נמי לא תיקשי למה היו שם שתי מחתות לקטורת ובמחתה הקריבוה יותר משאר קטורת שבכל יום שהיה על גב מזבח הפנימי דאיכא למימר דהוראת שעה היתה להגיח בשתי מחתות ולהקריב במחתה בשביל שהיה על מזבח החיצון מיהו איכא תנא דאמר ב) בפ"ב שבפנים מתו ואם כן הלכו להקטיר בפנים ופליגא אהך דהכא כי אש של שמים לא היה שם ומיהו הא ודאי הוראת שעה היתה שמה שהיה צריך עוד מחתה:

א) נ"ל אלחנן: ב) נ"ל בת"כ:

מאי

עין משפט נר מצוה

נז א ב מיי' פ"ה מהל' תפלה הלכה י סמג עשין יג טוש"ע א"ח סי' קכג סעיף א [רב אלפס ברכות פ"ה דף כז: [סי' קלב] רא"ש שם סי' כג]
נח ג ד ה מיי פ"ד מהל' עבודת יו"כ הלכה א:
נט ו מיי' שם הלכה ב:
ס ז ח ט מיי' שם פ"ג הלכה ה ופ"ה מהל' מעשה קרבנות הלכה יב:
סא י מיי' פ"ד מהל' עבודת יוה"כ הלכה ב:
סב כ מיי' שם פ"ג הלכה ה:
סג ל מיי' שם פ"ד הלכה ב ופ"ג הלכה ה:

וכי תימא אורחא דמילתא למיתב לימין. נ"ל לפרש: כלומר, אדרבה כי היכי דהתם יהב קודשא בריך הוא מימינו, הכא נמי המתפלל יתן שלום לימין שלו ברישא, ת"ל: יפול מצדך אלף. אלמא: דיש לבקש על נגד השמאלי ברישא, והדר אימין וטעמא הוי – דהוי לימין הקב"ה ברישא:

תנן כמאן דאמר ארון גלה לבבל. אע"ג דרבי יהודה אומר: במקומו נגנז, ופליג בסיפא גבי כן ולא פליג ברישא אארון – י"ל פליג בברייתא ברישא אארון:

ופליגא דעולא. דאמר לר"ש גלה לבבל, פליגא דעולא דאמר לר"ש דארון נגנז:

אמרו ליה לרב יוסף: הכי עביד רבא. אמר ליה: יהא רעוא דתרום רישך אכולה כרכא! אמר רבי אלכסנדרי אמר רבי יהושע בן לוי: [א]המתפלל צריך שיפסיע שלש פסיעות לאחוריו, ואחר כך יתן שלום. אמר ליה רב מרדכי: כיון שפסע שלש פסיעות לאחוריו – התם איבעיא ליה למיקם, משל לתלמיד הנפטר מרבו, אם חוזר לאלתר – דומה לכלב ששב על קיאו. תניא נמי הכי: המתפלל צריך שיפסיע שלש פסיעות לאחוריו, ואחר כך יתן שלום. ואם לא עשה כן – ראוי לו שלא התפלל. ומשום(א) שמעיה אמרו [ב]שנותן שלום לימין ואחר כך לשמאל, שנאמר: °"מימינו אש דת למו" ואומר: °"יפול מצדך אלף ורבבה מימינך". מאי "ואומר"? וכי תימא: אורחא דמילתא היא למיתב בימין, ת"ש: "יפול מצדך אלף ורבבה מימינך". רבא חזייה לאביי דיהיב שלמא לימינא ברישא. א"ל: מי סברת לימין דידך? לשמאל דידך קא אמינא, דהוי ימינו של הקב"ה. אמר רב חייא בריה דרב הונא: חזינא להו לאביי ורבא דפסעי להו שלש פסיעות בכריעה אחת.§ "ומתפלל תפלה קצרה בבית החיצון".§ *מאי מצלי? רבא בר רב אדא ורבין בר רב אדא, תרוייהו משמיה דרב אמרי: יהי רצון מלפניך ה' אלהינו שתהא שנה זו *גשומה ושחונה. שחונה מעליותא היא?! אלא אימא: [ג]אם שחונה – תהא גשומה. [ד]רב אחא בריה דרבא מסיים בה משמיה דרב יהודה: לא יעדי עביד שולטן מדבית יהודה, ולא יהיו עמך ישראל צריכין לפרנס זה מזה, ולא תכנס לפניך תפלת עוברי דרכים. רבי חנינא בן דוסא הוה קא אזיל באורחא, שדא מטרא עליה. אמר: רבש"ע, כל העולם כולו בנחת וחנינא בצער? פסק מיטרא. כי אתא לביתיה אמר: רבש"ע, כל העולם כולו בצער וחנינא בנחת. אתא מיטרא. א"ר יוסף: מאי אהניא ליה צלותיה דכהן גדול לגבי ר' חנינא בן דוסא. תנו רבנן: *מעשה בכהן גדול אחד שהאריך בתפלתו, ונמנו אחיו הכהנים ליכנס אחריו. התחילו הם נכנסין והוא יוצא. אמרו לו: מפני מה הארכת בתפלתך? אמר להם: קשה בעיניכם שהתפללתי עליכם, ועל בית המקדש שלא יחרב. אמרו לו: אל תהי רגיל לעשות כן, שהרי שנינו: לא היה מאריך בתפלתו, כדי שלא להבעית את ישראל.§ **מתני'** [ה]משניטל ארון, *אבן היתה שם מימות נביאים ראשונים ושתייה היתה נקראת, גבוה מן הארץ שלש אצבעות, ועליה היה נותן. [ו]נטל את הדם ממי שהיה ממרס בו, נכנס למקום שנכנס ועמד במקום שעמד, *והזה ממנו [ז]אחת למעלה ושבע למטה, [ח]ולא היה מתכוון להזות לא למעלה ולא למטה אלא כמצליף. [ט]וכך היה מונה: אחת, אחת ואחת, אחת ושתים, אחת ושלש, אחת וארבע, אחת וחמש, אחת ושש, אחת ושבע. [י]יצא והניחו על כן הזהב שבהיכל. [כ]הביאו לו את השעיר, שחטו, וקבל במזרק את דמו, נכנס למקום שנכנס, ועמד במקום שעמד, והזה ממנו אחת למעלה ושבע למטה.[א](ג) וכך היה מונה: אחת, אחת ואחת, אחת ושתים, וכו'. [ל]יצא והניחו על כן הזהב השני שבהיכל. רבי יהודה אומר: לא היה שם אלא כן אחד בלבד. נטל דם הפר והניח דם השעיר, והזה ממנו על הפרוכת שכנגד הארון מבחוץ, אחת למעלה ושבע למטה, ולא היה מתכוון וכו', וכך היה מונה וכו'. נטל דם השעיר והניח דם הפר, והזה ממנו על הפרוכת שכנגד הארון מבחוץ, אחת למעלה ושבע למטה וכו'. *[מ]עירה דם הפר לתוך דם השעיר, ונתן את המלא בריקן.§ **גמ'** "משנגנז" לא קתני, אלא "משניטל". תנן כמאן דאמר ארון גלה לבבל. דתניא, *רבי אליעזר אומר: ארון גלה לבבל, שנאמר: °"ולתשובת השנה שלח המלך נבוכדנאצר ויביאהו בבלה עם כלי חמדת בית ה'". רבי שמעון בן יוחאי אומר: ארון גלה לבבל, שנאמר: °"לא יותר דבר אמר ה'" – אלו עשרת הדברות שבו. רבי יהודה (*בן לקיש) אומר: ארון במקומו נגנז, שנאמר: *°"ויראו ראשי הבדים מן הקדש על פני הדביר ולא יראו החוצה ויהיו שם עד היום הזה". ופליגא דעולא, דאמר עולא: שאל רבי מתיא בן חרש את רבי שמעון בן יוחאי ברומי: וכי מאחר שרבי אליעזר מלמדנו פעם ראשונה ושניה ארון גלה לבבל, ראשונה – הא דאמרן °"ויביאהו בבלה עם כלי חמדת בית ה'", שניה מאי היא? דכתיב: °"ויצא מבת ציון כל

רש"י

אמרו ליה לרב יוסף. שהוא היה מאור עינים, ואינו מכיר בדבר: תרום רישך. תהיה ראש ישיבת הכרך: התם מיבעי ליה למיקם. במקום שהפסיעות כלות, ולא לחזור לאלתר: ואם לא עשה כן. נראה כמו שלא נטל רשות להיפטר: וראוי לו שלא התפלל. ראוי לו שלא התפלל גרסינן. כלומר: נוח היה לו אם לא התפלל. כמו ראוי לו שלא בא לעולם: מימינו אש דת. אלמא: ימין עדיפא: ורבבה מימינך. הימין סובלת רבבה מזיקין: וכי תימא אורחא הוא. שהימין מוכנת להשתמש בה, לכך ניתנו הלוחות בימין, ולאו חשיבותא דימין היא: לשמאל דידך. דהיא ימינו של הקב"ה, שהמתפלל רואה עצמו כאילו שכינה למול פניו, שנאמר "שויתי ה' לנגדי תמיד" (תהלים טז): שחונה. חמה: עביד שולטן. עושה ממשלה: עוברי דרכים. מתפללים שלא ירדו גשמים: וחנינא בנחת. שאין לי זריעה בשדות: **מתני'** נביאים הראשונים. דוד ושמואל. מפרש במס' סוטה (דף מח:): ושתייה היתה נקראת. מפרש בגמ': למקום שנכנס. לבית קדשי הקדשים: במקום שעמד. בין הבדים: ולא היה מתכוון להזות לא למעלה וכו'. שתהא אחת למעלה בחודה של כפורת העליון, והשבע למטה מאמצעה.(ג) שהרי לא על הכפורת נוגעים, אלא לארץ נופלות: אלא כמצליף. בשורה זו תחת זו כל שמונה הזאות. כמצליף, לא ידעתי לשונו: וכך היה מונה. בגמרא מפרש טעמא: נטל דם הפר תחילה והניח דם השעיר. מסקנא דמילתיה דר' יהודה היא, דאמר: לא היה שם אלא כן אחד, וצריך ליטול דם הפר תחילה(ד): על הפרוכת. כדכתיב "וכן יעשה לאהל מועד" (ויקרא טז): עירה דם הפר וכו'. כדכתיב במתנות המזבח "ולקח מדם הפר ומדם השעיר" – מדם שניהן יחדיו: ונתן המלא וכו'. בגמרא מפרש: חוזר ומערה מזרק מלא לתוך הריקן כדי לערבן יפה: **גמ'** ויביאו בבלה. ליהויכין: עם כלי חמדת(ה). הוא ארון: ויאריכו הבדים וגו'. סיפיה דקרא "ויהיו שם עד היום הזה": ופליגא דעולא. הא דתניא: ר' שמעון אומר ארון גלה לבבל: ראשונה ושניה. כלומר משני מקראות:

מסורת הש"ס

דברים לג | תהלים צא | כס"י אי' שחונה וגשומה | [תוספתא פ"ב] | [סנהדרין כו:] | [לעיל טו. זבחים לח.] | תענית כד: | [ועי' תוס' לקמן נז: ד"ה עירה] | [תוספ' שקלים ספ"ב ע"ש ותוספ' סוטה פי"ג] | דה"ב לו | ישעיה לו | מלכים א' ח [גיר' רש"י רישא דקרא ויאריכו הבדים וכן הוא בע"י] | [דה"ב לו] | איכה א

רש"א מ"ז [בתוספ' איתא רבי יהודה בן לקיש ומעתה מיושב קושית התוס' ד"ה תנן וכן נזכר תנא זה לקמן פה. דתניא אין מגלין וכו' ובשבת מג: כתנאי אין כו' רבי יהודה בן לקיש כו' ותגיגה ע: מיהו בירושלמי דשקלים ריש פ"ו איתא ר' יהודה בר אילעאי]

הגהות הב"ח

(א) גמ' ראוי לו שלא התפלל ומשום רב שמעיה אמרו: (ב) מתני' הביאו לו את השעיר כו' אחת למעלה ושבע למטה. נ"ב ס"א ולא היה מתכוון להזות לא למעלה ולא למטה אלא כמצליף: (ג) רש"י ד"ה ולא היה מתכוון כו' והשבע למטה מאמצעה בעוביה שהרי לא על כו': (ד) ד"ה נטל כו' דם הפר תחילה כדי להניח דם השעיר בכן שהיה עליו דם הפר הס"ד: (ה) ד"ה עם כלי חמדת בית ה' הוא הארון:

הגהות הגר"א

[א] במשנה הביאו וכו' ושבע למטה. נ"ב וכו' (כנ"ל ולא היה מתכוון כו. וכ"ה במשניות):

רבינו חננאל

ברעיה ומתוון מדמיה אסקופתא דרב יוסף. אודעוה לרב יוסף דהוה הוא סגי נהורא אמר יהא רעוא דתירום רישא אכולא כרכא. וי"א שתהיה בכל הלכה כרבא. אריב"ל המתפלל צריך לפסוע ג' פסיעות לאחוריו ואח"כ יתן שלום. תנ"ה המתפלל צריך לפסוע ג' פסיעות לאחוריו ואח"כ יתן שלום ואם לא עשה כן ראוי לו כאילו לא התפלל ומשום שמעון אמרו נותן שלום לימינו ואח"כ לשמאלו וא"ל רבה לאביי לימין הקב"ה שהוא שמאלך. אביי ורבא הוו פסעי להני ג' פסיעות בכריעה אחת. ואמר רב מרדכי כיון שפסע ג' פסיעות לאחוריו התם איבעי ליה למיקם. משל לתלמיד הנפטר מרבו אם חוזר לאלתר דומה לכלב שב על קיאו. ומתפלל תפלה קצרה כו' מאי היא יר"מ ה' אלהינו שאם תהיה זו השנה שחונה תהיה גשומה ואל תכנס לפניך תפלת עוברי דרכים שמבקשים שיפסקו גשמים: **ירושלמי** ולא יגביהו עמך ישראל שררה זה על זה ולא יעדי עביד שולטן מדבית יהודה. ולא יהו עמך ישראל צריכין להתפרנס זה מזה. מעשה בר' חנינא בן דוסא שהיה מהלך בדרך וירדו גשמים. ואמר רבון כל העולם הכל בנחת ודנינא בצער פסק מיטרא כו'. ת"ר מעשה בכ"ג שהאריך בתפלתו כו' ואמרו לו אל תהי רגיל לעשות כן שלא להבעית את ישראל משניטל הארון כו' תנן כמ"ד ארון גלה לבבל דתניא רשב"א ארון גלה לבבל שנאמר ויביאהו בבלה עם כלי חמדת בית ה'. וכן א"ר אליעזר ארון גלה לבבל.
ראשנה

תוספות ישנים

מאי מצלי. בירושלמי מסיים בה ולא יגביהו שררה זה על זה וזהו שיסד הפייט בסדר יוה"כ לבל רדות עם קדש רב בלעיר: **מעשה** בכהן אחד שהאריך בתפלתו. בירושלמי אמר שמעון הצדיק היה:
מתעסק

כל חדרה. הגנוז בחדרי חדרים: נ"ב שנה. הוי מחרבות ירושלים בגלות צדקיהו עד פקידת כורש, שעלו לבנות הבית. שהרי לסוף ע' לגלות יהויקים היתה הפקידה, כמו ששנינו במגילה (דף יא:), וי"ח שנה היה מכיבוש יהויקים עד חרבות ירושלים, דאמר מר: גלו בשבע גלו בשמונה גלו בשמונה עשרה גלו בתשע עשרה, ופירושו: גלה יכניה בשבע לכיבוש יהויקים, שהוא שמונה לנבוכדנצר, גלו צדקיהו וגלותו בחרבות ירושלים בשמונה עשר לכיבוש יהויקים, שהוא תשע עשרה לנבוכדנצר. דאמר מר: שנה ראשונה כיבש נינוה, שניה עלה וכיבש יהויקים: עד בהמה. בהמה בגימטריא חמשין ותרין: הגביר לרבים. בספר דניאל כתיב. והכי מפרש ליה ר' יוחנן: אותו ברית האמור בגפרית ומלח, שנאמר בו "על אשר עזבו את ברית" הגבירו האויב על ישראל שבוע אחד: לרבים. לשרים, כמו "כל רבי מלך בבל" (ירמיה לט): מתעסק. בטיול ושחוק: רצפה משונה. אחת מן הטבלאות של שיש שברצפה ראה גבוהה מחברותיה, והבין שסילקוה מאחר שנסדרה שם: ביחוד. בבירור: מתליעין בעצים. דתנן (מדות פ"ב משנה ה): כל עץ שיש בו תולעת פסול למזבח: בעלי מומין. שאין ראויין לעבודה אחרת: נראין ואין נראין. כדמפרש ואזיל בברייתא, שהיו דוחקין ובולטין בפרוכת ונראין כשני דדי אשה שבולטין מתחת חלוקה: ויוצאין בפרוכת. הפרוסה כנגד פתח שבמחיצת אמה טרקסין, והפתח באמצע אמה טרקסין היה במקדש ראשון: הכרובים. מדובקין זה בזה, ואחוזין ומחבקין זה את זה, כזכר החובק את הנקבה: מעורים. לשון דיבוק, כמו (עוקצין פ"ג משנה ח): אילן שנפשח ומעורה בקליפה. ובמס' ביצה (דף ז.): אם היו מעורות בגידין אסורות: ולא יבאו לראות. הלוים שבמדבר, אף על פי שהיו נושאין כלי הקודש בכתף – לא היו רשאין ליכנס בשעת סילוק מסעות שהיו מפרקין את הארון והמזבח להסיעו ממקומו, עד שהיו אהרן ובניו מכסין אותו בנרתיקיהן, כמו שכתוב בפרשה "וכסו אותו במכסה עור תחש ולקחו בגד תכלת וכסו וגו'", "כבלע" – לשון כיסוי: בבית אביה. באירוסיה, אף ישראל במדבר עדיין לא היו גסין בשכינה: נתגרשה קאמרת. האי מעשה בבית שני הוה, לאחר שנתגרשו וחזרו: לחיבתה ראשונה. לתחילת חיבתן, שאין גסין זה בזה: במאי עסקינן. האי מגללין להן הפרוכת ומראין להן הכרובים: מי הוו כרובים. דקס"ד בכרובים שעשה שלמה אצל הארון מזה ומזה קאמר: דבבי. שכנגד הפתחים, פתח אולם והיכל ובית קדשי הקדשים: שלש עשרה פרוכות היו במקדש שני. שבעה לשבעה שערי העזרה, שתים בדביר במקום אמה טרקסין, ושתים כנגדן לחוץ בין עליית ההיכל לעליית בית קדשי הקדשים. וכי היכי דבמקדש שני היו פרוכות כנגד הפתחים, הכי נמי במקדש ראשון: כרובים דצורתא. מצויירין בכותל במיני סממנים, או חקוקין בקירות העץ מלפנים מכותלי האבנים: מסב קלע. צורות רשתות וקליעות: כאיש

תורה אור

כל הדרה". מאי "כל הדרה" – חדרה. אתה מאי אתה אומר? אמר לו: שאני אומר ארון במקומו נגנז, שנאמר: "ויאריכו הבדים" *וגו'. אמר ליה רבה לעולא: מאי משמע? דכתיב: °"ויהיו שם עד היום הזה". (מ"א ח) וכל היכא דכתיב "עד היום הזה" לעולם הוא? והכתיב: °"ואת היבוסי יושב ירושלם לא הורישו בני בנימין וישב היבוסי את בני בנימין בירושלם עד היום הזה", (שופטים א) הכי נמי דלא גלו? והתניא, *ר' יהודה אומר: חמשים ושתים שנה לא עבר איש ביהודה, שנאמר: °"על ההרים אשא בכי ונהי ועל נאות מדבר קינה כי נצתו מבלי איש עובר ולא שמעו קול מקנה מעוף השמים ועד בהמה נדדו הלכו". (ירמיה ט) 'בהמה' בגימטריא חמשין ושתים הוו. ותניא, ר' יוסי אומר: שבע שנים נתקיימה גפרית ומלח בארץ ישראל. ואמר רבי יוחנן: מאי טעמא דרבי יוסי – אתיא 'ברית' 'ברית'. כתיב הכא: °"והגביר ברית לרבים שבוע אחד" (דניאל ט) וכתיב התם: °"ואמרו על אשר עזבו את ברית ה' אלהי אבותם". (דברים כט) אמר ליה: הכא כתיב 'שם' התם לא כתיב 'שם'. וכל היכא דכתיב 'שם' לעולם הוא. מיתיבי: °"ומהם (דה"א ד) מן בני שמעון הלכו להר שעיר אנשים חמש מאות ופלטיה ונעריה ורפיה ועוזיאל בני ישעי בראשם ויכו את שארית הפליטה לעמלק וישבו שם עד היום הזה" וכבר עלה סנחריב מלך אשור ובלבל כל הארצות, שנאמר: °"ואסיר גבולות עמים ועתודותיהם שוששתי"! (ישעיה י) תיובתא. אמר רב נחמן, תנא: וחכמים אומרים ארון בלשכת דיר העצים היה גנוז. אמר רב נחמן בר יצחק, אף אנן נמי תנינא: *מעשה בכהן אחד שהיה מתעסק, וראה רצפה משונה מחברותיה, ובא והודיע את חבירו, ולא הספיק לגמור את הדבר עד שיצתה נשמתו, וידעו ביחוד ששם ארון גנוז. מאי הוה עביד? אמר רבי חלבו: מתעסק בקרדומו היה. תנא דבי רבי ישמעאל: שני כהנים בעלי מומין היו מתליעין בעצים, ונשמטה קרדומו של אחד מהם ונפלה שם, ויצתה אש ואכלתו. רב יהודה רמי: כתיב °"ויראו ראשי הבדים" (מ"א ח) וכתיב °"ולא יראו החוצה" (שם) – הא כיצד? – נראין ואין נראין. תניא נמי הכי: *"ויראו ראשי הבדים" יכול לא יהו זזין ממקומן – ת"ל: "ויאריכו הבדים". יכול יהו מקרעין בפרוכת ויוצאין – ת"ל: "ולא יראו החוצה". הא כיצד – דוחקין ובולטין ויוצאין בפרוכת, ונראין כשני דדי אשה, שנאמר: °"צרור המור דודי לי בין שדי ילין". (שה"ש א) אמר רב קטינא: בשעה שהיו ישראל עולין לרגל *מגללין להם את הפרוכת, ומראין להם את הכרובים שהיו מעורים זה בזה, ואומרים להן: ראו חבתכם לפני המקום כחבת זכר ונקבה. מתיב רב חסדא: °"ולא יבואו לראות כבלע את הקדש" (במדבר ד) ואמר רב יהודה אמר רב: בשעת הכנסת כלים לנרתק שלהם! אמר רב נחמן: משל לכלה, כל זמן שהיא בבית אביה – צנועה מבעלה, כיון שבאתה לבית חמיה – אינה צנועה מבעלה. מתיב רב חנא בר רב קטינא: מעשה בכהן אחד שהיה מתעסק וכו'! אמר ליה: נתגרשה קא אמרת, נתגרשה – חזרו לחיבתה הראשונה. במאי עסקינן? אי נימא *במקדש ראשון – מי הואי פרוכת? אלא במקדש שני – מי הוו כרובים? לעולם במקדש ראשון, ומאי פרוכת – פרוכת דבבי. דאמר רבי זירא אמר רב: *שלשה עשר פרוכות היו במקדש, שבעה כנגד שבעה שערים, שתים אחת לפתחו של היכל ואחת לפתחו של אולם, שתים בדביר, ושתים כנגדן בעליה. רב אחא בר יעקב אמר: לעולם במקדש שני, וכרובים דצורתא הוו קיימי. *דכתיב °"ואת כל קירות הבית (מ"א ו) מסב קלע(א) °כרובים ותמורות ופטורי ציצים וצפה זהב מיושר על המחוקה" (שם) וכתיב: °"כמער איש ולויות". (שם ז) מאי "כמער איש ולויות"? אמר רבה בר רב שילא: כאיש

כרובים דצורתא. נשאלתי על אותם שמציירים במחזורים צורות חיות ועופות אם יפה עושים אם לאו. והשבתי: נ"ל דודאי לא יפה עושים, שמתוך שמסתכלים בצורות הללו אין מכוונין לבם לאביהם שבשמים. מיהו, אין כאן איסור ד"לא תעשה לך פסל וגו'" (שמות כ) דהא מסקינן בפרק "כל הצלמים" (ע"ז דף מג:): שאני רבן גמליאל דאחרים עשו לו ואפילו חשדא ליכא בציורים

רבינו חננאל

ראשונה הא דאמרן שנאמר ולא יותר דבר אמר ה' אלו עשרת הדברות שבתוכו [שניה מאי דכתיב] ויצא מבת ציון כל הדרה ופליגא דעולא דאמר דרבי מתיא שאל לרשב"י וא"ל ארון במקומו נגנז שנאמר ויאריכו הבדים ויראו ראשי הבדים מן הקדש אל פני הדביר ולא יראו החוצה ויהיו שם עד היום הזה. איני והכתיב ואת היבוסי יושב ירושלים לא הורישו וגו' ועלתה בתיובתא דמקשה וכל היכא דכתיב עד היום הזה לעולם הוא. והתניא ר' יהודה אומר נ"ב שנה לא עבר איש ביהודה שנאמר על ההרים אשא בכי ונהי וגו' בהמה בגימטריא נ"ב הוי. ותניא ז' שנים נתקיימה גפרית ומלח בא"י שנא' על אשר עזבו את ברית ה' וגו' וכתיב והגביר ברית לרבים שבוע [אחד] מה ברית זו שבוע אף ברית זו שבוע. אמר רב נחמן תנא ארון בלשכת דיר העצים הוא גנוז דתנן בשקלים מעשה בכהן אחד שהיה מתעסק וראה זו הרצפה משונה מחברותיה כו'. תנא ב' כהנים מתלעין בעצים היו ונפל קרדום אחד מהן ויצאה ואכלתו. תניא כיצד היו הבדים נראים בארון היו דוחקין ובולטים ויוצאים בפרוכת ונראית כב' דדי אשה שנאמר בין שדי ילין וכשהיו ישראל עולין לרגל היו מגללין הפרוכת ומראין להן הכרובים מעורים זה בזה שנאמר כמער איש ולויות ואיך מראין להן הכרובים והכתיב ולא יבואו לראות כבלע את הקדש ומתו ואמרינן בשעת הכנסת כלי הקדש לנרתקו כו' ואמרינן

תוספות ישנים

מתעסק ושוחק בקרדומו היה: **דוחקין** ובולטין בפרוכת כו'. במקדש ראשון איירי ופרוכת דבבי שהיה פתח בית קדשי הקדשים מכוון באמצעיתו ושם היה פרוכת כדלקמן אבל במקדש שני לא היה ארון: **ומראין** להם שהיו מעורין. וא"ת אמאי לא חשיב להו בפ"ק (דף כא.) בהדי ניסי [בראי] כיון שהיו מראין אותן לעולי רגלים א) לימא דס"ד שהן הכרובים שעשה שלמה מזה ומזה מראים כמו שאנו אומרים לעיל גבי לחם הפנים י"ל שאותם שהיו מעורין זה בזה אין זה נס שכך עשאם שלמה כמו הני לצורתא דלקמן לרבי אתאי ומקום ארון שלא היה מן המדה לא היו מכירין שלא היו מגביהין להם כל כך וגם לא היו [מודדין] וגוף הכרובים שלא היו מן המדה שהיו כנפיהן ה' אמות מימין וה' אמות משמאל גם בזה לא היו מכירין כל כך. מ"ר:

א) נ"ל דלמאי דס"ל:

[נ"ל ויראו ראשי הבדים]

[שבת קמה:]

הגהות הב"ח

(א) גמ' דכתיב ואת כל קירות הבית מסב קלע פתוחי מקלעות כרובים ותמורו' ופטורי צצים וכתיב וצפה זהב מישר:

[שקלים פ"ו מ"ב]

[תוספתא פ"ב ע"ש מנחו' כח. ע"ש]

*[בע"י איתא להיפך ויראו וכו' יכול יהו מקרעין וכו' ויאריכו וכו' יכול לא יהיו זזין וכו']

גליון הש"ס

גמ' ועתודותיהם שוששתי תיובתא. עיין סוטה דף מו ע"ב ברש"י ד"ה ויקרא שמה ול"ע:

[לעיל נב:]

[כתובות קו.]

[עי' היטב בפסוקים הללו ומנוח לייכב]

כאיש המעורה בלוייה שלו. אמר ריש לקיש: בשעה שנכנסו גוים להיכל ראו כרובים המעורין זה בזה, הוציאון לשוק ואמרו: ישראל הללו, שברכתן ברכה וקללתן קללה, יעסקו בדברים הללו?! מיד הזילום, שנאמר "כל מכבדיה הזילוה כי ראו ערותה".§ (איכה א)

"ושתיה היתה נקראת".§ תנא: *שממנה הושתת העולם. תנן כמאן דאמר מציון נברא העולם. דתניא, רבי אליעזר אומר: עולם מאמצעיתו נברא. שנאמר: "בצקת עפר למוצק ורגבים ידובקו", (איוב לח) רבי יהושע אומר: עולם מן הצדדין נברא, שנאמר: "כי לשלג יאמר *הוי ארץ וגשם מטר וגשם מטרות עוזו". (שם לז) רבי יצחק (*נפחא) אמר: אבן ירה הקב"ה בים, ממנו נשתת העולם, שנאמר: "על מה אדניה הטבעו או מי ירה אבן פנתה". (שם לח) *וחכמים אומרים: מציון נברא, שנאמר: "מזמור לאסף אל אלהים ה'" (תהלים נ) ואומר: "מציון מכלל יופי" – ממנו מוכלל יפיו של עולם. תניא, ר' אליעזר הגדול אומר: "אלה תולדות השמים והארץ בהבראם ביום עשות ה' אלהים ארץ ושמים". (בראשית ב) תולדות שמים – משמים נבראו, תולדות הארץ – מארץ נבראו. וחכמים אומרים: אלו ואלו מציון נבראו, שנאמר: "מזמור לאסף אל אלהים ה' דבר ויקרא ארץ ממזרח שמש עד מבואו" ואומר: "מציון מכלל יופי אלהים הופיע" – ממנו מוכלל יופיו של עולם.§

"נטל את הדם ממי שממרס בו וכו'".§ מאי *כמצליף? מחוי רב יהודה: כמנגדנא.

רש"י

כאיש המעורה בלוייה שלו. הנדבק וחבוק באשתו בין זרועותיו: הוציאום לשוק. קיפלוס מן הכותל: מציון נברא. ציון נבראת תחילה, וסביביה נדבקו רגבים עד סוף העולם מכל צד: בצקת עפר למוצק. מוצק אחד היה לו, ומשם נדבקו רגבים סביביו: מן הצדדין נברא. ארבע מוצקות היו לו, ונמתח והלך מכל צד, עד שנדבק באמצעיתו: כי לשלג יאמר הוא ארץ. תעשה ארץ. ומהיכן – גשם מטר וגשם מטרות, מארבע צדדין הורידו והגשימו להעשות ארץ: מציון מכלל יופי. בתריה כתיב: תולדות השמים. מאורות וכוכבים: ה"ג: תולדות השמים משמים נבראו, ותולדות הארץ מן הארץ נבראו: כמנגדנא

תורה אור

תוספות

בציורים, שהם מיני צבעים בעלמא ואין בהם ממשות כלל. דלא חיישינן לחשדא אלא בחותם בולט ולא בחותם שוקע, וכל שכן בדבר זה שאינו לא שוקע ולא בולט אלא מין צבע בעלמא. ונראה לי דאפילו ישראל מותר לצור צורות במיני צבעים, ואין בזה משום "לא תעשה לך פסל" דלא אסר אלא פרצוף גמור חקוק בשער, אבל במיני צבעים – מותר, כדאמר ב"חזקת הבתים" (ב"ב דף נד.): הצר צורה בנכסי הגר – קנה, דרב לא קנה לגינתא דבי רב אלא בצורתא. והקשה שם רבינו שמואל: והאמרת *דצייר לא קנה אלא באמה כנגד הפתח, ותירץ דהתם לאו היינו צורת בריה, אלא ציורין בעלמא מעשה צעצועים ופרחים. אבל צורת חיה או עוף – חשיבא, ולא בעינן אמה כנגד הפתח. אלמא דרב צייר צורת חיה ועוף. אלא ודאי, במיני צבעים מותר. והא דתניא במכילתא: "לא תעשה לך פסל וכו'" עד: לא יעשה לו גלופה אבל יעשה לו אטומה, תלמוד לומר: "וכל תמונה" וכו' עד: אפילו בהמה חיה ועוף ודגים וחגבים ואפילו הבובים ואפילו הסורזירים כו'. נראה לי דהכי פירושו: גלופה – היינו צורה בולטת, אטומה – צורה שוקעת, ו"אשר במים מתחת לארץ" – להביא את הבובא, פי': שעושה צורה וחוקק דמות בבואה שבמים. דסד"א דוקא "אשר בשמים ממעל ואשר בארץ מתחת לרקיע" אבל צורת דמות בבואה שבמים לא, תלמוד לומר ואשר במים. ויש אומרים: להביא הסורזירים. נראה שהוא מין שד שבמים, שקורין ניגס' בלשון אשכנז. וכל אילו אינן אסורין לעשותם אלא פרצופים חקוקין, אבל לא ממין הצבעים, כמו שהוכחתי. אמנם על כסא שלמה אני תמיה, דכתיב: "ושנים אריות עומדים אצל הידות ושנים עשר אריים וגו'" (מלכים א י) ואין לומר דעל פי הדיבור הוה, כדכתיב: "וישב שלמה על כסא ה' למלך" (דה"א כט) – שהרי אין נביא רשאי לחדש דבר מעתה. ואיכא למימר בהא: מיגדרא מילתא שאני, כמו אליהו בהר הכרמל. ושמא בהא מילתא, נמי איכא למיגדר מילתא שכשהיו עדים באים להעיד בפניו היו אריות שואגים ונוהמים, כמו שיש במדרש ומתוך כך היו מתפחדים להעיד עדות שקר. אי נמי יש לומר: אחרים עשו לו ושדא ליכא, דרבים שכיחי גביה, כדאמר גבי ר"ג. ומה שעשו בכותלי היכל וקדשי קדשים ציורים חקוקים בכותל סביב "פני הכפיר אל התימורה מפה ופני אריה אל התימורה מפה" – יש לומר: על פי הדיבור "הכל בכתב" (דה"א כח). אי נמי יש לומר: דלא שייך "לא תעשה לך פסל" אלא בתלוש, אבל על הכותל במחובר – לא, דאינו אלא לנוי בעלמא, ובטל לגבי הכותל, ואע"ג שאני מדמה – לא הייתי עושה מעשה כמו זה התירוץ האחרון. ועוד נראה לי: דלפי סוגיית פרק "כל הצלמים" (ע"ז דף מג:) מוכח דכל מיני פרצופין מותר לעשות, אפילו חקוקין ואטומה בולט, חוץ מפרצוף אדם לחודיה, או דמות ארבעה פרצופין בהדי הדדי שבכסא הכבוד: אדם אריה שור נשר, ודמות שמשין שבמדור העליון ושבמדור התחתון, ותשמישי מקדש לעשות כמותו, בית תבנית היכל, אכסדרה תבנית אולם, כמדתן בארכו ורחבו. שולחן תבנית שולחן, מנורה תבנית מנורה. אבל מילי אחריני – שרי. תדע, דאמר אביי התם: לא אסרה תורה אלא שמשין שאפשר לעשות כמותן. והדר אמר אביי, לא אסרה תורה אלא דמות ארבעה פנים בהדי הדדי, והדר אמר אביי: לא אסרה תורה אלא שמשין שבמדור העליון. ופריך: ושבמדור התחתון מי שרי? והתניא "אשר בשמים" (שמות כ) – לרבות חמה ולבנה כוכבים ומזלות, "ממעל" – לרבות מלאכי השרת! ומשני: כי תניא ההיא – לעובדם. ופריך: לעבדם – אפילו שלשול קטן נמי! ומשני: אין הכי נמי, ומסיפא דקרא נפקא: "אשר בארץ" – לרבות ימים ונהרות הרים וגבעות, "מתחת" – לרבות שלשול קטן. ופריך: ועשייה גרידתא מי שרי? והתניא: "לא תעשון אתי" – לא תעשון כדמות שמשיי המשמשין לפני כו'! ומשני: שאני רבן גמליאל דאחרים עשו לו וכו'. והשתא מדלא קאמר אלא *ככל הנך שנויי שמע מינה דלא הדר ביה מכל מאי דשני מעיקרא ולא מסרו הכתוב אלא לחכמים, ושמשין שבמקדש לא אסירי אלא כמותן דוקא, כמדת ארכו ורחבו דאי לאו הכי – לא יוכל שום אדם לעשות בית ושלחן וכלים לפי שהיו במקדש. אלא ודאי לא אסרה תורה אלא כמותן ממש. ועוד: כיון דאפשר לעשות כמותן – מסתמא לא אסרה אלא כיוצא בהן. אבל שמשין שברקיע, שאי אפשר לעשות כמותן – אסרה תורה לעשות דוגמתן, ואע"פ שאינו עושה כמדת ארכו ורחבו – לפי שאי אפשר. ושמשין שבמדור העליון כגון חיות שרפים ואופנים ומלאכי השרת – אסור, אפילו היכא דאחרים עשו לו, ואפילו ליכא חשדא היכא דשכיחי רבים גביה, משום דכתיב "לא תעשון" "לא תעשון" תרי זימני לדרשה: "לא תעשון אתי" – שמשין שאתי, דהיינו שבמדור העליון "לא תעשון" – כלל. וקרי ביה "לא תעשון אותי", ולהכי פרצוף אדם לחודיה אסור, וארבעה פרצופין אדם אריה שור ונשר אסור. ולעבור עליו בשתים: משום פרצוף אדם, ומשום ארבעה פרצופין בהדי הדדי, דהיינו דמות החיות. "ולא תעשו לכם" איצטריך לשמשין שבמדור התחתון, כגון חמה ולבנה כוכבים ומזלות. ודוקא לכם לעצמכם, אבל אחרים – עושין לכם, אי נמי דרשינן איפכא: "כי מן השמים דברתי עמכם" וסמיך ליה "לא תעשון" – דהיינו כל שמן השמים לא תעשון, דהיינו אפילו שמשין שבמדור התחתון. ודוקא אתם לא תעשון, אבל אחרים עושין לכם. ואת "אלהי כסף ואלהי זהב לא תעשו לכם" נדרוש לשמשין שבמדור העליון לאסור אפילו כשאחרים עושין לכם, דמשמע לכם – לא ימצא לכם. וכי האי גוונא דריש בתורת כהנים בפרשת "קדושים תהיו" "אלהי מסכה לא תעשו" יכול יעשו אחרים תלמוד לומר "לכם". והא דתניא "אשר בשמים" – לרבות חמה ולבנה כוכבים ומזלות, "ממעל" – לרבות מלאכי השרת, ומוקי לה לעובדם – היינו אפילו כשאחרים עשו לו לעובדם, לעבור עליהם משעת עשיה. ואע"ג דמלאכי השרת עובר ב"לא תעבדם" אפילו כשאחרים עשו לו (דהיינו פרצוף אדם) – יש לומר לעבור עליו בשתים. אי נמי: אפילו אם הוא של פרקים, דמשום עשייה לחודה לא עבר, כדאיתא בפרק "כל הצלמים" (ע"ז דף מג:) – מכל מקום, כי עביד להו לעובדם – חייב: אלו ואלו מציון נבראו. פירוש שאמצעיתן של עולם והצדדין מציון נבראו: אלא

רבינו חננאל

כאיש המעורה בלויה שלו. ובשעה שנכנסו נכרים להיכל מצאו כרובים מעורים זה בזה אמרו הללו הן שברכתן ברכה וקללתן קללה הזילום דכתיב כל מכבדיה הזילוה כי ראו ערותה ואסיקנא במקדש ראשון שהיה הארון והכרובים ומאי פרוכת. פרוכת של פתח פתוח בכותל הנקרא טרקסין היו בו פרוכת כר' זירא דא' י"ג פרוכות הם במקדש ז' בז' שערים. וא' בפתח ההיכל וא' בפתח האולם וב' בדביר אלו שאמרנו שהיו בפתח שנכנסין בו לקודש הקדשים וב' כנגדו בעליה: רב אחא אמר במקדש שני ומאי כרובים. כרובים מצויירים בקיר דכתיב וקלע עליהן מקלעות כרובים. ותימורות ופטורי ציצים וגו': **משניטל** הארון. ירושלמי תני עד שלא ניטל הארון היה נכנס ויוצא לאורו של ארון ומשניטל היה מגשש ונכנס. מגשש ויוצא. אבן היתה שם ושתיה היתה נקראת שממנה העולם נשתת: תנן כחכמים שאומרים מציון נברא העולם שנאמר אל אלהים ה' דבר ויקרא ארץ וגו' מציון מכלל יופי אלהים הופיע וכתיב לכן כה אמר ה' הנני יסד בציון אבן וגו' תניא אידך ר' אליעזר אומר אלה תולדות השמים והארץ מן השמים נבראו תולדות השמים ומן הארץ נבראו תולדות הארץ. וחכ"א אלו ואלו מציון נבראו שנאמר מזמור לאסף אל אלהים ה' דבר וגו' מציון הוכלל יופיו של עולם כל אלו הדברים פשוטין הן: **נטל** את הדם ממי שהוא ממרס כגון בוחש כדאמרינן שבוחשין את השתית

תוספות ישנים

שברכתן ברכה וקללתן קללה. דכתיב אורריך ארור ומברכיך ברוך וחשיבותן גדול כל כך: **וחכמים** אומרים אלו ואלו מציון נבראו. אאמצע עולם ואבן פנה שבתהום קאי שהתחיל כנגד ציון וה"ר יוסף לא היה גורס בהך ברייתא קמייתא אלו ואלו: **ולא** היה מתכוין להזות לא למעלה כו'. לעיל בפ"ק (דף טו.) פירש במשנה דכל ז' ימים זורק כו' (אינו אלא פני קדים):

[תוספ' פ"ב]

איוב לח

[נ"ל הוא]

בע"י ליתא וכ"ל

[ובילקוט איוב רמז תתקכ"ד איתא ר' יהודה אומר מציון כו']

לעיל טו. [[לקמן נז:] זבחים לח.]

[נ"ל בכל]

רס"ה מ"ז

גליון הש"ס

תום' ד"ה כרובים כו' ונראה לי דאפילו ישראל מותר ק"ל דלפי דסברי תחלה דלישראל אסור לציירן אף ע"י אחרים ליתסר דאמירה לנכרי שבות עי' תום' ר"ה כד ע"ב ד"ה שאני ר"ג ואחרים עשו לו דתירצו במקום מצוה שאני והכא דל"ש כן ליתסר:

סד א ב ג מיי' פ"ג מהלכות עבודת יוה"כ הלכה ה:

כְּמַנְגְּדָנָא. תָּנָא: אכְּשֶׁהוּא מַזֶּה – אֵינוֹ מַזֶּה עַל הַכַּפּוֹרֶת אֶלָּא כְּנֶגֶד עוֹבְיָהּ שֶׁל כַּפּוֹרֶת. כְּשֶׁהוּא מַזֶּה לְמַעְלָה – מְצַדֵּד יָדוֹ לְמַטָּה, וּכְשֶׁהוּא מַזֶּה לְמַטָּה – מְצַדֵּד יָדוֹ לְמַעְלָה. מְנָא הָנֵי מִילֵּי? אָמַר רַב אַחָא בַּר יַעֲקֹב אָמַר רַבִּי זֵירָא: אָמַר קְרָא (ויקרא טז) °"וְהִזָּה אוֹתוֹ עַל הַכַּפּוֹרֶת וְלִפְנֵי הַכַּפּוֹרֶת". לֹא יֹאמַר לְמַטָּה בַּשָּׂעִיר, דְּלָא צָרִיךְ, דְּגָמַר מִמַּטָּה דְּפַר, לָמָּה נֶאֱמַר – לְאַקּוֹשֵׁי 'עַל' לְ'לִפְנֵי': מַה 'לִפְנֵי' דְּלָאו עַל – אַף 'עַל' דְּלָאו עַל. אַדְּרַבָּה, לֹא יֹאמַר לְמַעְלָה בַּפָּר דְּלָא צָרִיךְ, דְּגָמַר מִמַּעְלָה דְּשָׂעִיר, לָמָּה נֶאֱמַר – לְאַקּוֹשֵׁי 'לִפְנֵי' לְ'עַל'. מַה 'עַל' – עַל מַמָּשׁ, אַף 'לִפְנֵי' – עַל מַמָּשׁ! הַאי מַאי? אִי אָמְרַתְּ בִּשְׁלָמָא לְמַטָּה דְּשָׂעִיר לְאַקּוֹשֵׁי לְמַעְלָה דְּפַר – מִיבְּעֵי לֵיהּ לְכִדְתָנָא דְּבֵי רַבִּי אֱלִיעֶזֶר בֶּן יַעֲקֹב. *דְּתָנָא דְּבֵי רַבִּי אֱלִיעֶזֶר בֶּן יַעֲקֹב: (שם) °"עַל פְּנֵי הַכַּפּוֹרֶת קֵדְמָה" – זֶה בָּנָה אָב: כָּל מָקוֹם שֶׁנֶּאֱמַר 'פְּנֵי' אֵינוֹ אֶלָּא קָדִים. אֶלָּא אִי אָמְרַתְּ לְמַעְלָה דְּפַר לְאַקּוֹשֵׁי – לְמַטָּה דְּשָׂעִיר לְמַאי אֲתָא? תָּנוּ רַבָּנַן: "וְהִזָּה אֹתוֹ עַל הַכַּפּוֹרֶת וְלִפְנֵי הַכַּפּוֹרֶת" לָמַדְנוּ כַּמָּה לְמַעְלָה בַּשָּׂעִיר – אַחַת. לְמַטָּה בַּשָּׂעִיר אֵינִי יוֹדֵעַ כַּמָּה. הֲרֵינִי דָּן: נֶאֶמְרוּ דָּמִים לְמַטָּה בַּפָּר, וְנֶאֶמְרוּ דָּמִים לְמַטָּה בַּשָּׂעִיר, מַה לְמַטָּה בַּפָּר שֶׁבַע – אַף לְמַטָּה בַּשָּׂעִיר שֶׁבַע. אוֹ כְּלָךְ לְדֶרֶךְ זוֹ: נֶאֶמְרוּ דָּמִים לְמַעְלָה בַּשָּׂעִיר, וְנֶאֶמְרוּ דָּמִים לְמַטָּה בַּשָּׂעִיר, מַה לְמַעְלָה בַּשָּׂעִיר – אַחַת, אַף לְמַטָּה בַּשָּׂעִיר – אַחַת. נִרְאֶה לְמִי דּוֹמֶה: דָּנִין מַטָּה מִמַּטָּה, וְאֵין דָּנִין מַטָּה מִלְּמַעְלָה. אַדְּרַבָּה: דָּנִין גּוּפוֹ מִגּוּפוֹ, וְאֵין דָּנִין גּוּפוֹ מֵעָלְמָא. תַּלְמוּד לוֹמַר: (שם) °"וְעָשָׂה אֶת דָּמוֹ כַּאֲשֶׁר עָשָׂה לְדַם הַפָּר" שֶׁאֵין תַּלְמוּד לוֹמַר "כַּאֲשֶׁר עָשָׂה" וּמַה תַּלְמוּד לוֹמַר "כַּאֲשֶׁר עָשָׂה" – שֶׁיְּהוּ כָּל עֲשִׂיּוֹתָיו שָׁווֹת; כְּשֵׁם שֶׁלְּמַטָּה בַּפָּר שֶׁבַע – כָּךְ לְמַטָּה בַּשָּׂעִיר שֶׁבַע. לָמַדְנוּ כַּמָּה לְמַטָּה בַּפָּר וּבַשָּׂעִיר – שֶׁבַע, לְמַעְלָה בַּפָּר אֵינִי יוֹדֵעַ כַּמָּה, וַהֲרֵינִי דָּן: נֶאֶמְרוּ דָּמִים לְמַעְלָה בַּשָּׂעִיר, וְנֶאֶמְרוּ דָּמִים לְמַעְלָה בַּפָּר. מַה לְמַעְלָה בַּשָּׂעִיר – אַחַת, אַף לְמַעְלָה בַּפָּר – אַחַת. אוֹ כְּלָךְ לְדֶרֶךְ זוֹ: נֶאֶמְרוּ דָּמִים לְמַטָּה בַּפָּר, וְנֶאֶמְרוּ דָּמִים לְמַעְלָה בַּפָּר, מַה לְמַטָּה בַּפָּר – שֶׁבַע, אַף לְמַעְלָה בַּפָּר – שֶׁבַע. נִרְאֶה לְמִי דּוֹמֶה: דָּנִין מַעְלָה מִמַּעְלָה, וְאֵין דָּנִין מַעְלָה מִמַּטָּה. אַדְּרַבָּה: דָּנִין גּוּפוֹ מִגּוּפוֹ וְאֵין דָּנִין גּוּפוֹ מֵעָלְמָא! תַּלְמוּד לוֹמַר: "וְעָשָׂה אֶת דָּמוֹ כַּאֲשֶׁר עָשָׂה" שֶׁאֵין תַּלְמוּד לוֹמַר "כַּאֲשֶׁר עָשָׂה" וּמַה ת"ל "כַּאֲשֶׁר עָשָׂה" – שֶׁיְּהוּ כָּל עֲשִׂיּוֹתָיו שָׁווֹת, כְּשֵׁם שֶׁלְּמַטָּה בַּפָּר שֶׁבַע – כָּךְ לְמַטָּה בַּשָּׂעִיר שֶׁבַע, וּכְשֵׁם שֶׁלְּמַעְלָה בַּשָּׂעִיר אַחַת – כָּךְ לְמַעְלָה בַּפָּר אַחַת.§ "אַחַת, אַחַת וְאַחַת, אַחַת וּשְׁתַּיִם".§ בת"ר: *אַחַת, אַחַת וְאַחַת, אַחַת וּשְׁתַּיִם, אַחַת וְשָׁלֹשׁ, אַחַת וְאַרְבַּע, אַחַת וְחָמֵשׁ, אַחַת וָשֵׁשׁ, אַחַת וָשֶׁבַע, דִּבְרֵי רַבִּי *מֵאִיר. ר' יְהוּדָה אוֹמֵר: אַחַת, אַחַת וְאַחַת, שְׁתַּיִם וְאַחַת, שָׁלֹשׁ וְאַחַת, אַרְבַּע וְאַחַת, חָמֵשׁ וְאַחַת, שֵׁשׁ וְאַחַת, שֶׁבַע וְאַחַת. וְלָא פְּלִיגִי; *)מָר כִּי אַתְרֵיהּ וּמָר כִּי אַתְרֵיהּ. דְּכוּלֵּי עָלְמָא מִיהַת הַזָּאָה רִאשׁוֹנָה צְרִיכָה מִנְיָן עִם כָּל אַחַת וְאַחַת, מַאי טַעְמָא? רַבִּי אֶלְעָזָר אָמַר: גשֶׁלֹּא יִטְעֶה בַּהַזָּאוֹת. רַבִּי יוֹחָנָן אָמַר, אָמַר קְרָא: (שם) °"וְלִפְנֵי הַכַּפּוֹרֶת יַזֶּה" שֶׁאֵין תַּלְמוּד לוֹמַר "יַזֶּה" וּמַה ת"ל "יַזֶּה" – לִימֵּד עַל הַזָּאָה רִאשׁוֹנָה שֶׁצְּרִיכָה מִנְיָן עִם כָּל אַחַת וְאַחַת. מַאי בֵּינַיְיהוּ? אִיכָּא בֵּינַיְיהוּ דְּלָא מָנָה, וְלָא טָעָה.§ "יָצָא וְהִנִּיחוֹ עַל כַּן הַזָּהָב שֶׁבַּהֵיכָל".§ *תְּנַן הָתָם, רַבִּי יְהוּדָה אוֹמֵר: **)לֹא הָיוּ שׁוֹפָרוֹת לְקִינֵּי חוֹבָה מִפְּנֵי הַתַּעֲרוֹבוֹת. מַאי מִפְּנֵי הַתַּעֲרוֹבוֹת? אָמַר רַב יוֹסֵף: מִפְּנֵי תַּעֲרוֹבֶת חוֹבָה בִּנְדָבָה. אָמַר לֵיהּ אַבַּיֵי: וְנַעֲבֵיד תְּרֵי, וְנִכְתּוֹב עֲלַיְיהוּ הֵי דְחוֹבָה וְהֵי דִנְדָבָה. רַבִּי יְהוּדָה

לית

*) [פסחים ג. וש"נ] **) שקלים פרק ששי הלכה ו.

רש"י

כְּמַנְגְּדָנָא. כְּמַכֶּה בִּרְצוּעָה, שֶׁמַּתְחִיל מִן הַכְּתֵפַיִם וּמַכֶּה וְהוֹלֵךְ לְמַטָּה: **אֵינוֹ מַזֶּה עַל הַכַּפּוֹרֶת.** עַל גַּגָּהּ, אֶלָּא כְּנֶגֶד עוֹבְיָהּ. וְלֹא הָיוּ דָּמִים נוֹגְעִין בָּהּ: **כְּשֶׁהוּא מַזֶּה.** אַחַת לְמַעְלָה מְצַדֵּד גַּב יָדוֹ לְמַטָּה, וּמַזֶּה כְּלַפֵּי לְמַעְלָה וּכְשֶׁהוּא מַזֶּה הַשֶּׁבַע לְמַטָּה מְצַדֵּד יָדוֹ לְמַעְלָה וּמַזֶּה לְמוּל פָּנָיו אַחַת גְּבוֹהָה וְאַחַת בְּנָמוּךְ הֵימֶנָּה, וְכוּלָּן נוֹפְלוֹת לָאָרֶץ: **מְנָא הָנֵי מִילֵּי.** דְּאֵינוֹ מַזֶּה עַל הַכַּפּוֹרֶת אוֹתָן שְׁתַּיִם אַחַת שֶׁל מַעְלָה בַּפָּר וְאַחַת שֶׁל מַעְלָה בַּשָּׂעִיר עַל גַּג הַכַּפּוֹרֶת מַמָּשׁ: **לֹא יֹאמַר לְמַטָּה בַּשָּׂעִיר.** לֹא יֹאמַר "וְלִפְנֵי הַכַּפּוֹרֶת" דְּהַיְינוּ לְמַטָּה דְּשָׂעִיר, דִּכְתִיב בֵּיהּ "וְהִזָּה אוֹתוֹ עַל הַכַּפּוֹרֶת וְלִפְנֵי הַכַּפּוֹרֶת" דְּלָא צָרִיךְ, דְּסוֹף סוֹף גָּמַר מִמַּטָּה דְּפַר שֶׁהֲרֵי לֹא פֵּירֵשׁ בּוֹ כַּמָּה הַזָּאוֹת, וְיָלְפִינַן לֵיהּ לְקַמָּן מִמַּטָּה דְּפַר, דִּכְתִיב בֵּיהּ "וְלִפְנֵי הַכַּפּוֹרֶת יַזֶּה שֶׁבַע פְּעָמִים" וְכֵיוָן דְּסוֹף סוֹף גָּמַר מִינֵּיהּ – לִישְׁתּוֹק קְרָא מִינֵּיהּ וְלִיגְמְרָהּ לְכוּלָּהּ מִילְּתָא דְּמַטָּה דְּשָׂעִיר מִמַּטָּה דְּפַר, דְּאִיתְקוּשׁ לַהֲדָדֵי, דִּכְתִיב "וְעָשָׂה אֶת דָּמוֹ כַּאֲשֶׁר עָשָׂה לְדַם הַפָּר" דְּבִשְׁלָמָא לְמַעְלָה דִּידֵיהּ – אִיצְטְרִיךְ, דִּמְפוֹרָשׁ בּוֹ אַחַת, דִּכְתִיב "וְהִזָּה אוֹתוֹ עַל הַכַּפּוֹרֶת" וְ'אוֹתוֹ' אַחַת מַשְׁמַע, וּבְמַעְלָה דְּפַר לֹא פֵּירֵשׁ אַחַת: **לָמָּה נֶאֱמַר.** לְמַטָּה דְּשָׂעִיר, לְאַקּוֹשֵׁי לֵיהּ מַעְלָה דְּשָׂעִיר, וְלוֹמַר עַל הַכַּפּוֹרֶת כְּלִפְנֵי הַכַּפּוֹרֶת, מַה לִפְנֵי דְּלָאו מַמָּשׁ נוֹגֵעַ בַּכַּפּוֹרֶת, דְּהָא לִפְנֵי עַל הָאָרֶץ מַשְׁמַע, אע"ג דְּלָא מַמָּשׁ נוֹגֵעַ בַּכַּפּוֹרֶת אֶלָּא לְעִנְיָן שֶׁיְּהֵא מְצַדֵּד יָדוֹ לְמַטָּה: **אַדְּרַבָּה לֹא יֹאמַר לְמַעְלָה בַּפָּר דְּלָא צָרִיךְ.** דְּסוֹף סוֹף גָּמַר לְקַמָּן מִמַּעְלָה דְּשָׂעִיר שֶׁפֵּירֵשׁ בּוֹ אַחַת: **לָמָּה נֶאֱמַר לְאַקּוֹשֵׁי.** 'לִפְנֵי' דְּפַר לְ'עַל' דְּפַר, שֶׁהַמּוּפְנֶה בָּא לְלַמֵּד: מָה עַל עַל מַמָּשׁ. דְּהָא עַל פְּנֵי הַכַּפּוֹרֶת כְּתִיב, אַף לִפְנֵי – עַל מַמָּשׁ, שֶׁיְּהוּ דָּמִים נוֹגְעִים בְּעָבְיָהּ שֶׁל כַּפּוֹרֶת: **אִי אָמְרַתְּ בִּשְׁלָמָא לְמַטָּה דְּשָׂעִיר לְאַקּוֹשֵׁי.** כִּדְאָמְרַן לְמַעְלָה דְּפַר דְּקַשְׁיָא לָךְ לֹא יֹאמַר, מִיבָּעֵי לֵיהּ לְכִדְתַנְיָא וכו': **לָמַדְנוּ לְמַעְלָה בַּשָּׂעִיר אַחַת.** דְּאוֹתוֹ חֲדָא מַשְׁמַע: **שֶׁאֵין תַּלְמוּד לוֹמַר וכו'.** שֶׁהֲרֵי אַף כָּאן פּוֹרֵשׁ וְהִזָּה וְעַל וְלִפְנֵי: **מָר כִּי אַתְרֵיהּ וכו'.** כְּאַתְרֵיהּ דְּרַבִּי מֵאִיר מוֹנִין מִנְיָן כְּלָל תְּחִילָּה וְאַחַר כָּךְ פְּרָט. כְּגוֹן עֶשְׂרִים וְאַחַת עֶשְׂרִים וּשְׁתַּיִם. וּבְאַתְרֵיהּ דְּרַבִּי יְהוּדָה פְּרָט תְּחִילָּה. שְׁתַּיִם וְעֶשְׂרִים, שָׁלֹשׁ וְעֶשְׂרִים: **שֶׁלֹּא יִטְעֶה.** שֶׁיְּהֵא לוֹ שָׁהוּת בֵּינְתַיִים לָתֵת לִבּוֹ לַמִּנְיָן, שֶׁלֹּא יִטְעֶה: **לִימֵּד עַל הַזָּאָה וכו'.** וּכְתִיבָה חוּקָּה לְעִיכּוּבָא: **לֹא הָיוּ שׁוֹפָרוֹת לְקִינֵּי חוֹבָה.** שׁוֹפָר לָתֵת לְתוֹכוֹ מָעוֹת מִי שֶׁעָלָיו קֵן חוֹבָה שֶׁל זָב וְזָבָה וְיוֹלֶדֶת אוֹ מְטַמֵּא מִקְדָּשׁ, כְּשֵׁם שֶׁהָיוּ שׁוֹפָרוֹת לְקֵן נְדָבָה. כִּדְתַנְיָא לְקַמָּן בִּשְׁמַעְתִּין, וְהַכֹּהֲנִים לוֹקְחִין בְּמָעוֹת קִינִּין וּמַקְרִיבִין אוֹתָן: **מִפְּנֵי תַּעֲרוֹבֶת חוֹבָה בִּנְדָבָה.** שֶׁמָּא יִתְחַלֵּף שׁוֹפָר בְּשׁוֹפָר, וְיַקְרִיב מִמְּעוֹת שׁוֹפַר הַחוֹבָה נְדָבָה אוֹ מִשֶּׁל נְדָבָה חוֹבָה, וְתִיפָּסֵל. שֶׁהַחוֹבָה אַחַת לְחַטָּאת וְאַחַת לְעוֹלָה, וְהַנְּדָבָה כּוּלָּן עוֹלוֹת, וְאֵין מַעֲשֵׂה עוֹלָה וּמַעֲשֵׂה חַטָּאת שָׁוִין:

לית

מנחות כז:

[תוס' פ"ב וכו' גי' אחרת]

[בילקוט איתא דברי ר' מאיר יהודה כו' ר' מאיר אומר אחת כו' וע"ש]

[ליתא במשנה אמנם בירושלמי משקלים איתא וכן בתוספתא פ"ג]

תוספות

אלא אי אמרת למעלה דפר לאקושי כו'. ואם תאמר: ומנלן דאחת למעלה דפר לא נגע? אלימא מהיקש דשעיר כדלקמן, והא שעיר גופיה גמר בהיקישא, דאיתקש על ללפני, ודבר הלמד בהיקש אינו חוזר ומלמד בהיקש! וי"ל: גילוי מילתא הוא, ד'על' דהכא, כדהתם. אי נמי: כיון דאשכחן ד'על' דשעיר לאו דווקא – מקשינן נמי גבי פר על ללפני:

מפני תערובת חובה בנדבה. אבל תערובת חובה בחובה ליכא למיחש שיקח מקצת ממעות רחל ומקצת ממעות לאה, ויקריב בשביל לאה דאפשר דכל אחת צוררת מעותיה לעצמה ונותנת בשופר. וכן עושין לרבנן דרבי יהודה, דסבירא להו שופרות היו לקיני חובה. וכשהכהן לוקח מכל צרור קן אחד, מקריב כל קן וקן לשם מי שהוא:

מפני תערובת חובה בנדבה. אין להקשות לומר איפכא: לא היו שופרות לנדבה מפני התערובות, אבל לחובה תקנו שופרות. די"ל: דלנדבה נפישי. ועוד: דזימנין שלא היו מקריבין נדבה ימים רבים, כשלא היה המזבח בטל. ובתוך כך היו שומרים מעות הנדבה, להכי צריכי שופר. אבל חובה – יכולין להקריב לאלתר:

קינין

רבינו חננאל

כמצליף כמנגדנא. פירוש כגון המכה שמרים ידו ואינו מכה עד שוריד: *) ירושלמי כמטברר. פי' יש מי שאומרים שמטה ידו עד טבורו. ת"ר כשמזה אינו מזה על גגה של כפרת אלא כנגד טפחה של כפרת הוא עוביה והוא **) מצחה הכל אחד הוא שיש נוסחאות מתחלפות לפיכך הוצרכו להודיע שהכל טעם אחד הם. כשהוא מזה למעלה מצדד ידו למטה וכשמזה למטה מצדד ידו למעלה מנ"ל שמזה למעלה ומזה למטה. ופרשינן מדכתיב והזה (עליו) באצבעו על פני הכפרת קדמה ולפני הכפרת יזה שבע פעמים כל מקום שנאמר על הוא למעלה וכ"מ שנא' לפני הוא למטה והכל במקום אחד הן אלא הצדדת [היד] היך היא כיצד כשמזה למעלה מצדיד ידו למטה. פי' נותנו כף היד למטה ואצבעותיו כלפי מעלה ומזה וההזאה שהוא מזה עולה למעלה מן הכפרת כנגד הכפרת מחוץ הכפרת וחוזר ונופל למטה בקרקע [וכשהוא מזה למטה] מצדיד ידו למעלה כלומר כף היד למעלה ואצבעותיו למטה ומזה כנגד עוביה של כפרת שהיא מצחה והיא טפחה כדגרסינן ארון ט' וכפרת טפח הרי עשרה. והזאה שמזה יורדת ונופלת בקרקע מחוץ של ארון כנגדו. ואמרינן לא יאמר למטה בשעיר כו' כלומר לא היה צריך לכתוב בשעיר לפני הכפרת דמשמע כי מזה מדם השעיר למטה דגמר מטה דשעיר ממטה דפר שכבר כתביה בשעיר ועשה את דמו כאשר עשה לדם הפר. למה נאמר לפני הכפרת בשעיר להקיש על הכפרת שכתוב בשעיר ללפני הכפרת שכתוב בו. מה לפני שכתוב בו למטה הוא ולא למעלה אף על נמי שכתוב בו למטה הוא ולא למעלה פי' זה שכתבתי לך בשעיר והזה אותו על הכפרת. אינו על הכפרת ממש אלא כמו ולפני הכפרת כשם שלפני למטה כך על הכפרת שכתב למטה הוא כמו שפירשנו כבר. למה נקרא זה למעלה וזה למעלה בהצדדת הכף היד והגבהת אצבעות והורדת אצבעותיו בלבד דלאו דם נוגע בכפרת כלל ולא למעלה ממש הוא ואמרינן אדרבה לא יאמר ולקח מדם הפר והזה באצבעו על פני הכפרת קדמה שהוא למעלה בפר שאינו צריך אתו דגמר ממעלה דשעיר שהרי הכתוב הקישם שנא' ועשה את דמו כאשר עשה לדם הפר. נמצא למד למעלה דפר ממעלה דשעיר למה נאמר למעלה בפר לאקושי (על לפני) [לפני לעל] מה על על ממש אף לפני פני ממש. ובעינן דנגע בכפרת. נוסח אחר מה פני פני ממש אף על על ממש. ופירושה כדרך הראשונה. ודחינן האי מאי אי אמרת למטה משעיר לאקושי ולמדנו שאין זה למעלה ממש לא בזה ולא בזה שהקישן הכתוב זה [לזה] ולמה בא למעלה דפר ללמד שכל מקום שנאמר פני קדמה הוא ואינו אלא פני המזרח ממש. אלא אי אמרת למעלה דפר להיקשא וללמד כי כל מקום שכתוב בו על למעלה ממש הוא וכ"מ שכתוב בו לפני למטה ממש הוא ותראהו על גופא של כפרת כבר למד זה מזה כמו שאמרנו למטה דשעיר למה לי אלא ודאי למטה להיקשא. ועמדה ההלכה כי כל ההזאות במקום אחד הן והכל בקרקע; ת"ר והזה אותו על הכפרת וגו' דייקינן דקרא מדכתיב אותו דלא הוה צריך ליה אתו ש"מ כי הזאה אחת בלבד מזין ממנו למעלה. הנה מצאנו מפורש בשעיר למעלה הזאה אחת ומצאנו למטה בפר ז' הזאות שנאמר ולפני הכפרת יזה שבע פעמים [illegible] דהא הקישן הכתוב דכת' ועשה את דמו כאשר עשה לדם הפר שיהו כל עשיותיו שוות כשם של מטה בפר ז' כך למטה בשעיר ז' וכשם של מעלה בשעיר אחת כך של למעלה בפר אחת ופשוטה היא כולה: ת"ר אחת. אחת ואחת. אחת ושתים כו'. כ"ע הזאה ראשונה צריכה להימנות עם כל אחת ואחת. מ"ט ר' אלעזר אומר כדי שלא יטעה ור' יוחנן אומר [illegible] ולפני הכפרת יזה [illegible] ל"ל ללמד על הזאה ראשונה שצריכה להימנות עם כאו"א [illegible] מאי בינייהו. וא' (רבי) איכא בינייהו דלא מנה אותה הראשונה עם כל אחת ואחת. [illegible] יצא ידי חובה [illegible] תנן התם רבי יהודה אומר לא היו שופרות לקיני חובה מפני התערובות ואוקמא תערובת חובה בנדבה.

*) [illegible] **) [illegible]

תוספות ישנים

מר כי אתריה ומר כי אתריה. [illegible]

לימד על הזאה ראשונה שצריכה מנין. [illegible]

מפני תערובת חובה בנדבה. [illegible]

קינין

סה א מיי' פ"ב מהל' שקלים הלכה ב:
סו ב מיי' פ"ד מהלכות פסולי מוקדשין הלכה יז:

לית ליה כתיבה. דתנן, רבי יהודה אומר: לא היה שם אלא כן אחד בלבד. תרי מאי טעמא לא – משום דמחלפי, ונעביד תרי וליכתוב עלייהו הי דפר והי דשעיר! אלא: לרבי יהודה לית ליה כתיבה. מיתיבי: *[א]שלש עשרה שופרות היו במקדש, והיה כתוב עליהן: תקלין חדתין, ותקלין עתיקין, וקינין, וגוזלי עולה, ועצים, ולבונה, וזהב לכפורת, וששה לנדבה. תקלין חדתין – אלו שקלים של כל שנה ושנה, תקלין עתיקין – מי שלא שקל אשתקד ישקול לשנה הבאה, קינין – הן תורין, גוזלי עולה – הן בני יונה, וכולן עולות, דברי ר' יהודה! כי אתא רב דימי אמר, אמרי במערבא: גזירה משום חטאת שמתו בעליה. ומי חיישינן? והתנן: *[ב]השולח חטאתו ממדינת הים – מקריבין אותה, בחזקת שהוא קיים. אלא: משום חטאת שמתו בעליה ודאי. *ונברור ארבעה זוזי, ונשדי במיא, והנך נישתרו! רבי יהודה *לית ליה ברירה. מנא לן? אילימא מהא דתנן: *הלוקח יין מבין הכותיים ערב שבת עם חשכה, עומד ואומר: שני לוגין שאני עתיד להפריש – הרי הן תרומה, עשרה

[ע"ז עד.]

רש"י

לית ליה כתיבה. אין סומכין על כך, דזמנין דלאו אדעתיה לעיוני בכתבא: משום דמחלפי. אי עביד תרי, מניח מזרק השעיר על זה ושל פר על זה, וכשבא לקחת את דם הפר פעמים שנתחלף לו ונוטל את של שעיר, הלכך, כי ליכא אלא חד – לא מנח האי עד דשקיל האי, ונמצאו העבודות כסדרן: של שעיר אחר פר בפנים, ושל פר אחריה בהיכל, ואחר כך של שעיר: תקלין חדתין. על האחד, תקלין עתיקין על השני, קינין על השלישי, גוזלי עולה על הרביעי, עצים על החמישי, לבונה על הששי, זהב לכפורת על השביעי, וששה היה כתוב עליהן נדבה: תקלין חדתין אלו שקלים של כל שנה ושנה. מי שעליו להביא שקלי שנה זו, שלא הביאן באדר – מביאן כל שעה שירצה, ונותנם בשופר של תקלין חדתין, והגזברים נותנים אותן בלשכה ותורמין מהם שלש הקופות, בפרוס הפסח ובפרוס העצרת ובפרוס החג[א]: ישקול לשנה הבאה. ונותנן לשופר של תקלין עתיקין, והגזברין נותנים אותן לשירי לשכה של אשתקד, שמהן בונים חומת העיר ומגדלותיה, כדתנן בשקלים (פ"ד משנה ב): קינין הן תורין. ממעות שבו אין לוקחין אלא תורין: כולן עולות. ר' יהודה לטעמיה, דאמר: לא היו שופרות לקיני חובה. ועצים ולבונה וזהב לכפורת מפרש במס' שקלים (פ"ו מ"ו): המתנדב עצים נותן מעות לאותו שופר, ולא יפחות משני גזירין. והמתנדב לבונה מביא מעות ונותן לתוך שופר לבונה, ולוקחים מהן לבונה ומקטירין אותן נדבה על המזבח החיצון. זהב לכפורת, המתנדב זהב נותן מעות לתוך שופר ולוקחין מהן זהב לכלי שרת, והן המזרקות הקרויין "כפורי זהב" בעזרא (א) ודברי הימים (א כח): וששה לנדבה. לקיץ המזבח, לתת לתוכן מעות שלוקחין מכל הרועות של מותר אשמות וחטאות, ששנינו בהן: ירעה וימכר ויפלו דמיו לנדבה. ובפרק בתרא דמנחות (דף קז:) ששה שופרות כנגד ששה בתי אבות שבכל משמר ומשמר, וכל אחד ואחד מכיר את של יומו, ואם היה מזבח בטל ביומו שאין איש מביא קרבנות לוקחין בני בית אב מעות שופר שלהן ולוקחין מהן עולות, והוא קיץ המזבח. שמע מינה מיהת דר' יהודה אית ליה כתיבה, דקתני: והיה כתוב עליהן: גזירה משום חטאת שמתו בעליה. שמא מת אחד מן הבעלים שנתנו מעות בשופר, וכיון דיש בהן חטאות – הוה להו מעות חטאת שמתו בעליה, והן הולכות לים המלח, ונמצאו מעורבות עם הכשרות ופוסלות אותן, והיינו מפני התערובות: שמתו בעליה ודאי. שאנו יודעין בו שמת משנתן מעות לשופר, ועדיין לא קרבן: ונברור ארבע זוזי. דמי החטאת. וזוזי פשיטי קאמר, זוזי מדינה שיש ח' מהן בזוזי צורי, והן דמי פרידה אחת. דתנן: עמדו קינין בו ביום ברבעתים (כריתות ח.), והרובע הוא חצי דינר צורי שהוא ארבעה זוזי מדינה: לית ליה ברירה. לא סמכינן אברירה למשרי איסורא: הלוקח יין מבין הכותיים. קודם שגזרו עליהם, ואין לו כלים להפריש לתוכן תרומות ומעשרות: הרי הן תרומה. בתוכו: ומיחל

תוספות

קינין הן תורין. המתנדב תורין מביא ונותן בשופר שכתוב עליו 'קינין' והמתנדב בני יונה נותן מעות לתוך שופר שכתוב בו 'גוזלי עולה': והתנן השולח חטאתו ממדינת הים מקריבין אותה בחזקת שהוא קיים. תימה לי: והאמר התם בפרק "כל הגט" (גיטין דף כח.) בגמ': לא שנו אלא שלא הגיע לגבורות, אבל הגיע לגבורות – לא. ואם כן, נימא דמשום דילמא איכא זב וזבה ומצורע ומטמא מקדש ושמיעת קול וביטוי שפתים שהגיעו לגבורות, דחיישינן בהו שמא ימות אחד מהם! וי"ל: דאינו סברא דליחוש כולי האי, דלא שכיחא הוא. אי נמי יש לומר, דהא דקאמר התם: אבל הגיע לגבורות לא – ה"מ במביא גט, משום חומר דאשת איש. אבל בשולח חטאתו – אין חילוק בין הגיע ללא הגיע. ותדע, דאמתני' דהמביא גט קאמר לה התם ולא אמתניתין דהשולח חטאתו: אלא בחטאת שמתו בעליה ודאי. תימה: מאי טעמא הדר ביה? לימא לעולם טעמא דילמא ימות אחד מהן, והא דתנן מקריבין אותן בחזקת שהוא קיים – הא אמר התם: שמא מת – לא חיישינן, שמא ימות – חיישינן. דהא חזינן דחייש רבי יהודה לבקיעת הנוד! וי"ל: כיון דשמא מת לא חיישינן, אם כן נעביד שופרות לקיני חובה, וכל שעתא ושעתא ליסתרי לאקרובי, כיון דשמא מת לא חיישינן. ולא דמי להיא דפרק "כל הגט" (גם זה שם) דהרי זה גיטך קודם למיתתי אסורה לאכול בתרומה מיד, משום שמא ימות. דהתם כי אמרינן שמא ימות – בזאת השעה אסורה לאכול, שהרי אמר שעה אחת קודם למיתתו. אבל הכא לא הויא חטאת שמתו בעליה אלא לאחר מיתה מיד, ממש. ואם כן אפילו כי אמר כל שעתא שמא ימות בזו השעה – השתא מיהא לא שכיב, ושרי לאקרובי': ונברור ד' זוזי. פירש רש"י: משום דאמר פרק קמא דכריתות (דף ח.) ועמדו קינין בו ביום ברבעתים, וד' זוזי הם דמי החטאת. משמע מתוך פי' דבעי למימר דשני הפרדים עמדו ברובע שלם, שזהו דינר צורי, שהם ח' זוזי מדינה, נמצא החטאת בד' זוזי. ובספ"ב דכריתות (דף י:) אינו משמע כן, דקאמר: מדחס רחמנא עליה בדלות חד מעישר בעשירות, דבעשירות מייתי כשבה או שעירה בסלע, ובדלות ברבעתים, בדלי דלות נמי מייתי חד מי"ו דדלות. אלמא: רבעתים – רובע דינר קאמר, דהיינו חד מי"ו בסלע, והא דנקט הכא ד' זוזי – לאו דוקא קאמר, אלא אורחיה דגמרא הוא למימר הכי. וכי האי גוונא איכא בערכין בפרק "המקדיש שדהו" (דף כט.) גבי ההוא גברא דאחרמינהו לניכסיה, אתא לקמיה דרב יהודה, אמר ליה: זיל שקול ארבע זוזי, אחיל עלייהו, ושדי בנהרא. וכן בפרק "כל הצלמים" (ע"ז דף מט:): ההוא גברא דאיערב ליה חביתא דחמרא דאיסורא בחמריה, אתא לקמיה דרב חסדא, אמר ליה: זיל שקול ד' זוזי ושדי בנהרא: הלוקח יין מבין הכותיים. 'דתניא' גרסינן, ולא גרסינן 'דתנן' שאינה משנה בשום מקום. ובמסכת דמאי פ"ז (משנה ד) יש משנה אחת שלא נשנו בה אלא דברי רבי מאיר סתמא. ואע"ג דרבי מאיר גזר על יינן בפרק קמא דחולין (דף ו.), הכא קודם גזירה איירי. ור' יוסי ור' שמעון, אף על גב דסבירא להו במנחות "פרק ר' ישמעאל" (דף סו:): תורמין משל כותים על של גוים, ומשל גוים על של כותים, דכותים גרי אריות הן – מכל מקום כיון דפורשין מע"ז יותר מגוים, ומחזיקין בתורה שבכתב, גם את אלהיהם אינם עובדים, כמו שהיו עושין בבית ראשון, משום הכי כשגזרו על סתם יינן של גוים – לא גזרו על של כותיים, אף על פי שגזרו על פיתן. כמו לר"מ קודם שגזר עליהם, שהיה יינן מותר ופיתן אסור. אי נמי, הכא מיירי במטהר יינו. ודוקא נקט מבין הכותים, אבל מבין עם הארץ – דין אחר יש לו, כדקתני במס' דמאי בסיפא. דבדמאי לא קתני שני לוגין שאני עתיד להפריש, לפי שעמי הארץ לא נחשדו על התרומה, כדאיתא בשלהי מסכת סוטה (דף מח.). אף על גב דאמר בפרק "שלשה שאכלו" (ברכות דף מז:): הני כותאי עשורי מעשרי, דמאי דכתב באורייתא מזהר זהירי – הני מילי כשהם בעצמם אוכלין, אבל כשמוכרין לאחרים – לא חיישי על "לפני עור לא תתן מכשול". ואף על פי שאין חשודים על הגזל – עמי הארץ נמי לא חשידי על הגזל, ואפילו הכי חשידי על המעשרות, דלא חשיב להו גזל, לפי שהוא ממון שאין לו תובעין. ועוד: כל כמה דלא הופרש – לא חשיב להו גזל. ועוד סומכים הכותים אהא דדרשינן פרק "השוכר את הפועלים" (ב"מ דף פח:): "ואכלת" – ולא מוכר. עוד יש חילוק אחר בין דמאי לודאי: דבדמאי קתני שאני עתיד להפריש למחר, ובודאי לא קתני למחר. לפי שבערב שבת איירי, כמו שפירש רש"י. וכמו שמוכחת הרישא במסכתא דמאי, ובשבת לא מצי להפריש. ואע"ג דדמאי נמי אין מפרישין אותו בשבת אלא בספק חשיכה, כדתנן פרק "במה מדליקין" (שבת דף לד.) ובמסכת דמאי (פ"א משנה ד) נמי תנן כי האי גוונא, ומייתינן לה פרק "במה מדליקין" (שבת דף כג.): הדמאי מפרישין אותו ערום ובין השמשות, אבל בשבת – לא. ה"מ היכא דלא קרא שם מבעוד יום, אבל ודאי אפילו קרא לו שם מערב שבת – אסור להפרישו בשבת

רבינו חננאל

ואקשינן ונכתוב עלייהו האי דחובה והאי דנדבה ופרקינן לר' יהודה לית ליה כתיבה בכלים שבמקדש ודייקינן ממתני' דקתני לא היה שם אלא כן א' כדי שיהא נוטל אחד ומניח אחד אבל אינו עושה שניהם שמא יתחלפו לו. ואמרינן ויכתוב מזרק באחד פר ובאחד שעיר. אלא ש"מ דלית ליה לר' יהודה כתיבה. איני דלית ליה והתנן בשקלים פ"ו שלש עשרה שופרות. פירוש אלו השופרות תיבות הן שמניחין בהן מעות. וי"ג היו במקדש והי' כתוב עליהן תקלין חדתין כו' עד דברי ר' יהודה הא אית ליה כתיבה. ופרקינן לאו משום דחייש ר' יהודה לתערובת חובה בנדבה דלא חייש משום תערובת בחטאת [אלא] גזירה שמא מתו בעליה דכתיבה כה"ג לא מהניא ולא מידי ואקשינן ומי גזרינן כה"ג והתנן במס' גיטין פ"ג (כח.) השולח חטאתו ממדינת הים מקריבין אותה בחזקת שהוא קיים. הנה לא חיישינן. ופרקינן משום תערובת חטאת דודאי מתו בעליה ואקשינן ולישקול ד' זוזי מן השופר וישליכם בנהר ויאמר אלו הן המעות שמתו בעליהן והשאר יקרבו. ודחינן ר' יהודה לית ליה ברירה כלומר מי יברר לנו שאותן ד' זוזי שלקח והשליכם בנהר שהן עצמם היו לאותו האיש המת. שמא אותן שהשליך מעות של אחרים היו ומעות של מת בשופר נשארו ואמרינן מנ"ל דלית ליה לר"י ברירה אילימא מדתנן הלוקח יין מן הכותים אומר ב' לוגין כו' כבר פירשנוהו בכמה מקומות מיהו דייקינן מדקתני ר' יהודה אוסר לשתות מן הנוד אע"ג דאמר התרומה והמעשר שאני עתיד להפריש הרי הן בנוד. לא אמרינן מתברר שהיין ששותה החולין הן. וכי אינו התרומה ש"מ דלית ליה בריר' אלא מדתני במס' עירובין פ"ג דתני איו

תוספות ישנים

קינין הן תורין. שהמתנדב בני יונה והביא תורין לא יצא ידי חובתו או איפכא והלכך אע"פ שכולן נדבה ועולות צריך כתיבה לרבי יהודה: וגוזלי עולה הן בני יונה. רבנן פליגי על ר' יהודה בשקלים (דף ט.) ואמרי דקינין הם חובה אחד לעולה ואחד לחטאת וגוזלי עולה הן כולן עולות נדבה ולדידהו אתי שפיר למה הן כותבין כאן קינין וכאן גוזלי עולה דקינין משמע ליה אחד לעולה ואחד לחטאת אבל לר' יהודה דאית ליה כולן עולות תימה למה לא היו כותבין כאן תורי עולה כמו כאן גוזלי עולה. ריב"א. וגם צ"ע למה לקיני נדבה של תורים כמו לשל בני יונה כיון שמתנדב מין זה והביא זה לא יצא כדאמרינן בפרק קמא דחולין. ה"ר אלחנן: וזהב א) לכפורים. פירש"י כמו כפורי זהב שלשים וריב"א ב) (גרס לכפורת והיינו) ריקוע פחים נפוי לבית קדשי הקדשים ולכפורת היינו לבית הכפורת כמו אחורי בית הכפורת ואומר רבי דהכי משמע בהדיא בירושלמי ובמסכת שקלים פרק התרומה (מ"ד) קתני שממותר התרומה היו עושין הקדשים: ונברור ארבע זוזי ונשדי במיא. אומר רבי שיטתו מתחילה שאם ימות אחד יהיו אותם המעות שישליכו לים המלח (יהיו) קודשים בעבורו ושלו יהיו קודשים לצורך החי ולדעת כן יתנו בקן לר' יהודה שלבסוף שהשליכו ארבעה זוזי לים המלח לא היו קדושין אלא לצורך המת כיון דס"ד דיש ברירה וא"ת כיון [שיתנו] אפילו אין ברירה נמי דאמרינן בפרק בכל מערבין (עירובין לז.) וסבר ר' יוסי אין ברירה שלקחו קיניהן [בעירוב או שנתנו קיניהן] לכהן לאיזה שירצה כהן יקריב חטאת ולאיזה שירצה כהן יקריב עולה ומוקי לה רבה בשהתנו אלמא כשהתנו אין צריך ברירה והכא בעינן דיתנו ואפ"ה צריך מיירי שהתנו מתחילה כגון אם בא חכם למזרח וכן שני לוגין שאני עתיד להפריש כו' ועוד הקשה מ"ר היכי סלקא דעתך דמיירי מעיקרא בלא התנו והלא איך יכול הכהן לעשות עולה לשם זו וחטאת שנתערבו הדמים ואולי יקנה תליו משל זאת ותליו משל זאת אך י"ל דהוה מצי למימר וליטעמיך ומפרש רבי התם בשהתנו כלומר שהיו להם דמי קיניהן הקדש בשותפות ובשעת לקיחתן התנו וברר זה הקן יהא ל[illegible] שבמעות וזה יהא קנוי לרחל מחלקה ופרכינן התם מאי למימרא ומשני מהו דתימא נגזור זימנין דלא התנו פירוש שיטעו להניח הקרבן בתערובת בשעת לקיחת הקינין כמו שהיה עד עכשיו במעות קמ"ל שהכהן יש בידו לפרש איזהו חטאת ואיזהו עולה ורב חסדא יכול להשמיענו באשה אחת ולא נקט שתי נשים אלא לאשמועינן דלא גזרינן משום דזימנין דלא התנו וגרם וכדרב חסדא כו' דבהדי [דלא] גזרינן אטו לא התנו אשמועינן נמי דרב חסדא דאל"כ למה הזכיר ה) ביחד חטאת ועולה וא"ת ומה שייך להזכיר לענין ברירה דאשמועינן כדרב חסדא יותר מתחילתה י"ל דטובא צריך משום דמעיק[illegible] שהכהן מברר בהקרבתן איזה של רחל ואיזה של לאה והשתא כי אוקמי בשהתנו הרי מבורר משעת לקיחתן להכי אצטריך לפרושי בשיטיא שאין הכהן מברר עוד אלא איזה חטאת ואיזה עולה. מ"ר. וכדפרשי' דב[illegible] לפרש דבלא תנאי [דאם כן מאי] פריך ונשקול ארבעה זוזי ויאמר שיהיו לשם אותו שמת והנשארים יהיו לחיים דהא אפי' מאן דלית ליה ברירה לא מהני מידי כיון שהיו מעורבין דהא זהו דבר פשוט שאם מעורב שלא יוכל לומר זה האיסור יושלך לים המלח והשאר יהיו היתר כגון תרומה שנתערבה בחולין אין יכול לומר זו יהא של תרומה וזו יהא של חולין כיון שנתערב ועוד הביא ריב"א ראיה לדבר מדתניא [illegible] (פ"א) נזיר שהפריש מעותיו ואמר אלו לחטאתי ואלו לעולתי ואלו לשלמי [ונתערבו] אין לו תקנה מה יעשה יביא שלש בהמות בין ממקום אחד בין משנים ושלשה מקומות ומחלל דמי חטאת על חטאת דמי עולה [illegible] שלמים

א) נ"ל לכפורת: ב) נ"ל פי' הייטו: ג) נ"ל ע"כ נמלא: ד) נ"ל דהכי איתי' שמתנה: ה) נ"ל ביחוד:

מסורת הש"ס

שקלים פ"ו מ"ה

גיטין כח.

[עיין תוספות סוטה יח. ד"ה חזר וכו' ותוס' תמורה ל. ד"ה ואידך]

גיטין כה. כח. ב"ק סט: [דמאי פ"ז מ"ד] סוכה כג: עירובין לו: מעילה כב. חולין יז. תוספ' דמאי [פ"ח]

הגהות הב"ח

(א) רש"י ד"ה תקלין כו' ובפרוס החג ומי שלא שקל אשתקד ישקול לשנה הבאה כצ"ל והד"א:

גליון הש"ס

תום' ד"ה אלא בחטאת וכו' וי"ל כיון דשמא מת לא חיישינן. עיין קדושין דף מה ע"ב תוס' ד"ה אמר:

בשבת. עוד חילוק אחר. דגבי דמאי קתני ושאר מעשר סמוך לו, זה שעשיתי מעשר עשוי תרומת מעשר עליו. פי׳: מדה אחת שאני עתיד להפריש למחר יהא מעשר, ושאר מעשר דהיינו ט׳ – יהא סמוך לו, אותה מדה שעשיתי תחילה מעשר יהא תרומת מעשר על הט׳, ומפריש למחר אותה מדה של תרומת מעשר ושותה הכל. ואפילו אותם התשעה שהן מעשר, למאן דאמר מעשר ראשון מותר לזרים. ולרבי מאיר דאמר אסור לזרים, אם הוא לוי – שותהו. אבל בודאי לא יועיל לו, שהרי אינו יכול להפריש אותה מדה בשבת, ובלא הפרשה אינו יכול לשתות אותם התשעה, כדקתני: אי אתה מודה שמא יבקע הנוד ונמצא שותה טבלים למפרע. ואם כן אם היה שותה המעשר כל כמה דלא הופרש – הוה ליה כבקיעת הנוד. אי נמי: בודאי טבל הוא זקוק

עֲשָׂרָה מַעֲשֵׂר רִאשׁוֹן, תִּשְׁעָה מַעֲשֵׂר שֵׁנִי, וּמֵיחֵל וְשׁוֹתֶה מִיָּד, דִּבְרֵי רַבִּי מֵאִיר. רַבִּי

וּמֵיחֵל. מַעֲשֵׂר שֵׁנִי עַל הַמָּעוֹת, דְּמָה שֶׁיֵּשׁ בְּיָדוֹ לְתַקֵּן – יְתַקֵּן, וְשׁוֹתֶה מִן הַמְּעֻרֹּבֶת. וּכְשֶׁיִּהְיוּ לוֹ כֵּלִים יַפְרִישׁ גַּם הַתְּרוּמָה וּמַעֲשֵׂר, דְּסָמְכִין אַחֲבֵרָיה, וְלוֹמַר: זֶה הָיָה הַתְּרוּמָה, וְהוּא שָׁתָה חוּלִּין: לִכְשֶׁיִּבָּקַע

ליתן המעשר ללוי, לקיים מצות נתינה. עוד יש חילוק: דגבי דמאי קתני מעשר שני בצפונו או בדרומו, וגבי כותים לא קתני אלא תשעה מעשר שני, ואין קובע להם מקום. והיינו טעמא, דקביעת מקום הוי כמו הפרשה ובבין השמשות איירי, כדקתני בתוספתא (דדמאי פ״ח) *וקדש עליו היום, ובספק חשיכה מעשרין את הדמאי, לא את הודאי ומהאי טעמא נמי לא קתני גבי כותים כדקתני התם ומחולל על המעות, אלא: ומיחל ושותה מיד. פי׳: מתחיל, או כמו שפירש הר״ר משולם זצ״ל: ומיהל בה״י – מזוג, מלשון "סבאך מהול במים" (ישעיה א). אבל לחלל אינו יכול, כיון שלא קבע לו מקום, כדתניא בתוספתא דמסכת מעשר שני [פ״ג]: מע״ש שבחפץ זה יהא מחולל על איסר זה, ולא קבע לו מקום – ר׳ שמעון אומר: קרא שם, וחכ״א: עד שיאמר לצפונו או לדרומו. ומייתי התם עובדא דרשב״ג ורבי יהודה ורבי יוסי, שנכנסו אצל בעל הבית אחד בכזיב. והיה מחלל בענין זה, ואמרו לו: לא ואכול מעותיך הסכרת מעות אידת נפשות. ואפילו רבי שמעון, דאמר קרא שם, י״ל: דמיירי כגון שאמר בתוכו, דחשיב כקביעות מקום, דהוי כעין פלוגתייהו דפליגי במסכת תרומות (פ״ג משנה ה), ומייתי לה בפרק "בכל מערבין" (עירובין דף לז:): האומר תרומת הכרי זה בתוכו, רבי שמעון אומר: קרא שם, ומפרש התם דכי אמר בתוכו – כאילו אמר באמצעיתו, דקבע מקום. ולא כמו שפרש״י ומיחל – מחלל, דאינו יכול לחלל, כדפרישית. ועוד: אם היה שותהו בחילול בלא הפרשה – היה שותה טבלים למפרע, כדפרישית לעיל. וכן משמע הלשון, דקאמר שאני עתיד להפריש, אלמא: כולהו צריך סופו להפריש. וליכא למימר דשאני עתיד להפריש לא קאי אלא אתרומה. דאי הוה חיילא בלא הפרשה – אם כן היתה מדמעת, ואוסרת הכל. אם כן מעשר ראשון נמי (*דכתיב) ביה תרומת מעשר. וליכא למימר דאתרומה ומעשר ראשון קאי, ולא אמעשר שני. דמאיזה טעם הוה לן למימר הכי? הא לא קתני אלא חדא זימנא "שאני עתיד להפריש". ואי קאי אחרי – קאי אכולהו. ועוד בתוספתא *קתני: עשרה הבאים אחריהם, תשעה הבאים אחריהם. משמע אחריהן מן החבית. ומיהו, ההיא ראיה דתוספתא ודמסכת תרומה יש לדחות, דכיון דמזכיר סכום התרומה והמעשר – חשיב קריאת שם טפי, ולא בעינן קביעות מקום. ואיכא נמי למאן דאמר במסכת תרומות פ׳ שלישי (מ״ה): [האומר] תרומת הכרי ממנו עליו – קרא שם. ועוד תנן במסכת מעשר שני פרק רביעי (משנה ז): הפודה מעשר שני ולא קרא שם, רבי יוסי אומר: דיו. ומיהו, שאר הקושיות קשו לפרש״י. ועוד: דהך משנה גופה בעיא קביעות מקום, מדקתני סיפא; בצפונו או בדרומו:

[לפניו ליתא אלא כמו שהביאה הגמ׳]

נ״ל דפתיכא

[פ״ח דדמאי]

עשרה מעשר ראשון תשעה מעשר שני. לאו דווקא, שהרי כיון שכבר נטל מן הק׳ שני לוגין לתרומה, אינו עולה י׳ שלימים למעשר ראשון ותשעה למעשר שני מן הנותרים, ואין לומר דחיישינן שמא הכותי תרם תרומה גדולה, ולהכי אין למעט בשביל התרומה ממעשר ראשון וממעשר שני, וצריך לתקן עדיין אותם שני לוגין דשמא כבר הורמה התרומה, ונמצא שהם זקוקים למעשר והמעשרות נמי צריך לחזור ולתקן, דילמא הוה ליה מרבה במעשרות – אין לומר כן, דאם תיקן הכותי – תיקן כראוי, ואם לא תיקן – לא תיקן כלל, כדפי׳ לעיל:

דברי ר׳ מאיר. משמע הכא דאית ליה לר׳ מאיר ברירה, ובפ׳ "יש בכור" (בכורות דף מח.) אמר: דסבירא ליה כרב אסי דאמר האחין שחלקו מחצה יורשים ומחצה לקוחות, דמספקא ליה אי כלקוחות אי כיורשים. אלמא: מספקא ליה אי אית ברירה אי לא! ויש לחלק בין הכא – שמתנה ומברר דבריו, לההיא דהאחין שחלקו. שאין מתנין ומבררין כלום. ובהא מיתרצא דרבא מוקי התם ר׳ מאיר ור׳ יהודה כרב אסי, ובפ׳ "כל הגט" (גיטין דף כה:) קאמר רבא דתרוייהו אית להו ברירה. וכן יש לתרץ דשמואל, דאמר בפ׳ בתרא דבילה (דף לז:): דאפילו בדרבנן לית להו ברירה גבי שנים שלקחו חבית ובהמה בשותפות. ובפרק "מי שאחזו" (גיטין דף עה:) אתקין שמואל בגיטא דשכיב מרע: אם לא מתי – לא יהא גט, ואם מתי – יהא גט, ואם לא מתי וכו׳. ולכי מיית הוי גיטא. אלמא דאפילו בדאורייתא אית ליה ברירה. דכי האי גוונא דייקין בר״פ "כל הגט" (שם דף כה:). ופרש״י שם הטעם דחשיב ליה ברירה, משום דאין זה כשאר תנאים שאדם מתנה בגט שבידו לקיימו כשהוא מתנה עליהם, וכשנתקיים התנאי – הוי גט למפרע, דהתם לאו משום ברירה הוי גט, אבל הכא, דאין בידו, ובשעת התנאי הוא ספק והתנאי מתקיים מאליו – אי לאו משום ברירה לא הוי גט, עכ״ל. והא דפריך בפ׳ "בכל מערבין" (עירובין דף לז:): אלא מעתה היו לפניו שני רמונים של טבל, ואמר אם ירדו גשמים היום יהא זה תרומה על זה, [ואם לאו יהא זה תרומה על זה] – הכי נמי דלא הוי תרומה? דמשמע שפשוט לו דהויא תרומה – למאן דאית ליה ברירה קאמר. אי נמי: אפילו למאן דלית ליה ברירה קאמר, כיון דמתנה בין ירדו בין לא ירדו – חשיב טפי. והשתא, לפי החילוק שחילקנו בין היכא שמברר דבריו להיכא דלא קאמר מידי, ניחא נמי דשמואל דבההיא דחבית ובהמה לא קאמר מידי. וא״ת: א״כ מאי פריך ב"מרובה" (ב״ק דף סט:) דר׳ יוחנן אדר׳ יוחנן דאית ליה ברירה בההיא דכל המתלקט, ובההיא דהאחין שחלקו לית ליה ברירה? לישני דיש חילוק בין היכא שמברר דבריו כההיא דכל המתלקט, וחוזר בו הגמרא מתוך קושיא זו! יש לומר: משום דניחא ליה למימר לעולם כל הנלקט, כדקתני במשנה, וניחא ליה נמי למימר לא תיפוך. ועוד: כי הוה משני נמי הכי, אכתי הוה קשה ליה מההיא ד"כל הגט" (גיטין דף כה.) דדייקינן התם דרבי יוחנן לית ליה ברירה, דאמר אף אחרון נמי אין פוסל, אע״ג דהתם נמי מברר דבריו ומתנה לאיזה שארצה אגרש בו. ומיהו, כי עביד התם צריכותא בתרי מילי דר׳ יוחנן – הוה מצי למימר: אי איתמר ההיא דהאחין שחלקו – ה״א התם הוא דאין ברירה משום דלא מברר דבריו, אלא בלאו הכי עביד צריכותא שפיר. ועוד יש לתרץ ההיא דשמואל בענין אחר: דבגיטין הדבר עומד להתברר, שהרי או יחיה או ימות. אבל ההיא דחבית ובהמה – שמא לא יחלקו לעולם. וכן אנו צריכין לומר דלא תיקשי דר׳ יוסי דהכא אדרבי יוסי בפרק "מי שאחזו" (שם דף עג.) דקאמר: מה היא באותן הימים? ר׳ יוסי אומר: מגורשת ואינה מגורשת, ולכי מיית – הוי גיטא, אלמא: יש ברירה. ומיהו, בלאו הכי לא קשה, דמצי לחלק בין היכא דתולה בדעת עצמו – לית ליה ברירה, אבל היכא דתולה בדעת אחרים בהקדוש ברוך הוא שחייו ומותו תלוי בידו – יש ברירה, ולמאן דלא מפליג בין דעת עצמו לתולה בדעת אחרים – לישני דטעמא דר׳ יוסי הכא משום בקיעת הנוד. אבל קשה למאן דלא מפליג, דשמעינן לרבי יוסי דלית ליה ברירה אע״פ שמתנה ומברר דבריו בפ׳ "בכל מערבין" (עירובין דף לז:), האומר: מעשר שני שיש לי בבית יהא מחולל על סלע שתעלה בידי מן הכיס, רבי יוסי אומר: לא חילל. ולפי תירוץ שני שתרצנו אליבא דשמואל – ניחא, דבפרק "מי שאחזו" עומד להתברר או יחיה או ימות, אבל התם – שמא לא תעלה סלע בידו מן הכיס, דשמא יגנב או יניח אותו כך לעולם. ומה שהוצרכנו לחלק אליבא דשמואל דבפרק "מי שאחזו" (גיטין דף עה:) אית ליה ברירה – היינו לפרש״י, דפי׳ דבכי האי גוונא נמי שייך ברירה, ולא דמי לשאר תנאי דעלמא. אבל אי אמרינן דכל דבר שהוא כעין תנאי לא שייך ביה ברירה, כי ההיא דשמואל ד"מי שאחזו" (שם) – לא קשה מידי. והא דדייק בפרק "כל הגט" (שם דף כה:) מההיא דמה היא באותן הימים וכו׳ ולכי מיית הוי גיטא אלמא יש ברירה – היינו משום דמוקמינן לה בפרק "מי שאחזו" (שם דף עג:) באומר: מעת שאני בעולם כלומר: שעה אחת קודם למיתתו אם ימות, ואם כן, בשעה שיש לו לגט לחול – לא מוכחא מילתא אם חייל אם לא, אלא שלאחר מיתה אמרינן הוברר הדבר למפרע שזו היתה שעה אחת קודם למיתתו. ומיהו קשה, מההיא דאם בא חכם למזרח שהוא דרך תנאי, וקרי ליה ברירה! ויש לחלק: לפי שמניח שני עירובין, ואין נראה. ועוד קשה: הא דאמר בפרק "כל הגט" (שם דף כה:): הריני בועליך על מנת שירצה אבא שהוא דרך תנאי, וקרינן ליה ברירה! אלא, פרש״י עיקר, דאף על גב דדרך תנאי הוא, כיון דתולה אותו בדבר שאינו בידו – קרינן ליה ברירה:

רבי

שלמים על שלמים פירוש ויאמר כל המעות לחולין ויתן לכל מוכר כפי חלקו אבל לא היה יכול ליתן כל המעות על הבהמה כשלוקחה ויאמר זאת הבהמה תהיה עבור החטאת דהא ודאי לא מהני מידי ועוד פירש ריב״א שאין לפרש דהכי פריך שילקחו כל הקינין באשראי ויאמרו מעות שבשופר שעתידין להיות עד אחר הקרבה יהיו מחוללין על קינין אלו ומעות של אותן שעתידין למות יעמדו בקדושתן ולא יתחללו על האחרים ואותן קינין עדיין הם חולין ועכשיו הוברר הדבר שכל אותן שקרבו כבר מחיים הוקדשו ואותם שנשארו ומתו הוברר הדבר שהקינין שעדיין חולין הן שלהן ואח״כ לוקחין ממעות שבשופר חוץ מנגד אותם של מתים ואומרים אם נשארו מעות של מתים בשופר א) אלה שהם בידינו הרי הן מחוללין על מעות הקינין הללו של השופר שכבר הם חולין שנתחללו על הקינין ואותם לא יתחללו אלא יושלך ליס המלח דאין חילול מועיל בהם כמו איסורי הנאה שאין להם פדיון והביא ראיה על זה מדתנן במס׳ זבחים בפרק התערובות (דף ע:) כל הזבחים שנתערבו בחטאות המתות או בשור הנסקל אפילו באלף ימותו כולן נתערבו בשור שנעבדה בו עבירה ירעו עד שיסתאבו כו׳ מכלל דבריפא אין להם פדייה אפילו נפל בהן מום מדלא קתני ירעו מיהו יש לחלק בין מעות דהכא לבהמה דהתם שאין לה פדיון לפי שיש לה קדושת הגוף וגם לאחר פדיון אסורה בגיזה ועבודה ועוד שיש לנו לקיים בהם מצות הכנסה לכיפה לסקול השור והאי טעמא לא שייך הכא אבל הביא עוד ראיה ממסכת נזיר פרק מי שאמר (דף כו.) דקתני התם מי שהיה מחויב חטאת ואמר הרי עלי עולה והפריש מעות כו׳ עד סתומין ילכו ליס המלח פי׳ כולן דאי תנייס אפילו מפורש נמי ילכו דמי חטאת ליס המלח ולמה ילכו כולם ליס המלח יקח בהמה אחת ויאמר דמי עולה יהו מחוללין על בהמה זו בכל מקום שהן ויקח אלה המעות ויאמר אם אלו של עולה מוטב ואם לאו יהו מחוללין על של עולה ויתנם למוכר והשאר יוליך ליס המלח אלא ש״מ שאין להם פדייה. ריב״א:

ונברור ונישקול ונישדי בנהר. וא״ת ולמה ישליך אותם במים והא אמרינן בפרק ולד במעילה (דף יא.) ובפרק הריני נזיר (דף כה:) מעות סתומין יפלו לנדבה והני סתומין הן דאי מפורשין הן הא דמי חטאת ועולה מעורבין זה בזה ואפילו הן בגרורות מ״מ לא ידע איזה שני דינרין לחטאת ואיזה שני דינרין לעולה ועוד למה לי למימר ר׳ יהודה לית ליה ברירה אפילו אין ברירה יכולין לתקן ויפלו של מת לנדבה שיקחו כל מעות החיים ויאמרו דכל היכא דאיתנהו יהו מחוללין על הקינין הללו ושל מת אם הם ממעות שנשארו בשופר מוטב ואם לאו יתחללו כל היכא דאיתנהו על אותם שבשופר שנתחללו כבר על הקינין ושל מת יתחללו עליהם ויפלו לנדבה ב) והך תקנתא יכולה להיות אם קנו קינין אחר שמת אבל אם קנו קינין קודם שמת ואחר כך מת קודם הקרבה אי אפשר אז לתקן אלא על ידי ברירה שיקרבו אותם מתחילתם לשם אותם שהם עתידין לחיות עד אחר הקרבה ואותם שמתו קודם הקרבה הוברר הדבר שלא נקנו לצרכם וי״ל שלעולם מפורשין הן כיון שאומר אלו לחטאתי ולעולתי והן בכים אחד כדאמרינן בנזיר בההיא שמעתתא אמר רב אשי הא דאמרת מפורשין לא תימא עד דאמר אלו לחטאתי ואלו לעולתי ואלו לשלמי פי׳ ואינו מניחן יחד אלא אפילו אמר אלו לחטאתי ולעולתי ולשלמי מפורשין הן ואיכא דאמרי אפילו אמר אלו לחובתי מפורשין הן כיון דלא אמר אלו יהו לנזירתי וללידתי. מ״ר. ועוד דבלאו הכי נמי כמפורשין הן שאם הן בגרורות יקנה הכהן קן אחד מאותן המעות שני בני יונה ואומר מעות חטאת יהו מחוללין על זה ומעות עולה על זה ואם מעורבין מעות כולם (בלא) בשופר בלא בגרורות בשעה שיקח אותם הכהן קן ראשון נוטל ד׳ זוזי ויאמר שיתחללו מעות הראשון של קן זה דמי חטאת על יונה זו ודמי עולה על זו כל היכא דאיתנהו ואם הם אלה שבידי מוטב ואם לאו יתחללו אותם שבידי של ראשון שחללתי כבר על הקן וכי האי גוונא פרישית לעיל אם נעמיד מעות של שופר בלא גרורות כדפי׳ ה״ר אלחנן:

ונישקול ארבע זוזי ונישדי בנהרא. פירש רש״י ארבע זוזי היינו חצי סלע נורי דהוי ח׳ דינרין והפרידה הוי שני דינרין שהוא רובע סלע נורי דהוי ח׳ דינרין והיינו הא דאמרינן בכריתות (דף ח.) ועמדו קינין בו ביום ברבעתיים שני רבעים לשתי פרידות ואמרינן נמי (שם דף ט.) גר בזמן הזה צריך שיפריש רובע לקינו וק״ל מדאמרינן בפרק שני דכריתות (דף י:) בשמעתא מיכן אתה דן לעשירית האיפה בפרוטה מדאמר רחמנא איל בן שתי שנים בכסף שקלים מכלל דכבש בן שנתו בסלע ומדחס רחמנא עליה דדלות למיהוי משית עשר בעשירות לתנן ועמדו קינין בו ביום ברבעתיים חס רחמנא כו׳ אלמא רבעתיים היינו משיתסר בסלע והיינו רובע בדינר וא״ת והא אמרינן בב״מ פרק הזהב (דף נב.) בדינר עד רובע ומפרש התם רובע שקל מדלא קאמר עד רביע ומאי קושיא והא פירש הכא דרובע היינו רובע דינר י״ל דהתם דייק מדהזכיר דינר הוה ליה למימר רביעין ומדקאמר רובע ש״מ רובע שקל קאמר אבל בעלמא הוי רובע רביע דינר וא״ת א״כ אמאי נקט הכא ד׳ זוזי שהוא ב׳ דינרים י״ל שבימי התלמוד היו יקרים א״נ ארבע זוזי לאו דוקא אלא כן דרך התלמוד כמו (ב״מ דף סט:) שקול ארבע זוזי והב לפלניא ועל ההיא דהתם דאמר כבש בסלע ק״ל מדאמרינן בריש איזהו מקומן (זבחים דף מח.) לחטאת בת דנקא וכן בכריתות פרק דם שחיטה (דף כב:) ומשמע דדוקא קאמר כדאמרינן בחגיגה מעה כסף בפ״ק דחגיגה (דף ב.) וי״ל דמטה מן המובחר בסלע אבל לכל הפחות יש לך להביא בת דנקא ועוד קשה לרבי דאמרינן בפרק בתרא דכריתות (כז.) מפני מה לא נתנה תורה שיעור למחוסרי כפרה שמא הוזלו טלאים ואין להם תקנה לאכול בקדשים ואילו בפרק שני דכריתות קאמר חטאת יולדת שהיא ממחוסרי כפרה שהוא בסלע י״ל דודאי יש לו להביא שמינה ואם מצא בפחות מדנקא מיהא שפיר דמי וא״ת מדתנן בפרק בתרא דמנחות (דף קז:) כבש יביא הוא ונסכיו בסלע אלמא כבש עם הנסכים בסלע י״ל דלעולם הוי סתם כבש בסלע בין יש בו נסכים בין אין בו נסכים. מ״ר: **ונשקול** ארבע זוזי ונישדי במיא. ויש ספרים דגרס לנהרא ונראה דע״י שחיקה קאמר כדאמרינן בפסחים בפרק כל שעה (דף כח.) דבין לרבה ובין לרב יוסף בשאר נהרות בעי שחיקה או יטיל ליס המלח בעיניה ואמרינן נמי ג) במעין ובנהר גבי הפריש מעות לנזירותו ומת יוליך הנאה ליס המלח וגם בזמן הזה כשאנו מחללין כרם רבעי צריך לשחוק הפרוטה ולהשליכה לנהר. מ״ר: **ה״ג** דתניא הלוקח יין וכו׳. ובריייתא היא דבמשנה לא מסיים בה דברי רבי יהודה וכו׳: **מבין** הכותים. וקודם שגזר ר״מ על יינן כפירוש רש״י וא״ת מ״מ לר׳ יוסי ור׳ שמעון דהכא סברי דגרי אריות הן ובמנחות פרק העומר (דף סו:) ואיך שותין מיינן י״ל במטהר יינו על כך א״נ [אע״פ שגזרו על יינן דנכרים] לא גזרו על יינן דכותים לפי שלא להוטין לנסך אחר ע״ז כדאשכחן גבי בנות כותים נדות מעריסתן וגם בנות נכרים ששתי גזירות היו בפרק בנות כותים אע״פ שגזרו על פת כותים כשעלו מן הגולה כמו שמפורש בפרקי דרבי אליעזר (פ׳ לח) לפי שהיו אז מסכסכין לבוני הבית מ״מ על יינם לא גזרו. מ״ר: **מבין** הכותים. אבל מעם הארץ הוא ודאי מפריש תרומה גדולה כדאמרינן בסוטה (דף מח.) ולא אמרו נמי בעם הארץ שימתין למוצאי שבת אלא יכול להפריש למחר בשבת כדתנן בפרק בתרא דדמאי (מ״ח) המזמין את חבירו שיאכל אצלו ואינו מאמינו על המעשרות אומר מערב שבת מה שאני עתיד להפריש למחר כו׳ אבל הכא מיירי מה שאני עתיד להפריש למוצאי שבת מדקתני סיפא אי אתה מודה שמא יבקע הנוד כו׳ ואי בשבת מה יש לחוש והלא יפריש בשעת שתיה. מ״ר. ומה שנחשדו כותים על התרומות ומעשרות היינו משום דלית להו לאו דלפני עור לא תתן מכשול וא״ת הא איכא לאו דלא תגזול י״ל דהוי ממון שאין לו תובעין ועוד כל זמן שלא הופרש אינו רשאי ליתנו לא לכהן ולא ללוי וה״ר אליהו פירש דדרשי עשר תעשר ולא מוכר תבואת זרעך ולא לוקח כדדרשינן בהשוכר את הפועלים (דף פח:): (ע״כ שייך לדף נה ע״ב)

עשרה מעשר ראשון. וא״ת כיון שהופרש כבר שני לוגין אם כן אין העשרה של מעשר שלימין וי״ל דיעשה מדות קטנות אי נמי כי שני לוגין אינו אלא בספק כי שמא הפריש הכותי תרומה למאכלו וצריך להפריש ממאה אלו

א) מוטב ואם אלה הם בידינו כו׳: ב) נ״ל ולזה י״ל דהך: ג) נ״ל במעילה ובנזיר:

סז א מיי' פ"ד מהלכות עבודת יוה"כ הלכה ב:
סח ב ג מיי' שם פ"ג הלכה ה:

רבי יהודה ורבי יוסי ורבי שמעון אוסרין. אלמא: אין ברירה. ממאי? דילמא שאני התם *כדקתני טעמא; אמרו לו לר' מאיר: אי אתה מודה שמא יבקע הנוד ונמצא שותה טבלים למפרע? ואמר להם: לכשיבקע. אלא, מדתני איו. *דתני איו, ר' יהודה אומר: אין אדם מתנה על שני דברים כאחד. אלא, אם בא חכם למזרח – עירובו למזרח, למערב – עירובו למערב. אבל לכאן ולכאן – לא. והוינן בה: מאי שנא לכאן ולכאן דלא – דאין ברירה, למזרח ומערב נמי – אין ברירה! ואמר ר' יוחנן: כשכבר בא חכם. והשתא דאמרינן לרבי יהודה אין ברירה, הא כתיבה אית ליה. יום הכפורים נמי, נעביד תרי, ונכתוב עלייהו! משום חולשא דכהן גדול לאו אדעתיה. דאי לא תימא הכי, בלא כתיבה נמי; האי – נפיש, והאי – זוטר. וכי תימא לא מקביל ליה כוליה – והאמר רב יהודה: *השוחט צריך שיקבל את כל דמו של פר, שנאמר: °"ואת כל דם הפר ישפוך אל יסוד *המזבח". וכי תימא: דילמא משתפיך מיניה – האי חיור והאי סומק. אלא, משום חולשא דכ"ג לאו אדעתיה. הכא נמי: משום חולשא דכהן גדול לאו אדעתיה. ההוא דנחית קמיה דרבא, אמר: יצא והניחו על כן שני שבהיכל, נטל דם הפר והניח דם השעיר. אמר ליה: חדא כרבנן וחדא כרבי יהודה?! °אימא: הניח דם השעיר ונטל דם הפר. § "והזה ממנו על הפרוכת כנגד ארון מבחוץ". § תנו רבנן: °"וכן יעשה לאהל מועד" מה תלמוד לומר? *כשם שמזה לפני לפנים – כך מזה בהיכל, מה לפני לפנים – אחת למעלה ושבע למטה מדם הפר, כך מזה בהיכל. וכשם שלפני לפנים אחת למעלה ושבע למטה מדם השעיר – כך מזה בהיכל. °"השוכן אתם בתוך טומאתם" – אפילו בשעת שהן טמאים שכינה עמהם. אמר ליה ההוא צדוקי לר' חנינא: השתא

[ויקרא ד] [שם טז] [שם]

לכשיבקע. נחוש לו. כלומר: לא חיישינן לשמא יבקע, דאפשר דמסר ליה לשומר: אין אדם מתנה על שני דברים. להניח שני עירובין אחד למזרח ואחד למערב, שמא אם יבאו שני חכמים אחד למזרח ואחד למערב, ולומר לאי זה מהן שארצה אלך למחר. לפי שקניית עירוב בין השמשות היא, וכשזה בורר למחר אותו שירצה – לא סמכינן אברירה לומר הוברר שהעירוב לצד חכם זה קנה שביתה אמש. אלא על חכם אחד, ואינו יודע לאיזה רוח יבא – הוא מתנה: אם בא למזרח – עירובי של מזרח יקנה, ואם בא למערב – עירובי של מערב יקנה. ואילו לכאן ולכאן על שני חכמים למקום שארצה אלך – לא, דאין ברירה: והוינן בה. דקס"ד: בין השמשות עדיין חכם לא בא, והוא באלכסון, ויכול לבא משתחשך למזרח ולמערב, ובא לו לאחד מהן: מזרח ומערב נמי. כשתלה זה עירובו בדעת החכם, לומר: יקנה עירוב לרוח שהחכם בא לה – אין ברירה, שמא בין השמשות היה בדעתו של חכם לרוח שכנגדה: ואמר ר' יוחנן כשכבר בא חכם. בין השמשות, דקנה עירוב לאותו הרוח, שכך התנה זה מבעוד יום: והשתא דאמרת. טעמא דר' יהודה בקני חובה משום דברירה לית ליה, אבל כתיבה אית ליה: יום הכפורים. דקאמר: לא היה שם אלא כן אחד, ליעביד תרי וכו': לאו אדעתיה. לעיוני בכתיבה: דם הפר. סומק, כדאמרן באידך פירקין (דף מה.): שדומה לדם הפרים: ההוא. שליח צבור דנחית קמיה דרבא, והיה אומר סדר יום הכפורים בתפלה, כמו שאנו אומרים: חדא כרבנן. דאמרת כן השני: וחדא כרבי יהודה. דאמרת נטל תחילה ואחר כך הניח, אלמא: לא היה כן שני להניחו, (א) לכך הוצרך ליטול תחילה:

רבי יהודה ור' יוסי ור' שמעון אוסרין. תימה: מנא ליה דטעמייהו משום דאין ברירה? הא קתני בהדיא טעמייהו משום בקיעת הנוד! וי"ל: דלא היה נ"ל שזה יהא עיקר טעם לחוש לבקיעת הנוד ליום אחד. ומה שהקשו לו מבקיעת הנוד, אע"ג דאינהו גופייהו לית להו האי טעמא – י"ל שהיו ברצון מחזירין אותו, והיו מקשים לו כל מה שהיו יכולין, רק שיחזור בו. וכי האי גוונא הויא ההיא דפ' "התערובת" (זבחים דף עז:) דקאמר רבי אליעזר לרבנן גבי איברי בעל מום שנתערבו באברים תמימים ונתנן למעלה כו': לדידי מדכתב "מום בם" הוא דלא ירצו, הא על ידי תערובת – ירצו. אלא לדידכו, דדרשיתו "מום בם" לדרשה אחריתי, אודו לי מיהת דבשר בעלת מום כעצים דמי. אע"ג דאיהו גופיה לא סבירא ליה האי טעמא, מדמצריך קרא. וכי האי גוונא איכא בספ"ק דגיטין (דף יד.) "הולך מנה לפלוני", רב אמר: חייב באחריותו, ואם בא לחזור [*אינו] חוזר, ושמואל אמר: מתוך שחייב באחריותו, אם בא לחזור – (אינו) חוזר. ומפרש דבהולך כזכי דמי קא מיפלגי, דלשמואל הולך [*לאו] כזכי. והא דקאמר: מתוך שחייב באחריותו אם בא לחזור (אינו) חוזר – לדבריו דרב קאמר, אע"ג דאיהו גופיה אי הוה סבירא ליה כרב, (דלאו) דכזכי דמי לא הוה אמר (אינו) חוזר מהאי טעמא. וכי האי גוונא איכא בפ"ג דשבועות (דף כא:) בפלוגתא דר' שמעון ורבנן בשבועה ש"לא אוכל", ואכל כל שהוא. וכן בפרק בתרא דמכות (דף יז.) בפלוגתא דרבי שמעון ורבנן באוכל טבל כל שהוא. ומה שמקשין לרבי יהודה דלית ליה ברירה, וסבירא ליה בפ' "החובל" (ב"ק דף צ.) גבי דין יום או יומים: קנין פירות לאו כקנין הגוף דמי, היאך מנא ידיו ורגליו, דלא משכחת דמייתי ביכורים אלא חד בר חד עד יהושע בן נון. וכן לרבי יוסי, דמספקא ליה התם אי כקנין הגוף דמי, ואת"ל לאו כקנין הגוף – היאך מנא ידיו ורגליו? דכי האי גוונא פריך לרבי יוחנן בס"פ "השולח" (גיטין דף מח.) – מפורש בפרק "השולח" ואין להאריך כאן בזה: **מאי** שנא לכאן ולכאן [דלא] דאין ברירה. על כרחך רבי יוחנן לא מפליג בין תולה בדעת עצמו לתולה בדעת אחרים, דאי מפליג – מאי פריך? לימא: לכאן ולכאן – תולה בדעת עצמו הוא, ומזרח ומערב – תולה בדעת אחרים הוא. אבל רב, דקאמר בפרק "בכל מערבין" (עירובין דף לו:): ליתא למתניתין דהתם, דאית ליה לרבי יהודה ברירה, ופריך, אדרבה, ליתא לדאיו מקמי מתניתין, ומשני: ליתא למתניתין מקמי [*ברייתות] דהלוקח ודאיו, דסמי חדא מקמי תרתי. ומקשים לשם: אדרבה, ליתא להיא דהלוקח ודאיו מקמי מתניתין דעירובין ומתני' דגיטין (דף עג.): מה היא באותן הימים, וברייתא ד"מרובה" (ב"ק דף סט.) דשחרית בעל הבית אומר כל שילקטו עניים היום יהא הפקר. דבהנך אית ליה לרבי יהודה ברירה. ויש לומר: דרב ודאי מחלק בין תולה בדעת עצמו לתולה בדעת אחרים, וההיא דגיטין וד"מרובה" – תולה בדעת אחרים היא. ואם כן, לרבי יוחנן דלא מפליג – סבירא ליה: ליתא לדאיו והלוקח מקמי [*הני מתניתות]. ואע"ג דבפ' "מסילין" (ביצה דף לז:) פריך אהא דקאמר לר' יוחנן בדרבנן אית ליה ברירה, מדפריש רבי יוחנן מילתיה דאיו. אלמא: הכי סבירא ליה והדר ביה מכח ההיא קושיא, אלמא: דלרבי יוחנן איתא לדאיו. יש לומר: דלאו מכח ההיא קושיא הדר ביה, ובלאו הכי ניחא ליה לשנויי: לעולם לא תיפוך. ותימה: אליבא דמאן קמייתי בשמעתא מדאיו? אי אליבא דרב, מאי מייתי מדאיו דהוי תולה בדעת עצמו לההיא דשופרות, דהוי תולה בדעת אחרים? דאדרבה, בתולה בדעת אחרים – אית ליה לרבי יהודה ברירה. ואי אליבא דרבי יוחנן קא מייתי – הא לדידיה ליתא לדאיו! וי"ל: דאליבא דרב קאמר הכא, וההיא דשופרות – חשוב כתולה בדעת עצמו, כיון דאין הקינין מתפרשות אלא בלקיחת בעלים, אי [נמי]: בעשיית כהן תלייה, שדעת כהן המקריב חשוב כמו היא עצמה. ובהא נמי מיתרצא מאי דק"ל: מאי קאמר ליתא למתניתין מקמי דאיו והלוקח, והא מלתא דר"י אינה משנה בההיא ד"הלוקח" אלא ברייתא היא, ואמאי סמינן מתניתין דעירובין מקמי תרי ברייתות; רבי לא שנאה. רבי חייא מניין לו? אדרבה, סמי אפילו ברייתות טובא מקמי חדא מתני'! והיה נראה לי לתרץ: דרב לטעמיה, דאמר בפרק "הגוזל קמא" (ב"ק דף צו:) בגמ' אומר לו בעבדים – הרי שלך לפניך, סמי מתני' מקמי תרי ברייתות. ולפי מה שפי' דההיא דשופרות חשיב תולה בדעת עצמו – ניחא, דבלאו הכי איכא למימר ליתא למתני' דעירובין מקמי מתני' דשופרות ודהלוקח ודאיו. והא דלא מייתי לה התם – משום דאינה פשוטה כל כך שיהא טעמו שלרבי יהודה משום דאין ברירה, דהא דייקינן עלה טובא בשמעת'. ומהשתא נמי ניחא דלא נצטרך לדחוק ולומר דרבי יוחנן פליג על רב, וקסבר ליתא לדאיו – כי זהו דוחק. ועוד: דקשיא מההיא דשילהי ביצה כדפרים'. אלא נימא דלרבי יוחנן נמי, מדקא מפרש למלתיה דאיו – אלמא קסבר כותיה, וסבירא ליה דליתא למתני' דעירובין וברייתא דכל שילקטו מקמי מתני' דשקלים דשופרות, ומקמי ההיא דהלוקח ודאיו. וההיא דמה היא באותן הימים – סבירא ליה לרבי יוחנן דלא דייקינן מינה דיש ברירה, משום דלכי מיית הוי גיטא. דילמא: לכי מיית – זקוקה ליבם, וחולצת ולא מתייבמת, וכל זמן שבעלה חי – הרי היא כאשת איש לכל דבריה. ולפ"ז מייתי שפיר בשמעתא מדאיו בין לרב בין לרבי יוחנן, דתרוייהו אית להו שפיר דאיו. ורבינו אלחנן תירץ: דאליבא דרב קאמר, דלא קאמר מידי כגון ההוא דלעיל דרבא, ומדמי ברירה דתולה בדעת אחרים להיכא דאמר ומברר דבריו מתחלה כמו ההוא דאיו, אף על גב דתולה בדעת עצמו הוי:

רבינו חננאל

ר' יהודה אומר אין אדם מתנה על ב' דברים כאחת אלא אם בא חכם למזרח עירובו למזרח למערב עירובו למערב אבל לכאן ולכאן לא. (ואמר רבי) [והוינן בה] מ"ש דלכאן ולכאן דלא דאין ברירה למזרח ולמערב נמי אין ברירה. ופרקינן ר' יוחנן כבר בא חכם ש"מ דלר' יהודה לית ליה ברירה. אבל כתיבה אית ליה ולמה אינו עושה ביוה"כ שנים וכותב באחד פר ובשני שעיר משום חולשא דכ"ג דלמא לא דייק ואתי לאחלופי ליה. ההוא שליח צבור דנחת קמיה דרבה דאמר יצא והניח על כן השני שבהיכל משמע כרבנן דאמרו שנים היו. ונטל דם [הפר] והניח דם השעיר משמע כר' יהודה דאמר שלא היה כן אחד לפיכך הוצרך ליטול קודם דם הפר. ואח"כ נתן במקומו דם שעיר. וא"ל רבה דבריך חציים כרבנן וחציים כר' יהודה אימא יצא והניחו על כן השני שבהיכל. הניח דם הפר בכן האחד ונטל דם השעיר מן האחר: ת"ר וכן יעשה לאהל מועד וגו' כשם שמזה לפני ולפנים כך מזה בהיכל דגמר לאהל מועד ממה שנאמר מבית לפרוכת. וכשם שמזה אחת למעלה ושבע למטה מדם הפר וכן עוד מדם השעיר. כך מזה בהיכל מדם הפר ומדם השעיר אחת למעלה ושבע למטה.

תוספות ישנים

אלו עשרה שלימין והוו שני לוגין ספק טולן תרומה ספק מעשר מעורב בהן ונותנן לכהן מיהו זה התירוץ אינו נראה לה"ר אלחנן דהא אמרינן בפ' שלשה שאכלו (דף מז:) דבמאי דכתיב באורייתא מוזהר זהירי ואם הפריש למחכלו אם כן הפריש הכל ואין צריך לעשר כלל ואם למכור לא הפריש כלום וצריך לחזור ולהפריש הכל אלא ודאי עשרה קטנים קאמר ועוד הקשה דהא רבי שמעון אית ליה בפרק השומר במנחות (דף סו:) דכותים גרי אריות הן ואית ליה במסכת תרומות ומייתי לה בפרק שני דקידושין (דף מא:) דנכרי ליתא בתרומה דנפשיה אם כן מה מועיל מה שהפריש על כן נראה תירוץ ראשון והא דנקט כותים לפירוש זה דליתיה בתרומה דנפשיה אפילו טבל גמור נמי איכא למימר משום רבי מאיר נקטינהו דאית ליה התם גירי אמת הן אבל זו קושיא אחרונה אין נ"ל דכותים שאני ממאי דתנן הכותי והנכרי שתרמו תרומתן תרומה ותנן בדוכתא אחריתי תרומת נכרי מדמעת ורבי שמעון פוטר ולא מדכר כותי ש"מ דמודה בה דתרומתו מדמעת וטעמא כיון שגר הוא בידו לתקן עצמו מיד ובני ברית קרינן ביה: **ומיחל** ושותה מיד. פירש רש"י מחלל מעשר שני שיש לו בתוך ביתו דכל מה דאפשר לתקן יתקן ואין נראה לריב"א כי מה חילול תופס כאן כיון שלא הפריש כלום עד למוצאי שבת ולא בירר מקום או לצפונו או לדרומו הא תנן בפרק ג' דתרומות (מ"א) התורם קישות ונמצאת מרה כו' עד האומר תרומת כרי זה בתוכו כו' וחכמים אומרים עד שיאמר לצפונו או לדרומו ואפילו לרבי שמעון נמי א) כיון דקרא עליו שם כדאמר בפרק בכל מערבין (עירובין לז:) שאני התם דאיכא סביביו ועוד הקשה מדתנא בתוספתא דמעשר שני (פ"ג) המוליך פירות מעשר שני ממקום היוקר כו' עד [האומר] כו' וחכמים אומרים עד שיקבע מקום לצפונו או לדרומו ועוד קתני בסיפא מעשה ברשב"ג ור' יהודה ורבי יוסי שנכנסו אצל בעל הבית לכזיב אמרו לו נראה היאך בעל הבית מתקן פירותיו כיון שהרגיש בהם הביא להם דלוסקמא מלאה דינרי זהב אמר להם כך אני עושה מעשר שני שבחפץ זה מחולל על איסר זה אמרו לו לא ואכול מעותיך נשכרת מעות ואיבדת נפשות פירוש משותיך חולין כיון שלא קבעת מקום לצפונו אך י"ל ז משום דהאיסר איני מבורר ומעורב בין מעות אחרות ומפרש ריב"א דהכא מיירי שקבע לו מקום או לצפונו או לדרומו וגם פירש רבינו יעקב דמיחל לשון חילול כדתנן במשנה (דשביעית פ"א מ"ח) עד שיחולו ומפרש בירושלמי עד שיעשו חולין ואין נראה לרבי דאם כן ליתני הכא לצפונו ולדרומו כמו בשאר בבות בפרק בתרא דדמאי וכ"ת משום דידע שישורא דמנין הלוגין הוי כמו שקבע מקום אין זו סברא כלל ועוד דבמסכת דמאי בפ' בתרא קתני היו לו תאנים של טבל כו' וקתני מה שאני עתיד להפריש וקתני בתר הכי היו של דמאי כו' וקתני בה לצפונו או לדרומו אע"ג שמשמע דקאי אמנינא שמנה לעיל גבי טבל ודאי ואע"פ שלא מנה אותו באותו בבא וע"ק [דבתוספתא] קתני שני לוגין שאני עתיד להפריש כו' הבאין אחריהן מעשר ראשון כו' הבאין אחריהן מעשר שני משמע בהדיא דקאי אמעשר שאני עתיד להפריש ואין כאן בירור מקום ואין לפרש דהכי קאמר ב) (להפריש כו') הבאין אחריהן היינו הסמוכין להם שהוא בירור מקום כמו לצפונו ולדרומו דלא משמע כלל הכי ועוד הבאין אחריהן דמעשר ראשון היינו ג) שיריק אחריהן למוצאי שבת דליכא לפרושי שסמוכין להם עכשיו שהרי יתערבו בכל החבית ומנא שותה טבלים ע"כ נראה לרבי כמו שפי' רבי אלחנן בן הר"י בן רבינו מאיר מיחל לשון מתחיל כמו על העיר אשר נקרא שמי עליה אנכי מחל וגו' (ירמיה כה) ובערוך גרס בשם רב האי גאון מוהל ושותה מיד כלומר מוזג ושותה כמו סבאך מהול ונראה דקמ"ל דמוזג ויכול לשתות ממנו קבע דמזיגה קובעת למעשר כדאיתא בפ"ק דשבת (דף יא:) מיהא אי שבת קובעת מן התורה אין זה חידוש ולא נקט מזיגה בשביל כך וא"ת מאי שנא דהכא לא קתני לצפונו ולדרומו ומחולל על המעות כי היכי דקתני בכמה משניות

א) נ"ל כגון: ב) נ"ל שיפרים: ג) נ"ל תעשה:

[גיטין כז.] [עירובין לו: וש"נ] לעיל מח. [עם איתא] המקבל זבחים כה. ע"ש *) [נ"ל מזבח העולה] זבחים נז.

הגהות הב"ח

(א) רש"י ד"ה וחלה כו' יהוד' כו' כן שני לכהניהו עליו לכך הולכך:

גליון הש"ס

גמ' אימא הניח דם השעיר. עי' מג"א סימן קמז ס"ק יח:

הָשְׁתָּא בְּרִי טְמֵאִים אַתּוּן, דִּכְתִיב: °"טוּמְאָתָהּ בְּשׁוּלֶיהָ". אֲמַר לֵיהּ: תָּא חֲזֵי מַה כְּתִיב בְּהוּ °"הַשּׁוֹכֵן אִתָּם בְּתוֹךְ טוּמְאֹתָם", אֲפִילּוּ בִּזְמַן שֶׁהֵן טְמֵאִין – שְׁכִינָה שְׁרוּיָה בֵּינֵיהֶן. *וְכִי דָּבָר הַלָּמֵד בְּהֶיקֵּשׁ חוֹזֵר וּמְלַמֵּד בְּהֶיקֵּשׁ? *הַאי הֶימֶנּוּ וְדָבָר אַחֵר הוּא, וְלָא הָוֵי הֶיקֵּשׁ. *הָנִיחָא לְמַאן דְּאָמַר "לָא הָוֵי הֶיקֵּשׁ", אֶלָּא לְמַאן דְּאָמַר הָוֵי הֶיקֵּשׁ – מַאי אִיכָּא לְמֵימַר? מְקוֹמוֹת הוּא דְּגָמְרִי מֵהֲדָדֵי. אִי בָּעֵית אֵימָא: חוּץ מִבִּפְנִים בַּחֲדָא זִימְנָא גָּמַר. תָּנָא: כְּשֶׁהוּא מַזֶּה, אֵינוֹ מַזֶּה עַל הַפָּרוֹכֶת אֶלָּא כְּנֶגֶד הַפָּרוֹכֶת. *אָמַר ר' אֶלְעָזָר בְּר' יוֹסֵי: אֲנִי רְאִיתִיהָ בְּרוֹמִי, וְהָיוּ עָלֶיהָ כַּמָּה טִיפֵּי דָּמִים שֶׁל פַּר וְשָׂעִיר שֶׁל יוֹם הַכִּפּוּרִים. – וְדִילְמָא דְּפַר הֶעְלֵם דָּבָר שֶׁל צִבּוּר וּשְׂעִירֵי ע"ז הָווּ? דַּחֲזָא דַּעֲבִידִי כְּסִדְרָן. וּתְנַן נַמִי גַּבֵּי פַּר הֶעְלֵם דָּבָר שֶׁל צִבּוּר כִּי הַאי גַּוְונָא: כְּשֶׁהוּא מַזֶּה – לֹא הָיוּ נוֹגְעִין בַּפָּרוֹכֶת, וְאִם נָגְעוּ – נָגְעוּ. אָמַר רַבִּי אֶלְעָזָר בְּרַבִּי יוֹסֵי: אֲנִי רְאִיתִיהָ בְּרוֹמִי, וְהָיוּ עָלֶיהָ כַּמָּה טִיפֵּי דָּמִים שֶׁל פַּר הֶעְלֵם דָּבָר שֶׁל צִבּוּר וּשְׂעִירֵי ע"ז. וְדִילְמָא דְּפַר וְשָׂעִיר שֶׁל יוֹם הַכִּפּוּרִים נִינְהוּ? דַּחֲזָנְהוּ דַּעֲבִידִי שֶׁלֹּא כְּסִדְרָן. נִתְעָרְבוּ לוֹ דָּמִים בְּדָמִים, אָמַר רָבָא: נוֹתֵן אַחַת לְמַעְלָה וְשֶׁבַע לְמַטָּה, וְעוֹלֶה לוֹ לְכָאן וּלְכָאן. אֲמָרוּהָ קַמֵּיהּ דְּרַבִּי יִרְמְיָה. אֲמַר: *בַּבְלָאֵי טִפְּשָׁאֵי! מִשּׁוּם דְּדָיְירִי בְּאַרְעָא דַּחֲשׁוֹכָא אָמְרִי שְׁמַעְתָּא דְּמַחְשְׁכָן! הָא קָא יָהֵיב לְמַעְלָה דְּשָׂעִיר, מִקַּמֵּי מַטָּה דְּפַר, וְהַתּוֹרָה אָמְרָה: °"וְכִלָּה מִכַּפֵּר אֶת הַקֹּדֶשׁ": כַּלֵּה דַּם הַפָּר, וְאַחַר כָּךְ כַּלֵּה דַּם הַשָּׂעִיר. אֶלָּא אָמַר רַבִּי יִרְמְיָה: [א]נוֹתֵן אַחַת לְמַעְלָה וְשֶׁבַע לְמַטָּה לְשֵׁם הַפָּר, וְחוֹזֵר וְנוֹתֵן אַחַת לְמַעְלָה וְשֶׁבַע לְמַטָּה לְשֵׁם הַשָּׂעִיר. נִתְעָרְבוּ לוֹ דָּמִים בְּדָמִים בְּמַתָּנוֹת הָאַחֲרוֹנוֹת, סָבַר רַב פָּפָּא קַמֵּיהּ דְּרָבָא לְמֵימַר: נוֹתֵן שֶׁבַע לְמַטָּה לְשֵׁם פַּר וּלְשֵׁם שָׂעִיר, וְחוֹזֵר וְנוֹתֵן אַחַת לְמַעְלָה לְשֵׁם שָׂעִיר. אֲמַר לֵיהּ רָבָא: עַד הָשְׁתָּא קָרוּ לָן טִפְּשָׁאֵי, וְהָשְׁתָּא טִפְּשָׁאֵי דְּטִפְּשָׁאֵי, דְּקָא מַגְמְרִינַן לְהוּ וְלָא גָּמְרִי. וְהָא קָא יָהֵיב מַטָּה דְּשָׂעִיר מִקַּמֵּי מַעְלָה דְּשָׂעִיר, וְהַתּוֹרָה אָמְרָה: תֵּן לְמַעְלָה וְאַחַר כָּךְ לְמַטָּה! אֶלָּא

תורה אור: טוּמְאָתָהּ בְּשׁוּלֶיהָ (איכה א) · הַשּׁוֹכֵן אִתָּם בְּתוֹךְ טֻמְאֹתָם (ויקרא טז) · וְכִלָּה מִכַּפֵּר אֶת הַקֹּדֶשׁ (שם)

רש"י

הָשְׁתָּא בְּרִי. וַדַּאי טְמֵאִים אַתּוּן, וְאֵין שְׁכִינָה בֵּינֵיכֶם שׁוֹרָה בְּטוּמְאָה: **וְכִי דָּבָר הַלָּמֵד בְּהֶיקֵּשׁ.** כְּגוֹן פַּר, שֶׁלָּמַד בְּמַתְּנוֹת פְּנִים אַחַת לְמַעְלָה מִן הַשָּׂעִיר בְּהֶיקֵּשׁ, וְהַשָּׂעִיר שֶׁבַע לְמַטָּה בְּהֶיקֵּשׁ מִן הַפָּר, חוֹזְרִין וּמְלַמְּדִין מַתָּנוֹת שֶׁבִּפְנִים עַל מַתְּנוֹת הַפָּרוֹכֶת בְּהֶיקֵּשׁ דְּ"וְכֵן יַעֲשֶׂה לְאֹהֶל מוֹעֵד"? וְקַיְימָא לָן בְּמַסֶּכֶת זְבָחִים (דף מט:): דְּאֵין לְמֵדִים בְּקָדָשִׁים הֶיקֵּשׁ מִן הַהֶיקֵּשׁ: **הֵימֶנּוּ וְדָבָר אַחֵר.** הֶיקֵּשׁ הָרִאשׁוֹן לָאו הֶיקֵּשׁ הוּא, שֶׁהֲרֵי בֵּין בַּפָּר בֵּין בַּשָּׂעִיר כְּתִיב מַעְלָה וּמַטָּה, וְלֹא הוּצְרְכוּ לִלְמוֹד זֶה מִזֶּה אֶלָּא אֶת הַמִּנְיָן. הִלְכָּךְ, כָּל חַד וְחַד מֵעַצְמוֹ לָמֵד מִקְצָת, וְדָבָר אַחֵר מְסַיְּיעוֹ בְּמִקְצָת, וְאֵין זֶה לָמֵד בְּהֶיקֵּשׁ. וְהֵיכִי דָּמֵי הֶיקֵּשׁ שֶׁאֵין חוֹזֵר וּמְלַמֵּד (א) בּוֹ – כְּגוֹן אִם לֹא נֶאֱמַר לְמַטָּה בַּשָּׂעִיר כְּלָל, אוֹ לְמַעְלָה בַּפָּר לֹא נֶאֱמַר כְּלָל, וְלָמְדוּ הַבְּהֵמוֹת זוֹ מִזּוֹ בְּהֶיקֵּשׁ – הַיְינוּ הֶיקֵּשׁ שֶׁאֵינוֹ חוֹזֵר וּמְלַמֵּד בְּהֶיקֵּשׁ: **הָנִיחָא לְמַאן דְּאָמַר וכו'.** פְּלוּגְתָּא בִּזְבָחִים בְּפֶרֶק "אֵיזֶהוּ מְקוֹמָן" (דף נז.): **מְקוֹמוֹת הוּא דְּגָמְרִי מֵהֲדָדֵי.** אֵין זֶה הֶיקֵּשׁ הַלָּמֵד מִן הַהֶיקֵּשׁ, שֶׁהֲרֵי בַּהֶיקֵּשׁ הָרִאשׁוֹן לָמְדוּ בְּהֵמוֹת זוֹ מִזּוֹ, וְעָשָׂה אֶת דָּמוֹ כַּאֲשֶׁר עָשָׂה לְדַם הַפָּר. וּבְהֶיקֵּשׁ הַשֵּׁנִי לֹא הוּקַּשׁ שׁוּם דָּבָר לְאַחַת מִן הַבְּהֵמוֹת לִלְמוֹד מִמֶּנָּה מַה שֶּׁלְּמָדָהּ בְּהֶיקֵּשׁ מֵחֲבֶרְתָּהּ, אֶלָּא הַמְּקוֹמוֹת הוּקְשׁוּ זֶה לָזֶה "וְכֵן יַעֲשֶׂה לְאֹהֶל מוֹעֵד" "כַּאֲשֶׁר כִּפֵּר עַל הַקּוֹדֶשׁ", וְהַקּוֹדֶשׁ לֹא לָמֵד כְּלוּם מִתְּחִלָּה בְּהֶיקֵּשׁ, אֶלָּא הַפָּר הוּקַּשׁ לַשָּׂעִיר וְהַשָּׂעִיר לַפָּר בְּמַתְּנוֹת הַקּוֹדֶשׁ: **וְאִי בָּעֵית אֵימָא חוּץ מִפְּנִים בְּחַד זִימְנָא גָּמַר.** אִי נַמִי סְבִירָא לָן דִּפְנִים בְּהֶיקֵּשׁ לָמַד – יָכוֹל לַחֲזוֹר וְלִלְמוֹד עַל הַהֵיכָל בְּבַת אַחַת מַה שֶּׁכָּתוּב בּוֹ בְּפֵירוּשׁ, כְּגוֹן אַחַת לְמַעְלָה בַּשָּׂעִיר וְשֶׁבַע לְמַטָּה בַּפָּר, וְעִמָּהֶם אַף מַה שֶּׁלָּמַד בְּהֶיקֵּשׁ. וְהֵיכִי דָּמֵי הֶיקֵּשׁ שֶׁאֵינוֹ לָמֵד מִן הַהֶיקֵּשׁ – כְּגוֹן אִם לֹא הוּצְרַךְ הֵיכָל לִלְמוֹד מִן לִפְנַי וְלִפְנִים אֶלָּא מַה שֶּׁלָּמַד בְּהֶיקֵּשׁ. אֲבָל הַשְׁתָּא דְּהוּצְרַךְ לִלְמוֹד מִמֶּנּוּ אֶת הַמְּפוֹרָשׁ בּוֹ – לָמֵד הַכֹּל בְּבַת אַחַת: **אֲנִי רְאִיתִיהָ בְּרוֹמִי.** בְּמַסֶּכֶת מְעִילָה (דף יז:) גַּבֵּי בֶּן תַּלְמְיוֹן, נַעֲשָׂה נֵס לְר' אֶלְעָזָר בְּר' יוֹסֵי שֶׁרִיפָּא אֶת בַּת מֶלֶךְ רוֹמִי שֶׁנִּכְנַס שֵׁד בְּגוּפָהּ שֶׁשְּׁמוֹ בֶּן תַּלְמְיוֹן. וְהִכְנִיסוּהוּ לְאוֹצַר הַמֶּלֶךְ לִיטּוֹל כָּל מַה שֶּׁיִּרְצֶה, וְלֹא הָיָה חָפֵץ אֶלָּא לִיטּוֹל מִשָּׁם אִיגְּרוֹת שֶׁכָּתְבוּ גְּזֵירוֹת שֶׁגָּזְרוּ עַל יִשְׂרָאֵל, וּמְצָאָם וּקְרָעָם. וְשָׁם רָאָה כְּלֵי בֵּית הַמִּקְדָּשׁ בָּאוֹצָר: **כְּסִדְרָן.** מִלְּמַעְלָה לְמַטָּה. *כְּמַלְּלִיף: **דָּמִים** [לעיל טו. נד:] **בְּדָמִים.** שֶׁל פַּר וְשֶׁל שָׂעִיר, קוֹדֶם שֶׁנָּתַן בִּפְנִים כְּלוּם: **בְּאַתְרָא דַּחֲשׁוֹכָא.** בְּבָבֶל, שֶׁהִיא מְצוּלָה: **הָא קָא יָהֵיב לְמַעְלָה דְּשָׂעִיר.** שֶׁנּוֹתֵן אַחַת לְמַעְלָה לְשֵׁם פַּר וּלְשֵׁם שָׂעִיר: **וְכִלָּה מְכַפֵּר.** כַּלֵּה הַכַּפָּרוֹת כְּמוֹ שֶׁהֵן אֲמוּרוֹת בְּעִנְיָן: **בְּמַתָּנוֹת אַחֲרוֹנוֹת.** אַחַר שֶׁנָּתַן אַחַת לְמַעְלָה מִן הַפָּר: כּוּסוֹת

תוספות

הימנו ודבר אחר לא הוי היקש. להאי שינויא קשה הא דקאמרינן לעיל בברייתא: לא יאמר למטה בשעיר וכו', דא"כ לא הוה יליף אלא מהיקשא דפר, דהשתא לא הוי הימנו ודבר אחר! וי"ל: דברייתא דלעיל סבירא לה דהימנו ודבר אחר הוי היקש, וקל להבין:

חוץ מפנים בדבר אחד גמר. פי' רש"י: איידי דניתן היקש לידרש בדברים המפורשין בפנים, כגון למטה בפר ומעלה בשעיר – נלמוד בבת אחת אף הלמד בהיקש עמו. ותימה הוא לומר כן, דהא יותרת הכבד ושתי הכליות, דגמרינן שעירי ע"ז מפר העלם, ופר העלם גמר מפר כהן משיח – חשיב היקש מהיקש בזבחים, פרק "ב"ש" (זבחים דף מא.) אע"ג דגמרינן שעירי ע"ז מפר העלם לענין הזאות דכתיבן בגופיה, וכן בפ' "איזהו מקומן" (שם דף נה.), דלא גמרינן זבחי שלמי צבור שהן קדשי קדשים, ובעי צפון, מדאיתקש לחטאת. ואע"ג דנפקא לן מהיקישא שאין נאכלין אלא לזכרי כהונה, דכתיב בחטאת (ויקרא ו) בגופיה. וכן אשם לא יליף התם צפון מדאיתקיש לחטאת, אע"ג דגמרינן נמי מההוא היקשא סמיכה דכתיב בגופיה דחטאת. מיהו, כל זה נ"ל לתרץ: דלא דמו להא דהכא, דהכא כל ההזאות חשיב חד עניינא, וכיון דגלי מקצת בגופיה – גמרינן נמי בחד זימנא, אפילו מאי דיליף בהיקש. אבל הנך – לאו חד עניינא נינהו. ור"י פי': דמאחת למעלה דכתב בשעיר יליף מבחוץ, בין בפר בין בשעיר, ומשבע למטה דפר יליף בחוץ בין בפר בין בשעיר. דהכי משמע ליה "וכן יעשה באהל מועד" בשתי הבהמות, כמו שעשה, אחת למעלה בשעיר בפנים. וכן כאשר עשה בפר בפנים למטה יעשה לשתי הבהמות באהל מועד. ולא נהירא לריב"א לשון "בחד זימנא גמר", דהכי הוה ליה למימר: פר בחוץ למעלה משעיר גמר, ושעיר בחוץ למטה מפר גמר. ונראה לו פי' רש"י. ולא דמי לכל הנך שהביא ר"י. דהכא, כיון דכתיב: "וכן יעשה באהל מועד" – מסתמא קאי אהזאות דכתיב בגופייהו, דהיינו אחת למעלה דשעיר ושבע למטה דפר, שהרי לא היה עושה לפני ולפנים אלא הזאות, ואהא כתב "וכן יעשה". וא"כ נריכין אנו ללמוד בחד זימנא גם מה שלמדנו בהיקש, שאם לא כן אז לא הייתי מקיים "וכן יעשה" דמשמע לגמרי יעשה באהל מועד כמו לפני ולפנים. וקרובים תירוץ זה ותירוץ שכתבתי אני למעלה להיות שוין*):

אני ראיתיה ברומי והיו עליה כמה טפי דמים מפר העלם דבר. הקשה ריב"א: והא בבית ראשון לא הוו פרוכת, ובבית שני דהוו פרוכת לא היו מקריבין פר העלם דבר, כדתנן בפ"ק דמגילה (דף ט:): אין בין כהן משיח למרובה בגדים אלא פר הבא על כל המצות, דכהן משיח מקריבו ולא מרובה בגדים! ותירץ: דבבית ראשון הוה, ובפרוכת דבבי איירי. ור"י תירץ: דבבית שני הוה, והיא דמגילה איירי בהוראת כהן משיח לעצמו, דקיימא לן הוראת כהן משיח לעצמו – כהוראת בית דין לצבור, דמייתי פר אם טעה ועשה כהוראת עצמו. ודוקא משיח, דכתיב "ואם הכהן המשיח" אבל מרובה בגדים – הרי הוא כשאר יחיד, ומייתי כשבה או שעירה. אבל פר העלם דבר של צבור – אפילו כהן הדיוט מצי לאקרוביה, כדאיתא בת"כ, וכן מוכח דבבית שני איירי, דאי בבית ראשון – נימא של פר כהן משיח! אלא ע"כ בבית שני איירי, ולהכי לא קאמר נמי של פר כהן משיח, דכהן משיח בבית שני לא הוה, דיאשיהו גנז שמן המשחה [לעיל נב:]:

כלה דם הפר ואח"כ כלה דם השעיר. לא ידענא מאי איצטריך לאיתויי האי קרא, תיפוק ליה מדכתיב מתנות דם הפר ברישא, וכתיב חוקה! ושמא י"ל: להכי אייתי האי קרא, דאי מדכתיב חוקה – ה"א מ'חוקה' לא ילפינן אלא היכא דשינה הסדר של מעשה שלם, כגון אם הקדים כל עבודת שעיר דבחד מקום, מקמי מתנות דפר. אבל כי האי גוונא, שאינו מקדים אלא אחת ממתנות דשעיר מקמי שבע מתנות דפר – לא מעכב, להכי מייתי מדכתיב 'וכלה' – התורה אמרה כלה דם הפר לגמרי, ואח"כ כלה דם השעיר, והוי כמו שינה הכתוב עליו לעכב:

*) [וע"ע תוס' זבחים נז: ד"ה ולאב"א]

רבינו חננאל

ואקשינן וכי דבר הלמד בהיקש חוזר ומלמד בהיקש כלומר הפר והשעיר תרווייהו גמרי מהדדי אחת למעלה ושבע למטה מבית לפרכת בהיקש דכתיב ועשה את דמו כאשר עשה לדם הפר גמרינן שיהיו עשיותיהן שוות היאך חוזרים ומלמדים בהיקש מדכתיב וכן יעשה לאהל מועד להזות אחת למעלה ושבע למטה מדם הפר וכן מדם השעיר באהל מועד כנגד הפרכת והא קי"ל בין לרבינא בין לרבא דבר הלמד בהיקש אין חוזר ומלמד בהיקש וזה מפורש בשחיטת קדשים פרק איזהו מקומן כו' בתחילתו בענין שחיטת קדשים בצפון וכך סוגיא דשמעתא במקומה. נאמר בעולה ושחט אותו על ירך המזבח צפונה. ונאמר בחטאת ושחט את החטאת במקום העולה דכתיב זאת תורת החטאת במקום אשר תשחט העולה תשחט החטאת לפני ה' הנה גמרה החטאת שחיטה בצפון בהיקש מן העולה. וכתיב באשם מצורע ושחט את הכבש במקום אשר ישחט את החטאת ואת העולה. ואמרינן למה לי לאקושי לחטאת ולעולה. ואמר רבינא צריכא דאי אקשיה לחטאת ולא אקשיה לעולה הו"א חטאת מהיכן גמר מעולה. וכי דבר הלמד בהיקש חוזר ולמד בהיקש. וליקשיה לעולה, א"ל אי אקשיה לעולה הו"א דבר הלמד בהיקש חוזר ומלמד בהיקש. ואמאי לא אקשיה לחטאת משום דניחא ליה לאקושיה לעיקר ולא לטפל. כיון דאיכא למימר הכי להכי אקשיה לחטאת ולעולה דלא ליהוי דבר הלמד בהיקש חוזר ומלמד בהיקש. רבא אמר דבר הלמד בהיקש אינו חוזר ומלמד בהיקש מהכא. כאשר יורם משור זבח השלמים כו' ואסיקנא דבר הלמד בהיקש אינו חוזר ומלמד בהיקש אי מדרבא אי מדרבינא. ופרקינן אינו זה חוזר ומלמד בהיקש ממנו ודבר אחר הוא. כלומר זה שאתה למד ממנו דבר א' אינו אותו הדבר שלמד הוא בהיקש אלא זולתו הוא וכי האי גוונא לא הוי היקש. הניחא לר' עקיבא (זבחים נז) דסבר כי האי גוונא הוי היקש שנאמר ובשרם יהיה לך כחזה התנופה וגו'. וא' הקיש הכתוב את הבכור לחזה ושוק של שלמים מה חזה ושוק של שלמים לב' ימים ולילה אף הבכור לב' ימים ולילה. ובא ריה"ג להקישו לחזה ושוק של תורה ליום ולילה. ולא מצא ר' עקיבא להשיבו אלא כתיב ובשרם יהיה שאין ת"ל יהיה מה ת"ל יהיה הוסיף הכתוב הויה אחרת לבכור כלומר יום אחד. מכלל דתרווייהו סבירא להו דבה"ג הוי היקש ובא ר' ישמעאל וא' עקיבא טעיתה. שלמים למדו *) ממעשר בהמה לענין (תמורה) ואמרת בתמיה וכי הלמד בהיקש וחוזר ומלמד בהיקש זה דבר אחד הוא. הא אין עליך לדון אלא בהיקשא כלשון הראשון ולא מרבויי הכתובים. ואמרי' התם במאי פליגי בהימנו ודבר אחר. ר' ישמעאל סבר לא הוי היקש ור' עקיבה וריה"ג סברי הוי היקש. בשלמא למ"ד לא הוי היקש [היינו] דכתיב וכן יעשה לאהל מועד שהקיש הכתוב דם שעיר לדם הפר ולא חזר ולמד מדם השעיר אותו הדבר שלמדו מדם הפר אלא ההזאות שכתובים בגופן בפירוש והימנו ודבר אחר הוא זה. כשם שמזה לפני ולפנים מדם הפר ומדם השעיר כך עושה ומזה בהיכל אלא למ"ד הוי היקש מאי איכא למימר. ופרקינן מקום ממקום גמר כלומר ההיכל גמר מקדש הקדשים כך כתיב וכפר על הקדש זה קדש הקדשים וכן יעשה לאהל מועד זה ההיכל. ולא גמר הזאות הזאות אלא כשם שלפנים כך וכך הזאות כך בהיכל. איבעית אימא חוץ ופנים בחד זמנא גמר. כלומר אמר רחמנא כפרה בפנים מדם הפר ומדם השעיר. וכפרה בהיכל. וכתיב אח"כ ועשה את דמו כאשר עשה לדם הפר גמרי מהדדי כי בכל מקום עשייתן שוה. ואמרינן התם בשלמא למ"ד לא הוי היקש

*) הגי' לפנינו בזבחים שם תודה מהיכן למדה משלמים וכי דבר הלמד בהיקש וכו' וכ"ה בספרי פ' קרח ולפי זה אדרבה ר"י סובר דהוי היקש אבל רבינו נראה שהיה לו גי' אחרת שם וצ"ע:

תוספות ישנים

רבי יוסי ור"ש אוסרים דלאין בריירה. והכי מסקינן בפרק בכל מערבין דלית ליה לרבי יוסי ברירה וקשה לרבי דרבי יוסי אדרבי יוסי דבגיטין בפרק מי שאחזו (דף עג:) גבי מה היא באותן הימים וא"ר יוסי משניות במס' דמאי גבי דמאי ואומר רבי דקאני גבי דמאי שקותה הכל ואין נותן לכהן כלום אלא תרומת מעשר שבו לתרומה גדולה כבר הפריש עם האדרך [ולהכי] קתני תקנתא דמעשר שני כדי שיוכל לאוכלו מיד אבל גבי יין כותים וטבל ודאי לריך ליתן לכהן וללוי ולמה יקבע מקום ויחלל כיון שאינו אוכלו. מ"כ. וא"ת כיון דטעמא דהך ברייתא משום דלאין ברירה לר' יהודה א"כ מאי קאמרי בברייתא אי אתה מודה שמא יבקע הנוד ונמלא שותה טבלים למפרע כדאמרינן בעירובין וגיטין וסוכה ומאי קושיא והלא הן עלמן טעמייהו משום דלאין ברירה אבל אי הוו סברי יש ברירה לא הוו חוששין לבקיעת הנוד ולמה מקשין ליה לר"מ טעם שאינו אמת ואומר רבי דה"נ אשכחן בזבחים פ' התערובות (דף עז:) שמקשה רבי אליעזר לחכמים טעם שאינו תופס אמת (בזבחים פרק התערובות) גבי איברי בעלי מומין שנתערבו באיברי תמימין כו' גם בכמה מקומות פירש בזה הענין ואין לי להאריך פה כאן: (ע"כ שייך לדף נו ע"א) מגורשת ואינה מגורשת ולכי מיית הוי גט אלמא סבירא ליה יש ברירה דהכי דייק בפ' כל הגט (שם דף כה.) על רבי יהודה ואין נראה לומר דלרבי יוסי הוי ספק אף לכי מיית דהא כי היכי דלרבי יהודה דהויא כאשת איש לכי מיית מגורשת ה"נ מסתמא לרבי יוסי ואומר רבי דקאני התם כי הדבר עומד להתברר ממילא אם ימות אם יחיה ולכך יש ברירה אבל כאן אין הדבר עומד להתברר וכן בההיא דעירובין דמעשר שני זה מחולל על הסלע שתעלה מן הכיס דמסקינן התם לרבי יוסי דלא חילל הויינו נמי דבר שאינו עומד להתברר מיהו כי האי גוונא קאמר בריש כל הגט על רבי יהודה ומפליג בין תולה בדעת אחרים לתולה בדעת עצמו והאי שינויא דעומד להתברר דפירש [הוי] מגינן למימר התם אבל לרבי שמעון לא היה יכול לומר שם זה החילוק. הגה"ה. ומכח זה מתרץ רבי הא דקשיא ליה דשמואל אדשמואל דאית ליה ברירה בגיטין בפרק מי שאחזו גבי הא דאתקין בגיטא דשכיב מרע אם מתי יהא גיטא אלמא אית ליה ברירה ואילו בשלהי ביצה (דף לז:) לית ליה לשמואל ברירה גבי שנים שלקחו בהמה וחבית בשותפות ואומר רבי דקאני בההיא דביצה שאין הדבר ניכר שיהא עומד להתברר שמטה חלק פלוני לזה וחלק פלוני לזה קודם שחלקו אבל גבי אם לא מתי הדבר עומד להתברר אם יחיה או לאו מיהו קשה לרבי מדאמרינן בב"ק

מסורת הש"ס: [זבחים מא. מט: נה.] · [מנחות עח.] · זבחים נז. · מעילה יז: · פסחים לד: זבחים ס: מנחות כב: [כתובות עה.] · [לעיל טו. נד:]

עין משפט נר מצוה: סט א מיי' פ"ה מהלכות עבודת יוה"כ הלכה י:

הגהות הב"ח: (א) רש"י ד"ה הימנו כו' שאין חוזר ומלמד בהיקש כגון אם לא:

גליון הש"ס: רש"י ד"ה אני ראיתיה ברומי. ושם ראה כלי בית המקדש. בכתובות דף ... מ"א מכתבת של בית אבטינס ... ופרוכת ... תוס' ד"ה חוץ ... דף נח ע"א תוס' ד"ה דוחה:

עא ב מיי' שם הלכה יא:
עב ג מיי' שם הלכה יב:
עג ד ה מיי' פ"ב מהל' פסולי מוקדשין הלכה כח:

אֶלָּא אָמַר רָבָא: *נוֹתֵן *שֶׁבַע לְמַטָּה לְשֵׁם פַּר, וְחוֹזֵר וְנוֹתֵן אַחַת לְמַעְלָה וְשֶׁבַע לְמַטָּה לְשֵׁם שָׂעִיר. נִתְעָרְבוּ לוֹ כּוֹסוֹת בְּכוֹסוֹת(א) – נוֹתֵן, וְחוֹזֵר וְנוֹתֵן, וְחוֹזֵר וְנוֹתֵן שְׁלֹשָׁה פְּעָמִים. מִקְצָת דָּמִים נִתְעָרְבוּ לוֹ, וּמִקְצָת דָּמִים לֹא נִתְעָרְבוּ [לוֹ], פְּשִׁיטָא, כִּי יָהֵיב – מִוַּדְּאִין יָהֵיב. מִיהוּ, הָנָךְ שִׁירַיִם הָווּ וְלִיסוֹד אָזְלֵי, אוֹ דִּילְמָא דְּחוּיִין הָווּ וְאָזְלֵי לְאַמָּה? אָמַר רַב פַּפָּא: אֲפִילּוּ לְמַאן דְּאָמַר כּוֹס אֶחָד עוֹשֶׂה חֲבֵירוֹ שִׁירַיִם – הָנֵי מִילֵּי הֵיכָא דְּאִי בָּעֵי לְמֵיתַב מָצֵי יָהֵיב, אֲבָל הַאי דְּאִי בָּעֵי לְמֵיתַב לָא מָצֵי יָהֵיב – לָא. אֲמַר לֵיהּ רַב הוּנָא בְּרֵיהּ דְּרַב יְהוֹשֻׁעַ לְרַב פַּפָּא: אַדְּרַבָּה, אֲפִילּוּ לְמַאן דְּאָמַר כּוֹס אֶחָד עוֹשֶׂה חֲבֵירוֹ דָּחוּי – הָנֵי מִילֵּי דְּדַחְיֵיהּ בְּיָדַיִם,(ב) אֲבָל הֵיכָא דְּלָא דַּחְיֵיהּ בְּיָדַיִם – לָא. דְּתַנְיָא: *לְמַעְלָה הוּא אוֹמֵר °"וְאֶת דָּמוֹ יִשְׁפּוֹךְ" וּלְמַטָּה הוּא אוֹמֵר °"וְאֶת כָּל דָּמָהּ יִשְׁפּוֹךְ". מִנַּיִן לְחַטָּאת שֶׁקִּבֵּל דָּמָהּ בְּאַרְבַּע כּוֹסוֹת וְנָתַן מִזֶּה אַחַת וּמִזֶּה אַחַת שֶׁכּוּלָּן נִשְׁפָּכִין לַיְסוֹד – ת"ל: °"וְאֶת כָּל דָּמָהּ יִשְׁפּוֹךְ". יָכוֹל אֲפִילּוּ נָתַן אַרְבַּע מַתָּנוֹת מֵאַחַת מֵהֶן – ת"ל: "וְאֶת דָּמוֹ יִשְׁפּוֹךְ" – הוּא נִשְׁפָּךְ לַיְסוֹד, וְהֵן נִשְׁפָּכִין לָאַמָּה. רַבִּי אֱלִיעֶזֶר בר"ש אוֹמֵר: מִנַּיִן לְחַטָּאת שֶׁקִּבֵּל דָּמָהּ בְּאַרְבַּע כּוֹסוֹת וְנָתַן אַרְבַּע מַתָּנוֹת מֵאֶחָד מֵהֶן שֶׁכּוּלָּן נִשְׁפָּכִין לַיְסוֹד – ת"ל: "וְאֶת כָּל דָּמָהּ יִשְׁפּוֹךְ". וּלְרַבִּי אֱלִיעֶזֶר בר"ש, הָא כְּתִיב: "וְאֶת דָּמוֹ יִשְׁפּוֹךְ"! אָמַר רַב אַשִׁי: לְמַעוּטֵי שִׁירַיִם שֶׁבְּצַוַּאר בְּהֵמָה. "עֵירָה דַּם הַפָּר לְתוֹךְ דַּם הַשָּׂעִיר". תְּנַן כְּמַאן דְּאָמַר מְעָרְבִין לַקְּרָנוֹת. דְּאִיתְּמַר, רַבִּי יֹאשִׁיָּה וְרַבִּי יוֹנָתָן. *חַד אָמַר: מְעָרְבִין, וְחַד אָמַר: אֵין מְעָרְבִין. תִּסְתַּיֵּים דְּרַבִּי יֹאשִׁיָּה הוּא דְּאָמַר מְעָרְבִין, דְּאָמַר: אע"ג דְּלָא כְּתִיב "יַחְדָּיו" – כְּמַאן דִּכְתִיב "יַחְדָּיו" דָּמֵי. אֲפִילּוּ תֵּימָא רַבִּי יוֹנָתָן הוּא, שָׁאנֵי הָכָא דִּכְתִיב 'אַחַת'. *תַּנְיָא דְּלָא כְּשִׁנּוּיָן: °"וְלָקַח מִדַּם הַפָּר וּמִדַּם הַשָּׂעִיר" – שֶׁיִּהְיוּ מְעוֹרָבִין, דִּבְרֵי רַבִּי יֹאשִׁיָּה. רַבִּי

רש"י

כּוֹסוֹת בְּכוֹסוֹת. שֶׁאֵינוֹ מַכִּיר אֵיזֶה כּוֹס שֶׁל פַּר וְאֵיזֶה כּוֹס שֶׁל שָׂעִיר: נוֹתֵן וְחוֹזֵר וְנוֹתֵן וְחוֹזֵר וְנוֹתֵן. בְּכָל עֲבוֹדָה וַעֲבוֹדָה נוֹתֵן אַחַת לְמַעְלָה וְשֶׁבַע לְמַטָּה מִן הָאֶחָד, וְחוֹזֵר וְנוֹתֵן מִן הַשֵּׁנִי, וְחוֹזֵר וְנוֹתֵן מִן הָרִאשׁוֹן. דְּמַה נַּפְשָׁךְ, אִם רִאשׁוֹן שֶׁל פַּר הָיָה וְשֵׁנִי שָׂעִיר יָצָא בָּרִאשׁוֹנָה וּבַשְּׁנִיָּה, וְאִי רִאשׁוֹן שֶׁל שָׂעִיר הָיָה וַהֲרֵי הוּא כְּמוֹ שֶׁאֵינוֹ, כִּדְתַנְיָא (ג) פַּר מְעַכֵּב אֶת הַשָּׂעִיר יָצָא בַּשְּׁנִיָּה וּבַשְּׁלִישִׁית, שֶׁהֲרֵי קָדַם פַּר לְשָׂעִיר. וְכֵן בַּהֵיכָל: מִקְצָת דָּמִים נִתְעָרְבוּ. כְּגוֹן שֶׁנִּשְׁפַּךְ מִשְּׁנֵי מִזְרָקוֹת לְתוֹךְ מִזְרָק שְׁלִישִׁי רֵיקָם, וְנִשְׁתַּיֵּיר בָּהֶם בְּכָל אֶחָד וְאֶחָד: פְּשִׁיטָא לִי דְּכִי יָהֵיב. מַתָּנוֹת מְוּדָּאִין יָהֵיב, מִמָּה שֶׁנִּשְׁאַר בַּמִּזְרָקוֹת: מִיהוּ. הָא מִיבַּעְיָא לָן הָנָךְ שֶׁנִּתְעָרְבוּ בַּשְּׁלִישִׁי שִׁירַיִם הָווּ, כְּאִילּוּ לֹא נִתְעָרְבוּ, וְלִיסוֹד מִזְבֵּחַ הַחִיצוֹן אָזְלֵי, כִּדְתְנַן (זבחים דף מז.): שְׁיָרֵי הַדָּם הָיָה שׁוֹפֵךְ עַל יְסוֹד מַעֲרָבִי שֶׁל מִזְבֵּחַ הַחִיצוֹן: אוֹ דִּילְמָא דְּחוּיִין נִינְהוּ. הוֹאִיל וְאֵין מַתָּנוֹת הָרִאשׁוֹנוֹת נִיתְּנוּ מִמֶּנּוּ, וְלָאַמָּה שֶׁבָּעֲזָרָה הַמְּדִיחָה אֶת כָּל לִיכְלוּךְ הָעֲזָרָה לְנַחַל קִדְרוֹן אָזְלֵי: אֲפִילּוּ לְמַאן דְּאָמַר. בַּבָּרַיְיתָא לְקַמָּן כּוֹס אַחַת וכו' כְּגוֹן קִיבֵּל הַדָּם בִּשְׁתֵּי כוֹסוֹת וְנָתַן אֶת כָּל מַתְּנוֹת הַקְּרָנוֹת מִכּוֹס אַחַת: אֲבָל הַאי דְּיָהֵיב מִינֵּיהּ. שֶׁהֲרֵי הַדָּמִים הַלָּלוּ שֶׁבְּמִזְרָק שְׁלִישִׁי נִתְקַבְּלוּ בִּשְׁנֵי הַמִּזְרָקוֹת שֶׁנָּתַן מֵהֶן הַמַּתָּנוֹת: דְּתַנְיָא. פְּלוּגְתָּא דְּכוֹס עוֹשֶׂה חֲבֵירוֹ דָּחוּי אוֹ שִׁירַיִם, דַּאֲמַרַן לְעֵיל אֲפִילּוּ לְמ"ד וכו': לְמַעְלָה הוּא אוֹמֵר. בְּחַטָּאת דְּשָׂעִיר נָשִׂיא (ויקרא ד) "וְאֶת דָּמוֹ יִשְׁפּוֹךְ וגו'" וּבַשִּׁירַיִם כְּתִיב וְלָא כְּתִיב הָכָא "כָּל", וּלְמַטָּה בְּחַטַּאת יָחִיד בִּשְׁיָרִים דִּידָהּ כְּתִיב "כָּל": ה"ג: מִנַּיִן לְחַטָּאת שֶׁקִּבֵּל דָּמָהּ בְּאַרְבַּע כּוֹסוֹת וְנָתַן מִזֶּה אַחַת וּמִזֶּה אַחַת שֶׁכּוּלָּן נִשְׁפָּכִין לַיְסוֹד – ת"ל "וְאֶת כָּל דָּמָהּ יִשְׁפּוֹךְ", יָכוֹל אֲפִילּוּ נָתַן אַרְבַּע מַתָּנוֹת מֵאַחַת מֵהֶן – ת"ל: "וְאֶת דָּמוֹ יִשְׁפּוֹךְ" – הוּא נִשְׁפָּךְ לַיְסוֹד, וְהֵן נִשְׁפָּכִין לָאַמָּה. ר"א בר"ש אָמַר: מִנַּיִן לְחַטָּאת שֶׁקִּיבֵּל דָּמָהּ בְּאַרְבַּע כּוֹסוֹת וְנָתַן אַרְבַּע מַתָּנוֹת מִכּוֹס(ד) רִאשׁוֹן שֶׁכּוּלָּן נִשְׁפָּכִין לַיְסוֹד – ת"ל "וְאֶת כָּל דָּמָהּ יִשְׁפּוֹךְ". ת"ק סָבַר: כּוֹס עוֹשֶׂה אֶת חֲבֵירוֹ דָּחוּי, ור"א בר"ש סָבַר: כּוֹס עוֹשֶׂה אֶת חֲבֵירוֹ שִׁירַיִם: מְעָרְבִין לַקְּרָנוֹת. מְעָרְבִין דַּם פַּר בְּדַם שָׂעִיר כְּשֶׁבָּא לִיתֵּן מַתְּנוֹת קַרְנוֹת מִזְבֵּחַ הַפְּנִימִי: אֵין מְעָרְבִין. דְּמַשְׁמַע לֵיהּ "וְלָקַח מִדַּם הַפָּר וּמִדַּם הַשָּׂעִיר" – מִכָּל אֶחָד בִּפְנֵי עַצְמוֹ: דְּאָמַר אע"ג דְּלָא כְּתִיב יַחְדָּיו וכו'. דְּתַנְיָא (סנהדרין דף סו.) "אִישׁ אִישׁ אֲשֶׁר יְקַלֵּל אֶת אָבִיו וְאֶת אִמּוֹ". אֵין לִי אֶלָּא אָבִיו וְאִמּוֹ, אָבִיו בְּלֹא אִמּוֹ, אִמּוֹ בְּלֹא אָבִיו מִנַּיִן? ת"ל: אָבִיו קִילֵּל, אִמּוֹ קִילֵּל, דִּבְרֵי רַבִּי יֹאשִׁיָּה. ר' יוֹנָתָן אוֹמֵר: מַשְׁמַע שְׁנֵיהֶן כְּאֶחָד, וּמַשְׁמַע כָּל אֶחָד וְאֶחָד בְּעַצְמוֹ, עַד שֶׁיִּפְרוֹט לְךָ הַכָּתוּב 'יַחְדָּיו', אַלְמָא לְר' יֹאשִׁיָּה אִי לָאו הָדַר כְּתִיב אָבִיו וְאִמּוֹ קִילֵּל הֲוָה אָמֵינָא רֵישֵׁיהּ דִּקְרָא שְׁנֵיהֶן כְּאֶחָד מַשְׁמַע, הָכָא נַמִי: "מִדַּם הַפָּר וּמִדַּם הַשָּׂעִיר" – שְׁנֵיהֶן כְּאֶחָד מַשְׁמַע: דִּכְתִיב אַחַת. "וְכִפֶּר אַהֲרֹן עַל קַרְנוֹתָיו אַחַת בַּשָּׁנָה" (שמות ל) וְלֹא שְׁתַּיִם: תַּנְיָא דְּלָא כְּשִׁנּוּיָן. אֶלָּא כְּמָה דִּסְלָקָא דַּעְתָּךְ מֵעִיקָּרָא, דְּר' יֹאשִׁיָּה הוּא דְּאָמַר מְעָרְבִין: וְקִיבֵּל

תוספות

אלא אמר רבא נותן שבע למטה לשם פר וחוזר ונותן אחת למעלה כו'. דעולין אינן מבטלין זה את זה. ולא דמי להא דתנן בפ' "התערובות" (זבחים דף עט:): הניתנין למעלה שנתערבו בניתנין למטה. דסבירא להו לרבנן דרבי אליעזר ישפכו לאמה. דיש לומר: דשאני הכא, נהי דהשתא לאחר שנתן למעלה דפר הוה ליה ניתנין למעלה שנתערבו בניתנין למטה, מ"מ כיון דמעיקרא הן שוין במתנותיהן – אפילו רבנן דר"א מודו הכא דיתן למעלה, ורואה אני דם הפר למעלה כאילו הוא מים: נותן וחוזר ונותן וחוזר ונותן. פי' רש"י: וכן בהיכל. משמע דאיירי נמי בנתערבו כוסות בכוסות קודם שנתן לפני ולפנים. וקשה: דהא אמרינן לקמן בפירקין *שעיר ששחטו קודם מתן דמו של פר – לא עשה ולא כלום, אלא יש לומר: דלא איירי בלפני ולפנים, אלא בהיכל:

*עירה דם הפר לתוך דם שעיר. תימה: דאמרינן בפרק "הקומץ רבה" (מנחות דף כב.): הדבר ידוע שדמו של פר מרובה מדם שעיר, אלא מכאן לעולין שאין מבטלין זה את זה. וכיון דעירה דם פר לתוך דם שעיר – א"כ איפכא הוה ליה למימר, דאע"ג דדם פר מרובה הוה לן למימר ראשון ראשון בטל, כדאמר בפרק בתרא דמסכת ע"ז (דף עג.): המערה יי"נ מחבית לבור, אפילו כל היום כולו – ראשון ראשון בטל. אלא הכא משום דאין עולין מבטלין זה את זה! וי"ל: האיכא למאן דאמר התם דוקא המערה מפי צרצור, דלא נפיש עמודיה, אבל מפי חבית דנפיש עמודיה – לא. ואפילו למאן דאמר אפילו מחבית דנפיש עמודיה – מ"מ היכא דמערה מדבר דנפיש עמודיה טפי מפי חבית – מודה דלא אמרינן ראשון ראשון בטל, והכא היה מערה מן המזרק דנפיש עמודיה:

תניא דלא כשנויין. הכי נמי הוה מצי לאיתויי ברייתא דמיירי בזבחים פרק "בית שמאי" (דף מב:) ובפרק "הקומץ זוטא" (מנחות דף טז:): ארבעים ושבע של יו"כ. ועוד מייתי התם ברייתא דתניא ארבעים ושמנה של יוה"כ. דעל כרחיך סבירא להו להנך ברייתות אין מערבין לקרנות, דבענין אחר לא משכחת להו, והכי מוקי להו התם, אלא ניחא ליה לאתויי הך ברייתא שר' יונתן בעצמו מוזכר בה. השתא מסקינן דלר' יונתן אין מערבין, ותימה: דבפרק "אותו ואת בנו" (חולין דף עט.) אמרינן דר' יהודה מספקא ליה אי חוששין לזרע האב או לא, ואם תמצא לומר דחוששין לזרע האב – אם כן היינו כחנניה דהתם, וחנניה ס"ל כרבי יונתן דלא בעי "או" לחלק, כדקאמר התם. וא"כ היכי קאמר ר' יהודה בפ' "הקומץ רבה" (מנחות דף כב.) מ"ולקח מדם הפר ומדם השעיר ונתן על קרנות וכו'" – דמין במינו לא בטיל? והא כיון דסבירא ליה כרבי יונתן – אם כן אין מערבין לקרנות! ויש לומר: נהי דרבי יונתן לא דריש 'אחת' לר' יהודה דדריש אחת – קסבר מערבין. אבל תימה: אמאי קסבר רבי יונתן אין מערבין? נהי דלא דריש 'אחת', מכל מקום כיון דכתיב "מדם הפר ומדם השעיר" – נימא מערבין, דאמר בפ' "שתי מדות" (מנחות דף צא.) דלר' יונתן דאיצטריך למיכתב גבי נסכים (במדבר טו) "מן הבקר או מן הצאן" דלא תימא כיון דכתיב בויקרא "מן הבקר ומן הצאן" – כמאן דכתיב יחדיו דמי. ורש"י פירש התם דלאו מוי"ו קא דריש, אלא מדשני קרא בדיבוריה. דברישא כתיב "מן הבהמה מן הבקר" והדר כתיב "ומן הצאן" ולא כתיב ומן הבקר ומן הצאן, ש"מ לערב בקר וצאן. ולא נהירא: דלא הוה מצי למיכתב "ומן הבקר", דהא בקר וצאן הוא פירוש דמן הבהמה וא"כ איצטריך למיכתב מן הבקר והשתא הוי מן הבקר ומן הצאן כמו מדם הפר ומדם השעיר! וי"ל: דלא דמו, דאילו כתיב הכא מדם הפר והשעיר – אז הוה דמי ל"מן הבקר ומן הצאן", אבל ומדם השעיר "מדם" הפסיק הענין לרבי יונתן. אי נמי י"ל: מדכתיב גבי בן צאן "הכבשים או מן העזים" ובבן עוף נמי כתיב "מן התורים או מן בני היונה" והכא לא כתיב "או מן הצאן" – ש"מ לערבן. ולהכי איצטריך בפרשת נסכים "או" לחלק. ואז מוקמינן "ומן הצאן" – להוציא את הנוגה [ועיין תוספות מנחות לא. ד"ה הואיל]:

רבינו חננאל

היינו דכתיב בשלמי צבור ממושבותיכם תביאו לחם תנופה שאין ת"ל תביאו כלומר דיי לו והקרבתם מנחה חדשה לה' ממושבותיכם (תביאו) לחם תנופה שתים שני עשרונים מה ת"ל תביאו לרבות לחמי תודה שהן לחם שלמים כזה שיהיו כמות זה מה זה הלחם עשרון לחלה. שנאמר שתים שני עשרונים אף חלות תודה עשרון לחלה. אימא שלמי צבור הכל ב' עשרונים אף לחמי תודה כן ת"ל תהיינה כלומר אלו שני עשרונים ולא לחמי תודה ב' עשרונים ולמדנו שלחמי תודה הן עשר חלות חמץ מדכתיב והקריב ממנו אחד מכל קרבן תרומה לה' ולמדנו תרומת ה' מתרומת מעשר. הנה למדנו שהן עשר שלא מצאנו דבר שחייב להוציא ממנו תרומה בפחות מעשרה. ולמדנו עשרה עשרונות לחמץ משלמי צבור שהן עשרון לחלה *) (והוא זה חזה) חלת לחם חמץ. אבל עשרה עשרונות למצה של תודה מנ"ל ת"ל על חלות לחם חמץ כנגד חמץ הבא מצה. הנה למדנו לחמי חמץ לתודה משלמי צבור להיות כל חלת לחם חמץ עשרון והן עשר חלות כמו שאמרנו. ועוד למדנו למצה שבתודה להיות עשרה עשרונות מלחמי חמץ של תודה. ומקשינן מאחר שלמדנו לחמץ של תודה משתי הלחם בהיקש היאך תלמוד המצה מן החמץ [וכי] דבר הלמד בהיקש חוזר ומלמד בהיקש. ופרקינן האי הימנו ודבר אחר הוא כלומר אותו הדבר בעצמו שלמד בהיקש משתי הלחם שהיא עשרון כל חלה אין למידין ממנו למקום אחר אבל ללמד המצה מן החמץ שליש עשרון לכל חלה שהן ל' חלות בעשרה עשרונות שפיר דמי ודבר אחר הוא (חלתו חלתו) הדבר שלמד בו בהיקש ולמ"ד כי האי גוונא הוי היקש היכי גמר ומשנינן תביאו רבויא הוא. ופירושו כי לא בהיקש לשתי הלחם הוא למד לחמץ שבתודה כי כל דבר הלמד בהיקש אין למידין ממנו כלל אפילו דבר אחר ושני הכא דהא ריבה הכתוב על חלות לחם חמץ ובעינן מצה כנגד חמץ. והחמץ הוא עשרה עשרונות עשרון לכל חלה והמצה הן ל' חלות שליש עשרון לכל חלה ונסיב לה תלמוד' תביאו ריבויא. ועוד מצאנו סיוע לזה הפירוש הא דגרסינן בזבחים פרק ק"ק שחיטתן בצפון (ד"ס). כי מעשר שני בזמן הזה אין לו היתר אפילו בירושלים שנאמר ואכלת לפני ה' אלהיך מעשר דגנך תירושך וגו' מקיש מעשר לבכור מה בכור אינו נאכל אלא בפני הבית אף מעשר שניאינו נאכל אלא בפני הבית ואוקמא רבינא בבכור שנזרק דמו קודם חרבן הבית וחרב הבית ועדיין בשרו קיים דמקשינן בשרו לדמו מה דמו למזבח אף בשרו בעת שיש מזבח. ומקיש מע"ש לבשרו. וכי בשר הלמד בהיקש מדמו חוזר ומלמד בהיקש למע"ש. א"ל ה"מ בקדשים ומע"ש חולין נינהו לגבי קדשים ומלמדין הניחא למ"ד בתר למד אזלינן אלא למ"ד בתר מלמד אזלינן בשר בכור קדשים הוא ופריק דם ובשר חדא מלתא היא. כלומר כל דבר שהוא ממנו ודבר אחר הוא. אין דנין אותו למד מלמד: ת"ר לא היה הדם מגיע אל הפרוכת אלא היה מזה כנגד הפרוכת א"ר אלעזר אני ראיתי הפרוכת ברומי כו' פי' כסדרן אחת [illegible] למטה. נתערבו לו דמים בדמים פירוש קודם שיזה מדם הפר בהיכל נתערב דם הפר בדם השעיר. ואוקמה רבא נותן אחת למעלה ושבע למטה לשם פר בהיכל וחוזר ונותן אחת (למטה) [למעלה] ושבע למטה לשם שעיר [illegible] נתערבו לו דמים בדמים במתנה **) אחרת. אוקמה רבא נותן אחת למטה לשם פר וחוזר ונותן אחת למעלה ושבע למטה לשם שעיר. נתחלפו לו כוסות דם הפר בכוסות דם השעיר נותן וחוזר ונותן וחוזר ונותן וחוזר [illegible]

*) נראה דל"ל מזה וזה הוא חלת לחם חמץ. **) נראה דל"ל במתנה אחרונה וכן היה גורס רבינו בגמ' והוא דמסיים נותן אחת למטה וכו' והיינו שנתערב לאחר שכבר נתן ו' הזאות למטה. [illegible]

תוספות ישנים

בב"ק פרק מרובה (דף סט.) אי הכי קשיא דר' יוחנן אדר' יוחנן דאמר ר' יוחנן כל המתלקט כו' והאמר ר' אסי אמר ר' יוחנן האחין שחלקו לקוחות הן כו' ומאי קושיא והלא גבי כל שילקטו עניים היום הדבר עומד להתברר לאיזה ילקטו איזה לא ילקטו אבל גבי אחין אין להתברר חלק הראוי לכל אחד ואחד ועוד אמאי בעי למימר מעיקרא דמהפכין ברייתא כל שילקטו משום ההיא דהלוקח יין והלא התם אין הדבר עומד להתברר כי יבקע הנוד כמו שהוא עומד להתברר גבי ילקטו ואומר רבי שהיה יכול לומר כן אלא שרוצה להעמיד שם תירוץ אחר אבל קשה לה"ר אלחנן דר' מאיר אדרבי מאיר דבהך דהלוקח יין אית ליה ברירה ובכבורות פרק יש בכור בגמרא מי שלא ביכרה כו' מספקא ליה אי יורשין הוו אי לקוחות הוו אלמא מספקא ליה אי יש ברירה אי לא ועוד קשה דרבא אדרבא דקאמר התם בפרק יש בכור דר"מ ורבי יהודה אית להו דרב אסי דמספקא ליה אי יורשים הוו אי לקוחות הוו ובריש כל הגט קאמר רבא דבין לרבי יהודה בין לר' שמעון אית להו ברירה וטעמא דהלוקח יין משום דיבקע הנוד וע"כ נראה לרבי דאפילו האי דאית ליה אין ברירה יכול לסבור דיש ברירה כשהתנה בפירוש כגון ב' לוגין שאני עתיד כו' והריני בועליך דפרק כל הגט והרי זה גיטיך מהיום כו' דפרק מי שאחזו ובתירוץ זה מיתרצא קושיא א) דרבי יוסי אדרבי יוסי ודשמואל אדשמואל דשאני גבי גט דשכיב מרע שהתנה מתחלה ועוד הקשה ה"ר אלחנן למה מקשה בבבא קמא מדרבי יוחנן דכל המתלקט להכיא דהאחין שחלקו לישני ליה דגבי מתלקט איכא תנאי וי"ל כדפרישית

[illegible]

א) נ"ל דר' מאיר אדר' מאיר: ב) נ"ל אין לו ברירה כל כך: ג) נ"ל יוחנן:

רבי יונתן אומר: מזה בפני עצמו, ומזה בפני עצמו. אמר לו רבי יאשיה: והלא כבר נאמר "אחת"! – אמר לו רבי יונתן: והלא כבר נאמר "מדם הפר ומדם השעיר". אם כן למה נאמר "אחת" – לומר לך אחת ולא שתים מדם הפר, אחת ולא שתים מדם השעיר. תניא אידך: "ולקח מדם הפר ומדם השעיר" – שיהיו מעורבין זה בזה. אתה אומר שיהיו מעורבין זה בזה או אינו אלא מזה בפני עצמו ומזה בפני עצמו? תלמוד לומר: 'אחת'. וסתמא כרבי יאשיה.§ "נתן את המלא בריקן וכו'".§ בעא מיניה רמי בר חמא מרב חסדא: הניח מזרק בתוך מזרק, וקבל בו את הדם, מהו? מין במינו חוצץ, [א]או אינו חוצץ? אמר ליה, תניתוה: נתן את המלא בריקן. מאי לאו – הושיב מזרק מלא לתוך מזרק ריקן? לא, עירה מזרק מלא לתוך מזרק ריקן. הא תנא ליה רישא: עירה דם הפר לתוך דם השעיר! כדי לערבן יפה יפה. תא שמע: *[ב]היה עומד על גבי כלי או על גבי רגל חבירו – פסול. שאני רגל, דלא מצי מבטל ליה. איכא דאמרי, הכי בעי מיניה: דרך שירות בכך או אין דרך שירות בכך? תא שמע, דתנא דבי רבי ישמעאל: "את כל כלי השרת אשר ישרתו בם בקודש" שני כלים ושירות אחת. בעא מיניה רמי בר חמא מרב חסדא: *הניח סיב בתוך המזרק וקבל בו את הדם, מהו? מין בשאינו מינו חוצץ, או אינו חוצץ? כיון דמחלחל – לא חייץ, או דילמא לא שנא? אמר ליה: תנינא, *זולף והולך עד שמגיע לספוג. שאני מיא דקלישי. איכא דאמרי, הכי פשט ליה: [ג]בדם – כשר, [ד]בקומץ פסול.§

מתני'

(במדבר ד)

תורה אור

רש"י

וקבל בו את הדם. כל קבלות של כל ימות השנה קמבעיא ליה: מין במינו. מזרק במזרק: חוצץ. ונמצא שאין קבלה זו בכהן, שהרי אינו אוחז במזרק שהדם בו: מאי לאו הושיב מזרק המלא בתוך הריקן. שעירה ממנו. והא הכא נמי, 'ולקח' כתיב "ולקח מדם הפר ומדם השעיר" ובעי לקיחה – אחיזת המזרק היא: לא עירה מזרק מלא. לאחר שעירה דם הפר לדם השעיר חוזר ומערה מזרק מלא לתוך מזרק ריקן: עומד על גבי כלים וכו'. דתנא דבי רבי ישמעאל: הואיל ורצפה מקדשת וכלי שרת מקדשים, מה כלי שרת לא יהא דבר חוצץ בינו ובין כלי שרת – אף רצפה לא יהא דבר חוצץ בינו לבין הרצפה, במס' זבחים (דף כד.): על גבי רגל חבירו. אלמא: מין במינו חוצץ: דלא מבטל ליה. חבירו את רגלו, עד שיגמור עבודתו: כלי השרת. שני כלים משמע, ושירות אחת: סיב. הגדל סביב הדקל, וכרוך עליו סביב כמין לולבין בגפנים. והוא רך וסופג את הדם, והדם יוצא מכל עבריו, ואינו חוצץ כל כך. מי הויא כי האי גוונא חציצה, או לא? זולף והולך וכו'. רישא דמתני' הכי (פרה פ"ו מ"ג): המקדש בשוקת והיה ספוג לתוכו, מים שבספוג פסולין. כיצד יעשה – זולף והולך עד שמגיע לספוג. שוקת היא אבן חלולה על שפת המעיין, והמים נכנסין לה דרך חור שבדופנה, ומשקין בה בהמות ומקדשין בה אפר חטאת לתוך מים חיים, והיא הכלי. מים שבספוג פסולין ד"מים חיים אל כלי" בעינן שיהו המים נוגעין בכלי. כיצד הוא עושה, כשבא ליטול את המים וליתנם בצלוחית ובשפופרת זולף וגומר את כל המים אשר בשוקת עד שמגיע לספוג. זולף – *שואב עד המלוי, אגוטי"ר בלע"ז. וכדאמרינן במועד קטן (דף יא:) זולף וגומר כדרכו. אלמא: ספוג לא חייץ ולא פסיל, אלא הנבלעים בתוכו, והוא הדין לסיב: שאני מיא דקלישי. ויוצאות מכל עבריו, ונכנסות בינו לבין הכלי. אבל דם עב הוא: בדם כשר. דקליש: בקומץ פסול. בקידוש, שהקומץ טעון להתקדש בכלי לאחר הקמיצה והוא כנגד קבלה בדם, פסול – דחייץ: מתני'

זבחים טו:

[עי' תוס' שבת נג: ד"ה ויכול]

ס"א שופך [פרה פ"ו מ"ג]

תוספות

רבי יונתן אומר מזה בפני עצמו ומזה בפני עצמו. תימה לי: והא רבי יונתן אית ליה דמשמע שניהן כאחד, ומשמע אחד אחד בפני עצמו. והכא משמע דאית ליה דווקא מזה בפני עצמו ומזה בפני עצמו! ונראה לי: כיון דמשמע הכי ומשמע הכי – ילמד סתום מן המפורש, כי היכי דלפני ולפנים ובהיכל נותן מזה בעצמו ומזה בעצמו – ה"נ לקרנות, דכתיב "מדם הפר ומדם השעיר" מסתמא מזה בעצמו ומזה בעצמו. ובהא נמי מיתרצא מאי דק"ל: דמייתי בסמוך תניא אידך וכו', עד תלמוד לומר 'אחת' וסתמא כרבי יאשיה. והיכי אתיא כרבי יאשיה? והא לרבי יאשיה בלא אחת נמי סבירא לי' כמאן דכתיב יחדיו דמי. בשלמא הא דאמר ליה ר' יאשיה לר' יונתן: והלא כבר נאמר אחת – איכא למימר לדר' יונתן קאמר ליה, אבל לדידיה בלא אחת נמי, אלא יש לומר: אע"ג דמעיקרא הוה סלקא דעתך לדרבי יאשיה מערבין בלא קרא דאחת, בתר דאייתי קרא דאחת – הדר ביה, וסבירא ליה דאי לאו אחת – ה"א אין מערבין, דומיא דלפני ולפנים ודהיכל, דילמד סתום מן המפורש כדפי'. ובהא נמי מיתרצא מאי דק"ל הא דקאמר לעיל תסתיים דרבי יאשיה הוא דאמר מערבין, ודחי: אפילו תימא רבי יונתן, שאני הכא דכתיב 'אחת', והשתא תימה לי: מאי קא דחי אפילו תימא לרבי יונתן מערבין? אם כן – כל שכן לרבי יאשיה מערבין, והא ע"כ חד מינייהו אמר אין מערבין דקאמר: ר' יונתן ורבי יאשיה, חד אמר מערבין וחד אמר אין מערבין! אבל למאי דפרישית – ניחא. דה"ק: שאני הכא דכתיב 'אחת', דאי לא כתיב אחת – סברא הוא דאפילו לר' יאשיה ה"א אין מערבין, דילמד סתום מן המפורש, כדפרי'. ואם כן מאן האי תנא דאמר מערבין – אלא ע"כ מדכתיב 'אחת', ומאן לימא לן דרבי יאשיה דריש 'אחת' להאי דרשא ולא רבי יונתן? דילמא רבי יונתן דריש ליה, ורבי יאשיה דריש ליה לדרשא אחרת. כדדרשי' ליה בפרק קמא דשבועות (דף ח:): כפרה זו לא תהא אלא פעם אחת בשנה. אי נמי: כפרה אחת הוא מכפר, ואינו מכפר שתי כפרות. מיהו, מה שהקשיתי ממאי דקאמר סתמא כרבי יאשיה – בלאו הכי ניחא. דהא לא קאמר רבי יאשיה היא, אלא כרבי יאשיה, פירוש: דסבירא ליה כוותיה, דמערבין לקרנות, ולאו מטעמיה. דלדידיה נפקא ליה בלא דרשא ד'אחת', ודילמא רבי יהודה היא דאית ליה מערבין, אע"ג דמשמע ליה כל אחת ואחת בפני עצמה כרבי יונתן, נפקא ליה מ'אחת' דמערבין, כדפר' לעיל. והא דקאמר סתמא כרבי יאשיה – הכי נמי הוה מצי למימר רבי יהודה היא, דשמעינן ליה בהדיא ב"הקומץ רבה" (מנחות כב:) דמערבין. אלא מפני שלא הובא בשמעתין נקט רבי יאשיה, שהזכירו לעיל במחלוקת עם רבי יונתן. וא"ת: למ"ד אין מערבין לקרנות, מנא ליה דעולין אין מבטלים זה את זה? יש לומר: נפקא ליה מ'דם' 'דם' בפרק "התערובת" (זבחים דף פא:). ואין לתמוה: מאי שנא דשבע על טיהרו – מערבין לכולי עלמא, ובקרנות פליגי. ויש לומר: בלפני ולפנים – על כרחך אין מערבין, כדמוכח קרא בהדיא, דלאחר שנתן מדם הפר שוחט את השעיר, ואם כן גם באהל מועד כן, כדכתיב "וכן יעשה באהל מועד", ולקרנות כתיב "מדם הפר ומדם השעיר" – משמע ליה מזה בעצמו ומזה בעצמו, דומיא דלאינך, כיון דהזכיר בהדיא פר ושעיר, אבל בשבע על טיהרו כתיב "והזה עליו מן הדם באצבעו שבע פעמים" – משמע מכל הדם מזה שבע פעמים, ותו לא: **מין** במינו חוצץ או אינו חוצץ. אבל שאינו מינו פשיטא דחוצץ ולא קרי ביה "ולקח". וכן בפרק שני דזבחים (דף כד.) שלא יהא דבר חוצץ בינו לבין כלי שרת. וכן בפרק "מקום שנהגו" (פסחים נז:) גבי יששכר איש כפר ברקאי דהוה כריך ידיה בשיראי. ותימה: דבפרק "לולב הגזול" (סוכה לז.) מסקינן דלקיחה על ידי דבר אחר שמה לקיחה! ויש לומר: דהתם מיירי שכורך סודר סביב הלולב, ומאריך בו, ועושה מן הסודר כמו בית יד ואוחז בו. אבל היכא דכריך ידיה בסודר ותופס הלולב כך – לא שמה לקיחה. ומזרק בתוך מזרק דהכא, דמשמע דפשיטא ליה אי הוה שאינו מינו היה חוצץ – לא מיירי שאוחז המילון בשפתותיו, דאז ודאי לא חייץ דהוה ליה כמו בית יד, אלא שאוחזו למטה בשוליו. וכן צריך לומר מתוך ההיא שמעתא גופא בפרק "לולב הגזול" כמו שחילקנו. דאי לא תימא הכי, אלא נימא דבכל ענין לקיחה על ידי דבר אחר שמה לקיחה – אם כן תיקשי דרבא אדרבא, דאמר בתר הכי: מין במינו – אינו חוצץ. הא שאין מינו – חוצץ. ולעיל קאמר גבי סודר: לקיחה על ידי דבר אחר שמה לקיחה, ואפילו שאינו מינו. וק"ל, מאי פריך: מאי לאו נתן מזרק המלא לתוך הריקן? לימא: אין הכי נמי, ואין אוחז את המילון בשוליו אלא בשפתותיו! ויש לומר: דפשיטא ליה שלא היה יכול לאוחזו כך, ביד אחת שתי מזרקות כבידות שיש בהן כל דם הפר והשעיר. וריצב"א תירץ: דבשמעתא גבי כלי שרת מין בשאינו מינו חוצץ בכל ענין, דאפילו אם תמצא לומר דגבי לולב יש חילוק כדפיר', גבי כלי שרת בכל ענין מין בשאינו מינו חוצץ, דנהי דכי עביד כעין בית יד מיקרי לקיחה, גבי כלי שרת דכתיב ולקח הכהן – לא מיקרי לקיחה בעצמו של כהן:

דאמר

עין משפט נר מצוה

עד א מיי' פ"א מהל' פסולי מוקדשין הלכה כח:

עה ב מיי' פ"ה מהל' ביאת מקדש הלכה יז סמג לאוין שט:

עו ג ד מיי' פ"א מהל' פסולי מוקדשין הלכה כח:

רבינו חננאל

ונותן. מקצת דמים נתחלפו לו ומקצת לא נתחלפו לו פשיטא כי קא יהיב מודאן יהיב. מיהו הנך ספיקות שירים הוו וליסוד אזלי או דלמא דחויין הוו ולאמה אזלי. ופשיט רב פפא כיון דספקות נינהו ולא מצי לאדויי מינייהו דחויין הוו. וא"ל רב הונא בריה דרב יהושע אדרבה אפילו למ"ד כוס עושה חבירו דחוי כיון שבירר כוס אחד וא' מזה אני זורק נעשה הדם אשר בכוס האחר דחוי. הנ"מ דקא דחייא בידים אבל הכא דלא דחייא הוא לא ליהוי דחוי. דתניא למעלה הוא אומר ואת דמו ישפוך. למטה הוא אומר ואת כל דמה ישפוך. חטאת שקיבל דמה בד' כוסות כו' ופשוטה היא. עירה דם הפר לתוך דם השעיר נתן את המלא בריקן. פי' עוד החזיר הדם מן המזרק המלא במזרק הריקן למה והלא כבר עירה דם הפר בדם השעיר כדי לערבו יפה יפה. ויצא להזות על קרנות מזבח הזהב תנן כמ"ד מערבין לקרנות דאתמר ר' יאשיה ור' יונתן חד אמר מערבין וחד אמר אין מערבין תסתיים דר' יאשיה דאמר מערבין דאע"ג דלא כתיב יחדו כמאן דכתיב יחדו דמי. דתניא אביו ואמו קלל. אביו קלל אמו קלל דברי ר' יאשיה כו'. פי' כתיב איש איש אשר יקלל את אביו ואת אמו סמך הקללה לאב. עוד כתיב אביו ואמו קלל חזר סמך הקללה לאם. *) ש"מ כי את זה קלל מהם קלל חייב מפני שסמך הקללה לזו ולזו אבל לא סמך הקללה לשניהם הייתי אומר לעולם אינו חייב עד שיקלל שניהם דאע"ג דלא כתיב יחדו כמאן דכתיב יחדיו דמי. ודחינן לעולם מתני' ר' יונתן היא ואע"ג דבעי יחדו שאני הכא דכיון דכתיב וכפר על קרנותיו אחת בשנה מדם הכפורי' כמאן דכתיב יחדו דמי. ואקשינן ר' יונתן ולא ר' יאשיה והא ר' יאשיה שמעינן ליה בהדיא דאע"ג דלא כתיב יחדו כמאן דכתיב יחדו דמי ומשנינן שאני הכא כיון דכתיב ולקח מדם הפר ומדם השעיר חלקינהו קרא. תניא דלא כשנוין ולקח מדם הפר ומדם השעיר שיהו מעורבין דברי ר' יאשיה כו'. ופשוטה היא: הניח מזרק בתוך מזרק וקיבל בו את הדם פשיטא לי דודאי מין במינו אינו חוצץ מיהו דרך שירות בכך אי לא. ופשטנא מהא ואת כל כלי השרת וגו' ב' כלים בשירות אחת אבל להניח סיב שהוא אדליף במזרק וקיבל בו את הדם כיון

*) נ"ל ש"מ כי איזו מהם שקלל חייב.

גליון הש"ס

גמ' שאני רגל דלא מצי מבטל. עי' זבחים דף ק"י ע"ב תוס' ד"ה מין במינו:

תוספות ישנים

ברירה כו' שאני הכא דתולה בדעת אחרים וי"ל דכולה ר' יוחנן מסיק לה דלית ליה חילוק בין תולה בדעת עצמו לתולה בדעת אחרים כדמוכח במרובה וא"ת הא בשילהי ביצה (דף לז:) קאמר איפוך רבי יוחנן אמר יש ברירה ורבי הושעיא אמר אין ברירה ופריך התם מדאיו דא"ר יוחנן וכבר בא חכם אלמא אית ליה לרבי יוחנן דאיו וכדמתרץ גופיה וי"ל דהוה מצי לדחויי דר' יוחנן לית ליה דאיו אע"ג דמתרץ לה דעל כרחין לאו קושיא היא דהתם הוי מצי לדחויי דר' יוחנן כרבנן דרבי יהודה דאיו סבירא ליה דיש ברירה בדרבנן אלא שמתרץ יותר בטוב וני"ל דעל כרחך צריך אתה לומר כך דלא סבירא ליה לדאיו דאי סבירא ליה סותיה תיקשי לך דרב אדרב דמתרץ לברייתא דאיו א"כ לית ליה ברירה ואילו בשילהי ביצה קאמר גבי שנים שקנו בהמה וחבית בשותפות דאית ליה לרב ברירה אלא ש"מ דרב אליבא דר' יהודה איירי ולא סבירא ליה אבל קשה לרבי משמעתין א) דאיכא למדמי ההיא דלא הוי שופרות לקיני חובה כו' שהדבר תלוי בידי שמים להאיא דאיו שהדבר תלוי בידי עצמו וכן הלוקח יין והאי קושיא נמי קשה למאן דמפליג בריש כל הגט (דף כה.) לתולה בדעת עצמו לתולה בדעת אחרים. מ"ר. גי'. ואני הייתי רוצה לומר להעמיד בין תולה בדעת עצמו דההיא דשקלים תולה בדעת אחרים היא ליתא מקמי ההיא דגיטין דמה היא באותן הימים כו' וההיא דכל שילקטו דהוי תלויין בדעת אחרים ויש ברירה וסוגיא דהכא כמאן דלא מפליג בין תולה בעצמו לדעת אחרים ורבי אמר לי כי אין לשבשה כל כך מפני ההיא דעירובין כי אינו כל כך טעות אם לא נגרום לכאן ולכאן למקום שארצה אלך וצ"ע וה"ר אלחנן פי' דשאני הכא לפי שכשהגנים מעות דמי חטאתו בשופר לא התנה בפירוש בעצמו אם ימות ילכו לים המלח ולכך אין ברירה אבל גבי גט התנה בפירוש אם ימות וכן גבי כל שילקטו ולכך יש לנו לומר דיש ברירה והא דמייתי בשמעתין (ראיה) דלית ליה לרבי יהודה ברירה מההיא דאיו הכי מייתי ראיה מדלית ליה לרבי יהודה ברירה כשתולה בדעת [אחרים] והתנה ה"ה נמי דלית ליה היכא דתולה בדעת [עצמו] בלא התנה ורבי יוחנן דלית ליה האי חילוקא יסבור דליתא לדאיו מקמי משנה דעירובין ודפרק מי שאחזו וברייתא דמרובה ואע"ג דמשנה דשקלים מסייע לדאיו מ"מ יאמר דליתא לכך משנה וברייתא דהלוקח יין מקמי ב) כמה סתמי משניות וברייתא אחת וגם ההיא דהלוקח יין יש לדחות דטעמא משום בקיעת הנוד: (ע"כ שייך לדף נו ע"ב)

הניחא למאן דאמר הימנו ודבר אחר לא הוי היקש. כי הכא דבין בפר ובין בשעיר כתיב מעלה ומטה אלא שהמנין לא כתיב שם ואם תאמר לדידיה נמי מי ניחא והא קאמר לעיל לא יאמר מעלה בפר דגמר ממעלה דשעיר כו' והיכי הוה גמר אי לא הוה כתיב ביה בפירוש והא דבר הלמד בהיקש אין חוזר ומלמד בהיקש וי"ל כי התלמוד לא חש להאריך בכך סוגיא לשיטת התלמוד דלעיל אלא סתמא פריך דלהאי תנא אתי שפיר האי אבל לאידך תנא מאי איכא למימר ובמסקנא מיתרצא שפיר: **חוץ** מבפנים בחד זימנא גמיר. פירש רש"י אי נמי סבירא לן דפנים בהיקש למד יכול ללמוד על ההיכל בבת אחת מה שכתוב בו בפירוש כגון אחת למעלה בשעיר ושבע למטה בפר ועמהם אף מה שלמד בהיקש וצ"ע בכל דוכתא שמזכיר למד מן הלמד הלא יש ללמדו כעין פירוש זה ופירש ר"ח כלומר הא דגמרינן בהיקש שיהא אחת למעלה ושבע למטה בפר ושעיר גמרינן כולו בהיקש שיהא כן בחוץ כפנים ויש ספרים דגרסי חוץ ופנים בחד זימנא גמר וזה הלשון דחוץ ופנים משמע כדפרישית. מ"ר: **ה"ג** תניא נמי גבי פר העלם דבר של ציבור. כי זה אינו משנה: **והיו** עליה כמה טיפי דמים של פר כו'. ופליג ר' אליעזר אתנא קמא וא"ת מאי קושיא דילמא שלא במתכוון עשו כדקתני נמי ואם נגעו נגעו וי"ל שסוכן לא היו נוגעין כיון שלא במתכוין עושה כן ועוד שהכהנים זריזין הן. מ"ר: **שלא** כסידרן. שלא היו אחת למעלה ושבע למטה כסדר פר יום הכפורים אבל רש"י פירש גבי כסדרן דיום הכפורים כולם זו למטה מזו ואין נראה דהא לא בעינן אלא אחת למעלה אבל בשבע שלמטה אין חילוק אם הם אינם כסדרן אלא שיהו כולו למטה מן הראשונה ג) דבגמ' דלעיל לא מיירי אלא שמצליף שיהא באחת גב ידו למטה ובשבע גב ידו למעלה וה"ר יוסף פירש שלא כסידרן ד) דמני שלא היו שם אלא שבע וצ"ע אם היו בפר ושעירי ע"ז שמונה או שבע ה): **נתערבו** לו דמים בדמים. פירוש הייינו קודם [שיזה] מתנות שבהיכל דאי קודם מתנות שבפנים והא אמר עולא לקמן שעיר שחטו קודם מתנות שבפר שבפנים לא עשה ולא כלום ומסתמא לא פליג אדעולא: **התורה** אמרה וכלה מכפר את הקדש כו'. ה"ר יוסף לא גרים ליה וכלה מכפר את הקדש דלקמן דרשי ליה ר"ע ורבי יהודה לדרשא אחריתא וגירסא משובשת היא בספרים לפי שראו והתורה אמרה כו' אלא ודאי גרס והתורה אמרה כלה דם הפר ואח"כ כלה דם השעיר דאיכא מ"ד לקמן דסידרן מעכב ואפילו למאן דאמר לא מעכב מצוה מיהא איכא

והוי

א) נ"ל דהיכי מדמי: ב) נ"ל שתי: ג) נ"ל דבמגדלא: ד) נ"ל מפני: ה) עי' לעיל טו. ויג: בלשון רש"י ז"ל ועיין ש"י:

עין משפט
נר מצוה

עז א ב מיי' פ"ד מהל' עבודת יוה"כ הלכה ב ופ"ה מהל' מעשה הקרבנות הלכה יד:
עח ג מיי' שם הלכה י:
עט ד מיי' פ"ד מהלכות עבודת יוה"כ הלכה ב:
פ ה ו מיי' שם ופ"ג הלכה ה ו ופ"ה מהל' מעשה הקרבנות הלכה יא יב:
פא ז שם הלכה י:
פב ח מיי' פ"ב מהלכות בית הבחירה הלכה יא:
פג ט י מיי' פ"ב מהל' מעילה הלכה יא סמג עשין רי:
פד כ מיי' פ"ד מהלכות עבודת יוה"כ הלכה ב:

מסורת הש"ס

מתני' זֶה מִזְבַּח הַזָּהָב. דְּאִילּוּ מִזְבַּח הַחִיצוֹן לָאו "לִפְנֵי ה'" הוּא: הִתְחִיל מְחַטֵּא וְיוֹרֵד. מִשּׁוּם דְּקַדְרָא לֵיהּ לְהָאי תַּנָּא הַקָּפָה בָּרֶגֶל, כִּדְאָמַר בַּגְּמָרָא. וְכָל מַתָּנָה וּמַתָּנָה הָיְתָה בַּקֶּרֶן שֶׁלְּפָנָיו וְסָמוּךְ לוֹ, וְצָרִיךְ לִיתֵּן מִלְּמַעְלָה לְמַטָּה כִּי הֵיכִי דְּלָא נִתְווֹסֵי מָאנֵיהּ. שֶׁהַמִּזְבֵּחַ גָּבוֹהַּ אַמָּתַיִם, וְאִי אֶפְשָׁר לְגַדֵּד רָאשֵׁי אֶצְבְּעוֹתָיו לְמַטָּה וְלָתֵת הַמַּתָּנָה בַּקֶּרֶן מִלְּמַטָּה לְמַעְלָה, וְעַל כָּרְחוֹ רָאשֵׁי אֶצְבְּעוֹתָיו לְמַעְלָה וּכְשֶׁהוּא נוֹתֵן בְּאֶצְבַּע כְּנֶגֶד חוּדּוֹ שֶׁל קֶרֶן וְנוֹתֵן מַתָּנָה אֲרוּכָּה וּמְשׁוּכָה, אִם מוֹשֵׁךְ מִלְּמַטָּה לְמַעְלָה – הַדָּם זָב לְתוֹךְ בֵּית יָד כְּתוֹנֶת שֶׁלּוֹ. וְצָרִיךְ לִיתֵּן מִלְּמַעְלָה לְמַטָּה, נָקַט לְשׁוֹן מְחַטֵּא וְיוֹרֵד. מְחַטֵּא – לְשׁוֹן יְרִידָה הִיא, כִּדְאָמְרִינַן בִּמְנָחוֹת [סו:]:

תורה אור

מתני' א°"וְיָצָא אֶל הַמִּזְבֵּחַ אֲשֶׁר לִפְנֵי ה'" – זֶה מִזְבַּח הַזָּהָב. הִתְחִיל מְחַטֵּא (ויקרא טז) וְיוֹרֵד. במֵהֵיכָן הוּא מַתְחִיל – מִקֶּרֶן מִזְרָחִית צְפוֹנִית, צְפוֹנִית מַעֲרָבִית, מַעֲרָבִית דְּרוֹמִית, דְּרוֹמִית מִזְרָחִית. גמָקוֹם שֶׁהוּא מַתְחִיל בְּחַטָּאת עַל מִזְבֵּחַ הַחִיצוֹן *מִשָּׁם *הָיָה גּוֹמֵר עַל מִזְבֵּחַ הַפְּנִימִי. רַבִּי אֱלִיעֶזֶר אוֹמֵר: בִּמְקוֹמוֹ הָיָה עוֹמֵד וּמְחַטֵּא. דוְעַל כּוּלָּן הָיָה נוֹתֵן מִלְּמַטָּה לְמַעְלָה, חוּץ מִזּוֹ שֶׁהָיְתָה לְפָנָיו, שֶׁהָיָה נוֹתֵן מִלְּמַעְלָה לְמַטָּה. הִזָּה *העַל טָהֳרוֹ שֶׁל מִזְבֵּחַ שֶׁבַע פְּעָמִים. ושְׁיָרֵי הַדָּם הָיָה שׁוֹפֵךְ עַל יְסוֹד מַעֲרָבִי שֶׁל מִזְבֵּחַ הַחִיצוֹן. זוְשֶׁל מִזְבֵּחַ הַחִיצוֹן הָיָה שׁוֹפֵךְ אֶל יְסוֹד דְּרוֹמִי. חאֵלּוּ וָאֵלּוּ *מִתְעָרְבִין *)בָּאַמָּה, וְיוֹצְאִין לְנַחַל קִדְרוֹן, טוְנִמְכָּרִין לַגַּנָּנִין לְזֶבֶל יוּמוֹעֲלִין בָּהֶן.§ **גמ'** תָּנוּ רַבָּנַן: "וְיָצָא אֶל הַמִּזְבֵּחַ" מַה תַּלְמוּד לוֹמַר? אָמַר רַבִּי נְחֶמְיָה: לְפִי שֶׁמָּצִינוּ בְּפַר הַבָּא עַל כָּל הַמִּצְוֹת, שֶׁכֹּהֵן עוֹמֵד חוּץ לַמִּזְבֵּחַ וּמַזֶּה עַל הַפָּרוֹכֶת בְּשָׁעָה שֶׁהוּא מַזֶּה, יָכוֹל אַף זֶה כֵּן – תַּלְמוּד לוֹמַר: "וְיָצָא אֶל הַמִּזְבֵּחַ". הֵיכָן הָיָה – כלִפְנִים מִן הַמִּזְבֵּחַ. תַּנְיָא אִידָךְ: "לִפְנֵי ה'" מַה תַּלְמוּד לוֹמַר? אָמַר רַבִּי נְחֶמְיָה: לְפִי שֶׁמָּצִינוּ בְּפַר וְשָׂעִיר שֶׁל יוֹם הַכִּפּוּרִים שֶׁכֹּהֵן עוֹמֵד לִפְנִים מִן הַמִּזְבֵּחַ וּמַזֶּה עַל הַפָּרוֹכֶת בְּשָׁעָה שֶׁהוּא מַזֶּה, יָכוֹל אַף זֶה כֵּן – תַּלְמוּד לוֹמַר: °"מִזְבַּח קְטֹרֶת הַסַּמִּים לִפְנֵי ה' אֲשֶׁר בְּאֹהֶל (שם ד) מוֹעֵד". מִזְבֵּחַ לִפְנֵי ה', וְאֵין כֹּהֵן לִפְנֵי ה'. הָא כֵּיצַד – עוֹמֵד חוּץ לַמִּזְבֵּחַ וּמַזֶּה.§ "הִתְחִיל מְחַטֵּא וְיוֹרֵד וכו'".§ תָּנוּ רַבָּנַן: הִתְחִיל מְחַטֵּא וְיוֹרֵד, מֵהֵיכָן הָיָה מַתְחִיל – מִקֶּרֶן מִזְרָחִית דְּרוֹמִית, דְּרוֹמִית מַעֲרָבִית, מַעֲרָבִית צְפוֹנִית, צְפוֹנִית מִזְרָחִית, דִּבְרֵי רַבִּי עֲקִיבָא. רַבִּי יוֹסֵי הַגְּלִילִי אוֹמֵר: מִקֶּרֶן מִזְרָחִית צְפוֹנִית, צְפוֹנִית מַעֲרָבִית, מַעֲרָבִית דְּרוֹמִית, דְּרוֹמִית מִזְרָחִית. מָקוֹם שֶׁרַבִּי יוֹסֵי הַגְּלִילִי מַתְחִיל, שָׁם רַבִּי עֲקִיבָא פּוֹסֵק. מָקוֹם שֶׁרַבִּי עֲקִיבָא מַתְחִיל, שָׁם רַבִּי יוֹסֵי הַגְּלִילִי פּוֹסֵק. דְּכוּלֵּי עָלְמָא מִיהָא, בְּהַהוּא קֶרֶן דְּפָגַע בְּרֵישָׁא לָא עָבֵיד, מַאי טַעְמָא? אָמַר שְׁמוּאֵל: דְּאָמַר קְרָא "וְיָצָא אֶל הַמִּזְבֵּחַ" – עַד דְּנָפֵיק מִכּוּלֵּיהּ מִזְבֵּחַ. וּלְרַבִּי עֲקִיבָא, נַקִּיף דֶּרֶךְ יָמִין! לֵימָא בִּדְרָמִי בַּר יְחֶזְקֵאל קָא מִיפַּלְגִי, דְּאָמַר רָמִי בַּר יְחֶזְקֵאל: *יָם שֶׁעָשָׂה שְׁלֹמֹה °"עוֹמֵד עַל שְׁנֵים עָשָׂר בָּקָר שְׁלֹשָׁה פֹנִים צָפוֹנָה וּשְׁלֹשָׁה פֹנִים יָמָּה (דה"ב ד) וּשְׁלֹשָׁה פֹנִים נֶגְבָּה וּשְׁלֹשָׁה פֹּנִים מִזְרָחָה וְהַיָּם עֲלֵיהֶם מִלְמָעְלָה וְכָל (מלכים א ז) אֲחֹרֵיהֶם בָּיְתָה". הָא לָמַדְתָּ *שֶׁכָּל פִּינּוֹת שֶׁאַתָּה פּוֹנֶה לֹא יְהוּ אֶלָּא דֶּרֶךְ יָמִין, לַמִּזְרָח. מָר אִית לֵיהּ דְּרָמִי בַּר יְחֶזְקֵאל, וּמָר לֵית לֵיהּ דְּרָמִי בַּר יְחֶזְקֵאל? לָא, דְּכוּלֵּי עָלְמָא אִית לְהוּ דְּרָמִי בַּר יְחֶזְקֵאל, וְהָכָא בְּהָא קָא מִיפַּלְגִי; מָר סָבַר: יָלְפִינַן פְּנִים מִחוּץ, וּמָר סָבַר; לָא יָלְפִינַן פְּנִים מִחוּץ. וְרַבִּי עֲקִיבָא: נְהִי דְּלָא יָלֵיף פְּנִים מִחוּץ, אִי בָּעֵי – הָכִי נַעֲבִיד, אִי בָּעֵי – הָכִי נַעֲבִיד! אָמַר לָךְ רַבִּי עֲקִיבָא: מִדִּינָא – בְּהַהוּא קֶרֶן דְּפָגַע בְּרֵישָׁא בְּהַהוּא עָבֵיד בְּרֵישָׁא, דְּאָמַר רֵישׁ לָקִישׁ: *אֵין מַעֲבִירִין עַל הַמִּצְוֹת. וְאַמַּאי לָא עָבֵיד – מִשּׁוּם דִּכְתִיב "וְיָצָא אֶל הַמִּזְבֵּחַ" – עַד דְּנָפֵיק מִכּוּלֵּיהּ מִזְבֵּחַ, וְכֵיוָן דִּיהֵיב בְּהַהוּא קֶרֶן – הֲדַר אָתֵי לְהַהוּא קֶרֶן דְּאִיחַיַּיב לְמֵיתַב בְּרֵישָׁא וְאִי

נוֹשֵׂא עוֹלָה וּמִתְחַטֵּא: מָקוֹם שֶׁהוּא מַתְחִיל בְּחַטָּאת עַל מִזְבֵּחַ הַחִיצוֹן. דְּהַיְינוּ בְּקֶרֶן דְּרוֹמִית מִזְרָחִית, כִּדְתְנַן בְּ"אֵיזֶהוּ מְקוֹמָן" (זבחים דף נג.) "שָׁם גּוֹמֵר עַל מִזְבֵּחַ הַפְּנִימִי" וְטַעְמָא אָמְרִי' בַּגְּמָ': ר' אֱלִיעֶזֶר אוֹמֵר. לֹא הָיָה מַקִּיפוֹ בְּרַגְלָיו, שֶׁהֲרֵי כּוּלּוֹ אֵינוֹ אֶלָּא אַמָּה עַל אַמָּה מְרוּבַּעַת, וְכֵיוָן שֶׁאֵין שְׁלֹשֶׁת הַקְּרָנוֹת סְמוּכוֹת לוֹ – יָכוֹל לִיתֵּן מִלְּמַטָּה לְמַעְלָה: חוּץ מִזּוֹ. שֶׁהוּא עוֹמֵד אֶצְלָהּ שֶׁהִיא לְפָנָיו, שֶׁאִי אֶפְשָׁר לוֹ לְגַדֵּד רָאשֵׁי אֶצְבְּעוֹתָיו לְמַטָּה אֶלָּא לְמַעְלָה, וְצָרִיךְ לִמְשׁוֹךְ הַמַּתָּנָה מִלְּמַעְלָה לְמַטָּה. שֶׁאִם מוֹשְׁכָהּ מִלְּמַטָּה לְמַעְלָה – הַדָּם זָב לְתוֹךְ בֵּית יַד כֻּתָּנְתּוֹ: הִזָּה עַל טָהֳרוֹ. אַחַר שֶׁגָּמַר מַתְּנוֹת הַקְּרָנוֹת מַזֶּה עָלָיו שֶׁבַע פְּעָמִים, כִּדְכְתִיב (ויקרא טז) "וְהִזָּה עָלָיו מִן הַדָּם וגו'": טָהֳרוֹ. מֶחֱצָיוֹ. בַּגְּמָ': שֶׁל מִזְבֵּחַ הַחִיצוֹן. שְׁיָרֵי דְּמֵי חַטָּאוֹת הַחִיצוֹנוֹת הָיָה שׁוֹפֵךְ עַל יְסוֹד דְּרוֹמִי, וְטַעְמָא מְפָרֵשׁ בַּגְּמָרָא: אֵלּוּ וָאֵלּוּ. דָּמִים הַחִיצוֹנִי' וְהַפְּנִימִיִּים הַנִּשְׁפָּכִים עַל יְסוֹד מִזְבַּח הָעוֹלָה, הָיוּ שׁוֹתְתִין וְנוֹפְלִים מִן הַיְסוֹד עַל הָרִצְפָּה: וּמִתְעָרְבִין בָּאַמָּה. סִילּוֹן שֶׁבָּעֲזָרָה הַיּוֹצֵא לְנַחַל קִדְרוֹן: לַגַּנָּנִין. בַּעֲלֵי גַּנּוֹת: וּמוֹעֲלִין בָּהֶן. יֵשׁ בָּהֶן אִיסּוּר לֵיהָנוֹת בְּלֹא דָּמִים: **גמ'** תָּנוּ רַבָּנַן וכו'. הָכִי גָּרְסִי' לָהּ בְּת"כ: "וְיָצָא אֶל הַמִּזְבֵּחַ" מַה ת"ל? אָמַר ר' נְחֶמְיָה: לְפִי שֶׁמָּצִינוּ בְּפַר הַבָּא עַל כָּל הַמִּצְוֹת שֶׁהוּא עוֹמֵד חוּץ לַמִּזְבֵּחַ וּמַזֶּה עַל הַפָּרֹכֶת בְּשָׁעָה שֶׁהוּא מַזֶּה, יָכוֹל אַף זֶה כֵּן – ת"ל "וְיָצָא אֶל הַמִּזְבֵּחַ", הֵיכָן הָיָה – לִפְנִים מִן הַמִּזְבֵּחַ. תַּנְיָא אִידָךְ: "לִפְנֵי ה'" מַה תַּלְמוּד לוֹמַר? אָמַר רַבִּי נְחֶמְיָה: לְפִי שֶׁמָּצִינוּ בְּפַר יוֹם הַכִּפּוּרִים שֶׁהוּא עוֹמֵד לִפְנִים מִן הַמִּזְבֵּחַ וּמַזֶּה עַל הַפָּרֹכֶת בְּשָׁעָה שֶׁהוּא מַזֶּה, יָכוֹל אַף זֶה כֵּן – תַּלְמוּד לוֹמַר: "מִזְבַּח קְטֹרֶת הַסַּמִּים(א) (אֲשֶׁר) לִפְנֵי ה'" וְאֵין הַכֹּהֵן לִפְנֵי ה'. הָכִי גָּרְסִינַן נַמִּי לְהָךְ גַּבֵּי פַּר כֹּהֵן מָשִׁיחַ בְּת"כ. וְהָכִי פֵּירוּשָׁא דְּתַרְוַויְיהוּ: וְיָצָא אֶל הַמִּזְבֵּחַ מַה תַּלְמוּד לוֹמַר? הָיָה לוֹ לִכְתּוֹב "וְכִפֶּר עַל הַמִּזְבֵּחַ אֲשֶׁר לִפְנֵי ה'" מַה ת"ל וְיָצָא? אָמַר רַבִּי נְחֶמְיָה: לְפִי שֶׁמָּצִינוּ בְּפַר כֹּהֵן מָשִׁיחַ וּפַר הָעֵדָה שֶׁהַכֹּהֵן עוֹמֵד חוּץ לַמִּזְבֵּחַ כְּשֶׁהוּא מַזֶּה הַזָּאוֹת שֶׁעַל הַפָּרוֹכֶת, וְאֵינוֹ עוֹמֵד בֵּין הַמִּזְבֵּחַ לַפָּרוֹכֶת, כִּדְקָתָנֵי בְּהָךְ אִידָךְ בָּרַיְיתָא לְקַמָּן, תַּלְמוּד לוֹמַר "וְיָצָא אֶל הַמִּזְבֵּחַ" – לָמַדְנוּ שֶׁעַד עַכְשָׁיו הָיָה עוֹמֵד בִּפְנִים מִן הַמִּזְבֵּחַ. תַּנְיָא אִידָךְ גַּבֵּי פַּר כֹּהֵן מָשִׁיחַ "לִפְנֵי ה'" מַה תַּלְמוּד לוֹמַר? לִיכְתּוֹב: "וְנָתַן הַכֹּהֵן מִן הַדָּם עַל קַרְנוֹת מִזְבַּח קְטֹרֶת הַסַּמִּים" יוֹדֵעַ אֲנִי שֶׁהִיא לִפְנֵי ה', מַה תַּלְמוּד לוֹמַר לִפְנֵי ה'? מִזְבֵּחַ לִפְנֵי ה', וְאֵין כֹּהֵן לִפְנֵי ה'. הַמִּזְבֵּחַ מַפְסִיק בֵּין הַכֹּהֵן לַפָּרוֹכֶת בִּשְׁעַת מַתַּן הַקְּרָנוֹת, וּכְשֶׁהִזָּה עַל הַפָּרוֹכֶת בְּאוֹתוֹ מַעֲמָד עַצְמוֹ הָיָה, שֶׁהֲרֵי לֹא נֶאֶמְרָה יְצִיאָה בֵּינְתַיִים. לָמַדְנוּ שֶׁהָיָה עוֹמֵד חוּץ לַמִּזְבֵּחַ וּמַזֶּה. וְאִם תֹּאמַר: וַהֲלֹא לֹא כְּתִיב "אֲשֶׁר לִפְנֵי ה'" אֶלָּא "לִפְנֵי ה'" וְאִיכָּא לְמֵימַר דְּאַפְּתִיחָה קָאֵי, וְהַכֹּהֵן לִפְנֵי ה'? אִי אֶפְשָׁר לוֹמַר כֵּן. שֶׁהֲרֵי בְּפַר הָעֵדָה נֶאֱמַר "אֲשֶׁר לִפְנֵי ה'" – וְעַל כָּרְחֵיךְ אַמִּזְבֵּחַ קָאֵי, וַעֲבוֹדַת שְׁנֵיהֶן הָיָה שָׁוֶה: מֵהֵיכָן מַתְחִיל מִקֶּרֶן מִזְרָחִית דְּרוֹמִית. קָסָבַר: שְׁתֵּי פָּרוֹכוֹת הָיוּ, וְהַחִיצוֹנָה פְּרוּפָה מִן הַדָּרוֹם, כִּדְתְנַן בְּמַתְנִיתִין. וּכְשֶׁיָּצָא מִבֵּית קָדְשֵׁי הַקֳּדָשִׁים דֶּרֶךְ הַדָּרוֹם הִזָּה עַל הַפָּרוֹכֶת, וּכְשֶׁהִשְׁלִים בָּא לוֹ לַמִּזְבֵּחַ לִדְרוֹמִית מַעֲרָבִית, שֶׁהִיא רִאשׁוֹנָה לוֹ. וְשָׁם לֹא הָיָה נוֹתֵן, כִּדְאָמְרִינַן לְקַמָּן דְּבָעֵינַן 'וְיָצָא' – עַד דְּנָפֵיק מִכּוּלֵּיהּ מִזְבֵּחַ. לְפִיכָךְ יוֹצֵא לְמִזְרָחִית דְּרוֹמִית, וּמַתְחִיל שָׁם, וְחוֹזֵר דֶּרֶךְ שְׂמֹאל לְמַעֲרָבִית דְּרוֹמִית. וּלְקַמָּן פָּרֵיךְ: לַקִּיף דֶּרֶךְ יָמִין: ר"י הַגְּלִילִי אוֹמֵר כו'. סָבַר לָהּ כְּרַבִּי יוֹסֵי דְּמַתְנִי', דְּאָמַר: לֹא הָיְתָה שָׁם אֶלָּא פָּרוֹכֶת אַחַת וּפְרוּפָה מִן הַצָּפוֹן, וּכְשֶׁגָּמַר מַתְּנוֹת פְּנִים וְיָצָא דֶּרֶךְ הַצָּפוֹן פָּגַע תְּחִילָּה בִּצְפוֹנִית מַעֲרָבִית דְּמִזְבֵּחַ, וְשָׁם לֹא נָתַן עַד שֶׁיָּצָא וּבָא לוֹ לְמִזְרָחִית צְפוֹנִית, וְנוֹתֵן שָׁם, וְחוֹזֵר לִצְפוֹנִית מַעֲרָבִית דֶּרֶךְ יָמִין: דְּכוּלֵּי עָלְמָא וכו'. דְּהָא ע"כ מִן הַמַּעֲרָב הוּא בָּא, וּבְמַעֲרָבוֹ שֶׁל מִזְבֵּחַ פּוֹגֵעַ תְּחִילָּה: לֵימָא. רַבִּי עֲקִיבָא שֶׁמַּקִּיף לִשְׂמֹאל, וְרַבִּי יוֹסֵי הַגְּלִילִי הַמַּקִּיף לְיָמִין – בִּדְרָמִי בַּר יְחֶזְקֵאל קָא מִיפַּלְגִי: עוֹמֵד עַל שְׁנֵים עָשָׂר בָּקָר. בַּיִּם שֶׁל נְחוֹשֶׁת שֶׁעָשָׂה שְׁלֹמֹה כְּתִיב "שְׁלֹשָׁה פֹנִים (*לָפוֹן)" וגו' (דה"ב ד) מִקְרָא זֶה מוֹנֶה וְהוֹלֵךְ דֶּרֶךְ יָמִין הַמַּקִּיף [נ"ל לצפונה] אֶת הַיָּם וּבָא מִצָּפוֹן לְמַעֲרָב וּמִמַּעֲרָב לְדָרוֹם. וּמִדָּרוֹם לְמִזְרָח דֶּרֶךְ יָמִין מַקִּיפוֹ: דֶּרֶךְ יָמִין לַמִּזְרָח. לֹא שַׁיָּיךְ לְמִתְנֵי הָכָא לַמִּזְרָח, אֶלָּא בְּמַס' זְבָחִים דְּמַיְיתֵי לָהּ לְהָא מַתְנִיתָא עַל הַכֶּבֶשׁ שֶׁהוּא בַּדָּרוֹם, וְהָעוֹלֶה לוֹ וּפוֹנֶה לְיָמִין – לַמִּזְרָח הוּא פּוֹנֶה, וְאַגַּב רִיהֲטָא דְּהָהִיא גִּירְסָא נָקֵיט לָהּ בְּכוּלָּהּ תַּלְמוּדָא: וְאִי

[גי' ירו' שם]
[עי' תוי"ט]
לעיל טו. [זבחים לח.]
פסחים כב. ע"ז מד. *) [על שהיתה רחבה אמה נקראת כך. רשב"ם פסחים קט: ד"ה הוכי]
זבחים סב:
[לעיל טו: יז. מה. סוטה טו: זבחים סב:]
לעיל לג. [וש"נ]

הגהות הב"ח

(א) רש"י ד"ה תנו רבנן כו' ת"ל מזבח קטורת הסמים לפני ה' כצ"ל ותיבת אשר נמחק:

רבינו חננאל

דמהלחל ויורד בקרקעית הכלי אינו חוצץ. אבל אם הוא קומץ שהוא סולת שאינו יורד פסול: **ת"ר** ויצא אל המזבח מה ת"ל א"ר נחמיה לפי שמצינו בפר הבא על כל המצות שכהן עומד חוץ למזבח ומזה על הפרוכת יכול אף זה כן ת"ל *) אשר לפני ה' ואיכן היה לפנים מן המזבח או אינו אלא במזבח החיצון ת"ל אשר לפני ה' הנה מזבח הפנימי. ת"ר מזבח קטורת הסמים לפני ה' מה ת"ל א"ר נחמיה לפי שמצינו בפרו של יוה"כ שעומד לפנים מן המזבח ומזה על הפרוכת יכול אף זה כן ת"ל מזבח קטורת הסמים לפני ה' מזבח לפני ה' ולא כהן לפני ה' הא כיצד עומד חוץ למזבח ומזה. ופשוטות הן לא כתבנום אלא שיש נוסחאות שלא כזה הענין ונוסחאתנו מתורת כהני': **התחיל** [מחטא] ויורד כו'. ת"ר התחיל מחטא ויורד מיכן הוא מתחיל מקרן מזרחית צפונית מערבי' [מערבי'] דרומית דרומי' מזרחית דברי ר"י הגלילי ר"ע אומר מקרן מזרחית דרומית דרומית מערבי' מערבית צפונית צפונית מזרחית. מקום שריה"ג מתחיל בקרן מזרחית צפונית שם ר"ע גומר ומקום שר"ע מתחיל בקרן מזרחית דרומית שם ריה"ג גומר תרוייהו אית להו עד דנפיק מכוליה מזבח כדכתיב ויצא אל המזבח עד שיצא כל המזבח כו' מיהו ריה"ג בעי עד דנפיק אורכיה ופותיה דכולי מזבח הלכך כי נפיק כ"ג מקדשי הקדשים פגע תחלה בקרן מערבית דרומית ונפיק מכוליה מזבח לאורכו עד דמטי בקרן דרומית מזרחית ונפיק תוב לפותיה וימינו למזרח עד דמטי מזרחית צפונית ומדי עליה ואזיל לימינו למזרח עד דמטי לקרן צפונית מערבית ומדי וכן לקרן מערבית דרומית ודרומית מזרחית. ור"ע לא סבר דבעי למיפק אלא מארכו דכוליה מזבח ולא מרחבו הלכך כי נפיק מקדש הקדשים פגע תחלה מקרן מערבית דרומית ומן הדין הוה לאדויי עליה תחלה דאין מעבירין על המצות אלא כיון דכתיב ויצא אל המזבח בעי למיפק מכוליה מזבח ולאדויי עליה הלכך נפיק ואזיל מערבית דרומית כוליה מזבח עד דמטי בקרן מזרחית דרומית ומדי עליה והולך בקרן ומזה הקרן מערבית דרומית וזהו טעם דר"ע מדמדי **) אקרן דינא א' ליה חוזר ומזה בההוא דאיחייב בה ברישא ומתניתין שייכא כר' יוסי הגלילי כו'. אבל מזבח החיצון תנן וכבש היה לדרומו של מזבח לפיכך כהן שעולה להזות כשעולה לכבש שהוא לדרום פונה על הסובב ומקיף בו וימינו למזרח וכי פגע ברישא בקרן מזרחית דרומית פגע ומתחיל להזות עליו ומהלך עוד וימינו למזרח עד שמגיע לקרן מזרחית צפונית ומזה אחריה (מזה) בקרן צפונית מערבית ואחריה בקרן מערבית דרומית נמצא מקום שהתחיל במזבח החיצון והוא דרומית מזרחית שם ריה"ג גומר במזבח הזהב. הניחא לריה"ג מקיף דרך ימין אלא לר"ע מ"ט מקיף דרך שמאל נימא בדרמי בר יחזקאל פליגי דאמר ים שעשה שלמה היה עומד על י"ב בקר שלשה פונים בצפון כו' הא למדת שכל פינות שאתה פונה לא יהו אלא דרך ימין למזרח ריה"ג אית ליה דרמי בר יחזקאל ור"ע לית ליה. ודחי לא כ"ע אית להו הא דרמי וכי אמר רמי בחוץ ריה"ג סבר ילפינן פנים מחוץ ור"ע סבר לא ילפינן פנים מחוץ למה מחייבו דרך שמאל איבעי דרך ימין נמי ליעביד. ומשנינן ר"ע אמר לך מן הדין להוות בתחלה בקרן מערבית דרומית שבו פגע בתחלה בצאתו מן קדש הקדשים ונתחייב להזות בו כר"ל דאמר אין מעבירין על המצות ומ"ט לא מדי התם דרחמנא אמר ויצא אל המזבח עד דנפיק מכוליה מזבח והדר מדי הלכך מדי ברישא בההוא קרן דנפיק ליה מכוליה מזבח והוא דרומית מזרחית והדר מדי בההוא קרן דאיחייב ביה ברישא והוא קרן דרומית מערבית איבעית אימא אי סבירא לן דהקפה במזבח הפנימי ברגל הוא ילפינן פנים מחוץ והכא בהא פליגי ר' יוסי הגלילי סבר הקפה ברגל ור"ע סבר הקפה ביד ואב"א כ"ע הקפה ביד. ונדחה דליכא למימר דר' יוסי הגלילי סבר הקפה ביד דהא מתניתין לר' יוסי הגלילי היא. וקתני סיפא ר' אלעזר אומר במקומו היה עומד ומחטא כלומר בידו היה מקיף ולא ברגל מכלל דת"ק דהוא ריה"ג סבר הקפה ברגל דאלת"ה ר' אלעזר מאי אתא לאשמעינן היינו תנא [קמא] אלא מחוורתא כדשנינן מעיקרא והוא ריה"ג סובר הקפה ברגל ור"ע סבר הקפה ביד:

*) נראה דל"ל ת"ל ויצא אל המזבח. **) נ"ל מדמדי אקרן שיצא ליה דינא אית ליה.

תוספות ישנים

והוי כי ההוא דבסמוך והתורה אמרה תן למעלה ואח"כ למטה אבל וכלה דם הפר כו' משמע דלא קפיד אלא במה שמקדים שעיר לפר אבל במה שנותן של שניהם ביחד אינו מקפיד וכן לקמן גבי נותן שבע למטה לשם פר ולשם שעיר וגימגם קצת אמאי לא קפיד בהכי: **נותן** אחת למעלה ושבע למטה לשם פר. ואע"ג שמזה נמי דם השעיר הגי הזאות בטלות הן דאינו מתכוין להזאות מדם השעיר ואפילו למאן דאמר מצות אין צריכות כוונה היינו כשהגיע זמנו אבל כאן לא הגיע עדיין זמן הזאת דם השעיר ומשום כל תוסיף ליכא שלא נאמר בל תוסיף אלא כשהוא בעצמו כדאמרינן בר"ה (דף כח:) לא נאמר בל תוסיף אלא כשהוא בעצמו ועוד דספיקא הוא*):

למעלה הוא אומר ואת דמו ישפוך כו'. הא לא מצית למימר דלוקא כתיבי דלמעלה א"נ אבל למטה צריך דהא פשיטא דשוין הן ועוד דהיקש הוא דכתיב למטה ואם נפש ואמרינן וי"ו מוסיף על ענין ראשון:

עירה דם הפר כו'. מדנקט הכי ולא נקט עירה הדמים זה בזה או כוס זה בזה משמע דדוקא נקט הכי אבל איפכא לא ושמא לפי שדם הפר מרובה ונופל שם הכובד היה מתערב יפה ומשום הכי נמי היו חוזרין ונותנין אותן לתוך הריקן: **דאיתמר** ר' יאשיה ור' יונתן כו'. ואע"פ שתנאים הן קאמר בלשון מימרא ונראה שהיו תנאים אחרונים כמו ר' חייא ור' שמעון ברבי: **אפילו** תימא ר' יונתן דאמר מערבין. ור' יאשיה על כרחין אין מערבין אית ליה דאם לא כן כמאן תיתי הא דתניא אין מערבין ואע"ג א) (דס"ל לר' יאשיה דאע"ג) דלא כתיב יחדו כמאן דכתיב יחדו דמי שאני הכא דכתיב ולקח מדם הפר ומדם השעיר ולא כתיב והשעיר ש"מ דחלקינהו קרא והכי קאמר בסמוך והלא כבר נאמר כו' וכן בפי' ר"ח ומקשינן רבי יונתן ולא ר' יאשיה והא בהדיא שמעינן ליה אע"ג דלא כתיב יחדו כמאן דכתיב יחדו דמי ושנינן כיון דכתיב ולקח מדם הפר ומדם השעיר ש"מ דחלקינהו קרא. מ"ר: **אפילו** תימא ר' יונתן כו'. ודוקא במערבין לקרנות פליגי הני תנאי אבל בשבע הזאות אחרונות שעושה על טהרו של מזבח מודו כולי עלמא דמערבין והא דבזבחים פ' התערובות (דף פא:) איכא תנאי דלא בעו למילף מהני קראי דאין עולין מבטלין זה את זה ולא מין במינו בטל אלא מקראי אחריני וקאמר התם דאינהו סבירא להו דאין מערבין לקרנות ולא מגו ילפי מיניה ואף על גב דעל טהרו של מזבח מערבין התם היינו טעמא משום דלא כתיב ומדם השעיר ריב"א אך צריך עיון מנא לן דמערבין לטוהרו של מזבח: **שאני** התם דכתיב אחת. בפ"ק דשבועות (דף יז.) דריש כפרה זו לא תהא אלא פעם אחת בשנה מוכפר על קרנותיו (פעם) אחת ומאחת בשנה מפיק כפרה אחת מכפר ואינו מכפר שתי כפרות הגהו דרשות דריש מדסמכינהו לוכפר אבל הכא דריש ממשמעות דאחת: (ע"כ שייך לדף נז ע"ב)

אחת ולא שתים מדם הפר. וא"ת וכי ס"ד שיתן שתים על כל קרן י"ל דמיירי כגון שנשפך דם הפר והביא אחר שלא יתחיל אלא ממקום שפסק וכדאמרי רבי אליעזר ור"ש בפירקין ואמרינן לקמן דטעמא משום דכתיב

א) דלדידיה אע"ג כצ"ל: *) ע"כ שייך לדף נז ע"א

ואי בעית אימא: אי סבירא לן הקפה ברגל – דכולי עלמא לא פליגי דילפינן פנים מחוץ. והכא בהא קא מיפלגי; מר סבר: הקפה ביד, ומר סבר: [א]הקפה ברגל. ואי בעית אימא: דכ"ע הקפה ביד, והכא בהא קא מיפלגי; מר סבר: ילפינן יד מרגל, ומר סבר: לא ילפינן. וסבר ר' יוסי הגלילי הקפה ביד? והא מדקתני סיפא, ר' אליעזר אומר: במקומו היה עומד ומחטא – מכלל דתנא קמא לא סבירא ליה! אלא מחוורתא כדשנינן מעיקרא: מר סבר הקפה ביד, ומר סבר הקפה ברגל.[א] ואי בעית אימא: [ב]בהא קא מיפלגי, מר סבר: סביב דמזבח פנימי כסביב דמזבח החיצון, ומר סבר: כוליה מזבח פנימי במקום חדא קרן דמזבח חיצון קאי. תניא אמר ר' ישמעאל: שני כהנים גדולים נשתיירו במקדש[ג] ראשון, זה אומר: בידי הקפתי, וזה אומר: ברגלי הקפתי. זה נותן טעם לדבריו וזה נותן טעם לדבריו. זה נותן טעם לדבריו, סביב דמזבח פנימי כסביב דמזבח החיצון, וזה נותן טעם לדבריו: כוליה מזבח פנימי במקום חדא קרן דחיצון קאי.§ "רבי אליעזר אומר במקומו היה עומד ומחטא".§ מתניתין מני – ר' יהודה היא. דתניא; ר' מאיר אומר, רבי אליעזר אומר: במקומו עומד ומחטא, ועל כולן היה נותן ממעלה למטה, חוץ מאותה שבאלכסון שנותן ממטה למעלה. רבי יהודה אומר, ר' אליעזר אומר: במקומו עומד ומחטא, ועל כולן הוא נותן מלמטה למעלה, חוץ מזו שהיתה לפניו ממש, שנותן ממעלה למטה, כי היכי דלא ניתווסן מאניה.§ "הזה ממנו על טהרו של מזבח".§ מאי *טהרו? אמר רבה בר רב שילא: פלגיה דמזבח, כדאמרי אינשי: טהר טיהרא, והוי פלגיה דיומא. מיתיבי: *כשהוא מזה אינו מזה לא ע"ג האפר ולא ע"ג הגחלים, ^ג^אלא חותה גחלים אילך ואילך, ומזה. אלא אמר רבה בר רב שילא: על גלויה דמזבח, כדכתיב °"וכעצם השמים לטוהר". תניא, חנניא אומר: בצד צפוני הוא נותן. רבי יוסי אומר: ^ג^בצד דרומי הוא נותן. במאי קמיפלגי? מר סבר: *פיתחא בדרום קאי, ומר סבר: *פיתחא בצפון קאי. דכ"ע מיהא, היכא דגמרן מתנות דקרנות – התם, יהיב על גגו. מאי טעמא? אמר קרא: °"וטהרו וקדשו" – מקום שקדשו שם טיהרו.§ "שירי הדם היה שופך על יסוד מערבי של מזבח החיצון".§ דאמר קרא: °"ואת כל דם הפר ישפוך", וכי נפיק – בההוא פגע ברישא.§ "ושל מזבח החיצון היה שופך על יסוד דרומית".§ *ת"ר: °"יסוד המזבח" – זה יסוד דרומית. אתה אומר יסוד דרומית, או אינו אלא יסוד מערבית? אמרת: ילמד ירידתו מן הכבש ליציאתו מן ההיכל, מה יציאתו מן ההיכל – בסמוך לו, ואי זה – זה יסוד מערבי, אף ירידתו מן הכבש בסמוך לו, ואי זה – זה יסוד דרומי. תניא, ר' ישמעאל אומר: זה וזה יסוד מערבי. ר' שמעון בן יוחאי אומר: זה וזה יסוד דרומי. בשלמא ר' ישמעאל קסבר: ילמד סתום ממפורש, אלא ר' שמעון בן יוחאי מאי טעמא? אמר רב אשי: קסבר פתחא בדרום קאי. תנא דבי רבי ישמעאל בדבי רבי שמעון בן יוחאי: זה וזה יסוד דרומית. וסימניך: משכוה גברי לגברא.§ "אלו ואלו מתערבין באמה ויוצאין וכו'".§ תנו רבנן: *מועלין בדמים, דברי ר' מאיר ור' שמעון, וחכ"א: ^ד^אין מועלין בהן.

עד

רש"י

ואי בעית אימא אי סבירא לן. דהקפה במזבח הפנימי ברגל, היא כהקפה דחיצון. דכולי עלמא ילפינן פנים מחוץ לענין ימין, אלא סבירא להו להני תנאי דהקפה ביד, ובמקומו עומד ומחטא לכל הקרנות, לפי שאינו צריך להקיף ברגל, שהרי כולו אינו אלא אמה על אמה: מכלל דת"ק. לא שני ליה בין הקפת פנימי לחיצון, אלא שניהן ברגל. ותנא קמא דמתני' רבי יוסי הגלילי היא, דהא כוותיה קאמר בברייתא: סביב דמזבח הפנימי. דכתיב ביה "על קרנות המזבח סביב" (ויקרא טז): כסביב דמזבח החיצון. מה זה ברגל – אף זה ברגל: במקום חדא קרן. שהקרן של חיצון אמה על אמה: מתניתין רבי יהודה היא. דשמעינן ליה דאמר משום רבי אליעזר הכי: ועל כולן הוא נותן מלמעלה למטה. בזו שלפניו על כרחו, כדי שלא יזוב הדם לתוך בית ידו, דהואיל וגבוה היא יותר מידו צריך להיות ראשי אצבעותיו למעלה, ואם מושך מלמטה למעלה – הדם זב לתוך בית ידו, ובאותן של צדדין נותן כדרך שהתחיל בזו, חוץ מאותה שבאלכסון שהיא רחוקה. ואם בא למשוך מלמעלה למטה – טורח הוא לו להיות כפוף ופושט זרועו עד כלות המתנה, אלא משכופף גופו ופושט זרועו מתחיל למטה, וזוקף והולך למעלה: ועל כולן נותן מלמטה למעלה. שכך נוח לו לכל הרחוקות: דלא ניתווסי מאניה. כדפרישית: אפלגיה דמזבח. באמצע גובה כתלו: טהר טיהרא. תרגום של צהרים, (בראשית מג) שהוא בחצי היום: חנניה אומר בצד צפוני היה נותן. כל שבע הזאות. חנניה סבר: פתח דפרוכת בדרום, וכי נפיק במערבית דרומית פגע. והתם לא יהיב ברישא חיטוי דקרנות כדאמרן, עד דנפיק למזרחית דרומית ויהיב. והדר למערבית דרומית לשמאל, משום דבהא איחייב ברישא כדאמרן לעיל, ומשם למערבית צפונית צפונית מזרחית, והתם דגמריה לחיטוי יהיב שבע הזאות: ורבי יוסי סבר פתח בצפון. כדקאמר במתני', הלכך במזרחית צפונית מתחיל, ובדרומית מזרחית מסיים, והתם יהיב להזאות: במקום שקידשו. בקרנותיו, שם טהרו בהזאות: דאמר קרא. גבי פר כהן משיח "ואת כל דם הפר וגו'" (ויקרא ד) ותניא בתורת כהנים: 'הפר' – לרבות פר יום הכפורים, שיהו שיריו נשפכין ליסוד, "אשר פתח אהל מועד" – זה יסוד מערבי: יסוד המזבח. האמורה בחטאת החיצונה: ה"ג: אמרת ילמד ירידתו מן הכבש וכו' ירידתו מן הכבש – בחיצונות, ליציאתו מן ההיכל ושירים הפנימיים בידו: זה וזה. חיצונות ופנימיות: ילמד סתום. חיצונות, שלא פורש בהן לאיזה יסוד: מן המפורש. מן הפנימיות, שכתוב בהן "אל יסוד המזבח אשר פתח אהל מועד" (שם) והוא יסוד מערבי: קסבר פיתחא. דהיכל בדרומו של מזבח קאי, הלכך יסוד אשר פתח אהל מועד היינו דרומי: תנא דבי רבי ישמעאל בדבי ר' שמעון בן יוחי זה וזה יסוד דרומי. בבית מדרשו של ר"ש בן יוחי היו שונין משנת ר' ישמעאל, וגורסין בה: זה וזה יסוד דרומי, לומר חזר בו ר' ישמעאל: וסימן. שלא תטעה, לומר: זה וזה יסוד מערבי היו שונין: משכוה גברי לגברא. תלמידי ר' שמעון משכו את ר' ישמעאל לומר כדבריהן:

אלא

תוספות

דאמר קרא אל יסוד מזבח העולה אשר פתח אהל מועד. ולא גרסינן בההוא פגע ביה ברישא. ולעיל בפרק "אמר להם הממונה" (דף לג.) פי' אין מעבירין על המצות – גרסינן: משכוה גברי לגברא. בפ' "איזהו מקומן" (זבחים דף נג:) איתא נמי, וגרס רש"י התם: זה וזה יסוד מערבי. וסימן: משכוה גברי לגברא. ומפרש רש"י, וזה לשונו: תלמידי רבי ישמעאל שהן רבים, משכו את ר"ש בן יוחי לומר כדבריהם. ולא נהירא לר"י, דבפרק בתרא דזבחים (דף קיט:) פליגי נמי רבי ישמעאל ור"ש בקרא ד"אל המנוחה ואל הנחלה" דר' ישמעאל אומר דזו וזו שילה, ור' שמעון אומר זו וזו ירושלים. תנא דבי ר' ישמעאל כדבי רבי שמעון: זו וזו ירושלים, וסימן: משכינהו גברא לגברי. ומפרש רש"י: ר' שמעון בן יוחי שהוא יחידי משך את תלמידי ר' ישמעאל, להניח דברי רבם. והשתא קשה: חדא – אין זה סימן, דאדרבה דרך הוא שרבים מתגברין ומושכין את היחיד, וא"כ אתי למיטעי ולומר איפכא: גברי לגברא, א"כ מה סימן הוא? ועוד: דהא ב"איזהו מקומן" הוי איפכא, גברי לגברא – א"כ אתי למיטעי! ע"כ נראה כמו שפרש"י כאן: זה וזה יסוד דרומית. מיהו ה"ג: משכו גברי לגברא. פירוש: ר"ש בן יוחי שהוזכר שמו ושם אביו – משך תלמידי רבי ישמעאל שהוזכר שמו ולא שם אביו, לומר כדבריו. וה"ג נמי בפרק בתרא דזבחים (ג"ז שם), וכן פי' בערוך בערך משך. ואפילו אי גרסינן בתרוייהו גברא לגברי, כגירסת רש"י, דהתם נראה דלא קשה מה שהקשיתי הא אתי למיטעי ולהפך הסי', ולומר גברי לגברא – די"ל דזה היה ידוע שרבי שמעון האריך ימים אחר רבי ישמעאל, ותלמידי רבי ישמעאל נמשכו ללמוד לפניו אחר פטירת רבם, ואורחא דמילתא הוא כל הנמשך אחר חבירו לביתו, בין שהם רבים בין שהוא יחיד – יש לו לומר כדברי מי שהוא נמשך אצלו:

עד

עין משפט נר מצוה

פה א ב ג מיי' פ"ד מהל' עבודת יוה"כ הל' ב:

פו ד מיי' פ"ב מהלכות מעילה הלכה יא:

רבינו חננאל

איבעית אימא אי סבירא לן הקפה ברגל כולי עלמא ילפינן פנים מחוץ והכא בהא פליגי ר' יוסי סבר סביב דמזבח הפנימי בעינן דרך ימין כסביב דמזבח החיצון. ור"ע סבר (סביב דמזבח) [כוליה מזבח] הפנימי במקום חדא דקרן מזבח החיצון קאי כולו מזבח הפנימי אמה הוא וקרן מזבח החיצון אמה: **תניא** ב' כהנים נשתיירו ששימשו במקדש ראשון אחד אומר בידי הקפתי ואחד אומר ברגלי הקפתי כלומר אירע קרי באחד מהן ונכנס השני ושימש תחתיו ונשתיירו שניהן. ר' אלעזר אומר במקומו היה עומד ומחטא ועל כולן היה נותן ממטה למעלה חוץ מזו שהיתה לפניו שנותן ממעלה למטה. מתניתין מני ר' יהודה היא דתניא ר' יהודה אומר ר' אלעזר אומר על כולן הוא נותן ממטה למעלה חוץ מזו שהיתה לפניו ממש שנותן ממעלה למטה כי היכי דלא נתווסו מאניה כלומר אם יזה ממטה למעלה חיישינן שמא יפול הדם על בגדיו ויטנפו כליו: הזה על טהרו של מזבח ז' פעמים כו' אתינן לאוקומיה פלגא דמזבח ונדחית ואוקימנא גילויא דמזבח וכיון שהעמדנו טהרו של מזבח גילויו כלומר אינו מזה ע"ג הגחלים ולא ע"ג אפר אלא חותה אלו ואלו ומגלה גוף המזבח ומזה על הזהב עצמו ובאיזה המקום במזבח מזה. תניא ר' חנניא אומר בצד דרומו היה מזה ר' יוסי אומר בצפונו ולדברי הכל הקפה ביד ולא ילפינן הקפה מרגל. ור' חנניא סבר פתחא בדרום קאי ומהיכא דנפיק התם מדי. ור' יוסי סבר פתחא בצפון קאי כו' ודכ"ע מיהא היכא דגמרן מתנות דקרנות התם יהיב ברישא מ"ט אמר שמואל דאמר קרא וטהרו וקדשו במקום שמקדשו שם וטהרו. שירי הדם היה שופך אל יסוד מערבי דקי"ל אין מעבירין על המצות וכי נפיק מן ההיכל ביסוד מערבי פגע ברישא ושל מזבח החיצון ביסוד דרומי כדתנן שהכבש היה לדרומו של מזבח. וכי נחית מן הכבש ליסוד דרומי פגע ברישא פי' הא דאמר מפורש הוא דם הפר שנשפך ביסוד מערבי שנאמר ואת כל הדם ישפוך אל יסוד מזבח העולה אשר פתח אהל מועד. הנה מפורש ביסוד המזבח שהוא כנגד פתח אהל

הגהות הגר"א

[א] גמ' (ואי בעית אימא) תא"מ: [ב] שם בהא נ"ל וכהא: [ג] שם (ראשון) תז"מ (ונ"ב ת"י):

מסורת הש"ס

זבחים לח: לעיל טו. | (תוספ' פ"ג) | [לעיל נח:] | [שם] | זבחים נג. | שם מו. מגילה יח.

שמות כד | ויקרא טז | שם ד | שם

תוספות ישנים

דכתי' חטאת אחת ולא שני חטוין. מ"ר: **וסתמא** כרבי יאשיה כו'. ואחת משמע לאפוקי דלא תימא שצריך להפסיק משום דכתיב מדם הפר ומדם השעיר אבל בעלמא אע"ג דלא כתיב יחדו כמאן דכתיב דמי: **מין** במינו חוצץ. וא"ת מה לי לתלישה והא הוה ליה לקיחה ע"י דבר אחר שמה לקיחה דקאמר בפרק לולב הגזול (סוכה דף לז:) לא ליגקוט איניש הושענא בסודריה כו' רבא אמר לקיחה ע"י דבר אחר שמה לקיחה אלמא מהני אע"ג דסודרא חוצץ [ואע"ג דאית ליה לרבא התם תלישה גבי מין בשאינו מינו] מדאמר רבה התם לא ליכרוך איניש הושענא כו' ורבא אמר מין במינו אינו חוצץ הא מין בשאינו מינו חוצץ ואמאי הא רבא הוא דאמר לקיחה ע"י ד"א שמה לקיחה וע"כ צריך לומר דמיירי התם שמכריך לולב בסודרא ואוחז ללולב ע"י אחיזת הסודר כדמייתי התם היה אזוב קצר מספקו בחוט כו' אבל אם כורך הסודר סביב ידו הוי מין בשאינו מינו וחוצץ והשתא קשיא דלמאי לא הויא הכא לקיחה ע"י ד"א וי"ל דמיירי במזרק בתוך מזרק ונותן ידו תחת שולי המזרק ואינו אוחז דרך ידו [בשפתותיו] ובפסחים הארכתי קצת. מ"ר: **מין** במינו חוצץ או אינו חוצץ. ואע"ג דרבא אית ליה פ' לולב הגזול (סוכה לז:) מין במינו אינו חוצץ איכא לישנא אחרינא דתלי טעמא דרבא משום [דכל לנאותו] אינו חוצץ ורבה נמי פליג ארבא ולהכי מיבעיא ליה הכא: **שני** כלים ושירות אחת. וא"ת אמאי לא פשיט מהך ברייתא ללישנא קמא דמין במינו אינו חוצץ ומסתמא א) שמעי' ליה מדפשיט מינה לישנא בתרא ושמא מצי לפרושי דמיירי כגון שאוחז ביד כלי החיצון ולקיחה ע"י ד"א שמה לקיחה כדפירשתי לעיל דליכא תלישה אי נמי מיירי בענין דלא הוה תלישה. מ"ר: **מין** בשאינו מינו חוצץ או אינו וכו'. וא"ת מאי קמיבעיא ליה הא אפילו בעלמא ליכא מאן דפליג דמין בשאינו מינו חוצץ יש לומר דהכא לא הויא תלישה לגמרי שהדם תלוי מיתחלא דרך הסיב: **בקומץ** פסול. תימה לריב"א למה הוצרך לומר בקומץ פסול פשיטא דאפילו בעלמא פריסית דמין [בשאינו מינו] חוצץ וי"ל דסולת נמי דק מאד ופעמים שיוצא דרך [הסיב] שאינו נדבק יפה זה בזה*): **היה** מחטא. רש"י פירש לשון ירידה הוא כמו נושא עולה ומחטא למנחות (דף סו:) מיהו שם פירש"י ל"א וכן מלינו מתחטא לשון טיול כמו בן המתחטא לפני אביו והר"י פי' מחטא לשון חיטוי כמו וחטאת על המזבח דהא רבי אליעזר לאמר במקומו עומד ומחטא אית ליה דעל כולן היה נותן ממטה למעלה כו' וא"כ לדידיה ולאו אינו [אלא] לשון חיטוי דאכל קרנות המזבח קאי: **כל** פיות שאתה פונה לא יהו אלא דרך ימין ולהכי נקט חשבונו לצפון ואינו מתחיל במערב לפי שיכלה חשבונו למזרח כדאמר כל פיות לא יהו אלא דרך ימין למזרח: ה"ג מן דינא בההוא קרן דפגע בריש עביד ול"ג מודינא**): **מר** סבר ילפינן יד מרגל. הקשה ה"ר יוסף מנ"ל דילפינן יד מרגל דילמא לשלם לא יליף וטעמא משום דלית ליה לר' יוסי הגלילי כרבי יוסי דאמר פתחא בצפון קאי כדפירש"י לעיל וא"כ על כרחיה מקיף דרך ימין דמן דינא בההוא קרן דפגע בריש' כו' ועוד הקשה למתני' סברה לעיל החיצונה פרופה מן הדרום וא"כ איך נוכל לומר טעם משנתינו דסברה כר"י הגלילי כיון שנפרש טעמו דפתחא בצפון קאי וכי נצטרך לומר דסתמא דך משנה הכא כר"י ב) הגלילי [דלא כמתני'] דלעיל ועוד קשה לרבי מאי שנא דגבי חנניא ורבי יוסי מפרש לקמן בשמעתין דפליגי בהא אי פתחא בדרום קאי אי בצפון וגבי ר"ע ור' יוסי הגלילי דפליגי נמי בהכי לא מפרש ליה ע"כ נראה לרבי שאפילו לרבי יוסי הגלילי פתחא בדרום קאי ומשמע ליה ויצא אל המזבח עד שיצא ויעמוד במזרחו של מזבח דאז נפק לגמרי מכולי מזבח ומשום דדרך ימין צריך להקיף מתחיל בקרן צפונית שכשיצא כל גופו חוץ למזבח ועומד במזרח ופניו למערב אם יושיט ימינו לקרן צפונית הוה ליה דרך ימין אבל אם יושיט ידו ימנית לקרן דרומית זהו דרך שמאל והא דקאמר לקמן טעמא דרבי יוסי משום דפתחא בצפון קאי היינו משום דשמעינהו במתני'

א) נ"ל שמעו: ב) תיבת הגלילי נמחק. הרר"י לאגדה: *) ע"כ שייך לדף נח ע"א. **) ע"כ שייך לדף נח ע"ב.

תורה אור

עַד כָּאן לָא פְּלִיגִי אֶלָּא מִדְּרַבָּנַן, אֲבָל מִדְּאוֹרַיְיתָא – אֵין מוֹעֲלִין בָּהֶן. מְנָא הָנֵי מִילֵּי? אָמַר *עוּלָּא: אָמַר קְרָא °"לָכֶם" – שֶׁלָּכֶם יְהֵא. דְּבֵי רַבִּי *שִׁמְעוֹן תָּנָא °"לְכַפֵּר" – לְכַפָּרָה נְתַתִּיו וְלֹא לִמְעִילָה. וְר' יוֹחָנָן אָמַר: א"ק °"הוּא" – לִפְנֵי כַפָּרָה כִּלְאַחַר כַּפָּרָה, מַה לְּאַחַר כַּפָּרָה אֵין בּוֹ מְעִילָה, אַף לִפְנֵי כַפָּרָה אֵין בּוֹ מְעִילָה. וְאֵימָא: לְאַחַר כַּפָּרָה כְּלִפְנֵי כַפָּרָה, מַה לִּפְנֵי כַפָּרָה יֵשׁ בּוֹ מְעִילָה אַף לְאַחַר כַּפָּרָה יֵשׁ בּוֹ מְעִילָה! *אֵין לְךָ דָּבָר שֶׁנַּעֲשֵׂית מִצְוָתוֹ וּמוֹעֲלִין בּוֹ. וְלֹא? וַהֲרֵי תְּרוּמַת הַדֶּשֶׁן! מִשּׁוּם

ויקרא יז / שם / שם

אֶלָּא מִדְּרַבָּנַן. מַאן דְּאָמַר מוֹעֲלִין – מִדְּרַבָּנַן קָאָמַר, לְשַׁלֵּם קֶרֶן, אֲבָל מִדְּאוֹרַיְיתָא, לְהוֹסִיף חוֹמֶשׁ – לָא: מְנָא הָנֵי מִילֵּי. דְּאֵין מְעִילָה בְּדָמִים: לָכֶם. "וַאֲנִי נְתַתִּיו לָכֶם" (ויקרא יז): הוּא. "כִּי הַדָּם הוּא בַּנֶּפֶשׁ יְכַפֵּר" (שם) – הוּא[א] בַּהֲוָיָיתוֹ, לִפְנֵי כַפָּרָה כִּלְאַחַר כַּפָּרָה. לְאַחַר כַּפָּרָה אֵין בּוֹ מְעִילָה, דְּכֵיוָן דְּנַעֲשֵׂית מִצְוָתוֹ תּוּ לָא קָרֵינַן בֵּיהּ קָדְשֵׁי ה': וַהֲרֵי תְּרוּמַת הַדֶּשֶׁן. דִּכְתִיב בּוֹ (שם ו) "וְשָׂמוֹ אֵצֶל הַמִּזְבֵּחַ" דְּטָעוּן גְּנִיזָה, אַלְמָא אָסוּר בַּהֲנָאָה, וְכֵיוָן דְּבַהֲנָאָה אָסוּר מִשּׁוּם קְדוּשָּׁתוֹ – מְעִילָה נַמִי אִית בֵּיהּ: וּבִגְדֵי

עד כאן לא פליגי אלא מדרבנן אבל מדאורייתא אין מועלין. דאי מדאורייתא לא יצאו מידי מעילה – היאך נמכרין לגננין לזבל? **הוא** לפני כפרה כלאחר כפרה. הקשה רבינו תם: דבמסכת מעילה פרק "ולד חטאת" (דף יב:) אמר *זעירי: המקיז דם לבהמת קדשים – מועלין בו. וליכא למימר דההיא מעילה מדרבנן, דהתנן בפרק "ולד חטאת" (שם יא.) דם מתחילה אין מועלים בו, יצא לנחל קדרון – מועלין בו. ומעילה דיוצא לנחל קדרון הויא דרבנן. מכלל דמעיקרא – אפילו מדרבנן ליכא מעילה! ותירץ: דהא דאמרינן הכא לפני כפרה כלאחר כפרה – היינו לאחר שחיטה, דשייכא ביה כפרה, אבל מחיים – לא. והא דפריך בריש מסכת מעילה (דף ב:): ומי איכא מעילה דרבנן? ומשני: אין, כדעולא, דאמר עולא: קדשים שמתו יצאו מידי מעילה דבר תורה. הוה מצי לאיתויי מדם, לאחר שיצא לנחל קדרון דמועלין בו מדרבנן. אלא משום דקדשי קדשים ששחטן בדרום קאמר התם כמאן דחנקינהו דמי, ופריך: מי איכא מעילה דרבנן בדבר דלא היו צריכין לגזור, דבלאו הכי בדילי מינייהו, ומייתי מקדשים שמתו דדמו להדדי. והא דפריך בשילהי תמורה (דף לג:) גבי מקדיש עולה לבדק הבית מועלין בה שתי מעילות, ומוקי לה מדרבנן. ומי איכא מעילה דרבנן? ה"פ: כיון דאיכא מעילה בלאו הכי מדאורייתא, משום עולה, ובלאו הכי בדילי מיניה – אמאי תקינו רבנן מעילה אחריתי? ומשני: ראוי למעול בו שתי מעילות דתיקון רבנן מעילה אעור, משום דליכא מעילה מדאורייתא אלא בבשר. ורבינו חיים זצ"ל פירש: דיצא לנחל קדרון מועלין בו מדאורייתא, לפי שבית דין מקדישין אותו. וקשה: אם כן, במעילה פרק "ולד חטאת" (דף יב.) דקאמר: ומי איכא מידי דמעיקרא לית ביה מעילה, ולבסוף אית ביה מעילה, ופריך: ולא? והרי דם דמעיקרא לית ביה מעילה וכו'. ומאי פריך? לימא: שאני התם לפי שבית דין מקדישין אותו. ועוד: דמה תיקן בזה? אכתי אשכחן מעילה מדרבנן, בפרק "התכלת" (מנחות ד' נב.) דקאמר: מעיקרא תקינו מעילה גבי אפר פרה, והתם ליכא למימר תקינו ביה מעילה מחמת שהיו מקדישין אותו – דאם כן הוי הקדש גמור, ואיך היו מזין ממנו? **אין** לך דבר שנעשית מצותו ומועלין בו. וא"ת: אדרבה, נימא איפכא: לאחר כפרה כלפני כפרה, דאין לך דבר שלא נעשית מצותו ואין מועלין בו. וכי תימא: האיכא קדשים קלים, דלית בהו מעילה אלא באימורין לאחר זריקת דמים, התם משום דלאו קדשי ה' נינהו! וי"ל: איכא עגלה ערופה, דקודם מצותה מותרת. אבל מדשן אין להביא ראיה, דקודם תרומת הדשן אין מועלין בו, דאדרבה במעילה פ"ב (ד' ט.) משמע הנהנה מאפר תפוח קודם תרומת הדשן – לכולי עלמא מועלין בו*: **והרי** תרומת הדשן. הקשה ר"י: דהכא משמע דתרומת הדשן מועלין בו לאחר שנעשית מצותו, ובפרק "ולד חטאת" במעילה (ד' יא:) תנן: דישון מזבח הפנימי והמנורה – לא נהנין ולא מועלין. וקאמרינן בגמרא: בשלמא מזבח החיצון – דכתיב "ושמו אצל המזבח" וכו'. והשתא קשה: דמשמע דמזבח החיצון נמי לא נהנין ולא מועלין! ומפרש ר"י: משום דקתני דישון מזבח הפנימי והמנורה לא מועלין, משמע דווקא בתר דישון, לפי שהדישון מוציאו מידי מעילה לפי שנעשית מצותו, אלמא: מצוה לדשנו. והכי קאמר: בשלמא מזבח החיצון מצוה לדשנו, דכתיב "ושמו אצל המזבח". ואדרבה אפילו מעילה אית ביה, מדכתיב "ושמו" ודרשינן בסוף תמורה (ד' לד.): "ושמו – בנחת, ושמו – שלא יתפזר". אבל מזבח הפנימי מנלן שמצוה לדשנו? וריצב"א מפרש: דלאו אדיוקא קאי, אֶלָּא אלא נהנין ולא מועלין מדאורייתא קאי, דליכא למימר לא נהנין מדרבנן כמו לא נהנין שבתלמוד. דבירושלמי דיומא פרק שני מוכח דלא נהנין מדאורייתא, דגרסינן התם: מניין לדישון מזבח הפנימי, דכתיב "והשליך אותה אצל המזבח קדמה אל מקום הדשן". שאינו צריך; אם לקבוע לה מקום, פירוש למוראה ונוצה – כבר כתוב "אצל המזבח", ואם ללמדך שתהא במזרחו של כבש – כתיב "קדמה", ואף הוא דרש אצל אצל, פירוש: ואם ללמד שתהא תרומת הדשן במזרחו של כבש, מדכתיב "אל מקום הדשן" ונימא הרי זה בא ללמד ונמצא למד – דהא לא איצטריך, דתיפוק לן מגזירה שוה, נאמר כאן "אצל המזבח" ונאמר בתרומת הדשן "אצל המזבח" מה כאן במזרחו – אף להלן, אם כן "אל מקום הדשן" למה לי – ש"מ למזבח הפנימי, שהוא אסור (לו) בהנאה "אל מקום טהור" – שיהא מקומו טהור. ואיכא דמפיק ליה בקל וחומר: ומה מזבח החיצון אסור בהנאה – מזבח הפנימי לא כל שכן, אלמא דאסור בהנאה מדאורייתא במזבח החיצון, והשתא הכי פירושו: בשלמא מזבח החיצון אסור בהנאה מדאורייתא – מדכתיב "ושמו" אלא מזבח הפנימי מנלן שיהא אסור בהנאה לאחר שנידשן ואפילו קודם דישון מנלן שיהא אסור, דאפילו גופיה לא ידעינן שיהא מצוה לדשנו, ואם כן משנעשה אפר נימא דנעשית מצותו, ויהא מותר בהנאה? ומשני: דמדשן נפקא. וא"ת: מאי קא פשיט ליה מדשן? אכתי תיבעי לך: מנלן דאסור בהנאה? וי"ל: דגמרא דידן לא חשש אלא להביא פסוק שצריך דישון, ומסברא ידע דכל הדשנים שוין ליאסר בהנאה, או מקל וחומר כדאיתא בירושלמי, או משום דעיקר פשטיה דקרא בדשן מזבח החיצון, אלא דמחמת ייתור לא צריך למיכתביה, ומוקמינן ליה בפנימי ומנורה, וחשיב ליה כמין היקש דאיתקוש כולהו לחיצון. ואם תאמר: אם כן לימא הכא ליה מזבח החיצון משום דהוה ליה מזבח החיצון ופנימי ומנורה שלשה כתובין הבאין כאחד! י"ל: דאין כאן פסוק מיותר, דהא איצטריך למצות דשן להניח אצל המזבח. ועוד נראה: דאחר שלמדנו מצות דישון פנימי ומנורה להניח אצל המזבח – חשיב כל הדשנים כמו דבר אחד, דאל"כ היכי נפיק בירושלמי מק"ו? הא שני כתובין הבאין כאחד אין מלמדין. ואל תתמה על מה שפי' דתרומת הדשן לית בה מעילה אלא איסור הנאה, אע"ג דהכא קאמר מועלין כו' – הא קאמר נמי עגלה ערופה מועלין בה, ובההיא לית בה מעילה אלא איסור הנאה קאמר. וכה"ג איכא נמי במעילה פ' "ולד חטאת" (דף יג:): חלב המוקדשין וביצי תורין לא נהנין ולא מועלין. וקאמר בגמ' *דגמר 'אמו' 'אמו' מבכור, מה בכור מועלין בו – אף חלב המוקדשין מועלין בו. ובכור הוא קדשים קלים, ולית ביה מעילה. וחלב המוקדשין נמי לית ביה מעילה, כדתנן התם, דלאו "קדשי ה'" מיקרי. אלא מועלין דקאמר – לאו דוקא, אלא איסור הנאה. וא"ת: כיון דפרישית דיש בו איסור הנאה מדאורייתא, היכי קתני בפרק "ולד חטאת" (מעילה דף יא:): המקדיש דישון בתחלה – מועלין בו, והיכי חייל עליה הקדש, כיון דאיסור הנאה מדאורייתא? י"ל: דלאו בדישון מזבח איירי, מדקאמר בתחלה – משמע דאיירי בדבר שלא הוקדש מעולם, אלא במקדיש דשן כירתו. וכן פרש"י. ואיצטריך לאשמועינן דקדושה, אף על גב דאינו ראוי לא למזבח ולא לבדק הבית, כדקתני התם בסיפא: כל הראוי למזבח כו'. אי נמי: אפילו את"ל דלאו בדשן כירה איירי, דאם כן לא הוה ליה למימר דישון סתמא – איכא למימר דאיירי בדשן מזבח לאחר שהוציאוהו חוץ לשלש מחנות, ואשמעינן דלא הוי כשאר דשן ליאסר לעולם. ולמאי דפרישית דליכא מעילה בתרומת הדשן – ניחא הא דתנן במעילה (דף יט:): אין מועל אחר מועל אלא בהמה וכלי שרת בלבד. ומקשים: ליחשב נמי תרומת הדשן, דיש בו מועל אחר מועל. ומתרץ ר"י: דהוי בכלל בהמה, דמאפר קדשים הוא בא. ומיהו, גם לפי' ריצב"א צ"ל תירוץ ר"י, דנהי דבתרומת הדשן ליכא מעילה – מ"מ ליחשב אפר תפוח, דלכולי עלמא אמר בפ"ב דמעילה (שם דף ט.) דמועלין בו קודם תרומת הדשן. וא"ת: מאי שנא דדישון מזבח הפנימי אפילו קודם דישון לית ביה מעילה – כדאמר בפרק "כל שעה" (פסחים דף כו.) דקטרת לאחר שתעלה תימרותו אין בו משום מעילה, ודשן מזבח החיצון מועלין בו לכולי עלמא קודם דישון? וי"ל: דבדשן מזבח החיצון מועלין בו, כיון שמחוסר עבודה שצריכה בגדי כהונה, כדכתיב "ולבש הכהן מדו בד" וגו' אבל דישון מזבח הפנימי, אע"פ שמחוסר דישון – אין זה חסרון עבודה, דלא אשכחן שיהא צריך בגדי כהונה. ואע"פ שהשוינו כל הדשנים – היינו לאחר שהניחם אצל המזבח, דאז נעשית מצות כולן, דאפילו בתרומת הדשן אין בה עוד שום עבודה – ואפילו הכי אסורה בהנאה, כדכתיב "ושמו אצל המזבח" אלא דמעילה לית בה, דלאו קדשי ה' קרינן ביה, כיון דלא מיחסר ביה תו שום עבודה, וה"ה בדישון מזבח הפנימי דאסור בהנאה מק"ו, כדפרישית. אבל לענין שיהא צריך בגדי כהונה – אין לעשות ק"ו, כיון דלא אשכחן בו שום עבודה אחר שנעשה דשן רק מצות דישון, כדאשכחן בחיצון דצריך הרמה. והשתא נמי ניחא הא דאמר בשילהי מסכת תמורה (דף לד.): עולת העוף שנתמצה דמה – מוראה ונוצה יצאו מידי מעילה. ואמאי? והא לא נעשית מצותה, דאכתי מחוסר השלכה אצל המזבח. ולמאי דפרישית ניחא, דכיון דהשלכה לא אשכחן דבעי בגדי כהונה – כנעשית מצותו חשבינן ליה. ור"י תירץ: דשאני התם, שעבודת הדם מתירות אותם. כ"ז דקדק ריצב"א:

מועד. והוא יסוד מערבי של מזבח החיצון וסתום הוא דם העולה ושאר הזבחים שעל מזבח החיצון שנאמר בהם ואת כל הדם ישפוך אל יסוד המזבח סתם ולפי' א"ר ישמעאל זה מפורש וזה סתום ילמד סתום מן המפורש ורשב"א כוליה מזבח בצפון קאי שנמצא יסוד דרומי הוא המכוון כנגד פתח אהל מועד כי כל המזבח בצפון וכשיוצא מפתח אהל מועד כנגדו דרום המזבח אינו מגיע למערבו אא"כ הופך פניו לצדדין מורח ההיכל לימינו ומערב המזבח לשמאלו. דבי ר' ישמעאל הם חכמים הרבה ורשב"י איש אחד ומשכוה גברי לגברא ושני הכל כר' ישמעאל זה וזה יסוד מערבי אלו ואלו מתערבין באמה כלומר כל הדמים מתערבין באמה ויוצאין לנחל קדרון ונמכרין לגננים לזבל הנהנה מהן בלא פדיון מועלין בהן. חייבין קרבן מעילה: **ת"ר** מועלין בדמים דברי ר' מאיר ור' שמעון וחכ"א אין מועלין וסבר ר' מאיר מעילה זו מדרבנן אבל מדאורייתא דברי הכל אין בדם קדשים מעילה שנאמר כי נפש כל בשר בדם היא ואני נתתיו לכם על המזבח לכפר על נפשותיכם כי הדם הוא בנפש יכפר עולא פשיט ליה מדכתיב קרא לכם שלכם יהא. ודבי ר' ישמעאל פשיט ליה מלכפר לכפרה נתתיו לכם ולא למעילה ור' יוחנן פשיט ליה מן הוא כלומר הוא בהווייתו לעולם מה לאחר כפרה אין בו מעילה שאין לך דבר שנעשית מצותו ומועלין בו אף לפני כפרה כן. ואקשינן עליה והרי תרומת הדשן דכתיב והרים את הדשן כו' ונעשית מצותה ומועלין בה ושנינן שני תרומת הדשן

תוספות ישנים

במתני' דאמר בהדיא הכי אבל אי לאו דשמעיניה במשנה דאמר הכי לא הייתו תולין טעמא אלא כמו שפירשתי לר"י הגלילי אבל השתא דשמעיניה בהדיא ניחא ליה לפרושי דלא פליג ר"י אדר"ע רביה במיקף פנים מבחוץ ובמיקף יד מרגל. מ"ר: **שני** כהנים גדולים נשתיירו כו'. ק"ל דהא בפ"ב דתמורה (דף טו:) אמרינן כי מימות משה ועד שמת יוסף בן יועזר לא היתה מחלוקת בישראל והא דאיפליגו בסמיכה בסוף שניה [דבצר] ליכא ואילו הכא משמע דאיפליגו בה ממקדש ראשון אי הקפה ביד או ברגל והייתו נמי כמו פלוגתא דרבי עקיבא ורבי יוסי הגלילי ושמא אם היו באין למנין א] אין יכולין להסכים על האמת אי נמי אי עבד הכי עבד אי עבד הכי עבד לר' ישמעאל וכן מצאתי בירושלמי דלרבי ישמעאל לא פליגי: **אינו** מזה על האפר. בירושלמי מפיק ליה מן והזה עליו ולא על אפרו: **וכי** נפיק בההוא פגע ברישא. תימה אמאי צריך האי טעמא דבקרא כתיב בהדיא אל פתח אהל מועד והיינו כלפי מערב בפתח ההיכל ועוד מאי דקאמר לקמן אף ירידתו מן הכבש בסמוך לו תיפוק ליה דבההוא מקום פגע ברישא ולמה ליה למילף מיציאתו מן ההיכל: **אלו** ואלו מתערבין באמה כו'. כדמפרש במסכת מדות דקתני התם ויסוד היה מהלך על פני כל הצפון כו'*: **עד** כאן לא פליגי אלא מדרבנן אבל מדאורייתא כו'. מכאן משמע דלא גרס' במעילה פרק ולד חטאת (דף יא.) מאי טעמא דמאן דאמר אין מועלין דאמר קרא כו' דמשמע הא מאן דאמר מועלין לית ליה דרשא דהנך קראי ומדאורייתא מיהא מועלין והכא משמע דלכ"ע ליכא מעילה אלא מדרבנן אלא גרס התם מאי טעמא דאמר קרא כו' ולכולי עלמא קאי דלית להו מעילה אלא מדרבנן ועוד דר"ש דקאמר הכא מועלין קאמר התם דבתחילתו אין מועלין יצא לנחל כו' אלמא ר"ש לית ליה מעילה עד לבסוף שתיקנו בו מעילה למדרבנן היא. מ"ר: **עד** כאן לא פליגי כו'. וא"ת כי פריך בריש מעילה [ומי איכא מעילה] מדרבנן ומשני אין דאמר עולא א"ר יוחנן קדשים שמתו כו' ומאי קושיא והא אמרינן הכא דבדם ליכא מעילה אלא מדרבנן וי"ל דקאי אקדשי קדשים ששחטן בדרום דכמאן דחנקינהו דמי ולהכי פריך ומי איכא מעילה מדרבנן כיון דכמאן דחנקינהו דמי ולהכי מייתי ליה ראיה מקדשים שמתו דהוי דומה לדומה אבל פשיטא שיש הרבה מעילות שהן דרבנן כגון ההיא דדם וההיא דמייתי בסמוך התם הנהנה מן החטאת כשהיא מתה כיון שנהנה מעל דהשתא על כרחיה דרבנן כיון דחטאות המתות אין בהן מעילה וא"ת אמאי פריך בפרק בתרא דתמורה (דף לב:) גבי המקדיש עולה לבדק הבית ומי איכא מעילה מדרבנן ומאי קושיא והא הכא חזינן דאיכא בדם וי"ל דהכי פריך אמאי תיקנו מעילה כיון דבשולה איכא כבר מעילה מדאורייתא ובדילי אינשי מיניה והר"י תירץ דבדם דשמעתין ליכא מעילה כלל מדרבנן אלא לפי שב"ד מקדשין אותו קדושת דמים ומעילה דקאמר מדרבנן היינו מדאורייתא על ידי תקנת רבנן שמקדישין אותו בית דין ולהכי לא מייתי במעילה בתמורה ואין נראה לרבי כי למה יקדשום והלא בלא הקדש [הן] יכולין לתקן בו מעילה כמו שתיקנו באפר הפרה בפ' התכלת (מנחות נב:) וכמו חטאת שמתה דאמרינן כיון שנהנה מעל ועוד אי מעילה לא תוכל להיות בדם אלא ע"י הקדש א"כ מאי האי דפריך במעילה פ' ולד חטאת (מעילה יב.) על הסיא דקדשים שמתו יצאו מידי מעילה דבר תורה לפריך והרי דם דמעיקרא לית ביה ולבסוף אית ביה מעילה דהכן בתחילה אין מועלין ואחר קושיא הלא אין מועלין בדם אא"כ קדשוהו וקדשים שמתו לא שייך ביה האי טעמא ע"כ נראה כדפרישית מ"ר: **אין** לך דבר שנעשית מצותו ומועלין בו. וליכא למימר אדרבה אין לך דבר שלא נעשית מצותו ואין מועלין בו דהא איכא טובא כגון עגלה ערופה שאינה אסורה עד שתרד לנחל איתן אבל שלמים ליכא למימר דהיינו טעמא דלא איקרו ב) קדשים. מ"ר. וא"ת מנא לך הא דאין מועלין לאדרבה לעולם אימא לך שמועלין כיון דליכא קראי וכ"ת משום דאיכא שני כתובין הבאים כאחד ואין מלמדין אדרבה כיון דליכא מיעוטא אימא לך שלעולם ימעלו

א) נ"ל היו יכולים. הכרי"ו לאגדה: ב) נ"ל קדשי ה': *) ע"כ שייך לע"א.

[לפנינו במעילה איתא רב. אכן בברכות לא. איתא רב הונא א"ר זעירא]
[מעילה יא. זבחים מו. חולין קיז.]
*) במעילה יא. ובחולין קיז: ובזבחים מו. איתא ישמעאל]
[סוכה מט:]
[עי' תוס' חולין קיז. ד"ה אין לך וכו']
[דף יג.]

הגהות הב"ח

(א) רש"י ד"ה הוא כו' הוא בהוייתו יהא לפני כפרה:

משום דהוי תרומת הדשן ובגדי כהונה *שני כתובין הבאין כאחד, וכל שני כתובין הבאין כאחד אין מלמדין. *הניחא לרבנן, דאמרי: "והניחם שם" – מלמד שטעונין גניזה. אלא לרבי דוסא, דאמר: בגדי כהונה ראוין הן לכהן הדיוט, מאי איכא למימר? משום דהוי תרומת הדשן ועגלה ערופה שני כתובין הבאין כאחד, וכל שני כתובין הבאין כאחד אין מלמדין. הניחא למ"ד אין מלמדין אלא למ"ד מלמדין מאי איכא למימר? תרי מיעוטי כתיבי: "ושמו" "הערופה". *והני תלתי קראי בדם ל"ל? חד למעוטי [א]מנותר, וחד למעוטי ממעילה, וחד למעוטי [ב]מטומאה. אבל מפיגול – לא צריך למעוטי קרא. *דתנן: [ג]כל שיש לו מתירין, בין לאדם בין למזבח – חייבין עליו משום פיגול, ודם עצמו מתיר הוא.§

מתני' כל *מעשה יוה"כ האמור – על הסדר. אם הקדים מעשה לחבירו – לא עשה כלום. [ד]הקדים דם השעיר לדם הפר – יחזור ויזה מדם השעיר לאחר דם הפר. [ה]ואם עד שלא גמר את המתנות שבפנים נשפך הדם – יביא דם אחר, ויחזור בתחילה מבפנים, וכן בהיכל, וכן במזבח הזהב, שכולן כפרה בפני עצמן. רבי אלעזר ור"ש אומרים: *ממקום שפסק משם הוא מתחיל.§

גמ' ת"ר: *כל מעשה יוה"כ האמור – על הסדר, אם הקדים מעשה לחבירו – לא עשה כלום. א"ר יהודה: *[ו]אימתי – בדברים הנעשין בבגדי לבן מבפנים, אבל דברים הנעשין בבגדי לבן מבחוץ, אם הקדים מעשה לחבירו – מה שעשה עשוי. רבי נחמיה אומר: בד"א – בדברים הנעשים בבגדי לבן, בין מבפנים בין מבחוץ, אבל בדברים הנעשים בבגדי זהב מבחוץ – מה שעשה עשוי. אמר ר' יוחנן: ושניהם מקרא אחד דרשו: (ויקרא טז) "והיתה זאת לכם לחוקת עולם אחת בשנה", רבי

רש"י

ובגדי כהונה. ארבעה בגדי לבן דכ"ג ביום הכפורים, דכתיב בהו "והניחם שם" (ויקרא טז): ראוין הן לכהן הדיוט. וקיימא לן:* בגדי כהונה אין בהן מעילה, מפני שלא ניתנה תורה למלאכי השרת, שיהו זריזין לפושטן מיד: עגלה ערופה. כתיב בה 'שם' – שם תהא גניזתה: הערופה. זו ולא אחרת: תלתא קראי כתיבי. 'לכם' 'לכפר' 'הוא': חד למעוטי מנותר. שאם אכל דם נותר בשוגג אינו חייב אלא חטאת משום דם, וכן אם אכל דם קדשים בטומאת הגוף שהיא בכרת, בכולן אינו חייב אלא חטאת משום דם, וכן אם שגג בדם והזיד בחטאת מאלו – פטור מכרת: אבל מפיגול לא צריך למעוטי. שאם אכל דם מקרבן פיגול – ממילתא אחריתי נפקא לן דפטור מכרת דפיגול: בין לאדם בין למזבח. שאחרים מתירין אותן, או לאכילת אדם כגון בשר קדשים הנאכל שתלוי בזריקת הדם, שכל זמן שלא נזרק אסור באכילה, כדכתיב "ודם זבחיך ישפך" (דברים יב) והדר "והבשר תאכל", או מתירין למזבח כגון אימורין, שזריקת הדם מכשרתן למזבח, כדכתיב (ויקרא יז) "וזרק הכהן את הדם על מזבח ה'" והדר "והקטיר החלב לריח ניחוח" – חייבין עליו משום פיגול. אם אכל מהן מקרבן מפוגל חייב כרת, דכתיב (שם ז) "והנפש האוכלת ממנו עונה תשא", אבל מתיר את אחרים, כגון הדם והקומץ – אין חייבין עליו משום פיגול, דגמרי' משלמים, דפיגול בשלמים כתיב, ושלמים יש להן מתירין למזבח, ומתירין לאדם שהדם מתיר את אימוריהן למזבח ובשרם לאכילה: מתני' האמורין על הסדר. במשנתנו: וכן בהיכל. נתן מקצת מתנות על הפרוכת, ונשפך הדם – יביא פר אחר ויתחיל מתנות הפרוכת, ואין צריך לחזור ולהתחיל בכפורת: שכולן כפרה בפני עצמן. לפיכך כפרה שנגמרה – נגמרה: ממקום שפסק. ואפילו לא נגמרה אותה כפרה – אין צריך לחזור וליתן מה שנתן: גמ' מבפנים. לפני ולפנים: בבגדי לבן מבחוץ. כגון הגרלה וידוי ושפיכת שירים, וכל מתנות הפרוכת ומזבח הזהב, אם הקדים להן דבר מאוחר – אין אלו מעכבין עליו לפוסלו. אבל בשחיטה ובחפינה – מודה הוא דלצורך פנים כפנים דמי: בבגדי זהב מבחוץ. כגון אילו ואיל העם, שהקדים להן הוצאת כף ומחתה – אין מעכבין עליו לפסול: אחת בשנה. הלכך: כי כתיב 'חוקה' לעיכובא – אאחת בשנה כתיב: רבי

תוספות

משום דהוי להו תרומת הדשן ובגדי כהונה כו'. ובמעילה, פרק "ולד חטאת" (דף יא:) קאמר: משום דהוו תרומת הדשן ואיברי שעיר המשתלח וכו'. ופריך: הניחא למאן דאמר אין נהנין, אלא למאן דאמר נהנין מאי איכא למימר:

אלא למאן דאמר מלמדין מאי איכא למימר. הוה מצי לשנויי: דמאן דאמר מלמדין – סבר לה כרבנן דרבי דוסא, דהוו להו השתא שלשה כתובין, אלא בעי לשנויי אפי' אם תמצא לומר דסבר כרבי דוסא:

תרי מיעוטי כתיבי. בחד הוה סגי. וכן בסוף פרק "כל הבשר" (חולין דף קיג:) גבי עזים העזים. וי"ל: דאי לא כתיב אלא חד מיעוטא ה"א: נהי דאי לא כתיב מיעוטא לא ממעטינן מידי, דשני כתובין הבאין כאחד מלמדין – מכל מקום השתא דכתיב מיעוטא בחד מינייהו – הוו להו שלשה כתובין הבאין כאחד, ונהי דשלשה כתובין אין מלמדין – הני מילי כי לא כתיבי בחד דוכתא, אבל הכא דתרי מינייהו כתיבי בחד דוכתא – הוה ליה מיעוט אחר מיעוט, ואין מיעוט אחר מיעוט אלא לרבות, להכי איצטריך אידך מיעוטא. ואין להקשות: היכי הוה ס"ד לומר אין מיעוט אחר מיעוט אלא לרבות, דא"כ לישתוק מינייהו לגמרי, ומהיכא תיתי למעוטי דאיצטריך מיעוט אחר מיעוט לרבות? י"ל: הא לא קשיא, דבכל דוכתא דאיצטריך מיעוט אחר מיעוט מקשה רבינו שמואל כך, ומתרץ: דשמא הוה ממעטי' מכח שום דרשה, או ק"ו, או בנין אב. להכי איצטריך מיעוט אחר מיעוט לרבות. כן יש לתרץ כמו כן בכאן. וזה אין להקשות: אי דרשי ליה למיעוט אחר מיעוט – אידך קרא שלישי למאי אתא? די"ל: כמו פרשה שנאמרה ונשנית. תדע, דלדידהו כיון דסבירא להו שני כתובין הבאין כאחד מלמדין, היכא דליכא אלא שני כתובים – כתוב שני למאי איצטריך? אלא ע"כ י"ל כדפרישית. אי נמי: אי לא כתיב שלישי לא הוה דרשינן להו הנך תרי למיעוט אחר מיעוט, דאי לא כתיב אלא תרומת הדשן ומיעוט שלה – תרומת הדשן לאו מיעוטא הוא. אבל השתא, מכח דכתיב עגלה ערופה, דהשתא הוו להו שלשה כתובין – הוה ליה כל חד כמו מיעוט, והוה ליה תרומת הדשן ומיעוט שלה כמו מיעוט אחר מיעוט*:

חד למעוטי מנותר וחד למעוטי מטומאה. תימה: דבחד קרא סגי למעוטי תרווייהו, דכיון דאימעיט חד מינייהו – ילפינן אידך מיניה בג"ש דחילול, כדילפינן להו מהדדי בפרק "בית שמאי" (זבחים דף מה.) גבי קדשי גוים. ולי קשה: דלא הוה צריך קרא לא לנותר ולא לטומאה, דכיון דפיגול לא צריך קרא, דהוה ליה דבר שאין לו מתירין – ניתו בק"ו: ומה פיגול שהוא בקבועה, ובידיעה אחת, ולא הותר מכללו – אינו חייב עליו, טומאה שהיא בעולה ויורד ובשתי ידיעות דוקא, והותר מכללו – לא כל שכן. וכיון דנפקא לן טומאה בקל וחומר מפיגול, הדר ילפינן נותר ב'חילול' 'חילול' דדבר הלמד בק"ו חוזר ומלמד בג"ש, כדאיתא בפרק "איזהו מקומן" (שם דף נ:)! ונראה לי: דאע"ג דעביד גמרא קל וחומר זה לפטור בדבר שאין לו מתירין משום טומאה – קל וחומר פריכא הוא, דאיכא למיפרך: מה לפיגול שאינו נוהג לאחר זריקה, ושאין פסולו בגופו אלא במחשבה בעלמא, ושאינו מטמא – תאמר בטומאה דשייכא אפילו לאחר זריקה ופסולו בגופו, ושכן מטמאה. והא דעביד התם האי קל וחומר – עיקרו אג"ש סמיך, דמאי למילף חילול חילול מנותר, ונותר עון עון מפיגול. והא דיליף לה מק"ו ולא קאמר בהדיא מג"ש – י"ל משום דס"ד למילף בע"א מהיקישא, דאיתקשו אכילת קודש בטומאה לשימוש בטומאה בקרא ד"וינזרו" כמו שפירש ר"י שם בריש פ"ב דזבחים (דף טו: ד"ה "אלא") וקד"א: כי היכי דעיקר שימוש בטומאה הוי אף בדבר שאין לו מתירין – הכי נמי אכילת קודש בטומאה. ואע"ג דג"ש עדיפא – שאני הכא, כיון דהיקש לא איצטריך למילי אחריני, וג"ש איצטריך למילי אחריני – היקישא עדיפא. ולהכי קאמר קל וחומר, דכיון דפיגול חמור בכמה עניינים ואינו חייב אלא בדברים שיש לו מתירין – א"כ מיסתברא למיגמר טומאה מיניה בג"ש, ולא נידרוש היקישא כלל, דאינו כל כך היקש גמור, כיון שלא הוזכרו בהדיא בקרא ד"וינזרו" אכילה ושימוש. אבל הא קשיא לי: מאי איצטריך למימר אבל פיגול לא צריך קרא, משום דהוה ליה דבר שאין לו מתירין – לימא דלא צריך קרא משום דגמר 'עון' 'עון' מנותר! אלא [י"ל]: דגזירה שוה ד'עון' 'עון' ו'חילול' 'חילול' לא ניתנה אלא למאי דכתיב בהדיא, אבל הני דרשות ד'לכם' ו'הוא' 'לכפר' – לא משמע אלא לאפוקינהו ממעילה, והא דדרשינן מינייהו נותר וטומאה – היינו בדם אינו ענין למעילה, וכיון דלא נפקי אלא בדם אינו ענין – לא גמרינן מינייהו בגזירה שוה: תנא

רבינו חננאל

משום דהויא היא ובגדי כהונה שני כתובים הבאים כאחד. פי' הכא כתיב ושמו אצל המזבח בבגדי כהונה כתיב והניחם שם. וכיון דאשכחנן בתרווייהו כתוב גניזה לא גמרינן מינייהו דקי"ל דכל ב' כתובין הבאין כאחד אין מלמדין שהיה לו לכתוב באחד וללמד השני ממנו שכן התורה נדרשת וכיון שכתיב עוד פעם אחרת גילה לנו שזה הדין בא לו בלבד ולא בזולתם. ודחי' כי בגדי כהונה לר' דוסא אין טעונין גניזה. ואוקימנא עגלה ערופה במקומה שנאמר וערפו שם את העגלה וגו'. ולמ"ד מלמדין מאי איכא למימר. כלומר קשיא לר' יוחנן ופריק [תרי] מעוטי כתיבי ואינך יכול ללמד מהן. בתרומת הדשן כתיב ושמו זו אפי' נעשת מצוותה בקדושתה קיימא ומועלין בה ולא זולתה וכן הערופה כמותה זו ולא זולתה. והני ג' קראי בדם לכם ולכפר. והוא חד למעוטי מנותר שאין דין נותר בדם. ולא דין מעילה ולא דין טומאה כמו בשר קדשי' וחלבם אבל שאין בו דין פיגול אין צריך קרא למעוטי דהא תנן כל שיש לו מתירין בין לאדם בין למזבח חייבין עליו משום פיגול. פי' מתירין בשר הקדש לאדם והחלב למזבח כי אין מותרין הבשר ולא החלב עד שיזרק הדם אבל הדם הוא מתיר ואין אחרים מתירין אותו: **מתני'** **כל** מעשה יוה"כ כו'. ת"ר כל מעשה יוה"כ האמור על הסדר אם הקדים מעשה לחברו לא עשה כלום. פי' אם שינה מן הסדר שכתב בתורה והקדים המאוחר לא עשה כלום אמר ר' יהודה בד"א בדברים הנעשים בבגדי לבן לפני ולפנים. אבל דברים הנעשים בבגדי לבן בחוץ כמו שחיט' והגרלה וכיוצא בהן ואפי' בהיכל מה שעשה עשוי א"ר נחמיה בד"א בדברים הנעשים בבגדי לבן בין בחוץ בין בפנים. אבל הנעשים בבגדי זהב אם הקדים מעשה לחברו מה שעשה עשוי א"ר יוחנן ושניהן מקרא אחד דרשו והיתה זאת לכם לחקת עולם לכפר על בני ישראל אחת בשנה

עין משפט נר מצוה

פז א ב מיי' פ"ח מהל' פסולי המוקדשין הלכה יז:
פח ג שם הלכה ז:
פט ד מיי' פ"ה מהל' עבודת יוה"כ הל' ז:
צ ה שם הלכה ה:
צא ו שם הלכה ח:

מסורת הש"ס

[קידושין נד.] | [קידושין נד. וש"נ] | [לעיל יב: כד.] פסחים כו. חולין קח. כריתות ו. מעילה יא: זבחים מו. | [זבחים שם חולין קיז:] | זבחים מג. [וש"נ] | סנהדרין מט: | זבחים מב. קי: | [תוספ' פ"ג] | [לעיל לט: זבחים מ.] | [וע' תוס' פסחים כו. ד"ה כתיב ותוס' מעילה יא. ד"ה תרי כתבו תירוצים אחרים אבל בחולין קיז: ד"ה כיוס וקיו: ד"ה תרי וזבחים מו. ד"ה תרי הניחו בקושיא דבחד מיעוטא סגי] | רש"א

גליון הש"ס

מתני' הקדים דם השעיר. עיין מנחות דף ה ע"א תוס' ד"ה ולאי אין מחוסר: גמ' אם הקדים מעשה לחבירו. עיין סוטה דף י"ז ע"ב תוס' ד"ה קודם שתקבל:

תוספות ישנים

ימעטו בכן וכ"ת דליכא תרי מיעוטי הערופה ושמו הא תינח למ"ד דהוו שני כתובין ומלמדין אלא למ"ד לחוד שני כתובים ואין מלמדין אין אנו צריכין להני מיעוטי ואומר רבי דנפקא ליה מחטאות המתות דדרשי' בת"כ שאין מועלין בהם שאינן למנוה ה"נ דבר שנעשית מצותו אין מועלין בו. מ"ר: **והרי** תרומת הדשן כו'. אומר רבי דתנן פרק ולד חטאת (דף יא:) דישון מזבח הפנימי והמנורה לא נהנין ולא מועלין ואמרינן בגמרא מזבח החיצון דכתיב ושמו אלא מזבח הפנימי מנא לן כו' ומשמע לכאורה דה"פ בשלמא מזבח החיצון [ואין] מועלין כו' אלא מזבח הפנימי [מנ"ל כו' משמע דאין מועלין בתרומת הדשן ונראה לר"י דה"פ בשלמא דישון מזבח הפנימי] לא נהנין מן התורה ולא מועלין [והשתא ה"ק בשלמא מזבח החיצון אסור בהנאה מדאורייתא דכתיב ושמו] אלא מזבח הפנימי מנ"ל שאסור בהנאה מן התורה ומשני דמדשן נפקא וא"ל א"כ לימא הכא דה"ל מזבח החיצון ופנימי ומנורה ג' כתובים הבאים כאחד די"ל דאחר שלמדנו דישון מזבח הפנימי ומנורה מ' תשובה מועלין כולהו כדבר אחד ומועלין דקאמר הכא בתרומת הדשן לאו דוקא אלא איסור הנאה קאמר] ואע"ג דליכא מעילה איסורא איכא דבעגלה ערופה ליכא נמי אלא איסורא בעלמא ואומר רבי כי נראה דה"פ דבדישון מזבח הפנימי והמנורה יש בהם מעילה קודם דישון ולאחר דישון שהגיעם במקומם אין בהם מעילה כלל מן התורה ודייק בגמרא בשלמא מזבח החיצון יש בו מעילה קודם דישון וגם לאחר תרומת הדשן אסור בהנאה כו' אלא דישון מזבח הפנימי והמנורה שמועלין בהן קודם דישון אף לאחר שנעשו אפר מנא לן ומשני התם וא"ת מ"ש דמועלין בדישון מזבח הפנימי והמנורה אף אחר שנעשו אפר קודם דישון ואלו גבי קטורת אמרינן בפרק כל שעה (דף כו.) דמשתעלה תימרתו אין מועלין בו וי"ל שבריח אין בו מעילה שלא ניתנה תורה למלאכי השרת שא"א שלא יהנו ממנו בחפינה ובפיטום ובהולכה ובהקטרה ורבנן הוא דגזרו ביה אבל אחר שנעשית מצותו לא גזרו ביה מידי אי נמי ריח אין בו ממש כמו קול ומראה אבל דישון מזבח הפנימי והמנורה יש בו ממש כי אין נראה לומר שיהא בריח יותר ממש מקול ומראה לפי שנכנס בגוף ולפי טעם זה המריח הדם של הקדש לא מעל אבל ללשון ראשון מעל דלא שייך ביה טעמא דלא ניתנה תורה למלאכי השרת ולהאי טעמא מועלין בדישון מזבח הפנימי והמנורה כמו בשל חיצון ותדע שכן הוא שמועלין בהן דהא אפילו במזבח החיצון פלוגתא דאמוראי היא בפרק חטאת העוף (דף ע.) במעילה דאיכא למ"ד עד הוצאת הדשן ואיכא למאן דאמר עד תרומת הדשן אבל קודם תרומת הדשן לכ"ע מועלין וא"כ בדישון מזבח הפנימי והמנורה למה לא ימעטו כמו כן באפר קודם שהוא מדשן (של קטורת) מ"ר א) *: **משום** דהוו תרומת הדשן ובגדי כהונה כו'

א) עי' בתוס' חולין קי"ז א וזבחים מ"ז א ומעילה י"א ב ובתוס' דסוגיין ויתבארו דברי הת"י. ובסוף נ"ל כמו כן באפר כיון שהוא מדשן. ועיין ש"י:
* ע"כ שייך לדף נט ע"ב

צב א ב מיי' פ"ה מהל' עבודת יוה"כ הלכה ב:

רַבִּי יְהוּדָה סָבַר: מָקוֹם שֶׁמִּתְכַּפְּרִין בּוֹ פַּעַם אַחַת בַּשָּׁנָה. וְר' נְחֶמְיָה סָבַר: דְּבָרִים הַמִּתְכַּפְּרִין בָּהֶן פַּעַם אַחַת בַּשָּׁנָה. אַטּוּ לְר' יְהוּדָה 'מָקוֹם' כְּתִיב?! – אֶלָּא, הַיְינוּ טַעְמֵיהּ דְּרַבִּי יְהוּדָה: כְּתִיב "זֹאת" וּכְתִיב "אַחַת", חַד – לְמַעוֹטֵי בִּגְדֵי לָבָן מִבַּחוּץ, וְחַד – לְמַעוֹטֵי בִּגְדֵי זָהָב. וְר' נְחֶמְיָה: חַד – לְמַעוֹטֵי בִּגְדֵי זָהָב, וְחַד – לְמַעוֹטֵי שִׁירַיִם, דְּלָא מְעַכְּבִי. וְר' יְהוּדָה: אִי מְעַכְּבִי – מְעַכְּבִי, וְאִי לָא מְעַכְּבִי – לָא מְעַכְּבִי. *כִּדְתַנְיָא: °"וְכִלָּה מִכַּפֵּר אֶת הַקֹּדֶשׁ" (ויקרא טז) אִם כִּפֵּר – כִּלָּה, וְאִם לֹא כִּפֵּר – לֹא כִּלָּה, דִּבְרֵי ר' *עֲקִיבָא. אָמַר לוֹ ר' יְהוּדָה: מִפְּנֵי מָה לֹא נֶאֱמַר: אִם כִּלָּה כִּפֵּר וְאִם לֹא כִּלָּה לֹא כִּפֵּר? שֶׁאִם חִיסֵּר אַחַת מִן הַמַּתָּנוֹת – לֹא עָשָׂה וְלֹא כְּלוּם. *וְאָמְרִינַן: מַאי בֵּינַיְיהוּ? רַבִּי יוֹחָנָן וְר' יְהוֹשֻׁעַ בֶּן לֵוִי; חַד אָמַר: מַשְׁמָעוּת דּוֹרְשִׁין [א]אִיכָּא בֵּינַיְיהוּ, וְחַד אָמַר: *שִׁירַיִם מְעַכְּבִי אִיכָּא בֵּינַיְיהוּ. וּמִי אָמַר ר' יוֹחָנָן הָכִי? וְהָאָמַר רַבִּי יוֹחָנָן: *תָּנָא ר' נְחֶמְיָה כְּדִבְרֵי הָאוֹמֵר שִׁירַיִם מְעַכְּבִי! קַשְׁיָא. אָמַר *רַבִּי חֲנִינָא: אקְטוֹרֶת שֶׁחֲפָנָהּ קוֹדֶם שְׁחִיטָתוֹ שֶׁל פַּר – לֹא עָשָׂה וְלֹא כְּלוּם. כְּמַאן – דְּלָא כְּר' יְהוּדָה. דְּאִי ר' יְהוּדָה – הָאָמַר כִּי כְּתִיבָא 'חוּקָּה' – בִּדְבָרִים הַנַּעֲשִׂים בְּבִגְדֵי לָבָן מִבִּפְנִים הוּא דִּכְתִיבָא! – אֲפִי' תֵּימָא ר' יְהוּדָה: בצוֹרֶךְ פְּנִים כִּפְנִים דָּמֵי. תְּנַן: אִם עַד שֶׁלֹּא גָּמַר מַתָּנוֹת שֶׁבִּפְנִים נִשְׁפַּךְ הַדָּם – יָבִיא דָּם אַחֵר, וְיַחֲזוֹר וְיַזֶּה בַּתְּחִילָּה מִבִּפְנִים. וְאִם אִיתָא: יַחֲזוֹר וְיַחְפּוֹן מִבָּעֵי לֵיהּ!

בִּקְטוֹרֶת

רש"י

רַבִּי יְהוּדָה סָבַר. אַמָּקוֹם שֶׁכַּפָּרָתוֹ אַחַת בַּשָּׁנָה כְּתִיבָא חוּקָּה, אֲבָל אַהֵיכָל וַעֲזָרוֹת, אֲפִי' דְּבָרִים הַנַּעֲשִׂים בְּבִגְדֵי לָבָן שֶׁאֵין כַּפָּרָתָן בְּכֹהֵן גָּדוֹל, אֶלָּא אַחַת בַּשָּׁנָה – לֹא כְּתִיבָא חוּקָּה: דְּבָרִים הַמִּתְכַּפְּרִים בָּהֶן אַחַת בַּשָּׁנָה. בֵּין הַמָּקוֹם בֵּין הַבְּגָדִים: כְּתִיב זֹאת. מַשְׁמַע חוּקָּה עַל זֹאת כְּתִיבָה, וְלֹא עַל אַחֶרֶת: לְמַעוֹטֵי שִׁירַיִם. שְׁפִיכַת שִׁירַיִם, דְּלָא מְעַכְּבִי דָּבָר הַמְאוּחָר לָהֶם, אִם הִקְדִּימוּ לָהֶם וְאַע"פ שֶׁהֵן נַעֲשִׂין בְּבִגְדֵי לָבָן – אֵין סִדְרָן מְעַכֵּב: וְר' יְהוּדָה אִי מְעַכְּבִי. שְׁאָר דְּבָרִים הַנַּעֲשִׂים בְּבִגְדֵי לָבָן מִבַּחוּץ בְּכִסְדְּרָן – מְעַכְּבִי אַף שִׁירַיִם כְּסִדְרָן: וְאִי לָא מְעַכְּבִי. שְׁאָר דְּבָרִים הַנַּעֲשִׂים בְּבִגְדֵי לָבָן – לָא מְעַכְּבִי הָנֵי, דְּאִינְהוּ נַמִי עֲבוֹדָה הַמְעַכֶּבֶת כַּפָּרָה הִיא, וּמַאי חֲזֵית לְמַעוֹטָהּ: כִּדְתַנְיָא. דִּלְרַבִּי יְהוּדָה שִׁירַיִם מְעַכְּבִי כַּפָּרָה כִּשְׁאָר הַמַּתָּנוֹת, אִי עָקַר לְהוּ לְגַמְרֵי. הִלְכָּךְ, אִי חוּקָּה אַשְּׁאָרָא כְּתִיבָא – אַדִּידְהוּ נַמִי כְּתִיבָא: מִפְּנֵי מָה לֹא נֶאֱמַר. מִי מְעַכֵּב עַל יָדֵינוּ שֶׁלֹּא נִדְרוֹשׁ בְּלָשׁוֹן זֶה: אִם כִּלָּה – כִּפֵּר, וְאִם לֹא כִּלָּה – לֹא כִּפֵּר: וְאָמְרִינַן. בְּ"אֵיזֶהוּ מְקוֹמָן" (זבחים דף נב:): מַשְׁמָעוּת דּוֹרְשִׁין. מָר מַשְׁמַע לֵיהּ הָכִי, וּמָר מַשְׁמַע לֵיהּ הָכִי: שִׁירַיִם מְעַכְּבִי אִיכָּא בֵּינַיְיהוּ. רַבִּי עֲקִיבָא סָבַר: שִׁירַיִם לֹא מְעַכְּבִי, וְהָכִי קָאָמַר: אִם כִּפֵּר עִיקַּר הַמַּתָּנוֹת – כִּלָּה, וַאֲפִי' לֹא שָׁפַךְ שִׁירַיִם. וְרַבִּי יְהוּדָה סָבַר: מְעַכְּבִי. וְהָכִי קָאָמַר: אִם כִּלָּה הַכֹּל – אָז כִּפֵּר, וְאִם לֹא(א) כִּפֵּר הַכֹּל – אֵין הַכַּפָּרָה שֶׁל מַתָּנוֹת כַּפָּרָה: וּמִי אָמַר רַבִּי יוֹחָנָן הָכִי. דִּלְר' נְחֶמְיָה שִׁירַיִם לֹא מְעַכְּבִי, דְּקָאָמְרִינַן לְעֵיל: שְׁנֵיהֶן מִקְרָא אֶחָד דָּרְשׁוּ, וּמַסְקָנָא לְר' נְחֶמְיָה, חַד לְמַעוֹטֵי שִׁירַיִם דְּלָא מְעַכְּבִי: וְהָאָמַר רַבִּי יוֹחָנָן. בְּמַסֶּכֶת זְבָחִים, בְּפֶרֶק "הַשּׁוֹחֵט וְהַמַּעֲלֶה בַּחוּץ" (שם קיא.), תָּנָא רַבִּי נְחֶמְיָה כְּדִבְרֵי הָאוֹמֵר שִׁירַיִם מְעַכְּבִי, דְּקָאָמַר רַבִּי נְחֶמְיָה הָתָם: שִׁירֵי הַדָּם שֶׁהִקְרִיבָן בַּחוּץ – חַיָּיב. אַלְמָא: עֲבוֹדָה הֵן בִּפְנִים. וְקָרֵינַן בְּהוּ: (ויקרא יז) "וְאֶל פֶּתַח אֹהֶל מוֹעֵד לֹא יְבִיאֶנּוּ וגו' וְנִכְרַת": יָבִיא דָּם אַחֵר וְיַתְחִיל. וַהֲרֵי כְּבָר נִקְטַר הַקְּטוֹרֶת, וְזֶה שׁוֹחֵט פַּר*:

בִּקְטוֹרֶת

תוספות

תנא רבי נחמיה כדברי האומר שירים מעכבי. משמע דוקא משום דמעכבי, הא אי לא מעכבי – לא מיחייב עלייהו בחוץ. ותימה: דמשמע בזבחים פרק "בית שמאי" (דף לט.) דרבי נחמיה בשירים החיצונים איירי, והתם מייתי ברייתא דמים הנשפכים לאמה אין חייבין עליהן בחוץ ואין מחשבה פוסלת בהן, ואין טעון כיבוס. ופריך: ליפלוג וליתני בדידה, אפילו בדמים כשירים בשלש מתנות שבחטאת, דאין טעון כיבוס, ואין מחשבה פוסלת בהן, ואין חייבין עליהן בחוץ! ומשני: הא מני – רבי נחמיה היא, דאמר: שירי הדם שהקריבן בחוץ חייב, ולא מיתני ליה תלתא פטורי בהדי תלתא חיובי. אלמא: לרבי נחמיה שלשה מתנות שבחטאת אין טעון כיבוס, ואין מחשבה פוסלת בהן. א"כ הוא הדין נמי דלא מעכבי. ואפי' הכי, הקריבן בחוץ – חייב. אם כן הוא הדין שירים, אע"ג דלא מעכבי – ליחייב עלייהו בחוץ! ועוד: איך יתכן זה דלרבי נחמיה שלשה מתנות שבחטאת לא מעכבי ושירים מעכבי? ועוד דמשמע בריש פרק "בית שמאי" (שם לח.) ולעיל בפ"ק (דף טו.) דלא מלינו דמים שחליין למטה וחליין למעלה בחד מקום שיהו מעכבין, ולפי זה הרי מלינו לרבי נחמיה! ועוד הקשה רבינו יעקב מאורליינ"ש: דבפרק "בית שמאי" (גז"ש) משמע דבחילונים איירי, ובפרק "השוחט והמעלה" (שם דף קיא.) אמרינן והשתא דאמר רב אדא בר אהבה מחלוקת בשירים הפנימים, אבל בשירים החילונים דברי הכל אין מעכבין, כי קאמר ר' נחמיה – בשירים הפנימים. ועוד: דבסוף פרק "השוחט והמעלה" (שם דף קיב.) גבי חטאת שקיבל דמה בשני כוסות, דמוקי לה כרבי נחמיה, וקאמר: משל למה הדבר דומה וכו', ומוקי לה בשעיר נשיא. אלמא: רבי נחמיה בחילונים איירי, דומיא דשעיר נשיא! מיהו, הא לא קשיא, דאע"ג דהמשל הוי בשעיר נשיא – איכא למימר רבי נחמיה בפנימיים איירי. מכל מקום שאר הקושיות תיקשי לן! ואין לתרץ דסוגיא דריש פרק "בית שמאי" (שם דף לח:) דלא כרבי יוחנן, כיון דבפרק "השוחט והמעלה" (שם קיא.) במסקנא מיתוקמא מילתא דרבי יוחנן בתר דאמר רב אדא בר אהבה כו'. ותירץ רבינו חיים כהן זצ"ל, דה"ק רבי יוחנן: תנא רבי נחמיה כדברי האומר שירים הפנימיים מעכבין, ואילו היה עושה אותן בחוץ – חייב, א"כ יש לחייב בחילונים בחוץ, אע"ג דלא מעכבין, דגמרינן מאיברים ופדרים, דאי פרכת מה לאברים ופדרים שכן תחילת עבודה – שירים הפנימיים יוכיחו, ואי פרכת מה לשירים הפנימיים שכן מעכבין – איברים ופדרים יוכיחו. ולא נהירא לריב"א: דהיכי קאמר שירים הפנימיים יוכיחו שהן סוף עבודה? והלא תחילת עבודה קורא אותם ב"השוחט והמעלה" למאן דאמר פנימיים מעכבי! על כן פירש ריב"א: דלמסקנא דמסקינן דשירים החילונים לרבי נחמיה לא מעכבי – ה"פ: תנא רבי נחמיה כדברי האומר שיריים הפנימיים מעכבין, וכיון דמעכבין – מסתבר לעשות חילונים כמו תחילת עבודה לכל הפחות, ולדמות לאיברים ופדרים, דכיון דרחמנא אחשבינהו כולי האי לפנימיים דמעכבי – יש לנו לעשות חילונים כתחילת עבודה, כיון דלא הוו במקום המתנות אלא ע"ג אילטבת היסוד – הוו להו תחלת עבודה אחרת, ואין סוף עבודה ראשונה. ואע"ג דלא מעכבי – חייב עליהם בחוץ, מידי דהוה אאברים ופדרים דלא מעכבי וחייבין עליהם בחוץ, והיינו דאמר פרק "בית שמאי" (דף לח:): אימור דשמעת ליה לרבי נחמיה לענין העלאה בחוץ, מידי דהוה אאיברים ופדרים, דמאיברים ופדרים לחודייהו יליף, כדפרישית. ואע"ג דפרכיה רבי עקיבא: לא אם אמרת באיברים ופדרים – שכן תחילת עבודה, ולא אהדר ליה ולא מידי – היינו משום דלא צריך, דפירכא דר' עקיבא לא הויא פירכא אלא אליבא דנפשיה, דקסבר שירים הפנימיים אינן מעכבין. והא דפריך ליה מעיקרא נמי רבי עקיבא, והלא שירי הדם שירי מצוה הן – אליבא דנפשיה קאמר, פי': אפילו בפנימיים. ורבי נחמיה השיבו: איברים ופדרים יוכיחו, ולדבריו דרבי עקיבא קאמר, כדמפרש התם, ולא לגמרי לדבריו. דאפי' לדברי עצמו צריך ראיה מאיברים ופדרים, אלא בהא הוא לדבריו – דמשמע דמודי ליה במאי דקרי ליה שירי מצוה. ואיהו לא ס"ל הכי, אלא ס"ל דפנימיים מעכבין. ומינייהו יליף חילונים לחייב בחוץ, כדפרי'. והשתא אתי שפיר דקתני שירי הדם סתמא במתני' ובברייתא, דחייב, דמשמע דבכולהו מחייב ר' נחמיה. ומאותו טעם שפירש', דתחילת עבודה חשיב לחייב בחוץ, וגמרינן להו מאיברים לפי שאינן במקום תחילת המתנות אלא על גב היסוד – מההוא טעמא הוה ס"ד מעיקרא דמעכבין חילונים, דאם לא כן – מאיזה טעם הוה סבור לומר דמעכבי מקמי דאייתי מילתא דרב אדא? והוה ס"ד דאפילו חילונים מעכבי, והא ליכא קרא אלא בפנימיים, "וכלה מכפר" אם כלה – כפר, אלא ע"כ מטעמא דפרישית. ור"ת פירש בע"א, וקשה טובא לפי', לכן לא כתבתיו. ובזבחים פרק "בית שמאי" (גז"ש) מפורש בתוספות: *וכפר את מקדש הקודש זה לפני ולפנים. פרש"י: אטומאה דלפני ולפנים. ולא נהירא, דהא אמתנות דלפני ולפנים ודהיכל מייתי לה, לומר דכל מתנות דלפני ולפנים חדא חשיבי, דאם נשפך הדם קודם שגמר כל מתנות לפני ולפנים – מביא פר אחר ומתחיל בתחילה. אלא י"ל: לענין נשפך הדם קאמר זה לפני ולפנים, דכולהו כחדא מתנה חשיבי דהיכל כחדא מתנה וכן דמזבח. מיהו נוכל ליישב פירוש רש"י, דה"ק: זה לפני ולפנים, דמתנות דלפני ולפנים חדא חשיבי, ומכפר על טומאה שאירעה שם. וכן בהיכל חדא חשיבי, ומכפר על טומאה שאירעה בהיכל. מזבח כמשמעו חדא חשיבי, ומכפר על שנטמא בפנים ולא שהה כשיעור השתחויה ועבד עבודה. ומשום דפשטיה דקרא מיירי בכפרה שמכפר על מקדש הקודש על הכהנים ועל עם הקהל כו' – על כן פירש רש"י כן:

דברי

רבינו חננאל

ר' יהודה סבר *) זו חקה היא כלומר זו עבודה שבפנים אם שינה מעכב דכי כתיבה חקת עולם אהא כתיבה אבל עבודה שבחוץ אפילו בבגדי לבן אחת בשנה נמי כלומר עבודה שאינה כשרה אלא פעם אחת בשנה והיא עבודה בבגדי לבן למעוטי עבודה הנעשית בבגדי זהב שאינה אחת בשנה ור' נחמיה חד למעוטי בגדי זהב וחד למעוטי שירי הדם שאם איחר או שינה שפיכתן על היסוד לא מעכבי. ואקשינן ומי א"ר יוחנן בדר' נחמיה דסבר שירי הדם לא מעכבי והתנן בשחיטת קדשים פרק השוחט והמעלה בחוץ חייב ר' נחמיה אומר שירי הדם שהקריבן בחוץ חייב וא"ר יוחנן בגמרא ר' נחמיה כדברי האומר שירים מעכבי תני לה להא מתניתין ועלתה בקשיא לר' יוחנן מדבריו על דבריו דמוקי' ליה לר' נחמיה הכא דסבר שירים לא מעכבי והתם קאמר בהדיא דר' נחמיה סבר כמ"ד שירים מעכבי **) ומותבינן התם למ"ד כר' עקיבא סבר קרבן נסכים במדבר מיתיבי שירי הדם שהקריבו בחוץ חייב דברי ר' נחמיה א"ל ר' עקיבא והלא שירי הדם שירי מצוה הן א"ל הקטר חלבים יוכיחו שהן שירי מצוה פירוש שכבר הקדימו זריקת הדם. והמקריבו בחוץ חייב. א"ל לא אם אמרת בהקטר חלבים שהן תחלת עבודה תאמר בשירי הדם שהן סוף עבודה כלומר כבר נזרק מן הדם הזה בעצמו ואלו נשארו. ואם איתא נסכים נמי תחלת עבודה נינהו תיובתא. ואסקנא התם כי קתני ר' נחמיה חייב בשירים הפנימים והא בשירים החיצונים ולדברי ר' עקיבא קאמר ור' יהודה שירים אי מעכבי מעכבי ואי לא מעכבי לא מעכבי מהך קרא נפקא. וכלה מכפר את הקודש. אם כיפר כלה ואם לא כיפר לא כילה דברי ר' עקיבא א"ל ר' יהודה מפני מה לא נאמר אם כילה כיפר שאם חיסר אחת מכל המתנות לא עשה כלום. חד אמר משמעות דורשין איכא בינייהו זה אומר כך פירוש זה הפסוק וזה אומר כך פירושו אבל לדברי הכל שירים לא מעכבי וחד אמר שירים מעכבי איכא בינייהו דר' עקיבא סבר שירים לא מעכבי ור' יהודה סבר מעכבי דהא בהדיא קתני שאם חיסר אחת מכל המתנות לא עשה כלום. דייקינן מינה דשירים מעכבי: א"ר חנינא קטורת שחפנה קודם שחיטת הפר לא עשה כלום [כמאן] דלא כר' יהודה דהא שחיטת הפר עבודת חוץ היא ולא מוקים ר"י ואמר כי כתיבה חוקה אלא בדברים הנעשים בבגדי לבן בפנים. אבל עבודת חוץ לית בה חוקה ופרקינן אפי' תימא ר' יהודה צורך פנים כלפנים הוא ושחיטה צורך פנים הוא ואקשינן על ר' חנינא דאמר קטורת שחפנה קודם שחיטת הפר לא עשה כלום תנן ואם עד שלא גמר

*) לשון רבינו הוא מגומגם קצת ונראה דצ"ל ר"י סבר זאת חוקה מיעוטא הוא כלומר וכו' אפילו בגדי לבן אחת בשנה נמי מיעוטא הוא כלומר עבודה וכו'. **) לפנינו שם בזבחים ליתא כלל כהך לישנא ע"ש וגירסת רבינו שם צ"ע רב.

זבחים מ. נב:

[בילקוט איתא דברי ר' יהודה אמר לו ר' נחמיה מפני מה וכו']

[שם נב:]

[מנחות טז:]

זבחים נב: קיח. [לעיל מט.]

עיין רש"י לעיל דף מ. ד"ה פר

שייך לדף סא.

הגהות הב"ח

(א) רש"י ד"ה שירים כו' ואם לא כלה הכל אין הכפרה וכו':

הגהות מהר"ב רנשבורג

א] גמ' חד אמר משמעות דורשין. נ"ב עי' לקמן זה לכ"ע שיריים לא מעכבי ומאר כך מרש"י בזבחים דף נב ע"ב:

תוספות ישנים

[illegible]

בקטורת לא קמיירי. ומיהו, ודאי צריך להקטיר קטורת אחרת אחר שחיטת פר זה: הקדים דם השעיר. קא סלקא דעתך במתנות שבפנים קאמר, דהוה ליה שעיר ששחטו קודם מתן דמו של פר: תרגמא עולא. דבמתנות שבהיכל קאמר אבל שחיטת השעיר במקומה היתה לאחר מתן דם הפר בפנים: זה לפני ולפנים. כפר בדמים הללו על טומאה שאירעה לפני ולפנים, אם נכנס אדם שם בטומאה ואין בה ידיעה בסוף אבל הוה(ב) ידיעה בתחלה. וילפינן מקראי בפ"ק דשבועות (דף ז:), שהשעיר זה תולה עליה להגין מן היסורין עד שיודע לו, ויביא בעולה ויורד: זה היכל. על טומאה שאירעה בהיכל: ואת המזבח כמשמעו. על טומאה שאירעה לאדם במזבח, ושהה כדי השתחויה, שזהו שיעור שהייה למי שנטמא בעזרה: הושוו כולן. בהאי 'יכפר' בתרא כהנים לוים וישראלים, ובטומאת מקדש וקדשיו אי אפשר להשוותן, שהרי הפר מכפר על הכהנים, והשעיר הנעשה בפנים על ישראל. ובאיזה כפרה הושוו – מלמד שכולם מתכפרים בוידוי של שעיר המשתלח בשאר עבירות, דברי רבי יהודה: ר"ש אומר כשם שדם השעיר הנעשה בפנים מכפר על ישראל בטומאת מקדש וקדשיו. ואין עמו וידוי: כך דם הפר. בלא וידוי מכפר על הכהנים בטומאת מקדש וקדשיו: וכשם שוידוי של שעיר המשתלח מכפר על ישראל בשאר עבירות כך וידוי של פר מכפר על הכהנים. ובמס' שבועות (דף יג:) פרכינן: ולר"ש הא ודאי הושוו! ומשנינן: הושוו דבני כפרה נינהו, מיהו – כל חד מכפר בדידיה: וכלה מכפר את הקודש זה לפני ולפנים. אלו הזאות של בין הבדים: זה היכל. הזאות שעל הפרוכת: מכאן אמרו וכו'. לאו אנתן מקצת מתנות קאי, אלא אגמר מתנות שבפנים ונשפך הדם,(ג) דאמר: מכאן דאין צריך לחזור ולעשות את זאת שגמר שהרי כפרה בפני עצמה היא: חטאת אחת אמרתי לך. להתכפר הכפרה בה, ולא לעשות כפרה אחת משתי בהמות: ולא שני חטויין. לשנות ההזאה שתי פעמים: לי חילק רבי יעקב בלוגין. לי נתן רבי יעקב חילוק בלוג שמן של מצורע, שלא הושוו למתן דמים של יה"כ, ושנה לי: לא נחלקו ר"מ ורבי אלעזר ור"ש בעבודות החלוקות בו, שבע הזאות שבפנים ומתן בהונות, דלא אמרינן ממקום שפסק משם הוא מתחיל, דכתיב "לוג אחד שמן" (ויקרא יד) – לוג אחד אמרתי לך להיות הכפרה בו, ולא שני לוגין. דהתם הוא דאיכא למידרש חיטוי אחד אמרתי לך, אבל הכא ליכא למימר הכי: מקצת מתנות שבפנים. דכתיב (שם) "והזה מן השמן באצבעו שבע פעמים": ויתחיל בתחילה בבהונות. שהיא עבודה שניה, כדכתיב (שם) "ומיתר השמן אשר על כפו יתן הכהן" וגו': מתנות הראש. "והנותר בשמן אשר על כף הכהן יתן על ראש המטהר" (שם): לי שנה ר' יעקב. את המחלוקת הזה שבמשנתנו בלוגין של מצורע: אילימא משום דכתיב והנותר. דקרי להו שיריים: ה"נ דלא מעכבי. והאמר מר (מנחות דף ע.): שיריים שחסרו בין קמיצה להקטרה – אין מקטירין את הקומץ עלייהו: שאני הכא דכתיב ומיתר השמן והנותר. מתנות בהונות קרויין שיריים, דכתיב בהו "ומיתר השמן וגו'" ומתנות הראש קרויין שירי שיריים, דכתיב בהו "והנותר" בשיריים הראשונים, יתן על ראש המטהר:

תורה אור

– בקטורת לא קא מיירי. אמר עולא: אשעיר ששחטו קודם מתן דמו של פר – לא עשה ולא כלום. תנן: הקדים דם השעיר לדם הפר – יחזור ויזה מדם השעיר אחר דם הפר.(א) ואם איתא, יחזור וישחוט מבעי ליה! תרגמא עולא: במתנות שבהיכל. וכן אמר ר' אפס: במתנות שבהיכל.§ "וכן בהיכל וכן במזבח וכו'".§ *ת"ר: (ויקרא טז) "וכפר את מקדש הקודש" – זה לפני ולפנים, "אהל מועד" – זה היכל, "מזבח" – כמשמעו, "יכפר" – אלו עזרות, "הכהנים" – כמשמען, "עם הקהל" – אלו ישראל, "יכפר", אלו הלוים – הושוו כולן לכפרה אחת, שכולן מתכפרין בשעיר המשתלח בשאר עבירות, *דברי ר' יהודה. ר"ש אומר: כשם שדם השעיר הנעשה בפנים מכפר על ישראל בטומאת מקדש וקדשיו, כך דם הפר מכפר על הכהנים בטומאת מקדש וקדשיו. וכשם שוידוי של שעיר המשתלח מכפר על ישראל בשאר עבירות – כך וידוי של פר מכפר על הכהנים בשאר עבירות. ת"ר: (שם) "וכלה מכפר את הקודש" – זה לפני ולפנים, "אהל מועד" – זה היכל, מזבח – כמשמעו, מלמד שכולן כפרה כפרה בפני עצמן. מכאן אמרו: *נתן מקצת מתנות שבפנים ונשפך הדם – יביא דם אחר, ויתחיל בתחלה במתנות שבפנים. רבי אלעזר ורבי שמעון אומרים: אינו מתחיל אלא ממקום שפסק. בגמר את המתנות שבפנים, ונשפך הדם – יביא דם אחר, ויתחיל בתחילה במתנות שבהיכל. נתן מקצת מתנות שבהיכל ונשפך הדם – יביא דם אחר ויתחיל בתחילה בהיכל. רבי אלעזר ור' שמעון אומרים: אינו מתחיל אלא ממקום שפסק. גגמר מתנות שבהיכל ונשפך הדם – יביא דם אחר ויתחיל בתחילה במתנות המזבח. נתן מקצת מתנות שבמזבח ונשפך הדם – יביא דם אחר, ויתחיל בתחילה במתנות המזבח. רבי אלעזר ורבי שמעון אומרים: ממקום שפסק הוא מתחיל. דגמר מתנות שבמזבח ונשפך הדם – דברי הכל לא מעכבי. אמר ר' יוחנן: ושניהם מקרא אחד דרשו: (שמות ל) "מדם חטאת הכפורים אחת בשנה". רבי מאיר סבר: חטאת אחת אמרתי לך, ולא שתי חטאות, רבי אלעזר ורבי שמעון סברי: חטוי אחד אמרתי לך, ולא שני חטויין. תניא, אמר רבי: לי חלק ר' יעקב בלוגין. ולא? והתניא: הנתן מקצת מתנות שבפנים ונשפך הלוג – יביא לוג אחר, ויתחיל בתחילה במתנות שבהיכל. רבי אלעזר ור"ש אומרים: ממקום שפסק הוא מתחיל. וגמר מתנות שבהיכל ונשפך הלוג – יביא לוג אחר, ויתחיל בתחילה במתנות שבבהונות, זנתן מקצת מתנות שבבהונות ונשפך הלוג – יביא לוג [אחר], ויתחיל בתחילה במתנות שבבהונות. רבי אלעזר ורבי שמעון אומרים: ממקום שפסק הוא מתחיל. חגמר מתנות שבבהונות ונשפך הלוג – דברי הכל מתנות הראש לא מעכבות. אימא: לי שנה ר' יעקב בלוגין. אמר מר: מתנות הראש אין מעכבות. מאי טעמא? (ויקרא יד) אילימא משום דכתיב: "והנותר מן השמן" – אלא מעתה (שם ב) "והנותרת מן המנחה" הכי נמי דלא מעכבי?! שאני התם דכתיב: (שם יד) "ומיתר" "והנותר". אמר רבי יוחנן:

דברי הכל מתנות הראש אינו מעכב. מכאן קשה למה דאמרי' פ"ק דזבחים (דף ו:): "והנותר בשמן יתן על ראש המטהר" אם נתן – כפר, ואם לא נתן – לא כפר, דברי ר"ע. רבי יוחנן בן נורי אומר: מעלה עליו כאילו לא כפר, וכפר. ומפרש התם: מאי כאילו לא כפר וכפר, כפר – מתן בהונות, לא כפר – מתנות הראש. ופירש רש"י: ויביא אחר, ויתחיל במתנות הראש. ולר"ע אף מתנות בהונות שנתן לא עלו לו, ויביא לוג אחר ויתחיל בבהונות. וקשה: דא"כ [*זהו דלא כתנאי דהכא! וע"כ נראה]: (רש"א) רבי יוחנן בן נורי דאמר התם דמתנות הראש שירי מצוה הן – סבר כתנא דהכא, והכי פירושא: מעיקרא כי בעי למימר כפר – גברא, לא כפר – קמי שמיא. כפר גברא – שטיהר מצרעתו, ולא כפר קמי שמיא – מעונש שבידו, והדר קאמר: אפילו מעונש שבידו איכפר ליה, אלא כפר מתן בהונות – שעשאה כמצותה, לא כפר מתנות הראש – שחיסר מצוה, ולא עשאה כמאמרה. ויש מפרשים: דמעיקרא סלקא דעתך לא כפר קמי שמיא – מתן בהונות עצמן, אע"פ שנתן – אין בהן ריצוי גמור, אע"ג דמתנות הראש לא מעכבי. והדר קאמר: לא כפר מתנות הראש – ריצוי גמור, אבל מתן בהונות – כפר ריצוי גמור:

אלא מעתה והנותרת מן המנחה. הכי נמי הוה מצי למיפרך מ"ומיתר השמן" דקאי ביה, אלא ניחא ליה למיפרך מ'והנותרת' דהוי דומי' ד'והנותר':

עין משפט נר מצוה

צג א מיי' פ"ה מהל' עבודת יוה"כ הל' ב:
צד ב שם הלכה ו:
צה ג שם הלכה ז:
צו ד שם הלכה ח:
צז ה ו ז ח מיי' פ"ה מהל' מחוסרי כפרה הלכה ה:

רבינו חננאל

מתנות שבפנים נשפך הדם כו' ומשני האי תנא בפר קא מיירי בקטורת לא קא מיירי: **אמר** עולא שחט השעיר קודם מהן דם הפר לא עשה כלום. כמאן דלא כר' יהודה אפי' תימא ר' יהודה צורך פנים הוא כו'. תנן הקדים דם השעיר לדם הפר יחזור ויזה מדם השעיר אחר דם הפר. ואם איתא לדעולא יביא אחר וישחוט מבעי ליה ומשני עולא הא דקתני הקדים דם השעיר במתנות שבהיכל שהיא עבודת חוץ כי קאמינא אנא במתנות שבפנים: **וכן** בהיכל וכן במזבח הזהב שכולם כפרה כו'. **ת"ר** וכפר את מקדש הקודש זה לפני ולפנים. אהל מועד זה היכל. מזבח כמשמעו מיכן אמרו חכמים אם עד שלא גמר מתנות שבפנים נשפך הדם יביא אחר ויתחיל מבפנים. ר' אלעזר ור' שמעון אומרים ממקום שפסק משם מתחיל גמר מתנות שבפנים כו' עד גמר מתנות שבמזבח ונשפך הדם דברי הכל שיריים לא מעכבי א"ר יוחנן ושניהם מקרא אחד דרשו מדם חטאת הכפורים אחת בשנה. ר' מאיר סבר חטאת אחת. כלומר מחטאת שתתן בפנים ממנה תהא מזה *) בהיכל ולמזבח. ר' אלעזר ור' שמעון סברי חיטוי אחד כלומר הזאה אחת והן אחת למעלה ושבע למטה בין מחטאת אחת בין משתים לא תוסיף הזאה על זה המניין: **תניא** אמר ר' לא חלק לי רבי יעקב בלוגין כלו' לא שנה לי בהן חלוקה אלא הכל מודים ואמרינן ולא והתניא אם עד שלא גמר שבע [הזיות] כדכתי' במצורע והזה מן השמן באצבעו שבע פעמים לפני ה' נשפך הלוג יביא אחר ויתחיל בתחלה במתן שבע לפני ה' ר' אלעזר ור' שמעון אמרו ממקום שפסק משם מתחיל כו'. הנה חלוקתם בלוגין כאשר חלוקתם בדמים של יוה"כ. ומשנינן מאי לא חילק לי בלוגין לא שינה לי בלוגין. כלומר לא שנה לי בהן חלוקה בין הלוגין לדמים של יוה"כ. אלא כדרך שחולקין בדמים כך הן חולקין בלוגין: מתנות הראש של מצורע לא מעכבי מ"ט מכדי כתיב ומיתר השמן אשר על כפו יתן הכהן וגו' למה לי למיכתב עוד והנותר בשמן אשר

*) לכאורה תמוה דהא בהדיא איתא בברייתא דאפי' לר"מ אם גמר מתנות שמבפנים יתחיל במתנות שבהיכל. ואולי גי' אחרת היה לו וצ"ע.

מסורת הש"ס

שבועות יג: מנחות לב. חולין קלח:

[לקמן סו.]

[תוספ' פ"ג]

הגהות הב"ח

(א) גמ' ואם איתא יחזור וישחוט מיבעי ליה. נ"ב וכאן לא משני בשחיטה לא קמיירי כדמשני לעיל בקטורת דמדמשנה הלשון ואמר יחזור ויזה מדם השעיר ולא אמר יביא דם אחר ויחזור ויזה כמו שאמר בנשפך הדם קודם שנגמר מתנות שבפנים אע"כ יחזור ויזה מאותו דם קאמר וק"ל: (ב) רש"י ד"ה זה לפני כו' אבל הוה ליה ידיעה בתחלה: (ג) ד"ה מכאן אמרו כו' ונשפך הדם וקאמר מכאן אמרו דאין צריך לחזור:

תוספות ישנים

מי לא תניא אחד עץ שנתלה כו' משמע מאחר שטעונין קבורה אסורין בהנאה וא"כ הכא נמי מאחר שעגלה ערופה טעונה קבורה ממילא לאסורה בהנאה וי"ל דשאני התם דאיתקשו למת מקבור תקברנו וכן ע"ז שטעונה גניזה דרשינן ליה במסכת ע"ז פרק ר' ישמעאל (דף נב:) מושם בסתר והיינו נמי איסור הנאה והא דקאמר בפרק קמא דכריתות וערפו שם מלמד שטעונה גניזה לאו משום דמשם שמעינן איסור הנאה א) כלפרי' אלא לפי האמת נקט שאסורה בהנאה. מ"ר. וא"ת אמאי לא דרשינן שם שם מעגלה ערופה ויטענו בגדי כהונה גניזה לר' דוסא י"ל דג"ש אינה אלא משום מיתה בעלמא לעריפה ומיתה חלה אי נמי הכוא שם דבגדי כהונה אינו מופנה ואמרינן בפרק המפלת (דף כב:) דשבקינן מופנה מלד אחד ועבדינן ג"ש ממופנה משני צדדין א"נ ההיא דעגלה אינו מופנה ואינו מופנה אלא ההוא דמת גרידא. מ"ר:

ועגלה ערופה שני כתובים כו'. לאו במעילה כי לא מצינו דשייכא מעילה בעגלה ערופה [אלא] איסור הנאה מן התורה קאמר ואפילו היה שם מעילה ממש לא תיקשי דניליף במת נמי משם שם בעגלה דבמת לא שייכא בו מעילה שאינו הקדש הקשה ה"ר אלחנן דלמאי לא חשיב נמי ההוא דפ"ק דכריתות (דף ז.) דתני רב חנניה כהן גדול שנטל משמן המשחה שעל ראשו ונתן על בני מעיו חייב שנאמר על בשר אדם לא ייסך אלמא אע"פ שנעשית מצותו מועלין בו ואמאי לא חשיב ליה הכא ג' כתובים ואומר רבי דלעולם אין נעשית מצותו עד שיתייבש השמן המשחה שעל ראשו ול"נ דלא מצינו למימר הכי דהא רב יהודה הוא דאית ליה בפרק ד' מיתות בסנהדרין (דף סז:) דשני כתובים מלמדין ואית ליה בפ"ק דכריתות נמי דסך לכהנים ולמלכים פטור משום דלאו הוו זרים מעיקרא וא"כ אע"פ שכהן גדול שסך משמן המשחה שעל ראשו דחייב אע"פ שנעשית מצותו מכל מקום לא הוו ג' כתובים הבאין כאחד דאיכא למיפרך שזה האיסור אינו שוה בכל שאם נמשחו ממנו מלך וכהן גדול פטורין וכ"ת ליכתוב האי וכ"ש תרומת הדשן ועגלה ערופה איכא למיפרך מה לשמן המשחה שכן חייב כרת: **הניחא** למ"ד כו'. וסוי מאי לשטויי דסבירא ליה כרבנן דרבי דוסא אלא לכ"ע בעי לשטויי: **תרי** מיעוטי כתיבי. אבל מחד מיעוטא לא הוו ממעטי והכי איתא נמי בפרק כל הבשר (דף קיג:) גבי בשר בחלב כל מקום שנאמר בתורה גדי סתם אפילו פרה ורחל במשמע וקאמר תרי מיעוטי כתיבי עזים העזים וכן בקידושין פרק האיש מקדש (דף נח.) גבי ע"ז ושביעית דתופסין דמיהן איכא תרי מיעוטי דמחד מיעוטא לא הוה ממעט בעלמא ומיהו במסכת ע"ז פרק ר' ישמעאל (דף נד:) לא מייתי התם אלא חד מיעוטא לפי שלא היה צריך אלא להוציא מאותו שדורש שם היא ולא חליפי חליפין ואותו סובר דלהא לא איצטריך אלא למימר דלא ילפינן מע"ז ושביעית תפיסת דמים בשאר אבל לעולם תרי מיעוטי צריך וכן בפ"ב דקידושין (דף מג.) גבי טביחה ומכירה. מ"ר: **(הכא** כתיב) [ושמו] הערופה. בפ"ק דחולין (דף כב.) דריש טובא מהערופה ואיכא למידרש מגופה דקרא ומיתורא דה"א ומסמיכת התיבות. מ"ר: **חד** למעוטי מנותר וחד למעוטי מטומאה. הקשה ה"ר אלחנן למה לי תרי קראי ליכתוב חד למעוטי נותר וטומאה ניליף חילול חילול מנותר והא ג"ש ילפינן כן בפרק בית שמאי (דף מה.) ובכמה דוכתי ואין לומר דלא ניתנה הך ג"ש לקולא דהא קדשי נכרים מימעטי התם בהך גזירה שוה בפרק בית שמאי כו' ואומר רבי דילפינן בפרק בית שמאי ב) הטומאה בדברים שאין בהם פיגול מאשר יקדישו ויליף נמי התם נותר מטומאה לחומרא ולא מפיגול והלכך אי לא כתיב הכא אלא חדא מיעוטא הוה מוקמינן ליה בנותר דלא ניליף מטומאה אבל בטומאה גופה דכתיב בה ריבויא הוה מחייבינן ולכך צריך תרי מיעוטי. מ"ר: **אבל** בדברים הנעשים בבגדי זהב מבחוץ. פירש רש"י כגון הקדים הוצאת כף ומחתה לאילו ואיל העם הקשה ריב"א א"כ לא משכחת להו אלא שלשה טבילות וקשה קידושין

א) אלא כלפרי' ולפי כו':   ב) נ"ל חיוב טומאה.

צח א מיי' פ"ה מהל' מחוסרי כפרה הל' ב:
צט ב מיי' פ"ה מהל' נזירות הלכה ה ועיין שם בכס"מ ...
ק ג מיי' פ"ה מהל' מחוסרי כפרה הל' ח:
קא ד ה ו ז שם פ"ד הלכה ה:
קב ח מיי' פ"ה מהל' עבודת יוה"כ הל' ט:

תורה אור

אֲשַׁם מְצוֹרָע שֶׁשְּׁחָטוֹ שֶׁלֹּא לִשְׁמוֹ – בָּאנוּ לְמַחֲלוֹקֶת ר' מֵאִיר וְר' אֶלְעָזָר וְר' שִׁמְעוֹן. ר' מֵאִיר דְּאָמַר יָבִיא אַחֵר וְיַתְחִיל בַּתְּחִילָּה – הָכָא נַמִי יָבִיא אַחֵר וְיִשְׁחוֹט. וּלְר' אֶלְעָזָר וְר' שִׁמְעוֹן שֶׁאוֹמְרִים מִמָּקוֹם שֶׁפָּסַק מִשָּׁם הוּא מַתְחִיל – הָכָא אֵין לוֹ תַּקָּנָה. מַתְקִיף לַהּ רַב חִסְדָּא: וְהָא "אוֹתוֹ" כְּתִיב! קַשְׁיָא. תַּנְיָא כְּוָותֵיהּ דְּרַבִּי יוֹחָנָן: *א אֲשַׁם מְצוֹרָע שֶׁשְּׁחָטוֹ שֶׁלֹּא לִשְׁמוֹ, אוֹ שֶׁלֹּא נָתַן מִדָּמוֹ לְגַבֵּי בְּהוֹנוֹת – הֲרֵי זֶה עוֹלֶה לְגַבֵּי מִזְבֵּחַ וְטָעוּן נְסָכִים, וְצָרִיךְ אָשָׁם אַחֵר לְהַכְשִׁירוֹ. וְרַב חִסְדָּא אָמַר לָךְ: מַאי צָרִיךְ – צָרִיךְ וְאֵין לוֹ תַּקָּנָה. וְתָנֵי תַּנָּא *צָרִיךְ וְאֵין לוֹ תַּקָּנָה?! – אִין, *וְהָתַנְיָא: נָזִיר מְמוֹרָט, ב"ש אוֹמְרִים: צָרִיךְ הַעֲבָרַת תַּעַר, ב וּב"ה אוֹמְרִים: אֵין צָרִיךְ הַעֲבָרַת תַּעַר. וְא"ר אָבִינָא: כְּשֶׁאוֹמְרִים בֵּית שַׁמַּאי צָרִיךְ – צָרִיךְ וְאֵין לוֹ תַּקָּנָה. וּפְלִיגָא דְּר' פְּדָת, דְּאָמַר רַבִּי פְּדָת: בֵּית שַׁמַּאי וְרַבִּי אֶלְעָזָר אָמְרוּ דָּבָר אֶחָד. בֵּית שַׁמַּאי – הָא דַּאֲמַרַן, רַבִּי אֶלְעָזָר – (*דְּתַנְיָא:) *ג אֵין לוֹ בּוֹהֶן יָד וּבוֹהֶן רֶגֶל – אֵין לוֹ טָהֳרָה עוֹלָמִית, רַבִּי אֶלְעָזָר אוֹמֵר: נוֹתֵן עַל מְקוֹמוֹ וְיוֹצֵא. רַבִּי שִׁמְעוֹן אוֹמֵר: אִם נָתַן עַל שֶׁל שְׂמֹאל – יָצָא. *תָּנוּ רַבָּנַן: "וְלָקַח מִדַּם הָאָשָׁם" יָכוֹל בִּכְלִי – ת"ל: "וְנָתַן", מַה נְּתִינָה בְּעַצְמוֹ שֶׁל כֹּהֵן – ד אַף לְקִיחָה בְּעַצְמוֹ שֶׁל כֹּהֵן. יָכוֹל אַף לַמִּזְבֵּחַ כֵּן – *ת"ל: "כִּי כַּחַטָּאת הָאָשָׁם הוּא" מַה חַטָּאת טְעוּנָה כְּלִי – ה אַף אָשָׁם טָעוּן כְּלִי. ו נִמְצֵאתָ אַתָּה אוֹמֵר: אֲשַׁם מְצוֹרָע שְׁנֵי כֹּהֲנִים מְקַבְּלִים אֶת דָּמוֹ, אֶחָד בַּיָּד וְאֶחָד בִּכְלִי. ז זֶה שֶׁקִּיבֵּל בִּכְלִי – בָּא לוֹ אֵצֶל מִזְבֵּחַ. וְזֶה שֶׁקִּיבֵּל בַּיָּד – בָּא לוֹ אֵצֶל מְצוֹרָע.[א] תְּנַן הָתָם: *וְכוּלָּן מְטַמְּאִים בְּגָדִים, וְנִשְׂרָפִין אַבֵּית הַדֶּשֶׁן, דִּבְרֵי ר"א וְר' שִׁמְעוֹן. ח וַחֲכָמִים אוֹמְרִים: אֵין מְטַמְּאִין בְּגָדִים וְאֵין נִשְׂרָפִין אַבֵּית הַדֶּשֶׁן אֶלָּא הָאַחֲרוֹן, הוֹאִיל וְגָמַר בּוֹ כַּפָּרָה. בְּעָא מִינֵּיהּ רָבָא מֵרַב נַחְמָן: כַּמָּה שְׂעִירִים מְשַׁלֵּחַ? – א"ל: וְכִי עֶדְרוֹ מְשַׁלֵּחַ? – אָמַר לוֹ: וְכִי

רש"י

אֲשַׁם מְצוֹרָע שֶׁשְּׁחָטוֹ שֶׁלֹּא לִשְׁמוֹ. כְּגוֹן לְשֵׁם עוֹלָה אוֹ לְשֵׁם שְׁלָמִים, וְאָמַר מָר (זבחים דף ב.): כָּל הַזְּבָחִים שֶׁנִּשְׁחֲטוּ שֶׁלֹּא לִשְׁמָן – כְּשֵׁרִין, אֶלָּא שֶׁלֹּא עָלוּ לַבְּעָלִים לְשֵׁם חוֹבָה: בָּאנוּ. לְדָבָר זֶה לְתוֹךְ מַחְלוֹקְתָּן שֶׁל ר"מ וְרַבִּי אֶלְעָזָר, יֵשׁ לָנוּ לִלְמוֹד שֶׁכְּשֵׁם שֶׁחוֹלְקִין בָּזֶה כָּךְ חוֹלְקִין בָּזֶה: לְר"מ. דְּאָמַר עֲבוֹדָה שֶׁלֹּא נִגְמְרָה הֲרֵי הִיא כְּמִי שֶׁאֵינָהּ – אַף זוֹ, הוֹאִיל וְלֹא נִגְמְרָה שֶׁהֲרֵי לֹא עָלְתָה לְשֵׁם חוֹבָה, אע"פ שֶׁנָּתַן מִמֶּנּוּ לַבְּהוֹנוֹת – הֲרֵי הִיא כְּמִי שֶׁאֵינָהּ, וְיָבִיא אָשָׁם אַחֵר: וּלְרַבִּי אֶלְעָזָר וְר"ש דְּאָמְרִי מִמָּקוֹם שֶׁפָּסַק מִשָּׁם הוּא מַתְחִיל. אַלְמָא: לֹא אָמַר כְּמַאן דְּלֵיתָא דָּמְיָא, הָכָא נַמִי חֲשִׁיבָא הִיא, וְאִי אֶפְשָׁר לְגוֹמְרָהּ בְּאַחֵר דְּהָא כְּתִיב (ויקרא יד) "כֶּבֶשׂ אֶחָד אָשָׁם" – אָשָׁם אֶחָד אָמַרְתִּי לָךְ וְלֹא שְׁתֵּי אֲשָׁמוֹת. וְהָכָא לֵיכָּא לְדַחוּיֵי כִּדְאָמְרִינַן לְעֵיל חִטּוּי אֶחָד אָמַרְתִּי לָךְ כו' – הִלְכָּךְ אֵין לוֹ תַּקָּנָה: וְהָא אוֹתוֹ כְּתִיב. "וְהִקְרִיב אוֹתוֹ לְאָשָׁם" – אוֹתוֹ שֶׁהוּנַף עִם הַלּוֹג וְלֹא אַחֵר, וַאֲפִי' לְר"מ נַמִי אֵין לוֹ תַּקָּנָה: תַּנְיָא כְּוָותֵיהּ דְּרַבִּי יוֹחָנָן. דְּאִיכָּא לְמ"ד יָבִיא אַחֵר: לְהַכְשִׁירוֹ. לִמְצוֹרָע זֶה, לְטַהֲרוֹ לֶאֱכוֹל בְּקָדָשִׁים: וְתָנֵי תַּנָּא וכו'. בִּתְמִיָּה: וְכִי יֵשׁ תַּנָּאִים שׁוֹנִים צָרִיךְ בְּדָבָר שֶׁאֵין לוֹ תַּקָּנָה?! צָרִיךְ הַעֲבָרַת תַּעַר. בְּיוֹם מְלֹאת יְמֵי נִזְרוֹ, כִּדְכְתִיב (במדבר ו) "תַּעַר לֹא יַעֲבוֹר עַל רֹאשׁוֹ עַד מְלֹאת" אֲבָל בְּיוֹם מְלֹאת יְגַלַּח בְּתַעַר. וְזֶה אֵין לוֹ שֵׂעָר, וְקָתָנֵי צָרִיךְ: וְאָמַר רַבִּי אָבִינָא וכו' וּפְלִיגָא. הָא דְּרַבִּי אָבִינָא אַדְּר' פְּדָת. דְּאִלּוּ רַבִּי פְּדָת – צָרִיךְ וְיֵשׁ לוֹ תַּקָּנָה קָאָמַר, שֶׁיַּעֲבִירֶנּוּ עַל מְקוֹם הַשֵּׂעָר. דְּאע"ג דִּכְתִיב "וְגִלַּח הַנָּזִיר" – לֹא בָּעֵינַן קְרָא כְּדִכְתִיב הֵיכָא דְּלֹא אֶפְשָׁר: אֵין לוֹ טָהֳרָה עוֹלָמִית. דְּבָעֵינַן קְרָא כְּדִכְתִיב, וּפְלִיגֵי(א) בְּסַנְהֶדְרִין בְּפֶרֶק "נִגְמַר הַדִּין": וְלָקַח. בַּאֲשַׁם מְצוֹרָע כְּתִיב "וְלָקַח הַכֹּהֵן מִדַּם הָאָשָׁם" וְכָל לְקִיחָה הָאֲמוּרָה בַּדָּם תֵּכֶף לִשְׁחִיטָה – לְשׁוֹן קַבָּלָה הוּא: יָכוֹל אַף לַמִּזְבֵּחַ כֵּן. דְּקַיְימָא לָן: אֲשַׁם מְצוֹרָע טָעוּן מַתַּן דָּמִים לְגַבֵּי מִזְבֵּחַ כִּשְׁאָר אֲשָׁמוֹת, וְזֶה דָּבָר שֶׁהָיָה בַּכְּלָל וְיָצָא לִידּוֹן בַּדָּבָר הֶחָדָשׁ, וְהֶחֱזִירוֹ לָךְ הַכָּתוּב לִכְלָלוֹ בְּפֵירוּשׁ בְּפ"ק דִּיבָמוֹת (דף ז.), לְכָךְ נֶאֱמַר בּוֹ "כִּי כַּחַטָּאת הָאָשָׁם הוּא לַכֹּהֵן" מַה חַטָּאת טְעוּנָה מַתַּן דָּמִים וְאֵימוּרִים – אַף זֶה טָעוּן מַתַּן דָּמִים וְאֵימוּרִים. יָכוֹל אַף דָּם הַנִּיתָּן עַל הַמִּזְבֵּחַ לֹא יִתְקַבֵּל בִּכְלִי – ת"ל "כִּי כַּחַטָּאת הָאָשָׁם הוּא לַכֹּהֵן": מַה חַטָּאת טְעוּנָה כְּלִי. לְקַבָּלַת דָּמָהּ, דְּכָל הַקָּרְבָּנוֹת נָפְקִי לָן בְּהֶיקֵּישָׁא (זבחים דף לז:) דְּ"זֹאת הַתּוֹרָה לָעוֹלָה וְלַמִּנְחָה לַחַטָּאת וְלָאָשָׁם". וּבְעוֹלָה וּבִשְׁלָמִים כְּתִיב "וַיָּשֶׂם בָּאַגָּנוֹת" (שמות כד), וְאָשָׁם נַמִי, מֵהֵיכָא דְּגָמַר חַטָּאת – גָּמַר אִיהוּ, אֶלָּא אֲשַׁם מְצוֹרָע, מִשּׁוּם דְּיָצָא לִידּוֹן בַּדָּבָר הֶחָדָשׁ בְּבֹהֶן יָד וּבֹהֶן רֶגֶל וְאֹזֶן יְמָנִית הוּצְרַךְ לְהַחֲזִירוֹ לִכְלָלוֹ בְּהֶיקֵּישָׁא דְּ"כַחַטָּאת הָאָשָׁם": וְכוּלָּן מְטַמְּאִין בְּגָדִים. כָּל הַפָּרִים וְהַשְּׂעִירִים הַשְּׁנוּיִים בְּמִשְׁנָתֵנוּ גַּבֵּי נִשְׁפַּךְ הַדָּם לְאַחַר כַּפָּרָה זוֹ וְהֵבִיא פַּר שֵׁנִי לַפָּרֹכֶת, וְגָמַר מַתְּנוֹת הַפָּרֹכֶת וְנִשְׁפַּךְ הַדָּם וְהֵבִיא שְׁלִישִׁי לְמַתְּנוֹת הַמִּזְבֵּחַ – כּוּלָּן נִשְׂרָפִין חוּץ לְשָׁלֹשׁ מַחֲנוֹת אַבֵּית הַדֶּשֶׁן, וּמְטַמְּאִין בְּגָדִים הָעֲסוּקִין בִּשְׂרֵיפָתָן. כִּדְכְתִיב (ויקרא טז) "וְאֵת פַּר הַחַטָּאת וְאֵת שְׂעִיר הַחַטָּאת אֲשֶׁר הוּבָא אֶת דָּמָם וגו' וְהַשּׂוֹרֵף אוֹתָם יְכַבֵּס בְּגָדָיו(ב) בַּמָּיִם": כַּמָּה [שְׂעִירִים] מְשַׁלֵּחַ. אִם נִשְׁפַּךְ דַּם הַשָּׂעִיר לְאַחַר שֶׁגָּמַר מַתְּנוֹת פְּנִים, וְהוּצְרַךְ לְהָבִיא שְׁנַיִם וּלְהַגְרִיל עֲלֵיהֶן, וְשָׁחַט אֶת שֶׁל שֵׁם וְנָתַן מַתְּנוֹת הַפָּרוֹכֶת וְנִשְׁפַּךְ הַדָּם, וְהוּצְרַךְ עוֹד לְהָבִיא שְׁנַיִם וּלְהַגְרִיל עֲלֵיהֶן וְשָׁחַט אֶת שֶׁל שֵׁם לְמַתְּנוֹת הַמִּזְבֵּחַ – הֲרֵי כָּאן שְׁלֹשָׁה שְׂעִירֵי עֲזָאזֵל מִשְּׁלֹשָׁה זוּגוֹת: וְכִי עֶדְרוֹ מְשַׁלֵּחַ. לֹא הִזְקִיק הַכָּתוּב לְשַׁלֵּחַ אֶלָּא אֶחָד: וְכִי

תוספות

אשם מצורע ששחטו שלא לשמו. תמה ריב"א: מאי קא מדמי? דכיון דלא נשחט לשמו, ולא עלה לבעלים כלל לשם חובה, מאי שייך הכא אשם אחד אמר רחמנא, כמו לעיל חטאת אחד אמר רחמנא? והא כל מה שנתן ממנו – כמאן דליתיה דמי! על כן נראה לו כגירסת ר"ח: אשם מצורע שנשפך דמו קודם מתן בהונות, באנו למחלוקת ר"מ ורבי אלעזר ור"ש. דהא דמי לפר שנשפך דמו קודם גמר מתנותיו, וקמ"ל: כי היכי דפליגי במתנות השמן דלא כתיב 'אותו', הכא נמי פליגי במתן דם אשם אע"ג דכתיב 'אותו' דמשמע אחד ותו לא – אפילו הכי מביא אחר. וטעמא הוי כמו שאפרש בסמוך. ופריך: והא 'אותו' כתיב, ובין לר"מ ובין לרבי אלעזר ור"ש לא הוה ליה לאתויי אחרים. והא דמייתי תניא כוותיה – לאו מדקתני אשם ששחטו שלא לשמו – דבהא כולי עלמא מודו, אלא מהאי שלא נתן מדמו על הבהונות צריך אשם אחר להכשירו – אלמא: אע"ג דכתיב 'אותו' איכא מאן דאמר מביא אשם אחר. ותימה: והא רבי יוחנן גופיה קאמר לעיל דטעמא דרבי אלעזר ור"ש גבי פר יוה"כ משום דמיטוי אחד אמר רחמנא, והכא דלא מלינו למידרש הכי, מאי טעמייהו? ושמא מהתם גמרי, כי היכי דהתם איכא כמה מיני מתנות – גלי לן קרא ממקום שפסק מתחיל, הכי נמי – בין בלוג שמן בין באשם:

נזיר ממורט בש"א צריך העברת תער. בפרק "שלשה מינין" (נזיר דף מו:) גרס איפכא בכל הספרים, בש"א: אין צריך, ובה"א: צריך. ומהלכות הפוכות הוא. כי ההיא דידים שאין מוכיחות, דאיפליגו אביי ורבא בפ"ק דנדרים (דף ה:), ובפרק בתרא דנזיר (דף סב.) הפכו דבריהם. וכן בפ"ק דבכורות (דף ג.) בפלוגתא דרב הונא *) (ורבה) ורב חסדא בדבר שעושה אותה נבילה וטריפה, דפליגי בטריפה חיה ואינה חיה, ובפ"ק דתמורה (דף יא:) איפכא. וכהנה רבות בהתלמוד, **) והם כמו 'איכא דאמרי':

מה נתינה בעצמו של כהן. בריש פרק "איזהו מקומן" (זבחים דף מז:) פירש רש"י: דכתיב "אצבע" גבי שמן ויליף דם מיניה. ואין זה אלא כמו ילמד סתום מן המפורש. דאי בנין אב – הא בעיא היא התם *אי דבר הלמד בבנין אב חוזר ומלמד בהיקש:

אף לקיחה בעצמו של כהן. ואע"ג דגבי חטאת נמי כתיב "ולקח" "ונתן" ולא דרשינן הכי – יש לומר דהתם נמי הוה לן למימר הכי, אלא משום ד"ולקח" טובא כתיבי בשעיר נשיא וכשבה ושעירה, וכיון דלא מלינו למידרש כולהו – לא דרשינן להו:

מה חטאת טעונה כלי. פירש רש"י: *דילפא מעולת סיני בגזירה שוה דקיחה קיחה. ותימה: דבעיא היא בפרק "איזהו מקומן" (זבחים דף נ.) אי דבר הלמד בגזירה שוה חוזר ומלמד בהיקש או לא, למ"ד בתר מלמד אזלינן. ותיפשוט מהכא, דחטאת הלמודה בגזירה שוה חוזרת ומלמדת בהיקש על אשם מצורע! ואומר ריצב"א: כיון דבלאו גזירה שוה הוה נפקא לן חטאת מהיקישא ד"וזאת התורה", כדאיתא בסוף פרק "דם חטאת" (זבחים דף לז:): מה עולה טעונה כלי – מאי היא? אילימא מזרק – בזבחי שלמי ציבור נמי כתיב, וכו'. וכיון דמהיקישא יליף – אם כן הויא לה גזירה שוה כמאן דכתיב בגופה, וילפינן שפיר אשם מחטאת. ולמ"ד דבר הלמד בג"ש חוזר ומלמד בהיקש – מ"מ איצטריך היקש לשאר קרבנות. ובלאו גזירה שוה לא סגי, דא"כ – הויא היקש מהיקש, ולא הוי מצי למילף אשם מחטאת. הקשה ריצב"א: לר"ש, דסבר זרק בשמאל כשר, בפרק ב' דזבחים (דף כד:), דס"ל כהונה בעיא אצבע ולמאי

*) נ"ל ורבא **) [עי' תוס' מנחות נח: ד"ה ואיכא ע"ש]

רבינו חננאל

על כף הכהן יתן על ראש המטהר וגו' ללמד שאם [לא] נשאר כלום לא מעכבי. א"ר יוחנן אשם מצורע שנשפך דמו קודם מתן דם הבהונות באנו למחלוקת. ר"מ דאמר יביא ויתחיל בתחילה בפנים האי נמי מביא [אשם אחר] לר' אלעזר ור' שמעון דאמרו ממקום שפסק משם מתחיל הכא אין לו תקנה. פי' כל אשם שלא נזרק דמו ד' מתנות *) על ד' קרנות לא הוכשר לאכילה כמו החטאת שנאמר כי כחטאת האשם הוא לכהן. ואקשי רב חסדא עליה דר' יוחנן ולר' מאיר מי ניחא והא והקריב אותו לאשם כתיב אותו אחד ולא שנים. קשיא. תניא כר' יוחנן אשם מצורע ששחטו שלא לשמו או שלא נתן מדמו על בהונות הרי זה עולה על המזבח וטעון נסכים. וצריך אשם אחר להכשיר את המצורע ואמר אי הכי תיהוי תיובתא דרב חסדא דאמר אחד ולא שנים ומשני מי קתני מביא אשם אחר צריך קתני צריך ואין לו תקנה. ואקשינן ומי קתני תנא כי האי גוונא ואמר אין דתניא נזיר ממורט כלומר כל שאין לו שיער כלל בש"א צריך העברת תער ובה"א אינו צריך וא"ר אבינא אף כשאמר ב"ש צריך ואין לו תקנה. זו דר' אבינא פליגא על ר' פדת דאמר ב"ש כר' אלעזר דכמו דא"ר אלעזר מצורע שאין לו בוהן יד ובוהן רגל ואוזן ימנית יתן על מקומו ויוצא כך ב"ש מצריכין העברת תער. אע"פ שאין שם שיער: ת"ר ולקח הכהן מדם האשם יכול (אף) בבלי כו'. נמצאת אומר אשם מצורע ב' כהנים מקבלין דמו אחד ביד ובא לו אצל מצורע ואחד בכלי ובא לו אצל המזבח: ת"ר וכולן מטמאין בגדים וכו'. פי' נשחט הפר והזה מדמו וקודם שישלים נשפך הדם מביא אחר ושוחט ומתחיל ומזה וכן אם נשפך עוד מביא אחר ושוחט ומזה אלו כולן נשרפין לדברי ר' אליעזר ור' שמעון שאמרו השני מתחיל ממקום שפסק דמו של ראשון נמצאת בכולן כפרה לפיכך כולן נשרפין אבל לר"מ שאמר כי בדם השני מתחיל בהזאות בפנים כבר בטל הראשון אינו נשרף בבית הדשן אלא אחרון שנגמרה בו הכפרה משא"כ

*) [illegible]

הגהות הב"ח

(א) רש"י ד"ה אין לו טהרה כו' ופליגי בה בסנהדרין: (ב) ד"ה וכולן כו' והשורף אותם יכבס בגדיו ורחץ את בשרו במים:

הגהות הגר"א

[א] גמ' תנן התם. נ"ל ת"ר: (וכ"ה בגי' הס"י)

תוספות ישנים

[illegible]

וְכִי עֶדְרוֹ שׁוֹרֵף? מִי דָּמֵי? הָתָם – לָא כְּתִיב 'אוֹתוֹ', הָכָא כְּתִיב 'אוֹתוֹ'. אִיתְּמַר, רַב פַּפִּי מִשְּׁמֵיהּ דְּרָבָא אָמַר: רִאשׁוֹן מְשַׁלֵּחַ, וְרַב שִׁימִי מִשְּׁמֵיהּ דְּרָבָא אָמַר: אַחֲרוֹן מְשַׁלֵּחַ. בִּשְׁלָמָא רַב שִׁימִי (בַּר אַשִׁי) מִשְּׁמֵיהּ דְּרָבָא דְּאָמַר אַחֲרוֹן מְשַׁלֵּחַ – קָסָבַר: הוֹאִיל וְגָמַר בּוֹ כַּפָּרָה. אֶלָּא רַב פַּפִּי מִשְּׁמֵיהּ דְּרָבָא, מַאי קָסָבַר? סָבַר לָהּ כְּרַבִּי יוֹסֵי, דְּאָמַר: מִצְוָה בָּרִאשׁוֹן. הֵי רַבִּי יוֹסֵי? אִילֵימָא ר' יוֹסֵי דְּקוּפּוֹת, דִּתְנַן (רַבִּי יוֹסֵי אוֹמֵר): *[א]שָׁלֹשׁ קוּפּוֹת שֶׁל שָׁלֹשׁ שָׁלֹשׁ סְאִין, שֶׁבָּהֶם תּוֹרְמִין אֶת הַלִּשְׁכָּה, וְהָיָה כָּתוּב עֲלֵיהֶם אב"ג. וְתַנְיָא, א"ר יוֹסֵי: לָמָּה כָּתוּב עֲלֵיהֶן אב"ג – לֵידַע אֵיזֶה מֵהֶן נִתְרְמָה רִאשׁוֹן, לְהָבִיא הַיְמֶנָּה רִאשׁוֹן, שֶׁמִּצְוָה בָּרִאשׁוֹן. דִּילְמָא בְּעִידָּנָא דְּאִיתְחֲזַאי קַמַּיְיתָא, לָא אִיתְחֲזַאי בַּתְרַיְיתָא. אֶלָּא רַבִּי יוֹסֵי דְּפֶסַח, (*דִּתְנַן): *[ב]הַמַּפְרִישׁ פִּסְחוֹ וְאָבַד, וְהִפְרִישׁ אַחֵר תַּחְתָּיו, וְאַחַר כָּךְ נִמְצָא הָרִאשׁוֹן וַהֲרֵי שְׁנֵיהֶן עוֹמְדִין – אֵי זֶה מֵהֶן שֶׁיִּרְצֶה יַקְרִיב, דִּבְרֵי חֲכָמִים. רַבִּי יוֹסֵי אוֹמֵר: מִצְוָה בָּרִאשׁוֹן, וְאִם הָיָה שֵׁנִי מוּבְחָר מִמֶּנּוּ – יְבִיאֶנּוּ.§

[מגילה כט: לקמן סד. שקלים פ"ג] [לקמן סד.]

הדרן עלך הוציאו לו

שְׁנֵי [ג]שְׂעִירֵי יוֹם הַכִּפּוּרִים מִצְוָתָן *שֶׁיִּהְיוּ שְׁנֵיהֶן שָׁוִין בְּמַרְאֶה וּבְקוֹמָה וּבְדָמִים וּבִלְקִיחָתָן כְּאֶחָד. [ד]וְאַף עַל פִּי שֶׁאֵין שָׁוִין – כְּשֵׁרִין. [ה]לָקַח אֶחָד הַיּוֹם וְאֶחָד לְמָחָר – כְּשֵׁרִין. [ו]מֵת אֶחָד מֵהֶם, אִם עַד שֶׁלֹּא הִגְרִיל מֵת – יִקַּח זוּג לַשֵּׁנִי, [ז]וְאִם מִשֶּׁהִגְרִיל מֵת – יָבִיא זוּג אַחֵר, וְיַגְרִיל עֲלֵיהֶם בַּתְּחִילָּה, וְיֹאמַר: אִם שֶׁל שֵׁם מֵת – זֶה שֶׁעָלָה עָלָיו הַגּוֹרָל לַשֵּׁם יִתְקַיֵּים תַּחְתָּיו, וְאִם שֶׁל עֲזָאזֵל מֵת – זֶה שֶׁעָלָה עָלָיו הַגּוֹרָל לַעֲזָאזֵל יִתְקַיֵּים תַּחְתָּיו, *וְהַשֵּׁנִי יִרְעֶה עַד שֶׁיִּסְתָּאֵב וְיִמָּכֵר, וְיִפְּלוּ דָּמָיו לִנְדָבָה. [ח]שֶׁאֵין חַטַּאת צִבּוּר מֵתָה. רַבִּי יְהוּדָה אוֹמֵר: תָּמוּת. וְעוֹד אָמַר רַבִּי יְהוּדָה: *נִשְׁפַּךְ הַדָּם – יָמוּת הַמִּשְׁתַּלֵּחַ, מֵת הַמִּשְׁתַּלֵּחַ – יִשָּׁפֵךְ הַדָּם.§

[לקמן סה: שבועות יג:]

תָּנוּ

רש"י

וְכִי עֶדְרוֹ שׁוֹרֵף. רָבָא קָא מְהַדַּר לֵיהּ לְרַב נַחְמָן: וּלְטַעְמִיךְ, וְכִי עֶדְרוֹ הִזְקִיקוֹ הַכָּתוּב לִשְׂרוֹף? וּתְנַן: וְכוּלָּן נִשְׂרָפִין חֲבִית הַדֶּשֶׁן: הָכָא כְּתִיב אוֹתוֹ. "לְשַׁלַּח אוֹתוֹ לַעֲזָאזֵל" (ויקרא טז): אֶת הַלִּשְׁכָּה. שֶׁהִשְׁלִיכוּ לְתוֹכָהּ שְׁקָלִים שֶׁהֵבִיאוּ בַּמִּדְבָּר, וּמְמַלְּאִין הַגִּזְבָּרִין מֵהֶן שָׁלֹשׁ קוּפּוֹת לִתְרוּמָה, לִקְנוֹת מֵהֶן קָרְבָּנוֹת לַצִּבּוּר תְּמִידִין וּמוּסָפִין: בְּעִידָּנָא דְּאִיתְחֲזַאי. קוּפָּה קַמַּיְיתָא לְהַקְרִיב מִמֶּנָּה: לָא אִיתְחֲזַאי בַּתְרַיְיתָא. שֶׁהָרִאשׁוֹנָה נִרְאֵית לְהַקְרָבָה מִשֶּׁנִּתְרְמָה. אֲבָל שָׂעִיר שֶׁל זוּג רִאשׁוֹן – לֹא נִרְאֶה לְשִׁלּוּחַ עַד שֶׁגָּמְרוּ כָּל מַתְּנוֹת הַדָּמִים, וּכְשֶׁגָּמְרוּ – נִרְאֶה אַחֲרוֹן כָּרִאשׁוֹן: וְאַחַר כָּךְ נִמְצָא הָרִאשׁוֹן. אוֹ קוֹדֶם חֲצוֹת דְּאַרְבָּעָה עָשָׂר אוֹ אַחַר חֲצוֹת. וְקָא אָמַר רַבִּי יוֹסֵי: מִצְוָה בָּרִאשׁוֹן, וְאַף עַל פִּי שֶׁהוּפְרַשׁ הַשֵּׁנִי קוֹדֶם חֲצוֹת, וְכִי מָטָא חֲצוֹת תַּרְוַיְיהוּ אִיחֲזוּ כִּי הֲדָדֵי, דְּהָא כָּל כַּמָּה דְּלָא מָטָא זְמַן שְׁחִיטַת הַפֶּסַח – לָא אִיחֲזֵי קַמָּא:

הדרן עלך הוציאו לו

שְׁנֵי שְׂעִירֵי: בְּמַרְאֶה. שְׁנֵיהֶן לְבָנִים אוֹ שְׁחוֹרִים[א] אוֹ [א]שְׁחוּפִים: וְיֹאמַר אִם שֶׁל שֵׁם מֵת וכו'. הָכִי מִיפָּרֵשׁ': אִם שֶׁל שֵׁם מֵת – יֹאמַר זֶה שֶׁעָלָה וכו', וְאִם שֶׁל עֲזָאזֵל מֵת – יֹאמַר זֶה שֶׁעָלָה וכו': וְהַשֵּׁנִי. אִם שֶׁל עֲזָאזֵל מֵת, וְעַכְשָׁיו יֵשׁ כָּאן שְׁנַיִם לַשֵּׁם, אֶחָד שֶׁנִּשְׁאַר מִזּוּג רִאשׁוֹן וְאֶחָד מִזּוּג שֵׁנִי[ב] – בְּאֶחָד יִתְכַּפֵּר, וְהַשֵּׁנִי יִרְעֶה, וְכֵן אִם שֶׁל שֵׁם מֵת וַהֲרֵי יֵשׁ כָּאן שְׁנַיִם לַעֲזָאזֵל – הָאֶחָד יִשְׁתַּלַּח וְהַשֵּׁנִי יִרְעֶה, וּבַגְּמָרָא מְפָרֵשׁ אֵיזֶהוּ שֵׁנִי, אִם שֵׁנִי שֶׁבְּזוּג שֵׁנִי, אִם שֵׁנִי שֶׁבְּזוּג רִאשׁוֹן: שֶׁאֵין חַטַּאת צִבּוּר מֵתָה. דְּכִי גְּמִירִי חָמֵשׁ חַטָּאוֹת – בְּיָחִיד גְּמִירִי. וְטַעְמָא מְפוֹרָשׁ בְּהוֹרָיוֹת (דף ו.) וּבִתְמוּרָה (דף טו.): מָה מָּצִינוּ וְלַד חַטָּאת וּתְמוּרַת חַטָּאת וְחַטָּאת שֶׁמֵּתוּ בְּעָלֶיהָ שֶׁלֹּא תִּמְצָאֵם בַּצִּבּוּר – אַף[ג] שֶׁכִּפְּרוּ בְעָלֶיהָ, וְאע"פ שֶׁאֶפְשָׁר לִהְיוֹת בַּצִּבּוּר – לֹא נֶאֶמְרָה אֶלָּא בְּיָחִיד: וְעוֹד אָמַר רַבִּי יְהוּדָה. בַּגְּמָרָא מְפָרֵשׁ מַאי אֲתָא לְאוֹסוֹפֵי: יָמוּת הַמִּשְׁתַּלֵּחַ. וְיָבִיא שְׁנַיִם, וְיַגְרִיל עֲלֵיהֶן בַּתְּחִילָּה:

גמ'

תוספות

ואמאי, תהוי זריקת אשם מצורע בימין, דמן הדין הוה לן למימר דבין קבלה ובין זריקה דאשם מצורע בימין, דומיא דמתן שמן – אי לאו דאהדריה קרא מדכתיב "כחטאת כאשם". והתינח קבלה, אבל נתינה, דבחטאת גופיה בימין נימא דבאשם מצורע נמי תיהוי בימין! ותירץ: כיון דאהדריה קרא, דכתיב "כחטאת כאשם הוא" ודרשינן: כשאר אשמות יהא – איכא למימר דאהדריה לגמרי. עוד הקשה: למאן דאמר דבר הלמד בגזירה שוה חוזר ומלמד בהיקש – ליהוו כל אשמות בימין, לרבי שמעון, מהיקישא ד"כחטאת כאשם" או מהיקישא ד"זאת התורה"! ונראה לי: דע"כ לרבי שמעון זריקת אשמות בשמאל, מדכתיב "כחטאת כאשם" ודרשינן בפרק שני דזבחים (דף כה.) לר' שמעון גבי מנחה: בא לעובדה ביד – עובדה בימין כחטאת, בא לעובדה בכלי – עובדה בשמאל כאשם. וע"כ היינו זריקה, דאי בקבלה – אפילו בחטאת נמי הויא בשמאל לרבי שמעון, כדאיתא בהדיא פרק שני דזבחים (דף כד:):

הדרן עלך הוציאו לו

שני שעירי וכו': *חד למראה וחד לקומה וחד לדמים. נראה לי דהיינו אליבא דר' יהודה, דאי אליבא דר' שמעון – הא דריש ליה לדרשה אחריתי בפ"ק דשבועות (דף יג:): "ולקח את שני השעירים" – מקיש שעיר המשתלח לשעיר הפנימי, *מה שעיר הפנימי אינו מכפר על ישראל בשאר עבירות – אף שעיר המשתלח אינו מכפר על הכהנים בשאר עבירות. וקאמר התם: ורבי יהודה להכי איתקוש – שיהו שוין במראה ובקומה ובדמים. וקשה: רבי שמעון מנא ליה דבעינן שיהו שוין? וליכא למימר משום דאין היקש למחצה, ונקיש להו לכל מילי – דא"כ מנא ליה להתלמוד דר' יהודה לית ליה היקישא אלא למראה וקומה ודמים? נימא דר' יהודה אית ליה היקישא איפכא: מקיש פנימי למשלח, מה משלח אינו מכפר על ישראל בטומאת מקדש וקדשיו – אף פנימי אינו מכפר על הכהנים בטומאת מקדש וקדשיו. וליכא לשנויי דלהא לא איצטריך קרא, דמ"אשר לעם" נפקא התם, דמכל מקום היא גופה תיקשי: "אשר לעם" למה לי? תיפוק ליה מהיקישא כדפרי', שלא יתכפרו כהנים בשעיר הפנימי. מיהו, הא איכא לשנויי: דלרבי יהודה לית ליה היקישא כי האי גוונא, מה שעיר המשתלח אינו מכפר על ישראל בטומאת מקדש וקדשיו אף שעיר הפנימי אינו מכפר על הכהנים בטומאת מקדש וקדשיו – כיון דלא מצי למילף דומה לדומה, מה משתלח אינו מכפר על ישראל אף פנימי אינו מכפר על ישראל. אבל לר"ש, דדריש היקישא בכה"ג, אע"ג דלא הוה ממש דומה לדומה, ואע"ג דהוי מצי למידרש היקישא למילתא אחריתי למראה וקומה ודמים – אפי' הכי דריש נמי הא, משום דאין היקש למחצה – ה"נ נדרוש הא, שלא יתכפרו כהנים בשעיר הפנימי בטומאת מקדש וקדשיו מהיקש דשעיר המשתלח, דאין היקש למחצה, וא"כ "אשר לעם" לר"ש ל"ל – לאפוקי כהנים, כדאיתא התם. והכא בברייתא מוקמינן לה התם כרבי שמעון. ונראה לי: דתלתא קראי דאיתקשו בהו שעיר הפנימי ושעיר המשתלח, סבירא ליה לר' שמעון דמחד מינייהו גמרינן מראה וקומה דשקולין הם, ודמים מחד קרא נפקא, ואייתר ליה חד לענין כפרה, למידרש: מה שעיר הפנימי אין מכפר על ישראל בשאר עבירות וכו'. וכיון דלאו היקש גמור הוא, שהרי לא מדמינן להו לגמרי, דלא אמרינן מה זה אינו מכפר על ישראל אף זה אינו מכפר על ישראל, ולא הוה לן לאקושינהו בכי האי גוונא, אלא משום דמייתר לן קרא להכי – די לנו אם נקיש אותם בדבר אחד. ואם כן, אי לא הוה כתיב "אשר לעם" – לא הוה מקשינן פנימי למשתלח ומשתלח לפנימי, אלא דוקא פנימי למשתלח. אבל משתלח לא הוה מקשינן לפנימי, לומר שלא יתכפרו בו כהנים, כיון דמשתלח מרובה כפרתו. והשתא נמי ניחא מאי דקשיא לן אמאי מייתי התם קרא ד"ולקח את שני השעירים" – הוה ליה לאתויי מקרא קמא ד"ומאת עדת בני ישראל יקח שני שעירי עזים"! ולמאי דפרישית – ניחא, דקרא קמא איצטריך שיהו שוין בדמים, כיון דההוא קרא איירי בדמים דגמרינן מיניה דמדעס ליהוי. ואי לא הוה כתיב אלא תרי קראי – הוה דרשינן חד שיהו שוין בדמים, דביה איירי קרא, ותנינא לדרשה דהתם: מקיש שעיר המשתלח לפנימי. אבל לומר שיהו שוין במראה וקומה – לא הוה דרשינן כלל, כיון דלא אשכחן בשאר זבחים שיהו שוין במראה וקומה. אלא מדמייתר לן קרא בתרא, דרשינן שוין במראה וקומה:

הא

עין משפט נר מצוה

קג א מיי' פ"ב מהל' שקלים הלכה ז:
קד ב מיי' פ"ד מהל' קרבן פסח הל' ו:
א ג ד ה מיי' פ"ה מהל' עבודת יוה"כ הל' יד:
ב ו ז ח שם הלכה טו:

רבינו חננאל

בשעיר המשתלח ואפי' לר' אלעזר ור' שמעון דאמר כולן נשרפין בשעיר המשתלח אם אבד והביא אחר ואח"כ נמצא הראשון אחד משלח לדברי הכל. שנא' ושלח אותו לעזאזל אותו אחד ולא שנים. איזה משלח רב פפי משמיה דרבא [אמר] ראשון משלח סבר לה כר' יוסי דאמר מצוה בראשון כו':
הדרן עלך הוציאו לו
שני שעירי יוה"כ מצותן שיהו שוין כו'. מנ"ל דבעינן שוין

תוספות ישנים

מצריך קראי לכל הני שבפנים ועוד גבי מזבח היכי שייך לאדכורי טומאה אם שימש בטומאה [טמא] ששימש אינו מתכפר בשעיר שהרי אינו מכפר [אלא] על טומאת מקדש וקדשיו ולא על כהנים המשמשין בטומאה ואי שהיה על המזבח כדי השתחויה מאי שייך זה למזבח הא לא שייך זה אלא להיכל ועוד דקאמר בפ"ק דשבועות (דף ז:) יש לי בענין הזה להביא ג' טומאות ע"ז וגילוי עריות ושפיכות דמים ומפרש אמאי לא מוקי בהן קרא והיכי מיתוקם בהן קרא כיון דמיירי בטומאה ע"כ נראה לרבי לפרש דמיירי בהזאות ולענין עיכובא מיירי למטה נפקא לן מדכתיב והזה על הכפורת ולפני הכפורת ז' פעמים וה"פ ז לפני ולפנים שמזה על בין הבדים זה היכל שמזה על הפרוכת. מזבח כמשמעו שהיה מזה על מזבח הזהב שהיה בהיכל יכפר אלו העזרות שהיה הדם שיה שופך על יסוד מערבי של מזבח החיצון ועזרות דנקט לשון רבים לפי שהעזרה חלוקה היא בקדושה עזרת כהנים ועזרת ישראל וכן משמע כאן דמתני הך ברייתא גבי הזאה דמתניתין מיהו לפי' רש"י איכא קושיא שהרי אינו מביא אלא פסוק שהכל כפרה אחת היא וא"ת למה לי האי קרא הא למטה נפקא לן מדכתיב והזה על הכפורת ולפני הכפורת וכן יעשה לאהל וגו' ואי לעיכובא

[במשנה דשקלים וכשאר דוכתי לא נזכר ר' יוסי אומר]

[נ"ל דתניא]

הגהות הב"ח

(א) רש"י ד"ה במראה כו' שחורים או שחופים כצ"ל וכו"כ לשון שחמתית ונמלחת לבנה לפרק הספינה פי' אדומים וכה"ג וכל תוס בלשון לבן: (ב) ד"ה והשני כו' מזוג שני באחד מהן יתכפר והשני: (ג) ד"ה שאין חטאת כו' שלא תמצאם בצבור אף חטאת שכפרו בעליה.

שבועות יג. תמורה כב. כג.

זבחים לד: [מנחות נט:]

הגהות מהר"ב רנשבורג

[א] רש"י ד"ה במראה וכו' או שחופים. כצ"ל.

ג א ב מיי' פ"א מהל' טומאת צרעת הל' ח:
ד ג מיי' פ"א מהלכות תמידין הלכה יח:
ה ד מיי' פ"א מהלכות מעשה הקרבנות הלכה יג:
ו ה מיי' שם פ"ה הל' ה:

הא מה אני מקיים שנים ליום כנגד היום. תימה לי: אכתי שנים ל"ל? אפילו אי לא כתיב אלא "כבשים בני שנה תמימים ליום עולה תמיד" הוה דרשינן: כבשים דהיינו שנים, ליום – כנגד היום! וי"ל: אי לא כתיב שנים, הוה דרשינן ליום אקרא דבתריה "ליום עולה תמיד את הכבש אחד תעשה בבקר" כלומר: כבש של בקר יש לשחוט כנגד היום, ותו לא. מדלא כתיב עולות תמידין, הוה אמינא רק עולת תמיד אחד ליום כנגד היום. להכי איצטריך למיכתב שנים ליום – דתרוייהו כנגד היום: **על** טבעת שניה. נראה לי דמן הדין היה לו לשחוט על טבעת ראשונה, אלא לא רצו להקריבו כולי האי למזבח בלי הפסק, גזירה שמא יטיל גללים: **מוספין** ודאי שנים למצוה. הכי גרס רש"י. אבל בספרים כתיב: שנים לעיכובא. והקשה רש"י: עיכובא מנלן? ונראה לי: משום דבתר דכתיב "וביום השבת שני כבשים כו'" כתיב "עולת שבת בשבתו" – דהוי כמו שנה עליו הכתוב לעכב. ואע"ג דדרשינן ליה בס"פ "אלו קשרים" (שבת דף קיד.) לדרשה אחריתי: לימד על חלבי שבת שקרבין ביום טוב או ביום הכפורים, למר כדאית ליה ולמר כדאית ליה – דרשינן ליה נמי לומר שנה עליו הכתוב לעכב, דאין מקרא יוצא מידי פשוטו. וליכא למימר דכוליה להא דרשה אתא – דאם כן לא הוה למיכתב בהאי לישנא "שבת בשבתו" אלא הוה מצי לשנות עליו בענין אחר. וא"ת, והא פריך לעיל: אי הכי גבי תמידין נמי, פי': ואם איתא הוה ליה למתנייה בשום דוכתא, א"כ מוספין נמי אם איתא דבעינן שיהו שוין הוה ליה למיתנייה! י"ל: דלעיל דוקא פריך שפיר, משום דכל סדר התמיד תנן ליה במסכת תמיד (דף כט.) והתם הוה לן למיתנייה. אבל כל סדר המוספין לא תנינן ליה בשום דוכתא: שלמים

גמ' ת"ר: °"יקח שני שעירי עזים" – מיעוט "שעירי" – שנים, מה תלמוד לומר "שני" – שיהיו שניהן שוים. מניין אע"פ שאין שניהן שוין כשירין – תלמוד לומר: "שעיר" "שעיר" ריבה. טעמא דרבי רחמנא, הא לא רבי רחמנא – הוה אמינא: פסולין. עיכובא מנא לן? סלקא דעתך אמינא: "שני" "שני" "שני" כתיב. והשתא דרבי רחמנא "שעיר" "שעיר", "שני" "שני" "שני" למה לי? חד – למראה, וחד – לקומה, וחד – לדמים. תניא נמי הכי גבי כבשי מצורע: °"יקח שני כבשים" מיעוט כבשים שנים, מה תלמוד לומר "שני" – שיהיו שניהן שוין. ומנין שאף על פי שאין שניהן שוין כשירין, תלמוד לומר: "כבש" "כבש" ריבה. טעמא דרבי רחמנא, הא לא רבי רחמנא – הוה אמינא: פסולין, עיכובא מנא לן? סלקא דעתך אמינא: "תהיה" כתיב. והשתא דרבי רחמנא "כבש" "כבש", "תהיה" למה לי? לשאר הויתו של מצורע. (*ותנן) נמי גבי מצורע כי האי גוונא: °"צפרים" מיעוט צפרים (*שנים), מה תלמוד לומר "שתי" – [א]שיהיו שתיהן שוות. ומנין שאע"פ שאינן שוות [ב]כשרות – תלמוד לומר: "צפור צפור" ריבה. טעמא – דרבי רחמנא, הא לא רבי רחמנא – פסולות. עכובא מנא לן? סלקא דעתך אמינא: "תהיה" כתיב. והשתא דרבי רחמנא 'צפור', 'תהיה' למה לי? לשאר הויתו של מצורע. אי הכי, גבי תמידין נמי נימא: °"כבשים" – מיעוט כבשים שנים, מה תלמוד לומר °"שנים" שיהיו שניהן שוין, ומנין שאע"פ שאין שניהן שוין כשירין – תלמוד לומר "כבש" "כבש" ריבה, ולמצוה הכי נמי דבעינן! ההוא מיבעי ליה לכדתניא: *°"שנים ליום" – כנגד היום. אתה אומר כנגד היום, או אינו אלא חובת היום? כשהוא אומר "את הכבש אחד תעשה בבקר ואת הכבש השני תעשה בין הערבים" הרי חובת היום אמור, ומה אני מקיים שנים ליום – כנגד היום. כיצד? *[ג]תמיד של שחר היה נשחט על קרן צפונית מערבית על טבעת שניה, ושל בין הערבים היה נשחט על קרן מזרחית צפונית על טבעת שניה. מוספין של שבת – ודאי צריכין שיהיו שניהן שוין. תנו רבנן: [ד]שני שעירי יום הכיפורים ששחטן בחוץ עד שלא הגריל עליהן – חייב על שניהם, משהגריל עליהן – חייב על של שם, ופטור על של עזאזל. "עד שלא הגריל עליהם חייב על שניהם" למאי חזו – אמר רב חסדא: הואיל וראוי לשעיר הנעשה בחוץ. ומאי שנא לשעיר הנעשה בפנים דלא – דמחוסר הגרלה, לשעיר הנעשה בחוץ נמי לא חזי – דמחסרי עבודת היום! קסבר רב חסדא: *אין מחוסר זמן לבו ביום. אמר רבינא: השתא דאמר רב חסדא מחוסר הגרלה כמחוסר מעשה דמי, הא דאמר רב יהודה אמר שמואל: [ה]*)שלמים *ששחטן קודם שנפתחו דלתות ההיכל – פסולין, שנאמר: °"ושחטו פתח אהל מועד" – בזמן שהוא פתוח, ולא בזמן שהוא נעול. שחטן

תורה אור: ויקרא טז; שם יד; שם; במדבר כח; שם; ויקרא ג

[סוטה טז:] [לקמן סב:] [תמיד ל:]

*) זבחים נה: ערכין ג.

גמ' עיכובא מנלן. אי משום דכתיבא חוקה – הא קיי"ל לרבי יהודה בין לר' נחמיה לא כתיבה חוקה אלא על דברים שהן מן העבודה, אבל לא על הלקיחה, שהיא מתמול שלשום: סד"א שני שני. תלתא כתיבי, ושנה עליהן הכתוב לעכב: חד למראה וכו'. ולמצוה ולא לעכב: תהיה כתיב. זאת תהיה תורת המצורע – דמשמע בהוייתו תהא פרשה זו, ככל הכתוב בה: ולמצוה ה"נ דבעינן. שיהו שניהן שוין והלא לא שנינו זאת אלא תמידין: כנגד היום. כנגד זריחת השמש: או אינו אלא חובת היום. ובא ללמד שיהו שנים לכל יום: על קרן מערבית צפונית. של מזבח שהשמש באה מן המזרח לפיכך מושכו השוחט לצד מערב להרחיקו מן כותל המזרח בכל יכולת, מפני שהכתלים גבוהים והחמה שחרית בשיפולו של רקיע ואל הכותל עומד כנגדה. ולצפונית – משום דקדשי קדשים שחיטתן על ירך המזבח צפונה, ושם היה בית המטבחיים והטבעות קבועות ברצפה לתת ראש הבהמה לתוכן. והן עשרים וארבעה כמנין המשמרות, ומקומן עשרים וארבע אמות על עשרים וארבע, קבועות בששה סדרים: על טבעת שניה. לא בטבעת שאצל המזבח, אלא בשניה לה המשוכה לצד צפון, ופני השוחט ואחורי הבהמה באלכסון לצד מזרחית צפונית שמשם השמש באה שחרית, וטעמא דטבעת שניה לא ידענא. ואני שמעתי כדי שתהא הראשונה מסייעתו להאחז בה רגלי הבהמה, שלא תהפך. ושל בין הערבים שהחמה באה מן המערב – מושך עצמו לצד מזרח בכל יכולת, ופניו למערב דרום באלכסון, שזריחת החמה באה משם: ומוספין של שבת. שנאמר בהם "שני כבשים" – ודאי שנים לעיכובא, מדלא הדר כתב בהו (א) אחד אחד, לרבות אע"פ שאינן שוין לכשיר. כך שמעתי. וקשיא לי: עיכובא מנלן? ונראה בעיני דהכי גרס: מוספין ודאי שנים למצוה, מצותן להיות שוין. ולא גרסי' מדלא כתיב אחד אחד. ושיטתא דתלמידי *תרבינאי היא: שני שעירי יום הכפורים. שמשלקחן הם קדושים, שהרי מתרומת הלשכה באו, ושחטן בחוץ לעזרה: חייב על שניהן. משום שחוטי חוץ. ולקמן פריך: קודם הגרלה למאי חזו בפנים? וכיון דלא חזו – אמאי חייב? הא ראוי לפתח אהל מועד בעינן, דכתיב (ויקרא יז) בשחוטי חוץ "ואל פתח אהל מועד לא הביאו": ופטור על של עזאזל. דלא חזי להקריב בפנים: לשעיר הנעשה בחוץ. כל אחד היה ראוי להקריבו לחטאת המוסף של יום הכפורים האמורה בפרשת פנחס: **ומאי שנא לשעיר הנעשה בפנים דלא.** חזי, משום דמחוסר הגרלה: לשעיר הנעשה בחוץ נמי לא חזו. דמחסרי כל מעשה עבודת היום של מתן דמי פר ושעיר וחפינת הקטרת והקטרתה, הראויין ליקדם למוספין: אין מחוסר זמן לבו ביום. לענין שעיר החיצון אין כאן חסרון מעשה בגופו, אלא חסרון זמן שעדיין לא הגיע זמן המוספין, וזמן הראוי לבו ביום – אין זה חסרון זמן. אבל הגרלה, אע"ג דלאו מעשה בגופן היא, דהא אמרן *עליית גורל מתוך קלפי היא מעכבת אבל הנחה אינה מעכבת – אפילו הכי הואיל ומצוה האמורה בהן היא – כמחוסר מעשה דמי: **השתא דאמר רב חסדא** מחוסר הגרלה כמחוסר **מעשה דמי.** ואע"ג דלאו מעשה בגופן הוא דאי לאו דחזו לשעיר המוסף לא היה מתחייב על שחיטתן בחוץ: **הא דאמר שמואל וכו'.** ומחוסר פתיחה כמחוסר מעשה דמי ואע"ג דלאו מעשה בגופן של שלמים הוא, הואיל ובהן נאמר – הוי כמעשה בגופן: ומי

[נ"ל ותניא עי' נגעים פי"ד מ"ה] [מנחות פב: ע"ש בתוס'] [זבחים יב. מנחות ה.] [עי' תוס' לקמן סג. ד"ה שלמים] [לעיל לט:]

רבינו חננאל

דת"ר יקח שני שעירי עזים מיעוט [שעירים] שנים כו'. כיון שכתב שעירי ידענו שאינן פחות משנים למה כתיב שני ללמד שיהו שוין ומנלן שאף על פי שאין שוין כשרין הן שנאמר השעיר השעיר כלומר מאחר שכתוב ונתן אהרן על שני השעירים גורלות היה לו לכתוב והקריב את אשר עלה עליו לה' ועשהו חטאת ואשר עלה עליו הגורל לעזאזל יעמד חי השעיר השעיר שכתוב למה אלא ללמד שאע"פ שאין שוין כשרין ועיכובא מנלן הייתי אומר שאם אין שוין מעכבין שהוצרך הכתוב להכשירה אע"פ שאינן שוין סד"א שני שני [כתיב] את שני השעירי' ועוד כתיב ונתן אהרן על שני השעירים שעירים בלבד היה דיי למה כתב שני שני לעכב. כתיב השעיר השעיר לרבות אע"פ שאין שוין. ומאחר שאע"פ שאין שוין כשר שני שני למה באו למצוה: **תניא** גבי צפורי מצורע וגבי כבשי מצורע כי האי גוונא. וכולן טעמם שוה ופשוטין הן. אבל התמידין אע"ג שכתוב בהן שנים ליום לא דרשינן בהו כי האי גוונא אלא שנים ליום כנגד היום כנגדו ולא אצלו כלומר של שחר נשחט במערב כנגד המזרח ושל בין הערבים במזרח כנגד המערב כדתנן במס' תמיד של שחר היה נשחט על קרן צפונית מערבית על טבעת שניה ושל בין הערבים וכו'. אבל המוספין ודאי לא כתב שני כבשים אלא ללמד שהם ב' ולא ד' מדלא כתיב אחד אחד כדרך שכתוב בתמיד:
ת"ר ב' שעירי יוה"כ ששחטן בחוץ אם עד שלא הגריל עליהן שחטן בחוץ חייב כרת על שניהן. שנאמר ואל פתח אהל מועד לא יביאנו לעשות אותו לה' ונכרת האיש ההוא ואמר רב חסדא הואיל וראוי לשעיר הנעשה בחוץ לעשות אותו לה' קרינא ביה ואע"ג דאינו ראוי אלא לאחר עבודת היום מחוסר זמן שיוכשר אותו היום אינו מחוסר זמן ולמה לא אמר הואיל וראוי לשעיר הנעשה בפנים דמחוסר הגרלה ומחוסר הגרלה מחוסר מעשה הוא. ואם אחרי שהגריל עליהן שחטן בחוץ חייב כרת על של שם מ"ט לעשות אותו לה' קרינן ביה ופטור על שם עזאזל דלא קרינא ביה לעשות אותו לה'. ודייק רבינא מדמחסר הגרלה לרב חסדא

הגהות הב"ח

(א) רש"י ד"ה ומוספין כו' מדלא הדר כתיב בהו אחד אחד לרבות אע"פ:

גליון הש"ס

גמ' מחוסר הגרלה כמחוסר מעשה. עיין תוס' פסחים קף כב ע"א ד"ה כי ליתיה:

תוספות ישנים

לקמן באידך פירקין (דף סד.): **שלש** קופות של שלש שלש סאין כו'. בתוספתא (דשקלים פ' ב') מפרש תרם הראשונה ואומר הרי זה מארץ ישראל על כל ארץ ישראל תרם את השניה ואומר הרי זה מעמון ומואב פי' מבני ישראל הדרים שם תרם את השלישית ואומר הרי זה מבבל כו' ותימה למה עשה כך והלא כולן שותפין בכל הקרבנות של כל יום ויום ואומר ריב"א דכולן מפריש לשם כולן אלא הראשונה נקראת על שם ארץ ישראל והשניה על שם אותן שמביאין אחריהן והשלישית על שם אותן שאחריהם וצ"ע למה הן עושין כך: **ואם** היה שני מובחר כו'. גבי שעיר לא שייך למימר מובחר כמו גבי פסח שאכילתו מצוה: **פ"ו שני** שעירי יום הכפורים מצותן שיהו שוין במראה ובקומה. ואע"ג דאמר בפרק בן סורר ומורה (דף עא.) דבן סורר ומורה לא היה ולא עתיד להיות משום דכתיב בננו זה דבעינן שיהו אביו ואמו שוין במראה ובקומה וזה אי אפשר להיות אבל גבי בהמה מיהא יכול להיות יותר ואע"פ שאין ממש דומות זו לזו דאמרינן בירושלמי דאפילו חטה אינו דומה לחבירתה מכל מקום בעינן שיהו שוין במראה ובקומה כל מה שיוכלו. מ"ר: **ולקיחתן** כאחת. כגון שלקחן מאדם אחד ביחד או משני בני אדם וכגון שעשו שניהם שליח לקבל המעות דבהקדש מעות קונות דכתיב ונתן הכסף וקם לו: **יקח** זוג לשני. ולקיחתן כאחת לא בעינן אלא למצוה וא"ת כיון שראוי לשעיר הנעשה בחוץ. קודם הגרלה כדאמר בגמ' למה לא יקח ב' אחרים ויקיימו בזה מצות לקיחה כאחת י"ל דמיירי הכא שכבר הפרישו אחד לשעיר הנעשה בחוץ. מ"ר:

משהגריל עליהם מת יביא שנים ויגריל בתחילה כו'. וא"ת אמאי לא מוכח לעיל פרק טרף בקלפי (דף לט:) דלר' נחמיה מיהא הגרלה מעכבא לכל הפחות מדלא קתני יביא חבירו עמו שלא בהגרלה כדאמר ר' שמעון שם בגמ' [די"ל] דמשום דמצוה בהגרלה אין לנו לומר לקנות אחר לכתחילה כדפריך א) גבי לקיחה וי"ל דלעולם למצוה ואע"ג דבלקיחה פרישית לעיל דלא בעינן למצוה היינו לפי שעיקר מצותה אינה אלא מאתמול ואע"ג דלקיחתו יכולה לחות יום הכפורים כדאמר בפסחים פרק אלו דברים ובשבת פרק שואל (דף קמח.) וכן ערב פסח שחל להיות בשבת מניח טליתו אצלו כו' מ"מ אין עיקר לקיחתו ביוה"כ מיהו קשה מדאמר לקמן בפירקין (דף סה:) ועוד דרבי טבי דאמר בעינא תרומה חדשה מצוה היא ומשום מצוה אין לנו לומר ימותו יש לומר דמכל מקום ידחו קאמרינן משום מצוה כי היכי שאינו אלא רועה ור' יהודה דאמר ימותו ב) (היינו) משום דאית ליה בעלי חיים [נדחין] כדמפרש רב בגמרא (דף סד:). מ"ר: (ע"כ שייך לע"א) **חד** למראה. יש ספרים דגרס חד למראה ולקומה וחד לדמים וחד ללקיחתן כאחד ויש ספרים דגרס חד למראה ולקומה וחד לדמים ואומר רבי הא דלא מייתי נמי חד ללקיחתן כאחד משום דהסוגיא משתמע בהדיא דכתיב יקח שני שעירי עזים ומשמע שתהא לקיחת שניהם ביחד א"כ מהכא לא דריש מידי אלא לקיחתן כאחד דריש מדסמכיה ליקח ויש ספרים דגרס חד למראה וחד לקומה וחד לדמים וג' שני דריש ולקיחתן כאחד נפיק מדסמכיה ליקח כדפרי': **תהיה** למה לי לשאר הזיות של מצורע. הקשה ה"ר אלחנן כיון דכתיב תהיה לעכב

א) נ"ל גבי מראה וקומה דלעולם כו': ב) נ"ל היינו אלא:

ז א ב מיי' פי"ח מהל' מעשה הקרבנות הלכה יב:
ח ג ד שם הלכה ט:

א שְׁחָטָן בַּחוּץ קוֹדֶם שֶׁנִּפְתְּחוּ דַּלְתוֹת הַהֵיכָל – פָּטוּר. מ"ט – מְחוּסַּר פְּתִיחָה כִּמְחוּסַּר מַעֲשֶׂה דָּמֵי. *וּמִי אִית לֵיהּ לְרַב חִסְדָּא "הוֹאִיל", וְהָאָמַר רַב חִסְדָּא: פֶּסַח שֶׁשְּׁחָטוֹ בַּחוּץ בִּשְׁאָר יְמוֹת הַשָּׁנָה, לִשְׁמוֹ – פָּטוּר, שֶׁלֹּא לִשְׁמוֹ – חַיָּיב. טַעְמָא – דְּשֶׁלֹּא לִשְׁמוֹ, הָא סְתָמָא – לִשְׁמוֹ הוּא, וּפָטוּר. וְאַמַּאי? לֵימָא: הוֹאִיל וְרָאוּי שֶׁלֹּא לִשְׁמוֹ בִּפְנִים! – הָכִי הָשְׁתָּא! הָתָם – בָּעֵי עֲקִירָה, הַאי לָא בָּעֵי עֲקִירָה. רַבָּה בַּר שִׁימִי מַתְנֵי לְהוּ בִּדְרַבָּה, וְקַשְׁיָא לֵיהּ דְּרַבָּה אַדְּרַבָּה, וּמְשַׁנֵּי כִּדְשַׁנֵּינַן. כִּי אֲתָא רַב דִּימִי אָמַר ר' יִרְמְיָה אָמַר ר' יוֹחָנָן: פֶּסַח שֶׁשְּׁחָטוֹ בַּחוּץ בִּשְׁאָר יְמוֹת הַשָּׁנָה, בֵּין לִשְׁמוֹ בֵּין שֶׁלֹּא לִשְׁמוֹ – פָּטוּר. אָמַר רַב דִּימִי: אֲמַרִיתָהּ לִשְׁמַעְתָּא קַמֵּיהּ דְּר' יִרְמְיָה, בִּשְׁלָמָא לִשְׁמוֹ – דְּהָא לָא חֲזֵי לֵיהּ, אֶלָּא שֶׁלֹּא לִשְׁמוֹ – אַמַּאי? הָא חֲזֵי שֶׁלֹּא לִשְׁמוֹ בִּפְנִים! וְאָמַר לִי: עֲקִירַת חוּץ – לָאו שְׁמָהּ עֲקִירָה. כִּי אֲתָא רָבִין אָמַר רַבִּי יִרְמְיָה אָמַר רַבִּי יוֹחָנָן: ב פֶּסַח שֶׁשְּׁחָטוֹ בַּחוּץ בִּשְׁאָר יְמוֹת הַשָּׁנָה, בֵּין לִשְׁמוֹ בֵּין שֶׁלֹּא לִשְׁמוֹ – חַיָּיב. וַאֲפִי' לִשְׁמוֹ? וְהָתְנַן: *מְחוּסַּר זְמַן, בֵּין בְּגוּפוֹ בֵּין בַּבְּעָלִים. וְאֵיזֶהוּ מְחוּסַּר זְמַן בַּבְּעָלִים – ג הַזָּב וְהַזָּבָה וְהַיּוֹלֶדֶת *וְהַמְּצוֹרָע שֶׁהִקְרִיבוּ חַטָּאתָם וַאֲשָׁמָם בַּחוּץ – פְּטוּרִין, ד עוֹלוֹתֵיהֶן וְשַׁלְמֵיהֶן בַּחוּץ – חַיָּיבִין, [זבחים ד' קיד:] וְאָמַר *רַב חִלְקִיָּה בַּר טוֹבִי: לֹא שָׁנוּ אֶלָּא לִשְׁמוֹ, אֲבָל שֶׁלֹּא לִשְׁמוֹ – חַיָּיב. לִשְׁמוֹ מִיהָא פָּטוּר, אַמַּאי? נֵימָא: הוֹאִיל וּרְאוּיִן שֶׁלֹּא לִשְׁמוֹ בִּפְנִים! הָכִי הָשְׁתָּא?! הָתָם – בָּעֵי עֲקִירָה, הָכָא – פֶּסַח בִּשְׁאָר יְמוֹת הַשָּׁנָה שְׁלָמִים נִינְהוּ. רַב אַשִׁי מַתְנֵי: חַיָּיב, כִּדְאָמְרִינַן. רַב יִרְמְיָה מִדִּפְתִּי מַתְנֵי פָּטוּר, קָסָבַר: פֶּסַח בִּשְׁאָר יְמוֹת הַשָּׁנָה בָּעֵי עֲקִירָה, וַעֲקִירַת חוּץ לָאו שְׁמָהּ עֲקִירָה, וּפְלִיגָא דְּרַב חִלְקִיָּה בַּר טוֹבִי. אָמַר מָר: מִשֶּׁהִגְרִיל עֲלֵיהֶן – חַיָּיב עַל שֶׁל שֵׁם, וּפָטוּר עַל שֶׁל עֲזָאזֵל. תָּנוּ רַבָּנַן: °"אִישׁ אִישׁ מִבֵּית יִשְׂרָאֵל אֲשֶׁר יִשְׁחַט שׁוֹר אוֹ כֶשֶׂב אוֹ עֵז בַּמַּחֲנֶה אוֹ אֲשֶׁר יִשְׁחַט מִחוּץ לַמַּחֲנֶה וְאֶל פֶּתַח אֹהֶל מוֹעֵד לֹא הֱבִיאוֹ לְהַקְרִיב קָרְבָּן לַה'". [ויקרא יז] אִי

תורה אור

רש"י

וּמִי אִית לֵיהּ לְרַב חִסְדָּא הוֹאִיל. לְחַיֵּיב עַל קָרְבָּן שֶׁאֵינוֹ רָאוּי לְשֵׁם מַה שֶּׁהוּפְרַשׁ בִּפְנִים וּשְׁחָטוֹ בַּחוּץ, דְּנֵימָא חַיָּיב מִשּׁוּם הוֹאִיל וְרָאוּי לְשֵׁם קָרְבָּן אַחֵר: לִשְׁמוֹ פָּטוּר. דְּאֵינוֹ רָאוּי לִשְׁמוֹ בִּפְנִים: שֶׁלֹּא לִשְׁמוֹ. אֶלָּא לְשֵׁם שְׁלָמִים חַיָּיב דְּרָאוּי הוּא לְשֵׁם שְׁלָמִים בִּפְנִים: הָכִי גָּרְסִי': טַעְמָא דְּשֶׁלֹּא לִשְׁמוֹ הָא סְתָמָא לִשְׁמוֹ הוּא וּפָטוּר וְאַמַּאי נֵימָא וכו': בָּעֵי עֲקִירָה. אֵינוֹ רָאוּי בִּפְנִים לִשְׁלָמִים, אֶלָּא אִם כֵּן עָקַר שֵׁם פֶּסַח מִמֶּנּוּ בִּשְׁחִיטָתוֹ. הִלְכָּךְ, לָאו מִתְקַבֵּל בִּפְנִים הוּא כָּל כַּמָּה דְּלָא עַקְרֵיהּ: הַאי לָא בָּעֵי עֲקִירָה. וְאַע"פ שֶׁלְּקָחוֹ לְשֵׁם שָׂעִיר הַנַּעֲשֶׂה בִּפְנִים – זֶה חַטָּאת וְזֶה חַטָּאת שְׁנֵיהֶן שָׁוִין בִּשְׁמוֹתֵיהֶן: מַתְנֵי לְהוּ בִּדְרַבָּה. הָנֵי תַּרְתֵּי שְׁמַעְתָּתָא דְּרַב חִסְדָּא הָא דְּאָמַר לְעֵיל הוֹאִיל וּרְאוּיִן לַשָּׂעִיר הַנַּעֲשֶׂה בַּחוּץ, וְהָא דְּאָמַר רַב חִסְדָּא פֶּסַח שֶׁשְּׁחָטוֹ בַּחוּץ בִּשְׁאָר יְמוֹת הַשָּׁנָה וכו' – מַתְנֵי לָהּ בִּדְרַבָּה, דְּרַבָּה אָמְרִינְהוּ: פֶּסַח שֶׁשְּׁחָטוֹ בַּחוּץ. גָּרַס בְּכוּלָּהּ: עֲקִירַת חוּץ. עֲקִירַת שֵׁם בִּשְׁחִיטַת חוּץ לֹא שְׁמָהּ עֲקִירָה. אִם הִכְשִׁיר הַכָּתוּב פֶּסַח בִּשְׁאָר יְמוֹת הַשָּׁנָה בִּשְׁלָמִים – לֹא הִכְשִׁירוֹ אֶלָּא בִּפְנִים, וּבַעֲקִירַת הַשֵּׁם, אֲבָל בַּחוּץ – לְעוֹלָם שְׁמוֹ עָלָיו: חַיָּיב. עָלָיו, מִשּׁוּם הוֹאִיל וְרָאוּי שֶׁלֹּא לִשְׁמוֹ בִּפְנִים: וְהָא תְּנַן. בְּמַסֶּכֶת זְבָחִים: מְחוּסַּר זְמַן. פָּטוּר עַל שְׁחִיטַת חוּץ, בֵּין שֶׁהוּא מְחוּסַּר זְמַן בְּגוּפוֹ בֵּין שֶׁהוּא מְחוּסַּר זְמַן בַּבְּעָלִים. בְּגוּפוֹ – כְּגוֹן בְּתוֹךְ שְׁמוֹנָה לְלֵידָתוֹ: וְאֵיזֶהוּ מְחוּסַּר זְמַן בַּבְּעָלִים הַזָּב וְהַזָּבָה וכו'. שֶׁיֵּשׁ זְמַן לַהֲבָאַת קָרְבְּנוֹתֵיהֶם לְסוֹף סְפִירַת שִׁבְעָה, וְהַיּוֹלֶדֶת לְסוֹף מְלֹאת יְמֵי טָהֳרָהּ: שֶׁהִקְרִיבוּ. לִפְנֵי הַזְּמַן חַטָּאתָן וַאֲשָׁמָן בַּחוּץ – פְּטוּרִין, שֶׁאֵינָן מִתְקַבְּלִים בִּפְנִים לֹא לְחוֹבָה וְלֹא לִנְדָבָה. לְחוֹבָה – מִשּׁוּם דְּלָא מְטָא זִימְנַיְיהוּ, וְלִנְדָבָה – שֶׁאֵין חַטָּאת וְאָשָׁם בָּא לִנְדָבָה. וְהַאי אָשָׁם – בִּמְצוֹרָע הוּא, דְּאִילּוּ בְּזָב וְזָבָה וְיוֹלֶדֶת לֵיכָּא אָשָׁם: עוֹלוֹתֵיהֶן וְשַׁלְמֵיהֶם חַיָּיבִין. שֶׁעוֹלָה וּשְׁלָמִים בָּאִים נְדָבָה, וּמִתְקַבְּלִין נְדָבָה בִּפְנִים. וּבְמַסֶּכֶת זְבָחִים *פָּרְכִינַן: [דף קיד:] וְהָנֵי בְּנֵי שְׁלָמִים נִינְהוּ? וּמְשַׁנֵּינַן: תָּנֵי נָזִיר בַּהֲדַיְיהוּ. וְאַף מְצוֹרָע לֹא שָׁנִינוּ בַּמִּשְׁנָה. וּפָרְכִינַן הָתָם: הָנֵי בְּנֵי אֲשָׁמוֹת נִינְהוּ? וּמְשַׁנֵּינַן: תָּנֵי מְצוֹרָע בַּהֲדַיְיהוּ: וְאָמַר רַב חִלְקִיָּה לֹא שָׁנוּ. דְּאָשָׁם בַּחוּץ מְחוּסַּר זְמַן בַּבְּעָלִים פָּטוּר אֶלָּא לִשְׁמוֹ, דְּאֵינוֹ רָאוּי לִשְׁמוֹ בִּפְנִים. אֲבָל שֶׁלֹּא לִשְׁמוֹ, כְּגוֹן לְשֵׁם עוֹלָה אוֹ לְשֵׁם שְׁלָמִים – חַיָּיב, שֶׁכֵּן רָאוּי לִפְנִים כַּיּוֹצֵא בּוֹ בִּפְנִים, דְּכָל הַזְּבָחִים שֶׁנִּזְבְּחוּ שֶׁלֹּא לִשְׁמָן כְּשֵׁרִין, אֶלָּא שֶׁלֹּא עָלוּ לַבְּעָלִים לְשֵׁם חוֹבָה, חוּץ מִן הַפֶּסַח בִּזְמַנּוֹ וְהַחַטָּאת בְּכָל זְמַן: וְאַמַּאי. לִשְׁמוֹ פָּטוּר? לֵימָא הוֹאִיל, כִּדְקָאָמְרַתְּ: שְׁלָמִים. הֲוָה סְתָמֵיהּ בְּלֹא עֲקִירָה. וּמִקְרָאֵי יָלְפִינַן לָהּ בְּמַסֶּכֶת פְּסָחִים וּבְפ"ק דִּזְבָחִים: רַב אַשִׁי מַתְנֵי חַיָּיב. בְּהָא, דְּכִי אֲתָא רָבִין: וְרַב יִרְמְיָה מַתְנֵי פָּטוּר. בֵּין לִשְׁמוֹ בֵּין שֶׁלֹּא, לִשְׁמוֹ כְּרַב דִּימִי: וּפְלִיגָא דְּרַב חִלְקִיָּה. דְּאָמַר עֲקִירַת חוּץ שְׁמָהּ עֲקִירָה: אִי

תוספות

שלמים ששחטן בחוץ קודם פתיחת דלתות ההיכל פטור. תימה דא"ר יוחנן פרק השוחט והמעלה (זבחים דף קז:): המעלה בזמן הזה בחוץ – חייב. ואמאי? הא אינו ראוי אל פתח אהל מועד, כיון דנהרס המזבח: דאפי' נפגס המזבח אמרי' בפ' "קדשי קדשים" (שם נט. ודף סב.): כל הקדשים שנשחטו שם – פסולין והוה ליה מחוסר זמן. ואפילו מחוסר פתיחת דלתות פטור, כל שכן מחוסר מעשה גדול. ותנן בפרק בתרא דזבחים (דף קיב:): אותו ואת בנו ומחוסר זמן בחוץ – אפילו לא תעשה אין בו לרבנן דרבי שמעון. ועוד, אמרינן בפ"ק דע"א (דף יג.): אם הקדיש והעריך והחרים בזמן הזה – בהמה תעקר. ופריך ונשחטיה מישחט! ופירש רש"י: משום שחוטי חוץ ליכא – דבקדשי בדק הבית איירי. ולא נהירא לר"י: דאם כן, כי פריך ונשווייה גיסטר' – היכי משני מפני שמטיל מום בקדשים? אלא מפרש ר"י: דמיירי בקדשי מזבח ולא מחייב משום שחוטי חוץ, דהוה ליה מחוסר זמן. ודוחק לומר דההיא דמסכת ע"ג אתיא כמאן דאמר הותרו הבמות. חדא – דמנא ליה לאוקמי כמאן דאמר הותרו הבמות כדי להקשות ונשחטיה מישחט? כיון דלמאן דאמר לא הותרו לא קשיא. ועוד: דהא סתם מתניתין היא בפרק בתרא דזבחים (דף קיב:), דירושלים אין אחריה היתר. ובגמרא פריך מינה למ"ד בפ"ק דמגילה (דף י.) שמעתי שמקריבין בבית חוניו. וי"ל: דר' יוחנן דמחייב במעל' בחוץ מיירי בהעלאת קטרת, דלא בעי מזבח דאמרי' בפרק "קדשי קדשים" (זבחים דף נט.): מזבח שנעקר מקטיר קטרת במקומו. אי נמי: בהעלאת מנחה. דדוקא במיני דזבחים אמרינן כשנפגס המזבח שפסולין, דנפקא לן מ"וזבחת עליו" – בזמן שהוא שלם, ולא בזמן שהוא חסר. וניחא נמי דנקט רבי יוחנן המעלה, טפי משחיטה וזריקה. אי נמי יש לומר: דמיירי שבנוי מזבח במקומו, והעלה בחוץ. דס"ל קדשה לעתיד לבא. אבל אין לתרץ דר' יוחנן כר' יהודה סבירא ליה, דאמר קדשי קדשים שרי להקטיר על הרצפה. דנהי דשרי להקטיר על הרצפה – מכל מקום בעי שיהא מזבח במקומו. אבל נפגס המזבח – לא הוי שרי להקטיר בשום דוכתא. תימה: אמאי פטור בשלמים ששחטן בחוץ קודם פתיחת דלתות ההיכל, לפי מה שפרש"י בפרק "קדשי קדשים" (שם דף סא.) גבי קודם שיעמידו לויים את המשכן ולאחר שיפרקו, דדוקא שלמים ששחטן בפנים קודם דלתות ההיכל – פסולים, אבל שאר קדשים – לא. אם כן, כיון דפסולו בקודש שיש לו היתר בשאר קדשים – אם עלו לא ירדו, מידי דהוה אפסח וחטאת ששחטן שלא לשמן בחוץ, דחייב עליהם, כדאיתא בפרק בתרא דזבחים (דף קטו.) משום דמתקבל בפנים, שיש לו היתר בשאר זבחים? ויש לומר: דהתם הבהמה ראויה לשחטה בפנים בההיא שעתא לשמה, אבל הכא – אינם ראוים לפנים קודם פתיחת הדלתות:

טעמא דשלא לשמו הא סתמא פטור. תימה לר"ת: נידוק מרישא איפכא. טעמא – דלשמו, הא סתמא – חייב. ודוחק הוא לומר דלשמו דרישא היינו סתמא, משום דאמרינן ריש ע"ק דזבחים (דף ב:) דסתם זבחים לשמן הן עומדין – דהני מילי בזמנן, אבל פסח בשאר ימות השנה – סתמיה לאו לשמו קאי. אלא נראה כספרים דלא גרסי טעמא דשלא לשמו. ואיכא למימר דמרישא דייק: לשמו אמאי פטור – דס"ד דלא בעי עקירה, וא"כ אמאי פטור? והא אי בעי שחיט סתמא בפנים, דסתמא שלא לשמו קאי. ומשני: דבעי עקירה. וכי האי גוונא איכא בפרק "תמיד נשחט" (פסחים סד.): ובמועד, לשמו – פטור, שלא לשמו – חייב, וגרס רש"י שם כמו בכאן: טעמא דשלא לשמו, הא סתמא – פטור. וקשיא נמי התם כמו שהקשינו בכאן, אלא יש לפרש שם כדפירשתי הכא: **ופליגא** דרב חלקיה בר טובי. בלאו הכי נמי הוה מצי למימר: ופליגא דרב דימי אדרב חלקיה, אלא משום דהשתא פליגא דרב דימי ודרבין אדרב חלקיה: וכל

[פסחים סב. ע"ש]

זבחים קיב:

[וכאן שרש"י כאן ובזבחים כתב דלא גרסי' מכל מקום כתב התוי"ט דאין למחוק וע"ש הטעם]

רבינו חננאל

כמחוסר מעשה דמי. גם שלמים ששחטן קודם פתיחת דלתות ההיכל פסולין הן. שנאמר ושחטו פתח אהל מועד בזמן שהוא פתוח ולא בזמן שההיכל נעול ומחוסר פתיחה כמחוסר מעשה דמי. ומקשינן מי אית ליה לרב חסדא הואיל והא הוא דאמר פסח ששחטו בשאר ימות השנה לשמו בחוץ פטור ואמאי לימא חייב הואיל וראוי שלא לשום פסח אלא לשום שלמים לפנים. ודחי פסח בעי עקירה משם פסח לשום שלמים. ומחוסר עקירה כמחוסר מעשה דמי. פסח ששחטו [בחוץ] בשאר ימות השנה בין לשמו בין שלא לשמו [פטור] *) רב אשי מתני חייב ואקשינן עליה ואפי' על שמו. והתנן בשחיטת קדשים פרק פרת חטאת. מחוסר זמן בין בגופו בין בבעלים. איזהו מחוסר זמן בבעלים הזב והזבה היולדת והמצורע שהקריבו חטאתם ואשמם בחוץ פטורין. עולותיהן ושלמיהן בחוץ חייבין. ומקשה עליה בגמ' והני בני אשמות נינהו [אמר זעירי תני מצורע בהדייהו] תוב אקשינן הני בני שלמים נינהו**) אמר רב ששת תני נזיר בהדייהו. דזעירי קבעוה תנאי ותני בהדייהו במשנה הזב והזבה והיולדת והמצורע כמו שאמר זעירי אבל נזיר לא קבעוהו במשנה כמו שאמר רב ששת אע"ג דהיא כרב ששת: קתני מיהא חטאתם בחוץ פטורין ואמר רב חלקיה בר טובי לא שנו שהוא פטור אלא השוחט לשמה בחוץ אבל השוחט שלא לשמו בחוץ חייב הואיל וראוי שלא לשמו בפנים כדתנן כל הזבחים שנזבחו שלא לשמו כשרין אלא שלא עלו לבעלים לשום חובה. אמאי אפי' לשמן בחוץ יהא חייב הואיל וראוי שלא לשמו בפנים. ודחי הכי השתא התם בעי עקירה ומחוסר עקירה כמחוסר מעשה דמו משום הכי לא תני לשמו בחוץ חייב הואיל וראוי שלא לשמו בפנים אבל פסח בשאר ימות השנה שלמים הוא ולא בעי עקירה: רב אשי מתני חייב כדאמרן. רב ירמיה מדפתי מתני פסח בשאר ימות השנה בין לשמו בין שלא לשמו פטור קסבר פסח בשאר ימות השנה בעי עקירה ועקירת חוץ ששחטו שלא לשם פסח לאו שמה עקירה ופליגא עליה דרב חלקיה בר טובי דאמר לא שנו שפטור אלא בשוחט לשמו אבל בשוחט שלא לשמו בחוץ חייב הנה עקירת חוץ עקירה היא ושנינן הא דרב חלקיה כגון

*) נראה דל"ל כי אתא רבין מתני חייב וכו'. **) כ"ה הלשון בגמ' דזבחים דף קי"ד ע"ב ע"ש.

תוספות ישנים

לעכב אמאי איצטריך לעיל פרק טרף בקלפי (דף מא:) זאת לעכב מצורע עשיר שהביא קרבן עני מתהיה נפקא ואומר רבי דסברא הוא כיון דעני חס רחמנא עילויה להביא קרבן עני יכול דגם זה. א) (יביא) כן דהוה מרבה ליה מתורת להכי איצטריך זאת למעוטי: **גבי** תמידין כו'. הקשה ה"ר אלחנן הא כתיב בשל שחרית אחד המיוחד שבעדרו כדדרשינן לעיל שבבקר יקח המובחר שבלשכת הטלאים אם כן אינן שוין יש לומר דה"א דאם יקנה מעדר אחד שני תמידין יקח שנים מובחרין שבעדר ולעולם מובחרין בעינן ושוין זה כזה: **ומנין** שאע"פ שאין שוין כשרין כו'. תימה הכא נמי עיכובא מנ"ל דאיצטריך קרא למעוטי כדפרכינן לעיל גבי שני שעירי ותירץ ה"ר יוסף כיון דמסלקינא ליה בקושיא אחריתי לא חש להקשות על דרשה זו: **שנים** ליום כנגד היום. וא"ת בלא שנים נמי הוה מצי למיכתב תמימים ליום דמשמע שפיר מיניה שניהם כנגד היום ואומר ה"ר יוסף דהוה אמינא דלא קפיד אלא בתמיד של שחר דוקא שהוא תחלת עבודת היום והוא עם זריחת השמש אבל בין הערבים לא להכי כתיב שנים: **מיבעי** ליה לכדתניא שנים ליום כו'. וכבש כבש אתא לדרשה אחריתי: **על** טבעת שניה. פירש רש"י הטעם לפי שהראשונה מסייעתו להאחז בה רגלי הבהמה וקשה לה"ר אלחנן שאין זו סברא שיהפכו רגליה כלפי המזבח אלא חוץ למזבח שמא ירבוץ גללים כלאמר לעיל מיהו הך קושיא אינה אלא א"כ היו הטבעות ממזרח למערב השקה סדרים כמו ששנינו במסכת מדות אבל אם היו מצפון לדרום מכל מקום הוי ראשן כלפי מזבח ולרבי נראה לפרש הטעם דבטבעת שניה היינו כלפי המזבח לפי שעל הטבעת ראשונה מיגל כותל המזבח וכן פי' ה"ר יוסף: **עד** שלא הגריל עליהם חייב על שניהם. תימה לרבי מדלאמר בפרק בתרא דזבחים (דף קיב.) דממעט התם במשנה פרת חטאת ושעיר המשתלח מקרא דאל פתח אהל מועד שאין ראוין לפתח אהל מועד ופריך בגמ' ושעיר המשתלח לא ראוי לפתח אהל מועד והתניא אי קרבן כו' כדאיתא בברייתא לקמן דקתני ולא אוציא שעיר המשתלח שהוא ראוי לפתח אהל מועד תלמוד לומר לה' להוציא שעיר המשתלח ומשני כאן קודם הגרלה כאן לאחר הגרלה פי' דלאחר הגרלה ודאי אינו ראוי לפתח אהל מועד ב) (מכל מקום) קודם הגרלה אינו ממעט אלא מלה' דאכתי ראוי לפתח אהל מועד כדי להגריל עליו והכא משמע דקודם הגרלה חייב על שניהם ולא ממעט מלה' וגם על ג) (הפסוק) דלשם קשה לרבי היכי ממעט מלה' כיון שאינו מבורר שלא יהא לה' ואי מספיקא פטרת ליה גם שעיר של שם נמי יפטור מהאי טעמא קודם הגרלה והתם משמע דלא פטר אלא בשעיר המשתלח לחוד מיהו בהא איכא למימר שאין לו להזכיר של שם אלא קשה משמעתין דהכא דמחייבין עליהם בחוץ קודם הגרלה ואומר רבי

א) נ"ל אם הביא: ב) נ"ל אבל: ג) נ"ל המיעוט:

אי קרבן – שומע אני *אפילו קדשי בדק הבית שנקראו קרבן, כענין שנא' °"ונקרב את קרבן ה'" – ת"ל: °"ואל פתח אהל מועד לא הביאו" *א"כל הראוי לפתח אהל מועד – חייב עליו בחוץ, כל שאינו ראוי לפתח אהל מועד – אין חייבין עליו בחוץ. אוציא אלו שאין ראוין לפתח אהל מועד, ולא אוציא פרת חטאת ושעיר המשתלח שהוא ראוי לבוא אל פתח אהל מועד! ת"ל: "לה'" – מי שמיוחדין לה', ביצאו אלו שאין מיוחדין לשם. ו"לה'" להוציא הוא? ורמינהו: °"ירצה לקרבן אשה לה'" – אלו אישים, גמנין שלא יקדישנו מחוסר זמן, ת"ל "קרבן" "לה'" לרבות דשעיר המשתלח! אמר רבא: התם מעניינא דקרא, והכא מעניינא דקרא. התם ד"אל פתח" לרבות, "לה'" להוציא. הכא ד"אשה" להוציא, "לה'" לרבות. טעמא – דרבי רחמנא, הא לא רבי – הוה אמינא: שעיר המשתלח קדוש במחוסר זמן. והא *אין הגורל קובע אלא בראוי לשם! אמר רב יוסף: הא מני – חנן המצרי היא. דתניא, *חנן המצרי אומר: אפילו דם בכוס – מביא חבירו ומזווג לו. אימר דשמעת ליה לחנן המצרי דלית ליה דחויין, דלית ליה הגרלה מי שמעת ליה? דילמא מייתי ומגריל! אלא אמר רב יוסף: הא מני – רבי שמעון היא, דתניא: *מת אחד מהן – מביא חבירו שלא בהגרלה, דברי רבי שמעון. רבינא אמר: כגון שהומם וחיללו על אחר. ומנא תימרא דפסיל ביה מומא – דתניא: *ה°"ואשה לא תתנו מהם" – אלו החלבים, אין לי אלא כולן, מקצתן מנין – ת"ל: "מהם". "מזבח" – זו זריקת דמים, "לה'" – לרבות ושעיר המשתלח. ואיצטריך למיכתב בעל מום, ואיצטריך למיכתב מחוסר זמן. דאי כתב רחמנא מחוסר זמן – משום דלא מטי זמניה, אבל בעל מום דמטי זמניה – אימא לא. ואי כתב רחמנא בעל מום – משום דמאיס, אבל מחוסר זמן דלא מאיס – אימא לא, צריכא.

רבא

רש"י

אי קרבן שומע אני וכו'. רישא דברייתא בתורת כהנים הכי איתא: יכול השוחט חולין בפנים יהא חייב, ודין הוא וכו' ת"ל: קרבן – על הקרבן הוא חייב ואינו חייב על החולין. אי קרבן שומע אני וכו'. כלומר: או אינו אומר קרבן להוציא את החולין בפנים אלא להביא קדשי בדק הבית ששחטן בחוץ שיהא חייב. שהרי אף הם נקראו קרבן, כענין שנאמר "ונקרב את קרבן ה' איש אשר מצא" והא ודאי בדק הבית הוא: **הראוי לפתח וגו'.** וקדשי בדק הבית לא היו עתידים לבא לפתח אהל מועד. ואני שמעתי: שאינן ראוין לפתח אהל מועד, שסתם קדשי בדק הבית בעלי מומין הן, דאמר מר (תמורה דף ז:): המתפיס תמימים לבדק הבית עובר בעשה. וא"א להעמידה כן במקומה במס' זבחים: **ולא אוציא פרת חטאת.** לא גרסינן. שאף היא אינה ראויה לבא לאהל מועד, אלא: ולא אוציא שעיר המשתלח, שהוא ראוי לבא לאהל מועד. להגריל ולהתוודות עליו, הכי מפרש לה בזבחים: **ולה' להוציא הוא.** בשעיר המשתלח, שהוא ראוי לבא בתמיה: **אלו אישים.** שלא יתן מהן על אש של מערכה: **מנין שלא יקדישנו מחוסר זמן ת"ל קרבן.** ומשעת הקדשו קרוי קרבן: **התם דאל פתח לרבות.** שעיר המשתלח, דלא ממעט מאל פתח, שהרי ראוי לבא אל פתח: **לה' להוציא.** אתא. דאילו לרבות – לא איצטריך. וכי אתא – להוציא אתא. ולמדרש: מי שמיוחדין לשם, יצא זה שאינו מיוחד: **הכא דאשה משמע להוציא.** שעיר המשתלח, שהרי אינו עולה לאשים: **לה' לרבוי.** אתא, ולמדרש: לה' – כל דלה': **והא אין הגורל קובע.** לשם אלא את הראוי לשם, וכיון דלא ידע על איזה מהן יעלה הגורל לשם – א"א להיות אחד מהן מחוסר זמן: **חנן המצרי היא.** דלית ליה הגרלה משהגריל ומת אחד מהן. הלכך, כשמת שעיר המשתלח ומביא אחר שלא בהגרלה – הוצרך ללמד מן המקרא שלא יביא מחוסר זמן: **אפי' דם.** של שעיר הפנימי בכוס, שכבר נשחט ומת המשתלח, מביא חבירו מן השוק: **ומזווג.** לדם, ומשלחו: **דלית ליה דחויין.** דלית ליה שיהא הדם דחוי בשביל חבירו שמת, לומר: ישפך הדם, כדקאמר רבי יהודה במתני': מת המשתלח ישפך הדם: **דילמא מייתי ומגריל.** וירעה אותו שיפול עליו גורל של שם, ויתכפר בדם של ראשון. ולעולם שנים צריך להביא, ומגריל. ואכתי פשיטא דמחוסר זמן לא, דאין גורל קובע אלא בראוי לשם: **רבינא אמר.** כי איצטריך קרא דמחוסר זמן – כגון שהומם המשתלח משהגריל עליו, וחיללו על אחר, וזה אין צריך להגריל – שהרי מכח הראשון בא: **ואשה לא תתנו וגו'.** בבעלי מומין כתיב: **מקצתן.** כזית מהן:

תוספות

וכל שאין ראוין לפתח אהל מועד אין חייבין עליו. מה שפירש רש"י שיש מפרשים משום דסתם קדשי בדק הבית בעלי מומין הן, דהמתפיס תמימים לבדק הבית עובר בעשה, וכתב שאי אפשר לו להעמידה כן במקומה בזבחים פרק חטאת, ולא פי' מה היה קשה לו. ובפרק "פרת חטאת" פי' דתנן בפרק פרת חטאת (זבחים דף קיג.) פרת חטאת ששחטה חוץ מגיתה, וכן שעיר המשתלח ששחטו בחוץ – פטור משום דאין ראוין לבא אל אהל מועד. אלמא פרת חטאת, אע"ג דתמימה היא, כיון דאין סופה לבא אל פתח אהל מועד – פטור, הכי נמי בקדשי בדק הבית פטור, ואפילו תמימים*:

ולא אוציא פרת חטאת ושעיר המשתלח. רש"י לא גרים פרת חטאת, דפרת חטאת לא אתיא כלל לפתח אהל מועד. והדין עמו, דאי משום דכתיב בה, "והזה אל נכח פני אהל מועד מדמה", אם כן כי פריך בזבחים ושעיר המשתלח לאו ראוי אל פתח אהל מועד הוא, ופריך מזאת הברייתא דקרי ליה ראוי אל פתח אהל מועד, ומשני ליה: כאן – קודם הגרלה, כאן – לאחר הגרלה. ואי בעית אימא: כאן – קודם וידוי וכו'. ליפרוך מפרת חטאת, ולא הוה מצי לשנויי כדמשני! על כן נראה דלא גרס פרת חטאת בברייתא. ודוחק הוא, דבברייתא גרסינן שהן ראוים וכו' עד יצאו אלו שאינן מיוחדין, בלשון רבים, וצריך לגרוס: שהוא ראוי, יצא, בלשון יחיד. כיון דלא גרסינן אלא שעיר המשתלח. ונראה לי ליישבו, והכי פירושו: ולא אוציא פרת חטאת, ואפילו אם תמצא לומר שאוציא נמי פרת חטאת, כיון דאיהי לא אתיא פתח אהל מועד – מכל מקום לא אוציא שעיר המשתלח ת"ל "לה'" והשתא ניחא, דכי פריך בפרק "פרת חטאת" (זבחים דף קיג.) משעיר המשתלח לא פריך מפרת חטאת – משום דבהאי ברייתא נמי את"ל קאמר, דפרת חטאת אינה ראויה לפתח אהל מועד לה', לשעיר המשתלח דההוא ודאי ראוי לפתח אהל מועד הוא, ולהכי לא פריך התם אלא משעיר המשתלח:

זריקת דמים על המזבח. הקשה מורי קרובי הכהן ה"ר יהודה זצ"ל: דבפרק "השוחט המעלה" (זבחים דף קו:) אמרינן דלא הוה צריך למיכתב זריקה בחוץ, דאתיא לה שפיר מבינייהו משחיטה והעלאת חוץ, אלא לגלויי לך אקבלה דלא תיתי מבינייהו. ובבעלי מומין אמאי איצטריך למיכתב? תיתי מבינייהו! וליכא למימר לגלויי אקבלה דלא תיתי – דמהיכא תיתי? אי משחיטה והעלאה – איכא למיפרך: מה להנך שכן חייבין עליהם בחוץ, תאמר בקבלה. ודנתי לפניו: דאיכא למימר מקדיש בעלי מומין יוכיח, שפטור בחוץ וחייב בבעלי מומין. עוד הקשה: לר' יוסי ברבי יהודה, דמחייב אף בקבלה בבעלי מומין, אמאי איצטריך קרא להקטרה זריקה וקבלה? ליתי כולהו מבינייהו משוחט ומקדיש. גם בזה דנתי לפניו דאיצטריך לגלויי אקמילה דלא תיתי, והא דמיבעי פ' "כל הקרבנות" (מנחות פה:) אי לוקה משום בעלי מומין בסולת שהתליע – מצינו למימר דהיינו דווקא במקדיש, אבל קמילה – לא. אי נמי, י"ל: דאי לא כתיב קרא לזריקה – הוה מוקמינן חד לא תקריבו לזריקה, ואידך לקבלה. דהא אשחיטה ומקדיש לא מיתוקם אלא באם אינו ענין, ואזריקה וקבלה משמע שפיר טפי דלשון הקרבה הוי זריקה וקבלה, כדאשכחן ספ"ק דזבחים (דף יג.): "והקריבו" זו קבלת הדם, או אינו אלא זריקה? ואם כן, מקדיש ושוחט לא הוה נפקא לן. ומבינייהו נמי לא, דמה להנך – דעבודה נינהו ולא שייכי בחולין – תאמר בשחיטה דשייכא בחולין. וגבי על החמץ הקשה בפרק "תמיד נשחט" (פסחים דף סג:): למה לי קרא לזריקה תיתי מבינייהו, דלגלויי אקבלה, הא בלאו הכי קבלה לא אתיא משחיטה והקטרה, כדפרישית. דמה להנך – שכן חייבת בחוץ. ודנתי לפניו: מולק יוכיח, שפטור בחוץ וחייב על החמץ, כדאיתא בפרק "תמיד נשחט" (ג"ז שם). וכן הקשה בע"ז: למה לי קרא לזריקה? ניתי מבינייהו, לגלויי אקבלה לא איצטריך – דאיכא למיפרך כדפרישית. וכן בזה דנתי לפניו: דלא אייתר לן שום קרא לזריקה, אלא מדברי קבלה ילפינן לה, מדכתיב "בל אסיך נסכיהם מדם". ועוד: אפי' לפי דבריו איצטריך לגלויי אקבלה, דלא תיתי. דאי פרכת כדפרכינן – איכא למימר השתחואה יוכיח, שפטור בחוץ וחייב לע"ז. מיהו, האמת הוא דלא איצטריך קרא לגלויי אקבלה דלא תיתי, דכיון דלא אשכחן קרא שעובדין בקבלה לע"ז – אין לחייב עליה, כדפרש"י בפרק ד' מיתות (דף ס:) אהא דפריך: וליחשוב נמי זורק, ופרש"י: בשלמא מקבל ומוליך לא קשיא לן – דכיון דלא אשכחן שעובדין לשם ע"ז בכך, אף על גב דהוי כעין פנים – פטור בשלא כדרכה. על כן נראה כתירוץ הראשון. עוד הקשה: היכי קאמר התם דקבלה הוה אתיא מבינייהו, משחיטה והעלאה אי לא היה כתיב זריקה לגלויי עלה דלא תיתי. והאיכא למיפרך: מה להנך – שחייבין (בע"ז) ובבעלי מומין, תאמר בקבלה דפטור לרבנן דרבי יוסי ב"ר יהודה! ולימי לומר: מנסך יוכיח רש"א מוחק זה ולא

רבינו חננאל

ששחט שלא לשמו מיעוט סימנים בחוץ וגמר רובו בפנים משום דלא עקירת חוץ היא. משהגריל עליהן שחטן בחוץ חייב על של שם ופטור על של עזאזל דלא קרינא ביה לה': ת"ר ואל פתח אהל מועד לא הביאו להקריב קרבן שומע אני אפי' קדשי בדק הבית. פי' כגון בהמה טמאה וכיוצא בה שאין ראוין למזבח כדכתיב ונקרב את קרבן ה' איש אשר מצא כלי זהב וגו' הנה נקרא קרבן. דברים שאינן ראוין למזבח. ת"ל ואל פתח אהל מועד לא הביאו בעינן דבר הראוי לפתח אהל מועד וליכא. פרה אדומה ושעיר המשתלח מנין שאין חייבין עליהן משום שוחט חוץ. ת"ל לה' מי שמיוחדים לה' יצאו אלו שאין מיוחדין לה' אלא פרה למי נדה ושעיר לעזאזל. ואקשינן ולה' להוציא שעיר המשתלח אתא והכתיב ומיום השמיני והלאה ירצה לקרבן אשה לה'. אשה אלו אשים מנין שאינו קדוש ת"ל קרבן לה' לרבות שעיר המשתלח דלא קבע ליה על מחוסר זמן שהוא פחות מח' ימים. ומשני רבא הכל לפי ענין הכתוב דריש בו התם דאל פתח לרבות כל בהמה כשרה לה' בא להוציא דאילו לא בא להוציא אלא לרבות הרי כבר נתרבה כל בהמה טהורה הוה ליה לקרא לשתוק ואנא ידענא דהכל במשמע למה בא להוציא הכא דמשמע קרבן להוציא שעיר המשתלח שאינו קרבן הייתי אומר קדוש במחוסר זמן בא לה' לרבותו שלא יהיה קדוש במחוסר זמן. ואקשינן ולמה הוצרך לומר לרבות שעיר המשתלח שאינו קדוש במחוסר זמן והא בעי הגרלה ואין הגורל קובע אלא בראוי לשם דלא ידעינן באיזה מהן יעלה הגורל לה'. ואוקמנא להא מתניתא לר' שמעון דלית ליה הגרלה לעכב דתני מת אחד מהן מביא חבירו שלא בהגרלה דברי ר' שמעון רבא אמר אפי' תימא דברי הכל וכגון שהגריל על השעירים הללו והשעיר אשר עלה עליו הגורל לעזאזל נפל בו מום וחללו על שעיר שהוא פחות מבן ח' ימים סד"א ליקדוש קמ"ל דלא קדוש והמום נמי שפוסל בשעיר המשתלח גמר לה מדכתיב ואשה לא תתנו מהם על המזבח לה'. ופשוטה היא. רבינא אומר פחות

עין משפט נר מצוה

ט א מיי' פי"ח מהל' מעשה הקרבנות הלכה ו:

י ב שם פי"ט הל' ז:

יא ג מיי' פ"ג מהלכות איסורי מזבח הל' ח' והל' י סמג עשין קעח:

יב ד מיי' פ"ה מהל' עבודת יוה"כ הל' יז:

יג ה מיי' פ"א מהל' איסורי מזבח הל' ד:

יד ו מיי' פ"ה מהל' עבודת יוה"כ הל' יז:

[וע"ע תוס' זבחים דף קיג: ד"ה יצאו]

מסורת הש"ס

תמורה ו: זבחים קיג:

תמורה ו: יג

[תמורה ו: חולין יא:]

זבחים לד: ע: תמורה ו:

לעיל מ.

תמורה ו: ע"ש

גליון הש"ס

גמ' מנין שלא יקדישנו מחוסר זמן. עיין זבחים דף קיב ע"ב תוס' ד"ה היתר במה: **רש"י** ד"ה ולא אוציא וכו' להגריל ולהתוודות עליו. עיין תוס' יבמות דף ק ע"ב תוס' ד"ה שנים ובתמורה דף ו ע"ב תוס' ד"ה ולא תוציא.

תוספות ישנים

רכי דמני פריך התם על הסוא שיהיא שאין לו להיות פטור קודם הגרלה כדמשמע הכא אלא דפריך ליה מגופה דאכתי ראוי לפתח אהל מועד קודם הוידוי ובמסקנא דמסיק התם אלא לא קשיא כאן קודם וידוי כאן לאחר וידוי אתי שפיר דמחייב [קודם] הגרלה כי הכא אי נמי י"ל דקודם הגרלה דהתם היינו קודם הגנחה שהוא גמר הגרלה דפטור מלה' לפי שהוא מבורר ככר שאינו לה' אבל קודם הגרלה שאינו מבורר מחייבין ליה כי הכא. מ"ר. ולי נראה לתרץ דהא דמחייבים הכא קודם הגרלה היינו משום דראוי הוא לשעיר הנעשה בחוץ כלמפרק הכא והא דממעטי ליה קודם הגרלה מלה' היינו כדפי' לעיל שכבר נתקדש שעיר החיצון מיירי ולכך אינו ראוי כלל להתקדש לשעיר החיצון וממעטינן מלה' אע"פ דראוי הוא לפתח אהל מועד כי שמא יתקדש לשם מכל מקום עדיין אינו לה' אבל היכא שיוכל להתקדש לשעיר הנעשה בחוץ לה' קרינא ביה. וא"ע: **הכא** נמי מחוסרי עבודת היום. כדאמר לקמן בפרק בא לו (דף ע.) דלכ"ע שעיר הנעשה בחוץ בהדי עבודת היום והתם מפרש טעמא: (ע"כ שייך לדף סב ע"ב)

מחוסר

רבא אמר. מחוסר זמן דאיצטריך קרא לשעיר המשתלח, כגון שהיה לו למי שמוכרן לציבור חולה בתוך ביתו, שמותר לחלל עליו יום הכפורים, ושחט את אמו של שעיר, שנעשה מחוסר זמן משום אותו ואת בנו לאחר שהגריל עליו: מי אסיר. להוליכו לצוק משום אותו ואת בנו: אין נדחין. אם אירעה להם שעת פסול עדיין יכולין להתקן כשיזדווג לו אחר, ולא אמרי': הואיל ונדחה ידחה אלא בשחוטין כגון מת המשתלח ישפך הדם: הא על ידי תערובת ירצו. כרבי אליעזר: איברים. של עולה תמימה, שנתערבו בהן איברי בעלת מום אחת: אם קרב הראש של אחד מהן. קודם שהרגישו בדבר: יקריבו כל הראשין כולן. ותולין האיסור באותו שקרב כבר. ותלינן לקולא, דהואיל ונתערבו – אין כאן ספק איסור דאורייתא למיזל לחומרא, דלא הזהירה תורה עליהן אלא כשהן בעצמן, שנאמר בהם: "כי משחתם בהם מום בם" כי איתנהו בעינייהו: מבם בהם. מדמצי למיכתב 'בם' וכתב 'בהם': בעידנא דאיתחזאי קמייתא לא איתחזאי בתרייתא. אבל האי לא איתחזי קמא עד דאיתחזי בתרא, שאף על פי שהגריל עליו – אינו ראוי לישחט עד לאחר מתן דם הפר, ובתוך כך מת חבירו, והביאו שנים והגרילו עליהן, וכשהגיע זמן שחיטת השעיר – כבר זה האחרון עומד: אלא רבי יוסי דפסח. דהא הכא לא איתחזאי קמא עד דאתחזאי בתרא, שהרי אין זמן שחיטת פסח אלא לאחר חצות, וקודם לכן אבד ראשון והופרש שני ונמצא ראשון, והרי שניהן עומדים כשהגיע זמן שחיטה ואפילו הכי קאמר רבי יוסי מצוה בראשון: יתקיים

תורה אור

[א]רבא אמר: כגון שהיה לו חולה בתוך ביתו, ושחט אמו ביום הכפורים. וכי האי גוונא מי אסיר? °"לא תשחטו" אמר רחמנא, (ויקרא כב) והא לאו שחיטה היא! הא אמרי במערבא: [ב]דחייתו לצוק זו היא שחיטתו. § "אם של שם מת זה שעלה עליו וכו'". § אמר רב: *[ג]שני שבזוג ראשון – יקרב, שני שבזוג שני – ירעה. רבי יוחנן אמר: *שני שבזוג ראשון – ירעה, שני שבזוג שני יקרב. במאי קא מיפלגי? *רב סבר: [ד]בעלי חיים אינן נידחין, ורבי יוחנן סבר: בעלי חיים נידחין. מאי טעמא דרב – דיליף ממחוסר זמן, מחוסר זמן, לאו אע"ג דהשתא לא חזי, כי הדר מיחזי – שפיר דמי, הכא נמי, לא שנא. מי דמי? התם – לא איתחזי כלל, הכא – נראה ונדחה. – אלא, היינו טעמא דרב: דיליף מבעל מום עובר: בעל מום עובר, לאו אע"ג דלא חזי השתא, כי הדר מיחזי – שפיר דמי, הכא נמי – לא שנא. – והתם מנא לן – דכתיב °"כי משחתם בהם מום בם" (שם) – מום בם הוא דלא ירצו, הא עבר מומן ירצו. ור' יוחנן: מיעט רחמנא "בהם" – הם הוא דכי עבר מומן ירצו, הא כל דחויין, הואיל ונדחו – נדחו. ורב: ההוא "בהם" – בעינייהו הוא דלא מירצו, *הא ע"י תערובות – מירצו. כדתנן: *איברים תמימים באיברים בעלי מומין, ר"א אומר: אם קרב הראש של אחד מהן – יקריבו כל הראשין כולן, כרעיו של אחד מהן – יקריבו כל הכרעיים כולן, וחכ"א: [ה]אפילו קרבו כולן חוץ מאחד מהן – יצא לבית השריפה, – ואידך: (זבחים עז:) נפקא ליה מ"בם" "בהם". ואידך: "בם" "בהם" לא דריש. ולרב, נהי נמי דבעלי חיים אינן נדחין, אי בעי האי נקריב אי בעי האי נקריב! אמר רבא: רב סבר לה כרבי יוסי, דאמר: *מצוה בראשון. הי רבי יוסי? אי נימא רבי יוסי דקופות, דתנן: *שלש קופות של שלש שלש סאין, שבהן תורמין את הלשכה, וכתוב עליהן אלף, בית, גימל. ותניא, אמר רבי יוסי: למה כתוב עליהן אלף בית גימל – לידע איזה מהן נתרמה ראשון, להביא הימנה ראשון שמצוה בראשון, – דילמא שאני התם, דבעידנא דאתחזי קמייתא לא אתחזי בתרייתא. אלא רבי יוסי דפסח, (*דתנן): *המפריש פסחו ואבד, והפריש אחר תחתיו, ואחר כך נמצא הראשון והרי שניהן עומדין – איזה מהן שירצה יקרב, דברי חכמים. רבי יוסי אומר: מצוה בראשון, ואם

[תמורה כג.] [שם כב.] [זבחים נט. עג:] פסחים עג: לח. קידושין ז: זבחים יב. כריתות כח: תמורה כו: [ע' תוס' זבחים עד. ד"ה רב לאמר וכו'] [תמורה כב:] מגילה כז: לעיל סב. שקלים פ"ג מ"ב (זבחים פו:) (לעיל סב:) [נ"ל דתניא]

ולא נהירא ליה, דהא בעיא היא בפ' "כל הקרבנות" (מנחות דף פז.) אי לקי משום בעל מום על יין הפסול לנסכים, ועלתה בתיקו. מיהו, יש לומר: מנסך מים יוכיח, דחייב בחוץ אף על גב דלא אשכחן שילקה עליהם משום בעל מום. ולי הוקשה: היכי קאמר דאתיא מבינייהו משחיטת חוץ ומהעלאה וממנסך, ניפרוך שחייבין בע"ז! ויש לומר: דלאו דוקא נקט לגלויי אקבלה דלא תיתי, דלקבלה לא איצטריך. אלא לגלויי אקמילה דלא תיתי, דבקמילה ליכא למיפרך כדפרכינן, דהא חייבין עליה בע"ז כמו שחייבין על השחיטה, דקמילה דמנחה במקום שחיטה דזבח לכל מילי. וא"ת: בקמילה נמי איכא למיפרך: מה להנך – שכן חייבין על החמץ, תאמר בקמילה כדמשמע בפ' "תמיד נשחט" (פסחים דף סג:)! יש לומר: מנסך יוכיח דפטור על החמץ וחייב בחוץ. וא"ת: כיון דסוף סוף לא אתיא מבינייהו, אלא אם כן נימא מנסך יוכיח, מאי אצטריך למימר תיתי מבינייהו? הא ממנסך לחודיה אתו, דליכא למיפרך מידי! י"ל: איכא למיפרך: מה למנסך – שכן קבע לו ראשו של מזבח, תאמר בקמילה ותאמר בזריקה שעומד על הרצפה וזורק דמים למטה מחוט הסיקרא: **דחייתו** לצוק זו היא שחיטתו. הקשה הרב רבי משה מפונטייז' זצ"ל: דפרק "אותו ואת בנו" (חולין דף פא:) תנן: השוחט עגלה ערופה ושור הנסקל וכו' – חייב, ור"ש פוטר. פירוש: דה"ל שחיטה שאינה ראויה. ופריך בגמרא [שם דף פב.]: והתנן נמלא ההורג עד שלא נערפה העגלה – תלא ותרעה בעדר, אלמא לא מיתסרא מחיים, ואמאי פוטר ר' שמעון? ומשום הכי קאמר עלה: עגלה ערופה אינה משנה. ואמאי לא קאמר דשוחט דמתניתין – היינו עורף, ורבי שמעון פוטר משום דלא חזיא לאכילה. וחייב לרבנן – דעריפתה זו היא שחיטתה, כדאמרי' הכא – דחייתו לצוק זו היא שחיטתו. ובפרק "חטאת העוף" בזבחים (דף ע:) אמרינן דעריפה מטהרת מידי נבילה! ותירץ ר"ת: דלא הוה ליה למיתני השוחט אלא העורף. ודוחק הוא: דדילמא תנא שוחט – משום פרת חטאת ושור הנסקל דמיתתו בהדה, כדאשכחן ריש פרק "השוחט" (חולין דף כט.) דקאמר: סיפא בקדשים, ודקאמר שחיטתן כשרה – מליקתן כשירה מיבעי ליה! איידי דסליק מבהמה תנא שחיטתן כשירה וכן הא דקתני התם *)השוחט **)חיה ועוף ולא יצא מהם דם וכו' וקאמרינן בגמרא: אי סלקא דעתך בקדשים חיה בקדשים מי איכא? אבל לא פריך אי בקדשים שחיטה בעוף מי איכא אלא משום בהמה וחיה נקט השוחט: **התם לא איתחזאי כלל הכא נראה ונדחה הוא.** ואפילו לרבי יוחנן, דסבירא ליה בפרק קמא דקידושין (דף ז:) ובפ"ק דזבחים (דף יב.): דיחוי מעיקרו הוי דיחוי, ואפילו בבעלי חיים, גבי בהמה של שני שותפין הקדיש חציה וחזר ולקחה והקדיש חציה קדושה ואינה קריבה. ולא דמי למחוסר זמן, דהתם משעה שהקדישה היתה דחויה. ואף על גב דגבי מחוסר זמן נמי אמרינן לילה לקדושה יום להרצאה – אלמא: אף ע"ג דבעידנא דאקדשיה לא חזיא להקרבה, אפ"ה כי חזי למחר – מקריב ליה, ולא אמר דיחוי מעיקרו הוא. וכן כל קרבן שהקדישו ביום ועבר עליה לילה אחת שלא הקריבו – תו לא לקרביה, דהוה ליה נראה ונדחה. ואין לתרץ: לילה לאו מחוסר זמן, ולא חשיב נדחה. דהא הכא חשיב נדחה, אע"ג דהדר חזי ביומיה! וי"ל: כיון שאינו מחוסר מעשה בגופו – לא חשיב נדחה, ועוד: דלילה לא חזיא להקרבת שום קרבנות. אבל הכא, שצריך להביא שנים אחרים ולהגריל עליהם, דהוי כמחוסר מעשה. ועוד: דהוא זמן הקרבה, ואפ"ה לא מצי לאקרוביה – הלכך חשיב דיחוי: **הא** על ידי תערובת מרצו כדתנן כו'. וסבירא ליה כרבי אליעזר. א"נ, אפילו כרבנן אע"ג דפליגי עליה רבנן התם בברייתא – רבנן דמתני' שרו מדאורייתא, כדמשמע לישנא דמתניתין דלא אסרו אלא אבר הנשאר. אבל אותם שקרבו ועלו למערכה – לא ירדו, ומדרבנן הוא דאסרי לכתחילה, כדמשמע לישנא דמתניתין: אפי' קרבו כולם חוץ מאחד מהם יצא לבית השריפה: **ואידך** נפקא ליה מבם בהם. והשתא איכא שלשה דרשות: הא עבר מומם ירצו, ואידך הא כל דחויין הואיל ונדחו ידחו, ואידך הא על ידי תערובת מירצו. והא דלא מייתי התם בפ' "התערובת" (זבחים דף עז:) דרשא דרבי (*יוחנן) – משום דלא בעי לאתויי אלא הנך שתי דרשות דאפי' רב מודה בהו. והא דמשמע התם דדרשא *דר' יוחנן מה"א דבהם – אין לחוש בזה, דלא נחת גמרא לדקדק בזה: ואם

*) דף לג: **) [נ"ל בהמה חיה וכו'] [נ"ל אליעזר] גי' רש"א דר"א

רבינו חננאל

מבן ח' ימים לא איצטריך קרא דהא פשיטא היא דלא קדוש כי איצטריך קרא כגון שהיה לו חולה מסוכן ושחט לו שעירה ביוה"כ ויש לו בן ראוי לקרבן לאותה השעירה והיה מזומן עם שעיר אחר והגריל עליהן מקודם שתשחט אמו ועלה עליו הגורל לעזאזל. והוא אסור לשחטו ביום אחד עם אמו כמחוסר זמן סד"א כבר נקדש וישתלח קמ"ל דלא ואקשינן עליה וכי האי גוונא אסיר אותו ואת בנו לא תשחטו אמר רחמנא ושעיר המשתלח אינו נשחט ודחי הכי דחייתו לצוק היא שחיטתו: **ויאמר** אם של שם מת כו'. פי' כגון שהגריל על שני השעירים ומת אחד והביא שם אחרים והגריל עליהן. יאמר אם של שם מת זה שעלה עליו הגורל לשם יתקיים תחתיו. ואם של עזאזל מת זה שעלה עליו הגורל לעזאזל יתקיים תחתיו. והוא העומד במקום המת. נשארו שנים האחד הראשון שמת חבירו והאחד שעמד חבירו במקום המת וחלקו בה רב אמר שני שבזוג ראשון שמת חבירו הוא יקרב. דבעלי חיים אין נידחין ויליף לה מבעל מום עובר התם לאו אע"ג דאינה (לא) חזיא להקרבה דהא אית ביה מום כי עבר ליה מומא והדר חזי שפיר דמי. הכא נמי לא שנא. וסבר לה רב נמי כר' יוסי דאמר מצוה בראשון לפיכך אמר שני שבזוג ראשון יקרב. ור' יוחנן אמר שני שבזוג שני יקרב אבל שני שבזוג ראשון ירעה כי כבר נדחה. והא דיליף רב מבעל מום עובר שאני התם דכתיב כי משחתם בהם מום בם ודייקינן משחתם בהם לא ירצו כלומר כל זמן שבהם מום פסול הא עבר המום שבהם כשר. וילפינן מינה דכל הדחויין אע"ג דהדר חזו פסולין מדכתיב הכא בהם בא לו זה הדין ולא בביוצא בהם כי האי גוונא פסול והדר חזו. ורב אמר לך האי בהם לא אתא אלא ללמד כ"ז שהמום בהם לא ירצו אי איתנייהו בעיינייהו אבל אם נתערבו מירצו כדתנן בזבחים פרק ח' נתערבו אברים באברים בעלי מומין ר' אליעזר אומר אם קרב הראש של אחד מהן יקרבו כל הראשים כרעיו כל אחד מהן יקרבו כל הכרעים וחכ"א אפי' קרבו כולן חוץ מאחד מהן יצא לבית השריפה ומפרש בגמ'

טו א ב מיי' פ"ה מהל' עבודת יוה"כ הל' יז:
טז ג מיי' שם הל' טו:
יז ד מיי' פט"ו מהל' מעשה קרבנות הל' ז ופ"ו מהל' פסולי מוקדשין הלכה א:
יח ה מיי' שם הל' כא:

גליון הש"ס
גמ' מי דמי התם לא איתחזי. בתוס' תמורה דף כו ע"ב ד"ה שמע הגירסא כאן ואליך הכא: תוס' ד"ה דחייתו וכו' תנן השוחט פרת חטאת ושור הנסקל ועגלה ערופה כצ"ל:

תוספות ישנים

*מחוסר פתיחה כמחוסר מעשה דמי. וכיון שעל גוף הקרבן נאמרה הוי כמו שהיא בגוף הקרבן כדפי' רש"י א"נ הואיל ובשעת שחיטת הקרבן צריך שיהא השער פתוח הוי כמו בגופו אבל שאר עבודת היום לא שייכי בגוף השעיר. מ"ר. הך סוגיא דמחוסר זמן פי' בפ"ק דמנחות (דף ה.) ובפ"ק דזבחים (דף יב.) ותימה לרבי דהכא משמע דלית ליה לרב חסדא הואיל אפילו לחומרא היכא שמחוסר מעשה דלא בעי למימר הואיל וראוי לשעיר הנעשה בפנים דמחוסר הגרלה ואילו בפסחים פרק תמיד נשחט (דף סב.) קאמר גבי שחטו למולים לזרוק דמו לערלים דפליגי התם רבה ורב חסדא וקאמר רב חסדא הואיל ואי בעי מתקן נפשיה ופריך ומי אית ליה לרב חסדא הואיל כו' אלא לרב חסדא קשיא ומשני כי לית ליה לקולא אבל לחומרא אית ליה אלמא אית ליה הואיל לחומרא אפי' היכא דמחוסר מעשה. גי'. וה"ר אלחנן תירץ דהתם כיון שכל שעה ושעה בידו לתקן עצמו ובאיסור כרת הוא עומד הילכך לא חשיב כמחוסר מעשה: **אמאי** נימא הואיל וראוי לשלא לשמו חייב כו'. רש"י פירש דגרס טעמא דשלא לשמו הוא הא סתמא לשמו הוא ופטור ולא נודע למה הגיה רבינו שלמה כן דהא האי מקשה לא אסיק אדעתיה טעמא דעקירה כלל ובתמיד נשחט איתא להך גירסא שהגיה רש"י כאן ומחקה שם ורבינו יעקב מקיימה כמו שפירש כאן אבל כאן אין צריך להגיה כלום:
* שייך לדף סג ע"א

והתנן מחוסר זמן כו'. השתא ס"ד דמטעמא דהואיל מחייב ליה בלשמו: **ואמר** רב חלקיה בר טובי כו'. בלאו רב חלקיה בר טובי קשיא ליה מתני' שפיר דעל כרחין שלא לשמו חייב בלאו הואיל ועקירת חוץ שמה עקירה ופטור דקתני גבי אשם היינו בלשמו ואם כן תיקשי ליה דאפילו לשמו אמאי מחייב הא משנה זו פטרה אלא משום דמשכח הך משנה ופירשה רב חלקיה בר טובי מייתי מילתיה ויותר מזה יש בתלמוד הרבה שכמה פעמים מביא דברי האמורא שמפרש המשנה שמביא להקשות ממנה ואע"פ שאינו צריך למימרא כגון ההיא דשמואל דבכורות (דף מב.) דאמר שמואל לא קדושין בתמורה ולא מקדישין בעושי תמורה וכן בפ"ק דחולין נמי איכא כי האי גוונא. מ"ר*):
ולא אוליא פרת חטאת ושעיר המשתלח כו'. פרת חטאת ל"ג כדפירש רש"י דהא פרת חטאת ממעטינן מאל פתח אהל מועד: **יצאו** אלו שאין מיוחדין לה'. וא"ת למה לי למעוטי שעיר המשתלח [אחר] וידוי בפרק בתרא דזבחים (דף קיג:) מדאינו ראוי לפתח אהל מועד תיפוק ליה דממעיט שפיר מלה' יש לומר ואל פתח אהל מועד עיקרו בא משום [פרת] חטאת אי נמי לא הוה ממעטינן ליה נמי א) (אחר) הגרלה מאל פתח אהל מועד אי לאו אשכחן דממעיט מלה': **אבל** בעל מום דמטא זמניה אימא לא. וא"ת אפילו
*) ע"כ שייך לדף סג ע"א א) נ"ל קודם:

וְאִם הָיָה הַשֵּׁנִי מוּבְחָר מִמֶּנּוּ – יְבִיאֶנּוּ, אָמַר רָבָא: דַּיְקָא מַתְנִיתִין כְּוָותֵיהּ דְּרַב, וּבָרַיְיתָא כְּוָותֵיהּ דְּר' יוֹחָנָן. מַתְנִיתִין כְּוָותֵיהּ דְּרַב – דְּקָתָנֵי: אִם שֶׁל שֵׁם מֵת – זֶה שֶׁעָלָה עָלָיו הַגּוֹרָל לַשֵּׁם יִתְקַיֵּים תַּחְתָּיו, וְאִידָךְ כִּדְקָאֵי קָאֵי. בָּרַיְיתָא כְּוָותֵיהּ דְּר' יוֹחָנָן – דְּקָתָנֵי: שֵׁנִי, אֵינִי יוֹדֵעַ אִם שֵׁנִי שֶׁבְּזוּג רִאשׁוֹן אִם שֵׁנִי שֶׁבְּזוּג שֵׁנִי, כְּשֶׁהוּא אוֹמֵר "יָעֳמַד חַי" – וְלֹא שֶׁחֲבֵירוֹ מֵת. מַאי מַשְׁמַע? – יָעֳמַד חַי, וְלֹא שֶׁכְּבָר עָמַד. תְּנַן: וְעוֹד אָמַר רַבִּי יְהוּדָה: נִשְׁפַּךְ הַדָּם – יָמוּת הַמִּשְׁתַּלֵּחַ, מֵת הַמִּשְׁתַּלֵּחַ – יִשָּׁפֵךְ הַדָּם. בִּשְׁלָמָא לְרַבִּי יוֹחָנָן דְּאָמַר בַּעֲלֵי חַיִּים נִדְחִין – מִשּׁוּם הָכִי יָמוּת הַמִּשְׁתַּלֵּחַ, אֶלָּא לְרַב דְּאָמַר בַּעֲלֵי חַיִּים אֵינָן נִדְחִין – אַמַּאי יָמוּת הַמִּשְׁתַּלֵּחַ? אָמַר לָךְ רַב: אַלִּיבָּא דְּרַבִּי יְהוּדָה לָא קָא אָמִינָא, כִּי אָמִינָא – אַלִּיבָּא דְּרַבָּנַן. בִּשְׁלָמָא לְרַב – בְּהָא פְּלִיגִי רַבִּי יְהוּדָה וְרַבָּנַן, אֶלָּא לְר' יוֹחָנָן בְּמַאי פְּלִיגִי? אָמַר רָבָא: הָא אָמְרִינַן דַּיְקָא מַתְנִי' כְּוָותֵיהּ דְּרַב. תְּנַן: שֶׁאֵין חַטַּאת צִבּוּר מֵתָה. הָא דְּיָחִיד כִּי הַאי גַּוְונָא – מֵתָה. בִּשְׁלָמָא לְרַבִּי יוֹחָנָן – כִּדְרַבִּי אַבָּא אָמַר רַב, דְּאָמַר *רַבִּי אַבָּא אָמַר רַב: הַכֹּל

יִתְקַיֵּים תַּחְתָּיו. אֵינוֹ נוֹתֵן תְּמוּרָה אֶלָּא לָזֶה שֶׁמֵּת, אֲבָל לַחַי – אֵינוֹ נוֹתֵן תְּמוּרָה, לְהִפָּסֵל הוּא וְלָבֹא זֶה תַּחְתָּיו: כִּדְקָאֵי קָאֵי. בִּקְדוּשָּׁתֵיהּ וְלָא אָמְרִינַן יִדָּחֶה: שֵׁנִי אֵינִי יוֹדֵעַ וכו'. אַמַּתְנִי' קָאֵי, שֵׁנִי שֶׁשָּׁנִינוּ עָלָיו יִרְעֶה אֵינִי יוֹדֵעַ וכו': הָכִי גָּרְסִינַן: וְלֹא שֶׁחֲבֵירוֹ מֵת. וְלֹא זֶה שֶׁמֵּת חֲבֵירוֹ: יָעֳמַד חַי וְלֹא שֶׁכְּבָר עָמַד. וְנִדְחָה עַל יְדֵי מִיתַת חֲבֵירוֹ וְעַכְשָׁיו הוּא בָּא לַחֲזוֹר וְלַעֲמוֹד. יָעֳמַד חַי – עֲמִידָה אַחַת וְלֹא שְׁתֵּי עֲמִידוֹת: יָמוּת הַמִּשְׁתַּלֵּחַ. אַלְמָא בַּעֲלֵי חַיִּים נִדְחִין: כִּי קָאָמַר אַלִּיבָּא דְּרַבָּנַן. מִדְּקָאָמַר ר' יְהוּדָה 'וְעוֹד' לְאַשְׁמוּעִינַן דְּבַעֲלֵי חַיִּים נִדְחִין – מִכְּלָל דְּשָׁמְעִינְהוּ לְרַבָּנַן דְּאָמְרִי שֵׁנִי שֶׁבְּזוּג רִאשׁוֹן קָרֵב דְּבַעֲלֵי חַיִּים אֵין נִדְחִין. וְשֵׁנִי שֶׁבְּזוּג שֵׁנִי יִרְעֶה, שֶׁאֵין חַטָּאת לַצִּבּוּר מֵתָה. וַאֲתָא לְאִיפְלוּגֵי עֲלַיְיהוּ בְּתַרְתֵּי; דְּקָא אֲמַרִיתוּ אֵין חַטָּאת לַצִּבּוּר מֵתָה – אֲנִי אוֹמֵר תָּמוּת. וְעוֹד, לֹא בָּזֶה שֶׁאֲמַרְתֶּם עָלָיו יִרְעֶה – אֲנִי אוֹמֵר יָמוּת, אֶלָּא הוּא יִקְרַב, וְשֵׁנִי שֶׁבְּזוּג רִאשׁוֹן יָמוּת: בִּשְׁלָמָא לְרַב בְּהָא פְּלִיגִי רַבִּי יְהוּדָה וְרַבָּנַן. בְּהַאי 'וְעוֹד' דְּסֵיפָא: אֶלָּא לְרַבִּי יוֹחָנָן. דְּאָמַר רַבָּנַן נַמִּי בְּשֵׁנִי שֶׁבְּזוּג רִאשׁוֹן אָמְרוּ יִרְעֶה, בְּמַאי פָּלִיג ר' יְהוּדָה עֲלַיְיהוּ בְּהַךְ סֵיפָא, דְּקָתָנֵי וְעוֹד: בִּשְׁלָמָא לְר' יוֹחָנָן. דְּאָמַר יִרְעֶה דְּמַתְנִיתִין אַשֵּׁנִי שֶׁבְּזוּג רִאשׁוֹן קָאָמַר, מַשְׁכַּחַתְּ לַהּ דְּאִילּוּ דְּיָחִיד כִּי הַאי גַּוְונָא תָּמוּת, מִשּׁוּם חַטָּאת שֶׁכִּפְּרוּ בְּעָלֶיהָ: כִּדְרַבִּי אַבָּא. דְּאָמַר בְּמַסֶּכֶת תְּמוּרָה (דף כג.) גַּבֵּי פְּלוּגְתָּא דְּרַבִּי וְרַבָּנַן, שֶׁנֶּחְלְקוּ בְּמַפְרִישׁ חַטָּאתוֹ וְנֶאֶבְדָה וְהִפְרִישׁ אַחֶרֶת תַּחְתֶּיהָ וְנִמְצֵאת הָרִאשׁוֹנָה, וַהֲרֵי שְׁתֵּיהֶן עוֹמְדוֹת. דְּקָאָמַר ר': מִתְכַּפֵּר בְּאַחַת מֵהֶן, וְהַשְּׁנִיָּה תָּמוּת. וַחֲכָמִים אוֹמְרִים: אֵין חַטָּאת שֶׁכִּפְּרוּ בְּעָלֶיהָ מֵתָה, אֶלָּא שֶׁנִּמְצֵאת לְאַחַר שֶׁכִּפְּרוּ הַבְּעָלִים, אֲבָל נִמְצָא קוֹדֶם כַּפָּרָה וּלְאַחַר הַפְרָשָׁה – רוֹעָה. וְאָמַר ר' אַבָּא עֲלֵהּ: הַכֹּל מוֹדִים שֶׁאִם נִתְכַּפֵּר בְּשֶׁאֵינָהּ אֲבוּדָה, דְּהַיְינוּ שְׁנִיָּה שֶׁהוּפְרַשׁ אַחֲרוֹן – אֲבוּדָה מֵתָה. שֶׁכָּךְ נֶאֶמְרָה הֲלָכָה לְמֹשֶׁה מִסִּינַי: חַטָּאת שֶׁאָבְדָה וְנִתְכַּפְּרוּ בְּעָלֶיהָ בְּאַחֶרֶת – הָרִאשׁוֹנָה מֵתָה. לֹא נֶחְלְקוּ אֶלָּא שֶׁנִּתְכַּפֵּר בָּרִאשׁוֹנָה וְהַשְּׁנִיָּה עוֹמֶדֶת. וּבְהָא פְּלִיגִי; רַבִּי סָבַר: מַפְרִישׁ לְאוֹרֶךְ תַּשְׁלוּמֵי אָבוּד – כְּאָבוּד דָּמֵי, וְרַבָּנַן סָבְרֵי: לָאו כְּאָבוּד דָּמֵי. וְגַבֵּי מַתְנִיתִין דְּהָכָא, בִּשְׁלָמָא לְר' יוֹחָנָן דְּאָמַר שֵׁנִי שֶׁבְּזוּג רִאשׁוֹן קָתָנֵי מַתְנִיתִין יִרְעֶה – הַיְינוּ דְּיָהֵיב טַעְמָא מִשּׁוּם דְּאֵין חַטָּאת לַצִּבּוּר מֵתָה, הָא דְּיָחִיד – תָּמוּת, דַּהֲוָה לֵיהּ נִתְכַּפֵּר בְּשֶׁאֵינָהּ אֲבוּדָה. וְהַדְּחוּיָה קַיֶּימֶת, וְהַכֹּל מוֹדִים שֶׁמֵּתָה: אֶלָּא

ואם היה שני מובחר ממנו יביאנו. ובמתניתין נמי נימא הכי. אי נמי: שמא לא שייך הא מילתא אלא בגבולין או בנעשים בעזרה, אבל בשעיר המשתלח ובשעיר הפנימי הנשרף חוץ לשלש מחנות – אפילו אם היה שני מובחר ממנו מלוה בראשון:

יעמד חי ולא שחבירו מת. לעיל, כי קאמר דטעמא דרבי יוחנן משום דכתיב 'בהם' – לא הוה מצי למימר דטעמא משום דכתיב "יעמד חי" ולא שכבר עמד, ואע"ג דלא ידע לברייתא – מכל מקום טעמא דידיה מהאי קרא. ובשאר קרבנות מודה לדרב דילפינן ממום עובר. דהא אפילו בשאר קרבנות פליג עליה דרב דסבירא ליה בעלי חיים נדחין, ואפילו דיחוי מעיקרו הוי דיחוי, כההיא דבהמה של שני שותפין. וצריך לומר דתניא כוותיה דרבי יוחנן ולא מטעמיה דטעמא דר' יוחנן מ'בהם' כדלעיל דסבירא ליה בעלי חיים נדחין. והאי תנא סבר אין דיחוי אלא בשחוטין, דיליף מבעל מום עובר כרב, בשאר קרבנות, לבד מהכא דגלי קרא "יעמד חי": **ברייתא** כוותיה דרבי יוחנן. תימה לי: הא איכא נמי מתניתין דדייקא כרבי יוחנן ועדיפא מיניה, דאפילו דיחוי מעיקרו הוי דיחוי, בפרק "מי שהיה טמא" (פסחים דף לז:) תנן: המפריש נקבה לפסחו – תרעה עד שתסתאב, ותימכר, ויביא בדמיה שלמים. ואמרינן עלה בגמרא: *שמע מינה תלת: שמע מינה בעלי חיים נדחין, ושמע מינה דיחוי מעיקרו הוי דיחוי וכו'. ויש לומר: דלא דמי, דהתם הוי דחייה גמורה, דלעולם נקבה לא חזיא לקרבן שהופרשה לשמו דהיינו פסח. ובהא נמי מיתרצא מה שמקשים גבי בהמה של שני שותפין, *ומאי קא משמע לן ר' יוחנן מתניתין היא ההיא דהמפריש נקבה לפסחו. ואע"ג דאיכא למימר דתמורה כיולא בה אתא לאשמועינן, דלא שמעינן ממתניתין – מכל מקום התלמוד דדייק ממילתיה דרבי יוחנן שמע מינה תלת, לידוק ממתניתין! ומאי איצטריך למידק ממילתיה דרבי יוחנן? אלא יש לומר: אי ממתניתין – הוה אמינא שאני התם דלא חזיא לעולם לפסח שהופרשה לשמו, ולהכי הוי' דחויה לעולם, אפילו למותר פסח דהוי שלמים לא תיקרב היא גופה אלא דמיה*): **האמר** רבא דיקא מתניתין כוותיה דרב. תימה לי: מאי קאמר דיקא כוותיה דרב? אדרבה: תיקשי מינה לרבי יוחנן, דלא מיתוקמא כלל אליביה. ובמאי טעה מעיקרא דקאמר בשלמא לרבי יוחנן – הא לא מיתוקם כלל "ועוד אמר רבי יהודה" אליביה. ועוד: דלאיכא דאמרי דבסמוך מסיק לרבי יוחנן בקשיא וללישנא קמא לא מסיק קשיא! ונראה לי: דמעיקרא דקאמר בשלמא לרבי יוחנן – לא אסיק אדעתיה דתיקשי ליה "ועוד אמר רבי יהודה", דאיכא לפרושי דבתרתי פליגי, מעיקרא פליג דקאמר תנא קמא ירעה אמר איהו ימות, והדר קאמר ועוד אמר ר' יהודה כו', דשמעי' לת"ק דקאמר אם של עזאזל מת וכו' והשני ירעה – אלמא דאיירי שמת של עזאזל קודם שנשחט של שם. ואיכא למימר דאיירי כגון שמת קודם וידוי, וטעמא דמת קודם וידוי, הא מת לאחר וידוי – אין צריך להביא שנים אחרים ולהגריל, דס"ל בהא כרבי שמעון, דאמר לעיל פרק "טרף בקלפי" (דף מ:): עד מתי זקוק להיות חי – עד כפרת דברים, ואהא אתא רבי יהודה נמי לפלוגי, אם מת המשתלח ישפך הדם ומביא שנים אחרים, ואתא לאשמועינן דבכפרת דמים תלוי הדבר. ורבי יהודה לטעמיה, דאמר לעיל: עד מתי זקוק להיות חי – עד שעת מתן דמו של חבירו, ואין הדבר תלוי בוידוי כלל, דאפילו אם הקדים וידוי שעיר המשתלח למתן דם שעיר הפנימי, ומת המשתלח – ישפך הדם. והשתא ניחא הא דקתני ועוד. ומכל מקום הדר קאמר דיקא מתניתין כוותיה דרב, דלא ניחא ליה לפרושי ועוד כדפרישית, משום דלישנא דמתניתין לא משמע ליה הכי, דאתא לאשמועינן הא. ומשום דאיכא למימר הכי ואיכא למימר כדמעיקרא, כדקא סלקא דעתך דמקשה – לא מסיק קשיא. אבל לאיכא דאמרי, דלא קאמר מעיקרא בשלמא לרבי יוחנן, אלא פריך מיד לרבי יוחנן דלא משמע ליה כלל לפרושי ה"ועוד" כדפריש' ללישנא קמא לדברי המקשה, דקאמר בשלמא לרבי יוחנן – להכי מסיק קשיא:

*) ועי' תוס' זבחים יב: ד"ה ש"מ

הכל

רבינו חננאל

דהא מתניתין דר' אליעזר אית ליה האי סברא דרב דאמר ע"י תערובת ירצו. אמר רבא דייקא מתני' כרב דקתני אם של שם מת זה שעלה לשם יתקיים תחתיו ואם של עזאזל מת זה שעלה עליו הגורל לעזאזל יתקיים תחתיו. ולא קתני וחבירו יקרב ש"מ דאידך כדקאי קאי. ודייקא מתניתא כר' יוחנן דקתני השני ירעה איני יודע אי שני שבזוג ראשון אי שני שבזוג שני כשהוא אומר יעמד חי ולא שכבר עמד. מכלל משכבר עמד נדחה. ואקשינן על רב תנן ר' יהודה אומר נשפך הדם כו'. כלומר נשפך דם השעיר הנעשה בפנים קודם שיזה ממנו ימות המשתלח שכבר נדחה מאחר שנשפך דם חבירו ויביא שנים אחרים ויגריל ודחי רב ואמר אליבא דר' יהודה לא קאמינא דר' יהודה ודאי אית ליה בעלי חיים נידחין. כי קאמינא לרבנן. וסלקא שמעתא כרבא דאמר דייקא מתני' כוותיה דרב והוא הת"ק שחולק עליו ר' יהודה ת"ק סבר בעלי חיים אין נידחין ור' יהודה סבר נידחין. ואקשינן ממתני' דתנן שאין חטאת צבור מתה הא דיחיד כי האי גוונא כגון שהפריש ואבדה והפריש אחרת תחתיה והרי שתיהן עומדות מתה הניחא לר' יוחנן דאמר שני שבזוג שני קרב נמצא השני שבזוג (שני) [ראשון] שאחר שמת חברו ונדחה כאילו הוא אבוד. וכיון שנתכפרו בשני שבזוג שני דין הוא שימות השני שבזוג ראשון דהא נתכפרו בשאינה אבוד מי שהיה אבוד ונמצא ימות אלא קי"ל שאין חטאת צבור מתה הא דיחיד כי האי גוונא מתה כר' אבא דאמר משמיה דרב

תוספות ישנים

לא כתיב בעל מום הוה אמינא דפסיל ביה מומא דהא לא ידעינן במאי לאוקמי מחוסר זמן אלא בהומס וחיללו על אחר דאי במחוסר זמן ממעט הא אין הגורל קובע אלא בראוי לשם כדאמרן י"ל כל כמה דלא חזינן דפסיל ביה מומא לא הוה מוקמי' ליה להך דרשא דהומס וחיללו על אחר אלא מוקמינן ליה לדרשא אחריתי. מ"ר*): **דחייתו** לצוק זו היא שחיטתו. ולא דמי לנוחר ומעקר שאין מצותו בכך והקשה ה"ר משה על הא דפטר ר"ש במשנה (חולין דף פה.) השוחט עגלה ערופה ופריך בגמרא עגלה ערופה שחיטה ראויה היא דתנן נמצא ההורג עד שלא תערף העגלה תצא ותרעה בעדר אלמא אינה נא[סרת] לה שחיטה ראויה היא ומשני עגלה ערופה אינה משנה דודאי לא פטר לה ר"ש ואמאי לא נוקים לה נמי בעריפה גופה ועריפתה זו היא שחיטתה כדאמרינן הכא דחייתו לצוק זו היא [שחיטתו] פטר [ר"ש דלא חזיא לאכילה ורבנן מחייבי] שהעריפה שהיא כשחיטה ראויה אוסרת והשיב לו רבי יעקב דהא דקתני במשנה השוחט פרת חטאת ושור הנסקל ועגלה ערופה משמע שהעגלה נמי בשחיטה דדילמא אגב פרת חטאת ושור הנסקל תנא שחיטה דהא הכי נמי אמרינן בפ"ב דחולין (דף כט.) בגמרא רוב אחד בעוף ורוב שנים בבהמה דסיפא דקתני רוב אחד בעוף ורוב שנים בבהמה שחיטתו בקדשים והאי דלא קתני מליקתו איידי דקתני שחיטה בבהמה דסליק מינה והכי נמי התם איידי דסליק מפרת החטאת ושור הנסקל תנא נמי בעגלה ערופה השוחט אלא אומר רבי דפשיטא ליה לתלמוד בעריפה א"כ לא היה צריך כלל למימר התם פטור דהא פשיטא שחיטה שאינה ראויה דלאו לאפוקי ממ"ד לחייב פשיטא כיון דשחיטה שאינה ראויה א) שמה שחיטה אית ליה וזה לא הוה צריך לשנות א"כ מאן [דאמר] שאינה ראויה לא ס"ל כי היכי דדחייתו לצוק זו היא שחיטתו [גם עריפתה] זו היא שחיטתה. מ"ר. ול"ע: **שני** שבזוג שני ירעה. וה"ה דפליגי בשעיר המשתלח דרב סבר שני שבזוג ראשון ישתלח ור' יוחנן סבר איפכא: **רב** סבר בעלי חיים אינן נדחין. הא דתנן במי שהיה טמא (פסחים לז:) המפריש נקבה לפסחו תרעה דדחוי הוא אתיא שפיר אפילו אליבא דרב דהכא דהיינו משום דדחייה בידים וכן בפסחים גבי מתני' דהפסח שנמצא קודם שחיטה ירעה לפי שנראה ונדחה הוי נמי דחייה בידים כששחט האחד והניח את זה. מ"ר: **מי** דמי התם לא איתחזי כלל כו'. וא"ת רבי יוחנן מיהא אמאי לא יליף ואע"ג דלא איתחזי כלל והוי דחוי מעיקרא הא רבי יוחנן אית ליה דהוה דחוי בפ"ק דקידושין (דף ז:) ובפרק בתרא דכריתות (דף כח.) ובס"פ מי שהיה טמא (פסחים לח.) אמרינן נמי על המשנה ש"מ דחוי מ[עיקרא הוי דחוי] וי"ל דר' יוחנן לא הוה יליף ממחוסר זמן משום דהוי נראה מאליו אבל מבעל מום ילפינן שפיר בסמוך דאפילו עובר ע"י שם אכשריה רחמנא ואפילו עובר בלא שם דחוי הוא יותר ממחוסר זמן דהא נראין שיהא ראוי והוי מחוסר מעשה ועוד אומר רבי כי יש לומר דאפילו דחוי מעיקרא ממעטי מדלשנא דר' יוחנן דבסמוך דמיעט רחמנא בם הוא שעבר מומם ירצו הא כל הדחוין הואיל ונדחו ידחו ואפילו היכא של[א נראה] דומיא דבעל מום דאיכא נמי בהו שלא נראה משולש כגון הומס במעי אמו או קודם שמונה והשתא ניחא דלא נקט הכא אלא טעמא דלא איתחזי כלל ולא הוצרך לטעמא דנראה מאליו כדפרי' לעיל. מ"ר ב): מום עובר כו'. תימה לרבי יוחנן דלא יליף לבעלי חיים אין נדחין מבעל מום עובר ואית ליה דנדחין וא"כ אותו ואת בנו של קדשים אין ראוי לעולם כששחטו את אמו וכי תימא הכי נמי והתנן בפרק בתרא דזב[חים] ומייתי לה בפרק אותו ואת בנו (חולין דף פא.) אותו ואת בנו ומחוסר זמן פטור ר"ש אומר כל הראוי לבוא אחר זמן הרי הוא בלא תעשה ואין בו כרת ואומר רבי ג) דהואיל דאית ליה לרבי יוחנן כל הדחוין שבתו[רה] ידחו והוי אפילו דחוי מעיקרא בכללם ומ"מ מחוסר זמן לא היו בכללם וכן בעל מום אע"פ שנראה ונדחה יכול לחזור ולראות אותו ואת בנו נמי לא ממעטינן דהוי בכלל מחוסר זמן והוי כמו בעל מום עובר. [...] ידי תערובות ירצו כדתנן ר' אליעזר אומר אם קרב הראש כו'. יש תימה דהכא משמע דטעמא דהך משנה מגזירת הכתוב א"כ אפילו לא קרב ראשו של אחד מהן נמי [ועוד] אי מגזירת הכתוב נפקא אית לן למימר [...] בעלי מומין ובזבחים פרק התערובות מוכח נמי דלא ילפינן מינה תערובת רובע ונרבע למאיסי טפי והואיל וכן היכי אמרינן בפ' התערובות (זבחים עז.) דרב אמר טבעת של ע"ז שנתערבה באלף טבעות ונפלה [...] הגדול הותרו כולן ס"ל כרבי אליעזר דאמר אם קרב ראשו של אחד מהם כו' התם גזירת הכתוב היא כדלא ילפינן התם בברייתא רובע ונרבע ונראה לי דה"פ בעיניהו הוא דלא ירצו הא ע"י תערובת ירצו כדה[...] אומר אם קרב ראשו של אחד מהם יקרבו כל הראשים כולן וחכמים אומרים אפילו קרבו כולן חוץ מאחד מהם יצא לבית השריפה ומדאמרינן בין לרבנן בין לר"א דהנהו דקרבו קרבו ואלו ירדו שמעינן דאית להו לכתחילה אסרי מדרבנן דאי לית להו ה"ל למיסר אפילו בדיעבד (אם נתערבו אחד באחד) והואיל וכן נראה כי נתערב נמי אבר אחד של בעל מום ברוב איברים התמימים היה לנו לאסור בדיעבד אפילו אותם שעלו [...] בעלי אי לאו משום דקרינא תערובת מדאורייתא דהא [השתא] הוא סובר דלא בעלי וסברא הוא כיון דאחמרי רבנן דלא יבטלו משום דדרכו למנות לית לן למישרי ע"י ביטול ברוב בדיעבד משום דעלו. אבל כי דשרי מן התורה בלא ביטול סברא הוא למישרי בדיעבד משום דעלו אפילו מדרבנן [אבל אם נתערבו אחד באחד] דלא הוה ביטול ברוב ירדו דבאותן אין להקל אפילו בדיעבד כיון דמדרבנן לא בעלי והא דקאמר דזבחים ורבנן גם בהם לא דרשי ולא בעי למימר דרבנן נמי אית להו הך דרשא אלא לכתחילה אסרי להקריב מדרבנן כי תנאי דמתני' משום דמשמע ליה דלא יקריבו דרבנן מדאורייתא כמו דלא יקריבו לרובע ונרבע דאפילו בדיעבד ירדו דאי בדיעבד לא ירדו הוה ליה לפרושי בהדיא דדוקא לכתחילה דלא נטעי לפרושי דלא יקריבו אפילו בדיעבד כי ההוא דרובע ונרבע ולמאי דפרישית השתא אתי שפיר דלא שבקי אמוראי דהכא להו כרבי אליעזר ואתי נמי שפיר האי דמסיים הכא מלתייהו דרבנן אבל אי מדרבי אליעזר מייתי ראיה לא היה לו להביא כאן רק דבריו ד) ובלאו הכי לאו קושיא היא דרב סבר בהתערובות (זבחים עז.) כר' אל[יעזר ור'] יוחנן דשמעינן סבירא להו דעל ידי תערובת ירצו כרבנן דמתני' דזבחים דדרשי הכי כדפירש' אע"ג דרבנן דברייתא לא דרשי הכי כי המשנה עיקר ובזבחים דריש מבם בהם עבר מום וע"י תערובת לרבי א[ליעזר] דדריש כרבנן דמתני' וקיימי רב ור' יוחנן בשיטתייהו לאכשורי על ידי תערובת מן התורה וסוגיא דהתם דדרש בם בהם כרבי יוחנן ואייתר בהם לדרשא הא כל דחוין הואיל ונדחו ידחו והא דדריש הכא טע[מא] [...]

*) ע"כ שייך לדף סג ע"ב. א) נ"ל לא שמה: ב) עיין ש"י: ג) נ"ל דהא דאית: ד) נ"ל מיהו בלאו:

[תמורה כג.] [פסחים לז:] [קדושין ז:]

גליון הש"ס

רש"י ד"ה כי קאמר וכו' מכלל דשמעינהו לרבנן. כעין זה בכ"ק דף כח ע"ב ברש"י ד"ה ר"י הויט ת"ק:

הַכֹּל מוֹדִים *שֶׁאִם נִתְכַּפֵּר בְּשֶׁאֵינָהּ אֲבוּדָה – אֲבוּדָה מֵתָה. אֶלָּא לְרַב, הֲוָה לֵיהּ כְּמַפְרִישׁ שְׁתֵּי חַטָּאוֹת לְאַחֲרָיוּת. *וְא"ר אוֹשַׁעְיָא: אהִפְרִישׁ שְׁתֵּי חַטָּאוֹת לְאַחֲרָיוּת – מִתְכַּפֵּר בְּאַחַת מֵהֶם, וְהַשְּׁנִיָּה תִּרְעֶה! כֵּיוָן דְּאָמַר רָבָא: רַב סָבַר לָהּ כְּרַבִּי יוֹסֵי, דְּאָמַר מִצְוָה בָּרִאשׁוֹן, מֵעִיקָּרָא כְּמַפְרִישׁ לְאִיבּוּד דָּמֵי. תְּנַן, רַבִּי יְהוּדָה אוֹמֵר: תָּמוּת. בִּשְׁלָמָא לְרַבִּי יוֹחָנָן, דְּאָמַר שֵׁנִי שֶׁבְּזוּג רִאשׁוֹן יִרְעֶה, לְרַבִּי יְהוּדָה יָמוּת – מִתְכַּפֵּר בְּשֵׁנִי שֶׁבְּזוּג שֵׁנִי. אֶלָּא לְרַב דְּאָמַר שֵׁנִי שֶׁבְּזוּג שֵׁנִי יִרְעֶה לְרַבִּי יְהוּדָה יָמוּת, לְרַבִּי יְהוּדָה בְּמַאי מִיכַּפֵּר? מִי סָבְרַתְּ רַבִּי יְהוּדָה אַשֵּׁנִי שֶׁבְּזוּג שֵׁנִי קָאֵי? רַבִּי יְהוּדָה אַשֵּׁנִי שֶׁבְּזוּג רִאשׁוֹן קָאֵי. וְאִיכָּא דְּקָא מוֹתִיב הָכִי: וְעוֹד אָמַר ר' יְהוּדָה: נִשְׁפַּךְ הַדָּם – יָמוּת הַמִּשְׁתַּלֵּחַ, מֵת הַמִּשְׁתַּלֵּחַ – יִשָּׁפֵךְ הַדָּם. בִּשְׁלָמָא לְרַב – רֵישָׁא פְּלִיגִי בְּחַטַּאת צִבּוּר, וְסֵיפָא פְּלִיגִי בְּבַעֲלֵי חַיִּים. אֶלָּא לְרַבִּי יוֹחָנָן מַאי "וְעוֹד?" – קַשְׁיָא. § "וְעוֹד אָמַר רַבִּי יְהוּדָה: נִשְׁפַּךְ הַדָּם יָמוּת הַמִּשְׁתַּלֵּחַ". § בִּשְׁלָמָא נִשְׁפַּךְ הַדָּם יָמוּת הַמִּשְׁתַּלֵּחַ – דְּאַכַּתִּי לָא אִתְעֲבִיד מִצְוָתֵיהּ, אֶלָּא מֵת הַמִּשְׁתַּלֵּחַ אַמַּאי יִשָּׁפֵךְ הַדָּם? הָא אִתְעֲבִיד לֵיהּ מִצְוָתֵיהּ! אָמְרִי דְּבֵי ר' יַנַּאי אָמַר קְרָא: °"יָעֳמַד חַי לִפְנֵי ה' לְכַפֵּר" *עַד מָתַי יְהֵא זָקוּק לִהְיוֹת חַי – עַד שְׁעַת מַתַּן דָּמִים שֶׁל חֲבֵירוֹ. *תְּנַן *הָתָם: בבְּנֵי הָעִיר שֶׁשָּׁלְחוּ אֶת שִׁקְלֵיהֶן וְנִגְנְבוּ אוֹ שֶׁאָבְדוּ, אִם נִתְרְמָה תְּרוּמָה – נִשְׁבָּעִין לַגִּזְבָּרִין, וְאִם לָאו – נִשְׁבָּעִין לִבְנֵי הָעִיר, וּבְנֵי הָעִיר שׁוֹקְלִין אֲחֵרִים תַּחְתֵּיהֶן. גנִמְצְאוּ, אוֹ שֶׁהֶחֱזִירוּם הַגַּנָּבִים – אֵלּוּ וָאֵלּוּ שְׁקָלִים הֵם, וְאֵין עוֹלִין לָהֶן לַשָּׁנָה הַבָּאָה. ר' יְהוּדָה אוֹמֵר: עוֹלִין לָהֶן לַשָּׁנָה הַבָּאָה. מ"ט דְּר' יְהוּדָה? אָמַר רָבָא: קָסָבַר רַבִּי יְהוּדָה חוֹבוֹת שֶׁל שָׁנָה זוֹ קְרֵיבוֹת לַשָּׁנָה הַבָּאָה. אֵיתִיבֵיהּ אַבַּיֵי: *פַּר וְשָׂעִיר שֶׁל יוֹם הַכִּפּוּרִים שֶׁאָבְדוּ, וְהִפְרִישׁ אֲחֵרִים תַּחְתֵּיהֶן, וְכֵן שְׂעִירֵי ע"ז שֶׁאָבְדוּ וְהִפְרִישׁ אֲחֵרִים תַּחְתֵּיהֶן – כּוּלָּן יָמוּתוּ, דִּבְרֵי רַבִּי יְהוּדָה. רַבִּי *אֱלִיעֶזֶר וְרַבִּי שִׁמְעוֹן אוֹמְרִים: יִרְעוּ עַד שֶׁיִּסְתָּאֲבוּ, וְיִמָּכְרוּ, וְיִפְּלוּ דְּמֵיהֶם לִנְדָבָה, שֶׁאֵין חַטַּאת צִבּוּר מֵתָה. א"ל:

קָרְבָּנוֹת

(ויקרא טז) (שקלים פ"ב מ"א ב"מ נח:)

רש"י

אֶלָּא לְרַב. דְּאָמַר בְּשֵׁנִי שֶׁבְּזוּג שֵׁנִי קָתָנֵי מַתְנִי' דְּיִרְעֶה, וּבָרִאשׁוֹן שֶׁנִּדְחָה יִתְכַּפֵּר. אַמַּאי? הָא דְּיָחִיד תָּמוּת, לָא מִיבָּעֵי לְרַבָּנַן דְּלָא מֵתָה – דְּהָא נִתְכַּפֵּר בִּדְחוּיָה וְאִינְהוּ אָמְרִי מַפְרִישׁ לְאָבוּד – לָאו כְּאָבוּד דָּמֵי, אֶלָּא אֲפִי' לְר' לָא מֵתָה, שֶׁהֲרֵי לֹא הוּפְרַשׁ לְתַשְׁלוּמֵי אָבוּד, שֶׁהֲרֵי מִתְּחִילָּה הָיָה רִאשׁוֹן קַיָּים, וּבִשְׁבִיל הַמִּשְׁתַּלֵּחַ שֶׁמֵּת הוּצְרַךְ לְהָבִיא שְׁנַיִם, וְכֵיוָן דְּאֵין בַּעֲלֵי חַיִּין נִדְחִין מֵעִיקָּרָא, אִי בָּעֵי הַאי מַקְרִיב וַהֲוָה לֵיהּ כְּמַפְרִישׁ שְׁתֵּי חַטָּאוֹת לַאֲחָרָיוּת, שֶׁאִם יֹאבַד אֶחָד מֵהֶן יַקְרִיב אֶת חֲבֵירוֹ: **וְאָמַר ר' אוֹשַׁעְיָא.** שֵׁנִי יִרְעֶה אֲפִילּוּ לְרַבִּי שֶׁהֲרֵי לֹא הוּפְרַשׁ לְאִיבּוּד: **כֵּיוָן.** דְּמִצְוָה בָּרִאשׁוֹן, מֵעִיקָּרָא כִּי אַפְרְשִׁינַן לְהַאי שֵׁנִי – אַדַּעְתָּא דְּאִיבּוּד אַפְרְשִׁינַן, וְלֹא גָּרַע מִמַּפְרִישׁ לְאִבּוּד. וּמַתְנִי' רַבִּי הִיא. וְהָכִי אָמְרִינַן בְּמַסֶּכֶת תְּמוּרָה: דְּרַב כְּרַבִּי מוֹקֵי לָהּ לְמַתְנִי': **תְּנַן רַבִּי יְהוּדָה אוֹמֵר תָּמוּת.** קס"ד בַּהַהִיא דְּקָאָמְרִי רַבָּנַן יִרְעֶה, אָמַר רַבִּי יְהוּדָה תָּמוּת. וְעַל כָּרְחָךְ לְרַבִּי יְהוּדָה בַּעֲלֵי חַיִּים נִדְחִין, כִּדְקָתָנֵי: נִשְׁפַּךְ הַדָּם יָמוּת הַמִּשְׁתַּלֵּחַ: **בִּשְׁלָמָא לְרַבִּי יוֹחָנָן דְּאָמַר** בְּשֵׁנִי שֶׁבְּזוּג **רִאשׁוֹן**. תְּנַן יִרְעֶה, וְאָמַר רַבִּי יְהוּדָה עֲלֵיהּ תָּמוּת – מִיכַּפֵּר בְּשֵׁנִי שֶׁבְּזוּג שֵׁנִי: **אֶלָּא לְרַב.** דְּאָמַר יִרְעֶה דְּמַתְנִי' בְּשֵׁנִי שֶׁבְּזוּג שֵׁנִי תְּנַן, וַעֲלֵיהּ אָמַר רַבִּי יְהוּדָה תָּמוּת: **בְּמַאי מִיכַּפֵּר.** דְּאִילּוּ בָּרִאשׁוֹן לְר' יְהוּדָה לָא מִיכַּפֵּר, דְּהָאָמַר בַּעֲלֵי חַיִּין נִדְחִין: **מִי סָבְרַתְּ וכו' אַשֵּׁנִי שֶׁבְּזוּג רִאשׁוֹן קָאֵי.** וּבִתְרְתֵּי פָּלֵיג, כִּדְפָרֵישִׁית לְעֵיל: **וְאִיכָּא דְּמוֹתִיב הָכִי.** הַךְ תְּיוּבְתָּא קַמַּיְיתָא דְּאוֹתִיבְנָא לְעֵיל(א) וְעוֹד אָמַר רַבִּי יְהוּדָה וכו', דְּאוֹתִיבְנָא לְעֵיל לְרַב, אִיכָּא דְּמוֹתִיב לָהּ מֵעִיקָּרָא לְרַבִּי יוֹחָנָן, וְהָכִי מוֹתִיב לָהּ: **בִּשְׁלָמָא לְרַב.** דְּאָמַר לְתַנָּא קַמָּא בַּעֲלֵי חַיִּין אֵין נִדְחִין, וּבְשֵׁנִי שֶׁבְּזוּג שֵׁנִי קָאָמַר יִרְעֶה, וְרַבִּי יְהוּדָה לָאו עֲלֵיהּ קָאָמַר יָמוּת – הַיְינוּ דְּהָדַר קָאָמַר וְעוֹד: לְאַשְׁמוּעִינַן דְּבַעֲלֵי חַיִּין נִדְחִין סְבִירָא לֵיהּ, וְתָמוּת דְּקָאָמַר בְּרֵישָׁא לָאו אַהַהוּא דְּאָמְרִי רַבָּנַן יִרְעֶה קָאֵי, וּבִתְרְתֵּי אֲתָא לְאִפְלוּגֵי; בְּרֵישָׁא פָּלֵיג אַחַטַּאת צִבּוּר, דְּקָאָמְרִי רַבָּנַן יִרְעֶה וְאָמַר [רַבִּי יְהוּדָה] יָמוּת. וְסֵיפָא מִיפְלִיג בְּבַעֲלֵי חַיִּין, דְּקָאָמְרִי רַבָּנַן אֵין נִדְחִין וְיִתְכַּפֵּר בָּרִאשׁוֹן, וַאֲתָא אִיהוּ לְמֵימַר: הוּא יָמוּת וְהַשֵּׁנִי יִקְרַב: **אֶלָּא לְרַבִּי יוֹחָנָן מַאי וְעוֹד.** הָא רַבָּנַן נַמִי אָמְרִי: רִאשׁוֹן יִדָּחֶה: **קַשְׁיָא.** כְּדַאֲמַרַן: דַּיְקָא מַתְנִי' כְּוָותֵיהּ דְּרַב: **בִּשְׁלָמָא נִשְׁפַּךְ הַדָּם יָמוּת הַמִּשְׁתַּלֵּחַ דְּלָא אִיתְעֲבִיד מִצְוָתֵיהּ.** דְּדָם וְחוּקָּה בִּדְבָרִים הַנַּעֲשִׂים בְּבִגְדֵי לָבָן כְּתִיבָא, וְצָרִיךְ לְהָבִיא דָּם אַחֵר, וְאִי אֶפְשָׁר בְּלֹא הַגְרָלָה. וְכֵיוָן דְּאִית לֵיהּ בַּעֲלֵי חַיִּים נִדְחִים – יָמוּת הַמִּשְׁתַּלֵּחַ הָרִאשׁוֹן: **אֶלָּא מֵת הַמִּשְׁתַּלֵּחַ.** לָמָּה לוֹ תַּשְׁלוּמִין שֶׁאַתָּה מַזְקִיקוֹ לְהָבִיא שְׁנַיִם וּלְהַגְרִיל, וְלִשְׁפּוֹךְ דַּם הָרִאשׁוֹן? הָא אִיתְעֲבִיד מִצְוָתֵיהּ: דְּשָׂעִיר הַמִּשְׁתַּלֵּחַ כָּל דָּבָר הַמְעַכֵּב בּוֹ אֵינוֹ אֶלָּא הַגְרָלָה בִּלְבַד, לִקְבּוֹעַ גּוֹרָל שֶׁל שֵׁם עַל שֶׁלּוֹ, דְּהָא שָׁמְעִי' לֵיהּ לְר' יְהוּדָה דְּאָמַר: לֹא הִתְוַדָּה – כָּשֵׁר, וְעַל שֶׁכֵּן דְּשִׁילּוּחַ דְּלָא מְעַכֵּב לְדִבְרֵי הַכֹּל, דְּהָכִי כְּתִיב חוּקָּה – אַדְּבָרִים שֶׁהַכֹּהֵן עוֹשֶׂה בְּבִגְדֵי לָבָן, וְלֹא עַל דְּבָרִים הַנַּעֲשִׂים ע"י אִישׁ עִתִּי: **לִהְיוֹת חַי.** שֶׁלֹּא יָמוּת עַד שְׁעַת מַתַּן דָּמוֹ שֶׁל חֲבֵירוֹ, הָא אִם מֵת קוֹדֶם לָכֵן – אֵין כַּפָּרַת הַדָּם כְּלוּם, לְכָךְ צָרִיךְ תַּשְׁלוּמִין. וּבְלֹא הַגְרָלָה אִי אֶפְשָׁר, וְזָקוּק לִשְׁנַיִם, וְרִאשׁוֹן יִדָּחֶה, דְּהַכֹּל מוֹדִין בִּשְׁחוּטִין שֶׁנִּדְחִין: **בְּנֵי הָעִיר שֶׁשָּׁלְחוּ.** ע"י שָׁלִיחַ, שִׁקְלֵיהֶן לִירוּשָׁלַיִם לַמִּקְדָּשׁ: **אִם נִתְרְמָה תְּרוּמָה.** ג' קוּפּוֹת, קוֹדֶם שֶׁנּוֹדַע שֶׁאָבְדוּ: **נִשְׁבָּעִין.** הַשְּׁלוּחִין שְׁבוּעַת שׁוֹמְרִין לַגִּזְבָּרִין, שֶׁהֲרֵי הַהֶפְסֵד לַהֶקְדֵּשׁ, שֶׁאֵין הַבְּעָלִים חַיָּיבִים לִשְׁקוֹל עוֹד (*דִּתְנַן) (כתובות דף קח.): תּוֹרְמִין עַל הָאָבוּד שֶׁלֹּא נוֹדַע: **וְאִם לָאו.** שֶׁלֹּא נִתְרְמָה הַתְּרוּמָה, אֵין הַהֶפְסֵד לַהֶקְדֵּשׁ אֶלָּא שֶׁל בְּעָלִים, לְפִיכָךְ נִשְׁבָּעִין לִבְנֵי הָעִיר: **נִמְצְאוּ.** קַמֵּי שֶׁאָבְדוּ: הֶחֱזִירוּם הַגַּנָּבִים. קַמֵּי שֶׁנִּגְנְבוּ: **וְאֵין עוֹלִין לָהֶם.** לַבְּעָלִים, וּצְרִיכִין לִשְׁקוֹל לַשָּׁנָה הַבָּאָה: **חוֹבוֹת שֶׁל שָׁנָה זוֹ.** שֶׁהוּפְרְשׁוּ לְחוֹבַת שָׁנָה זוֹ: **שְׂעִירֵי ע"ז.** לַצִּבּוּר שֶׁחָטְאוּ בְּע"ז בְּהוֹרָאַת ב"ד – מְבִיאִין פַּר לְעוֹלָה וְשָׂעִיר לְחַטָּאת: **וְהִפְרִישׁ אֲחֵרִים תַּחְתֵּיהֶן.** וְנִמְצְאוּ הָרִאשׁוֹנִים: **כּוּלָּן יָמוּתוּ.** וְלָא אָמְרִינַן: יִקְרְבוּ לַשָּׁנָה הַבָּאָה.

תוספות

הכל מודים שאם נתכפר בשאינה אבודה אבודה מתה. והא דאמרי רבנן אין חטאת מתה אלא שנמצאת לאחר שכיפרו בעלים, תימה: כיון דסבירא להו דאפילו נמצאת קודם כפרה אבודה מתה, אמאי נקט דווקא שנמצאת לאחר שכיפרו, שאבדה והקריב אחרת תחתיה ונמצאת הראשונה תמות? ובתמורה פרק "ולד חטאת" (דף כג:) פריך כי האי גוונא; תנן: המפריש חטאתו ואבדה, והקריב אחרת תחתיה, ונמצאת הראשונה – תמות. טעמא – דהקריב, הא לא הקריב – לא. קשה לתרוייהו, פי': לר' אבא ולרב הונא דהתם, דאמר: הכל מודים שאם משך אחת מהן והקריב שהשניה תמות, לא נחלקו אלא בבא לימלך וכו'. ומשני: מילתא דפסיט – קתני, דלא פסיט – לא קתני. פירוש: מילתא דפסיט קתני – שנמצאת לאחר הקרבה אז אין צריך להאריך ולפרש כלום, אבל נמצאת קודם הקרבה – זימנין מתה זימנין רועה, אם מתכפר בשאינה אבודה – השניה מתה, ואם מתכפר באבודה – שאין אבודה רועה לרבנן. והכי נמי הוה מצי למיפרך ממילתא דרבנן גופייהו, כדפי', אלא ניחא ליה למפרך מההיא ד"והקריב" שהיא שנויה ברישא, ואתיא כרבנן: **הוה** ליה כמפריש שתי חטאות לאחריות. תימה לי: הוה מצי לשנויי הא מני – ר' שמעון היא, דלית ליה רועה כלל בחטאת יחיד, ואפילו בהפריש שתי חטאות לאחריות, כדמשמע בתמורה (דף טו:) ובפרק "התודה" (מנחות דף פ.) ובפרק "מי שהיה טמא" (פסחים דף לז:) ויש לומר: דמתניתין לא מתוקמא כוותיה, דקתני מתניתין: מת אחד מהם, מביא שנים אחרים ומגריל עליהם. ואיהו אמר לעיל: מביא חבירו שלא בהגרלה: **אמר** רבי ינאי אמר קרא יעמד חי עד מתי זקוק לחיות עד שעת מתן דמו של חבירו. תימה לי: אמאי לא מייתי ברייתא דלעיל, דבפרק "טרף בקלפי" (דף מ:) דקתני בהדיא הכי אליבא דר' יהודה! ויש לומר: דאי מההיא – הוה אמינא: אם מת קודם מתן דמי חבירו – יביא אחר אבל לא ישפך. ורבי ינאי אתי לאשמועינן דאף הדם ישפך: **נשבעים** לגזברין. פרש"י: דתנן תורמין על האבוד וכו' – ובפרק "הזהב" (ב"מ דף נח.) פרש"י על האבוד שבא ליד שליח, ואבד ולא נודע לבעלים קודם התרומה, ועל הגבוי שהוא עדיין ביד שליח ולא אבד. וקשה: דאם כן הוה ליה זו ואין צריך לומר זו! דכיון דתנא תורמין על האבוד, שיש לו חלק אף על פי שאבד ולא יגיע לעולם ללשכה, ואפילו הכי יש לו חלק בקופות – כל שכן על הגבוי שסופו שיגיע. ומפרש ר"י: על האבוד – שבא ללשכה ואבד קודם שנתרמה התרומה. ולא מיבעי זה דכבר בא ללשכה, אלא אפילו על הגבוי – שבשעת התרומה היה ביד שליח, ואפילו קותו נאבד ולא הגיע ללשכה. ואותם שנים אין הבעלים חייבין באחריותו. ועל העתיד לגבות – שלא נתן עדיין לשליח. והא דאמר בפ"ב דכתובות (דף קח.): המודר הנאה מחבירו שוקל שקלו, דתנן תורמין על האבוד וכו'. פירוש: דלא קא מהני ליה מידי, דבלאו הכי לא היה חייב לשקול – מאבוד וגבוי מייתי, דלא מחייב באחריותו. אבל בעתיד לגבות לא איירי, דכיון דחייב לשקול – א"כ כששוקל לו שקלו קא מהני ליה: **וכן** שעירי ע"ז שאבדו. לא ידענא אמאי לא נקט נמי פר העלם דבר של צבור? ונראה לי: משום דלא פסיקא ליה, דאיכא נמי פר העלם דבר של כהן משיח שטעה ועשה בהוראת עצמו, דהוראת כהן משיח לעצמו כהוראת ב"ד לצבור, ובההוא לא הוי פליגי ר"א ור' שמעון:

ומשום

רבינו חננאל

הכל מודין ר' ורבנן שאם נתכפר בשאינה אבודה אבודה מתה. אלא לרב דאמר שניהם ראויין להיקרב ולמה אמר שני שבזוג ראשון יקרב משום דמצוה בראשון מאחר ששניהן ראויין ואיזה מהן שיקריב יצא ידי חובתו הוה ליה כמפריש ב' חטאות לאחריות כלומר אם תאבד אחת מהן תהיה חברתה תחתיה וא"ר הושעיא המפריש ב' חטאות לאחריות מתכפר באחת מהן ושניה רועה ולמה שנינו תמות. ופרקינן כיון דסבר רב מצוה בראשון נתברר כי מעיקרא שהפריש השני שבזוג שני לאיבוד הפרישו לפיכך ליחיד כי האי גוונא מתה דהא השניה היא שמתברר כי לאיבוד הופרשה לפיכך אמרינן עלה אבודה מתה וזו השמועה מפורשת בתמורה פרק ולד חטאת ת"ש ר' יהודה אומר תמות [וכו'] ופשוטה היא. איכא דמותיב הכי ועוד א"ר יהודה נשפך הדם ימות המשתלח כו' בשלמא לרב רישא פליגי בחטאת צבור. ת"ק אומר רועה כי אין חטאת צבור מתה ור' יהודה אומר תמות סיפא פליגי בדחויין ת"ק סבר נשפך הדם יביא אחר ויגריל עליו ויעשהו לשם וישלח הראשון. ור' יהודה סבר הראשון כבר נדחה משעה שנשפך הדם ואין מתכפרין בדחויין לפיכך א"ר יהודה ימותו. אלא לר' יוחנן דאמר לא שנה ר' יהודה תמות אלא מפני שנדחת כמו האבודה ומאי ועוד *) היא קשיא: מת המשתלח אמאי תני ר' יהודה ישפך הדם כבר נתקיימה המצוה כלומר הגריל עליהן והשעיר של שם עשאו חטאת ואין דבר תלוי ביניהן. ושנינן כתיב יעמד חי לפני ה' לכפר. כלומר יהיה זה עומד חי עד שיכפר זה הקרב לפני ה' ובמה מכפר בדמו. תנן התם במס' שקלים פ"ב בני העיר ששלחו שקליהן ונגנבו או אבדו אם נתרמה התרומה נשבעין לגזברין כו'. ת"ר אין עולין להן לשנה הבאה ר' יהודה אומר עולין מאי טעמא דר' יהודה קסבר ר' יהודה חובות של שנה זו קריבות לשנה הבאה ואותבינן עליה וזו חפי רטעמיה דר' יהודה משום דסבר חובות

*) נ"ל לנ"ל הא היא היא קשיא.

תוספות ישנים

מה"א דבהם [ומתרי בם] עבר מומם ועל ידי תערובת והתם בתערובת דריש מה"א דבהם עבר מומם [ומבם על ידי תערובת] ואייתר ליה בם בתרא לכדרבי יוחנן כדפרישית הא לא קשיא מידי דלא איכפת ליה לתלמודא רק שיוכל לעשות ג' דרשות ולהכי התם בזבחים לא מזכיר דרשה דמבם דבהם דקאי על ר"י לדרוש מה"א שבו טעמא והא דקאמר מום בם הוא דלא ירצו הא ע"י תערובת ירצו לאו דוקא נקט מום בם דבהם קדריש כדמסיק נפקא ליה מבם בהם ומה"א דריש דרשה דפליגי בה משום דבה"א פליגי מר דריש ומר לא דריש והכא בשמעתין לפי שבא לדרוש על התיבות בם בם דורש תחלה בם דמום בם דמשתמע טפי למידרש לדרשה הפשוטה יותר עבר מומם ומבם דבהם תערובת דמודו ביה בין רב בין ר' יוחנן וה"א מוקי לדרשה דפליגי בה רב ור' יוחנן דהוי טעמייהו בהכי מר דריש ומר לא דריש כן יש לתרץ הסוגיא שבכאן ושל זבחים כדפרישית ואם היינו יכולים לומר שאברי בעלי מומין אינן בטלין ברוב אברי תמימין מן התורה לא היו קשות שתי קושיות הראשונות שהקשינו כיון שמגזירת הכתוב שרי תערובתן אפילו לא קרב ראש אחד נמי ועוד היכי מצי רב למימר כי נפלה אחת מן הטבעות ליש הגדול דשרי מטעם דרבי אליעזר הא ליכא למילף טבעת דע"ז מבעלי מומין כי היכי דלא ילפינן מיניה רובע ונרבע דהכי קא מדמי כי היכי דמוקי להו רבי אליעזר אסריותא דאורייתא מיהו שריותא דאורייתא בטבעת משום ביטול ברוב ושריותא דאורייתא דראשים לאו משום ביטול

עין משפט נר מצוה

יט א מיי' פ"ד מהל' פסולי מוקדשין הלכה ה:

כ ב ג ד מיי' פ"ג מהל' שקלים הלכה ח ט:

מסורת הש"ס

תמורה כג.

שם כג. פסחים לז: [מנחות פ.]

[לעיל מ: לקמן עא.]

[מלת תנן צריך תיקון משום דפלוגתא דר' יהודה לא נזכר במשנה ולא בגמרא גם בתוספתא]

שבועות יא. לעיל נ. הוריות ו.

נ"ל אלעזר

[נ"ל דתניא]

הגהות הב"ח

(א) רש"י ד"ה ואיכא דמותיב כו' דאותיבנא לעיל מדתנן ועוד אמר:

כא א מיי' פ"ד מהל' שקלים הלכה יא:
כב ב מיי' פרק י"ב מהלכות שמיטה הלכה ח:

תורה אור

קָרְבְּנוֹת צִבּוּר קָא אָמְרַתְּ? שָׁאנֵי קָרְבְּנוֹת צִבּוּר כִּדְרַבִּי טָבִי אָמַר רַבִּי יֹאשִׁיָּה. *דְּאָמַר רַבִּי טָבִי אָמַר רַבִּי יֹאשִׁיָּה, אָמַר קְרָא: °"זֹאת עֹלַת חֹדֶשׁ בְּחָדְשׁוֹ" (במדבר כח), אָמְרָה תּוֹרָה: אחַדֵּשׁ וְהָבֵא לִי קָרְבָּן מִתְּרוּמָה חֲדָשָׁה. הָא תִּינַח שָׂעִיר, פַּר מַאי אִיכָּא לְמֵימַר? גְּזֵירָה פַּר אַטּוּ שָׂעִיר. וּמִשּׁוּם גְּזֵירָה יָמוּתוּ? וְעוֹד, הָא דְּרַבִּי טָבִי אָמַר רַבִּי יֹאשִׁיָּה גּוּפָהּ מִצְוָה הִיא. דְּאָמַר רַב יְהוּדָה אָמַר שְׁמוּאֵל: *קָרְבְּנוֹת צִבּוּר הַבָּאִין בְּאֶחָד בְּנִיסָן — מִצְוָה לְהָבִיא מִן הֶחָדָשׁ, וְאִם הֵבִיא מִן הַיָּשָׁן — יָצָא, אֶלָּא שֶׁחִסֵּר מִצְוָה! אֶלָּא אָמַר רַבִּי זֵירָא: לְפִי שֶׁאֵין הַגּוֹרָל קוֹבֵעַ מִשָּׁנָה לַחֲבֶרְתָּהּ. — וְנַיְיתִי וְנַגְרִיל! גְּזֵירָה שֶׁמָּא יֹאמְרוּ הַגּוֹרָל קוֹבֵעַ מִשָּׁנָה לַחֲבֶרְתָּהּ. הָא תִּינַח שָׂעִיר, פַּר מַאי אִיכָּא לְמֵימַר? גְּזֵירָה פַּר אַטּוּ שָׂעִיר. וּמִשּׁוּם גְּזֵירָה יָמוּתוּ? אֲמַרוּהָ רַבָּנַן קַמֵּיהּ דְּאַבָּיֵי: גְּזֵירָה מִשּׁוּם חַטָּאת שֶׁמֵּתוּ בְעָלֶיהָ. הָא תִּינַח פַּר, שָׂעִיר מַאי אִיכָּא לְמֵימַר? גְּזֵירָה שָׂעִיר אַטּוּ פַּר. וּמִשּׁוּם גְּזֵירָה יָמוּתוּ? אֶלָּא: גְּזֵירָה מִשּׁוּם חַטָּאת שֶׁעָבְרָה שְׁנָתָהּ. גְּזֵירָה?! הִיא גּוּפָהּ חַטָּאת שֶׁעָבְרָה שְׁנָתָהּ הִיא! הָא לָא קַשְׁיָא — כְּרַבִּי, דְּתַנְיָא: *°"שָׁנָה תְמִימָה" (ויקרא כה) — מוֹנֶה שְׁלֹשׁ מֵאוֹת וְשִׁשִּׁים וַחֲמִשָּׁה יוֹם, כְּמִנְיַן יְמוֹת הַחַמָּה, דִּבְרֵי ר'. וַחֲכָ"א: במוֹנֶה שְׁנֵים עָשָׂר חֹדֶשׁ מִיּוֹם לְיוֹם. וְאִם

רש"י

קָרְבְּנוֹת צִבּוּר. הַבָּאִין מִתְּרוּמַת הַלִּשְׁכָּה קָאָמַרְתְּ: שָׁאנֵי קָרְבְּנוֹת צִבּוּר. מֵרֹאשׁ חֹדֶשׁ נִיסָן וְאֵילָךְ אֵין בָּאִין מִן הַיְּשָׁנָה: כִּדְרַבִּי טָבִי. בְּמַסֶּכֶת ר"ה [דַּף ז.]: חֹדֶשׁ בְּחָדְשׁוֹ. לְחָדְשֵׁי חִידּוּשִׁין יְתֵירֵי כְּתִיבֵי, לִדְרָשָׁה, לוֹמַר לְךָ: יֵשׁ חֹדֶשׁ שֶׁאַתָּה צָרִיךְ לְחַדֵּשׁ הַקָּרְבָּנוֹת וְלַהֲבִיאָם מִתְּרוּמָה חֲדָשָׁה, וְגָמַר שָׁנָה שָׁנָה מִנִּיסָן, דִּכְתִיב "רִאשׁוֹן הוּא לָכֶם" וגו': הָתִינַח שָׂעִיר. דְּאָתֵי מִתְּרוּמַת הַלִּשְׁכָּה: מִצְוָה הִיא. וְלֹא עִיכּוּב: אֵין גּוֹרָל. שֶׁל שָׁנָה זוֹ קוֹבֵעַ לְשֵׁם שָׁנָה אַחֶרֶת: וּמִשּׁוּם גְּזֵירָה יָמוּתוּ. בִּתְמִיָּה: דַּיּוֹ אִם יִרְעֶה! מִשּׁוּם חַטָּאת שֶׁמֵּתוּ בְּעָלֶיהָ. שֶׁמָּא יָמוּת הַכֹּהֵן בְּשָׁנָה זוֹ: אֶלָּא גְּזֵירָה מִשּׁוּם חַטָּאת שֶׁעָבְרָה שְׁנָתָהּ. שֶׁמָּא עַד יוֹם הַכִּפּוּרִים הַבָּא תַּעֲבוֹר שָׁנָה עַל הַשָּׂעִיר הַזֶּה מִשֶּׁנּוֹלַד, וְקַיְימָא לָן בְּכָל שְׂעִירֵי חַטָּאוֹת שֶׁפְּסוּלִין לְאַחַר שָׁנָה. דְּתַנְיָא בְּתוֹרַת כֹּהֲנִים גַּבֵּי חַטָּאת יָחִיד: "תּוֹרָה אַחַת יִהְיֶה לָכֶם" וגו' — הֲרֵי כָּל הַתּוֹרָה כּוּלָּהּ כַּעֲ"ז, מַה חַטָּאת ע"ז בַּת שְׁנָתָהּ, אַף כָּאן — בַּת שְׁנָתָהּ. כְּשֶׁהוּא אוֹמֵר יִהְיֶה — לְרַבּוֹת שְׂעִירֵי רְגָלִים. כְּשֶׁהוּא אוֹמֵר לָכֶם — לְרַבּוֹת שְׂעִירֵי ע"ז. לָעוֹשֶׂה — לְרַבּוֹת שְׂעִיר נָשִׂיא: וּפָרְכִינַן: גְּזֵירָה, הִיא גּוּפָהּ חַטָּאת שֶׁעָבְרָה שְׁנָתָהּ. מַאי גְּזֵירָה דְּקָאָמַרְתְּ? הָא וַדַּאי חַטָּאת שֶׁעָבְרָה שְׁנָתָהּ הִיא לַשָּׁנָה הַבָּאָה: הָא לָא קַשְׁיָא. מַשְׁכַּחַתְּ לָהּ דְּלֹא עָבְרָה שְׁנָתָהּ כְּרַבִּי, דְּאָמַר: אֵין הַשָּׁנָה שְׁלֵימָה מִיּוֹם הַכִּפּוּרִים לְיוֹם הַכִּפּוּרִים, מִפְּנֵי שֶׁאָנוּ מוֹנִין לַלְּבָנָה, וּשְׁנַת הַחַמָּה עוֹדֶפֶת עָלֶיהָ אַחַד עָשָׂר יוֹם, וְצָרִיךְ אַתָּה לִיתֵּן לְכָל שָׁנָה אֶת עִיבּוּרָהּ, מַה שֶּׁשְּׁנַת הַחַמָּה יְתֵירָה עָלֶיהָ: דְּתַנְיָא שָׁנָה תְּמִימָה. הָאֲמוּרָה בְּבָתֵּי עָרֵי חוֹמָה. לִהְיוֹת חֲלוּטָה לַלּוֹקֵחַ: רַבִּי אוֹמֵר מוֹנֶה שס"ה יָמִים. בֵּין שֶׁעִיבְּרוּ ב"ד אֶת הַשָּׁנָה בֵּין שֶׁלֹּא עִיבְּרוּהָ, שֶׁאֵין לְךָ לִמְנוֹת אֶלָּא לִימוֹת הַחַמָּה: וַחֲכָמִים אוֹמְרִים. הַכֹּל כְּמוֹ שֶׁיִּשְׂרָאֵל מוֹנִין: י"ב חֹדֶשׁ מִיּוֹם לְיוֹם, אִם פְּשׁוּטָה הִיא: וְאִם

תוספות

ומשום גזרה ימותו. תימה: דבפ' שני דמסכת קנים [מ"ג] תנן, אחת לזו ושתים לזו, שלש לזו וארבע לזו, ה' לזו ו' לזו ז' לזו. פירוש: ז' נשים, לזו יש קן אחת סתומה שלא פורש אינו חטאת ואינו עולה, ולזו שתי קינין ולזו שלש קינין וכו', ופרח גוזל אחד מאותו קן יחידי לשניה, ולא נודע איזה הוא. ומשניה פרח לשלישית, ומשלישית לרביעית, לחמישית לששית, לשביעית, וחזר — פסול, ופוסל אחד בהליכתו ואחד בחזירתו. הראשונה והשניה אין לה כלום. פירוש: פסול ופוסל אחד בן זוגו הנשאר, משום דמיד כשפרח מראשונה לשניה — הרי בשניה יש בה ה' פרידין — אין להקריב ממנה אלא ארבע, ב' חטאות וב' עולות, ופוסל אותו אחר בן זוגו שנשאר בראשונה. דאי מקרבי ליה לאותו שנשאר, אם יעשוהו חטאת — יהא נקבע בן זוגו שפרח לשניה בעולה, והוה ליה עולה שנתערבה בד' פרידין סתומים ולא היה כשר להקריב ממנה אלא שתי עולות. אבל חטאת — אפילו אחת לא, דילמא עביד להאיא עולה למטה. ושלש עולות למעלה לא — דילמא עביד כולן ג' עולות מן אותם ד' פרידין שבשניה, משל אשה אחת, ומן הדין אין לעשות מהם אלא שתי עולות. וכן כשפרח משניה לשלישית, וכן כולם — הפורח נפסל, ובן זוגו הנשאר מטעם דלעיל. וכן כשחזר ופרח אחד מן השביעית לששית — ומן הששית לחמישית, ורביעית לשלישית, ושניה לראשונה — פסול ופוסל. להכי, הראשונה והשניה אין להן כלום, השלישית יש לה אחת, הרביעית שתים, החמישית שלש וכו'.

והשתא תימה: כיון דפוסל בן זוגו הנשאר בראשונה, מיד בפריחה ראשונה, כשפרח מראשונה לשניה — אם כן כשחזר ופרח אחד מהן משביעית לששית לחמישית לרביעית לשלישית לשניה לראשונה, אמאי פסול כל שבשניה? יקריבו ממנה שני פרידין! כי מיד כשפרח בראשונה משניה לשלישית — פסול גוזל הפורח, ופוסל בן זוגו הנשאר בשניה. ואין כשר בשניה אלא זוג אחד חטאת ועולה. כשחזר נמי משניה לראשונה — אמאי מיפסל בן זוגו הנשאר? אי משום דאי מקריב ליה חטאת, יהא נקבע הפורח לראשונה לעולה, ואי עולה, יהא נקבע הפורח לחטאת — ומה בכך? והלא בלאו הכי הראשונה אין לה כלום, ומה בכך אם יהא נקבע בן זוגו בחטאת או בעולה, ולא יוכשר להקריב מן הראשונה אלא חטאת אחת, אם יהא נקבע גוזל שפרח לתוכה בחטאת, או עולה אחת אם יהא נקבע גוזל הפורח לתוכה בעולה. וכן קשה: השלישית אמאי אין לה [אלא] אחת והרביעית שתים והחמישית ג' והששית ד' בחזרה, והשביעית ו', משום דכל חדא מפסדת קן אחד בהליכה ואחד בחזרה. ואמאי? כיון דשניה אין לה כלום — א"כ השלישית לא תפסיד בחזרה כלום, ויהיה לה שתי קינין כשירות בה. וכן בסיפא, דקתני: חזר עוד ופרח וחזר ופרח השלישית והרביעית אין לה כלום, החמישית יש לה אחת. ואמאי הרביעית יהא לה אחת? כיון דשלישית אין לה כלום! וכיון דאמרי' רביעית אין לה כלום החמישית יהא לה שתים! וכן בסיפא דחזר עוד ופרח וחזר ופרח דקתני: החמישית והששית אין להם כלום, השביעית יש לה אחת — יש להקשות כי האי גוונא! וי"ל: משום גזירה דגזרינן הני דפרח לבין שאינן קריבות, דמן הדין לא היה להם להפסיד אטו פרח לבין הקריבות. והקשה רבינו יעקב מאורליינ"ש: דמשום גזירה ימותו? כדפריך בשמעתא, ותירץ: דדוקא בבהמה דאית לה תקנתא ברעייה פריך הכי, דהוה לן למיעבד תקנתא ברעייה. אבל בעופות, דלית להו תקנתא ברעייה, שאין פדיון לעופות — ליכא למיפרך הכי. והקשה ר"י: הא בבהמה נמי אמרינן ימותו, משום גזירה, בפ' "התערובת" (זבחים עג:) דאמר: כל הזבחים שנתערב בהן שור הנסקל, אפילו אחד בריבוא — ימותו כולן. ופריך: ונכבשינהו דניידו, ונימא: כל דפריש מרובא פריש — ומשני: גזירה שמא יקח מן הקבוע, ואור"י: דהכא פריך הכי: דדוקא משום גזירה פר אטו שעיר. דשעיר גופיה אינו אלא למצוה בעלמא מתרומה חדשה, ימותו? ולקמן נמי פריך משום גזירה פר אטו שעיר דשעיר גופיה גזירה, שמא יאמרו הגורל קובע משנה לחבירתה — ימותו? אי נמי, נראה לי: דפריך ומשום גזירה כזו פר אטו שעיר, דלא דמי כולי האי להדדי, דהאי פר והאי שעיר, האי קרבן יחיד והאי קרבן צבור ימותו? אבל עופות בעופות, דדמי להדדי בכל מילי — מיחלף, וגזרינן שפיר מיתה: **גזירה** משום חטאת שמתו בעליה. דילמא מיית אחד מן הכהנים. °דאפילו את"ל דמקופיא מכפרי — ראוי לגזור בפר כשמת אחד מן הכהנים משום חטאת שמתו בעליה. אבל מה שפרש"י: דילמא מיית כהן גדול — לא נהירא לי, דזה דבר הנראה לעינים, ואפשר לעמוד עליו אי מיית או לא, אבל משום חד מכל הכהנים — איכא למיחש שפיר, דאי אפשר לידע שפיר אי מיית חד מינייהו או לא:

משום חטאת שעברה שנתה כו' עד תינח שעיר פר מאי איכא למימר. תימה לי: מאי פריך? הא בפר נמי, דדינו הוא להיות בן שלש שנים ותו לא, אי עברו שנותיו — פסול, ותו לא חזי להקרבה. כדתנן בפ"ק דמסכת פרה [מ"ג], ר' יוסי הגלילי אומר: פרים בני שתים, וחכמים אומרים: אף בני שלש, רבי מאיר אומר: אף בני ארבע וחמש, אלא שאין מביאין זקנים מפני הכבוד, אלמא: לרבנן טפי משלש לא! ויש לומר: נהי דפסול להקרבה, לא הוה לן למימר ימותו — דשמא לא גמירי הלכתא דחטאת שעברה שנתה אלא בחטאת, שהיא כשבה או שעירה או שעיר, דהוו בני שנה, ובהכי שייך למיגזר משום עברה שנתה. דהלכתא גמירי לה דלמיתה אזלא. אבל בפרים דהוו בני שלשה — לא גמירי הלכתא דימותו כשעברו שלש שנים, ולהכי לא שייך למיגזר בהו, והוה לן למימר ירעה, אי נמי: הכא פריך אליבא דרבי מאיר, דמדקא דחקת לשנויי גזירה משום עברה שנתה, והוית מצי לשנויי בלא גזירה לרבנן דרבי הויא חטאת שעברה שנתה ממש, אלא כדי לאוקמי ככולי עלמא אפילו כרבי משנית הכי, אם כן לרבי מאיר דאמר בפר אף בני ארבע וחמש והוא הדין טפי, מאי מתרצת? אין

רבינו חננאל

דשנה זו קרבות בשנה הבאה. אמאי תני ר' יהודה בפר ושעיר של יוה"כ שאבדו והפריש אחרים תחתיהן כולן ימותו נישהינהו ונקרבינהו לשנה הבאה ושנינן שאני קרבנות צבור דבעינן לאיתויינהו מתרומה חדשה וכדר' טבי. ואמרינן התינח שעיר שהוא בא משל צבור וצריך מתרומה חדשה הפר שאינו לא משל צבור ולא *) קרבן שהרי כ"ג מביאו מממונו. ודחינן גזירה פר אטו שעיר. כלומר מי שיראה כי משהין הפר להקריבו לשנה הבאה ישהה הוא גם השעיר ואמרינן ואי משהי ליה לשעיר מה בכך. הא דר' טבי משום מצוה היא. ואמרינן אם הביא מן הישן יצא אלא שחיסר מצוה ופריק רב זירא שמא יאמרו הגורל קובע משנה לחברתה. התינח שעיר שצריך גורל. פר מאי איכא למימר גזירה פר אטו שעיר ומשום גזירה ימותו כו'. שעיר בן שנה הוא כשר. ואם תניחהו מיוה"כ זה ליוה"כ אחר אי אפשר שיהא ביום הכפורים זה **) פחות מבן ח' ימים ליוה"כ אחר עברה שנתו. ודחי הכי ר' יהודה [כרבי] ס"ל דתני בענין ואם לא יגאל עד מלאת לו שנה תמימה ר' אומר מונה שס"ה ימים כמנין ימות החמה

*) נראה דצ"ל ולא קרב מתרומת הלשכה שהרי כה"ג מביאו מממונו.

**) נראה דצ"ל לא פחות מח' ימים.

תוספות ישנים

ביטול למדאורייתא לא בטילי ברוב אלא משום דקרי בהו רחמנא אפילו חד בחד ותרי בתרי ואתי נמי שפיר דבעינן קרב ראשו של אחד מהם אע"ג דמגזירת הכתוב מותר בכל מינן דדוקא משום קרב ראשו של אחד מהם מוקמינן ליה אדאורייתא אבל אי אפשר לומר כן שלא יהא שייך ביטול באיברי בעלי מומין [מן התורה] דמאיזה טעם לא יתבטלו אי משום דעולין אין מבטלין זה את זה הא בעלי מומין לאו עולין נינהו ועוד שאפילו עולין נראה שמבטלין זה את זה מן התורה לרבנן בדבר שאינו מתערב ואינו בטל כדם וסלת וכיוצא בהן נראה שעין רבי יהודה דרבנן שבטלין ודוקא באותו ענין שאינן מבטלין זה את זה לרבי יהודה

מסורת הש"ס

ר"ה ז. ע"ש מגילה כט:

ר"ה ז

ר"ה ו: ערכין לא.

גליון הש"ס

תוס' ד"ה גזירה. דאפי' את"ל דמקופי'. משמע דאי מקיבע' ניחא וק"ל הא כהן אחד שמת הוי רק מתו מקצת בעליה וגם מ"ש דלא"ה לידע. ק"ל הא בשעת הקרבה מדינא לא חיישי' לכך דשמא מת א' והא חיישינן ובכפרכינן לעיל דף נה בגבי קיני סופרות:

ואם נתעברה נתעברה למוכר. ולא תחלט עד שיגיע באותו יום באותו חדש שמכרה לו. ולרבי מתכפרת לה כגון שהקדישו ביום שמיני ללידתו, בערב יום הכפורים בשנה פשוטה, וכי מטי יום הכפורים הבא. אכתי לא מלו ליה שס"ה ימים, אלא שס"ד[(ד)]: פר מאי איכא למימר. שהוא בן שלש: רואין אותה. בכל מקום שהיא, כאילו עומדת בבית הקברות שאין הכהן יכול ליקרב אליה. אבל לא מחטאות המתות היא אלא שאינה קריבה, הלכך רועה עד שיפול בה מום ותימכר: משום תקלה. לקמן מפרש מאי תקלה: דתנן. דחיישינן לתקלה: אין מקדישין. שום דבר. שמתם הקדש לבדק הבית ואין להן תקנה: ואין מחרימין. קסבר סתם חרמין לבדק הבית. ופלוגתא היא במסכת ערכין (דף כח:): כל רועות. כל הני דאמור רבנן ירעו עד שיסתאבו ניחוש שמא יקריבם: והנך דלאו בני הקרבה נינהו. שאר רועות אינן עומדות ליקרב הני עצמן, אלא דמיהן: לא טריד בהו. אינו מהרהר בהקרבתן, ומסיח דעתיה מהקרבה דידהו: הך דבת הקרבה היא. ליוה"כ הבא טריד בהו לבו על הקרבתו, ודילמא מקריב לה מקמי יוה"כ: תנאי היא. איכא דחייש ואיכא דלא חייש: יקרב בשני. בפסח שני, ימכר לטמא ושהיה בדרך רחוקה: הא רבי. דאמר מפסח לפסח אפשר לו שלא עברה שנתו ואע"פ שהופרש לאחר שמונה ללידתו. דאלו מחוסר זמן לא קדיש: וכן המעות. שהפרישו לפסח אל יקרבו לשנה הבאה, ואיכא למאן דאמר יקרבו: מתני' בא לו אצל שעיר. השתא הדר תנא למילתיה לאורויי בסדר העבודה וקאמר דלאחר שגמר כהן גדול מתן דמים של פר ושעיר כדסליק פירקין דהוציאו לו בא לו הכהן אצל שעיר המשתלח במקום שהעמידו שם כנגד בית שילוחו כדאמרן בפ' "טרף בקלפי" (לעיל ד' מא:): אלא שעשו כהנים קבע. שהרגילו לעשות את הכהנים קבע להיות מוליכים אותו, ולא היו בית דין של כהנים מניחין את ישראל להוליכו: ערסלא. שם האיש: וכבש. כמין מעלה עשו לו, שהוא גבוה ויוצא דרך אותו הכבש חוץ לעזרה וחוץ לעיר, כדי שלא יוכלו הבבליים ליגע במשולח לפי שהיו רגילין לתלשו בשערו, ואומרים לו: טול מהר וצא ואל תשהה עונותינו אצלנו עוד: שיהא

תורה אור

[א] ואם נתעברה – נתעברה למוכר. התינח שעיר, פר מאי איכא למימר? גזירה פר אטו שעיר. ומשום גזירה ימות?! ועוד, חטאת שעברה שנתה – לרעיה אזלא! דאמר *ריש לקיש: [ב] חטאת שעברה שנתה – רואין אותה כאילו היא עומדת בבית הקברות ורועה. אלא אמר רבא: גזירה משום תקלה. (*דתנן): *[ג] אין מקדישין ואין מעריכין ואין מחרימין בזמן הזה. [ד] ואם הקדיש והעריך והחרים, בהמה – תיעקר, פירות כסות וכלים – ירקבו, מעות וכלי מתכות – יוליך הנאה לים המלח. ואי זה הוא עיקור – [ה] נועל דלת לפניה והיא מתה מאליה. תקלה דמאי? אי תקלה דהקרבה – אפילו כל רעיות נמי! אי תקלה דגיזה ועבודה – אפילו כל רעיות נמי! לעולם תקלה דהקרבה, והנך דלאו בני הקרבה נינהו – לא טריד בהו, הך דבת הקרבה היא – טריד בה. *ותקלה עצמה תנאי היא, דתניא חדא: פסח שלא קרב בראשון – יקרב בשני, בשני – יקרב לשנה הבאה. ותניא אידך: לא יקרב, מאי לאו – בתקלה פליגי? לא, דכ"ע [*לא] חיישינן לתקלה, והכא בפלוגתא דרבי ורבנן קא מיפלגי. ולא קשיא: הא – רבי, הא רבנן. והתניא: וכן המעות! אלא לאו שמע מינה בתקלה פליגי, שמע מינה.§ **מתני'** [ו] בא לו אצל שעיר המשתלח, וסומך שתי ידיו עליו, *ומתודה. וכך היה אומר: אנא השם! (א)*חטאו, עוו, פשעו לפניך עמך בית ישראל. אנא(ב) השם! כפר נא לחטאים ולעונות ולפשעים שחטאו, ושעוו, ושפשעו לפניך עמך בית ישראל, ככתוב בתורת משה עבדך לאמר: "כי ביום הזה יכפר עליכם לטהר אתכם מכל חטאתיכם לפני ה' תטהרו" (ויקרא טז). [א][ז] והכהנים והעם העומדים בעזרה, כשהיו שומעים שם המפורש שהוא יוצא מפי כהן גדול, היו כורעים ומשתחוים ונופלים על פניהם, ואומרים: ברוך שם כבוד מלכותו לעולם ועד. [ח] מסרו למי שהיה מוליכו. [ט] הכל כשרין להוליכו, אלא שעשו הכהנים *גדולים קבע ולא היו מניחין את ישראל להוליכו. אמר רבי יוסי: מעשה והוליכו *ערסלא,(ג) וישראל היה. [י] וכבש עשו לו, מפני הבבליים שהיו מתלשים בשערו ואומרים לו: טול וצא, טול וצא.§ **גמ'** ואילו "בני אהרן עם קדושך" לא קאמר, מאן תנא? אמר ר' ירמיה: דלא כרבי יהודה. דאי כרבי יהודה – הא אמר: *יש להם כפרה בשעיר המשתלח. אביי אמר: אפילו תימא רבי יהודה, אטו כהנים לאו בכלל "עמך ישראל" נינהו? "מסרו למי שמוליכו".§ ת"ר: *"איש" – להכשיר את הזר, "עתי" – שיהא

אין מקדישין. משום דחיישינן לתקלה והכי נמי אמרינן בבכורות בפרק "מעשר בהמה" (דף נג.) דלאחר חורבן בטלו מעשר בהמה משום תקלה. ותימה: דבפ' "במה בהמה" (שבת דף נד:) ר' אלעזר בן עזריה הוה מעשר מעדריה תריסר אלפי עגלי בכל שתא ושתא ואיך יתכן זה להיות? והא רבי יוחנן בן זכאי חי לאחר חורבן קצת, מדתנן: משחרב בית המקדש התקין רבי יוחנן בן זכאי והוא היה נשיא, ואחריו רבן גמליאל, ולכל הפחות היה שנתים נשיא עד שנתמנה רבי אלעזר בן עזריה, כדמשמע בפרק "תפלת השחר" (ברכות דף כז:) דקאמר: אשתקד לעריה וכו'. ואם כן היה רבי אלעזר בן עזריה לכל היותר בשעת חורבן בן ט"ו, שהרי בן י"ח היה כשנתמנה נשיא, וזה היה שלש שנים אחר חורבן לכל הפחות, כדפרישית, וקטן הוה בימי הבית רק שנתים לפני החורבן, וקטן לאו בר אפרושי מעשר הוא ובשביל אותם שנתים שהגדיל לפני החורבן שאז היה מפריש, לא הוה ליה למימר כל שתא ושתא, ויש לומר: אפוטרופוס שלו היה מפריש. אי נמי: לא בטלו מעשר בהמה לאלתר בתר חורבן. אי נמי י"מ: הוה מעשר למלך. ולא נהירא, דלא הוה ליה למימר בהאי לישנא*:

ואין מחרימין. פירש רש"י: כמאן דאמר סתם חרמים לבדק הבית. ור"י מפרש: דאתיא אפי' כמאן דאמר לכהנים, ואע"ג דשרו ולא שייך בהן תקלה הני מילי בתר דמטו ליד כהן. אבל קודם לכן לא כדאמר בפ' "כל פסולי המוקדשין" (בכורות דף לב.): חרמים כל זמן שהם ביד בעלים הרי הן כהקדש לכל דבריהם ומועלין בהם. ואם תאמר: אי הכי מאי איריא בזמן הזה? אפילו בזמן הבית נמי, ויש לומר: בזמן הבית דשכיחי קדשים היו בקיאין וזהירין במילי קדושה, אבל השתא דלא שכיחי לא זהירי, אי נמי: בזמן הבית שכיחי כהנים, ולא היו צריכין הבעלים להשהותו בידם, ונותנין אותו לאלתר לכהן:

פירות כסות וכלים ירקבו. תימה, דבערכין פרק "המקדיש" (דף כט.) אמרינן: ההוא גברא דאחרמינהו לנכסיה בפומבדיתא, אתא לקמיה דרב יהודה, אמר ליה: זיל שקול ד' זוזי ושדי בנהרא, ואמאי לא קאמר ליה כדתניא הכא: פירות כסות וכלים ירקבו וכו'? ויש לומר: התם איירי במקרקעי, ואותם אין להם תקנה אלא בחילול. דאי אמרינן יניחנה בורה ולא תיעבד ולא תזרע שדות בורות איכא טובא, וליכא היכירא, ואתי בה לידי תקלה. וא"ת: והא על כרחך מטלטלי נמי הוו מדפריך התם והא עובדא דפומבדיתא קרקע נמי הוה, מכלל דמטלטלי נמי הוה מיהו לא עשו תקנה בחילול אלא מקרקעי אבל מטלטלי עבוד להו, כדמפרש הכא. וכ"ש דניחא טפי דמקשה התלמוד בפשיטות: במקרקעי נמי הוו, ומנא ליה? דילמא רק במטלטלי! אלא על כרחך מקרקעי נמי הוו מדעבד תקנה בחילול*:

ותקלה עצמה תנאי היא. הכא לא מייתי תנאי דפליגי בספ"ק דפסחים (דף כ:) בתקלה והתם לא מייתי הני תנאי דהכא, משום דמייתי דמי לדמי:

אמר רבי ירמיה דלא כרבי יהודה. מכאן אני מתרץ מאי דפליגי ר' יהודה ור' שמעון בפ"ק דשבועות (דף יג:), דרבי יהודה סבר כהנים מתכפרין בשעיר המשתלח בשאר עבירות, ולר"ש לית להו כפרה כלל בשעיר המשתלח. וקאמר התם: מ"ט דר' שמעון. והוקשה לי: אמאי לא קאמר טעמא דר"ש מדכתיב בפר שני וידויין ודם פר, כדאמר בתר הכי: בשלמא לר' שמעון היינו דבעינן שני וידויין ודם פר. ונימא דהיינו טעמא, דבעינן שני וידויין ולא כדמסיק התם לרבי יהודה, כדתנא דבי רבי ישמעאל: אחד לו ואחד לביתו מוטב שיבא זכאי ויכפר על החייב וכו'. ומכאן יש לי לתרץ דעל כרחך ר' שמעון נמי אית ליה דתנא דבי רבי ישמעאל, דהא רבי ירמיה מוקי למתניתין כר' שמעון, ואפילו הכי תנן בוידוי ראשון דפר "אני וביתי" בפרק "אמר להם הממונה" (לעיל דף לה:) ובוידוי שני בפרק "טרף בקלפי" (לעיל דף מא:) תנן "ובני אהרן וכו'" ומפרש טעמא בגמרא (דף מג:) משום דרבי ישמעאל: אמר

עין משפט נר מצוה

כג א מיי' פי"ב מהל' שמיטה ויובל הל' ה:

כד ב מיי' פ"ד מהל' פסולי מוקדשין הלכה ז:

כה ג ד ה מיי' פ"ח מהל' ערכין הל' ח סמג עשין קלב:

כו ו מיי' פ"ד מהלכות עבודת יוה"כ הל' ב:

כז ז מיי' שם פ"ב הל' ז:

כח ח ט מיי' שם פ"ג הלכה ז:

כט י מיי' פ"ד מהל' שקלים הלכה ח:

רבינו חננאל

ומשכחת לה דמטי יוה"כ אחר ולא שלמו ליה שס"ה ימים. ואקשינן תוב והא כל חטאת שעיברה שנתו לרעייה אזלא. ומשני רבא לא תני ר' יהודה כולם ימותו אלא משום דחייש לתקלה. כדתניא אין מקדישין ואין מעריכין ואין מחרימין בזמן הזה ואם הקדיש או העריך או *החרים תיעקר נועל דלת בפניה ומתה מאליה. כסות וכלים ירקבו. מעות וכלי מתכות יוליכם לים המלח. ותקלה עצמה תנאי היא וכו'. ודברים פשוטין הן כו': **בא** לו אצל שעיר כו'. ואילו בני אהרן לא קתני בוידוי דשעי' המשתלח. ואסיקנא אטו כהנים נפקי מכלל ישראל כיון דמתודה חטאו עמך בית ישראל כהנים בכלל עמך בית ישראל הן: **מסרו** למי שהו' מוליכו כו'. ת"ר והתודה עליו את כל עונות בני ישראל ושלח ביד איש עתי המדברה איש להכשיר כל איש ואפי' זר

י) החרים בהמה תיעקר כל"ל:

תוספות ישנים

שנשארה תרעה ואומר רבי דלא שייך הכא א) למימר (אלא) כגון דאמר הריני מפריש שתי חטאות אחת לאחריות חבירתה דאפילו למאן דאמר בפ' מי שהוציאוהו (עירובין ד' נ.) ובפ' התודה במנחות (דף עח:) דלקרבן גדול קמכוין מכל מקום הכא דאמר לאחריות חיילי שפיר תרווייהו כדאמר התם היכא דאמר יקדשו ארבעים מתוך שמונים דקדשי לאחריות קמכוין ואמרינן בהתודה אי הך דקיימא תודה היא הא לחמה והא תיהוי לאחריות וריב"א פי' דלחזקיה דוורודין ודאי אתי שפיר דאמר השוחט תודה על שמונים חלות דקדשי לאחריות קא מכוין כדמפרש במנחות ועירובין אלא אפילו לר' יוחנן דאמר לקרבן גדול קמכוין ולא קדשי היינו גבי תודה שאין האחריות עליו אם אבדו החלות אם אינו מקבל עליו אחריות הלכך לא הוי סתמא דעתיה לאחריות אבל גבי חטאות מני הוי סתמא לאחריות ואין נראה לרבי דהא בנדר דתודה נמי צריך להביא לחם אחר ועוד אפילו בנדבה אי אמר זו תודה וזו לחמה אמרינן בפרק התודה (דף פ.) אבד הלחם צריך להביא לחם אחר אבדה תודה אין צריך להביא אחרת אלמא (דאית) אחריות הלחם עליו סתמא. מ"ר: **בשלמא** נשפך הדם ימות המשתלח כו'. פירש"י דלא נעשית מצות הדם וצריך להביא דם אחר ואי אפשר בלא הגרלה ויביא אחר ויגריל וכיון דאית ליה בעלי חיים נדחין ימות המשתלח הראשון אבל מת המשתלח [אמאי] ישפך הדם הא לא מעכב דחוקה לא כתיב הכא ואין נראה לרבי מה שפי' שנדחה הראשון ע"י שהגריל על אחרים (ואע"ג) דהכתי לא ידעינן יעמד חי שצריך שיעמדו שניהם דהא בכולה שמעתין לא אשכחן דחייה אלא ע"י שנשאר יחידי אבל כשהגריל על אחר פליגי לעיל ר' יוחנן ורב אם יכול לחזור ולראות כיון שנדחה כבר ורבינו שמואל חושב דחייה ע"י הגרלת השני ורבינו שלמה אינו רוצה לומר דחייה לפי שהיה שעה בלא חבירו כיון דהכתי לא ידעינן יעמד חי שצריכין לעמוד שניהם עד דמסקינן ליה בשנויא על כן נראה לרבי לפרש בשלמא נשפך הדם ימות המשתלח לפי שהיה המשתלח יחיד ונדחה ע"י כן כדאיתא לעיל בכולה שמעתין [ואע"ג דהכתי לא ידעינן יעמד חי] שצריך להיות חי עד שעת מתן דמים שלענין שילוחו של שעיר יודע הוא שצריך להיות חי עד שעת מתן דמים ואי לא נדחה המשתלח אבל

א) נ"ל למימר הכי דאיירי כגון ס':

מסורת הש"ס

[פסחים לז. תמורה כב.]

[נ"ל דתניא] בכורות נג. ע"ז יג. [שקלים פ"ח ה"ח]

[גיר' ירושל' נתודה]

[עיין במשנה שבמשניות ותוי"ט שם]

י"ס ל"ג גדולים

[גיר' ירושל' ערשלא מציפורין]

[לעיל סא. שבועות יג: מנחות לב.]

[כריתות יז.]

[עי' תוס' ע"ז יג. ד"ה ואם ותוס' ערכין כט. ד"ה שקול ותוס' בכורות נג. ד"ה ואין]

הגהות הגר"א

[א] במשנה תטהרו והן אומרים ברוך כו' כצ"ל ומן והכהנים וכו' עד פניהם ל"ג (ועמ"ש רבינו בא"ח סי' תרכ"א ס"ק ט'):

הגהות הב"ח

(א) מתני' וכך היה אומר אנא השם (חטאו עוו פשעו) תא"מ וכ"ב ס"א עוו פשעו חטאו וע"ל סוף דף ל"ה ובדף מ"א ע"ב וע' עוד בדף ל"ו ע"ב: (ב) שם אנא בשם כפר נא (לחטאים ולעונות ולפשעים שחטאו ושעו ושפשעו) תא"מ וכ"ב ס"א לעונות ולפשעים ולחטאים שעוו ושפשעו ושחטאו: (ג) שם מעשה והוליכו ערסלא מציפורי וישראל היה: (ד) רש"י ד"ה ואם נתעברה כו' אלא שס"ד. נ"ב אע"ג דבמס' ר"ה סוף דף ו' מבואר דגבי בכור חשבינן שנתו מיום שראוי להרצאה היינו מן יום השמיני ואילך א"כ כשיגיע יוה"כ אינו רק שנה מ"מ שאני בכור דאינו ראוי לאכול כלל רק להרצאה לכשהוא תם ע"כ לא חשבינן ליה משעה שנולד אבל בסתם בהמה אע"פ שהוקדש אח"כ מ"מ חשבינן שנתו מיד משעה שנולד וק"ל:

ל א מיי' פ"ה מהלכות עבודת יוה"כ הל' יט:
לא ב מיי' שם הלכה כח:
לב ג מיי' שם הלכה כ:
לג ד מיי' שם הלכה כב:

שֶׁיְּהֵא מְזוּמָּן, "עִתִּי" – וַאֲפִילּוּ בְּשַׁבָּת, "עִתִּי" – וַאפי' בְּטוּמְאָה, "אִישׁ" – לְהַכְשִׁיר אֶת הַזָּר. פְּשִׁיטָא! מַהוּ דְּתֵימָא: כַּפָּרָה כְּתִיבָא בֵּיהּ, קמ"ל. "עִתִּי" וַאֲפִילּוּ בְּשַׁבָּת. לְמַאי הִלְכְתָא? אָמַר רַב שֵׁשֶׁת: [א]לוֹמַר שֶׁאִם הָיָה חוֹלֶה – מַרְכִּיבוֹ עַל כְּתֵפוֹ. כְּמַאן – דְּלָא כְּרַבִּי נָתָן. דְּאִי רַבִּי נָתָן – *הָאָמַר: חַי נוֹשֵׂא אֶת עַצְמוֹ. אֲפִילּוּ תֵּימָא רַבִּי נָתָן, חָלָה שָׁאנֵי. אָמַר רַפְרָם: *זֹאת אוֹמֶרֶת עֵירוּב וְהוֹצָאָה לַשַּׁבָּת, וְאֵין עֵירוּב וְהוֹצָאָה לְיוֹם הַכִּפּוּרִים. "עִתִּי" וַאפי' בְּטוּמְאָה. לְמַאי הִלְכְתָא? אָמַר רַב שֵׁשֶׁת: [ב]לוֹמַר שֶׁאִם נִטְמָא מְשַׁלְּחוֹ – נִכְנָס טָמֵא לָעֲזָרָה וּמְשַׁלְּחוֹ. *שָׁאֲלוּ אֶת רַבִּי אֱלִיעֶזֶר: חָלָה, מַהוּ שֶׁיַּרְכִּיבֵהוּ עַל כְּתֵפוֹ? אָמַר לָהֶם יָכוֹל הוּא לְהַרְכִּיב אֲנִי וְאַתֶּם. חָלָה מְשַׁלְּחוֹ, מַהוּ שֶׁיְּשַׁלְּחֶנּוּ בְּיַד אַחֵר? אָמַר לָהֶם: אֱהֵא בְּשָׁלוֹם אֲנִי וְאַתֶּם. דְּחָפוֹ וְלֹא מֵת, מַהוּ שֶׁיֵּרֵד אַחֲרָיו וִימִיתֶנּוּ? אָמַר לָהֶם: °"כֵּן יֹאבְדוּ כָּל אוֹיְבֶיךָ ה'". וַחֲכָמִים אוֹמְרִים: חָלָה – מַרְכִּיבוֹ עַל כְּתֵפוֹ, [ג]חָלָה מְשַׁלְּחוֹ – יְשַׁלְּחֶנּוּ בְּיַד אַחֵר, [ד]דְּחָפוֹ וְלֹא מֵת – יֵרֵד אַחֲרָיו וִימִיתֶנּוּ. *שָׁאֲלוּ אֶת ר' אֱלִיעֶזֶר: פְּלוֹנִי(א) מַהוּ לָעוֹלָם הַבָּא? א"ל: לֹא שְׁאַלְתּוּנִי אֶלָּא עַל פְּלוֹנִי?!(ב) מַהוּ לְהַצִּיל רוֹעֶה כִּבְשָׂה מִן הָאֲרִי? אָמַר לָהֶם: לֹא שְׁאַלְתּוּנִי אֶלָּא עַל הַכִּבְשָׂה?! מַהוּ לְהַצִּיל הָרוֹעֶה מִן הָאֲרִי? אָמַר לָהֶם לֹא שְׁאַלְתּוּנִי אֶלָּא עַל הָרוֹעֶה?! מַמְזֵר מַהוּ לִירַשׁ? מַהוּ לְיַבֵּם?! מַהוּ לָסוּד אֶת בֵּיתוֹ? – מַהוּ לָסוּד אֶת קִבְרוֹ?! *לֹא מִפְּנֵי שֶׁהִפְלִיגָן בִּדְבָרִים, אֶלָּא מִפְּנֵי שֶׁלֹּא אָמַר דָּבָר שֶׁלֹּא שָׁמַע מִפִּי רַבּוֹ מֵעוֹלָם. שָׁאֲלָה אִשָּׁה חֲכָמָה אֶת ר' אֱלִיעֶזֶר: מֵאַחַר שֶׁמַּעֲשֵׂה הָעֵגֶל שָׁוִין מִפְּנֵי מָה אֵין מִיתָתָן שָׁוָה? אָמַר לָהּ: אֵין חָכְמָה לָאִשָּׁה אֶלָּא בְּפִלְכָהּ, וְכֵן הוּא אוֹמֵר: °"וְכָל אִשָּׁה חַכְמַת לֵב בְּיָדֶיהָ טָווּ". אִיתְּמַר, רַב וְלֵוִי: חַד אָמַר: זִיבֵּחַ וְקִיטֵּר – בְּסַיִיף, גִּפֵּף וְנִישֵּׁק – *בְּמִיתָה, שָׂמַח בְּלִבּוֹ – בְּהִדְרוֹקָן. וְחַד אָמַר: עֵדִים וְהַתְרָאָה – בְּסַיִיף, עֵדִים בְּלֹא הַתְרָאָה – בְּמִיתָה, לֹא עֵדִים וְלֹא הַתְרָאָה – בְּהִדְרוֹקָן. אָמַר רַב יְהוּדָה:(א) שִׁבְטוֹ שֶׁל לֵוִי לֹא עָבַד עֲבוֹדָה זָרָה, שֶׁנֶּאֱמַר: °"וַיַּעֲמֹד מֹשֶׁה בְּשַׁעַר הַמַּחֲנֶה"(ב) וגו'. יָתֵיב רָבִינָא וְקָאָמַר לְהָא שְׁמַעְתָּא, אֵיתִיבֵיהּ בְּנֵי ר' פַּפָּא בַּר אַבָּא לְרָבִינָא: °"הָאוֹמֵר לְאָבִיו וּלְאִמּוֹ לֹא רְאִיתִיו"–"אָבִיו"–אֲבִי אִמּוֹ מִיִּשְׂרָאֵל,(ג) "אֶחָיו"–אֲחִיו מֵאִמּוֹ מִיִּשְׂרָאֵל, "בָּנָיו" – בְּנֵי בִתּוֹ מִיִּשְׂרָאֵל.§ "וְכֶבֶשׂ עָשׂוּ לוֹ" כו'.§(ד) אָמַר רַבָּה בַּר בַּר חָנָה: לֹא בַּבְלִיִּים הָיוּ אֶלָּא אֲלֶכְּסַנְדְּרִיִּים הָיוּ, וּמִתּוֹךְ שֶׁשּׂוֹנְאִים אֶת הַבַּבְלִיִּים הָיוּ קוֹרִין אוֹתָן עַל שְׁמָן.(ה) תַּנְיָא, רַבִּי יְהוּדָה אוֹמֵר: לֹא בַּבְלִיִּים הָיוּ אֶלָּא אֲלֶכְּסַנְדְּרִיִּים הָיוּ. אָמַר לוֹ רַבִּי יוֹסֵי: *תָּנוּחַ דַּעְתְּךָ שֶׁהֵנַחְתָּ אֶת דַּעְתִּי.§ "טוֹל וָצֵא".§ תָּנָא: מָה שֶׁהִי צְפִירָא דִּין וְחוֹבֵי דְרָא סַגִּיאִין.§ **מתני'** מִיַּקִּירֵי יְרוּשָׁלַיִם הָיוּ מְלַוִּין אוֹתוֹ עַד סוּכָּה הָרִאשׁוֹנָה. עֶשֶׂר סוּכּוֹת מִירוּשָׁלַיִם וְעַד צוּק תִּשְׁעִים

א) [כע"י אמר ר"י אמר שמואל] ב) ויאמר מי לה' אלי ויאספו אליו כל בני לוי כצ"ל וכ"ג רש"י ד"ה כל בני לוי ג) [כע"י גרסי' נמי אמו אמו מישראל] ד) [מנחות ק.] ה) [נ"ל תניא נמי הכי וכ"א במנחות ק.]

(כריתות יד.; תוספתא פ"ג; תוספתא יבמות פ"ג; סוכה כז:; שופטים ה; שמות לה; שם לב; דברים לג; סנהדרין לז: מנחות קי.)

תוספות

אמר רפרם זאת אומרת עירוב והוצאה כו'. אמרינן בפרק "אמרו לו" (כריתות דף יד.) דרפרס בדותא היא, דפריך עליה: ודילמא שאני שעיר המשתלח דהכשירו ביום הכפורים בכך, אלא דרפרס בדותא היא: **פלוני** מהו לעולם הבא. פר"ח: אבשלום שבא על פילגשי אביו, מהו לעולם הבא? מי סבירא לן הא דאמר רב נשים בכתובה וקידושין פילגשים בלא כתובה ובלא קידושין, הכי אמרינן בסנהדרין פרק "כ"ג" (דף כא.), או לא. וי"מ: ששאלוהו על שלמה, מי סבירא לן כרבי יונתן דאמר כל האומר שלמה חטא אינו אלא טועה, שנאמר "ולא היה לבבו שלם" כו' כלבב דוד אביו הוא דלא היה, מיחטא נמי לא היה חטא. הכי אמר בפרק "במה בהמה יוצאה" (שבת דף נו:) ובתוספתא פ"ג, דיבמות:

*__מהו__ להציל הכבשה מן הארי. כלומר: בת שבע מיד דוד, מי סבירא לן דאמר ר' יונתן במסכת כתובות (דף ט:): כל היוצא למלחמת בית דוד גט כריתות כותב לאשתו, ואוריה כתב גט לבת שבע. מהו להציל הרועה מיד הארי, כלומר: מהו להציל אוריה מיד דוד, מי סבירא לן: חולקין כבוד לתלמיד במקום הרב, ולא היה מורד במלכות, או דילמא אין חולקין ומורד במלכות הוה, עכ"ל. פירוש: משום דקאמר "ואדוני יואב" *)דקרי ליה ליואב אדוני בפני המלך. ופלוגתא היא בפרק "יש נוחלין" (ב"ב דף קיט:) אם חולקין כבוד לתלמיד במקום הרב או לא:

אמר ליה ר' יוסי תנוח דעתך כו'. וא"ת: בס"פ "שתי הלחם" (מנחות דף ק.) גבי חל להיות יום הכפורים ערב שבת, שעיר המילון של יום הכפורים אוכלין אותו כשהוא חי. תניא בגמרא איפכא: רבי יוסי אומר לא בבליים היו כו', עד אמר לו רבי יהודה תנוח דעתך שהנחת דעתי. ויש לומר: מר מאי דשמיע ליה קאמר, ומר מאי דשמיע ליה קאמר. ר' יהודה קיבל דהיא דהכא לא בבליים הן, ור' יוסי קיבל בההוא דהתם:

*) [שבת נו.]

רש"י

גמ' שֶׁיְּהֵא מְזוּמָּן. מוּכָן לְכָךְ מֵאֶתְמוֹל: **עִתִּי אֲפִילּוּ בְּשַׁבָּת.** עִתִּי בְּעִתּוֹ וּבְמוֹעֲדוֹ יְשַׁתַּלַּח, וְלֹא יַעֲבוֹר וַאֲפִי' בְּשַׁבָּת וּבְטוּמְאָה. וּלְקַמָּן מְפָרֵשׁ מַאי אִיסּוּר שַׁבָּת וְטוּמְאָה שַׁיָּיךְ בְּשִׁילּוּחוֹ, דְּאִיצְטְרִיךְ לְרַבּוּיֵי: **לְמַאי הִלְכְתָא.** מַה חִלּוּל שַׁבָּת יֵשׁ שֶׁהוּצְרַךְ לְהַתִּירוֹ. אִי מִשּׁוּם תְּחוּמִין – דְּרַבָּנָן בְּעָלְמָא נִינְהוּ, שֶׁגָּזְרוּ עֲלֵיהֶן לְאַחַר מַתַּן תּוֹרָה: **כְּמַאן.** אִיצְטְרִיךְ לְרַבּוּיֵי דְּלָא כְּרַבִּי נָתָן דְּאָמַר חַי נוֹשֵׂא אֶת עַצְמוֹ הוּא, וְאֵין בּוֹ אֶלָּא מִשּׁוּם שְׁבוּת. וּפְלוּגְתָּא בְּמַסֶּכֶת שַׁבָּת (דף צד.): **חוֹלֶה שָׁאנֵי.** דְּהַשְׁתָּא לֹא נוֹשֵׂא אֶת עַצְמוֹ, וְהַנּוֹשְׂאוֹ מְחַלֵּל שַׁבָּת: **זֹאת אוֹמֶרֶת.** מִדְּאִיצְטְרִיךְ לְמִתְנֵי "עִתִּי" אֲפִילּוּ בְּשַׁבָּת אִיכָּא לְמִשְׁמַע דְּאֵין אִיסּוּר(ג) הוֹצָאָה לְיוֹם הַכִּפּוּרִים דְּאִי יוֹם הַכִּפּוּרִים כְּשַׁבָּת לְהוֹצָאָה לָמָּה לִי קְרָא לְהַתִּיר מַשָּׂאוֹ בְּשַׁבָּת? הֲרֵי כְּשֶׁחָל בְּחוֹל נַמִי כְּשַׁבָּת דָּמֵי, וְקָאָמַר רַחֲמָנָא יְשַׁלְּחֶנּוּ. עֵירוּב כְּדֵי נָסְבַהּ, אֶלָּא דְּהָא בְּהָא תַּלְיָא, דְּלָא תִּקְּנוּ חֲכָמִים עֵירוּבֵי חֲצֵרוֹת אֶלָּא בִּשְׁבִיל אִיסּוּר הוֹצָאָה, שֶׁגָּזְרוּ(ד) מֵרְשׁוּת לִרְשׁוּת גְּזֵירָה מִשּׁוּם הוֹצָאָה מֵרְשׁוּת הַיָּחִיד לִרה"ר: **לְמַאי הִלְכְתָא.** מַה אִיסּוּר טוּמְאַת מִקְדָּשׁ אוֹ קָדָשָׁיו יֵשׁ בְּשִׁילּוּחוֹ שֶׁהוּצְרַךְ לוֹמַר שֶׁיִּדְחֶה אֶת הַטּוּמְאָה: **נִכְנָס טָמֵא לָעֲזָרָה.** שֶׁהַכֹּהֵן(ה) מוֹסְרוֹ לוֹ שָׁם: **יָכוֹל לְהַרְכִּיב אֲנִי וְאַתֶּם.** בָּרִיא וְחָזָק הָיָה הַשָּׂעִיר לְהַרְכִּיב אוֹתִי וְאֶתְכֶם עָלָיו, לְקַמָּן אָמְרִינַן שֶׁלֹּא הָיָה חָפֵץ לְהָשִׁיב עַל שְׁאֵלָתָם מַה שֶּׁלֹּא שָׁמַע מִפִּי רַבּוֹ: **אֱהֵא בְּשָׁלוֹם אֲנִי וְאַתֶּם.** כְּלוֹמַר, מַה לָּכֶם לִשְׁאוֹל עַל זֹאת? לֹא אֲנִי וְלֹא אַתֶּם נִזְקָק לְשִׁילּוּחוֹ: **דְּחָפוֹ.** לַצּוּק וְלֹא מֵת, מַהוּ שֶׁיְּהֵא צָרִיךְ לֵירֵד אַחֲרָיו וִימִיתֶנּוּ: **פְּלוֹנִי מַהוּ לָעוֹלָם הַבָּא.** עַל אָדָם אֶחָד שְׁאָלוּהוּ, מַה מַּעֲשָׂיו בְּעֵינֶיךָ? וְיֵשׁ פּוֹתְרִים: עַל שְׁלֹמֹה בֶּן דָּוִד שְׁאָלוּהוּ: **אֶלָּא עַל פְּלוֹנִי.** שֶׁמָּא עַל אַבְשָׁלוֹם שְׁאַלְתּוּנִי: **אֶלָּא עַל הָרוֹעֶה.** אִם מוּתָּר לְהַצִּילוֹ מִפִּי הָאֲרִי: **מַמְזֵר מַהוּ לִירַשׁ.** אֶת אָבִיו: **אָמַר לָהֶם מַהוּ לְיַבֵּם.** אֵשֶׁת אָחִיו שְׁאַלְתֶּם אוֹתִי: **מַהוּ לָסוּד אֶת בֵּיתוֹ.** בַּזְּמַן הַזֶּה, מִי אָסוּר מִפְּנֵי צַעַר חוּרְבַּן הַבַּיִת. אָמַר לָהֶם: לֹא שְׁאַלְתּוּנִי אֶלָּא מַהוּ לָסוּד אֶת קִבְרוֹ: **לֹא שֶׁהִפְלִיגָן.** וְהִפְרִישָׁן לִדְבָרִים אֲחֵרִים, כְּאָדָם הַמִּתְכַּוֵּין לִדְחוֹת כְּשֶׁאֵינוֹ יוֹדֵעַ לְהָשִׁיב, אֶלָּא יוֹדֵעַ הָיָה, אֲבָל לֹא אָמַר דָּבָר שֶׁלֹּא שָׁמַע מֵרַבּוֹ: **שֶׁמַּעֲשֵׂה הָעֵגֶל שָׁוִין.** עֲבוֹדוֹתָיו שָׁווֹת לְאִיסּוּר, מִפְּנֵי מָה אֵין מִיתָתָן שָׁוָה? שֶׁהָיוּ בּוֹ שָׁלֹשׁ מִיתוֹת, מִיתַת סַיִיף "שִׂימוּ אִישׁ חַרְבּוֹ", מִיתַת מַגֵּיפָה, "וַיִּגֹּף ה' אֶת הָעָם" (שמות לב) מִיתַת הִדְרוֹקָן דִּכְתִיב "וַיִּזֶר עַל פְּנֵי הַמַּיִם" וְאָמְרִינַן בְּמַסֶּכֶת ע"ז (דף מד.): לֹא נִתְכַּוֵּין מֹשֶׁה אֶלָּא לְבוֹדְקָן כְּסוֹטוֹת בְּבַלָּבוֹת בֶּטֶן: **זִיבֵּחַ וְקִיטֵּר.** הֵן עֲבוֹדוֹת שֶׁחַיָּיבִין עֲלֵיהֶן לַע"ז מִיתָה, כִּדְתְנַן בְּ"אַרְבַּע מִיתוֹת" (סנהדרין ס:) שֶׁהֵן בִּסְקִילָה. וְכָאן בְּסַיִיף, שֶׁעֲדַיִין לֹא נִתְפָּרְשׁוּ לָהֶן אַרְבַּע מִיתוֹת בֵּית דִּין, וְנִידּוֹנוּ בְּמִיתַת בְּנֵי נֹחַ שֶׁכָּל מִיתָתָן בְּסַיִיף כִּדְאָמְרִינַן בְּסַנְהֶדְרִין (דף נז.): **גִּיפֵּף וְנִישֵּׁק.** אֵין כָּהֵן מִיתַת בֵּית דִּין, כִּדְתְנַן בְּ"אַרְבַּע מִיתוֹת" (שם ס.). אֶלָּא בִּידֵי שָׁמַיִם נִידּוֹנוּ בַּמַּגֵּפָה: **כָּל בְּנֵי לֵוִי.** שֶׁכּוּלָּן בִּכְלַל זֶה: **הָאוֹמֵר לְאָבִיו וּלְאִמּוֹ.** בְּמַעֲשֵׂה הָעֵגֶל לֹא רְאִיתִיו. נַעֲשׂוּ אַכְזָרִים עֲלֵיהֶם לִנְקוֹם נִקְמָתוֹ שֶׁל מָקוֹם. אַלְמָא: אָבִיו וְאִמּוֹ, אָחִיו וּבָנָיו עָבְדוּ ע"ז: **וּמִתּוֹךְ שֶׁשּׂוֹנְאִין.** בְּנֵי אֶרֶץ יִשְׂרָאֵל אֶת הַבַּבְלִיִּים הָיוּ קוֹרִין כָּל קַלֵּי הָרֹאשׁ וְעוֹשֵׂי דָּבָר שֶׁלֹּא כַּהוֹגֶן עַל שְׁמָם: **תָּנוּחַ דַּעְתְּךָ.** מִשְׁפַּחְתּוֹ הָיְתָה מִבָּבֶל, וְהָיָה קָשֶׁה לוֹ הַדָּבָר: **מַה שֶּׁהִי צְפִירָא** דִּין **וְחוֹבֵי דָּרָא סַגִּיאִין.** מַה מִּתְעַכֵּב שָׂעִיר זֶה כָּאן וַעֲוֹנוֹת הַדּוֹר מְרוּבִּין, וְהֵן עָלָיו: **מתני' מִיַּקִּירֵי יְרוּשָׁלַיִם.** מֵחֲשׁוּבֵי יְרוּשָׁלַיִם: **עַד סוּכָּה הָרִאשׁוֹנָה.** סוּכּוֹת עָשׂוּ לוֹ בַּדֶּרֶךְ, וּבְנֵי אָדָם הוֹלְכִין לָגוּר שָׁם לִפְנֵי יוֹם הַכִּפּוּרִים, שֶׁמְּלַוִּין אוֹתוֹ מִסּוּכָּה לְסוּכָּה: **תִּשְׁעִים**

רבינו חננאל

עתי ואפי' בטומאה. שאם נטמא נכנס לעזרה ומשלחו עתי ואפי' בשבת. שאם חלה השעיר ואינו יכול להלך מרכיבו על כתפו. ואפי' לר' נתן דאמר החי נושא את עצמו. *) לא מיבעיא לן חולה שני דחולה כמאן דכפות דמי. ואינו נושא את עצמו וכמשוי הוא. וא"ר יוחנן מודה ר' נתן בכפות המוציא אדם כפות כלומר קשור ידיו ורגליו חילל את השבת ודברי ר' נתן בשבת פ' המצניע [ד' צד. ובעירובין פ' המוצא תפילין ד' קג]. אמר רפרם זאת אומרת עירוב והוצאה לשבת ואין עירוב והוצאה ליוה"כ. זו השמועה בכריתות פרק אמרו לו שנים אכלת חלב. אמרו על שמועה זו דרפרם ממאי דילמא שני שעיר המשתלח דהכשירו ביוה"כ בכך. אלא דרפרם ברייתא היא. פי' אם בא רפרם לדקדק מהא דתנן בכריתות א"ר מאיר אם היתה שבת והוציאו חייב. ואמר מדקאי ביוה"כ וקתני אם היתה שבת ש"מ דשבת הוא דאסירא להוציא מרשות לרשות אלא אם יערב. אבל יוה"כ מותר בלא עירוב. ונדחו דבריו. ואם קנא בכריתות אלא [האי דאמר רפרם ברייתא היא] כלו' חיצונה [היא] ולא. נאמרה בביה מ"ד. ולא שנא יוה"כ אין מוציאין ולא יוצאין בתחומין אלא ע"י עירוב כדגרסי' בעירובין [פרק בכל מערבין] ותני' אמרו ב"ה לב"ש אתם מודים שמערבין לגדול ביוה"כ **) אמרו להן כשם שמערבין לגדול ביוה"כ כך מערבין לנזיר ביין ולישראל בתרומה. להודיעך דכ"ע מודים ומילתא פשוטה היא שמערבין לגדול ביוה"כ וכל מאן דמפרש חילוף זה טעות הן הדברים בידו: **שאלו** את ר' אלעזר חלה מהו שירכיבוהו כו'. וחכ"א חלה מרכיבו על כתפו חלה השליח משלחו ביד אחר. דחפו ולא מת יורד וממיתו. שאלו את ר' אלעזר אבשלום שבא על פילגשי אביו מהו לעוה"ב. מי סבירא לן הא דאמר רב נשים בקדושין וכתובה. פילגשים בלא כתובה וקידושין. וכן שאלוהו על שלמה מי סבירא לן כר' יונתן דאמר כל האומר שלמה חטא אינו אלא טועה. שנאמר ולא היה לבבו שלם עם ה' אלהיו כלבב דוד אביו. כלבב דוד אביו לא היה מיחטא נמי לא חטא כו'. כדאיתא בפ' במה בהמה יוצאה ותוספתא בפ"ג דיבמות: מהו להציל כבשה כלומר בת שבע מיד דוד מי סבירא הא דר' יונתן במס' כתובות [ד' ט.] כל היוצא למלחמת בית דוד גט כריתות נותן לאשתו. ואוריה נתן גט לבת שבע מהו להציל הרועה מיד הארי כלומר מהו להציל אוריה מיד דוד מי סבירא לן חולקין כבוד לתלמיד במקום הרב. ומפני שאמר ואדוני יואב אינו מורד במלכות וניתן להצילו או אין חולקין כבוד לתלמיד ומורד במלכות הוא. ומסקנא בהו בהני שאילתא. לא מפני שהפליגו בדברים אלא שלא אמר דבר שלא שמעו מרבו לעולם: במעשה העגל רב ולוי חד אמר זיבח וקיטר בסייף. גיפף ונישק במיתה. שמח בלבו בהדרוקן. וחד אמר מי שהעמידו עליו עדים והתראה בסייף. עדים בלא התראה במיתה. לא עדים ולא התראה בהדרוקן. חולי נפוח בני מעים עד שימות. שבט לוי לא עבד ע"ז והאי דכתיב לאביו ולאמו לא ראיתיו וגו'. אביו אבי אמו ישראל וכן אמו בן ישראל. אחיו מאמו מישראל. בניו בני בתו מישראל: וכבש עושין לו מפני הבבלים שהיו מתלשין בשערו כו'. תנא משוך

*) נראה דל"ל מ"מ מבעיא לן קרא חולה שאני וכו'. **) אמרו להן אבל אמרו להן כשם וכו' כצ"ל:

מסורת הש"ס

שבת לד. קמא: [עירובין קג.]

הגהות הב"ח

(א) גמ' שאלו את ר' אליעזר פלוני. נ"ב עי' בערוך ערך פלן הראשון: (ב) שם לא שאלתוני אלא על פלוני ופלוני מהו לעוה"ב אמר להם לא שאלתוני אלא על פלוני מהו להציל הכבשה מן הארי אמר להם לא שאלתוני אלא על הרועה מהו להציל הרועה מן הארי אמר להם לא שאלתוני אלא על הכבשה ממזר מה הוא לירש וכו' לסוד את קברו ומהו לסוד את קברו מהו לסוד את ביתו לא מפני שהפליגן בדברים אלא וכו"כ אמר הכותב בתוספתא פ"ג דיבמות נראה דעל ממזר שאלוהו אי שרי לסוד את ביתו דשמא יש לו להתאבל על שפסול הוא לבא בקהל דעו"ז השיב מהו לסוד את קברו דכיון שהוא פסול אין עושין לו כבוד במותו כדי שיהא היכר שזרעו פסול ולא מיירי הכא בשפיכת סיד על הקבר לשם ציון כדאיתא ר"פ משקין אלא עיטת סיד שיהו עושין לקברים לשם כבוד ופירש"י כאן הוא תמוה: (ג) רש"י ד"ה זאת אומרת כו' למשמע דאין איסור עירוב והוצאה ליוה"כ: (ד) בא"ד איסור הוצאה שגזרו טלטול מרשות לרשות: (ה) ד"ה נכנס כו' שהכהן גדול מוסרו:

גליון הש"ס

גמ' מהו לסוד את ביתו. עיין מהרש"א ספ"ג דב"ב בחידושי אגדות: **שם** אלא מפני שלא אמר דבר שלא שמע. עיין מהרש"א רפ"ד דברכות בח"א: **שם** בני בתו מישראל. עיין יבמות דף סב ע"ב:

תוספות ישנים

אבל מת המשתלח למה יספך הדם כיון שלא נפסל הדם כלל אם יגרילו על אחרים יהיה נראה יותר וקס"ד א) (דהכא) דבעינן שיעמדו שניהם היינו לענין ב) דלא יפסל שעיר המשתלח גופו שלא נעשית מצותו אם לא היה חי כל כך אבל משום הכשר הדם לא ולאמרי דבי ר' ינאי יעמד חי עד מתי זקוק לסיות חי עד שעת מתן דמים של חבירו שזה הטעם נמי יפנו משום הכשר הדם בשביל שעיר המשתלח ולא הולך לפרש כך כיון ג) דלהאי פירכא קאי כלפריקית. מ"ל: **אם** משנתרמה התרומה נשבעין לגזברין. פירש רש"י נתרמה התרומה ד) משנודע שנגנבו נשבעין לגזברין וזה פי' משום דקשיא ליה תורמין על האבוד ועל הגבוי ועל העתיד לגבות אלמא תורמין על האבוד והבעלים נפטרים ואפילו לכתחילה והכא מחייב אותם לשלם אם אבדו קודם שנתרמה התרומה כדקתני נשבעין כו' ועל כן פי' תורמין על האבוד היינו כגון שלא נודע עדיין שנגנב אבל אם נודע החיוב על הבעלים ה) לעולם ועוד קשה לו כיון דתורמין על האבוד כל שכן על הגבוי כיון שאפילו נאבד אחר כך מועיל ואין נראה לי דאם כן הוה ליה למיפלג ולמיתני בין נודע קודם שנתרמה התרומה לנודע אחר כך ועוד ידיעה מאן דכר שמיה ועוד קשה לרבי על פשטא דמתני' כיון דתנא תורמין על האבוד אפילו אין נודע עדיין כ"ש על הגבוי ו) וכי תימא דרישא זו ואין צריך לומר זו וסיפא זו אף זו על כן מפרש רבי שתורמין על האבוד שבא כבר ללשכה ואבוד ביד הגזברין אז אין אחריות על הבעלים ועל הגבוי אפילו לא יבוא ליד גזבר לעולם מאחר שנגבה מן הבעלים וסופו לאבוד ולא יגיע ללשכה ועל העתיד לגבות שלא נגבה כלל עדיין אלא שלבסוף יוגבה וכולהו איכא חדא לריעותא וחדא לטיבותא על האבוד היינו ריעותא שנאבד טיבותא שהגיע כבר ללשכה ועל הגבוי ריעותא שסופו לא יגיע ללשכה וטיבותא שבשעת התרומה הוא בעין ועל העתיד

א) דהכא: ב) נ"ל מיפסל: ג) נ"ל דלהכך: ד) נ"ל קודם שנודע: ה) נ"ל לשלם: ו) וכי תימא דזו ואצ"ל זו קתני הא סיפא זו אף זו קתני כצ"ל:

תורה אור

תִּשְׁעִים רִיס, שִׁבְעָה וּמֶחֱצָה לְכָל מִיל. אעַל כָּל סוּכָּה וְסוּכָּה אוֹמְרִין לוֹ: הֲרֵי מָזוֹן וַהֲרֵי מַיִם. בוּמְלַוִּין אוֹתוֹ מִסּוּכָּה לְסוּכָּה, חוּץ מֵאַחֲרוֹן שֶׁבָּהֶן שֶׁאֵינוֹ מַגִּיעַ עִמּוֹ לַצּוּק, גאֶלָּא עוֹמֵד מֵרָחוֹק וְרוֹאֶה אֶת מַעֲשָׂיו. דמֶה הָיָה עוֹשֶׂה? חוֹלֵק לָשׁוֹן שֶׁל זְהוֹרִית, חֶצְיוֹ קָשׁוּר בַּסֶּלַע וְחֶצְיוֹ קָשׁוּר בֵּין שְׁתֵּי קַרְנָיו. וּדְחָפוֹ לַאֲחוֹרָיו, וְהוּא מִתְגַּלְגֵּל וְיוֹרֵד. וְלֹא הָיָה *מַגִּיעַ לַחֲצִי הָהָר עַד שֶׁנַּעֲשָׂה אֵבָרִים אֵבָרִים. הבָּא וְיָשַׁב לוֹ תַּחַת סוּכָּה אַחֲרוֹנָה עַד שֶׁתֶּחְשַׁךְ. ווּמֵאֵימָתַי מְטַמֵּא בְגָדִים – מִשֶּׁיָּצָא חוּץ לְחוֹמַת יְרוּשָׁלַיִם, ר' שִׁמְעוֹן אוֹמֵר: מִשְּׁעַת דְּחִיָּיתוֹ לַצּוּק.§ **גמ'** תָּנוּ רַבָּנַן: *עֶשֶׂר סוּכּוֹת וּשְׁנֵים עָשָׂר מִילִין הָיוּ, דִּבְרֵי ר' מֵאִיר. ר' יְהוּדָה אוֹמֵר: תֵּשַׁע סוּכּוֹת וַעֲשָׂרָה מִילִין. ר' יוֹסֵי אוֹמֵר: חָמֵשׁ סוּכּוֹת וַעֲשָׂרָה מִילִין הָיוּ, וְכוּלָּן עַל יְדֵי עֵירוּב. אָמַר רַבִּי יוֹסֵי: סָח לִי אֶלְעָזָר בְּנִי: אִם עַל יְדֵי עֵירוּב – יְכוֹלְנִי לַעֲשׂוֹת אֲפִילּוּ שְׁתֵּי סוּכּוֹת וַעֲשָׂרָה מִילִין. כְּמַאן אָזְלָא הָא דְּתַנְיָא חוּץ מֵאַחֲרוֹן שֶׁבָּהֶן שֶׁלֹּא הִגִּיעַ עִמּוֹ לַצּוּק אֶלָּא עוֹמֵד מֵרָחוֹק וְרוֹאֶה אֶת מַעֲשָׂיו? – כְּמַאן – כְּר' מֵאִיר.§ "עַל כָּל סוּכָּה וְסוּכָּה אוֹמְרִים לוֹ הֲרֵי מָזוֹן וַהֲרֵי מַיִם".§ זתָּנָא: מֵעוֹלָם לֹא הוּצְרַךְ אָדָם לְכָךְ, *אֶלָּא שֶׁאֵינוֹ דּוֹמֶה מִי שֶׁיֵּשׁ לוֹ פַּת בְּסַלּוֹ לְמִי שֶׁאֵין לוֹ פַּת בְּסַלּוֹ.§ "מֶה הָיָה עוֹשֶׂה חוֹלֵק לָשׁוֹן שֶׁל זְהוֹרִית".§ וְנִקְטְרֵיהּ כּוּלֵּיהּ בַּסֶּלַע! כֵּיוָן דְּמִצְוָה בַּשָּׂעִיר דִּילְמָא קָדֵים וּמַלְבִּין, וּמִיתְבָא דַּעְתֵּיהּ. וְנִקְטְרֵיהּ כּוּלֵּיהּ בֵּין קַרְנָיו! זִמְנִין דְּגָמֵישׁ לֵיהּ לְרֵישֵׁיהּ, וְלָאו אַדַּעְתֵּיהּ. ת"ר: *בָּרִאשׁוֹנָה הָיוּ קוֹשְׁרִין לָשׁוֹן שֶׁל זְהוֹרִית עַל פֶּתַח הָאוּלָם מִבַּחוּץ, הִלְבִּין – הָיוּ שְׂמֵחִין, לֹא הִלְבִּין – הָיוּ עֲצֵבִין וּמִתְבַּיְּישִׁין. הִתְקִינוּ שֶׁיְּהוּ קוֹשְׁרִין עַל פֶּתַח אוּלָם מִבִּפְנִים, וַעֲדַיִין הָיוּ מְצִיצִין וְרוֹאִין: הִלְבִּין – הָיוּ שְׂמֵחִין, לֹא הִלְבִּין – הָיוּ עֲצֵבִין. הִתְקִינוּ שֶׁיְּהוּ קוֹשְׁרִין אוֹתוֹ חֶצְיוֹ בַּסֶּלַע וְחֶצְיוֹ בֵּין קַרְנָיו. אָמַר ר' נַחוּם בַּר פַּפָּא מִשּׁוּם רַבִּי אֶלְעָזָר הַקַּפָּר: בָּרִאשׁוֹנָה הָיוּ קוֹשְׁרִין לָשׁוֹן שֶׁל זְהוֹרִית עַל פֶּתַח אוּלָם מִבִּפְנִים, וְכֵיוָן שֶׁהִגִּיעַ שָׂעִיר לַמִּדְבָּר – הָיָה מַלְבִּין, וְיָדְעוּ שֶׁנַּעֲשֵׂית מִצְוָתוֹ, שֶׁנֶּאֱמַר: °"אִם יִהְיוּ חֲטָאֵיכֶם כַּשָּׁנִים כַּשֶּׁלֶג יַלְבִּינוּ".§ "לֹא הָיָה מַגִּיעַ לְמַחֲצִית הָהָר".§ אִיבַּעְיָא לְהוּ: אוֹתָן אֵבָרִים מַה הֵן בַּהֲנָאָה? רַב וּשְׁמוּאֵל, חַד אָמַר: *מוּתָּרִין, וְחַד אָמַר: אֲסוּרִין. מַאן דְּאָמַר מוּתָּרִין – דִּכְתִיב

(גליון: חולין קח. | [תוספתא פ"ג] | ישעיה א)

רש"י

תִּשְׁעִים רִיס. הָיוּ מִירוּשָׁלַיִם וְעַד(א) צוּק. הַר גָּבוֹהַּ וְזָקוּף, כִּדְאָמְרִי' בְּבָבָא מְצִיעָא,* עָלְתָה לְרָאשֵׁי צוּקִין וְנָפְלָה: שִׁבְעָה וּמֶחֱצָה רִיס לְכָל מִיל. הֲרֵי לְתִשְׁעִים רִיס י"ב מִיל, וְהֵם י"א מַסָּעוֹת, מִירוּשָׁלַיִם לַסּוּכָּה הָרִאשׁוֹנָה מַסָּע אֶחָד, וּמִסּוּכָּה לְסוּכָּה עַד י' סוּכּוֹת ט' מַסָּעוֹת, הֲרֵי י' מַסָּעוֹת, וּמִסּוּכָּה אַחֲרוֹנָה לַצּוּק מַסָּע אֶחָד. הֲרֵי לְכָל מַסָּע וּמַסָּע מִיל, חוּץ מֵאֶחָד מֵהֶן שֶׁיֵּשׁ בּוֹ ב' מִילִין הַיְינוּ דְּקָתָנֵי וּמְלַוִּין אוֹתוֹ מִסּוּכָּה לְסוּכָּה שֶׁהַמִּיל הוּא תְּחוּם שַׁבָּת. חוּץ מֵאַחֲרוֹן שֶׁהוּא רָחוֹק ב' מִילִין, וּמְלַוֵּיהוּ מִיל וְעוֹמֵד מֵרָחוֹק וְרוֹאֶה אֶת מַעֲשָׂיו. וְהַחֶשְׁבּוֹן הַזֶּה אֵינוֹ שָׁוֶה לַחֶשְׁבּוֹן שֶׁיִּסֵּד רַבִּי אֶלְעָזָר *קָלִיר: וּבִשְׁלֹשִׁים קָנִים הוּא קֶצֶב רִיס. אוֹתוֹ חֶשְׁבּוֹן אֵינוֹ עוֹלֶה לָאֲלָפַיִם אַמָּה הַמִּיל. אֲבָל בַּבָּרַיְיתָא דְּהַאֲזִינוּ בְּסִפְרֵי מָצִינוּ שָׁם מִידַּת חֲלוּקַּת אֶרֶץ יִשְׂרָאֵל לֶעָתִיד לָבוֹא רוֹחַב גְּבוּל כָּל שֵׁבֶט וְשֵׁבֶט שִׁבְעִים וַחֲמִשָּׁה מִיל, וְגַם רַבִּי אֶלְעָזָר קָלִיר יִסֵּד כֵּן בַּפִּיּוּט "אֶרְחַץ בְּנִקָּיוֹן כַּפּוֹת",* בְּרוֹחַב ע"ה מִיל חֲרִיצוֹתֶיהָ. וְהֵם כ"ה אֶלֶף קָנִים שֶׁבְּסֵפֶר יְחֶזְקֵאל. (מח) שֶׁנֶּאֱמַר "וּמִן הַמִּדָּה הַזֹּאת תָּמוֹד" וגו' וְכָל קָנֶה ו' אַמּוֹת, הֲרֵי ק"נ אֶלֶף אַמָּה, תֵּן לְכָל אַלְפַּיִם אַמָּה מִיל הֲרֵי ע"ה מִיל: הֲרֵי מַיִם וַהֲרֵי מָזוֹן. בַּגְּמָרָא מְפָרֵשׁ: אֵינוֹ דּוֹמֶה מִי שֶׁיֵּשׁ לוֹ פַּת בְּסַלּוֹ לְמִי שֶׁאֵין לוֹ: שֶׁאֵינוֹ מַגִּיעַ עִמּוֹ לַצּוּק. כְּמוֹ שֶׁפֵּירַשְׁתִּי לְפִי שֶׁהוּא רָחוֹק ב' מִילִין: חוֹלֵק לָשׁוֹן שֶׁל זְהוֹרִית. בַּגְּמָרָא מְפָרֵשׁ טַעְמָא: בָּא וְיָשַׁב לוֹ. חוֹזֵר עַד סוּכָּה הָאַחֲרוֹנָה. אע"פ שֶׁהַיּוֹצֵא חוּץ לַתְּחוּם אֲפִילּוּ בִּרְשׁוּת אֵין לוֹ אֶלָּא אַלְפַּיִם אַמָּה מִמָּקוֹם שֶׁיָּצָא לְשָׁם בִּרְשׁוּת, לָזֶה הִתִּירוּ לְפִי שֶׁהוּא מְעוּנֶּה וְחַלָּשׁ, וְעוֹד, שֶׁיָּרֵא לַעֲמוֹד יְחִידִי בַּמִּדְבָּר מִשֶּׁתֶּחְשַׁךְ: מֵאֵימָתַי מְטַמֵּא בְגָדִים. דִּכְתִיב "וְהַמְשַׁלֵּחַ אֶת הַשָּׂעִיר יְכַבֵּס בְּגָדָיו" (ויקרא טז): **גמ'** חָמֵשׁ סוּכּוֹת וַעֲשָׂרָה מִילִין. וְכָל אֶחָד מְלַוֵּיהוּ יוֹתֵר מִמִּיל, אוֹ עַד הַסּוּכָּה עַל יַד עֵירוּב: סָח לִי אֶלְעָזָר בְּנִי. בִּלְשׁוֹן שְׂחוֹק עַל דְּבָרַיי, וְאָמַר לִי, אִם ע"י עֵירוּב דַּי לָנוּ בְּב' סוּכּוֹת שֶׁיִּהְיוּ בְּנֵי יְרוּשָׁלַיִם מְלַוִּין אוֹתוֹ שְׁנֵי מִילִין, וּמִסּוּכָּה רִאשׁוֹנָה יֵצְאוּ לִקְרָאתוֹ ב' מִילִין הֲרֵי ד' מִילִין, שֶׁאַתָּה יָכוֹל לְהַרְחִיק הַסּוּכָּה מִירוּשָׁלַיִם. וְסוּכָּה הַשְּׁנִיָּה לְסוֹף אַרְבָּעָה מִילִין שֶׁל רִאשׁוֹנָה, וְיִהְיוּ מִקְצָת בְּנֵי הָרִאשׁוֹנָה מְעָרְבִין לְצַד הַשְּׁנִיָּה, וּמִקְצָת יְעָרְבוּ לְצַד יְרוּשָׁלַיִם, וְכֵן בְּנֵי שְׁנִיָּה מִקְצָתָן מְעָרְבִין לְצַד הָרִאשׁוֹנָה לָצֵאת לִקְרָאתוֹ ב' מִילִין וּמִקְצָתָן מְעָרְבִין לְצַד צוּק לְלַוּוֹתוֹ ב' מִילִין: כְּמַאן כְּרַבִּי מֵאִיר. דְּאִילּוּ לְרַבִּי יְהוּדָה וְרַבִּי יוֹסֵי אַף הָאַחֲרוֹן מַגִּיעַ לַצּוּק: לֹא צָרִיךְ אָדָם לְכָךְ. לֹא נִצְרַךְ אָדָם הַמְשַׁלֵּחַ לֶאֱכוֹל בַּדֶּרֶךְ, אֶלָּא מַה טַּעַם אָמְרוּ לוֹ כֵּן שֶׁאֵינוֹ דּוֹמֶה מִי שֶׁיֵּשׁ לוֹ פַּת בְּסַלּוֹ לִהְיוֹת רָעֵב כְּמִי שֶׁאֵין לוֹ: כֵּיוָן דְּמִצְוָה בַּשָּׂעִיר. לְדָחְפוֹ לַאֲחוֹרָיו, כִּדְכְתִיב "אֶל אֶרֶץ גְּזֵירָה" – דָּבָר הַמִּתְגַּזֵּר וְיוֹרֵד, אִי אָמְרַתְּ נִקְטְרֵיהּ כּוּלֵּיהּ בַּסֶּלַע זִמְנִין דְּקָדֵים וּמַלְבִּין קוֹדֶם דְּחִיפַת הַשָּׂעִיר, וּמִיַּיתְּבָא דַּעְתֵּיהּ מִשִּׂמְחַת לִיבּוּן הַחֲטָאִים, וְלָא אִיכְפַּת לֵיהּ לְקַיֵּים מִצְוַת הַשָּׂעִיר. לְפִיכָךְ קוֹשֵׁר בָּאַחֲרוֹנָה חֶלְיֵיהּ בֵּין קַרְנָיו וְעֵינָיו תְּלוּיִן בּוֹ וּמֵאַחַר שֶׁהוּא עָסוּק בּוֹ בָּאַחֲרוֹנָה לֹא יַנִּיחַ מִלְּדָחְפוֹ, וְהִיא לֹא תַּלְבִּין לַחֲטָאִים עַד שֶׁתִּגָּמֵר מְלֶאכֶת כּוּלָּהּ: דְּגָמֵישׁ לֵיהּ לְרֵישֵׁיהּ. יָכוּף רֹאשׁוֹ תַּחַת גּוּפוֹ כְּשֶׁיִּפּוֹל לַאֲחוֹרָיו, וְלֹא יוּכַל לִרְאוֹת הַלָּשׁוֹן אִם הִלְבִּין:

דִּכְתִיב

(גליון: [דף לג:] | [כפ' שקלים בסילוק המתחיל אז ראית] | [ליום ב' של סוכות בסילוק המתחיל כי אקח מועד] | [לעיל יח: וש"נ] | ר"ה לא: | [מעילה יח:])

הגהות הב"ח

(א) רש"י ד"ה תשעים ריס היו מירושלים ועד הצוק נ"ב הר גבוה:

תוספות

רבי יהודה אומר תשע סוכות ועשרה מילין. יש ספרים שיש בהן: עשר סוכות. אם כן לפי זה האחרונה היתה עומדת בצוק, ושמא משום חולשא דמשלח, כדי שלא יצטרך לחזור וילין שם: **וכולן** על ידי עירוב. מכאן מקשים אהא דאמר בפרק "מי שהוציאוהו" (עירובין דף נא.) כזה יהו כל שובתי שבת, פירוש, אלפים דתחום שבת, ומעביר ד' אמות ברשות הרבים כולהו נותנין להם אלכסון. ומפר"ת: דבכל צד שילך נותנין לו אלכסון, ויכול לילך בשבת אלכסון של אלפים. ובכל מקום שמזכיר בגמרא עמוד הרחב ד' על ד' לאו דווקא, אלא בעי שיהא ריבועו כשיעור אלכסון של ד' על ד', דהיינו ה' טפחים ושלש חומשין. וגבי כוורת בפ"ק דשבת (דף ח.) דנקט רחבה ו' ולא נקט רחבה ד' כמו בכל דוכתא משום דבכל דוכתא דאיירי במרובע לא הוה צריך למינקט אלא ד', וממילא ידענא כמו שהוא באלכסונו כן הוא בכל מקום. אבל סתם כוורת עגולה היא, ואי הוה נקט רחבה ד' הוה משמע מכל צד כי כוורת אין לה אלכסון. וקשה לפי': מכאן משמע דתחום שבת מיל, והיינו אלפים ותו לא, כמו שהוכיח רש"י. מיהו, יש לומר דסימנא בעלמא הוא מיל, כמו בכל דוכתא דנקט אלפים, אף על גב דיהבי' ליה אלכסון, הכי נמי, הכא נקט מיל אף על גב דיהבי' ליה אלכסון. מיהו, קשה לפירושו: דהא פאות דשבת ילפינן מערי לוים, וערי לויים אין נותנין אלא לפאות העולם כדאיתא בפרק "כיצד מעברין" (עירובין דף נו:)! על כן פירש רבינו שמואל: דההולך ממזרח העולם למערבו או מצפון לדרום אין נותנין לו פאות, אבל ההולך מקרן דרומית מערבית של עולם למזרחית צפונית נותנין לו פאות. ועמוד ברה"ר גבוה י' ורחב ד' על ד', אם העמיד ריבועו לריבועו של עולם וזרק ונח על גביו חייב, ואם אלכסונו עומד לריבוע העולם אינו חייב עד שיהא ריבועו ה' טפחים וג' חומשין*): **כמאן** אזלא הא דתניא חוץ מאחרון שבהן כו'. תימה לי: אמאי לא קאמר כמאן אזלא הא דתנן חוץ מאחרון שבהם, דהא במתניתין נמי קתני לה. וליכא למימר דגרסינן דתנן, כמו יש ספרים שהוגה בהן דתנן ואמתני' קאי דאם כן אמאי מיבעי ליה אסיפא? מרישא הוה מצי לאוכוחי דמתני' אתיא כרבי מאיר, דקתני מירושלים עד צוק צ' ריס ז' ומחצה לכל מיל דהיינו כרבי מאיר דאמר י"ב מיל. ונראה לי דגרס: דתניא, וסיפא דהא ברייתא דאתינן עלה היא, ובתר פלוגתא דרבי מאיר ור' יהודה ורבי יוסי קתני לה. ועל כן מתמה גמרא, אף על גב דרבי מאיר הוזכר ברישא ובתר הכי ר' יהודה ובתר הכי רבי יוסי לכאורה הוה משמע דמסקנא דמילתא דר' יוסי היא להכי איצטריך לאשמועינן דאתאן לת"ק, דהיינו רבי מאיר. וכי האי גוונא איכא בפ"ק דסנהדרין (דף ו:) דן את הדין אתאן לת"ק, ובפרק "לא יחפור" (ב"ב דף כה:) נמי איכא כי האי גוונא:

*) [וע"ע תוס' עירובין נא. ד"ה כזה]

אטו

עין משפט נר מצוה

לד א ב ג ד ה מיי' פ"ג מהל' עבודת יוה"כ הלכה ז:

לה ו מיי' פ"ה מהלכות פרה הלכה ו:

לו ז מיי' פ"ג מהלכות עבודת יוה"כ הל' ז:

רבינו חננאל

צפירה זו זעיר וחובי דדרא סגיאין כלומר מהר וצא שעיר זה קטן וחטאות הדור מרובין: **ת"ר** י' סוכות וי"ב מילין היו דברי ר' מאיר ר' יהודה אומר ט' סוכות וי' מילין היו. ר' יוסי אומר ה' סוכות וי' מילין היו פשוטין הן כולן *) אצל זה שאומר וכולן ע"י עירוב. א"ר יוסי שח לי אלעזר בני אם ע"י עירוב יכול אני לעשות בשתי סוכות וי' מילין צריך פירוש וזה פירושו עושה ברחוק ארבעה מילין מירושלים סוכה. ומרחיק ד' מילין ועושה סוכה אחרת והמבקש ללות המוליך שעיר המשתלח יוצא מירושלים לערב בסוף מיל והוא אלפים אמה שהן תחום שבת כדי שיהא רשאי עוד לילך מיל אחר שהוא אלפים אמה אחרות נמצא מהלך ב' מילין מירושלים שהן ד' אלפים אמה והשוכנים בסוכה יוצאין מיל כלפי ירושלים ומערב כדי להלך מיל אחר נמצאו היוצאין מירושלים הולכין עמו ב' מילין ומוציאין שם האנשי' שיצאו מן הסוכה וחוזרין האנשים שבאו עמו מירושלים והולכין עמו הם שבאו מן הסוכה מיל ע"י עירוב ומיל תחומם הנה ד' מילין וכן בין סוכה לסוכה ד' מילין בענין הזה. אחרים מערבין לצד זה ואחרים מערבין לצד זה הנה ח' מילין נשארו ב' מילין יוצאין עוד היושבים בסוכה השניה הם שלא עירבו בצד האחר שבין סוכה לסוכה הולכין עמו מיל תחומם ומיל ע"י עירוב הרי י' מילין. אבל אליבא דר' מאיר דאמר י"ב מיל נשארו ב' מילין עומד מרחוק ורואה מעשיו שחלק לשון של זהורית חציו קשר בסלע דחייש דילמא בייף לרישיה זה השעיר ולא יראהו יראה מה שבסלע ולמה היה קושר בין קרני השעיר אמרי**) ובו מתכפרין דלמא

*) אינו מובן ואולי דצ"ל אבל זה שאומר וכולן ע"י עירוב אמר ר"י שח לי וכו'.

**) נראה דצ"ל אמרינן כיון דמצוה בשעיר ובו מתכפרין דלמא קדים ומלבין ולא יקיים מצות הדחיפה.

תוספות ישנים

העתיד לגבות איכא רישותא שלא נגבת כלל טיבותא שיגיע ללשכה והא דאמר בפרק בתרא דכתובות (דף קח.) גבי מודר הנאה מחבירו בשלמא שוקל את שקלו כדתנן תורמין על האבוד כו' פי' ואינו עושה לו שום טובה אבל פורע חובו הא מישתרשי ליה משמע אבל גבי שקלים אינו עושה לו שום טובה אלא האבוד קאי אבל עתיד לגבות עשה ודאי טובה כדפרישית. מ"ר. וריב"א פירש על האבוד כגון שנאבדו קודם שנתרמה תרומה דבני העיר שוקלים אחרים תחתיהן ותורמין עליו אע"פ שלא באו עדיין ללשכה ועל הגבוי שלא יגבה עוד אפילו לא יבא לידי הגזבר כגון אבוד אחר שנתרמה תרומה דנשבעין לגזברין ועל העתיד לגבות שלא נגבה מעולם וצ"ל דוחק דאבוד ועתיד לגבות הכל אחד א) (אם לא) דאיכא תרי גווני עתיד לגבות וכפירוש רבי עיקר: **חובות** של שנה זו קריבות לשנה האחרת. בין שקלים בין קרבנות והכי פריך ליה מפר ושעיר של יוה"כ: **שאין** חטאת ציבור מתה. אבל דיחיד כי האי גוונא מתה וכגון שנמצאת אחר כפרה דאי קודם כפרה הא אמרינן (לעיל) דאיזו שירצה יקריב דקאמר נתכפר בשאינה אבודה אבודה מתה הא איפכא פליגי רבי ורבנן בתמורה (דף כב:) דלרבנן רועה ומסתמא לא פליגי בפלוגתא דרבי ורבנן וא"ת מאי פריך ליה מפר ושעיר של יום הכפורים דמתה לר' יהודה היינו משום דחטאת שכיפרו בעליה למיתה אזלא כיון שנמצאת אחר כפרה כדפרישית והאי טעמא לא שייך בשקלים י"ל [כיון] שראויה ליום הכפורים אחר אין זה כפרו בעליה דלא שייך אלא גבי חטאת חלב או דם ב) שהיה באה על חטא מבורר אבל זו אפילו לא היה כאן כלל חטא טומאת מקדש וקדשיו שמכפר עליו צריך להביא ביום הכפורים אחר. מ"ר. וכן פירש ריב"א ועוד הוסיף כי אע"ג ג) שיכפר זה על טומאת מקדש וקדשיו של אחר יום הכפורים זה ד) ולא על של לפניו מ"מ לא מיקרי כפרו בעליה כיון שלא בא על חטא מבורר וא"ת אמאי לא פריך ממתני' מת שעיר המשתלח ישפך הדם נשפך הדם ימות שעיר המשתלח אלא אמרינן יקרב בשנה הבאה (לשון מורי הרב) דשאני התם שנדחה דבעלי חיים נדחין אבל אבודה אינו [דחוי] שלעולם ראוי אם היה בעין לפניו. [לשון מורי הרב]: **פר** ושעיר של יוה"כ שאבדו. אומר ריב"א דאבדו היינו אחר הגרלה דאי קודם הגרלה הן ראוין לשעיר הנעשה בחוץ ואפילו נמצא אחר יוה"כ יכול להקריבו בראש השנה או ברגלים כדמשמע בפרק קמא דשבועות לרבי שמעון הואיל וכולן באין לכפר על טומאת מקדש וקדשיו אמרינן התם דבשעיר החיצון מודה רבי שמעון דאפשר להקריבו הואיל וראוי על מזבח החיצון לאפוקי פנימי שאינו ראוי על מזבח החיצון משמע הא קודם הגרלה ראוי על מזבח החיצון כיון שראוי לשעיר הנעשה בחוץ*): **קרבנות** ציבור קאמרת שאני קרבנות ציבור כדרבי טבי כו'. תימה דהכי נמי שקלים של שנה זו קונין מהן קרבנות ציבור ואי יקריבו לשנה הבאה הא ליכא תרומה חדשה דבהא איירינן ואומר ריב"א דה"פ קרבנות ציבור קאמרת התם ודאי מודה רבי יהודה כי הכא שצריך לעשותם מתרומה חדשה משום דרבי טבי והא דקאמר עולין להם לשנה הבאה היינו היכא דשקול שקלים שני פעמים ויביאום לשנה אחרת לא יניחום אלא לאותם חדשים של שנה זו ונפטרו בכך הבעלים ותורמין עליהם כאילו לא אבדו ולא יניחום עם אותם של שנה שעברה ה) אלא לחדשים אלו ואפילו לא פשעו הבעלים כלל. גי': **ונייתי** ונגריל. פי' ליום הכפורים אחר ועשה גורל חדש אבל מה שהגריל ביום הכפורים של אשתקד לא מהני מידי ותימה לריב"א אם כן שאין הגורל מועיל כלום למה ימות והלא יכול לשנותו לשעיר הנעשה בחוץ ולשעירי הרגלים ויש לדחות דמכל מקום מהני מה שהגרילו עליהם שאין לשנותם לשום שעיר ואע"ג שאינו מועיל כלום לענין שכשיבא יום הכפורים אחר יגרילו ואולי יחול על של שם של עזאזל [ועל של עזאזל של שם] שיהיה הגורל להפך ממה שהיה אשתקד. גי'. ויש מפרש פירוש אחר ואינו כדיי: **משום** גזירה ימותו. לכל הני אמוראי דהכא דפרכינן הך פירכא סבירא לכל חד וחד דגזירה דיליה חמירא מדחבריה ויש להן למות משום [אותה] גזירה: **הא** לא קשיא כו'. הוה מצי למימר דהיא גופה חטאת שעברה שנתה כרבנן אלא ניחא ליה ליישבה אפילו לרבי משום הך גזירה: **דתניא** רבי אומר שנה תמימה כו'. ושנת קרבנות נמי ילפינן לרבי משנת בתי ערי חומה מכאן קשה לרבי על פי' רש"י שפירש בפרק קמא דראש השנה (דף ו:) גבי בל תאחר דקאמר שנה בלא רגלים היכי משכחת לה בשלמא לרבי משכחת לה כגון דאקדשה בתר חג המצות דכי מטי שילהי אדר בתראה שתא מליא פירוש שנה של חמה רגלים לא מלו ותימה דבתר חג המצות היינו כ"ב בניסן ושנת לבנה שהיא שנ"ד לא מלאו עד כ"ב לאדר בתראה מנה משם [י"א יום] ותעמוד בראש ניסן והוה ליה למימר דכי מטי ריש ניסן ופי' ר' שמעון

בשלמא

*) שייך לדף סה ע"ב. א) נ"ל אלא: ב) שאינה באה אלא על חטא כנ"ל: ג) נ"ל שלא יכפר: ד) נ"ל אלא: ה) לחדשים הם הואיל ולא פשעו כנ"ל: *) ע"כ שייך לדף סה ע"א.

לז א מיי' פ"ה מהל' עבודת יוה"כ הל' כב:
לח ב מיי' פ"ח מהל' מעילה הלכה ח:
לט ג ד ה מיי' פ"ג מהל' עבודת יוה"כ הל' ז ופ"ד הל' ב:
מ ו מיי' פ"ה מהל' פרה הלכה ה:
מא ז מיי' פ"ז מהל' מעשה קרבנות הל' ב ופ"ג מהלכות עבודת יוה"כ הלכה ז:

דכתיב "במדבר", ומאן דאמר אסורין – דכתיב "גזרה". ומאן דאמר אסורין – האי "מדבר" מאי עביד ליה? מיבעי ליה לכדתניא: "המדברה" "המדברה" "במדבר" – לרבות *נוב וגבעון, שילה ובית עולמים. ואידך, האי "גזרה" מאי עביד ליה? – מיבעי ליה לכדתניא: "גזרה" אין גזרה אלא חתוכה, דבר אחר: אין "גזרה" אלא דבר המתגזר ויורד. דבר אחר "גזרה" – שמא תאמר מעשה תהו הוא, ת"ל: "אני ה'" אני ה' גזרתיו ואין לך רשות להרהר בהן. אמר רבא: מסתברא כמאן דאמר מותרין, לא אמרה תורה 'שלח' *לתקלה. תנו רבנן: "עזאזל" – שיהא עז וקשה, יכול בישוב – ת"ל: "במדבר", ומנין – שבצוק ת"ל: "גזרה". תניא אידך: "עזאזל" – קשה שבהרים, וכן הוא אומר: "ואת אילי הארץ לקח". תנא דבי ר' ישמעאל: "עזאזל" – שמכפר על *מעשה עוזא ועזאל. ת"ר: "את משפטי תעשו" – דברים שאלמלא (לא) נכתבו דין הוא שיכתבו, ואלו הן: עבודה זרה, *וגלוי עריות, ושפיכות דמים, וגזל, וברכת השם. "ואת חוקותי תשמרו" – דברים שהשטן משיב עליהן,* ואלו הן: אכילת חזיר, ולבישת שעטנז, וחליצת יבמה, וטהרת מצורע, ושעיר המשתלח. ושמא תאמר מעשה תוהו הם – ת"ל: "אני ה'" – אני ה' חקקתיו, ואין לך רשות להרהר בהן.§ "אימתי מטמא בגדים".§ ת"ר: המשלח מטמא בגדים, ואין השולח את המשלח מטמא בגדים. יכול משיצא חוץ לחומת עזרה – ת"ל "המשלח". אי "המשלח" – יכול עד שיגיע לצוק, תלמוד לומר "והמשלח" – הא כיצד – *משיצא חוץ לחומת ירושלים דברי ר' יהודה. רבי יוסי אומר: "עזאזל וכבס" – עד שהגיע לצוק. ר' שמעון אומר: "והמשלח את השעיר לעזאזל יכבס בגדיו" – זורקו בבת ראש ומטמא בגדים.§

מתני' בא לו אצל פר ושעיר הנשרפין, קרען והוציא את אימוריהן, נתנן במגים והקטירן על גבי המזבח. קלען *במקלעות, והוציאן לבית השריפה. ומאימתי מטמאין בגדים – משיצאו חוץ לחומת העזרה. ר' שמעון אומר: משיצית האור ברובן.§

גמ' והקטירן סלקא דעתך? אלא אימא: *להקטירן על גבי מזבח.§ "קלען במקלעות".§ אמר רבי יוחנן: כמין קליעה. תנא: לא היה מנתחן ניתוח בשר עולה, אלא עור על גבי בשר. מנא הני מילי? *דתניא, רבי אומר: נאמר כאן עור ובשר ופרש ונאמר להלן עור ובשר ופרש מה

רש"י

דכתיב במדבר. "ושלח את השעיר במדבר" (ויקרא טז) וקרא יתירא הוא, למדרש שיהא הפקר כמדבר: גזרה. לשון חותך ואיסור: המדברה המדברה במדבר. שלש מקראות בענין "לשלח אותו לעזאזל המדברה", "ושלח ביד איש עתי המדברה", "ושלח את השעיר במדבר": חתוכה. צוק חתוך בזקיפה, ולא משופע כל כך: דבר המתגזר ויורד. השעיר מתגזר בה איברים איברים: שמא תאמר מעשה תהו הם. מה כפרה יש בשילוח זה, ומה יש ביד צוק זה להועיל: לתקלה. שימלאם אדם ויהנה מהם, שלא ידע שהיו מן השעיר: שיהא עז וקשה. "אל" לשון קשה: ומנין שבצוק. הר זקוף: גזירה. חתוכה: עוזא ועזאל. מלאכי חבלה שירדו לארץ בימי נעמה אחות תובל קין ועליהם נאמר "ויראו בני האלהים את בנות האדם" (בראשית ו) כלומר, על העריות מכפר: משפטי. משמע דברים המיושרים, והדין נותן לעשותו: חוק. משמע שאינו אלא גזירת מלך, כמו "וישימה לחק" (שמואל א ל). "וישם אותה יוסף לחוק" (בראשית מז): השטן. יצר הרע משיב עליהן תשובה, להטעות את ישראל, ולומר שהתורה אינה אמת כי מה תועלת בכל אלו? לכך נכתב בהן 'חוק' אני ה' גזרתי עליכם: תלמוד לומר אני ה'. אחוקותי קאי, דמיניה סליק את חוקותי תשמרו – אני ה' חקקתים גזרתים: השולח את המשלח. המלוים אותו מירושלים: ת"ל והמשלח. משמע ששילחו כבר לגד המדבר: זורקו בבת ראש. קסבר, דחיפתו וזריקתו היא שילוחו: מתני' בא לו אצל פר וכו'. חזר לו התנא לסדרו הראשון שהוא מסדר עבודת כ"ג. וקתני: בא לו כהן גדול אצל פר ושעיר העומדים לישרף, אחר שמסר את (א) המשתלח למי שהוא מוליכו, בא לו אצלם, וקרעם והוציא האימורין: ונתנם במגם. בקערה של כלי שרת, והקטירן. כדכתיב (ויקרא טז), "ואת חלב החטאת יקטיר המזבחה" ובגמרא פריך: הא אכתי לא חזי להקטירן: קלען במקלעות. כמין קליעה, ארבעה בני אדם נושאין שני מוטות, שנים לפנים שנים לאחור ומהלכים מוט אצל מוט, והפר והשעיר נתונים עליהן מורכבין זה על זה, וכופפן זה תחת זה כמין קליעה, ושלימין הן, אלא שנקרע כריסן להוציא אימוריהן, כדתניא בגמרא שמוליכן שלמים: והוציאן לבית השריפה. חוץ לירושלים: מאימתי מטמאים בגדים. העסוקין בהן, כדכתיב "והשורף אותם יכבס בגדיו" (שם): משיצאו חוץ לחומת העזרה. בגמרא מפרש טעמא: גמ' ה"ג: והקטירן ס"ד אלא אימא, להקטירן, ולא גרס (ג) במגם מקטיר להו, וגירסא משובשת היא כאן ובמסכת פסחים (דף סה:) ובמסכת סוטה (דף טו.). דשפיר הוה שייך למיתני לתנא והקטירן במגם, דבמגם מעלה אותן למזבח. דדכוותיה תנינן גבי מנחת סוטה: מעלו ומקטירו בכלי שרת (סוטה דף יד:), מעלו ומקטירו בהמיינו.* אלא הכי קשיא ליה: והקטירן ס"ד? וכי עכשיו הוא מקטירן? והלא עודהו לבוש בגדי לבן, ועדיין עליו לקרות הפרשה בבגדים הללו, ואח"כ יטבול וילבש בגדי זהב לאילו ואיל העם, ויטבול שניה להוציא כף ומחתה ויטבול שלישית למוספין ואמורי חטאת הללו ותמיד של בין הערבים, כדקתני בפרקין דלקמן, אלא אימא, להקטירן, נתן למגם להקטירן בו למזבח כשיגיע זמנן: לא היה מנתחן. השורפן כניתוח בשר עולה, שהוא מופשט מן העור קודם ניתוח, כדכתיב "והפשיט ונתח" (ויקרא א) אלא עור על גבי בשר, ואינו מפשיטן: נאמר כאן. בפר ושעיר "את עורותם ואת בשרם ואת פרשם": ונאמר. בפר כהן משיח עור ובשר ופרש, "ואת עור הפר ואת כל בשרו על ראשו ועל כרעיו וקרבו ופרשו" (ויקרא ד): מה

תוספות

אטו במגם מקטיר ליה. כך היה כתוב בספרים כאן ובפ' "תמיד נשחט" (פסחים דף סה:) ורש"י מחקו, לפי שהיה קשה לו דבכמה דוכתי במנחות קתני מעלה ומקטירה בכלי שרת, ולא פריך הכי אטו בכלי שרת מקטיר ליה. וגרס רש"י: והקטירו ס"ד. וכי היה יכול להקטירו מיד? והלא היה לבוש עדיין בגדי לבן, והקטרה הוא בבגדי זהב מבחוץ. ומשני: נתנו במגם להקטירו לכשיגיע זמנו. ובפ' "תמיד נשחט" (גז"ש) מפרש: הקטירו ס"ד? אטו הוא גופיה מקטיר ליה, והא בזר קיימינן, דלעיל מיניה איירי בהפשטה דכשירה בזר? ומשני: נתנו במגם להקטיר על ידי כהן. ור"ת אומר: דאין צריך להגיה הספרים, והא דלא פריך הכי גבי מנחה, בכלי שרת ס"ד – שאני התם, כיון דמנחה בעיא קידוש כלי, אגב דמקדש בכלי שרת מעלה למזבח בכלי שרת שהיא נתונה בו להקטירה, אבל הכא, ובפרק "תמיד נשחט" פריך שפיר: במגם ס"ד? וכי חובה הוא שיהיה בכלי שרת כלל? והקשה ה"ר שמואל מורדון: דבפרק שני דסוטה (דף טו.) דפריך הכי גבי מנחה דקתני מעלה ומקטירה בכלי שרת ומקטיר לה, ומשני: אימא להקטירה. ומעתה אין צריך למחוק הספרים דאיכא למימר כיון דפריך לה חדא זימנא בסוטה גבי מנחה ושני לה לא חש להקשות במנחה זימנא אחריתי, אע"ג דזבח פריך לה ב"תמיד נשחט" (פסחים דף סה:) והדר פריך לה הכא התם כבשים והכא פרים. אבל גבי מנחות שם מנחה אחת היא. ולספרים דגרסינן בסוטה בברייתא: מעלן ומקטירן בכלי שרת, ומולחו ונותנו על גבי האשים ניחא *(לפר"ת) דהכי פריך: מקטירו בכלי שרת ס"ד? פירוש: וכי כמו שהיא בכלי שרת בלא מליחה מקטירו? ומשני: אימא להקטירו, פירוש: לאחר מליחה, ולי נראה דגרסי' שפיר: במגם ס"ד. ופריך: וכי חובה הוא שיוליכנו במגם למזבח? נהי נמי דכשקרען והוציא אימוריהן נותנו במגם, ולא על גבי רצפה, שלא יהו קדשי שמים מוטלים כנבלה מ"מ כשמעלן למזבח יכול להעלותן בידיו ומדקתני ליה גבי סדר יום הכפורים משמע דכך הוא הסדר ובענין אחר אין לעשות. ולהכי פריך: וכי חובה הוא לעשות כן להעלותם במגם? ובפרק "תמיד נשחט" נמי, דקתני כל סדר הפסח שחיטתו וקבלת דמו והולכתו וזריקתו והפשיטו והקטרתו, להכי מתמה מדקתני הכי גבי סדר הפסח אלמא דחובה הוא להקטירו במגם, וכן בפרק ב' דסוטה* דקתני: סדר מנחות כיצד? אדם מביא מנחתו מתוך ביתו וכל סדר המנחה קתני. עד: מעלה ומקטירה בכלי שרת, להכי פריך: מדקתני הכי גבי סדר מנחה אלמא חובה היא, אבל בשאר דוכתי לא פריך הכי:

רבינו חננאל

קדים ומלבין *) כדכתיב אם יהיו חטאיכם כשנים כשלג ילבינו. ולא היה מגיע למחצית ההר עד שנעשה אברים אברים אותן אברין רב ושמואל חד אמר מותרים בהנאה הן כלומר להאכילן לבהמות. וחד אמר אסורין ואסיקנא אמר רבא מסתברא כמ"ד מותרין דלא אמרה תורה שלח לתקלה. כלומר דבר שיבא בו לידי תקלה: ת"ר עזאזל מקום עז וקשה כדכתיב ואת אילי הארץ לקח. יכול ביישוב ת"ל המדברה [ומנין שבצוק ת"ל] אל ארץ גזרה שמתגזר ויורד. שמא תאמר מעשה תוהו הם ת"ל גזרה. אני ה' גזרתי ואין רשות להרהר בי: ת"ר את משפטי תעשו. דברים שאילו לא נכתבו דין שיכתבו ואלו הן ע"ז וג"ע וש"ד וגזל וברכת השם. ואת חקותי תשמרו. דברים שיצה"ר מקטרג עליהן ואומות העולם משיבין עליהן. ואלו הן אכילת חזיר ולבישת שעטנז ורוק יבמה ושיער נזיר וצפורי מצורע ושעיר המשתלח והרבעת כלאים ושור הנסקל ופטר חמור ועגלה ערופה ובשר בחלב ושמא תאמר מעשה תוהו המה אני ה' חקקתים גזרה [היא] ואין לך רשות להרהר בהן. מאימתי מטמאין בגדים כו' ת"ר המשלח השעיר מטמא בגדים ולא המשלח את המשלח וכו'. עד ר' שמעון אומר משעת דחייתו זורקו בבת ראש לעזאזל יכבס בגדיו. בא לו אצל הפר ואצל השעיר קרען כו'. מגם קערה כדמתרגמינן קערת כסף מגיסטא דכסף. נתן את האימורין והן החלבין במגם כדי

*) נראה דחסר כאן וצ"ל א"ר נחום וכו' בראשונה היו קושרין וכו' דכתיב אם יהיו וגו'.

תוספות ישנים

בשלמא לרבי משכחת לה דכיון דלית ליה למימר נתעברה שנה שנתעברה לו משכחת שפיר שנה בלא רגלים לדוקא בעדי תומה...

הגהות הב"ח

(א) רש"י במתני' ד"ה בא לו כו' אחר שמסר את השעיר המשתלח למי:

מַה לְּהַלָּן עַל יְדֵי נִיתּוּחַ וְלֹא עַל יְדֵי הֶפְשֵׁט – אַף כָּאן עַל יְדֵי נִיתּוּחַ וְלֹא עַל יְדֵי הֶפְשֵׁט. וְהָתָם מְנָא לַן? *דְּתַנְיָא: °"וְקִרְבּוֹ וּפִרְשׁוֹ וְהוֹצִיא" – מְלַמֵּד שֶׁמּוֹצִיאוֹ שָׁלֵם. יָכוֹל יִשְׂרְפֶנּוּ שָׁלֵם – נֶאֱמַר כָּאן °"רֹאשׁוֹ וּכְרָעָיו", וְנֶאֱמַר לְהַלָּן *(°רֹאשׁ וּכְרָעַיִם), מַה לְּהַלָּן – עַל יְדֵי נִיתּוּחַ, אַף כָּאן – עַל יְדֵי נִיתּוּחַ, אִי מַה לְּהַלָּן עַל יְדֵי הֶפְשֵׁט – אַף כָּאן עַל יְדֵי הֶפְשֵׁט? תַּלְמוּד לוֹמַר: וְקִרְבּוֹ וּפִרְשׁוֹ. מַאי תַּלְמוּדָא? אָמַר רַב פַּפָּא: כְּשֵׁם שֶׁפִּרְשׁוֹ בְּקִרְבּוֹ – כָּךְ בְּשָׂרוֹ בְּעוֹרוֹ.§ "מֵאֵימָתַי מְטַמְּאִין בְּגָדִים".§ *תָּנוּ רַבָּנַן: °"יוֹצִיא אֶל מִחוּץ לַמַּחֲנֶה וְשָׂרְפוּ". לְהַלָּן אַתָּה נוֹתֵן לָהֶם שָׁלֹשׁ מַחֲנוֹת, וְכָאן אַתָּה נוֹתֵן לָהֶם מַחֲנֶה אַחַת, אִם כֵּן לָמָּה נֶאֱמַר "מִחוּץ לַמַּחֲנֶה"? לוֹמַר לְךָ: כֵּיוָן שֶׁיָּצָא חוּץ לְמַחֲנֶה אַחַת – מְטַמְּאִים בְּגָדִים. וְהָתָם מְנָא לַן? *דְּתַנְיָא: °"וְהוֹצִיא אֶת כָּל הַפָּר" – חוּץ לְשָׁלֹשׁ מַחֲנוֹת. אַתָּה אוֹמֵר חוּץ לְשָׁלֹשׁ מַחֲנוֹת, אוֹ אֵינוֹ אֶלָּא חוּץ לְמַחֲנֶה אַחַת? כְּשֶׁהוּא אוֹמֵר בְּפַר הָעֵדָה: "אֶל מִחוּץ לַמַּחֲנֶה", שֶׁאֵין ת"ל, שֶׁהֲרֵי כְּבָר נֶאֱמַר: °"וְשָׂרַף אוֹתוֹ כַּאֲשֶׁר שָׂרַף אֶת הַפָּר הָרִאשׁוֹן" וּמַה ת"ל: "אֶל מִחוּץ לַמַּחֲנֶה" – לִיתֵּן לוֹ מַחֲנֶה שְׁנִיָּה. וּכְשֶׁהוּא אוֹמֵר "מִחוּץ לַמַּחֲנֶה" בַּדֶּשֶׁן, שֶׁאֵין ת"ל, שֶׁהֲרֵי כְּבָר נֶאֱמַר: °"אֶל שֶׁפֶךְ הַדֶּשֶׁן" – תֵּן לוֹ מַחֲנֶה שְׁלִישִׁית. *וְר"ש הַאי "מִחוּץ לַמַּחֲנֶה" מַאי עָבֵיד לֵיהּ? מִיבְּעֵי לֵיהּ לִכְדְתַנְיָא. ר"א אוֹמֵר: נֶאֱמַר כָּאן "מִחוּץ לַמַּחֲנֶה" וְנֶאֱמַר לְהַלָּן °"מִחוּץ לַמַּחֲנֶה", מַה כָּאן – חוּץ לְשָׁלֹשׁ מַחֲנוֹת, אַף לְהַלָּן – חוּץ לְג' מַחֲנוֹת. וּמַה לְּהַלָּן בְּמִזְרָחָהּ שֶׁל יְרוּשָׁלַיִם – אַף כָּאן בְּמִזְרָחָהּ שֶׁל יְרוּשָׁלַיִם. וְרַבָּנַן, הֵיכָא שָׂרֵיף לְהוּ? כִּדְתַנְיָא: הֵיכָן נִשְׂרָפִין? לִצְפוֹנָהּ

תורה אור: ויקרא ד; שם; שם ח; שם טז; שם ד; שם; שם; במדבר יט

רש"י

מה להלן וכו'. כדמפרש ואזיל: וקרבו ופרשו והוציא. בת"כ ה"ג: ואת עור הפר ואת כל בשרו על ראשו ועל כרעיו וקרבו ופרשו והוציא מלמד שמוציאו שלם: ונאמר להלן *ראש וכרעים ה"ג. ומעולה גמר, שנאמרו בה ראש וכרעים בהקטרתה, שנאמר "וערכו את הנתחים את הראש ואת הפדר" ונאמר "והקרב והכרעים": כשם שפרשו בקרבו וכו'. שנאמר "ואת עור הפר ואת כל בשרו" הקיש הוצאת עור ובשר להוצאת קרבו ופרשו, מה פרשו בקרבו אף בשרו בעורו, וכתיב והוציא ושרף מה הוצאתו בשרו(א) ועורו אף שריפתו כן: ת"ר נאמר כאן מחוץ למחנה וכו'. הגירסא הזו משובשת היא, ואי אפשר להעמידה ובמסכת זבחים ובת"כ הכי איתא: ת"ר להלן אתה נותן להן ג' מחנות וכאן אתה נותן להן מחנה אחת א"כ למה נאמר אל מחוץ למחנה? לומר לך כיון שיצאו חוץ למחנה אחת מטמאין בגדים וגבי פר יום הכפורים תניא לה בת"כ "יוציא אל מחוץ למחנה ושרפו" וגו'. וקמתמה תנא ואמר הכי להלן בפר העדה וכהן משיח אתה נותן להן לשריפתן חוץ לג' מחנות: עזרה והר הבית וירושלים כדיליף לקמן וכאן אתה אומר "אל מחוץ למחנה ושרפו" דמשמע ששורפן חוץ למחנה שכינה, מיד במחנה לויה והלא אף אלו פנימיים, ואיתקישו להדדי לשריפה ולטומאת בגדים כדאמרינן גבי פר העלם דבר "ועשה לפר כאשר עשה לפר החטאת" וכוליה לדרשא, ודרשינן "לפר" זה פר יום הכפורים במס' זבחים (מא.) ובמסכת מנחות (מ.) מייתינן לה, ועיקרה בת"כ וגבי פר יוה"כ נמי כתיב: "החטאת החטאת" ואת פר החטאת ואת שעיר החטאת. מה תלמוד לומר חטאת חטאת – לפי שלא למדנו שיהו מטמאין בגדים ונשרפין חבית הדשן אלא אלו בלבד, מניין לרבות פר משיח ופר העדה ושעירי ע"ז, ת"ל: "חטאת חטאת" אלמא כי הדדי נינהו, א"כ למה נאמר כאן מחנה אחת, לא נאמרה אלא על טומאת הבגדים הכתובה אחריה "והשורף אותם יכבס בגדיו" ולומר לך: כיון שיצאו חוץ למחנה אחת מטמאין בגדים ואף של פר כהן משיח מכאן למד שהרי לא נכתבה בו טומאת בגדים ומריבויא דחטאת חטאת אתיא כדפרישית. וה"ג: אמר מר להלן אתה נותן להם ג' מחנות וכו': מחוץ למחנה בדשן. בהוצאת דשן המזבח "והוציא את הדשן אל מחוץ למחנה" שאין [ת"ל], אינו מלמד כלום דאנא ידענא דאל מחוץ למחנה מוציאין אותו דכתיב בפרים הנשרפים "אל שפך הדשן" וכתיב ביה "מחוץ למחנה": ורבי שמעון. דאמר במתניתין אין מטמאין בגדים עד שיוצאת האור ברובן, האי "מחוץ למחנה" דכתיב בפר ושעיר של יום הכפורים מאי עביד ליה: נאמר כאן. בפר יום הכפורים, ונאמר להלן בפרה אדומה "והוציא אותה אל מחוץ למחנה" (במדבר יט): מה כאן. בפרים הנשרפין חוץ לג' מחנות אף שחיטת פרה אדומה חוץ לג' מחנות: ומה להלן. בפרה אדומה במזרחה של ירושלים דכתיב בה "אל נכח פני אהל מועד" (שם) אלמא: עומד במזרח ופניו למערב כנגד פתחו של היכל שהוא בכותל [מערבי] ופתוח למזרח אף כאן וכו': ורבנן. דמפקי ליה לקרא לטומאת בגדים, ולית להו גזירה שוה: היכא שריף להו. לאיזו רוח של ירושלים: לצפונה

תוספות

כשם שפרשו בקרבו כך בשרו בעורו. פירש"י: ולא איתקש שריפה להוצאה. ותימה לי: והא בקדשים אין למדין היקש מהיקש, והכא כיון דהוצאה גופה למדין בהיקש מדאיתקש עור ובשר לפרש, היכי הדר תו גמרינן מינה שריפה בהיקש? ואין לתרץ: כיון דנשרפין חוץ לשלש מחנות לא חשיבי עור ובשר שלהם קודש לענין זה שלא יחזרו וילמדו בהיקש, אלא חוזרין שפיר ומלמדין בהיקש, דהא בפ' "איזהו מקומן" (זבחים דף נ.) מייתי הא ברייתא דהכא וגמר מינה דבר הלמד בג"ש חוזר ומלמד בג"ש בקדשים. אלא יש לומר: דשריפה גופה איתקש לפרש, כשם שפרשו בקרבו בשעת שרפה כך בשרו בעורו דושרף קאי על בשרו וראשו וכרעיו וקרבו ופרשו, ששורף הכל. וכשם שפרשו בקרבו דגנאי היה לשרוף הפרש בפני עצמו אף בשרו בעורו. מיהו, יכולני ליישב פירש"י: תן לו מחנה שלישית. תימה: בפר העלם מנלן שלש מחנות? אי מפר כהן משיח הא איהו גופיה גמר בהיקש מדשן, ודבר הלמד בהיקש אינו חוזר ומלמד בהיקש. ולמאן דאמר הימנו ודבר אחר לא הוי היקש ניחא, דאגב דגמרי מיניה מחנה הכתוב בו, גמרינן נמי מחנה דגמר בהיקשא. וכן קשה בפרק "נגמר הדין" (סנהדרין דף מב:) דיליף מקלל דסקילתו חוץ לשלש מחנות מגזירה שוה דפרים הנשרפים, ואמאי? והא דבר הלמד בהיקש אינו חוזר ומלמד בגזירה שוה למאן דאמר ב"איזהו מקומן" דבתר מלמד אזלינן אע"ג דלמד חול הוא. וכן בשמעתא דקאמר להלן: אתה נותן להם שלש מחנות, וכאן מחנה אחת, פירוש: הא גמרי מהדדי בג"ש דחטאת חטאת בשילהי "התערובת" (זבחים דף פג.). וקשה: והא דבר הלמד בהיקש אינו חוזר ומלמד בגזירה שוה! וכן קשה לר' שמעון דגמר פרה מפר יום הכפורים חוץ לשלש מחנות בגזירה שוה, ופר יום הכפורים גופיה בהיקש מפר כהן משיח, כדפירש רש"י מדדרשי "לפר" – זה פר יום הכפורים דאיתקש בההוא קרא לפר כהן משיח ולפר העלם, ובקרא אחריתי דכתיב: "ואת פר החטאת ואת שעיר החטאת", שאין תלמוד לומר "החטאת" "החטאת", אלא החטאת יתירא – לשאר נשרפין הוא דאתא. הרי איתקשו להדדי וכל שכן דקשה טפי הכא דגמר פרה בגזירה שוה מפר יום הכפורים, ופר יום הכפורים בהיקש מפר כהן המשיח, דאיהו גופיה יליף בהיקש. בשלמא מזרחה של ירושלים דגמר יום הכפורים מפרה – מצי הדר למיגמר מפר כהן משיח לרב פפא דפרק "איזהו מקומן" דאמר: בתר מלמד אזלינן, ומלמד חולין הוא. דפרה קדשי בדק הבית היא. אבל היכי מלמד יום הכפורים על פרה? כיון דמלמד קודש הוא! ויש לומר: דפר יום הכפורים ופר כהן משיח לא בהיקש גמרי בהדדי, אלא בגזירה שוה דעור ובשר ופרש כדלעיל, או בג"ש ד"החטאת" "החטאת" מהדדי, דבכולהו כתיב "החטאת". ולא כמו שפירש רש"י דהיקש הוא. והשתא ניחא דהוה ליה דבר הלמד בגזירה שוה חוזר ומלמד בגזירה שוה. ופר העלם נמי, למאן דאמר הימנו ודבר אחר הוי היקש – לאו בהיקש יליף אלא בגזירה שוה ד"החטאת" "החטאת" ואפילו לר' מאיר דפליג בס"פ "התערובות" (גם זה שם) אההוא דרשא דחטאת וקאמר: אינו צריך, הרי הוא אומר לכפר כו' לאו משום דלית ליה גזירה שוה, אלא ה"ק: אינו צריך גזירה שוה לטומאת בגדים דמקרא דלכפר נפקא. אי נמי: יליף שריפה חוץ לג' מחנות מגזירה שוה דמחוץ למחנה כרבי שמעון. וקשה: אמאי איצטריך לרבי שמעון מחוץ למחנה מיותר ללמד על פרה שלש מחנות? נגמר לה מפרים הנשרפים כדגמר מקלל בר"פ "נגמר הדין" (סנהדרין דף מב:). ויש לומר: דשמא לרבי שמעון מקלל נמי מפר יוה"כ גמר כמו פרה. ועוד תימה: לדידן נגמר מקלל שיהא חוץ למחנה מיום הכפורים דמטמא בגדים חוץ למחנה אחת, ולא נגמר חוץ לג' מחנות משריפת פרים. ויש לומר: מסתברא משריפה אית לן למיגמר דאידי ואידי הכשירו שם: מקלל לסוקלו ופרים לשורפן. אבל טומאת בגדים שחוץ למחנה אחת אינן הכשירו. אבל תימה: מאי איצטריך קרא בפ' "השוחט והמעלה" (זבחים דף קז:) במחנה

רבינו חננאל

לעלותן ע"ג המזבח להקטירן. קלען במקלעות א"ר יוחנן כמין קליעה תנן כלומר היו תולין במוטות כמו קלע כדכתיב ואת נפש אויביך יקלענה בתוך כף הקלע. תנא לא היה מנתחן ניתוחי עולה לא ע"י הפשט אלא עור ע"ג בשר היה מנתחן דילפי מפר העלם דבר של צבור שנא' בו בפר העלם דבר של צבור על ראשו ועל כרעיו וקרבו ופרשו ונאמר בעולה קרבו ראשו וכרעיו מה להלן ע"י ניתוח שנאמר והפשיט את העולה ונתח אותה לנתחיה. אף פר העלם דבר ע"י ניתוח. אי מה העולה ניתוחה אחרי הפשט עורה מבשרה. אף זה הפר ניתוחו אחרי הפשיטו ת"ל וקרבו ופרשו שכשם שפרשו בקרבו כך בשרו בעורו למדנו שלא היה מפשיט העור מן הבשר אלא היה מנתחם בעודנו העור דבוק על הבשר. תוספתא [כפ"ג] היכן שורפין אותן אבית הדשן הגדול חוץ לירושלים ולצפונה של ירושלים חוץ לג' מחנות והיקיפן של כהנים היו מעמידין מפני דוחק העם כדי שלא יהו קופצין לראות ונופלין לתוך המדורה וכו': מאימתי מטמאין בגדים וכו'. ת"ר להלן בפר כהן משיח אתה נותן חוץ לג' מחנות וכאן חוץ למחנה אחת. א"כ מה ת"ל אל מחוץ למחנה ללמד כיון שיצאו חוץ לחומת העזרה מטמאין בגדיהן המוציאין אותן לשורפן כדתנן בזבחים סוף פרק טבול יום. היו סובלין אותן במוטות יצאו הראשונים חוץ לחומת העזרה והאחרונים לא יצאו. הראשונים מטמאין בגדים ואחרונים אין מטמאין עד שיצאו כו'. והתם בפר כהן משיח מנ"ל דחוץ לג' מחנות. דתניא והוציא את כל הפר אל מחוץ למחנה חוץ לג' מחנות וכו'. ופשוטה בפר כהן משיח כתיב אל מחוץ למחנה אל שפך הדשן למדנו ששפך הדשן הוא חוץ למחנה למה כתיב והוציא את הדשן אל מחוץ למחנה להוסיף לו חוץ למחנה אחר. עוד בפר העדה כתיב ושרף אותו כאשר שרף את הפר הראשון. והוא פר כהן משיח. וממילא ידעינן דחוץ למחנה ישרף למה כתב בו [אל מחוץ למחנה] ליתן מחנה אחר הרי ג' מחנות. וכתיב והשליך אותה אצל המזבח קדמה אל מקום הדשן. ש"מ ששפך הדשן במזרח היה. הנה למדנו שפר כהן משיח היה נשרף חוץ לג' מחנות למזרח ירושלים. וכן פר העדה ור' שמעון דאמר משיצת האור ברובן דאישתייר

תוספות ישנים

במיתה. הוראת שעה היתה לליכא אלא אזהרה כדאמרינן בפ' ד' מיתות

מסורת הש"ס

וכשולה ראש וכו' פי' רש"י זבחים נ. ד"ה ונאמר להלן וכו'

זבחים נ.

[נ"ל ראשו וכרעיו]

זבחים קה:

שם סנהדרין מב:

[כל הענין בזבחים קה: וע"ש]

הגהות הב"ח

(א) רש"י ד"ה כשם שפרשו כו' מה הוצאתו בשרו בעורו כך:

(דף ס:): לא עדים ולא התראה בהדרוקן. שבדקן כסוטות כדאמר בע"ז שפניה מוריקות והדרוקן וירקון חדא מילתא היא כדאמרינן ביבמות (דף ס:) העבירום לפני לין וכל הראויה ליבעל פניה מוריקות דאמר מר סימן לעבירה הדרוקן ואע"ג דאמר בברכות (דף סב:) עמוד החוזר מביא לידי הדרוקן וסילון החוזר מביא אדם לידי ירקון מ"מ שני מינין הן ודומין לאחד שטוטין לגד ירקון. מ"ר: אבי אמו מישראל. אבל לא בעי למימר אמו מישראל דלא מיסתבר ליה שעבדו נמי הלוים ע"ז: תשעים ריס שבעה ומחצה לכל מיל. פי' רש"י דהא מיל אלפים אמה [illegible]

מב א מיי' פ"ז מהל' מעשה קרבנות הלכה ד:
מג ב ג ד ה מיי' פ"ה מהל' פרה הל' ד:
מד ו מיי' פ"ג מהל' עבודת יוה"כ הל' ז:

במתנה לרבות אפילו חוץ למחנה אחת דלא תימא חוץ לג' מחנות כמו פרים הנשרפים. בלאו קרא נגמר מחוץ למחנה דטומאת בגדים דדמו להדדי דתרוייהו לאו מכשירים נינהו! ונראה לי: דאי לא כתב "במחנה" הוה גמרינן מפרה, דאף על גב דהאי מכשיר והאי לאו מכשיר הוא מכל מקום כיון דאידי ואידי בשחיטת חוץ איירי דכתיב גבי פרה: "והוציא אותה אל מחוץ למחנה ושחט אותה לפניו" וגמרינן להו מהדדי, ופרה גמרינן מפרים הנשרפין משריפתן ולא מטומאתן, דלשריפתן דמיא דאידי ואידי מכשיר הוא, אבל לטומאתן לא דמיא כלל:

הדרן עלך שני שעירי

לצפונה של ירושלים, וחוץ לשלש מחנות. א ר' יוסי אומר: אבית הדשן נשרפין. אמר רבא: מאן תנא דפליג עליה דר' יוסי – ר' אליעזר בן יעקב הוא, דתניא: *°"אל שפך הדשן ישרף" (ויקרא ד) – שיהא לשם דשן. רבי אליעזר בן יעקב אומר: שיהא מקומו משופך. אמר ליה אביי: ודילמא במקומו משופך הוא דפליגי? ת"ר: "והשורף" – השורף מטמא בגדים, ב ולא המצית את האור, ג ולא המסדר את המערכה, ד ואי זהו השורף – זה המסייע בשעת שריפה. יכול אף משנעשו אפר מטמאין בגדים – ת"ל: "אותם" – ה אותם מטמאין בגדים ולא משנעשו אפר מטמאין בגדים. ר"א ברבי שמעון אומר: הפר מטמא, ניתך הבשר – אינו מטמא בגדים. מאי בינייהו?(א) – איכא בינייהו דשויה חרוכא.§ **מתני'** אמרו לו לכהן גדול: הגיע שעיר למדבר. ו ומניין היו יודעין שהגיע שעיר למדבר? דירכאות היו עושין, ומניפין בסודרין, ויודעין שהגיע שעיר למדבר. אמר ר' יהודה: והלא סימן גדול היה להם: מירושלים ועד בית *חדודו – שלשה מילין, הולכין מיל וחוזרין מיל ושוהין כדי מיל, ויודעין שהגיע שעיר למדבר.[א](א) ר' ישמעאל אומר: והלא סימן אחר היה להם, לשון של זהורית היה קשור על פתחו של היכל, וכשהגיע שעיר למדבר היה הלשון מלבין, שנאמר: °"אם יהיו חטאיכם כשנים כשלג ילבינו" (ישעיה א).§ **גמ'** אמר אביי: ש"מ – בית חדודו במדבר קיימא, והא קמ"ל,[ב] דקסבר רבי יהודה: כיון שהגיע שעיר למדבר – נעשית מצותו.§

הדרן עלך שני שעירי

לצפונה של ירושלים. שכל מעשה חטאת בצפון: **אבית הדשן.** צריך שיקדים לשם דשן המזבח שיהא נקרא קודש לכן מקום ששפך הדשן מכלל דלתנא קמא לא צריך: **רבי אליעזר בן יעקב הוא.** דאמר לא אשמועינן אלא שיהא מקומו מדרון, שיהא דשנו משתפך: **ודילמא במקומו משופך הוא דפליגי.** ומודה רבי אליעזר בן יעקב שיקדים שם דשן אלא דבעי נמי מקומו משופך: **השורף.** המתעסק בצרכי שריפתן בגופן, דכתיב "אותם" כגון המסייע בשעת שריפה. והאי תנא אית ליה כרבי שמעון דאין מטמאין בגדים עד שיוצת בהן האור: **דשויה חרוכא.** דהוי ניתך הבשר, ואפר מיהו לא הוו. לתנא קמא מטמאין עד שיעשו אפר ד"אותם" קרינא ביה, לרבי אלעזר ברבי שמעון שוייה חרוכא לא מטמא דלא פר מיקרי:
מתני' אמרו לו לכהן גדול וכו'. שאינו רשאי להתחיל בעבודה אחרת, עד שהגיע שעיר למדבר שנאמר "ושלח את השעיר במדבר", ואחר כך "ואת חלב החטאת יקטיר המזבחה": **דירכאות.** בני אדם עומדים מירושלים לצוק, כדי שיראה זה סימנו של זה, ומניפין אותם הסמוכין למדבר בסודרין. וזה הסמוך לו רואה ומניף גם הוא ורואה חבירו הסמוך לירושלים. דירכאות בלע"ז רידר"יגרדש: **עד בית חדודו.** הוא ראש המדבר, ושם נתקיים "ושלח את השעיר במדבר": חולכין מיל. כדאמרן לעיל (סו:): מיקירי ירושלים מלוין אותו עד סוכה הראשונה: **גמ'** נעשית מצותו. ומתחיל לקרות הפרשה:

הדרן עלך שני שעירי

הגהות הב"ח

(א) מתני' ר' ישמעאל אומר והלא סימן אחר כו'. נ"ב ברייתא היא: (ב) מתני' וכהן גדול עומד ומקבל וקורא. נ"ב ס"א עומד וקורא: (ג) שם ועל המקדש (בפני עצמו) ועל ישראל (בפני עצמן) ועל הכהנים (בפני עצמן) ועל שאר התפלה כצ"ל ותיבות ועל ירושלים בפני עצמה נמחק ותיבות בפני עצמן מוקפין ונ"ב ס"א ועל הכהנים ועל ישראל ועל שאר התפלה:

הגהות הגר"א

[א] במשנה (ר' ישמעאל כו' עד כשלג ילבינו) תא"מ: [ב] גמ' (דקסבר ר' יהודה) תא"מ: [ג] במשנה ועל המקדש ועל הכהנים ועל ישראל בפני עצמן ועל שאר התפלה. כצ"ל:

רבינו חננאל

ליה אל מחוץ למחנה מופני גמיר ביה ג"ש מפר כהן משיח. כדתניא ר' אליעזר אומר נאמר בו מחוץ למחנה כו'. ורבנן דמפקי אל מחוץ למחנה דחוץ לחומת עזרה [מטמא בגדים] הני היכא הוה שריף להו אמרינן שריף להו לצפון ירושלים חוץ לג' מחנות כדתניא כו'. אמר רבא מאן תנא דפליג על ר' יוסי הגלילי ר' אליעזר בן יעקב היא דתניא על שפך הדשן ישרף שיהא שם דשן שיקדים שם דשן. ר' אליעזר בן יעקב אומר שיהא מקומו משופך ודחי אביי ודילמא במקומו משופך פליגי ולאו דלא בעי ר' אליעזר בן יעקב על שפך הדשן ממש מאן דאמר ניתך הבשר והחלב כהיתוך מים אין מטמא בגדים. החריכה נמי כמו היתוך הוא שהרי לא נותר בשר. ואינו מטמא בגדים. ומי שאמר משנעשו אפר החריכה אינה אפר ומטמא בגדים. אמרו לכ"ג הגיע שעיר למדבר כו'. אמר אביי ש"מ קא סבר ר' יהודה בית חדודו מדבר הוא. קמ"ל כיון שהגיע למדבר נעשה מצותו:

הדרן עלך שני שעירי

תוספות ישנים

יד הוא כדאמרינן בפסחים בריש אלו דברים גבי סכין ובמסכת שקלים פרק התרומה (מ"ב) מוכח דהאי לשון של זהורית דהכא אין זה לשון זהורית שהיו קושרין במקדש בראש השעיר המשתלח לעיל בפרק טרף בקלפי (דף מא:) דקתני פרה ולשון של זהורית שבראש שעיר המשתלח באין מתרומת הלשכה כבש שעיר ולשון שבין קרניו באין משירי הלשכה א): **מלבין** ויודעין שנעשית מצותו. ואע"פ שהיה כמה פעמים מלבין קודם עשיית המצוה מ"מ סמוך לעשייתו היה מלבין: *)**מאן** דאמר מותרין דכתיב במדבר. ואע"פ דמעגלה ותרומת הדשן לא ילפי' להו דהוה שני כתובים הבאים כאחד מ"מ אינטריך ליה במדבר דלא תיקשי ב) לאסור משום גזירה (שוה) שמא ולמ"ד אסורין הוי מצי למימר לעיל דהוה שלשה כתובים אלא דהיה מצי למיפרך הגיאה למ"ד כו' כדפריך במעילה פ' ולד חטאת (דף יא:) כדפרישית לעיל: **אבילת** חזיר ולבישת שעטנז כו'. וכן יש הרבה אפר פרה וכיסוי הדם וכיוצא בהן: **הקטירן** ס"ד אטו במגס מקטר להו. ומתקו רש"י כאן ובפסחים פרק תמיד נשחט (דף סה:) ובפ' שני דסוטה (דף טו.) גבי מנחה משום דקשיא ליה דדכוותה תנינן טובא במנחות מעלהו ומקטירו בכלי שרת מעלהו ומקטירו בהמיינו והכי פריך הכא והקטירו ס"ד וכי הוא מקטירן עכשיו והלא עודנו לבוש בגדי לבן ועליו עוד לקרות הפרשה ואח"כ יטבול וילבוש בגדי זהב לאילו ואיל העם ואח"כ יטבול להוציא כף ומחתה ויטבול שלישית למוספין ואימורי חטאת הללו כדאמרינן בפירקין דלקמן ובתמיד נשחט נמי פריך הקטירן ס"ד והלא בהפשט וניתוח קאי והן כשרין בזר והוא לא מקטר להו ורבינו יעקב היה רוצה לפרש הכא ובפסחים דגרס ליה וה"ק אטו במגס מקטיר להו דעל כרחין לא היה נותנן במגס כדי לקדשן בה כי השחיטה מקדשתן ולא דמי לכלי שרת דמנחות דכלי שרת מקדשם ומיהו ההיא דסוטה אין ליישב לפי דבריו דפריך ליה גבי מנחה על כן נראה לרבי דודאי הכי נמי הוי מצי לאקשויי במנחה בכל מקום שהוא אלא אחר שהקשה בסוטה אין לו לחזור להקשות בכל מקום ולספרים דגרסינן בסוטה מעלהו ומקטירו בכלי שרת ומולחו ונותנו על גבי האשים ג) ופריך וכי לפני המליחה מקטירו וזה היה ניחא לפי שיטת רש"י אבל יש ספרים דלא גרסינן הכי. מ"ר. וקשה לפי פירוש רבי דהכא ובפסחים למה הקשה אותו כיון שהקשה כן ופירש במקום אחד ונראה לי דלא קשיא מידי ושפיר גרסי' ליה דבכל דוכתא לא פריך הכי אלא במקום ששונה הסדר כגון הכא ששונה כל סדר יום הכפורים ואינו מחסר כלום משמע שכך היה הסדר שנותנן במגס ומקטירן וכן בפסחים ששונה שם כל הסדר של פסחים כמו שהיה קרב א"כ משמע שכך הוא היה הסדר שנותנן במגס והקטירן שם וכן ההיא דסוטה דקתיב התם בפרק שני (דף יד:) סדר מנחה [כילד] אדם מביא מתוך ביתו כו' ולכך פטור דכך הוא הדין והסדר שמקטירן בכלי שרת אבל בהגי דמנחות [אין שונה הסדר ולכך] ידע שהוא רוצה לומר שמעלהו בהמיינו או במקידה של חרס והקטירו על גבי המזבח.

כן נראה עיקר: **אלא** אימא להקטירן. ואין מקטירן עכשיו עד שהוא מקריב מוספין כדפי' ר"ת בסידור אתה כוננת קרען והוציא חלבם והקטיר דגרס להקטיר לפי שעתה לא היה מקטירן הפרשה והקרבת אילו ואיל העם ושמא לשון המשנה תפס לו הפייט כך: (ע"כ שייך לדף סז ע"ב) לאיתקש עור הפר ואת כל בשרו דבריסיה דקרא לקרבו ופרשו דכתיב בתריה: **במזרחה** מקום שנאמר פני אינו אלא פני קדים שעומד בצד המזרח ומזה כנגד פתחו של היכל (דף סח ע"ב) **רבי** אליעזר בן יעקב היא. דלא בעי שיהיה שם דשן ומ"מ גמר שלש מחנות ד) שפיכת הדשן: **וקמ"ל** דקסבר רבי יהודה כיון שהגיע שעיר לראש המדבר נעשית מצותו. ואע"פ הפרשה משמע לכאורה דפליג ה) אתנא קמא דאמר לעיל (דף סז.) כשהגיע שעיר למדבר שנעשית מצותו וזהו כשהגיע [להגוק] שעד אותה שעה לא היה מלבין כדקאמר לעיל דילמא זימנין דגמיש ליה לרישיה כו' אלמא לא היה מלבין עד שעת דחיפה לגמרי ולפי שפי' התלמוד ו) לימא ליה לר' יהודה שהיו קושרין אותו תליו בסלע ותליו בין קרניו כיון שמלבין ז) ...

*) ע"כ שייך לדף סז ע"א   א) במשנה שלפניו שם גי' אחרת ועיין ש"י: ב) י"ג כמ"ד: ג) יש לפרש דפריך: ד) נ"ל מעל ספך: ה) נ"ל אר' אלעזר הקפר: ו) נ"ל ליה: ז) נ"ל כשמגיע: ח) נ"ל ...

Koren Talmud Bavli

THE NOÉ EDITION

YOMA

Steinsaltz Center

KOREN

תלמוד בבלי

KOREN TALMUD BAVLI

THE NOÉ EDITION

יומא

YOMA

Daf 47a through Daf 68b

COMMENTARY BY

Rabbi Adin Even-Israel Steinsaltz

EDITOR-IN-CHIEF

Rabbi Dr Tzvi Hersh Weinreb

SENIOR CONTENT EDITOR

Rabbi Dr Shalom Z Berger

EXECUTIVE EDITOR

Rabbi Joshua Schreier

STEINSALTZ CENTER

KOREN PUBLISHERS JERUSALEM

Supported by the Matanel Foundation

Koren Talmud Bavli, The Noe Edition
Vol. 6c: Tractate Yoma, Daf 47a through Daf 68b
Paperback, ISBN, 978-965-7765-47-0

First Hebrew/English paperback edition, 2021

Koren Publishers Jerusalem Ltd.
PO Box 4044, Jerusalem 91040, ISRAEL
PO Box 8531, New Milford, CT 06776, USA
www.korenpub.com

Steinsaltz Center

Steinsaltz Center is the parent organization of institutions established by Rabbi Adin Even-Israel Steinsaltz

PO Box 45187, Jerusalem 91450 ISRAEL
Telephone: +972 2 646 0900, Fax +972 2 624 9454
www.steinsaltz-center.org

This book was published in cooperation with the Israel Institute for Talmudic Publications.

הִנֵּה יָמִים בָּאִים, נְאֻם אֲדֹנָי יֱהוִֹה, וְהִשְׁלַחְתִּי רָעָב בָּאָרֶץ,
לֹא־רָעָב לַלֶּחֶם וְלֹא־צָמָא לַמַּיִם, כִּי אִם־לִשְׁמֹעַ אֵת דִּבְרֵי יהוה.

Behold, days are coming – says the Lord God – I will send a hunger to the land, not a hunger for bread nor a thirst for water, but to hear the words of the Lord. (AMOS 8:11)

The Noé edition of the Koren Talmud Bavli
with the commentary of Rabbi Adin Even-Israel Steinsaltz
is dedicated to all those who open its covers
to quench their thirst for Jewish Knowledge,
in our generation of Torah renaissance.

This beautiful edition is for the young, the aged,
the novice and the savant alike,
as it unites the depth of Torah knowledge
with the best of academic scholarship.

Within its exquisite and vibrant pages,
words become worlds.

It will claim its place in the library of classics,
in the bookcases of the Beit Midrash,
the classrooms of our schools,
and in the offices of professionals and business people
who carve out precious time to grapple with its timeless wisdom.

For the Student and the Scholar

DEDICATED BY LEO AND SUE NOÉ

Steinsaltz Center

Executive Director, Steinsaltz Center

Rabbi Meni Even-Israel

Managing Editor

Rabbi Jason Rappoport

Senior Content Editor

Rabbi Dr. Shalom Z. Berger

Editors

Rabbi Joshua Amaru, *Coordinating Editor*
Menucha Chwat
Rabbi Yoel Domb
Rabbi Yonatan Shai Freedman
Raphael Friedman
Nechama Greenberg
Rabbi Alan Haber
Rabbi David Hojda
Rabbi Dov Karoll
Rabbi Tzvi Chaim Kaye
Rabbi Adin Krohn
Catriel Lev
Sholom Licht
Elisha Loewenstern
Adina Luber
Rabbi Avishai Magence, *Content Curator*
Sally Mayer
Sarit Nagus
Yedidya Naveh
Rabbi Eli Ozarowski
Rabbi David Sedley
Shira Shmidman
Rabbi Michael Siev
Avi Steinhart
Rabbi David Strauss
Rabbi Abe Y. Weschler
Rabbi Binyamin Zimmerman

Copy Editors

Aliza Israel, *Coordinator*
Bracha Hermon
Ita Olesker
Debbie Ismailoff
Shira Finson
Ilana Sobel
Deena Nataf

Language Consultants

Dr. Stephanie E. Binder, *Greek & Latin*
Rabbi Yaakov Hoffman, *Arabic*
Dr. Shai Secunda, *Persian*
Shira Shmidman, *Aramaic*

KOREN

Design & Typesetting

Raphaël Freeman, *Design & Typography*
Dena Landowne Bailey, *Typesetting*
Rina Ben Gal, *Typesetting*
Tani Bayer, *Jacket Design*

Images

Eliahu Misgav, *Illustration*
Yehudit Cohen, *Image Acquisition*

Introduction by the Publisher

The Talmud has sustained and inspired Jews for thousands of years. Throughout Jewish history, an elite cadre of scholars has absorbed its learning and passed it on to succeeding generations. The Talmud has been the fundamental text of our people.

Beginning in the 1960s, Rabbi Adin Even-Israel Steinsaltz שליט״א created a revolution in the history of Talmud study. His translation of the Talmud, first into modern Hebrew and then into other languages, as well the practical learning aids he added to the text, have enabled millions of people around the world to access and master the complexity and context of the world of Talmud.

It is thus a privilege to present the *Koren Talmud Bavli*, an English translation of the talmudic text with the brilliant elucidation of Rabbi Steinsaltz. The depth and breadth of his knowledge are unique in our time. His rootedness in the tradition and his reach into the world beyond it are inspirational.

Working with Rabbi Steinsaltz on this remarkable project has been not only an honor, but a great pleasure. Never shy to express an opinion, with wisdom and humor, Rabbi Steinsaltz sparkles in conversation, demonstrating his knowledge (both sacred and worldly), sharing his wide-ranging interests, and, above all, radiating his passion. I am grateful for the unique opportunity to work closely with him, and I wish him many more years of writing and teaching.

Our intentions in publishing this new edition of the Talmud are threefold. First, we seek to fully clarify the talmudic page to the reader – textually, intellectually, and graphically. Second, we seek to utilize today's most sophisticated technologies, both in print and electronic formats, to provide the reader with a comprehensive set of study tools. And third, we seek to help readers advance in their process of Talmud study.

To achieve these goals, the *Koren Talmud Bavli* is unique in a number of ways:

- The classic *tzurat hadaf* of Vilna, used by scholars since the 1800s, has been reset for great clarity, and opens from the Hebrew "front" of the book. Full *nikkud* has been added to both the talmudic text and Rashi's commentary, allowing for a more fluent reading with the correct pronunciation; the commentaries of *Tosafot* have been punctuated. Upon the advice of many English-speaking teachers of Talmud, we have separated these core pages from the translation, thereby enabling the advanced student to approach the text without the distraction of the translation. This also reduces the number of volumes in the set. At the bottom of each *daf*, there is a reference to the corresponding English pages. In addition, the Vilna edition was read against other manuscripts and older print editions, so that texts which had been removed by non-Jewish censors have been restored to their rightful place.
- The English translation, which starts on the English "front" of the book, reproduces the *menukad* Talmud text alongside the English translation (in bold) and commentary and explanation (in a lighter font). The Hebrew and Aramaic text is presented in logical paragraphs. This allows for a fluent reading of the text for the non-Hebrew or non-Aramaic reader. It also allows for the Hebrew reader to refer easily to the text alongside. Where the original text features dialogue or poetry, the English text is laid out in a manner appropriate to the genre. Each page refers to the relevant *daf*.

- Critical contextual tools surround the text and translation: personality notes, providing short biographies of the Sages; language notes, explaining foreign terms borrowed from Greek, Latin, Persian, or Arabic; and background notes, giving information essential to the understanding of the text, including history, geography, botany, archaeology, zoology, astronomy, and aspects of daily life in the talmudic era.
- Halakhic summaries provide references to the authoritative legal decisions made over the centuries by the rabbis. They explain the reasons behind each halakhic decision as well as the ruling's close connection to the Talmud and its various interpreters.
- Photographs, drawings, and other illustrations have been added throughout the text – in full color in the Standard and Electronic editions, and in black and white in the Daf Yomi edition – to visually elucidate the text.

This is not an exhaustive list of features of this edition, it merely presents an overview for the English-speaking reader who may not be familiar with the "total approach" to Talmud pioneered by Rabbi Steinsaltz.

Several professionals have helped bring this vast collaborative project to fruition. My many colleagues are noted on the Acknowledgments page, and the leadership of this project has been exceptional.

RABBI MENACHEM EVEN-ISRAEL, DIRECTOR OF THE STEINSALTZ CENTER, was the driving force behind this enterprise. With enthusiasm and energy, he formed the happy alliance with Koren and established close relationships among all involved in the work.

RABBI DR. TZVI HERSH WEINREB שליט״א, EDITOR-IN-CHIEF, brought to this project his profound knowledge of Torah, intellectual literacy of Talmud, and erudition of Western literature. It is to him that the text owes its very high standard, both in form and content, and the logical manner in which the beauty of the Talmud is presented.

RABBI JOSHUA SCHREIER, EXECUTIVE EDITOR, assembled an outstanding group of scholars, translators, editors, and proofreaders, whose standards and discipline enabled this project to proceed in a timely and highly professional manner.

RABBI MEIR HANEGBI, EDITOR OF THE HEBREW EDITION OF THE STEINSALTZ TALMUD, lent his invaluable assistance throughout the work process, supervising the reproduction of the Vilna pages.

RAPHAËL FREEMAN, EXECUTIVE EDITOR OF KOREN, created this Talmud's unique typographic design which, true to the Koren approach, is both elegant and user friendly.

It has been an enriching experience for all of us at Koren Publishers Jerusalem to work with the Steinsaltz Center to develop and produce the *Koren Talmud Bavli*. We pray that this publication will be a source of great learning and, ultimately, greater *avodat Hashem* for all Jews.

Matthew Miller, Publisher
Koren Publishers Jerusalem
Jerusalem 5772

Contents

For the vocalized Vilna Shas layout, please open as a Hebrew book.

Introduction to **Perek V**

And he shall take a coal pan full of coals of fire from off the altar from before the Lord, and his hands full of sweet incense beaten small and bring it within the veil. And he shall put the incense upon the fire before the Lord, and the incense cloud shall cover the Ark cover that is upon the Testimony, and he will not die. And he shall take from the blood of the bull, and he shall sprinkle it with his finger upon the Ark cover to the east, and before the Ark cover he shall sprinkle seven times from the blood with his finger. And he shall slaughter the goat of the sin-offering that is for the people, and bring its blood within the veil, and he shall do with its blood as he did with the blood of the bull, and sprinkle it upon the Ark cover and before the Ark cover. And he shall make atonement for the sacred place because of the impurities of the children of Israel, and because of their transgressions, even all their sins; and so shall he do for the Tent of Meeting that dwells with them in the midst of their impurity. And there shall be no man in the Tent of Meeting when he goes in to make atonement in the sacred place, until he comes out and has atoned for himself and for his household and for the assembly of Israel. And he shall go out to the altar that is before the Lord, and make atonement for it; and he shall take of the blood of the bull and of the blood of the goat, and put it on the corners of the altar round about. And he shall sprinkle of the blood upon it with his finger seven times, and cleanse it and sanctify it from the impurities of the children of Israel.

(Leviticus 16:12–19)

And you shall make an altar to burn incense, of acacia wood you shall make it. A cubit shall be its length and a cubit its breadth, it shall be square, and two cubits shall be its height, and its corners shall be one piece with it… And Aaron shall make atonement upon its corners once a year; with the blood of the sin-offering of atonement once a year he shall make atonement for it throughout your generations; it is most sacred to the Lord.

(Exodus 30:1–2; 10)

This chapter continues to describe, following the order of the verses and the service of the day, the rites of the High Priest. It focuses mainly on the services that are at the heart of Yom Kippur, namely the rites performed within the inner sanctum, the Holy of Holies. The High Priest is permitted to enter this chamber only on Yom Kippur, and solely for the purpose of these services.

The first stage of these rites is the scooping of a handful of incense and its presentation. The practical performance of this action entails numerous difficulties with regard to the scooping itself, the amount of incense required, and the manner in which it is burned inside the Holy of Holies.

Furthermore, the Second Temple differed from both the First Temple and the Tabernacle in the wilderness in that it lacked the Ark of the Covenant and possessed certain structural differences. Therefore, the precise route of the High Priest's entrance into the Holy of Holies and his service inside the inner sanctum require elucidation. Likewise, the commandment that the High Priest be alone in the Sanctuary while performing the service in the Holy of Holies raises various issues, particularly with regard to the exact delineation of the Sanctuary area.

After concluding the service in the Holy of Holies, the High Priest performed additional rites in the Sanctuary, i.e., the sprinkling of the blood on the curtain and the golden altar, also called the incense altar. These rites too are performed almost exclusively on Yom Kippur. The order of the sprinklings on the curtain and the altar

must be clarified in detail, from the spot where they are performed to the disposal of the remainder of the blood.

The Yom Kippur service differs from the regular Temple service in two ways: On the one hand, it is especially important that the Yom Kippur service is performed in the exact order prescribed by the Torah. If the High Priest deviates from this order, the service is invalid. On the other hand, generally speaking, the High Priest does not complete all the rites of one offering from start to finish without interruption; rather, he is constantly moving from one rite to another, and from one offering to another. Consequently, it is easy to fall prey to error in one of the rites, particularly with respect to their order. This chapter addresses those cases where the High Priest made a mistake in this regard, and discusses which errors disqualify the service and which do not. Similarly, if a certain rite was disqualified or interrupted, the Gemara inquires as to at what point in the service the High Priest is obligated to start over.

These and related issues form the content of Chapter Five.

מתני׳ הוֹצִיאוּ לוֹ אֶת הַכַּף וְאֶת הַמַּחְתָּה, חָפַן מְלֹא חָפְנָיו וְנָתַן לְתוֹךְ הַכַּף, הַגָּדוֹל לְפִי גׇדְלוֹ וְהַקָּטָן לְפִי קׇטְנוֹ, וְכָךְ הָיְתָה מִדָּתָהּ. נָטַל אֶת הַמַּחְתָּה בִּימִינוֹ, וְאֶת הַכַּף בִּשְׂמֹאלוֹ.

MISHNA **They brought out the spoon and the coal pan** to the High Priest so he may perform the service of the incense. **He scoops his handfuls** from the incense **and places it into the spoon. The** High Priest with **large** hands fills the spoon with incense in an amount **corresponding to the large** size of his hands, **and the** High Priest with **small** hands fills the spoon with incense in an amount **corresponding to the small** size of his hands. **And this was the measure** of the spoon, i.e., it was made to correspond to the size of his hands. **He took the coal pan in his right** hand **and the spoon in his left** hand.[H]

גמ׳ מַחְתָּה תָּנָא לֵיהּ נָטַל אֶת הַמַּחְתָּה וְעָלָה לְרֹאשׁ הַמִּזְבֵּחַ וְחוֹתֶה וְיוֹרֵד! הָתָם מַחְתָּה דְּגֶחָלִים, וְהָכָא מַחְתָּה דִּקְטוֹרֶת. דְּתַנְיָא: הוֹצִיאוּ לוֹ כַּף רֵיקָן מִלִּשְׁכַּת הַכֵּלִים, וּמַחְתָּה גְּדוּשָׁה שֶׁל קְטוֹרֶת מִלִּשְׁכַּת בֵּית אַבְטִינָס.

GEMARA The Gemara expresses surprise at the statement of the mishna. In an earlier mishna, the *tanna* already **taught** that the High Priest must bring the **coal pan: He takes a coal pan and ascends to the top of the altar and rakes and descends.** Why does the *tanna* mention the taking of the coal pan again? The Gemara explains: **There** the mishna deals with the **coal pan of** burning **coals, and here** the mishna is referring to the **coal pan of incense,** which he would later scoop out. **As it was** explicitly **taught** in a *baraita*: **They brought out an empty spoon for him from the chamber of vessels, and a coal pan heaped with incense from the Chamber of the House of Avtinas.**

״חָפַן מְלֹא חׇפְנָיו וְנוֹתֵן לְתוֹךְ הַכַּף הַגָּדוֹל לְפִי גׇדְלוֹ וְהַקָּטָן לְפִי קׇטְנוֹ וְכָךְ הָיְתָה מִדָּתָהּ״. כַּף בְּיוֹם הַכִּפּוּרִים לָמָּה לִי? ״מְלֹא חׇפְנָיו וְהֵבִיא״ אָמַר רַחֲמָנָא!

§ The mishna taught: **He scoops his handfuls** from the incense **and places it into the spoon. The** High Priest with **large** hands fills the spoon with incense **corresponding to the large** size of his hands, **and** the High Priest with **small** hands fills the spoon **corresponding to the small** size of his hands, **and this was the measure** of the spoon, according to the size of his hands. The Gemara asks: **Why do I** need **a spoon on Yom Kippur?** After all, **the Merciful One states:** "And he shall take a coal pan full of coals of fire from off the altar from before the Lord, and **his hands full** of sweet incense beaten small **and bring** it within the veil" (Leviticus 16:12). This verse suggests that the handfuls are brought by hand rather than in a vessel.

מִשּׁוּם דְּלָא אֶפְשָׁר; דְּהֵיכִי נַעֲבֵיד? נְעַיֵּיל וַהֲדַר נְעַיֵּיל – הֲבָאָה אַחַת אָמַר רַחֲמָנָא, וְלֹא שְׁתֵּי הֲבָאוֹת.

The Gemara answers: The High Priest uses a spoon **because it is impossible** to perform the service otherwise. The Gemara elaborates: **As what should we do? Let him bring in** the coal pan **and then bring in** the incense? **The Merciful One states one** act of **bringing** for the coals and the incense, **and not two** acts of **bringing.**

נִשְׁקְלֵיהּ לִקְטוֹרֶת בְּחוֹפְנָיו וְנַחְתֵּיהּ [לַמַּחְתָּה] עֲלָהּ, וְלֵיעוּל, כִּי מָטֵי הָתָם הֵיכִי לַעֲבֵיד? נִשְׁקְלֵיהּ בְּשִׁינֵּיהּ וְנַחְתֵּיהּ לַמַּחְתָּה – הַשְׁתָּא לִפְנֵי מֶלֶךְ בָּשָׂר וָדָם אֵין עוֹשִׂין כֵּן, לִפְנֵי מֶלֶךְ מַלְכֵי הַמְּלָכִים הַקָּדוֹשׁ בָּרוּךְ הוּא עַל אַחַת כַּמָּה וְכַמָּה!

Instead, **let him take** the **incense by his handfuls and place** the **coal pan on top of** his two handfuls **and enter,** carrying it all in one go. This suggestion is also impractical, as **when he arrives there,** in the Holy of Holies, **what should he do?** How can the High Priest put down the coal pan where it is? **Let him take** the **coal pan in his teeth and lower it. Now, before a king of flesh and blood one would not do so,** as it is disrespectful. **All the more so,** one would not act in this manner **before the King of kings, the Holy One, Blessed be He.**

הִלְכָּךְ, לֹא אֶפְשָׁר. וְכֵיוָן דְּלֹא אֶפְשָׁר – עָבְדִינַן כִּדְאַשְׁכְּחַן בִּנְשִׂיאִים.

The Gemara concludes: **Therefore, it is impossible** for the High Priest to behave in another way, **and since it is impossible** to act in any other manner, **he acts**[N] **as we find** with regard to the sacrifices of the **princes** during the dedication of the Tabernacle. On that occasion, the princes brought spoons filled with incense: "One golden spoon of ten shekels full of incense" (Numbers 7:14).

HALAKHA

The spoon and the coal pan – הַכַּף וְהַמַּחְתָּה: A spoon and a vessel filled with very fine incense is brought out to the High Priest. He scoops a handful of incense, which he places in the spoon. Next, he takes the coal pan in his right hand and the spoon in his left. Due to the weight of the coal pan and its heat, the High Priest is permitted to carry it in his right hand, although ideally he should carry the spoon in his right hand (Rambam *Sefer Avoda*, *Hilkhot Avodat Yom HaKippurim* 4:1).

NOTES

And since it is impossible, he acts – וְכֵיוָן דְּלֹא אֶפְשָׁר עָבְדִינַן: This consideration explains why it is permitted for the High Priest to carry the spoon in his left hand, despite the fact that in general, carrying items in one's left hand during the Temple service invalidates the rite. Since there is no other way to carry the spoon, the Torah permits the High Priest to use his left hand here.

NOTES

The native is on the ground, etc. – יְצִיבָא בְּאַרְעָא וכו׳: This saying is based on the verse: "The stranger who is in the midst of you will rise above you higher and higher, and you shall come down lower and lower" (Deuteronomy 28:43).

And even when the two of them are equal – וַאֲפִילּוּ בִּזְמַן שֶׁשְּׁנֵיהֶן שָׁוִין: The commentaries discuss this passage at great length. As *Tosafot Yeshanim* point out, the incident involving Yishmael ben Kimḥit actually indicates that the spoon had a greater capacity than the coal pan, which means that the two were not, in fact, equal. The Maharsha suggests that the phrase: Like the act of, introduces a new question: What can be done in a case like that of Yishmael ben Kimḥit, when the spoon is larger than the coal pan, and therefore the first solution is not applicable? At this stage, the Gemara provides its second answer, i.e., that the two vessels differ in temperature. Most of the later commentaries reject this interpretation, as do the Rambam and the *Me'iri*. One commentary raises a difficulty with the Maharsha's interpretation by noting that even in the case of Yishmael ben Kimḥit, the shovel was heavy only due to its long handle and the sheath that covered it, not because of its contents (*Li Lishua*).

But the selection [*zered*] of my mother rose to the roof – וְזֵרֶד אִימָּא עָלָה לַגַּג: In the Jerusalem Talmud it is stated that this is a metaphor involving wood-gathering women. Yishmael ben Kimḥit is saying that his mother's bundle of twigs [*zeradim*] was the largest.

With a certain Arab – עִם עַרְבִי אֶחָד: According to the Jerusalem Talmud and various *midrashim*, this episode refers to an Arab king, which explains why the High Priest went out to talk to him.

A drop sprayed – נִתְּזָה צִינּוֹרָא: One of the enactments established by the courts of the Hasmoneans was that gentiles are considered to be ritually impure to the same extent as a *zav*. Consequently, their saliva is like that of a *zav*, which the Torah explicitly declares to be ritually impure (see Leviticus 15:8).

LANGUAGE

Officer [*hegmon*] – הֶגְמוֹן: From the Greek ἡγεμών, *hegemon*, meaning the overseer of a Roman province. It is also a title for an important minister or prince.

"נָטַל אֶת הַמַּחְתָּה בַּיָּמִין וְאֶת הַכַּף בִּשְׂמֹאל". יַצִּיבָא בְּאַרְעָא וְגִיּוֹרָא בִּשְׁמֵי שְׁמַיָּא?!

§ The mishna taught that the High Priest **took the coal pan in his right** hand **and the spoon in his left** hand. The Gemara questions this arrangement by citing a well-known maxim: **The native is on the ground**[N] **and the stranger is in the heavens;** i.e., this is the opposite of what one would expect. The main component of the mitzva is the incense, while the coal pan is required only for burning the incense. Consequently, the High priest should carry the spoon, which contains the main component of the service, in his right hand, and the accessory in his left hand.

זוֹ מְרוּבָּה וְזוֹ מוּעֶטֶת. וַאֲפִילּוּ בִּזְמַן שֶׁשְּׁנֵיהֶן שָׁוִין, וּכְמַעֲשֶׂה דְּרַבִּי יִשְׁמָעֵאל בֶּן קִמְחִית – זוֹ חַמָּה וְזוֹ צוֹנֶנֶת.

The Gemara explains: The service is performed in this manner for reasons of comfort, as **this** coal pan is **greater** in weight, since it holds the coals, **and that** spoon of incense weighs **less. And even when the two of them are equal,**[N] when the spoon contains three *kav* of incense **like the action of Rabbi Yishmael ben Kimḥit,** who could hold several *kav* in his exceptionally large hands, nevertheless, **this** coal pan **is hot** and must be held carefully in the right hand, **and that** spoon of incense **is cold** and is easily carried in the left.

אָמְרוּ עָלָיו עַל רַבִּי יִשְׁמָעֵאל בֶּן קִמְחִית שֶׁהָיָה חוֹפֵן אַרְבַּעַת קַבִּין בִּמְלוֹא חׇפְנָיו, וְאוֹמֵר: כׇּל הַנָּשִׁים זֵרְדוּ, וְזֵרֶד אִימָּא עָלָה לַגַּג. אִיכָּא דְּאָמְרִי: בְּעַרְסָן, וְכִדְרַבָּה בַּר יוֹנָתָן. דְּאָמַר רַבָּה בַּר יוֹנָתָן אָמַר רַבִּי יְחִיאֵל: עַרְסָן יָפֶה לַחוֹלֶה.

§ Since the Gemara has mentioned Rabbi Yishmael ben Kimḥit, it discusses him further. **They said about Rabbi Yishmael ben Kimḥit** that his hands were so large **that he would scoop** up **four** ***kav***, which he would hold **by his handfuls, and say: All the women selected** the best they could for their children, **but the selection of my mother rose to the roof,**[N] i.e., my mother chose the best. Rabbi Yishmael ben Kimḥit is referring to himself, as he matured to a great height and stature. **Some say** he was referring to his mother's selection **of flour, in accordance with** the statement of **Rabba bar Yonatan. As Rabba bar Yonatan said** that **Rabbi Yeḥiel said: Flour is beneficial** and healthy **for the sick.** Since his mother ate this flour when she was pregnant with him, her son grew heartily.

וְאִיכָּא דְּאָמְרִי: בְּשִׁכְבַת זֶרַע, וְכִדְרַבִּי אַבָּהוּ. דְּרַבִּי אַבָּהוּ רָמֵי: כְּתִיב: "וַתַּזְּרֵנִי [חַיִל] לַמִּלְחָמָה" וּכְתִיב: "הַמְאַזְּרֵנִי חַיִל"! אָמַר דָּוִד לִפְנֵי הַקָּדוֹשׁ בָּרוּךְ הוּא: רִבּוֹנוֹ שֶׁל עוֹלָם, זֵרִיתָנִי וְזֵרַזְתָּנִי.

And some say this reference to selection is a euphemism for semen, **in accordance with** a statement of **Rabbi Abbahu, as Rabbi Abbahu raised a contradiction** between two verses. **It is written: "For You have girded me [*vatazreni*] with strength for battle"** (II Samuel 22:40), **and it is written** in a parallel verse: **"Who girds me [*hame'azreni*] with strength"** (Psalms 18:33). What is the difference between these two expressions? **David said before the Holy One, Blessed be He: Master of the Universe: You selected me [*zeritani*]** with the best drop of semen that my mother absorbed, with which, **You fashioned me [*zeraztani*]** within her. This accounts for the variant forms of this expression.

אָמְרוּ עָלָיו עַל רַבִּי יִשְׁמָעֵאל בֶּן קִמְחִית: פַּעַם אַחַת סִיפֵּר דְּבָרִים עִם עַרְבִי אֶחָד בַּשּׁוּק, וְנִתְּזָה צִינּוֹרָא מִפִּיו עַל בְּגָדָיו, וְנִכְנַס יְשֵׁבָב אָחִיו וְשִׁמֵּשׁ תַּחְתָּיו, וְרָאֲתָה אִמָּן שְׁנֵי כֹּהֲנִים גְּדוֹלִים בְּיוֹם אֶחָד.

The Gemara continues to discuss Rabbi Yishmael ben Kimḥit. **They said about Rabbi Yishmael ben Kimḥit: Once he was talking to a certain Arab**[N] **in the market** on Yom Kippur, **and a drop** of saliva **sprayed**[N] **from** the Arab's **mouth onto the clothes** of Rabbi Yishmael, who was the High Priest at the time. This spittle rendered him ritually impure by rabbinic law, like the ritual impurity of a *zav*, preventing him from serving in the Temple. **And his brother Yeshevav entered and served** as High Priest on that day **in his stead. And,** consequently, **their mother saw two** of her sons serving as **High Priests on a single day.**

וְשׁוּב אָמְרוּ עָלָיו עַל רַבִּי יִשְׁמָעֵאל בֶּן קִמְחִית: פַּעַם אַחַת יָצָא וְסִיפֵּר עִם הֶגְמוֹן אֶחָד בַּשּׁוּק, וְנִתְּזָה צִינּוֹרָא מִפִּיו עַל בְּגָדָיו, וְנִכְנַס יוֹסֵף (עִם) אָחִיו וְשִׁמֵּשׁ תַּחְתָּיו, וְרָאֲתָה אִמָּן שְׁנֵי כֹּהֲנִים גְּדוֹלִים בְּיוֹם אֶחָד.

And they further said about Rabbi Yishmael ben Kimḥit: Once he went out and talked to a certain officer [*hegmon*][L] **in the market, and a drop of saliva sprayed from** the officer's **mouth onto the clothes** of Rabbi Yishmael, **and his brother Yosef entered and served** as High Priest **in his stead. And,** again, **their mother saw two** of her sons serving as **High Priests on a single day.**

תָּנוּ רַבָּנַן: שִׁבְעָה בָּנִים הָיוּ לָהּ לְקִמְחִית וְכוּלָּן שִׁמְּשׁוּ בִּכְהוּנָּה גְּדוֹלָה. אָמְרוּ לָהּ חֲכָמִים: מֶה עָשִׂית שֶׁזָּכִית לְכָךְ? אָמְרָה לָהֶם: מִיָּמַי לֹא רָאוּ קוֹרוֹת בֵּיתִי קַלְעֵי שְׂעָרִי. אָמְרוּ לָהּ: הַרְבֵּה עָשׂוּ כֵּן, וְלֹא הוֹעִילוּ.

The Sages taught in a *baraita*: **Kimḥit had seven sons,**[N] **and** they **all served in** the office **of the High Priesthood,** as High Priests or as his substitute. **The Sages said to her: What** good deeds **did you perform to merit this? She said to them: In all my days, the beams of my house never saw the braids of my hair,** as she was extremely modest and was strict about covering her hair even inside her own house. **They said to her: Many** women **did so and did not succeed**[N] to such a degree; you must have been granted a special gift from God.

תָּנוּ רַבָּנַן: "בְּקוּמְצוֹ" – שֶׁלֹּא יַעֲשֶׂה מִדָּה לַקּוֹמֶץ. אִיבַּעְיָא לְהוּ: מַהוּ שֶׁיַּעֲשֶׂה מִדָּה לַחֲפִינָה?

§ **The Sages taught:** "And he shall take up from it **his handful,** of the fine flour of the meal-offering, and of its oil" (Leviticus 6:8). This verse teaches **that he should not measure an amount for the handful**[N] of a meal-offering with a utensil, but he should separate it directly by hand.[H] **A dilemma was raised before** the Sages: **What is** the *halakha* as to whether the High Priest may **measure an amount for the handful** of incense? Must the incense also be scooped by hand?

הָתָם הוּא דִּכְתִיב "בְּקוּמְצוֹ", אֲבָל הָכָא דְּלָא כְּתִיב בְּחׇפְנָיו אֶלָּא "מְלֹא חׇפְנָיו קְטֹרֶת סַמִּים דַּקָּה" – לֹא. אוֹ דִּילְמָא: יָלֵיף 'מְלֹא' 'מְלֹא' מִקּוּמְצוֹ?

The Gemara explains the two sides of the dilemma: Perhaps **there,** in the case of the handful of a meal-offering, **it is** different, **as it is written "in his handful,"** which indicates that he must use his hand rather than a vessel. **However here, where it is not written: In his hands, but "and his hands full**[B] **of sweet incense beaten small"** (Leviticus 16:12), perhaps this teaches that the handfuls of incense need **not** be taken directly by hand, and the High Priest may use a vessel to scoop out the required amount. **Or perhaps** this *halakha* **is derived** by means of a verbal analogy between **"full"** and **"full," from "his handful,"** which is stated regarding the meal-offering. If this verbal analogy is accepted, the High Priest may likewise scoop the incense only by hand.

תָּא שְׁמַע: וְכָךְ הָיְתָה מִדָּתָהּ. מַאי לָאו, שֶׁאִם רָצָה לַעֲשׂוֹת מִדָּה אַחֶרֶת – עוֹשֶׂה! לֹא, הָכִי קָאָמַר: וְכָךְ הָיָה חוֹזֵר וְחוֹפְנָהּ לִפְנִים.

The Gemara suggests: **Come** and **hear** an answer from the mishna: **And this was the measure** of the spoon. **What, is it not** correct to infer from the mishna **that** although the required measure is a handful, the High Priest is not obligated to scoop with his hand, and **if he wanted to measure a different amount, he** may **measure** the incense with a vessel? The Gemara rejects this contention: **No, this** is what the mishna **said;** this is what it means: **And so too,** the High Priest **would return and scoop** the incense **inside** the Holy of Holies in precisely the same manner.

שָׁמְעַתְּ מִינָּהּ: חוֹפֵן וְחוֹזֵר וְחוֹפֵן!

The Gemara asks: If so, I can **learn from this** that the High Priest **scoops** the incense, **and again scoops.** That is, after scooping once, the High Priest repeats the action and scoops again in the Holy of Holies. This issue is subject to a dispute in the Gemara below.

דִּילְמָא שֶׁאִם רָצָה לַעֲשׂוֹת מִדָּה – עוֹשֶׂה, אִי נַמִי: שֶׁלֹּא יְחַסֵּר וְשֶׁלֹּא יוֹתִיר.

The Gemara rejects this claim: No; **perhaps** the mishna indeed means **that if he wanted to measure a different amount, he** may **measure** the incense with a vessel. The language of the mishna does not conclusively prove which interpretation is correct, and it is possible that the Gemara's previous inference from the mishna is accurate. Consequently, the issue of whether or not the High Priest scoops incense a second time in the Holy of Holies cannot be considered resolved. **Alternatively,** the mishna may mean **that** the High Priest must **take neither less nor more,** and therefore this statement has no bearing on the dispute with regard to his scooping.

תָּנוּ רַבָּנַן: "מְלֹא קוּמְצוֹ", יָכוֹל מְבוֹרָץ – תַּלְמוּד לוֹמַר "בְּקוּמְצוֹ", אִי "בְּקוּמְצוֹ" – יָכוֹל אֲפִילּוּ בְּרָאשֵׁי אֶצְבְּעוֹתָיו, תַּלְמוּד לוֹמַר "מְלֹא קוּמְצוֹ" – כְּדְקָמְצִי אִינָשֵׁי. הָא כֵּיצַד? חוֹפֶה שָׁלֹשׁ אֶצְבְּעוֹתָיו עַל פִּיסַּת יָדוֹ, וְקוֹמֵץ.

§ **The Sages taught: "His handfuls"** (Leviticus 2:2). I **might** have thought it should **be overflowing** from the handful, and therefore **the verse states: "His handful"** (Leviticus 6:8), which indicates a precise amount. **If** the *halakha* is based solely on the phrase **"his handful,"** I **might** have thought the priest may pinch a small amount **even with** just **his fingertips,** not with his entire finger. Therefore, **the verse states: "His handfuls"** (Leviticus 2:2), meaning **as people** usually **take a handful,** i.e., with their whole hand. **How** should he perform this service? **He scoops** by closing **his three fingers over the palm of his hand, and takes a handful** from the flour of the meal-offering.

NOTES

Kimḥit had seven sons – שִׁבְעָה בָּנִים הָיוּ לָהּ לְקִמְחִית: Apparently, the brothers were not all the sons of a single man, which is why only the mother was praised and not the father (Maharsha).

Many did so and did not succeed – הַרְבֵּה עָשׂוּ כֵּן וְלֹא הוֹעִילוּ: In the version of this episode that appears in the Jerusalem Talmud, the Sages informed Kimḥit that she deserved to be rewarded with successful sons due to her modesty. In the Gemara here, however, the Sages note that her modesty could not have been the sole cause of the family's greatness. Since other modest women do not all merit this achievement, other factors must have been involved in Kimḥit's mother's particular case (see *Me'iri*).

That he should not measure an amount for the handful – שֶׁלֹּא יַעֲשֶׂה מִדָּה לַקּוֹמֶץ: According to the Rashba, it is obvious that the priest is obligated to scoop a handful directly with his hands. Rather, the phrase "his handful" teaches that he may not even pour his handful into a vessel designed for this purpose before once again collecting the flour by hand (*Tosafot Yeshanim*).

BACKGROUND

Hands full of incense – מְלֹא חׇפְנָיו קְטֹרֶת:

Priest scooping hands full of incense

HALAKHA

The manner of taking a handful – דֶּרֶךְ קְמִיצָה: How is the handful of a meal-offering taken? The priest extends his fingers over his palm and scoops out the flour (Rambam *Sefer Avoda, Hilkhot Ma'aseh HaKorbanot* 13:13).

BACKGROUND

With his thumb above and with his little finger below – **בְּגוּדָלוֹ מִלְמַעְלָה וּבְאֶצְבָּעוֹ קְטַנָּה מִלְּמַטָּה:** After the priest would smooth out the handful, he would be left with a smaller portion.

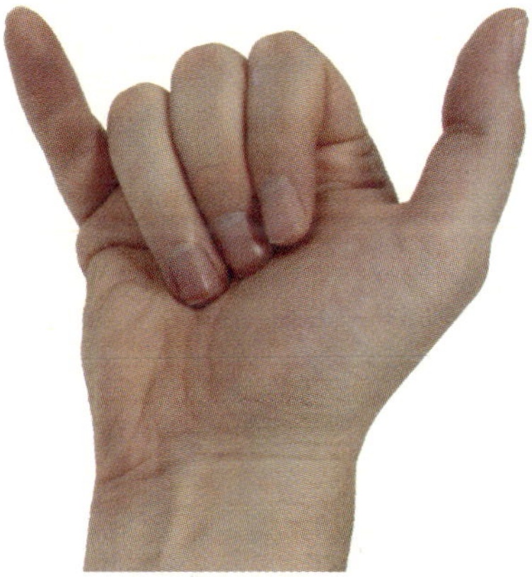

Position of priest's hand after smoothing

NOTES

Then resolved…is doubtful – **הֲדַר פְּשָׁטָהּ...סָפֵק נִינְהוּ:** *Tosafot* question the nature of the answer provided by merely a statement that the status of the flour is in doubt. *Tosafot* suggest that the doubt in this situation is not merely an inability to resolve the question, but a fundamental category for which there is no solution. This is similar to one opinion with regard to the definition of twilight, i.e., that it is a period of doubt, positively defined by the Torah as an intermediate period. It has been pointed out that instances of pure doubt require different treatment than cases where it is simply unclear how to categorize a situation.

HALAKHA

Remainders that became reduced – **שִׁירַיִם שֶׁחָסְרוּ:** In a case where a priest took a handful of the meal-offering, and the meal-offering was subsequently lost, the handful is not burned. However, if some of the meal-offering that was not taken in the handful remains intact, the handful is burned. The *halakha* is in accordance with the opinion of Rabbi Yehoshua (Rambam *Sefer Avoda, Hilkhot Pesulei HaMukdashin* 1:20).

Whatever is partly burned in the fire – **כֹּל שֶׁמִּמֶּנּוּ לָאִשִּׁים:** If part of an item is burned on the altar, it is prohibited to burn any of the part not designated for burning (Rambam *Sefer Avoda, Hilkhot Issurei Mizbe'aḥ* 5:5 and *Kesef Mishne* there).

וּבַמַּחֲבַת וּבַמַּרְחֶשֶׁת מוֹחֵק בְּגוּדָלוֹ מִלְמַעְלָה, וּבְאֶצְבָּעוֹ קְטַנָּה מִלְּמַטָּה, וְזוֹ הִיא עֲבוֹדָה קָשָׁה שֶׁבַּמִּקְדָּשׁ. זוֹ הִיא וְתוּ לָא?! וְהָא אִיכָּא מְלִיקָה, וְהָא אִיכָּא חֲפִינָה! אֶלָּא: זוֹ הִיא מֵעֲבוֹדוֹת קָשׁוֹת שֶׁבַּמִּקְדָּשׁ.

And in a case of a meal-offering prepared in **a pan and** with regard **to** a meal-offering prepared in **a deep container,** when the flour was fried before being scooped and was therefore hard, the priest **smooths with his thumb** any flour that was overflowing **above** his handful, **and with his little finger** he smooths the flour that was pushing out **below.**[B] **And this** precise taking of a handful of a meal-offering **is** the most **difficult** sacrificial **rite in the Temple.** The Gemara asks: **This one** is the hardest rite, **and no other? But there is pinching,** which is also considered extremely difficult, **and there is taking** the **handful** of incense, another complex rite. **Rather, this** taking of a handful of a meal-offering **is** one **of** the most **difficult rites in the Temple.**

אָמַר רַבִּי יוֹחָנָן, בָּעֵי רַבִּי יְהוֹשֻׁעַ בֶּן עוּזָּאָה: בֵּין הַבֵּינַיִם שֶׁל מְלֹא קוּמְצוֹ מַהוּ? אָמַר רַב פַּפָּא: דְּגַוָּאֵי – לָא תִּיבָּעֵי לָךְ דְּוַדַּאי קוֹמֶץ הוּא, דְּבָרָאֵי – לָא תִּיבָּעֵי לָךְ דְּוַדַּאי שִׁירַיִם הוּא

§ **Rabbi Yoḥanan said** that **Rabbi Yehoshua ben Uza'a raised a dilemma: What** is the *halakha* with regard to the flour that remains **between** the fingers **of his handfuls?** Is this flour considered to be part of his handful, or is it considered part of the remainder of the meal-offering? The Gemara elaborates: **Rav Pappa said** that with regard to the flour **that is on the inside,** toward the hand, **do not raise the dilemma, as it** is **certainly** part of **the handful.** Likewise, with regard to the flour **that is on the outside, do not raise the dilemma, as it** is **certainly** part of the **remainder** of the flour, like the rest of the meal-offering.

כִּי תִּיבָּעֵי לָךְ – דְּבֵינֵי בֵּינֵי, מַאי? אָמַר רַבִּי יוֹחָנָן הֲדַר פְּשָׁטָהּ יְהוֹשֻׁעַ [בֶּן] עוּזָּאָה: בֵּין הַבֵּינַיִם סָפֵק נִינְהוּ.

Rather, **let the dilemma be raised** with regard to the flour **between** the inside and the outside. **What is** the status of this flour? **Rav Yoḥanan said: Yehoshua ben Uza'a then resolved** his own dilemma: The flour that is **between is doubtful,**[N] and should be treated as questionable in status.

הֵיכִי עָבֵיד? אָמַר רַבִּי חֲנִינָא: מַקְטִיר קוֹמֶץ לְחוּדֵיהּ תְּחִלָּה, וַהֲדַר בֵּין הַבֵּינַיִם. דְּאִי אָמְרַתְּ בֵּין הַבֵּינַיִם בְּרֵישָׁא – דִּילְמָא שִׁירַיִם נִינְהוּ, וְהָווּ לְהוּ שִׁירַיִם שֶׁחָסְרוּ בֵּין קְמִיצָה [לְהַקְטָרָה], וְאָמַר מָר: שִׁירַיִם שֶׁחָסְרוּ בֵּין קְמִיצָה לְהַקְטָרָה – אֵין מַקְטִירִין עֲלֵיהֶן אֶת הַקּוֹמֶץ.

The Gemara asks: **How does one perform** the Temple service in this doubtful case? **Rabbi Ḥanina said:** The priest **first burns the handful by itself, and then** he burns the flour that was **between. For if you say** that he should **first** burn the flour that was **between, perhaps they are remainders, and they are** therefore considered like **remainders that became reduced between taking the handful and burning,** as the priest has taken flour from the remainders of the meal-offering. **And the Master said:** With regard to **remainders that became reduced**[H] **between taking the handful and the burning, one** may **not burn the handful** on **their** account.

אִי הָכִי, הַשְׁתָּא נַמִּי אִיקְּרִי כָּאן: כֹּל שֶׁמִּמֶּנּוּ לָאִשִּׁים הֲרֵי הוּא בְּבַל תַּקְטִירוּ!

The Gemara asks: **If so,** that there is uncertainty as to whether or not this flour is considered part of the remainder of the meal-offering, **now too,** if the priest burns the in-between flour after burning the handful, one should **apply here** the principle: **Whatever is partly** burned **in the fire**[H] of the altar **is subject to** the prohibition **do not burn.** This principle states that if part of an item is burned on the altar, one who burns any other part of it, which is not designated for burning, has violated a prohibition. In this case, if the in-between flour is considered part of the remainder of the meal-offering, the priest who burns it transgresses that prohibition.

אָמַר רַבִּי יְהוּדָה בְּרֵיהּ דְּרַבִּי שִׁמְעוֹן בֶּן פַּזִּי: דְּמַקְטִיר לֵיהּ לְשׁוּם עֵצִים, כְּרַבִּי אֱלִיעֶזֶר. דְּתַנְיָא, רַבִּי אֱלִיעֶזֶר אוֹמֵר: ״לְרֵיחַ נִיחוֹחַ״ – אִי אַתָּה מַעֲלֶה, אֲבָל אַתָּה מַעֲלֶה לְשׁוּם עֵצִים.

Rav Yehuda, son of Rabbi Shimon ben Pazi, said that the priest does not burn the flour as part of the meal-offering but **burns it for the purpose of wood.** In other words, he does not burn the flour as part of an offering but merely as fuel for the altar, which is permitted **in accordance with** the opinion of **Rabbi Eliezer. As it was taught** in a *baraita* that **Rabbi Eliezer says:** "But they shall not come up **for a sweet savor** on the altar" (Leviticus 2:12). This verse indicates that **you** may **not bring up** leaven and honey as a "sweet savor," an offering. **However, you** may **bring up** leaven and honey and other materials **for the purpose of wood.**

הָנִיחָא לְרַבִּי אֱלִיעֶזֶר, אֶלָּא לְרַבָּנַן מַאי אִיכָּא לְמֵימַר? אָמַר רַב מָרִי: דְּקָמְצִי שְׁמֵינֵי. הַשְׁתָּא דַּאֲתֵית לְהָכִי, רַבִּי אֱלִיעֶזֶר נַמִי, לְכַתְּחִילָּה דְּקָמְצִי שְׁמֵינֵי.

The Gemara asks: It works out **well according to** the opinion of **Rabbi Eliezer, but according to** the opinion of **the Rabbis,** who reject Rabbi Eliezer's *halakha*, **what can be said? Rav Mari said:** The solution is **that fat** priests **take** the **handfuls**[N] of meal-offerings, as their fleshy fingers press against everything between them, and therefore no flour remains between the fingers. The Gemara states: **Now that you have arrived at this** conclusion, according to **Rabbi Eliezer as well,** it is appropriate **that fat** priests should **take** the **handfuls** ***ab initio***, to avoid a situation of doubt.

(בֵּין הַבֵּינַיִ״ם פַּשְׁ״ט וּמַחְ״ץ וּפִזֵּ״ר וְחִשֵּׁ״ב בַּחֲפִינַ״ת חֲבֵירוֹ״ו סִימָן). בָּעֵי רַב פַּפָּא: בֵּין הַבֵּינַיִם שֶׁל מְלֹא חׇפְנָיו מַהוּ? מַאי קָא מִבַּעְיָא לֵיהּ? אִי גָּמַר ׳מְלֹא׳ ׳מְלֹא׳ מֵהָתָם – הַיְינוּ הָךְ!

§ ***Bein habeinayim, pashat,***[N] ***umahatz, ufizer, vehishev, bahafinat, haveiro***: This is a **mnemonic** for the ensuing questions of Rav Pappa. **Rav Pappa raised a dilemma: What is** the *halakha* with regard to the **in-between** incense **of his handfuls?** The Gemara asks: **What is his dilemma? If he derives** the verbal analogy between **"full"** and **"full"** from his handfuls **there,** the case of the meal-offering handful, **this** case **is** the same as **that** one, and therefore the incense between his fingers is invalid. If Rav Pappa does not accept this verbal analogy, what is the basis of his dilemma?

רַב פַּפָּא הָכִי בָּעֵי לֵיהּ: ״מְלֹא חׇפְנָיו וְהֵבִיא״ בָּעֵינַן – וְהָא אִיכָּא, אוֹ דִּילְמָא ״וְלָקַח וְהֵבִיא״ בָּעֵינַן – וְהָא לֵיכָּא? תֵּיקוּ.

The Gemara explains that **Rav Pappa raised the dilemma** as follows: When the verse states: "And **his hands full** of sweet incense beaten small, **and bring** it within the veil" (Leviticus 16:12), does it mean that **we** merely **require** him to bring his handfuls, and **that is** fulfilled here, as in practice the High Priest brought full handfuls? **Or perhaps we require** that he must fulfill the following two commands in a similar manner: **"And he shall take… and he shall bring"** (Leviticus 16:12)? In other words, just as he must have the intention to take the flour, so too, he must intend to bring all of it. **And that** requirement **is not** fulfilled here, as he did not intend to bring the extra flour between his fingers. No answer was found for this question, and the Gemara concludes: **Let it stand** unresolved.

אָמַר רַב פַּפָּא: פְּשִׁיטָא לִי; מְלֹא קוּמְצוֹ – כִּדְקָמְצִי אִינָשֵׁי. בָּעֵי רַב פַּפָּא: קָמַץ בְּרָאשֵׁי אֶצְבְּעוֹתָיו מַהוּ?

Rav Pappa said: It is **obvious to me** that the act of **his handfuls** of a meal-offering should be performed *ab initio* in the manner that **people** usually **take a handful,** with their fingertips pointed downward. However, **Rav Pappa raised a dilemma: What is** the *halakha* **if he took a handful with his fingertips,**[H] i.e., if he first put his palm into the vessel and filled his palm with flour by extending his fingers and drawing them in? Does this invalidate the taking of the handful or not?

מִלְּמַטָּה לְמַעְלָה מַהוּ? מִן הַצְּדָדִין מַהוּ? תֵּיקוּ.

Furthermore, **what is** the *halakha* if he took the handful with the back of his hand placed **downward** in the vessel, and with his fingers collected the flour **upward** into his palm? Lastly, **what is** the *halakha* if he took the flour **from the sides,**[N] by passing the back of his hand to and fro over the flour in the vessel with his fingers spread apart, so that the flour collects in his palm? As no answers were found for these dilemmas, the Gemara states: **Let it stand** unresolved.

אָמַר רַב פַּפָּא: פְּשִׁיטָא לִי; מְלֹא חׇפְנָיו – כִּדְחָפְנִי אִינָשֵׁי. בָּעֵי רַב פַּפָּא: חָפַן בְּרָאשֵׁי אֶצְבְּעוֹתָיו מַהוּ? מִלְּמַטָּה לְמַעְלָה מַהוּ? מִן הַצַּד מַהוּ? חָפַן בְּזוֹ וּבְזוֹ וְקֵרְבָן זוֹ אֵצֶל זוֹ מַהוּ? תֵּיקוּ.

Likewise, **Rav Pappa said:** It is **obvious to me** that when the Torah states: **"His hands full"** (Leviticus 16:12), it means in the manner that **people** usually **fill their hands,** by placing the backs of their hands into the vessel and bringing their hands together. However, **Rav Pappa raised a dilemma: What is** the *halakha* if the High Priest **scooped a handful with his fingertips?**[H] Again, **what is** the *halakha* if he took a handful **from downward** to **upward? What is** the *halakha* if he took a handful **from the side?** And **what is** the *halakha* **if he scooped a handful with this** hand **and with this** hand **and brought them together?** These questions are not answered either, and the Gemara states: **Let it stand** unresolved.

בָּעֵי

§ Another **dilemma** was **raised** by

NOTES

That fat priests take the handfuls – דְּקָמְצִי שְׁמֵינֵי: The Rambam does not cite this conclusion at all. In his view, once the Gemara states that handfuls are taken in the usual manner, there is no longer any concern about the flour that remains between one's fingers. The Torah did not require greater care with regard to this handful than any other, and therefore the in-between flour is not part of the handful (*Me'iri*; see *Siah Yitzhak*).

***Bein habeinayim, pashat*, etc. – בֵּין הַבֵּינַיִ״ם פַּשְׁ״ט וכו׳:** This mnemonic is referring to the dilemmas posed by Rav Pappa, most of which are left unresolved. The mnemonic is corrupted here and is incomplete in various manuscripts.

What is the *halakha* if he took from the sides – מִן הַצְּדָדִים מַהוּ: The *Me'iri* explains this case slightly differently: The priest places his hand on its side in the flour, so that the flour on the edges of the vessel enters his hand. Rashi on *Menahot* explains this similarly.

HALAKHA

He took a handful with his fingertips – קָמַץ בְּרָאשֵׁי אֶצְבְּעוֹתָיו: If a priest takes a handful of the meal-offering with his fingertips or from the sides, it should not be burned *ab initio*, but if it was burned, the offering is valid, as this dilemma was left unresolved (Rambam *Sefer Avoda, Hilkhot Ma'aseh HaKorbanot* 13:13 and *Kesef Mishne* there).

Scooped a handful with his fingertips – חָפַן בְּרָאשֵׁי אֶצְבְּעוֹתָיו: If the High Priest takes a handful with his fingertips or from the sides, or from downward to upward, or if he takes a handful with each hand separately and subsequently brings them together, the incense should not be burned *ab initio*; but if it was burned, it is valid (Rambam *Sefer Avoda, Hilkhot Avodat Yom HaKippurim* 5:28).

רַב פַּפָּא: דַּבְקֵיהּ לַקּוֹמֶץ בְּדוֹפְנֵיהּ דְּמָנָא מַאי? תּוֹךְ כְּלִי בָּעֵינַן – וְהָא אִיכָּא, אוֹ דִילְמָא הַנָּחָה בְּתוֹכוֹ כְּתִקְנוֹ בָּעֵינַן – וְהָא לֵיכָּא? תֵּיקוּ.

Rav Pappa: What is the *halakha* in a case where **he stuck the handful** of flour **onto the side of the vessel?** After the flour of a meal-offering has been separated, it must be placed in a vessel for burning, an action that sanctifies the flour. Rav Pappa inquires as to what the *halakha* is if the priest places the flour on the sides, instead of on the bottom of the vessel. The Gemara clarifies the two sides of the dilemma: Do **we require** the handful to be **inside the vessel, and that is** the case here? **Or perhaps we require** the handful to be **placed properly inside** the vessel, **and that is not** fulfilled in this instance. No answer is found for this question, and the Gemara concludes: **Let it stand** unresolved.

בָּעֵי מָר בַּר רַב אַשִׁי: אַפְּכֵיהּ לְמָנָא, וְדַבְקֵיהּ לַקּוֹמֶץ בְּאַרְעִיתֵיהּ דְּמָנָא, מַהוּ? הַנָּחָה בְּתוֹכוֹ בָּעֵינַן – וְהָא אִיכָּא, אוֹ דִילְמָא: הַנָּחָה כְּתִקְנוֹ בָּעֵינַן – וְלֵיכָּא? תֵּיקוּ.

Mar bar Rav Ashi raised a similar **dilemma: What** is the *halakha* if the priest **overturned the vessel**[N] **and stuck** the **handful to the underside of the vessel?** Do **we require** the handful to be **inside** the vessel, **and that** requirement **is** fulfilled here, as the **handful to** an indentation in **the underside; or perhaps we require** it to be **placed properly** in the vessel, **and that is not** the case here?[H] With regard to this question as well, the Gemara states: **Let it stand** unresolved.

בָּעֵי רַב פַּפָּא: מְלֹא חָפְנָיו שֶׁאָמְרוּ מְחוּקוֹת אוֹ גְּדוּשׁוֹת? אֲמַר לֵיהּ רַבִּי אַבָּא לְרַב אַשִׁי, תָּא שְׁמַע: מְלֹא חָפְנָיו שֶׁאָמְרוּ לֹא מְחוּקוֹת וְלֹא גְּדוּשׁוֹת אֶלָּא טְפוּפוֹת.

§ **Rav Pappa raised a dilemma:** Should **the handfuls to which** the Sages **referred** be **smoothed** over **or** slightly **overflowing?**[N] **Rabbi Abba said to Rav Ashi: Come** and **hear** an explicit statement in a *baraita*: **The handfuls**[H] **to which** the Sages **referred** should be **neither smoothed** over **nor overflowing, but full,** without any flour spilling out.

תְּנַן הָתָם: נִשְׁפַּךְ הַדָּם עַל הָרִצְפָּה וַאֲסָפוֹ – פָּסוּל, מִן הַכְּלִי עַל הָרִצְפָּה וַאֲסָפוֹ – כָּשֵׁר.

§ **We learned** in a mishna **there,** in *Zevaḥim* 32a: If **the blood** of the sacrificial animal **spilled**[H] **on the floor** instead of being collected directly into a vessel, **and** a priest **collected it** from there into a vessel, **it is disqualified,** as it was not collected properly. Conversely, if the blood spilled **from the vessel onto the floor,** after it was collected properly, **and** a priest **collected it** and put it back in the vessel, **it is valid.**

מְנָא הָנֵי מִילֵּי? תָּנוּ רַבָּנַן: "וְלָקַח מִדַּם הַפָּר" – מִדַּם הַנֶּפֶשׁ וְלֹא מִדַּם הָעוֹר, וְלֹא מִדַּם הַתַּמְצִית.

The Gemara asks: **From where are these matters** derived? **As the Sages taught** in a halakhic midrash: **"And** the anointed priest **shall take from the blood of the bull"** (Leviticus 4:5); this means that the priest shall take **from the blood of the soul,**[H] i.e., the bull's blood that flows from the place of slaughter as the animal dies, **and not from the blood of the skin,** which bleeds out when the skin is cut before the slaughter, **nor from the blood squeezed** from an animal after the initial spurt.

"מִדַּם הַפָּר" – דָּם מֵהַפָּר יְקַבְּלֶנּוּ. דְּאִי סָלְקָא דַּעְתָּךְ "מִדַּם הַפָּר" "מִדָּם" וַאֲפִילּוּ מִקְצָת דָּם, וְהָאָמַר רַב יְהוּדָה: הַמְקַבֵּל צָרִיךְ שֶׁיְּקַבֵּל אֶת כָּל דָּמוֹ שֶׁל פַּר שֶׁנֶּאֱמַר "וְאֵת כָּל דַּם הַפָּר יִשְׁפֹּךְ אֶל יְסוֹד מִזְבֵּחַ".

The *baraita* interprets the phrase **"from the blood of the bull,"** as though these words were written in a different order: **Blood from the bull,** i.e., the priest shall **receive it** directly. **For if it should enter your mind** that the letter *mem,* which means "from" in the phrase **"from the blood of the bull,"** is limiting **and** indicates that **even** if the priest received **some of the blood,** his action is acceptable, **didn't Rav Yehuda say: He who receives** the blood **must receive all of the blood**[H] of the **bull, as it is stated: "And all the blood of the bull he shall pour out on the base of the altar"** (Leviticus 4:7)? This verse emphasizes that the priest must pour all of the bull's blood, which is possible only if he has collected all of it.

HALAKHA

The handful placed irregularly – קוֹמֶץ שֶׁלֹּא כְּדַרְכּוֹ: If the handful of flour was stuck to the sides of the vessel, or if the vessel was turned upside down when the priest took the handful, the flour should not be burned, but if it was burned, it is valid. Since the *halakha* of these situations was not conclusively determined, they should not be performed in this manner *ab initio*, but are valid after the fact (Rambam *Sefer Avoda, Hilkhot Pesulei HaMukdashin* 1:25).

The handfuls – מְלֹא חָפְנָיו: The High Priest takes a full handful, neither smoothed over nor overflowing, but full without spilling (Rambam *Sefer Avoda, Hilkhot Avodat Yom HaKippurim* 4:1).

The blood spilled – נִשְׁפַּךְ הַדָּם: If the blood of an offering spilled onto the floor from the vessel and was subsequently collected, the offering is valid. Conversely, if it spilled onto the floor from the neck of the animal and was collected into a vessel from there, the offering is disqualified (Rambam *Sefer Avoda, Hilkhot Pesulei HaMukdashin* 1:25).

From the blood of the soul – מִדַּם הַנֶּפֶשׁ: If some of the blood from the neck of the animal spilled, so that not all of the blood was collected in a vessel, the rite is valid provided that the collected blood was the so-called blood of the soul, not blood squeezed from it after the initial spurt concluded or the blood that bled from the skin. This *halakha* is in accordance with the *baraita* cited here. Apparently, the Rambam maintains that although all the blood must be collected *ab initio*, this is not an indispensable requirement of the rite (Rambam *Sefer Avoda, Hilkhot Pesulei HaMukdashin* 1:26).

Receiving all of the blood – קַבָּלַת כָּל הַדָּם: The priest must intend to collect all of the sacrificial animal's blood in a vessel (Rambam *Sefer Avoda, Hilkhot Ma'aseh HaKorbanot* 4:8).

NOTES

The priest overturned the vessel – אַפְּכֵיהּ לְמָנָא: The simplest understanding of the case is that the priest placed the flour inside the vessel in the proper manner, but the vessel itself was positioned irregularly, upside down. The *Me'iri* explains that the vessel was turned upside down with the flour placed on the outside, in its concave bottom. The question is whether this space is considered to be equivalent to the inside bottom of the vessel, or whether this is not considered to be a proper placement.

Smoothed or overflowing – מְחוּקוֹת אוֹ גְּדוּשׁוֹת: The Gemara already stated that the handful should be taken in the regular manner, but although a handful of a meal-offering is typically a single hand's worth without much variance, a handful of incense is different. A handful of incense can be a little less than a full hand or it can be overflowing, and both would still be considered the way that people take handfuls. This explains the need for the Gemara's question (*Tosafot Yeshanim*, *Tosefot HaRosh*).

אֶלָּא שְׁמַע מִינַּהּ: מַאי "מִדַּם הַפָּר" – "דָּם מֵהַפָּר" יְקַבְּלֶנּוּ, וְקָסָבַר: גּוֹרְעִין וּמוֹסִיפִין וְדוֹרְשִׁין.

Rather, learn from this that **what is** the meaning of the phrase: **"From the blood of the bull"?** It means that the priest must **receive the blood** directly **from the bull. And this** Sage **maintains** that the Sages **subtract and add and interpret homiletically,**[N] i.e., one may take a letter from one word, insert it into a second word, and explain the phrase in that manner.

בְּעֵי רַב פָּפָּא: נִתְפַּזֵּר הַקְּטוֹרֶת מִמְּלֹא חָפְנָיו, מַהוּ? יָדוֹ כְּצַוַּאר בְּהֵמָה דָּמֵי – וּפְסוּלָה, אוֹ דִּילְמָא: כִּכְלִי שָׁרֵת דָּמֵי – וְלָא פְּסוּלָה? תֵּיקוּ.

§ **Rav Pappa raised a dilemma** based on the above ruling: **What is** the *halakha* **if the incense from his handfuls scattered?**[H] **Is his hand considered like the neck of the animal, and** the incense **is disqualified? Or perhaps** his hand **is considered like a vessel used in the Temple service, and** if the incense fell from his hand **it is not disqualified.** No answer was found for this question either, and the Gemara again concludes: **Let it stand** unresolved.

בְּעֵי רַב פָּפָּא: חִישֵּׁב בַּחֲפִינַת קְטוֹרֶת מַהוּ? מִי אָמְרִינַן: יָלֵיף 'מְלֹא' 'מְלֹא' מִמִּנְחָה, מָה הָתָם – מְהַנְיָא בָּהּ מַחֲשָׁבָה, אוֹ לָא?

§ **Rav Pappa raised** another **dilemma: What** is the *halakha* if the High Priest **thought** a disqualifying thought **during the taking of the handful of the incense,** e.g., if he intended to burn it after its appropriate time? Does this thought invalidate the rite or not? **Do we say** that this *halakha* **is derived** by means of a verbal analogy of **"handfuls"** and **"handfuls," from** the case of **a meal-offering,** as follows: **Just as there,** with regard to the meal-offering, **thought is effective** to invalidate **it, so too** here, with regard to taking a handful of incense, **thought is effective** to invalidate **it? Or** should the two cases **not** be compared?[NH]

אָמַר לֵיהּ רַב שִׁימִי בַּר אַשִׁי לְרַב פָּפָּא, תָּא שְׁמַע: הוֹסִיף רַבִּי עֲקִיבָא (הַקּוֹמֶץ) וְהַקְּטוֹרֶת וְהַלְּבוֹנָה וְהַגֶּחָלִים שֶׁאִם נָגַע טְבוּל יוֹם בְּמִקְצָתָן – פָּסַל אֶת כּוּלָּן.

Rav Shimi bar Ashi said to Rav Pappa: Come and **hear** a resolution to your dilemma: **Rabbi Akiva added the handful** of fine flour **and the incense, and the frankincense, and the coals** that are collected in a vessel, to the ruling of the Sages **that if one who immersed himself during the day touched part of them,**[N] **he disqualifies all of them.** Due to the respect in which sacred objects are held, these objects are treated as one solid unit. This is so despite the fact that its parts are not really attached to each other but are separate small segments and therefore, logically, one who immersed himself during the day should disqualify only those parts of the item with which he came into direct contact.

קָא סָלְקָא דַּעְתָּךְ: מִדְּפָסַל טְבוּל יוֹם – פָּסְלָה נַמִּי לִינָה! וּמִדְּלִינָה פָּסְלָה – פָּסְלָה נַמִּי מַחֲשָׁבָה.

The Gemara explains: **It enters your mind** that **from** the fact that **one who immersed himself during the day disqualifies** these items by touch, therefore **leaving** them after their permitted time **likewise disqualifies** them; **and from** the fact that **leaving** them after their time **disqualifies** them, therefore **thought likewise disqualifies** them. Consequently, as incense is similar to flour with regard to ritual impurity, it is also disqualified by the priest's improper thought.

בְּעֵי רַב פָּפָּא:

§ **Rav Pappa raised** another **dilemma:**

HALAKHA

The incense scattered – נִתְפַּזֵּר הַקְּטוֹרֶת: Incense that scattered from the hands of the High Priest and was then collected should not be burned, but if it was burned, it is valid, as the Gemara did not rule definitively on this issue (Rambam *Sefer Avoda, Hilkhot Avodat Yom HaKippurim* 5:25).

Thought with regard to handfuls of incense – מַחֲשָׁבָה בַּחֲפִינָה: The taking of the handful of incense is a rite of the Temple and is invalidated by inappropriate thoughts, e.g., the intention to burn it after its appropriate time or in an improper place (Rambam *Sefer Avoda, Hilkhot Avodat Yom HaKippurim* 5:27).

NOTES

The Sages subtract and add and interpret homiletically – גּוֹרְעִין וּמוֹסִיפִין וְדוֹרְשִׁין: The early commentaries stress that the Sages did not change the actual text of the Torah. Rather, the words are combined and divided in a manner different from the way in which they are traditionally read. This exegetical technique is similar to the technique of Rabbi Eliezer, son of Rabbi Yosei HaGelili, in which words and letters are combined in a form different from that in which they normally appear. The Ramban, in the introduction to his Commentary on the Torah, provides an analysis of this issue from a different perspective and offers a comprehensive explanation of its rationale.

Disqualifications of consecrated objects – פְּסוּלֵי קָדָשִׁים: Consecrated objects are subject to certain disqualifications that do not apply to other prohibited items. For example, consecrated objects are more susceptible to ritual impurity than *teruma* in that even light impurity of the third degree invalidates them. Another example is a consecrated object that was left over longer than its designated time, a neglect that disqualifies it. Similarly, disqualifying thoughts occur when the officiating priest intends to use the offering or another consecrated item in inappropriate times or places. The thought alone disqualifies the offering. Several discussions in the Gemara address the relationship between these different forms of disqualification.

One who immersed himself during the day touched part of them – נָגַע טְבוּל יוֹם בְּמִקְצָתָן: One who immersed himself during the day [*tevul yom*] is an individual who has immersed and is waiting for the sun to set before he is fully purified. This person remains ritually impure to the second degree, which means that any *teruma* that he touches becomes invalid, while sacred items are rendered ritually impure. The level of impurity of the *tevul yom* is sufficient to render food impure but not vessels, and even the food he touches does not render other food impure upon contact. A unique standard exists with regard to a *tevul yom* in that if he touches consecrated items positioned in a single vessel they become impure, even if the vessel itself is not rendered impure and the various components cannot render each other impure. It is a rabbinical decree that his touch should render all of these consecrated items impure, as the vessel combines all the objects it contains for the purposes of ritual impurity.

Perek **V**
Daf **48** Amud **b**

HALAKHA

If he thought during the raking of the coals – חִישֵּׁב בַּחֲתִיַּית גֶּחָלִים: If the priest had inappropriate thoughts while raking the coals for the incense, the rite is disqualified, as actions facilitating an offering are considered like the offering itself (Rambam *Sefer Avoda, Hilkhot Avodat Yom HaKippurim* 5:27 and *Kesef Mishne* and *Leḥem Mishne* there).

The right leg in his left hand – רֶגֶל שֶׁל יָמִין בִּשְׂמֹאל: When the parts of the daily offering are carried to the ramp, the right leg is carried in the priest's left hand, with the place of the slaughter facing the priest (Rambam *Sefer Avoda, Hilkhot Ma'aseh HaKorbanot* 6:11).

NOTES

Carrying the blood – הוֹלָכָה: There are four rites that must be performed by priests after the slaughtering of an offering, an act that can be done by anyone: Receiving the blood of the animal, carrying the blood in a bowl to the altar, sprinkling the blood on the altar, and burning the animal's fats and sacrificial parts on the altar. Carrying the blood differs in certain aspects from the other three tasks. For example, as Rashi states, the other three rites are commanded explicitly in the Torah, which states that they must be done by priests, whereas the act of carrying is not mentioned clearly in the text as a distinct rite. Furthermore, the *tanna'im* point out that whereas the other three acts are indispensable to the sequence of the service, carrying the blood may be omitted, as the animal can be slaughtered next to the altar and the blood sprinkled immediately after its collection in a bowl, without it being carried at all. For this reason, some authorities state that not all of the *halakhot* of the four rites apply to carrying.

We learned it – תְּנֵיתוּהָ: This phrase, which Rav Sheshet uses often, has a precise meaning: The question that you pose is answered by a well-known mishna and can be resolved by analyzing that mishna.

חִישֵּׁב בַּחֲתִיַּית גֶּחָלִים מַהוּ? מַכְשִׁירֵי מִצְוָה – כְּמִצְוָה דָּמוּ, אוֹ לֹא? תֵּיקוּ.

What is the *halakha* if he **thought** invalidating thoughts during **the raking of the coals?**[H] Does this thought invalidate the incense? The Gemara elaborates: The question here is whether **actions that facilitate** the performance of **a mitzva are considered like the mitzva** itself. If so, merely raking the coals, which facilitates the mitzva of the incense, is like burning the incense itself; therefore, an improper thought would disqualify the incense. **Or** perhaps actions that facilitate the performance of a mitzva are **not** considered part of the mitzva itself. No answer was found for this question either, and the Gemara once again concludes: **Let it stand** unresolved.

בָּעֵי מִינֵּיהּ מֵרַב שֵׁשֶׁת: הוֹלָכָה בִּשְׂמֹאל מַהוּ? אָמַר לְהוּ רַב שֵׁשֶׁת, תְּנֵיתוּהָ: נָטַל אֶת הַמַּחְתָּה בִּימִינוֹ וְאֶת הַכַּף בִּשְׂמֹאלוֹ.

§ The Sages **raised a dilemma before Rav Sheshet: What** is the *halakha* with regard to **carrying** the blood[N] in one's **left** hand? Is this action valid, or is carrying, like receiving and sprinkling the blood, an act that must be performed with the right hand? Rav Sheshet **said to them: We** already **learned it;**[N] there is an answer to this question from the mishna: **He took the coal pan in his right** hand **and the spoon in his left** hand. This proves that although the spoon is carried in the left hand to the place of the service, the rite is valid.

וְנִפְשׁוֹט לְהוּ מֵהָא דִּתְנַן: הָרֶגֶל שֶׁל יָמִין בִּשְׂמֹאל, וּבֵית עוֹרָהּ לַחוּץ!

The Gemara asks: **And let us resolve** this dilemma **for them from that which we learned** in a mishna: The priest who is privileged to carry the head and the leg of the daily offering to the ramp carried **the right leg** in his **left** hand,[H] **with its** entire **hide** facing **outward** and the place of the slaughter on the neck facing the priest. This mishna also proves that carrying with the left hand is acceptable.

אִי מֵהָתָם, הֲוָה אָמִינָא: הָנֵי מִילֵּי – הוֹלָכָה דְּלָא מְעַכְּבָא כַּפָּרָה, אֲבָל הוֹלָכָה דִּמְעַכְּבָא כַּפָּרָה – לֹא, קָמַשְׁמַע לָן.

The Gemara rejects this contention: **If** the proof is **from there, I would have said: That applies** only to a type of **carrying that does not invalidate atonement,** as even if the limbs are not carried up to the altar, atonement is nevertheless achieved through the sprinkling of the blood. The rite is valid even if the limbs of the daily offering are not burned at all. **However, with regard to** the type of **carrying that does invalidate atonement,** e.g., carrying the blood to the altar, **no,** perhaps it must be done specifically with the right hand. Rav Sheshet therefore **teaches us** from the mishna that although carrying the spoon is necessary for the mitzva, the rite is nevertheless valid if it is carried in the left hand.

Perek **V**
Daf **49** Amud **a**

HALAKHA

Those who are unfit to serve – הַפְּסוּלִים בַּעֲבוֹדָה: A non-priest, a mourner on the first day of mourning, a drunk priest, and a blemished priest are all unfit for the rites of receiving the blood, carrying the blood, and sprinkling it. Likewise, these rites are invalidated if performed by a priest while sitting or with his left hand (Rambam *Sefer Avoda, Hilkhot Biat HaMikdash* 9:15).

מֵיתִיבִי: זָר, וְאוֹנֵן, שִׁיכּוֹר, וּבַעַל מוּם, בְּקַבָּלָה וּבְהוֹלָכָה וּבִזְרִיקָה – פָּסוּל. וְכֵן יוֹשֵׁב, וְכֵן שְׂמֹאל – פָּסוּל! תְּיוּבְתָּא.

The Gemara **raises an objection** from a *baraita*: With regard **to receiving, carrying, or sprinkling** blood, if **a non-priest, a mourner** on his first day of mourning, **a drunk** priest, **and a blemished** priest,[H] performed the rite, it is **disqualified. And likewise** if the priest was **sitting, and likewise** if he performed one of these rites with his **left** hand, it is **disqualified.** This statement contradicts the ruling of Rav Sheshet. The Gemara concludes: This is indeed **a conclusive refutation,** and Rav Sheshet's opinion is rejected.

וְהָא רַב שֵׁשֶׁת הוּא דְּאוֹתְבָהּ, דַּאֲמַר לֵיהּ רַב שֵׁשֶׁת לְאָמוֹרֵיהּ דְּרַב חִסְדָּא: בְּעֵי מִינֵּיהּ מֵרַב חִסְדָּא: הוֹלָכָה בְּזָר מַהוּ? – אָמַר לֵיהּ: כְּשֵׁירָה, וּמִקְרָא מְסַיְּיעֵנִי: "וַיִּשְׁחֲטוּ הַפָּסַח וַיִּזְרְקוּ הַכֹּהֲנִים מִיָּדָם וְהַלְוִיִּם מַפְשִׁיטִים".

The Gemara asks: **But wasn't Rav Sheshet** the **one who objected** on the basis of this very *baraita*? **As Rav Sheshet said to the interpreter of Rav Ḥisda: Raise the** following **dilemma before Rav Ḥisda: What** is the *halakha* with regard to **carrying** the blood performed **by a non-priest? He said to him:** It is **valid, and a verse supports me: "And they slaughtered the Paschal offering and the priests sprinkled with their hand, and the Levites flayed"** (II Chronicles 35:11). This verse indicates that the priests took the blood from the hands of the Levites, from which it can be inferred that the Levites carried the blood from the place of slaughtering to the place of sprinkling.

וּמוֹתִיב רַב שֵׁשֶׁת: זָר, וְאוֹנֵן, שִׁיכּוֹר, וּבַעַל מוּם, בְּקַבָּלָה וּבְהוֹלָכָה וּבִזְרִיקָה – פָּסוּל, וְכֵן יוֹשֵׁב וְכֵן שְׂמֹאל פָּסוּל!

And Rav Sheshet objected based on the aforementioned *baraita*: With regard **to receiving, carrying, or sprinkling** blood, if a **non-priest, a mourner** on his first day of mourning, **a drunk** priest, **and a blemished** priest, performed the rite, it is **disqualified.** This statement proves that carrying cannot be performed by a non-priest. Since Rav Sheshet himself cited this *baraita* in his objection, he was certainly familiar with it. How, then, could he issue a ruling in contradiction to the *baraita*?

בָּתַר דִּשְׁמַעָהּ הֲדַר אוֹתְבָהּ. – וְהָא רַב חִסְדָּא קְרָא קָאָמַר! דְּעָבוּד מַעֲשֶׂה אִיצְטְבָא.

The Gemara explains: **After** Rav Sheshet **heard** the *baraita* that was cited against his opinion, **he objected** to the ruling of Rav Ḥisda from that same *baraita*. At first Rav Sheshet was unaware of the *baraita*, which is why he ruled against it, but when he learned it, he relied upon it to object to Rav Ḥisda's statement. The Gemara asks: **But didn't Rav Ḥisda cite a verse** in support of his opinion? How can a *baraita* contradict a verse? The Gemara answers: The verse does not mean that the Levites walked with the blood, but rather **that they acted like benches**[N] and merely stood holding the bowls of blood in their hands.

בְּעֵי רַב פַּפָּא: חָפַן חֲבֵירוֹ וְנָתַן לְתוֹךְ חָפְנָיו מַהוּ? מְלֹא חָפְנָיו בָּעֵינַן – וְהָא אִיכָּא, אוֹ דִּילְמָא "וְלָקַח וְהֵבִיא" בָּעֵינַן – וְהָא לֵיכָּא? תֵּיקוּ.

§ The Gemara returns to the issue of appropriate methods for taking handfuls of incense. **Rav Pappa raised a dilemma: What** is the *halakha* with regard to a case where **another** priest **scooped**[H] **and placed** the incense **into the hands** of the High Priest? The Gemara clarifies the two sides of the question: Do **we require: "His full hands," and that is** fulfilled here, as in practice the High Priest has a handful of incense? **Or perhaps we require** that the High Priest must fulfill the mitzvot: **"And he shall take…and he shall bring"** (Leviticus 16:12), **and that is not** the case here, as the High Priest did not scoop and take the incense himself? This question was also left unanswered, and the Gemara concludes: **Let it stand** unresolved.

בְּעֵי רַבִּי יְהוֹשֻׁעַ בֶּן לֵוִי: חָפַן וָמֵת, מַהוּ שֶׁיִּכָּנֵס אַחֵר בַּחֲפִינָתוֹ? אָמַר רַבִּי חֲנִינָא: בֹּא וּרְאֵה שְׁאֵלַת הָרִאשׁוֹנִים.

§ **Rabbi Yehoshua ben Levi raised a dilemma:** If the High Priest **scooped and died, what** is the *halakha* with regard to the possibility **that another** High Priest may replace him and **enter with his handful?** May the second priest enter the Holy of Holies with the incense that the first priest scooped, or must he start from the beginning of the process? **Rabbi Ḥanina**[P] **said** to his students in excitement: **Come and see** that Sages from a later generation were able to ask a difficult question on par with **the question of the earlier** generations. Even I, Rabbi Ḥanina, asked this same question, which was posed by my elder, Rabbi Yehoshua ben Levi.

NOTES

That they acted like benches – דְּעָבוּד מַעֲשֶׂה אִיצְטְבָא: The Levites stood in a row stretching from the place where the animal was sacrificed to the place where the blood was sprinkled, and they passed the bowls of blood from one to the other without moving (Rabbeinu Ḥananel). Since this transfer is not considered carrying, it was permitted for the Levites to do so on Shabbat.

HALAKHA

Another priest scooped – חָפַן חֲבֵירוֹ: Although these cases are possibly permitted, the rite should not be performed in this manner *ab initio*, as the Gemara did not provide definitive rulings in these situations. The first doubtful case is that of another priest who takes a handful of incense and places it in the hands of the High Priest. A second situation arises if the High Priest takes the handful and dies, whereupon a second priest takes the handful of the first one into the Holy of Holies (Rambam *Sefer Avoda, Hilkhot Avodat Yom HaKippurim* 5:28).

PERSONALITIES

Rabbi Ḥanina – רַבִּי חֲנִינָא: This is Rabbi Ḥanina bar Ḥama, who lived in the transitional generation between the *tanna'im* and *amora'im*. Rabbi Ḥanina was born in Babylonia, but emigrated to Eretz Yisrael at a very young age, where he studied Torah from Rabbi Yehuda HaNasi. His teacher was very fond of him, saying that Rabbi Ḥanina was not a human being, but an angel. Rabbi Ḥanina also studied under Rabbi Yehuda HaNasi's greatest students, in particular Rabbi Ḥiyya. At the time of his death, Rabbi Yehuda HaNasi appointed Rabbi Ḥanina as head of the yeshiva, but in his humility, Rabbi Ḥanina refused to accept the position during the lifetime of his older colleague, Rabbi Afas.

Rabbi Ḥanina lived in the city of Tzippori, where he dealt in the honey trade, from which he grew wealthy. He used his money to build a large study hall. Rabbi Ḥanina is considered one of the cleverest scholars of his generation and was also renowned for his righteousness and kindness.

Rabbi Ḥanina's halakhic and aggadic statements abound both in the Jerusalem and Babylonian Talmuds, and as he enjoyed a long and healthy life, he taught many students over several generations. Rabbi Yehoshua ben Levi was his student and colleague, and he was also privileged to teach Rabbi Yoḥanan for many years. The *amora* Rabbi Ḥama, son of Rabbi Ḥanina, was possibly his son.

לְמֵימְרָא דְּרַבִּי יְהוֹשֻׁעַ בֶּן לֵוִי קָשִׁישׁ? וְהָאָמַר רַבִּי יְהוֹשֻׁעַ בֶּן לֵוִי: לִי הִתִּיר רַבִּי חֲנִינָא לִשְׁתּוֹת שַׁחֲלַיִים בְּשַׁבָּת!

The Gemara analyzes this comment: **Is that to say that Rabbi Yehoshua ben Levi was older** than Rabbi Ḥanina, which is why Rabbi Ḥanina referred to him as an early Sage? **But didn't Rabbi Yehoshua ben Levi say: Rabbi Ḥanina permitted me to drink cress juice on Shabbat** for medicinal purposes. Rabbi Yehoshua ben Levi's deference to Rabbi Ḥanina shows that Rabbi Ḥanina was older than him.

לִשְׁתּוֹת?! פְּשִׁיטָא, דִּתְנַן: כָּל הָאוֹכָלִין אוֹכֵל אָדָם לִרְפוּאָה, וְכָל הַמַּשְׁקִין שׁוֹתֶה!

Since it has been raised, the Gemara addresses the issue of cress juice on Shabbat: Did Rabbi Ḥanina permit him **to drink** cress juice? It is **obvious** that it is permitted to drink this juice; why would it be prohibited? **As we learned** in a mishna: **All** types of **food** that healthy people eat **may be eaten by people** even **for medicinal** purposes,[H] and one may likewise **drink all drinks** for medicinal purposes, as the Sages did not include these in their decree against taking medicine on Shabbat.[N]

אֶלָּא: לִשְׁחוֹק וְלִשְׁתּוֹת שַׁחֲלַיִים בְּשַׁבָּת. הֵיכִי דָּמֵי? אִי דְּאִיכָּא סַכַּנְתָּא – מִשְׁרָא שָׁרֵי, וְאִי דְּלֵיכָּא סַכַּנְתָּא – מֵיסַר אֲסִיר! לְעוֹלָם דְּאִיכָּא סַכַּנְתָּא, וְהָכִי קָא מִבַּעְיָא לֵיהּ: מִי מַסְיָא – דְּנֵיחוּל עֲלַיְיהוּ שַׁבְּתָא, אוֹ לָא מַסְיָא, וְלָא נֵיחוּל עֲלַיְיהוּ שַׁבְּתָא.

Rather, Rabbi Yehoshua ben Levi's question was: Is it permitted **to grind and drink cress on Shabbat?** The Gemara asks: **What are the circumstances? If** it involves a situation **where there is danger** to life, and this is the prescribed cure, **it is** certainly **permitted; and if** it is a case **where there is no danger,** it is **prohibited** as labor on Shabbat. The Gemara answers: **Actually,** the question concerns a case **where there is** a life-threatening **danger, and this is the dilemma that he raised before him: Does** this drink **heal,** which would mean **that** it is appropriate **to violate Shabbat for it, or** does it **not heal, and** therefore one should **not violate Shabbat for it?**

וּמַאי שְׁנָא רַבִּי חֲנִינָא? – מִשּׁוּם דְּבָקִי בִּרְפוּאוֹת הוּא, דְּאָמַר רַבִּי חֲנִינָא: מֵעוֹלָם לֹא שְׁאָלַנִי אָדָם עַל מַכַּת פִּרְדָּה לְבָנָה וְחָיָה.

The Gemara asks: **And** if this was not a halakhic question but a medical one, **what is different** about this question that led him to ask it specifically of **Rabbi Ḥanina?** The Gemara explains: Rabbi Yehoshua ben Levi asked Rabbi Ḥanina **because he is an expert in medicines, as Rabbi Ḥanina said: No man ever consulted me about a wound** inflicted by a **white mule**[B] **and recovered.** This shows that people came to Rabbi Ḥanina for medical advice.

וְהָא קָא חָזֵינַן דְּחַיֵּי! אֵימָא: וְחַיַּית. – וְהָא קָא חָזֵינַן דְּמִיתַּסֵּי! בְּסוּמְקָן אִינְהוּ, וְחִיוָּרָן רֵישׁ כַּרְעַיְהוּ קָאָמְרִינַן.

The Gemara expresses surprise at this claim: **But we see that** people who are kicked by mules **do survive.** The Gemara answers that instead it should **say:** No man ever consulted me about a wound of this kind **and** the wound **survives,** i.e., the wound never heals. The Gemara challenges this statement as well: **But we see that** it **does heal.** The Gemara responds: **We say** that the wound will never heal only **when** the mules **are red and the tops of their legs are white.**

מִכָּל מָקוֹם שְׁמַע מִינָּהּ דְּרַבִּי חֲנִינָא קָשִׁישׁ. אֶלָּא הָכִי קָאָמַר: שְׁאֵלָתָן – כִּשְׁאֵילָה שֶׁל רִאשׁוֹנִים.

The Gemara returns to its previous question. **In any event,** one can **learn from this** discussion **that Rabbi Ḥanina** was **older**[N] than Rabbi Yehoshua ben Levi. Why, then, does Rabbi Ḥanina refer to Rabbi Yehoshua ben Levi as a member of an earlier generation? **Rather,** we must explain that **this is** what **he said,** i.e., that Rabbi Ḥanina's statement should be understood as follows: **Their question is like the question of the early ones.**[N] In other words, Rabbi Ḥanina meant that this question, posed by a member of a later generation, is as difficult as that of the early Sages.

BACKGROUND

White mule – פִּרְדָּה לְבָנָה: The Gemara is apparently describing a particular breed of mule that was especially wild. This type of mule, which was well-bred and fast, was domesticated by wealthy people. These mules might have been the offspring of breeding donkeys with wild asses. The reference to the legs of the mules being white suggests the option that this is a reference to the African wild ass, *Equus africanus*.

African wild ass

HALAKHA

Medicinal foods on Shabbat – מַאֲכָלֵי רְפוּאָה בְּשַׁבָּת: Although the Sages prohibited taking medicines on Shabbat, all foods and drinks that healthy people normally eat may be ingested, despite the fact that they are being taken for their curative properties. However, it is prohibited to take foods and drinks that healthy people do not usually eat. This *halakha* applies to people who are in pain. Some commentaries maintain that healthy people may eat those foods that are not normally eaten, although this point is subject to debate among the early commentaries (*Shulḥan Arukh*, *Oraḥ Ḥayyim* 328:37).

NOTES

Medicine on Shabbat – רְפוּאָה בְּשַׁבָּת: The Sages prohibited any act of healing on Shabbat, including eating or drinking medicine, exercising or bathing. This restriction applies only when one is suffering pain that is not life-threatening. However, one's health overrides Shabbat in any situation where his life might be in danger, and in a case of this kind, all forms of treatment are permitted. The reason why healing was prohibited was due to the fear that medicines might be ground and prepared, which would be a violation of grinding, one of the principal categories of labor on Shabbat. Due to this concern, all forms of healing were prohibited, including those that do not involve grinding.

That Rabbi Ḥanina was older – דְּרַבִּי חֲנִינָא קָשִׁישׁ: Why does the fact that Rabbi Yehoshua ben Levi asked Rabbi Ḥanina for his medical opinion prove that he was older? While this shows that he was a medical expert, he still could have been younger than Rabbi Yehoshua ben Levi. The answer is that Rabbi Yehoshua ben Levi's answer refers to a request from a Sage for halakhic permission. The phrase: He permitted me, is not generally used for medical advice (Ritva).

Their question is like the question of the early ones – שְׁאֵלָתָן כִּשְׁאֵלָה שֶׁל רִאשׁוֹנִים: Some commentaries suggest that Rabbi Ḥanina's students asked him this question, prompting him to respond: The students' question is like that of the early Sages. This early Sage is a reference to Rabbi Yehoshua ben Levi, who was greater than the students in age and wisdom, and who had already asked that same question (Rabbeinu Ḥananel).

וּמִי אָמַר רַבִּי חֲנִינָא הָכִי? וְהָאָמַר רַבִּי חֲנִינָא: ׳בְּפַר׳ – וְלֹא בְּדָמוֹ שֶׁל פַּר.

The Gemara asks: **And did Rabbi Ḥanina** actually **say that** this question, of one High Priest using the incense scooped by another, was difficult to answer? **But didn't Rabbi Ḥanina say:** "With this Aaron shall come into the sacred place, **with a bull**" (Leviticus 16:3); this means that the High Priest must enter **with** the offering of **a bull and not with the blood of** the **bull?** In other words, the High Priest himself must slaughter his bull. Should a different priest slaughter the bull, receive its blood, and then die, the priest who replaces him may not enter the Holy of Holies with the blood of the bull slaughtered by his predecessor. Instead, he must bring a new bull, slaughter it, collect its blood, and take that blood inside.

וְאָמַר רַבִּי חֲנִינָא: קְטוֹרֶת שֶׁחֲפָנָהּ קוֹדֶם שְׁחִיטַת הַפָּר – לֹא עָשָׂה וְלֹא כְלוּם!

And likewise, **Rabbi Ḥanina said:** If the priest **scooped the incense before the slaughtering of the bull, he did nothing,** as the handful of incense must be taken after the slaughter of the bull. If so, in accordance with the opinion of Rabbi Ḥanina, it is impossible for a priest to enter the Sanctuary with the handful taken by his fellow priest. The reason is that if the first priest died after the handful was taken, he certainly has not yet entered with the blood he collected from the bull. Consequently, his slaughter was not effective for the substitute priest, who must repeat the entire service from the slaughter onward.

הָכִי קָאָמַר: מִדְּקָא מִיבַּעְיָא לֵיהּ הָא – מִכְּלָל דְּקָסָבַר ׳בְּפַר׳ – וַאֲפִילּוּ בְּדָמוֹ שֶׁל פַּר, וּלְמַאי דִּסְבִירָא לֵיהּ – שְׁאֵילָתוֹ כִּשְׁאֵילַת הָרִאשׁוֹנִים.

The Gemara explains that **this is** what Rabbi Ḥanina **said: From** the fact that Rabbi Yehoshua ben Levi **raised this dilemma,** it can be understood **by inference that he holds** that the verse "**with a bull**" means that the High Priest may enter the Holy of Holies **even with the blood of a bull.** This means that the second priest does not have to go back and slaughter a second bull. **And according to that which** Rabbi Yehoshua ben Levi **maintains, his question is like the question of the earlier** generations. Although the question does not arise according to the opinion of Rabbi Ḥanina himself, according to the ruling of Rabbi Yehoshua ben Levi, the question is indeed a difficult one.

מַאי הֲוֵי עֲלָהּ? אָמַר רַב פָּפָּא: אִי חוֹפֵן חוֹזֵר וְחוֹפֵן – חֲבֵירוֹ נִכְנָס בַּחֲפִינָתוֹ, דְּהָא מִקַּיְּימָא חֲפִינָה. אִי אֵין חוֹפֵן וְחוֹזֵר וְחוֹפֵן – תִּבָּעֵי לָךְ.

The Gemara asks: **What** halakhic conclusion **was** reached **about** this matter? What in fact is the ruling in a situation where the High Priest took a handful of incense and then died? May the newly appointed High Priest use the handful that has already been scooped, or does he require a new handful? **Rav Pappa said:** The resolution of this question depends on a different problem. **If** the High Priest **scoops** the handful when he takes the incense from the coal pan, and **again scoops**[N] a handful in the Holy of Holies, this would mean that **another** priest may **enter with the handful** of the first High Priest, **as** the mitzva of **scooping** the handful has been **fulfilled.** However, **if** the High Priest does **not scoop and again scoop, let the dilemma be raised.**

אָמַר לֵיהּ רַב הוּנָא בְּרֵיהּ דְּרַב יְהוֹשֻׁעַ לְרַב פָּפָּא: אַדְּרַבָּה, אִי חוֹפֵן וְחוֹזֵר וְחוֹפֵן – לֹא יִכָּנֵס אַחֵר בַּחֲפִינָתוֹ, אִי אֶפְשָׁר שֶׁלֹּא יְחַסֵּר וְשֶׁלֹּא יוֹתִיר. וְאִי אֵין חוֹפֵן חוֹזֵר וְחוֹפֵן – תִּיבָּעֵי לָךְ.

Rav Huna, son of Rav Yehoshua, said to Rav Pappa: On the contrary, if the High Priest **scoops and again scoops, another** priest should **not** be permitted to **enter with his handful,** as it **is impossible** that the new handful **will be neither less nor more** than the amount of the first handful, which means the handful will not have been taken properly. **But conversely, if he does not scoop and again scoop, let the dilemma be raised,** as the mitzva of taking a handful has already been fulfilled by the first priest, and the second priest has merely to place the incense on the coals.

NOTES

And again scoops – חוֹזֵר וְחוֹפֵן: The question is whether the Torah's mitzva, "and he shall take…his hands full…and bring" (Leviticus 16:12), indicates that, ideally, the High Priest must bring the incense by hand. In practice, as he cannot carry the coal pan, he necessarily must place the incense in a vessel, yet he should try to follow the verse's instruction as closely as possible. Alternatively, perhaps this requirement is not indispensable, and if he is unable to touch the incense by hand in the Holy of Holies, he has nevertheless fulfilled his obligation (*Tosafot Yeshanim*; *Tosefot HaRosh*).

דְּאִיבַּעְיָא לְהוּ: חוֹפֵן חוֹזֵר וְחוֹפֵן אוֹ לֹא? תָּא שְׁמַע: כָּךְ הָיְתָה מִידָּתָהּ. מַאי לָאו: כְּשֵׁם שֶׁמִּדָּתָהּ מִבַּחוּץ – כָּךְ מִדָּתָהּ מִבִּפְנִים!

The Gemara explains the background to this problem. **As a dilemma was raised before** the Sages: Does the High Priest **scoop** a handful from the incense once **and again scoop a handful** a second time in the Holy of Holies, **or** does he **not** scoop a second time? The Gemara suggests: **Come** and **hear** a resolution to this dilemma from the mishna: **This was the measure** of the spoon. **What, is it not** correct to infer from the mishna that **just as its measure** is **on the outside, so is its measure on the inside,** i.e., there is no need to scoop another handful, as this is its fixed measure that he pours onto the coal pan.

לֹא, דִּילְמָא שֶׁאִם רָצָה לַעֲשׂוֹת מִדָּה – עוֹשֶׂה. אִי נַמִּי: שֶׁלֹּא יְחַסֵּר וְשֶׁלֹּא יוֹתִיר.

The Gemara rejects this suggestion: **No,** that is not necessarily the correct interpretation of the mishna. **Perhaps** it means **that if he wants to measure** a precise **amount** for his handful, **he may measure** with a utensil for this purpose. **Alternatively,** it could mean **that** he may take **neither less nor more** than the measure he initially took. Consequently, there is no proof from the mishna with regard to whether the High Priest must scoop a second handful.

תָּא שְׁמַע:

The Gemara further suggests: **Come** and **hear** a resolution to this dilemma from a *baraita*:

Perek **V**
Daf **49** Amud **b**

NOTES

How should he act – כֵּיצַד הוּא עוֹשֶׂה: According to most commentaries, after the High Priest placed the coal pan between the staves of the Ark poles or on the foundation rock, he held the spoon between his two hands. Using his thumbs, he slowly inched it toward him until he was able to turn it over into his hands. Conversely, the Rambam, presumably on the basis of a variant text of the Gemara, states that the High Priest used his thumbs to slowly empty the contents of the spoon into his hands.

If he slaughtered and died – שָׁחַט וָמֵת: Since the second priest is the agent of the first High Priest, or the agent of the entire Jewish people, it is possible that he is allowed to continue to perform the action of the first priest (*Tosafot Yeshanim*).

HALAKHA

The procedure for burning the incense in the Holy of Holies – דֶּרֶךְ הַהַקְטָרָה בְּקֹדֶשׁ הַקֳּדָשִׁים: The High Priest holds the edge of the incense spoon with his fingertips or with his teeth and pours the incense into his hands a second time. Next, he heaps the incense onto the coals in the coal pan, as stated in the *baraita* cited here (Rambam *Sefer Avoda, Hilkhot Avodat Yom HaKippurim* 4:1).

With a bull and even with its blood – בְּפַר וַאֲפִילּוּ בְּדָמוֹ: If the High Priest dies after he slaughtered the sin-offering bull on Yom Kippur, the priest who replaces him takes the blood of that bull into the Holy of Holies. The Rambam rules in accordance with the opinion of Rav Ashi, as he is a later Sage (Rambam *Sefer Avoda, Hilkhot Avodat Yom HaKippurim* 5:13).

כֵּיצַד הוּא עוֹשֶׂה? אוֹחֵז אֶת הַבָּזָךְ בְּרֹאשׁ אֶצְבְּעוֹתָיו, וְיֵשׁ אוֹמְרִים: בְּשִׁינָּיו, וּמַעֲלֶה בְּגוּדָלוֹ, עַד שֶׁמַּגַּעַת לְבֵין אַצִּילֵי יָדָיו. וְחוֹזֵר וּמַחֲזִירָהּ לְתוֹךְ חָפְנָיו, וְצוֹבְרָהּ, כְּדֵי שֶׁיְּהֵא עֲשָׁנָהּ שׁוֹהֶה לָבוֹא. וְיֵשׁ אוֹמְרִים: מְפַזְּרָהּ, כְּדֵי שֶׁיְּהֵא עֲשָׁנָהּ מְמַהֶרֶת לָבוֹא.

How should the High Priest **act**[N] in the Holy of Holies, when he needs to place the incense on the coals by taking a handful from the spoon and placing it in his hands? After he places the coal pan on the ground, **he holds the** front of **the ladle,** i.e., the spoon of incense, **with his fingertips, and some say** he holds it **with his teeth.** At this stage the handle of the spoon rests between his arms. **And** he pushes it and **raises it up** slowly **with his thumb** toward his body **until it reaches between his elbows,** which he then uses to turn it over. **He then returns** the incense **into his palms,** after which he pours it from his hands into the coal pan.[H] **And he heaps** the incense into a pile on the coals **so that its smoke rises slowly. And some say** he does the opposite, that **he scatters it so that its smoke rises quickly.**

וְזוֹ הִיא עֲבוֹדָה קָשָׁה שֶׁבַּמִּקְדָּשׁ. זוֹ הִיא וְתוּ לֹא?! וְהָא אִיכָּא מְלִיקָה, וְהָא אִיכָּא קְמִיצָה! אֶלָּא: זוֹ הִיא עֲבוֹדָה קָשָׁה מֵעֲבוֹדוֹת קָשׁוֹת שֶׁבַּמִּקְדָּשׁ. שְׁמַע מִינָּהּ: חוֹפֵן וְחוֹזֵר וְחוֹפֵן, שְׁמַע מִינָּהּ.

And this taking of a handful of incense **is** the most **difficult** sacrificial **rite in the Temple.** The Gemara asks: **This one** is the hardest rite, **and no other? But there is pinching,** which is also considered extremely difficult; **and there is taking a handful** of a meal-offering, another complex rite. **Rather, this** taking of a handful of incense **is** one **of the most difficult rites in the Temple,** rather than the single most difficult one. In any event, you can **learn from this** that the High Priest **scoops** a handful **and again scoops.** The Gemara concludes: Indeed, **learn from this** that it is so.

אִיבַּעְיָא לְהוּ: שָׁחַט וָמֵת, מַה הוּא שֶׁיִּכָּנֵס אַחֵר בְּדָמוֹ? מִי אָמְרִינַן: ״בְּפַר״ – וַאֲפִילּוּ בְּדָמוֹ שֶׁל פַּר, אוֹ דִּילְמָא: ״בְּפַר״ – וְלֹא בְּדָמוֹ שֶׁל פַּר?

§ **A dilemma was raised before** the Sages: If a High Priest **slaughtered** the bull **and died,**[N] **what is the** *halakha* with regard to whether **another** High Priest may **enter** the Holy of Holies **with the blood** of the bull that his predecessor slaughtered? **Do we say** that the verse: "With this Aaron shall come into the sacred place, **with a bull**" (Leviticus 16:3) teaches that the priest must enter with the blood of a bull, but it need not necessarily be the blood of the bull he himself slaughtered, **and** in that case he may enter **even with the blood**[H] **of a bull** slaughtered by someone else? **Or perhaps** the verse should be interpreted precisely: **"With a bull," and not with the blood of a bull** slaughtered by another?

רַבִּי חֲנִינָא אוֹמֵר: בְּפַר וְלֹא בְּדָמוֹ שֶׁל פַּר, וְרֵישׁ לָקִישׁ אָמַר: בְּפַר וַאֲפִילּוּ בְּדָמוֹ שֶׁל פַּר. רַבִּי אַמִי אָמַר: בְּפַר וְלֹא בְּדָמוֹ שֶׁל פַּר, רַבִּי יִצְחָק אָמַר: בְּפַר וַאֲפִילּוּ בְּדָמוֹ שֶׁל פַּר.

The Sages disputed this matter. **Rabbi Ḥanina says: "With a bull," and not with the blood of a bull,** which means that the newly appointed High Priest must slaughter another bull, as he can enter only with the blood of a bull he himself slaughtered. **And Reish Lakish said: "With a bull," and even with the blood of a bull.** Likewise, **Rabbi Ami said: "With a bull" and not with the blood of a bull; Rabbi Yitzḥak said: "With a bull," and even with the blood of a bull.**

אֵיתִיבֵיהּ רַבִּי אַמִי לְרַבִּי יִצְחָק נַפָּחָא: נִמְנִין וּמוֹשְׁכִין יְדֵיהֶן מִמֶּנּוּ עַד שֶׁיִּשָּׁחֵט, וְאִם אִיתָא – עַד שֶׁיִּזְרוֹק מִיבָּעֵי לֵיהּ! –

Rabbi Ami raised an objection to Rabbi Yitzḥak Nappaḥa, the smith: To join a group of people who arranged to partake together of a single Paschal offering, individuals may **register** as part of a group **and they** may **withdraw**[HN] **from it** and join another group **until** the offering **is slaughtered. And if it is so,** that the blood of an animal is considered part of the offering, this *tanna* who authored this statement **should have said** that they may withdraw **until** the blood **is sprinkled.** If, as you maintain, the blood of an offering is part of the offering itself, why can't a person register to or withdraw from a group of a Paschal offering until its blood is sprinkled?

שָׁנֵי הָתָם דִּכְתִיב: ״מִהְיוֹת מִשֶּׂה״ – מֵחִיּוּתֵהּ דְּשֶׂה.

He answered him: **It is different there, as it is written:** "And if the household is too small **for a lamb** [***mehiyot miseh***], he and his neighbor who is next to his house" (Exodus 12:4). The phrase "*mehiyot miseh*" is read as ***meiḥiyutei deseh***, from the life of a lamb. In other words, one can withdraw from a group only as long as the lamb is alive. If so, its blood is not considered part of the Paschal lamb by a special decree of the Torah, which does not apply to Yom Kippur.

מְתִיב מָר זוּטְרָא: וְאֵין פּוֹדִין לֹא בְּעֵגֶל וְלֹא בְּחַיָּה, וְלֹא בִּשְׁחוּטָה, וְלֹא בִּטְרֵיפָה, וְלֹא בְּכִלְאַיִם, וְלֹא בְּכוֹי, אֶלָּא בְּשֶׂה! שָׁאנֵי הָתָם, דְּיָלֵיף שֶׂה שֶׂה מִפֶּסַח.

Mar Zutra raised an objection: And one may not redeem[HN] a male firstborn donkey **with a calf, nor with an undomesticated animal, nor with a slaughtered** lamb, **nor with an animal with a condition that will cause it to die within twelve months** [***tereifa***], **nor with** the product of the prohibited **crossbreeding**[N] of a lamb and a goat, **nor with a** ***koy***,[N] a kosher animal with characteristics of both a domesticated animal and a non-domesticated animal, **but with a lamb.** This proves that a slaughtered animal is not considered a lamb. The Gemara rejects this claim: **It is different there, as** that *tanna* **derives** a verbal analogy of **"lamb"** (Exodus 13:13) and **"lamb"** (Exodus 12:4) **from the Paschal offering:** Just as a slaughtered lamb cannot be used for a Paschal offering, the same applies to the case of a firstborn donkey.

אִי מַה לְהַלָּן זָכָר תָּם וּבֶן שָׁנָה – אַף כָּאן זָכָר תָּם וּבֶן שָׁנָה? תַּלְמוּד לוֹמַר: ״תִּפְדֶּה״ ״תִּפְדֶּה״ רִיבָּה.

The Gemara asks: **If** so, **just as there,** the Paschal offering must be **male, unblemished, and a year old, so too here,** for the redemption of a firstborn donkey, one should be obligated to use **a male** that is **unblemished and a year old.** Therefore **the verse states:** "And every firstborn of a donkey you shall redeem with a lamb; and if you shall not redeem it, then you shall break its neck" (Exodus 13:13). The repetition of: **"You shall redeem," "you shall** not **redeem,"** serves to **amplify** the definition of the offering and include other animals as acceptable for this redemption, not merely those fit for the Paschal offering.

אִי ״תִּפְדֶּה תִּפְדֶּה״ רִיבָּה – אֲפִילּוּ כּוּלְּהוּ נַמִי! אִם כֵּן, ״שֶׂה״ מַאי אַהֲנֵי לֵיהּ?

The Gemara asks: **If** the phrases **"You shall redeem" "you shall redeem"** serve to **amplify, even all** animals should **also** be fit for the redemption of a firstborn donkey, including a calf, undomesticated beast, a slaughtered animal, and the other exceptions listed above. The Gemara answers: **If so, what purpose does** the verbal analogy of **"lamb" serve?** Rather, it is evident that certain animals are included while others are excluded. In any case, it is clear that the *halakha* of the blood of the bull on Yom Kippur cannot be derived from here.

HALAKHA

They may register and withdraw – נִמְנִים וּמוֹשְׁכִין יְדֵיהֶם: Until the Paschal offering is slaughtered, individuals are permitted to join groups or to withdraw from them and join others. Once the animal has been slaughtered, one may not withdraw from his group (Rambam *Sefer Korbanot, Hilkhot Korban Pesaḥ* 2:14).

Redeeming a firstborn donkey – פִּדְיוֹן פֶּטֶר חֲמוֹר: One may not redeem a firstborn donkey with a calf, an undomesticated animal, a slaughtered lamb, a *tereifa*, a crossbreed, or with a *koy*, but only with a lamb or a goat that is alive and unblemished (Rambam *Sefer Korbanot, Hilkhot Bekhorot* 12:8).

NOTES

They may register and withdraw – נִמְנִין וּמוֹשְׁכִין יְדֵיהֶם: The Paschal lamb was sacrificed in groups. Several men and women would register for a group that would sacrifice a single lamb. The people assigned to that group would eat the offering on the night of the Festival. Individuals could join or withdraw from these groups, and join other groups, whether or not they were members of the same family, provided that the animal had not yet been sacrificed.

Redeeming a firstborn donkey – פִּדְיוֹן פֶּטֶר חֲמוֹר: The Torah states: "And every firstborn of a donkey you shall redeem with a lamb" (Exodus 13:13), which means that a lamb must be given to a priest for every firstborn donkey. If the owner fails to do this, the donkey's neck must be broken. The Gemara is addressing the issue of which kind of lamb is referred to here by the Torah.

Crossbreeding – כִּלְאַיִם: This is referring to a crossbreed of a sheep and a goat. Although both sheep and goats individually can be used to redeem firstborn donkeys, mixed offspring are not appropriate for this purpose.

***Koy* – כּוֹי:** The *koy* features many times in talmudic discussions, due to the uncertainty of whether it is a domesticated or an undomesticated animal. Sometimes the *koy* is treated as distinct category of its own, neither fully domesticated nor non-domesticated. Here, however, as a lamb is required, the Gemara must be referring to a type of *koy* that is half a sheep and half non-domesticated.

HALAKHA

A sin-offering whose owners have died – חַטָּאת שֶׁמֵּתוּ בְּעָלֶיהָ: A sin-offering whose owners died is left to die (Rambam *Sefer Avoda, Hilkhot Pesulei HaMukdashin* 4:1).

NOTES

Sin-offerings left to die – חַטָּאוֹת מֵתוֹת: There are five circumstances in which animals designated as sin-offerings are not sacrificed but are put to death instead. These animals are not killed directly by human hands, as it is prohibited to harm a consecrated animal, but they are locked up and left to starve to death. These cases are: The offspring of a sin-offering; an animal substituted for a sin-offering; a sin-offering whose owners have already gained atonement through another sin-offering; a sin-offering whose owners have died; and a sin-offering of a sheep or a goat that is more than a year old. The authorities debate the details of this *halakha*, e.g., whether communal sin-offerings are subject to these rules if the owners have died.

Goats for a sin of idolatry – שְׂעִירֵי עֲבוֹדָה זָרָה: If an entire community inadvertently sinned in the realm of idolatry due to a mistaken ruling of the court, the people must bring a bull as a burnt-offering and a goat as a sin-offering for their atonement (Numbers 15:24). The early commentaries note that the terminology of the Gemara is imprecise here, as only a single goat is brought.

אֵיתִיבֵיהּ רַבִּי יִצְחָק נַפָּחָא לְרַבִּי אַמִי: ״וְהוֹצִיא אֶת כָּל הַפָּר״! שֶׁיּוֹצִיא אֶת כּוּלּוֹ.

§ **Rabbi Yitzḥak Nappaḥa raised an objection to Rabbi Ami: "And he shall remove the entire bull** outside the camp" (Leviticus 4:12). This verse speaks of a bull that has been slaughtered and its fats and sacrificial parts have been burned, which proves that even after it has been slaughtered, it is still called a bull. Rabbi Ami replied: The animal itself is not called a bull at this stage; rather, it means **that he should remove the entire** carcass, all that remains of the bull.

״וְאֵת פַּר הַחַטָּאת וְאֵת שְׂעִיר הַחַטָּאת״! – אָמַר רַב פַּפָּא: בְּעוֹר וּבָשָׂר וָפֶרֶשׁ – דְּכוּלֵּי עָלְמָא לָא פְּלִיגִי, כִּי פְּלִיגִי – בְּדָם. מָר סָבַר: דָּם אִיקְּרֵי פַּר, וּמָר סָבַר: דָּם לָא אִיקְּרֵי פַּר.

The Gemara raises another difficulty by citing a verse: **"And the bull of the sin-offering and the goat of the sin-offering,** whose blood was brought in to make atonement in the Sanctuary, shall be taken outside the camp" (Leviticus 16:27). Once again, the verse proves that even after it has been slaughtered and its blood is brought into the Holy of Holies, the animal is still called a bull. **Rav Pappa said: Everyone agrees that** when it is intact, **with its hide, its flesh, and its excrement,** it is called a bull. **When they disagree** is with regard **to the blood. One Sage holds** that its **blood is called a bull, and one Sage holds** that **blood** alone **is not called a bull.**

אָמַר רַב אַשִׁי: מִסְתַּבְּרָא כְּמַאן דְּאָמַר דָּם אִיקְּרֵי פַּר, דִּכְתִיב: ״בְּזֹאת יָבֹא אַהֲרֹן אֶל הַקֹּדֶשׁ בְּפַר בֶּן בָּקָר״ אַטּוּ בְּקַרְנֵיהּ מְעַיֵּיל לֵיהּ? אֶלָּא, בְּדָמוֹ, וְקָרֵי לֵיהּ פַּר.

Rav Ashi said: It is reasonable to say **in accordance with the one who said** that **blood is called** part of the **bull, as it is written: "With this Aaron shall come into the sacred place, with a bull"** (Leviticus 16:3). **Is that to say** that **he brings** it **in,** to the Holy of Holies, **with its horns? Rather,** he enters **with its blood, and** yet the Torah **calls that "a bull."** This proves that the blood itself is called a bull.

וְאִידָּךְ: בַּמֶּה הוּכְשַׁר אַהֲרֹן לָבֹא אֶל הַקֹּדֶשׁ – בְּפַר בֶּן בָּקָר לְחַטָּאת.

The Gemara asks: **And the other one,** who maintains that blood is not called a bull, how does he interpret this verse? The Gemara answers that he can explain the verse as follows: **With what did Aaron become qualified to enter the sacred place? With** his bringing of a **young bull for a sin-offering.** However, the blood itself, which he brings inside, is not called a bull.

וְתֵיפוֹק לֵיהּ דְּחַטָּאת שֶׁמֵּתוּ בְּעָלֶיהָ הִיא, וְחַטָּאת שֶׁמֵּתוּ בְּעָלֶיהָ לְמִיתָה אָזְלָא! אָמַר לֵיהּ רָבִין בַּר רַב אַדָּא לְרָבָא, אָמְרִי תַּלְמִידָיךְ, אָמַר רַב עַמְרָם: חַטַּאת צִבּוּר הִיא, וְלֹא לְמִיתָה אָזְלָא.

§ The Gemara returns to the issue of a replacement High Priest entering with the blood of the first bull: **And let him derive** the answer to this problem from the fact **that it is a sin-offering whose owners have died.**[H] After all, the bull of the first High Priest is a sin-offering and its owner has died. Since there is a principle that **a sin-offering whose owners have died is left to die,**[N] this should resolve the dilemma. **Ravin bar Rav Adda said to Rava: Your students say** that **Rav Amram said** that the sin-offering bull of the High Priest **is a communal sin-offering,** as the High Priest brings it both on his own behalf and for his fellow priests, and a communal sin-offering **is not left to die.**

דִּתְנַן, אָמַר לוֹ רַבִּי מֵאִיר: וַהֲלֹא פַּר יוֹם הַכִּפּוּרִים, וַחֲבִיתֵּי כֹּהֵן גָּדוֹל, וּפֶסַח, דְּקָרְבַּן יָחִיד הוּא, וְדוֹחֶה אֶת הַשַּׁבָּת וְאֶת הַטּוּמְאָה! לָאו מִכְּלָל דְּאִיכָּא לְמַאן דְּאָמַר דְּצִבּוּר?

As we learned in a mishna in tractate *Temura* that *tanna'im* debate which offerings override Shabbat and ritual impurity. **Rabbi Meir said to him: But** consider **the Yom Kippur bull, and the meal-offering resembling a wafer** brought specially by the **High Priest, and the Paschal offering,** each of which **is an individual offering and overrides Shabbat and ritual impurity.** Since Rabbi Meir says that these are individual offerings, is it **not** correct to say **by inference that there is one who says that** these offerings are **communal?**

וּלְטַעְמִיךְ דְּקָתָנֵי, אָמַר לוֹ רַבִּי יַעֲקֹב: וַהֲלֹא פַּר הֶעְלֵם דָּבָר שֶׁל צִבּוּר, וּשְׂעִירֵי עֲבוֹדָה זָרָה, וַחֲגִיגָה דְּקָרְבַּן צִבּוּר, וְאֵין דּוֹחִין לֹא אֶת הַשַּׁבָּת וְלֹא אֶת הַטּוּמְאָה, מִכְּלָל דְּאִיכָּא לְמַאן דְּאָמַר דְּיָחִיד?!

The Gemara rejects this proof. **And according to your reasoning,** consider **that** which was **taught** there: **Rabbi Ya'akov said to him: But** there are the cases of the **bull for an unwitting communal sin, and the goats for** a sin of **idolatry,**[N] and the **Festival peace-offering, which** are all **communal offerings and override neither Shabbat nor ritual impurity.** According to the above reasoning, it can be claimed **by inference that there is one who says that** these are **individual** offerings, which is incorrect.

אֶלָּא, לְתַנָּא קַמָּא קָא מְהַדַּר לֵיהּ. דְּשַׁמְעֵיהּ דְּקָאָמַר: קׇרְבַּן צִבּוּר דּוֹחֶה אֶת הַשַּׁבָּת וְאֶת הַטּוּמְאָה, וְקׇרְבַּן יָחִיד אֵינוֹ דּוֹחֶה לֹא אֶת הַשַּׁבָּת וְלֹא אֶת הַטּוּמְאָה. אָמַר לוֹ רַבִּי מֵאִיר: קׇרְבַּן יָחִיד כְּלָלָא הוּא?! וְהָלֹא פַּר יוֹם הַכִּפּוּרִים וַחֲבִיתֵּי כֹּהֵן גָּדוֹל וּפֶסַח, דְּקׇרְבַּן יָחִיד הוּא, וְדוֹחִין אֶת הַשַּׁבָּת וְאֶת הַטּוּמְאָה.

Rather, Rabbi Meir **responded to the first *tanna*, as he heard him** say in the form of a general principle: **Communal sacrifices override Shabbat and ritual impurity, but individual sacrifices override neither Shabbat nor ritual impurity.** In response to this claim, **Rabbi Meir said to him:** Is this statement with regard to **an individual offering** a general **principle? But** consider **the Yom Kippur bull, and the meal-offering resembling a wafer** of **the High Priest, and the Paschal offering,** each of which **is an individual offering and overrides Shabbat and ritual impurity.**

וְאָמַר לוֹ רַבִּי יַעֲקֹב: קׇרְבַּן צִבּוּר כְּלָלָא הוּא?! וְהָלֹא פַּר הֶעְלֵם דָּבָר שֶׁל צִבּוּר, וּשְׂעִירֵי עֲבוֹדָה זָרָה, וַחֲגִיגָה, דְּקׇרְבַּן צִבּוּר הוּא וְאֵין דּוֹחִין לֹא אֶת הַשַּׁבָּת וְלֹא אֶת הַטּוּמְאָה!

And Rabbi Ya'akov responded to the first *tanna* from a different perspective: Is this statement with regard to **a communal offering** a general **principle,** which overrides ritual impurity? **But** there are the cases of the **bull for an unwitting communal sin, and the goats for** a sin of **idolatry,** and the **Festival peace-offering, which** are all **communal offerings and override neither Shabbat nor ritual impurity.**

אֶלָּא נְקוֹט הַאי כְּלָלָא בִּידָךְ: כׇּל שֶׁזְּמַנּוֹ קָבוּעַ – דּוֹחֶה אֶת הַשַּׁבָּת וְאֶת הַטּוּמְאָה אֲפִילּוּ בְּיָחִיד, וְכׇל שֶׁאֵין זְמַנּוֹ קָבוּעַ – אֵינוֹ דּוֹחֶה לֹא אֶת הַשַּׁבָּת וְלֹא אֶת הַטּוּמְאָה וַאֲפִילּוּ בְּצִבּוּר.

Rather, grasp this principle: Any offering **that** has **a fixed time**[H] for its sacrifice **overrides Shabbat and ritual impurity even if** it is an **individual** offering; **and any** offering **of no fixed time overrides neither Shabbat nor ritual impurity, and** this is the case **even** if it **is a communal** offering. With regard to the issue at hand, as the emphasis of both Rabbi Meir's and Rabbi Ya'akov's statements is whether the offerings they referred to override Shabbat and ritual impurity, not their classification as individual or communal offerings, nothing can be inferred from their comments in this regard. Consequently, it remains possible that the bull of the High Priest is an individual offering.

אֵיתִיבֵיהּ אַבָּיֵי: פַּר וְשָׂעִיר שֶׁל יוֹם הַכִּפּוּרִים שֶׁאָבְדוּ וְהִפְרִישׁ אֲחֵרִים תַּחְתֵּיהֶן – כּוּלָּם יָמוּתוּ, וְכֵן שְׂעִירֵי עֲבוֹדָה זָרָה שֶׁאָבְדוּ וְהִפְרִישׁ אֲחֵרִים תַּחְתֵּיהֶן כּוּלָּם יָמוּתוּ. דִּבְרֵי רַבִּי יְהוּדָה. רַבִּי (אֱלִיעֶזֶר) וְרַבִּי שִׁמְעוֹן אוֹמְרִים: יִרְעוּ עַד שֶׁיִּסְתָּאֲבוּ, וְיִמָּכְרוּ, וְיִפְּלוּ דְּמֵיהֶן לִנְדָבָה, שֶׁאֵין חַטַּאת צִבּוּר מֵתָה.

§ **Abaye raised an objection to** Rava: Is the bull of the High Priest an individual offering? But we learned in a *baraita*: With regard to the **bull and the goat of Yom Kippur that were lost,**[H] **and he separated others in their stead,** and the first animals were subsequently found, **all** of the second set **shall be left to die. And likewise, goats** for a sin of **idolatry that were lost and he separated others in their stead, all of them shall** be left to **die.** This is **the statement of Rabbi Yehuda. Rabbi Elazar and Rabbi Shimon say: They shall** be left to **graze until they become unfit,**[N] whereupon **they are sold and their proceeds go** for a **free-will offering, as a communal sin-offering is not** left to **die.** This proves that the Yom Kippur bull is called a communal sin-offering.

אָמַר לֵיהּ: מַאי פַּר – פַּר הֶעְלֵם דָּבָר שֶׁל צִבּוּר. וְהָא שֶׁל יוֹם הַכִּפּוּרִים קָתָנֵי! כִּי קָתָנֵי – אַשָּׂעִיר.

Rava **said to** Abaye: **What bull** is referred to here? A **bull for an unwitting communal sin.** Abaye retorted: **But** the *baraita* **taught: Of Yom Kippur,** which clearly indicates that it is referring to the bull of Yom Kippur. Rava answered: **When** the *tanna* of this *baraita* **taught:** Of Yom Kippur, he was referring only **to the goat.** That is, the *baraita* should be read as follows: The communal bull and the goat of Yom Kippur, which is also a communal offering.

וְהָתַנְיָא: פַּר שֶׁל יוֹם הַכִּפּוּרִים, וְשָׂעִיר שֶׁל יוֹם הַכִּפּוּרִים שֶׁאָבְדוּ, וְהִפְרִישׁ אֲחֵרִים תַּחְתֵּיהֶן – כּוּלָּם יָמוּתוּ, דִּבְרֵי רַבִּי יְהוּדָה. רַבִּי (אֱלִיעֶזֶר) וְרַבִּי שִׁמְעוֹן אוֹמְרִים: יִרְעוּ עַד שֶׁיִּסְתָּאֲבוּ, וְיִמָּכְרוּ, וְיִפְּלוּ דְּמֵיהֶן לִנְדָבָה, שֶׁאֵין חַטַּאת צִבּוּר מֵתָה!

Abaye further asks: **But wasn't it taught** in a *baraita*: With regard to **the bull of Yom Kippur and the goat of Yom Kippur that were lost and he separated others in their stead,** and the first animals were subsequently found, **all** of the second set **shall** be left to **die.** This is **the statement of Rabbi Yehuda. Rabbi Elazar and Rabbi Shimon say: They shall** be left to **graze until they become unfit,** whereupon **they are sold and their proceeds go** for a **free-will offering, as a communal sin-offering is not** left to **die.** This *baraita* explicitly states that the bull of Yom Kippur is considered a communal offering.

לָא תֵּימָא: שֶׁאֵין חַטַּאת צִבּוּר מֵתָה, אֶלָּא אֵימָא: שֶׁאֵין חַטַּאת הַשּׁוּתָּפִין מֵתָה. וּמַאי נָפְקָא מִינַּהּ

Rava answered him: **Do not say: As a communal sin-offering is not** left to **die. Rather, say: As a sin-offering of partners is not** left to **die.**[H] Since some of the partners are still alive, the sin-offering is not left to die. The bull of the High Priest on Yom Kippur is considered a sin-offering of partners because it atones not only for the High Priest, but for his fellow priests, as well. The Gemara asks: **And** if ultimately the bull is not left to die, **what is the practical difference** whether the bull of the High Priest is considered a communal sin-offering or a sin-offering of partners? Why did Rava insist on calling it a sin-offering of partners?

HALAKHA

An offering that has a fixed time – קׇרְבָּן שֶׁזְּמַנּוֹ קָבוּעַ: An offering for which there is a fixed time for its sacrifice overrides both Shabbat and ritual impurity, whether the offering is communal or individual, as stated both here and in tractate *Zevaḥim*, in accordance with the opinion of Rabbi Meir (Rambam *Sefer Avoda, Hilkhot Biat HaMikdash* 4:9).

The bull and goat of Yom Kippur that were lost – פַּר וְשָׂעִיר שֶׁל יוֹם הַכִּפּוּרִים שֶׁאָבְדוּ: If the Yom Kippur bull and goat were lost and replaced but then found again, the substitutes are left to graze until they become blemished. At this point they are sold, with the proceeds going for the purchase of public free-will offerings. The same *halakha* applies to goats of idolatry that were lost. The Rambam rules here in accordance with the opinion of Rabbi Elazar and Rabbi Shimon in their dispute with Rabbi Yehuda (Rambam *Sefer Avoda, Hilkhot Pesulei HaMukdashin* 4:2).

A sin-offering of partners is not left to die – אֵין חַטַּאת הַשּׁוּתָּפִים מֵתָה: A sin-offering that belongs to partners, including the bull of the High Priest on Yom Kippur in which his fellow priests have a share, is not left to die if one of the partners passes away, but is taken out to graze until it develops a blemish (Rambam *Sefer Avoda, Hilkhot Avodat Yom HaKippurim* 5:13).

NOTES

They shall graze until they become unfit – יִרְעוּ עַד שֶׁיִּסְתָּאֲבוּ: Most offerings that have been rendered invalid are left alone until they develop a blemish. At that point they can be redeemed, with the money of their sale going for various purposes, depending on the particular type of offering.

NOTES

A bull for a ruling – פַּר בְּהוֹרָאָה: The Torah commands that if a court issues an erroneous ruling that the community proceeds to follow, the community must bring a bull to atone for its sin (Leviticus 4:13–21). The Gemara discusses the definition of a community with regard to this *halakha*. According to some opinions, even an entire tribe that sinned due to the ruling of a tribal court is obligated to bring this offering. What remains uncertain is whether the tribe of Levi is considered a community for this purpose. Likewise, it is unclear whether the priests, who have their own court, are considered a community or not. After all, they are merely part of a tribe, without their own inheritance of land. If the priests are not considered a community but a collection of individuals, each person would have to bring his own private offering for committing an inadvertent sin.

דְּלָא מַיְיתוּ כֹּהֲנִים פַּר בְּהוֹרָאָה.

The Gemara answers **that** there is a difference between these two categories with regard to a court that issues an incorrect ruling to an entire community, e.g., a tribe of Israel, and the people act in accordance with that ruling. The *halakha* in this case is that the court must bring a bull for an unwitting communal sin. Rava insisted on referring to the bull that atones for all of the priests on Yom Kippur as a sin-offering of partners, not a communal sin-offering, for the following reason: If a court composed of priests issued a mistaken ruling, and the priests acted in accordance with that teaching, the **priests do not bring a bull for** this **ruling,**[N] as they are not considered a community but a large partnership.

תָּא שְׁמַע, דְּבָעֵי רַבִּי (אֱלִיעֶזֶר):

The Gemara offers another solution to the question. **Come** and **hear, as Rabbi Elazar raised** the following **dilemma:**

Perek **V**
Daf **50** Amud **b**

NOTES

One who consecrates and one who seeks atonement – מַקְדִּישׁ וּמִתְכַּפֵּר: Usually, the person who seeks atonement is the one who consecrates the offering. However, it is permitted to consecrate an animal for another person's atonement, provided that the recipient is aware of the consecration. In certain situations where one person consecrates an animal for another person's offering, e.g., for a nazirite or a woman after childbirth, the beneficiary need not be aware of the consecration. Since the sacrifice is consecrated for someone else's atonement, the beneficiary becomes the owner for all intents and purposes, including the ability to effect substitution. Conversely, with regard to the *halakha* that the person who consecrates an item has to add a fifth to its value in the event that he redeems it, in this case this requirement applies only to the one who actually consecrated the animal (see *Me'iri*).

HALAKHA

The one who consecrates adds a fifth – הַמַּקְדִּישׁ מוֹסִיף חוֹמֶשׁ: One who redeems a sacred item that he himself consecrated must add a fifth of its value to the funds. Even if he consecrated the item on behalf of someone else, it is still the one who dedicated the animal who adds a fifth, not the person for whom the offering atones (Rambam *Sefer Hafla'a, Hilkhot Arakhin VaḤaramim* 7:4).

The one for whom it atones can perform substitution – הַמִּתְכַּפֵּר עוֹשֶׂה תְּמוּרָה: If a person consecrated an animal to atone for someone else, the beneficiary has the power of effecting substitution, not the one who consecrated the animal (Rambam *Sefer Hafla'a, Hilkhot Arakhin VaḤaramim* 7:4).

לְדִבְרֵי הָאוֹמֵר: פַּר יוֹם הַכִּפּוּרִים קָרְבַּן יָחִיד, עוֹשֶׂה תְּמוּרָה אוֹ אֵינוֹ עוֹשֶׂה תְּמוּרָה? לָאו מִכְּלָל דְּאִיכָּא לְמַאן דְּאָמַר דְּצִבּוּר?

According **to** Rabbi Meir, **who says** that the **bull of Yom Kippur** is **an offering** of **an individual,** can one **perform substitution** for this animal **or** can one **not perform substitution** in this case? In other words, if the High Priest violated a prohibition and designated a substitute by saying that this bull should be switched with another, does the substitution take effect or not? Is it **not** correct to say **by inference** from the wording of Rabbi Elazar's dilemma **that there is one who says that** these offerings are **communal?**

לָא, מִכְּלָל דְּאִיכָּא לְמַאן דְּאָמַר דְּשׁוּתָּפִין.

The Gemara rejects this contention: **No,** this is no proof, as one can say **by inference that there is one who says that** these offerings are **of partners.** There is no definitive proof that the bull of Yom Kippur is a communal sacrifice. In any event, the question of why the bull is not invalidated upon the death of the High Priest has been resolved, as the reason is either because it is a communal sacrifice or because it is a sacrifice of partners.

גּוּפָא, בָּעֵי רַבִּי (אֱלִיעֶזֶר): לְדִבְרֵי הָאוֹמֵר פַּר יוֹם הַכִּפּוּרִים קָרְבַּן יָחִיד, עוֹשֶׂה תְּמוּרָה אוֹ אֵינוֹ עוֹשֶׂה תְּמוּרָה? מַאי קָא מִיבַּעְיָא לֵיהּ?

§ Since the Gemara has mentioned Rabbi Elazar's dilemma, the Gemara addresses **the matter itself. Rabbi Elazar asked:** According **to** Rabbi Meir, **who says** that the **bull of Yom Kippur** is **an individual offering,** can one **perform substitution** for this animal **or** can one **not perform substitution?** The Gemara asks: **What is the dilemma he is raising?** What is the basis of his inquiry?

אִי בָּתַר מַקְדִּישׁ אָזְלִינַן אִי בָּתַר מִתְכַּפֵּר אָזְלִינַן

The Gemara suggests that his dilemma is as follows: **Do we follow** the one **who consecrates** the animal, i.e., the High Priest, as he was the one who paid for it, in which case it is considered an individual sacrifice and his substitution is effective? **Or do we follow** the one **who seeks atonement**[N] by the offering, and as this bull atones both for the High Priest and the entire community of his fellow priests, it is considered a communal sacrifice, and therefore his substitution is not effective? The question is: Which party is followed for the purposes of substitution?

פְּשִׁיטָא דְּבָתַר מִתְכַּפֵּר אָזְלִינַן! דְּאָמַר רַבִּי אַבָּהוּ אָמַר רַבִּי יוֹחָנָן: הַמַּקְדִּישׁ מוֹסִיף חוֹמֶשׁ, וְהַמִּתְכַּפֵּר עוֹשֶׂה בָּהּ תְּמוּרָה,

The Gemara expresses surprise at this possible interpretation of Rabbi Elazar's dilemma: It is **obvious that we follow** the one **who seeks atonement, as Rabbi Abbahu said** that **Rabbi Yoḥanan said:** With regard to **one who consecrates** his animal for an offering but intends it for someone else's atonement, if he subsequently redeems the animal, **he adds a fifth**[H] to it. This is in accordance with the *halakha* that one who redeems an animal that he himself dedicated must add a fifth of its value to the redemption, whereas if the person for whom it atones redeems it, he does not add a fifth. **And the one for whom** the sacrifice **atones** can **perform substitution**[H] **for it,** whereas the one who consecrated the animal cannot effect substitution, as he is not considered its owner for the *halakhot* of substitution.

וְהַתּוֹרֵם מִשֶּׁלּוֹ עַל שֶׁל חֲבֵירוֹ טוֹבַת הֲנָאָה שֶׁלּוֹ!

And likewise, with regard to **one who separates** *teruma* **from his** wheat for the wheat **of another,**[H] to spare his friend from having to separate his own *teruma*, although the friend's produce is now exempt from the obligation of *teruma*, the **benefit of discretion**[N] **is his,** the one who separated the *teruma*. The one who separated the *teruma* is entitled to determine which priest receives the *teruma*, despite the fact that the *teruma* was separated for the crop of another. Similarly, when someone consecrates an animal for another person, it is the one who gains atonement that can perform substitution. If so, there is no place for Rabbi Elazar's dilemma.

לְעוֹלָם פְּשִׁיטָא לֵיהּ דְּבָתַר מִתְכַּפֵּר אָזְלִינַן, וְהָכִי קָא מִיבַּעְיָא לֵיהּ: אֶחָיו הַכֹּהֲנִים בִּקְבִיעוּתָא מִתְכַּפְּרִי, אוֹ דִילְמָא בְּקוּפְיָא מִתְכַּפְּרִי?

The Gemara rejects this suggested explanation of Rabbi Elazar's dilemma: **Actually,** it is **obvious to** Rabbi Elazar **that we follow** the one **who seeks atonement** by the offering, **and this is his dilemma:** Do **his fellow priests achieve atonement by the essence** of the offering, i.e., part of the offering is sacrificed on their behalf, which means they are partners in the bull? **Or perhaps they achieve atonement incidentally,**[N] while the main atonement is that of the High Priest. If the atonement of the other priests is merely incidental, the High Priest can effect substitution with this bull.

תָּא שְׁמַע: חוֹמֶר בַּזֶּבַח מִבַּתְּמוּרָה, וְחוֹמֶר בַּתְּמוּרָה מִבַּזֶּבַח. חוֹמֶר בַּזֶּבַח, שֶׁהַזֶּבַח נוֹהֵג בַּיָּחִיד כְּבַצִּבּוּר, וְדוֹחֶה אֶת הַשַּׁבָּת, וְאֶת הַטּוּמְאָה, וְעוֹשֶׂה תְּמוּרָה, מַה שֶּׁאֵין כֵּן בַּתְּמוּרָה.

The Gemara suggests: **Come and hear** a resolution to this dilemma: There is **a stricture** that applies **to the** initial **sacrifice, beyond** the strictures that apply **to the** designated **substitute;**[N] **and** there is **a stricture** that applies **to the substitution, beyond** the strictures that apply **to the sacrifice.** The *baraita* elaborates: There is **a stricture** that applies **to the** initial **sacrifice,** as the sanctity of **the sacrifice applies to an individual as** it does **to a community, and** the sacrifice **overrides Shabbat and ritual impurity,** and one can **perform substitution** for the original sacrifice, **which is not** the case with regard **to the substitute,** to which these halakhot do not apply.

חוֹמֶר בַּתְּמוּרָה מִבַּזֶּבַח: שֶׁהַתְּמוּרָה חָלָה עַל בַּעַל מוּם קָבוּעַ, וְאֵינָהּ יוֹצְאָה לְחוּלִּין לִיגָּזֵז וְלֵיעָבֵד, מַה שֶּׁאֵין כֵּן בַּזֶּבַח.

The *baraita* continues: There is **a stricture** that applies **to the substitute beyond** the strictures that apply **to the** initial **sacrifice,** in **that** the sanctity of the **substitution takes effect** even **on a permanently blemished animal.**[H] **And** the substitute **cannot vacate** its sanctified status and assume **non-sacred** status; that is, it may only be sacrificed as an offering and eaten but under no circumstance can it be redeemed for its wool **to be sheared and to be worked, which is not** the case with regard **to the** initial **sacrifice,** as it can be redeemed in certain situations.

הַאי זֶבַח הֵיכִי דָּמֵי? אִילֵימָא דְּיָחִיד – מִי דָּחֵי שַׁבָּת וְטוּמְאָה? אֶלָּא דְּצִבּוּר – מִי עוֹשֶׂה תְּמוּרָה? אֶלָּא לָאו – דְּפַר, וְדוֹחֶה אֶת הַשַּׁבָּת וְאֶת הַטּוּמְאָה – דִּקְבִיעַ לֵיהּ זְמַן, וְעוֹשֶׂה תְּמוּרָה – דְּקָרְבַּן יָחִיד הוּא.

The Gemara explains: **What are the circumstances** of **this sacrifice?** What exactly is the sacrifice referred to in this *baraita*? **If we say** it is the sacrifice **of an individual, does** the sacrifice of an individual **override Shabbat and ritual impurity? Rather,** if you say that we are dealing with the sacrifice **of a community, can one perform substitution** for a communal sacrifice? **Rather, is it not** the case that we are dealing here **with** the Yom Kippur **bull,** which **overrides Shabbat and ritual impurity, as** it is a sacrifice **that** has **a fixed time? And** likewise, one can **perform substitution** for this offering, **as it is an offering of an individual.** This interpretation resolves Rabbi Elazar's dilemma.

אָמַר רַב שֵׁשֶׁת: לֹא, בְּאֵילוֹ שֶׁל אַהֲרֹן.

The Gemara rejects this contention. **Rav Sheshet said: No,** this is no proof, as it can be claimed that the *baraita* is referring **to the ram of Aaron**[H] that the High Priest sacrifices as a burnt-offering on Yom Kippur, as the verse states: "With this Aaron shall come into the sacred place, with a young bull for a sin-offering and a ram for a burnt-offering" (Leviticus 16:3). This offering is certainly the High Priest's alone and is therefore classified as the offering of an individual.

HALAKHA

One who separates from his wheat for the wheat of another – הַתּוֹרֵם מִשֶּׁלּוֹ עַל שֶׁל חֲבֵירוֹ: With regard to *teruma*, a person is permitted to separate produce from his own crops on behalf of someone else's yield, thereby exempting the beneficiary from further separation of *teruma*. The donor retains the benefit of determining who receives the *teruma*, which means he may give it to the priest of his choice (Rambam *Sefer Zera'im, Hilkhot Terumot* 4:2).

Substitution takes effect on a permanently blemished animal – תְּמוּרָה חָלָה עַל בַּעַל מוּם קָבוּעַ: The status of substitution takes effect on a permanently blemished animal. This animal can be redeemed but one cannot entirely vacate its sacred status, and therefore its wool may not be sheared nor may it be put to work (Rambam *Sefer Korbanot, Hilkhot Temura* 3:5).

The ram of Aaron – אֵילוֹ שֶׁל אַהֲרֹן: The High Priest can effect substitution on the ram he sacrifices on Yom Kippur, as stated by Rav Sheshet. This *halakha* is not the subject of debate (Rambam *Sefer Korbanot, Hilkhot Temura* 1:10).

NOTES

The benefit of discretion – טוֹבַת הֲנָאָה: The one who separated *teruma* has the privilege of choosing which priest receives the produce. Although it is considered distasteful for a priest to pay for *teruma* in any way, there is no prohibition against somebody seeking to benefit a particular priest by giving the one who separated *teruma* a gift in exchange for his decision to give the *teruma* to that priest. This right of determination applies even if the person separated *teruma* from the crops of another.

Incidentally [*bekufeya*] – בְּקוּפְיָא: Rabbeinu Ḥananel reads: *Behekefa*, round about, i.e., the other priests gain atonement only if they are actually standing around the High Priest and hear the confession that he offers on their behalf.

Substitute – תְּמוּרָה: The possibility of substitution is mentioned in the Torah (Leviticus 27:10), and a tractate of the Mishna (*Temura*) focuses on its *halakhot*. The main features of this concept are as follows: The Torah prohibits substituting any offering, whether whole or blemished, for another animal. One who does so violates a prohibition and receives lashes as a punishment. Nevertheless, despite the fact that this switch is prohibited, if an act of substitution is performed, the second animal does acquire a measure of sanctity, while the initial animal also remains sacred. All animals can be used as substitutes, whether they are whole or blemished, and the animal designated as a substitute can never be worked or redeemed. The fate of the substitute varies with the particular type of offering. In some instances, such as a substitute for a sin-offering, the animal is left to die. In other cases, such as a guilt-offering, the animal is put out to graze until it becomes blemished. Lastly, some substitutes, e.g., that of a peace-offering, are consecrated in addition to the original animal.

HALAKHA

The substitute for a sin-offering is left to die – **תְּמוּרַת חַטָּאת לְמִיתָה אָזְלָא**: A substitute for a sin-offering is left to die (Rambam *Sefer Korbanot, Hilkhot Pesulei HaMukdashin* 4:1, *Hilkhot Temura* 3:1).

הָכִי נַמִי מִסְתַּבְּרָא, דְּאִי סָלְקָא דַּעְתָּךְ דְּפָרוֹ; תְּמוּרָה דְּפַר, שַׁבָּת וְטוּמְאָה הוּא דְּלָא דָּחְיָא, הָא בְּחוֹל מַקְרִיב קָרְבָּה? הָא תְּמוּרַת חַטָּאת הִיא, וּתְמוּרַת חַטָּאת לְמִיתָה אָזְלָא!

The Gemara comments: **So, too, it is reasonable** that this is the offering referred to in the *baraita*, **for if it should enter your mind** to say that we are dealing **with the bull of** the High Priest, consider the following: Is **it** only **Shabbat and ritual impurity** that the **substitution of the bull does not override,** which indicates that **one** may **sacrifice** this substitute **on a weekday? It is a substitute for a sin-offering, and** the *halakha* is that **the substitute for a sin-offering is left to die.**[H] Rather, we certainly must be dealing with the ram for a burnt-offering, as the substitute for a burnt-offering cannot be sacrificed.

לָא, לְעוֹלָם פָּרוֹ. וּמַאי תְּמוּרָה – שֵׁם תְּמוּרָה.

The Gemara rejects this supporting argument: **No,** it is **actually** possible that the offering referred to in the *baraita* is the Yom Kippur **bull of** the High Priest, **and what is the substitution** that was mentioned? It does not refer to a substitution of the bull, but rather the *baraita* deals with the general **category** of **substitution,** i.e., it means that the phenomenon of substitution in general includes *halakhot* that do not apply to offerings.

אִי הָכִי, זֶבַח נַמִי – שֵׁם זֶבַח. שֵׁם זֶבַח לָא קָתָנֵי.

The Gemara asks: **If so,** one can **also** say that the **sacrifice** mentioned in the *baraita* means the general **category** of **sacrifices,** rather than a specific offering. The Gemara rejects this suggestion: The *baraita* is **not teaching** about a general **category** of **sacrifices,** i.e., it is definitely not dealing with the phenomenon of offerings in general.

מִמַּאי? מִדְּקָתָנֵי חוֹמֶר בִּתְמוּרָה, שֶׁהַתְּמוּרָה חָלָה עַל בַּעַל מוּם קָבוּעַ, וְאֵינָהּ יוֹצְאָה לְחוּלִּין לִיגָּזֵז וְלֵיעָבֵד. וְאִי סָלְקָא דַּעְתָּךְ מַאי זֶבַח – שֵׁם זֶבַח, וְהָא אִיכָּא

The Gemara continues: **From where** do I know that this is so? **From the** fact **that it is taught:** There is **a stricture** that applies **to the** substitution beyond the strictures that apply to the initial offering, in **that** the sanctity of the **substitution takes effect** even **on a permanently blemished animal, and** the substitute **cannot vacate** its sanctified status and assume **non-sacred** status for its wool **to be sheared and to be worked. And should it enter your mind** to say: **What is the sacrifice** mentioned here, it means the general **category** of **sacrifices;** this cannot be the case, as **there is** an example of an offering to which these *halakhot* also apply,

Perek **V**
Daf **51** Amud **a**

בְּכוֹר וּמַעֲשֵׂר דְּחָלִין עַל בַּעַל מוּם קָבוּעַ, וְאֵין יוֹצְאִין לְחוּלִּין לִיגָּזֵז וְלֵיעָבֵד. אֶלָּא: שֵׁם זֶבַח לָא קָתָנֵי.

e.g., **a firstborn or** an animal **tithe,**[NH] the sanctity of which **takes effect** even **on a permanently blemished animal, and** this offering **cannot vacate** its sanctified status and assume **non-sacred** status for its wool **to be sheared and to be worked. Rather,** you must say that the *baraita* is **not teaching** a general **category of sacrifices,** but when it states: Offering, it is referring to a particular one.

וּמַאי שְׁנָא? תְּמוּרָה, שֵׁם תְּמוּרָה – אַחַת הִיא, זֶבַח – אִיכָּא בְּכוֹר וְאִיכָּא מַעֲשֵׂר.

The Gemara asks: **And what is different** about the two statements, i.e., why does the *tanna* deal with a specific case in one area, but a general category in the other? The Gemara explains: **Substitution is one category,** as there is no difference between one case of substitution and another. By contrast, with regard to **sacrifices, there is a firstborn and there is** the animal **tithe,** whose *halakhot* differ from other offerings, and therefore one cannot establish a single general principle. Consequently, the *tanna* certainly is referring to a specific offering.

NOTES

A firstborn or an animal tithe – **בְּכוֹר וּמַעֲשֵׂר**: The offerings of the firstborn and of the animal tithe differ from all other offerings in the manner of their consecration. The firstborn is consecrated in utero, i.e., the firstborn calf is automatically sacred; similarly, the tenth animal counted out of the pen is consecrated as the tithe, even if it is blemished. Since these animals are automatically consecrated, they cannot be redeemed and can never be sheared or put to work.

HALAKHA

A firstborn or an animal tithe – **בְּכוֹר וּמַעֲשֵׂר**: The consecration of the firstborn and a tithed animal takes effect whether or not the animals are permanently blemished. These animals may never be put to work or sheared (Rambam *Sefer Korbanot, Hilkhot Me'ila* 1:9).

ולרב ששת, אדמוקים לה באילו של אהרן לוקמה בפסח, דדוחה את השבת ואת הטומאה, ועושה תמורה דקרבן יחיד הוא! קסבר: אין שוחטין הפסח על היחיד.

The Gemara continues the previous discussion: **And** according to the opinion **of Rav Sheshet,** who explains that the offering in question is not the bull of the High Priest but his ram, **rather than establishing** and interpreting this *baraita* as referring to **the ram of Aaron, let him establish** that it deals **with the Paschal offering,**[N] **which overrides Shabbat and ritual impurity**[H] **and** one can **perform substitution** for it, as according to all opinions, it **is the offering of an individual.** The Gemara answers: Rav Sheshet **maintains** that one may **not slaughter the Paschal lamb on behalf of an individual,**[N] but only for a group. This means that it is not an offering of an individual but, at the very least, that of partners. For this reason, one cannot perform substitution for a Paschal lamb.

ונוקמיה בפסח שני! – מי דחי טומאה?

The Gemara asks: **And let** Rav Sheshet **establish** the *baraita* as referring **to the second *Pesaḥ*,**[H] which is slaughtered by an individual. The Gemara answers: **Does** the second *Pesaḥ* **override ritual impurity?** Since this offering does not override ritual impurity, it cannot be the offering referred to in the *baraita*.

אמר ליה רב הונא בריה דרב יהושע לרבא: ותנא, מאי שנא פסח דקרי ליה קרבן יחיד, ומאי שנא חגיגה דקרי לה קרבן ציבור? אי משום דאתי בכנופיא – פסח נמי אתי בכנופיא! איכא פסח שני, דלא אתי בכנופיא.

§ **Rav Huna, son of Rav Yehoshua, said to Rava: And** according to the ***tanna*** of the aforementioned *baraita*, concerning the dispute between Rabbi Meir and Rabbi Ya'akov, **what is different** with regard to **the Paschal offering, that he calls it the offering of an individual? And what is different** with regard to the **Festival peace-offering,** which is eaten with the Paschal offering, **that he calls it a communal offering? If** this distinction is **because** the Festival peace-offering **is brought by a multitude,**[N] i.e., the entire nation brings it, **the Paschal offering is also brought by a multitude,** not as an individual offering. Rava replied: **There is the second *Pesaḥ*,**[N] **which is not brought by a multitude,** and therefore the *tanna* does not call the Paschal offering a communal offering.

אמר ליה: אם כן, יהא דוחה את השבת ואת הטומאה! אמר ליה: אין, כמאן דאמר דחי. דתניא: פסח שני דוחה את השבת, ואינו דוחה את הטומאה. רבי יהודה אומר: אף דוחה את הטומאה. מאי טעמא דתנא קמא? אמר לך: מפני טומאה דחיתו, ויעשה בטומאה?!

He said to him: If so, that the second *Pesaḥ* is a communal offering, **it should override Shabbat and ritual impurity. He said to him: Yes,** as the opinion of this *tanna* is **in accordance with the one who said** that the second *Pesaḥ* **overrides** ritual impurity. **As it was taught** in a *baraita*: **The second *Pesaḥ* overrides Shabbat, but it does not override ritual impurity. Rabbi Yehuda says:** It **even overrides ritual impurity.** The Gemara asks: **What is the reason of the first *tanna*?** The first *tanna* could have **said to you** that one brings a second *Pesaḥ* solely **because ritual impurity overrode his** obligation to sacrifice the first *Pesaḥ*, i.e., he did not sacrifice the first *Pesaḥ* because he was impure at that time. **And** should **he** now **perform** the **second *Pesaḥ*** in a state of **ritual impurity?**

ורבי יהודה אמר לך: אמר קרא "ככל חקת הפסח יעשו אותו" – ואפילו בטומאה. התורה החזירה עליו לעשותו בטהרה, לא זכה – יעשנו בטומאה.

And Rabbi Yehuda could have **said to you** that, with regard to the second *Pesaḥ*, **the verse states: "According to all the statute of the Paschal offering they shall keep it"** (Numbers 9:12), which indicates that it should **even** be brought **in** a state of **ritual impurity,** unlike the first *Pesaḥ*. As for the claim of the first *tanna*, that the whole reason for the second *Pesaḥ* is due to ritual impurity, Rabbi Yehuda could respond: **The Torah sought** an opportunity **for** one who was impure at the time of the first *Pesaḥ* **to perform it in** a state **of ritual purity;** if **he did not merit** to perform it in purity, **he should** nevertheless **perform it** even **in** a state of **ritual impurity.**

HALAKHA

The Paschal offering overrides Shabbat and ritual impurity – קרבן פסח דוחה שבת וטומאה: The sacrifice of the Paschal offering overrides Shabbat and ritual impurity in the event that most of the community is ritually impure (Rambam *Sefer Korbanot, Hilkhot Korban Pesaḥ* 1:8, 7:1).

The second *Pesaḥ* – פסח שני: The second *Pesaḥ* overrides Shabbat but does not override ritual impurity, in accordance with the anonymous opinion in the *baraita* (Rambam *Sefer Korbanot, Hilkhot Korban Pesaḥ* 10:15).

NOTES

Let him establish that it deals with the Paschal offering – לוקמה בפסח: As the Paschal lamb is not a communal offering, how could the statement of the *baraita*: It applies to an individual as to the community, be explained as referring to the Paschal lamb? One answer is that according to the opinion of Rabbi Natan, the entire Jewish people can participate in a single Paschal lamb, if there are not enough offerings to divide them into groups. Consequently, the Paschal lamb can be considered either a communal offering, when a single animal is slaughtered for everyone, or an individual offering, when many animals are sacrificed for separate groups.

One may not slaughter the Paschal lamb on behalf of an individual – אין שוחטין הפסח על היחיד: There is a difficulty here. An individual can dedicate an animal for a Paschal offering, despite the fact that at least one other person must be registered for the offering when it is slaughtered. Consequently, it is possible for a Paschal offering, before it is slaughtered, to belong to a single person who can perform substitution (Rashash). Perhaps it can be stated that since the animal is not sacrificed for one person, it cannot be called an offering of an individual, and therefore it does not fit the description of the mishna.

It is brought by a multitude – דאתי בכנופיא: There is a difference between an offering brought by a multitude, i.e., the entire Jewish people, but which is not classified as a communal offering, as it is not brought in the form of a partnership, and between the Festival peace-offering, which is brought by the community on behalf of everyone.

The second *Pesaḥ* – פסח שני: The institution of the second *Pesaḥ* is explained in the Torah (Numbers 9:9–15). Any individual who was unable, due to no fault of his own, to bring a Paschal offering on the fourteenth of Nisan must sacrifice one on the fourteenth of the following month of Iyyar. This person might have been impure or far away from the Temple during the festival of Passover. The details of this *halakha* are discussed in tractate *Pesaḥim*, where the *tanna'im* debate which features of the first *Pesaḥ* apply to the second offering, and in what ways the second *Pesaḥ* differs from the first.

LANGUAGE

Property [*bei gazza*] – **בֵּי גַּזָּא**: Probably from the Old Persian ganza, meaning treasury.

NOTES

The Merciful One rendered it ownerless – דְּאַפְקְרֵיהּ רַחֲמָנָא: Since it is clear that the priests do gain atonement through the High Priest's bull, it stands to reason that they must own some share in it. And as their partnership is not due to any sort of formal acquisition, we must say the Torah treats the offering as belonging to all of the priests. For the same reason, the priests should be considered partners in the offering with regard to substitution as well.

וְתֵיפוֹק לִי דִּ״אֲשֶׁר לוֹ״ אָמַר רַחֲמָנָא, מִשֶּׁלּוֹ הוּא מֵבִיא!

§ Returning to Rabbi Elazar's question as to whether a High Priest can perform substitution for his bull, the Gemara seeks to prove that the other priests were not full partners in this offering but only gained atonement incidentally. **And let me derive** this *halakha* from the fact that **the Merciful One states:** "And Aaron shall sacrifice the bull of the sin-offering, **which is for himself**" (Leviticus 16:11), indicating that the High Priest **brings** the bull **from his own** property.

דְּתַנְיָא: ״אֲשֶׁר לוֹ״ – מִשֶּׁלּוֹ הוּא מֵבִיא וְלֹא מִשֶּׁל צִיבּוּר. יָכוֹל לֹא יָבִיא מִשֶּׁל צִיבּוּר, שֶׁאֵין הַצִּיבּוּר מִתְכַּפְּרִין בּוֹ, אֲבָל יָבִיא מִשֶּׁל אֶחָיו הַכֹּהֲנִים, שֶׁהֲרֵי אֶחָיו הַכֹּהֲנִים מִתְכַּפְּרִים בּוֹ – תַּלְמוּד לוֹמַר: ״אֲשֶׁר לוֹ״.

As it was taught in a *baraita*: **"Which is for himself"** means that **he brings** it **from his own** property **and not from** the property **of the community.**[H] **I might** have thought that the High Priest may **not bring** this offering **from** the property **of the community** because **the community** as a whole **does not gain atonement through it, but** he may **bring** it **from** the property **of his fellow priests, as his fellow priests do gain atonement through it.** Therefore **the verse states: "Which is for himself,"** i.e., it must belong to him and no one else.

יָכוֹל לֹא יָבִיא, וְאִם הֵבִיא כָּשֵׁר – תַּלְמוּד לוֹמַר: שׁוּב ״אֲשֶׁר לוֹ״, שָׁנָה הַכָּתוּב עָלָיו לְעַכֵּב.

I **might** have thought that the High Priest should **not bring** the bull from the property of the other priests ab initio, **but** if **he did bring** it from their property, the offering is **valid.** Therefore, **the verse** continues and **states again:** "And he shall slaughter the bull for the sin-offering, **which is for himself**" (Leviticus 16:11); **the text repeats this** phrase: "Which is for himself," to emphasize that this requirement **is indispensable** and that if the High Priest brings a bull that belongs to someone else, the offering is invalid.

וְלִיטַעְמִיךְ, אֶחָיו הַכֹּהֲנִים אִי לָאו דִּקְנוּ בְּגַוֵּיהּ הֵיכִי מְכַפֵּר לְהוּ? אֶלָּא, שָׁאנֵי בֵּי גַּזָּא דְּאַהֲרֹן דְּאַפְקְרֵיהּ רַחֲמָנָא גַּבֵּי אֶחָיו הַכֹּהֲנִים, הָכָא [גַּבֵּי תְּמוּרָה] נַמִי שָׁאנֵי בֵּי גַּזָּא דְּאַהֲרֹן דְּאַפְקְרֵיהּ רַחֲמָנָא גַּבֵּי אֶחָיו הַכֹּהֲנִים:

The Gemara rejects this proof: **And according to your reasoning, if his fellow priests do not acquire** a share **in** the bull, **how does it atone for them?** Since they achieve atonement through the offering, they must own a share in it. **Rather,** you must say that **the property** [*bei gazza*][L] **of Aaron** the High Priest **is different** in **that the Merciful One rendered it ownerless**[N] **with regard to his fellow priests.** Although the High Priest brings a bull from his own funds, it is as though he sanctifies it on behalf of all of the priests. But if so, **here too, with regard to substitution,** we could likewise say that **the property of Aaron is different** in **that the Merciful One rendered it ownerless with regard to his fellow priests.** Consequently, there is no proof from here that a High Priest can perform substitution for his bull.

מתני׳ הָיָה מְהַלֵּךְ בַּהֵיכָל עַד שֶׁמַּגִּיעַ לְבֵין שְׁתֵּי הַפָּרוֹכֹת הַמַּבְדִּילוֹת בֵּין הַקֹּדֶשׁ וּבֵין קֹדֶשׁ הַקֳּדָשִׁים, וּבֵינֵיהֶן אַמָּה. רַבִּי יוֹסֵי אוֹמֵר: לֹא הָיְתָה שָׁם אֶלָּא פָּרוֹכֶת אַחַת בִּלְבַד, שֶׁנֶּאֱמַר: ״וְהִבְדִּילָה הַפָּרֹכֶת לָכֶם בֵּין הַקֹּדֶשׁ וּבֵין קֹדֶשׁ הַקֳּדָשִׁים״.

MISHNA The High Priest **would** then **walk** west **through the Sanctuary**[H] **until he reaches** the area **between the two curtains that separated the Sanctuary and the Holy of Holies, and** the space **between them** was one **cubit. Rabbi Yosei says: There was only one curtain there, as it is stated: "And the curtain shall divide for you between the Sanctuary and the Holy of Holies"** (Exodus 26:33).

HALAKHA

From his own and not from the community – מִשֶּׁלּוֹ וְלֹא מִשֶּׁל צִבּוּר: Although the High Priest buys his bull with his own money, the Torah rendered his property ownerless and considered all of the priests joint owners of this offering (Rambam *Sefer Avoda, Hilkhot Avodat Yom HaKippurim* 5:13).

He would walk through the Sanctuary – הָיָה מְהַלֵּךְ בַּהֵיכָל: The High Priest walked through the Sanctuary until he reached the curtain, which he pinned to one side. He entered the Holy of Holies until he reached the Ark, and placed the coal pan between the staves of the Ark poles. In the Second Temple, which lacked the Ark, he would place the coal pan on the foundation rock (Rambam *Sefer Avoda, Hilkhot Avodat Yom HaKippurim* 4:1).

גמ׳ שַׁפִּיר קָאָמַר לְהוּ רַבִּי יוֹסֵי לְרַבָּנַן! וְרַבָּנַן אָמְרִי לָךְ: הָנֵי מִילֵּי – בַּמִּשְׁכָּן, אֲבָל בְּמִקְדָּשׁ שֵׁנִי, כֵּיוָן דְּלָא הֲוַאי אַמָּה טְרַקְסִין, וּבְמִקְדָּשׁ רִאשׁוֹן הוּא דַּהֲוַאי, וְאִיסְתַּפְּקָא לְהוּ לְרַבָּנַן בִּקְדוּשָּׁתֵיהּ אִי כְּלִפְנִים אִי כְּלַחוּץ, וְעַבוּד שְׁתֵּי פָּרוֹכֹת.

GEMARA The Gemara asks: **Rabbi Yosei is saying well to the Rabbis**, i.e., Rabbi Yosei provides solid support for his opinion. **And the Rabbis** could **say to you: This applies** only **in the Tabernacle,**[N] which had but one curtain. **However, in the Second Temple, since there was no one-cubit partition** [*teraksin*][L] separating the Holy of Holies from the Sanctuary of the Temple, **as** it was only **in the First Temple that there was** a one-cubit partition, **and the Rabbis were uncertain with regard to the sanctity** of the space occupied by the one-cubit partition, **whether** it had the sanctity **of the inside** of the Holy of Holies, **or** the sanctity **of the outside**[N] area of the Sanctuary, therefore the Sages of the time **prepared two curtains**[H] to enclose this space of uncertain status.

תָּנוּ רַבָּנַן: בֵּין הַמִּזְבֵּחַ לַמְּנוֹרָה הָיָה מְהַלֵּךְ, דִּבְרֵי רַבִּי יְהוּדָה, רַבִּי מֵאִיר אוֹמֵר: בֵּין שֻׁלְחָן לַמִּזְבֵּחַ. וְיֵשׁ אוֹמְרִים: בֵּין שֻׁלְחָן לְכוֹתֶל. מַאן יֵשׁ אוֹמְרִים? אָמַר רַב חִסְדָּא: רַבִּי יוֹסֵי הִיא, דְּאָמַר: פִּיתְחָא בַּצָּפוֹן קָאֵי.

§ **The Sages taught:** When the High Priest walked to the Holy of Holies, **he walked** on the south side **between the** inner **altar and the candelabrum.** This is **the statement of Rabbi Yehuda. Rabbi Meir says** that he walked on the north side **between the table and the altar. And some say** he passed **between the table and the wall.** The Gemara asks: **Whose** opinion is introduced by the title: **Some say? Rav Ḥisda said: It is** the opinion of **Rabbi Yosei** in our mishna, according to whom there is only one curtain and **who said** that the **entrance was positioned in the north.** According to all opinions, the entrance to the Holy of Holies was located in the north, and since Rabbi Yosei believed that there was just one curtain, the High Priest would walk in a straight line toward this entrance along the north side of the Sanctuary.

וְרַבִּי יְהוּדָה אָמַר לָךְ: פִּיתְחָא בַּדָּרוֹם קָאֵי. וְרַבִּי מֵאִיר כְּמַאן סְבִירָא לֵיהּ? אִי כְּרַבִּי יְהוּדָה סְבִירָא לֵיהּ – נֵיעוּל כְּרַבִּי יְהוּדָה, אִי כְּרַבִּי יוֹסֵי סְבִירָא לֵיהּ – נֵיעוּל כְּרַבִּי יוֹסֵי!

And Rabbi Yehuda maintains that there were two curtains, and therefore **he** could have **said to you** that although the entrance to the Holy of Holies was on the north side, because there were two curtains, one behind the other, the **entrance was positioned in the south.** The High Priest entered on the south side and walked between the curtains to the north of the inner curtain where he entered the Holy of Holies. The Gemara asks: **And Rabbi Meir, in accordance with whose** opinion **does he hold? If he holds in accordance with** the opinion of **Rabbi Yehuda** with regard to the place of the entrance, the High Priest should **enter** as explained by **Rabbi Yehuda;** conversely, **if he holds in accordance with** the opinion of **Rabbi Yosei,** he should **enter** as explained by **Rabbi Yosei.**

לְעוֹלָם כְּרַבִּי יוֹסֵי סְבִירָא לֵיהּ, וְאָמַר לָךְ: שׁוּלְחָנוֹת צָפוֹן וְדָרוֹם מוּנָּחִין וּמַפְסְקָא לֵיהּ שֻׁלְחָן, וְלָא מִתְעַיֵּיל לֵיהּ.

The Gemara answers: **Actually,** Rabbi Meir **holds in accordance** with the opinion of **Rabbi Yosei, and he** could have **said to you: The tables,** the one holding the shewbread and other tables next to it, **were arranged north to south, and the table blocked him** on the north side, **and** therefore the High Priest **could not enter** in a direct line, as the space was too narrow.

וְאִיבָּעֵית אֵימָא: לְעוֹלָם מִזְרָח וּמַעֲרָב מוּנָּחִין. וּמִשּׁוּם שְׁכִינָה לָאו אוֹרַח אַרְעָא

And if you wish, say instead: **Actually** the tables **were arranged east to west,**[NHB] **and due to the honor of the Divine Presence, it was not proper conduct**

HALAKHA

The one-cubit partition and the curtains – אַמָּה טְרַקְסִין וּפָרוֹכוֹת: In the First Temple, there was a cubit-thick wall separating the Holy from the Holy of Holies. The Second Temple lacked this wall, and the Sages were unsure of the status of this cubit. They built the Holy of Holies a full twenty cubits and the Sanctuary forty cubits long, leaving an additional cubit between the chambers. Two curtains were hung in the space of that cubit, as explained by the Gemara (Rambam *Sefer Avoda, Hilkhot Beit HaBeḥira* 4:2).

The tables were arranged east to west – שֻׁלְחָנוֹת מִזְרָח וּמַעֲרָב מוּנָּחִין: The tables in the Sanctuary were arranged east to west, along the length of the Sanctuary (Rambam *Sefer Avoda, Hilkhot Beit HaBeḥira* 3:12).

LANGUAGE

Partition [*teraksin*] – טְרַקְסִין: Apparently Greek in origin, the precise meaning of this word is unclear, as no known Greek term is an exact synonym. It might be related to τηρήσων, *tērēson*, a guard or overseer, or perhaps it is derived from a combination of two words: θύρασι, *thurasi*, entrance, outside; and ἔσωθεν, *esothèn*, inner. The combination would mean outside/inside, as the term is explained in the Jerusalem Talmud. Another possible source is the Greek θριγκός, *thrinkos*, which means closing or locking.

BACKGROUND

The sacred vessels in the Sanctuary – כְּלֵי הַקּוֹדֶשׁ בַּהֵיכָל: In the following illustration, the tables are positioned east to west, along the length of the Sanctuary. According to the other opinion, that they were arranged north to south, there was no space left for the High Priest to pass between the wall and the table.

Vessels in the Sanctuary

NOTES

This applies only in the Tabernacle – הָנֵי מִילֵּי בַּמִּשְׁכָּן: It is obvious to the Gemara that a single curtain was used in the Tabernacle, whereas in the First Temple, a wall divided the Sanctuary from the Holy of Holies. Nevertheless, it is likely that a curtain was hung in front of the doorway in the wall of the First Temple as well, to conceal the activity taking place in the inner area. In the Second Temple, they had no choice but to hang a curtain, as it was impossible to build a wall there for several reasons, as explained by Rashi.

Whether it had the sanctity of the inside or of the outside – אִי כְּלִפְנִים אִי כְּלַחוּץ: *Tosafot* ask why they didn't simply hang a curtain on the outside of the cubit where the wall stood, and thereby solve the problem. See *Tosafot* for their answers to this difficulty. One opinion is that had the curtain been hung out of position, the blood that was sprinkled toward it on several occasions would not be sprinkled in the proper manner, as this curtain would not be right next to the Holy of Holies (*Gevurat Ari*).

How were the tables arranged – שׁוּלְחָנוֹת הֵיכָן מוּנָּחִין: King Solomon fashioned ten tables to beautify the Sanctuary, which he placed next to the table of the shewbread. The central table was certainly positioned east to west along the length of the Sanctuary, like the other sacred vessels. The debate here concerns the position of the other tables. Some commentaries point out that these extra tables were absent in the Second Temple, and the shewbread table stood alone in the Sanctuary, although there were an additional two tables positioned on the outside upon which the bread was occasionally placed. Nevertheless, the route of the High Priest in the Second Temple is subject to the same dispute, as the practice of the First Temple would have been followed in the Second Temple as well, despite the fact that the High Priest could have approached the Holy of Holies in a different manner in the Second Temple.

לְמֵיעַל לְהָדְיָא. וְרַבִּי יוֹסֵי אָמַר לָךְ: חֲבִיבִין יִשְׂרָאֵל שֶׁלֹּא הִצְרִיכָן הַכָּתוּב לְשָׁלִיחַ.

to enter directly, as it is more appropriate for the High Priest to approach the Holy of Holies somewhat circuitously. **And** in response to this **Rabbi Yosei** could have **said to you: The Jewish people are beloved** by God, **as the Torah did not require them** to make use **of an agent,**[N] e.g., an angel, to intercede on their behalf. Instead, God hears the nation's prayers directly. Consequently, the High Priest, who represents the people on Yom Kippur, need not approach in a roundabout fashion.

וְרַבִּי יְהוּדָה נַמִי, נֵיעוּל בֵּין מְנוֹרָה לְכוֹתֶל! מְשַׁחֲרִי מָאנֵיהּ.

The Gemara asks: **But** if an indirect approach is a mark of respect, in accordance with the opinion of **Rabbi Yehuda, too, let** the High Priest **enter** indirectly **between** the **candelabrum and the wall.** The Gemara answers: If the High Priest walks by that route, he might **blacken his clothes** through the soot left on the wall by the candelabrum.

אָמַר רַבִּי נָתָן: אַמָּה טְרַקְסִין לֹא הִכְרִיעוּ בּוֹ חֲכָמִים אִי כְּלִפְנִים אִי כְּלַחוּץ.

Rabbi Natan said: With regard to the **one-cubit partition, the Sages did not determine** its status, **whether** it was part **of the inside** of the Holy of Holies **or** part **of the outside** area of the Sanctuary.

מַתְקִיף לַהּ רָבִינָא: מַאי טַעְמָא? אִילֵימָא מִשּׁוּם דִּכְתִיב: ״וְהַבַּיִת אֲשֶׁר בָּנָה הַמֶּלֶךְ שְׁלֹמֹה לַה׳ שִׁשִּׁים אַמָּה אָרְכּוֹ וְעֶשְׂרִים רָחְבּוֹ וּשְׁלֹשִׁים אַמָּה קוֹמָתוֹ״ וּכְתִיב: ״וְאַרְבָּעִים בָּאַמָּה הָיָה הַבָּיִת הוּא הַהֵיכָל לִפְנָי״ וּכְתִיב: ״וְלִפְנֵי הַדְּבִיר עֶשְׂרִים אַמָּה אוֹרֶךְ וְעֶשְׂרִים אַמָּה רוֹחַב וְעֶשְׂרִים אַמָּה קוֹמָתוֹ״ וְלָא יָדְעִינַן אַמָּה טְרַקְסִין אִי מֵהָנֵי עֶשְׂרִים, וְאִי מֵהָנֵי אַרְבָּעִים.

Ravina strongly objects to this opinion: **What is the reason** for this uncertainty? **If we say** it is **because it is written: "And the House that King Solomon built for the Lord was sixty cubits in length, and its width was twenty cubits, and its height was thirty cubits"** (I Kings 6:2), **and it is written: "And the House, that is, the Sanctuary, was forty cubits long"** (I Kings 6:17), **and it is written: "And before the partition twenty cubits in length, and twenty cubits in width, and twenty cubits in height"** (I Kings 6:20), **and** therefore **we do not know whether the one-cubit partition** was part **of these twenty** cubits of the Holy of Holies or part **of these forty** cubits of the Sanctuary, then this problem can be resolved.

וְדִילְמָא, לָא מֵהָנֵי עֶשְׂרִין וְלָא מֵהָנֵי אַרְבָּעִין, וַחֲלָלָא קָא חָשֵׁיב, כּוֹתָלִים לָא קָא חָשֵׁיב! תֵּדַע, דְּכׇל הֵיכָא דְּקָא חָשֵׁיב כּוֹתָלִים חָשֵׁיב לֵיהּ לְדִידֵיהּ.

Ravina explains the resolution of the problem: **But perhaps** it was **not** part **of these twenty** cubits **nor** part **of these forty** cubits, as in establishing the measurements the verse **counts the space** but **does not count** the **walls** themselves, i.e., the cubit of the wall is not included in either measurement. **Know** that it is so, **as anywhere that** the verse **counts** the area of **the walls** in addition to the spaces they contain, it also **counts** the one-cubit partition.

דִּתְנַן: הַהֵיכָל מֵאָה עַל מֵאָה בְּרוּם מֵאָה, כּוֹתֶל אוּלָם חָמֵשׁ, וְהָאוּלָם אַחַת עֶשְׂרֵה, כּוֹתֶל הַהֵיכָל שֵׁשׁ, וְאׇרְכּוֹ אַרְבָּעִים אַמָּה וְאַמָּה טְרַקְסִין, וְעֶשְׂרִים אַמָּה בֵּית קׇדְשֵׁי הַקֳּדָשִׁים, כּוֹתֶל הַהֵיכָל שֵׁשׁ, וְהַתָּא שֵׁשׁ, וְכוֹתֶל הַתָּא חָמֵשׁ.

Ravina cites a proof for the previous claim. **As we learned** in a mishna: **The Sanctuary** was **one hundred** cubits **by one hundred** cubits, **with a height of one hundred** cubits. From east to west, the hundred cubits were divided as follows: The **wall of the Entrance Hall** was **five** cubits; **and the Entrance Hall** itself was **eleven** cubits; the **wall of the Sanctuary** was **six** cubits; the **length** of the Sanctuary[B] itself was **forty cubits; and** there was the **one-cubit partition;** the **Hall** of the **Holy of Holies** was another **twenty cubits;** the outer **wall of the Sanctuary** was **six** cubits; **and the chamber** behind it was **six** cubits; **and the wall of the chamber** was **five** cubits.[H] This mishna proves that when the walls are counted in addition to the spaces, the one-cubit partition is included in the calculation.

אֶלָּא: קְדוּשְּׁתֵיהּ, אִי כְּלִפְנִים אִי כְּלַחוּץ.

Rather, the uncertainty does not concern the location of the one-cubit partition, which was certainly positioned between the Sanctuary and the Holy of Holies. Instead, the issue is **its sanctity, whether** it was considered **like the inside**[N] of the Holy of Holies **or like the outside** area of the Sanctuary. Since there was no such wall in the Second Temple, the Sages were uncertain with regard to the status of the extra cubit.

NOTES

As the Torah did not require them to make use of an agent – שֶׁלֹּא הִצְרִיכָן הַכָּתוּב לְשָׁלִיחַ: Rashi explains that every individual in the Jewish people can pray directly to God without the need for an intermediary. One objection to this interpretation is that this is not unique to the Jewish people, as even gentiles can appeal directly to God (*Tosafot Yeshanim*). For this reason, most commentaries prefer the explanation of Rabbeinu Ḥananel that the Jewish people are particularly beloved on Yom Kippur. This is demonstrated by the fact that during the rest of the year the High Priest wears a tunic decorated with bells that announce his approach to the Sanctuary, suggesting that he should not enter without first declaring his intention to enter. By contrast, on Yom Kippur he does not require bells; instead, he wears plain white clothes, even for his entry to the Holy of Holies.

Rather, its sanctity, whether it was considered like the inside – אֶלָּא קְדוּשְּׁתֵיהּ אִי כְּלִפְנִים: In the Jerusalem Talmud, it is stated that the Sages were unsure whether the cubit-thick wall was part of the Sanctuary or part of the Holy of Holies. The mishna provides no definitive proof because it is possible that, due to the uncertainty, the cubit was considered a domain of its own. The Rambam accepts the interpretation of the Jerusalem Talmud, apparently because the precise nature of the doubt is unclear from the Gemara here, whereas the Jerusalem Talmud reaches a conclusion in this regard (see *BeYad David*).

BACKGROUND

The length of the Sanctuary – אוֹרְכּוֹ שֶׁל הַהֵיכָל: This illustration gives the measurements along the length of the Sanctuary and its various sections.

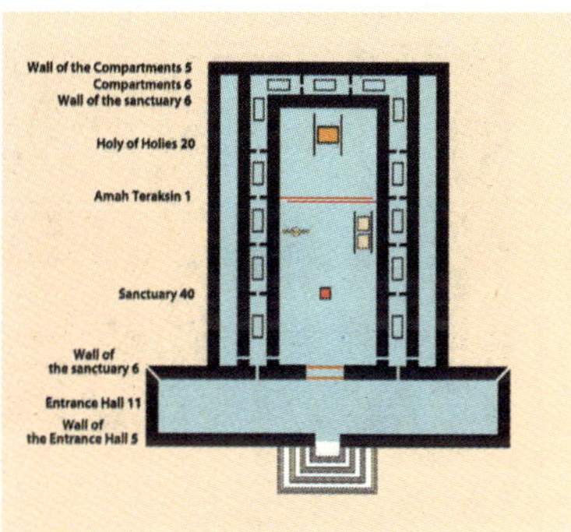

Measurements of the Sanctuary; numbers indicate length in cubits

HALAKHA

The dimensions of the Sanctuary – מִידּוֹת הַהֵיכָל: The Sanctuary of the Second Temple was one hundred cubits by one hundred cubits, with a height of one hundred cubits. Its length was divided as follows: The Holy of Holies was twenty cubits, with a cubit space in between that chamber and the Sanctuary; there were seventeen cubits to the western wall and the chambers behind it; the Sanctuary itself was forty cubits long, while its eastern wall extended for six cubits; the Entrance Hall had a length of eleven cubits; and the thickness of the Entrance Hall's wall was five cubits (Rambam *Sefer Avoda*, *Hilkhot Beit HaBeḥira* 4:4).

וְהַיְינוּ דְּאָמַר רַבִּי יוֹחָנָן, בָּעֵי יוֹסֵף אִישׁ הוּצַל: "וּדְבִיר בְּתוֹךְ הַבַּיִת מִפְּנִימָה הֵכִין לְתִתֵּן שָׁם אֶת אֲרוֹן בְּרִית ה'". אִיבַּעְיָא לְהוּ: הֵיכִי קָאָמַר קְרָא?

§ **And this is what Rabbi Yoḥanan said: Yosef of Hutzal raised a dilemma** with regard to the verse: **"And he prepared a partition in the midst of the House within to set there the Ark of the Covenant of the Lord"** (1 Kings 6:19). This was his **dilemma** that **was raised before** the Sages: With regard to **what** case **is** the verse **speaking?**

"וּדְבִיר בְּתוֹךְ הַבַּיִת מִפְּנִימָה הֵכִין לְתִתֵּן שָׁם" אוֹ דִּילְמָא הָכִי קָאָמַר: "וּדְבִיר בְּתוֹךְ הַבַּיִת מִפְּנִימָה".

The Gemara explains the dilemma. Should it be read: **And** Solomon **prepared a partition in the midst of the House within to set there,** meaning that he placed the partition within the Temple and behind it he prepared a space to place the Ark, and the partition itself did not possess the sanctity of the Holy of Holies? **Or perhaps this is** what the verse **states: A partition in the midst of the House within,** i.e., the verse ends there, while the rest of the text forms a new verse. According to this interpretation, the place of the partition itself was part of the Holy of Holies, and that was where Solomon prepared a place for the Ark.

וּמִי מְסַפְּקָא לֵיהּ? וְהָתַנְיָא, אִיסִי בֶּן יְהוּדָה אוֹמֵר: חָמֵשׁ מִקְרָאוֹת בַּתּוֹרָה אֵין לָהֶן הֶכְרֵעַ:

The Gemara is surprised at this explanation: **And was** Yosef of Hutzal really **uncertain** how to punctuate this verse? **But wasn't it taught** in a *baraita* that **Isi ben Yehuda says:** There are **five verses in the Torah whose** meaning **cannot be decided,**[N] i.e., it is unclear from the text how the verses should be read.

NOTES

Five verses in the Torah whose meaning cannot be decided – חָמֵשׁ מִקְרָאוֹת בַּתּוֹרָה אֵין לָהֶן הֶכְרֵעַ: The early commentaries write that the Gemara does not mean that these uncertainties cannot be resolved. Rather, the idea is that the meaning cannot be determined from the text itself. However, the traditional diacritical marks added to the verses do provide instructions as to how to punctuate them (see Ritva).

Perek **V**
Daf **52** Amud **b**

שְׂאֵת,

The first example is the term: ***"Se'et"*** (Genesis 4:7). It is unclear whether the verse should be read: "If you do well, shall it not be lifted up [*se'et*]?" in which case *se'et* involves forgiveness and pardon; or: "If you do well, but you will lift up [*se'et*] your sin if you do not do well." According to this interpretation, *se'et* is referring to remembrance: If you do not do well, your sin will be remembered.

מְשׁוּקָּדִים,

The second uncertain case is the term: ***"Meshukkadim"*** (Exodus 25:34). This verse can be read: "And in the candelabrum four cups made like almond blossoms [*meshukkadim*]"; or as: "Its knops and its flowers made like almond blossoms [*meshukkadim*]." In other words, the term *meshukkadim* can be read either with the first part or the last part of the verse.

מָחָר,

Likewise, the term: ***"Maḥar"*** (Exodus 17:9) can be read: "And go out, fight with Amalek tomorrow [*maḥar*]". Alternatively, it can mean that Joshua must go out to war with Amalek immediately, and Moses added: "Tomorrow [*maḥar*] I will stand on the top of the hill" (Exodus 17:9), but today you do not need my prayer. Once again, the issue is whether this term belongs to the beginning or the end of the verse.

אָרוּר,

The fourth case is the term: ***"Arur"*** (Genesis 49:7). This verse can be read: "Cursed [*arur*] be their anger for it was fierce, and their wrath for it was cruel," on account of Levi and Simeon's treatment of Shechem. Alternatively, this term, which appears at the beginning of the verse, can be read as the last word of the previous verse: "And in their anger they cut off cursed [*arur*] oxen" (Genesis 49:6–7). According to this interpretation, "cursed oxen" is referring to the oxen of Shechem, who descended from the accursed Canaan.

וְקָם.

Finally, the term: ***"Vekam"*** (Deuteronomy 31:16) can be read as: "Behold, you are about to sleep with your fathers and rise up [*vekam*]" at the time of the resurrection of the dead; or: "And this people will rise up [*vekam*] and go astray."[N]

NOTES

***Se'et, meshukkadim*, etc. – שְׂאֵת, מְשׁוּקָּדִים וכו׳:** *Tosafot* ask why these terms are not presented in the order in which they appear in the Torah. One suggestion is that the terms *se'et* and *meshukkadim* are discussed first, as it might be assumed that they belong to the beginning of their verses, whereas *arur* and *kam* are apparently part of the end of their respective verses, and *maḥar* could be explained either way (*Derekh HaMelekh*). The Jerusalem Talmud adds another verse to this discussion: "And the sons of Jacob came in from the field when they heard the men were saddened and greatly angered" (Genesis 34:7). It is unclear whether the phrase "when they heard" belongs to the first or second half of the verse, i.e., whether the verse should be punctuated with a comma after "field" or after "heard."

LANGUAGE

Hooked [*perufa*] – **פְּרוּפָה:** The root *prf* is derived from the Greek noun πόρπη, *porpè*, meaning clasp, pin.

BACKGROUND

The curtains of the Sanctuary – **פָּרוֹכוֹת הַקּוֹדֶשׁ:** In this schematic drawing, two curtains are shown with their openings to the north and the south. The arrow shows the path of the High Priest to the foundation rock.

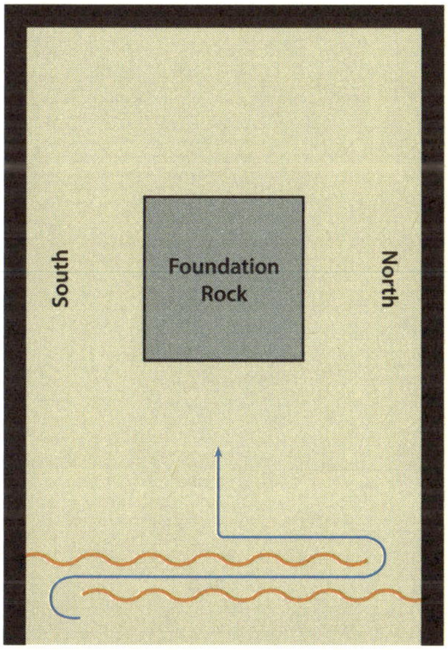

Diagram of the curtains in the Sanctuary

High Priest walking between the curtains

וְהָתַנְיָא: הוּא יוֹסֵף אִישׁ הוּצַל, הוּא יוֹסֵף הַבַּבְלִי, הוּא אִיסִי בֶּן יְהוּדָה, הוּא אִיסִי בֶּן גּוּר אַרְיֵה, הוּא אִיסִי בֶּן גַּמְלִיאֵל, הוּא אִיסִי בֶּן מַהֲלַלְאֵל. וּמַה שְּׁמוֹ – אִיסִי בֶּן עֲקִיבָא שְׁמוֹ! בִּדְאוֹרַיְיתָא לֵיכָּא, בִּדְנְבִיאֵי אִיכָּא.

The Gemara explains the objection presented by this *baraita*. **And wasn't it taught** in a *baraita* that **Yosef of Hutzal is the** one called **Yosef the Babylonian,**[P] as Hutzal is a city in Babylonia; and **he is** also the person called **Isi ben Yehuda,** as Isi is a shortened form of Yosef; **he is Isi ben Gur Arye,** a nickname for Yehuda; **he is Isi ben Gamliel; he is Isi ben Mahalalel? And what is his real name? Isi ben Akiva is his name.** If they are indeed the same person, Isi ben Yehuda, who is Yosef of Hutzal, says that there are only five verses whose punctuation is unclear, whereas here he adds an additional verse. The Gemara explains: **In the Torah** itself, there are indeed **no** more than five verses, but **in the Prophets there are** more examples of equivocal punctuation, one of which is the verse from I Kings.

וּבִדְאוֹרַיְיתָא לֵיכָּא? וְהָא אִיכָּא דְּבָעֵי רַב חִסְדָּא: ״וַיִּשְׁלַח אֶת נַעֲרֵי בְּנֵי יִשְׂרָאֵל וַיַּעֲלוּ עוֹלוֹת״, כְּבָשִׂים, ״וַיִּזְבְּחוּ זְבָחִים שְׁלָמִים פָּרִים״, אוֹ דִּילְמָא אִידֵי וְאִידֵי פָּרִים? לְרַב חִסְדָּא מְסַפְּקָא לֵיהּ, לְאִיסִי בֶּן יְהוּדָה – פְּשִׁיטָא לֵיהּ.

The Gemara raises a difficulty: **And in the Torah** itself, **are there no** other examples of indeterminate punctuation? **But there is** this **dilemma that Rav Ḥisda raised** with regard to the verse: **"And he sent the young men of the children of Israel who sacrificed burnt-offerings"** (Exodus 24:5); were these burnt-offerings **sheep,** and when the verse continues: **"And sacrificed peace-offerings of bulls to the Lord,"** these peace-offerings alone were bulls? **Or perhaps these and these** were **bulls,** as the word "bulls" is referring both to the burnt-offerings and the peace-offerings? This is another verse whose punctuation is unclear. The Gemara rejects this contention: This is not difficult; **according to Rav Ḥisda** it **was uncertain** how to read the verse, but the interpretation was **obvious to Isi ben Yehuda.**

מתני׳ הַחִיצוֹנָה הָיְתָה פְּרוּפָה מִן הַדָּרוֹם, וּפְנִימִית מִן הַצָּפוֹן, מְהַלֵּךְ בֵּינֵיהֶן עַד שֶׁמַּגִּיעַ לַצָּפוֹן, הִגִּיעַ לַצָּפוֹן הוֹפֵךְ פָּנָיו לַדָּרוֹם, מְהַלֵּךְ לִשְׂמֹאלוֹ עִם הַפָּרוֹכֶת עַד שֶׁהוּא מַגִּיעַ לָאָרוֹן.

MISHNA The outer curtain between the Sanctuary and the Holy of Holies **was hooked** [*perufa*][LN] slightly open **on the south** side of the Sanctuary, **and the inner** curtain **hooked** slightly open **on the north**[N] side of the Sanctuary, and therefore the High Priest could not enter the Holy of Holies directly. Rather, he enters through the southern opening and **walks between** the curtains[B] **until he reaches the** opening to the **north.** When **he reaches the** opening to the **north,** he enters the Holy of Holies through that opening, **turns his face to the south,** and **walks to his left along the curtain until he reaches** the area before **the Ark.**

PERSONALITIES

Yosef the Babylonian – **יוֹסֵף הַבַּבְלִי:** Yosef the Babylonian was a *tanna* from the generation before Rabbi Yehuda HaNasi. As his name suggests, Yosef the Babylonian was a native of Babylonia, specifically from the Jewish settlement and great learning center of Hutzal. Isi is an Aramaic diminutive for the name Yosef. Apparently his father's name was Yehuda, and he was therefore also called Gur Arye, lion cub (see Genesis 49:9). With regard to his other names, there is a tradition that Yosef was compelled by a decree of the government to flee and change his name to protect himself. Upon arriving in Eretz Yisrael, he studied with several of Rabbi Akiva's students and became adept at describing the various philosophies and teaching techniques of different Sages. According to the Jerusalem Talmud, he was also called Rabbi Yosef Katnuta, and he is praised in a mishna for his pious character. Halakhic and aggadic statements in his name are found in *baraitot* and in the Babylonian Talmud.

NOTES

The outer curtain was hooked – **הַחִיצוֹנָה הָיְתָה פְּרוּפָה:** Rashi explains that the end of the curtain was folded and pinned back onto itself. See the *Tosefot Yom Tov* for a different interpretation. Others state that although the sides of the curtain were firmly attached to the wall, on one end the curtain was merely pinned with clasps, to allow the High Priest to enter. However, it was not completely open (Rid).

On the south and on the north – **מִן הַדָּרוֹם וּמִן הַצָּפוֹן:** In this manner, the priest avoided having to walk across the width of the Sanctuary without any barrier between him and the Holy of Holies (*Tosafot Yeshanim*).

הגיע לארון, נותן את המחתה בין שני הבדים. צבר את הקטרת על גבי גחלים, ונתמלא כל הבית כולו עשן. יצא ובא לו בדרך בית כניסתו, ומתפלל תפלה קצרה בבית החיצון. ולא היה מאריך בתפלתו, שלא להבעית את ישראל.

When **he reaches the Ark, he places the coal pan between the two staves. He piles the incense atop** the **coals, and the whole chamber in its entirety would fill with smoke.**[N] He then **exits and comes out the way** that **he entered.** He does not turn around but leaves the Holy of Holies walking while facing the Ark. **And he recites a brief prayer in the outer chamber,** in the Sanctuary. **And he would not extend his prayer** there **so as not to alarm the Jewish people,** who would otherwise conclude that something happened and that he died in the Holy of Holies.[H]

גמ׳ במאי עסקינן? אילימא במקדש ראשון – מי הוו פרוכת? אלא במקדש שני – מי הוה ארון?

GEMARA The Gemara asks: **With what are we dealing** here? To which time period is the mishna referring? **If we say** it is speaking **about the First Temple, were there curtains** then? There was only one curtain over the one-cubit partition. **Rather,** if we say that the mishna is dealing **with the Second Temple, was there an Ark** there?

והתניא: משנגנז ארון נגנזה עמו צנצנת המן, וצלוחית שמן המשחה, ומקלו של אהרן ושקדיה ופרחיה, וארגז ששגרו פלשתים דורון לאלהי ישראל, שנאמר: ״וכלי הזהב אשר השיבותם לו אשם תשימו בארגז מצדו ושלחתם אותו והלך״.

The Gemara elaborates: **But wasn't it taught** in a *baraita* that **when** the **Ark was buried,**[H] **along with it was buried the jar of manna** that was next to it, **and the flask of oil used for anointing, and Aaron's staff with its almonds and blossoms,**[N] **and the chest that the Philistines sent as a gift** [*doron*][L] **to the God of Israel** after they captured the Ark and were stricken by several plagues, **as it is stated: "And put the jewels of gold that you return to Him for a guilt-offering, in a coffer by its side, and send it away that it may go"** (I Samuel 6:8)?

ומי גנזו – יאשיהו גנזו. מה ראה שגנזו – ראה שכתוב: ״יולך ה׳ אותך ואת מלכך אשר תקים עליך״ עמד וגנזו,

§ **And who buried** the Ark? **Josiah,** king of Judea, **buried it. And what did he see that** he decided to **bury it? He saw that it is written:**[N] **"The Lord will bring you, and your king whom you shall set over you,** to a nation that you have not known" (Deuteronomy 28:36). Since he knew that the Jewish people would ultimately be exiled, he felt it was better that the Ark should not be disgraced in exile, and therefore **he arose and buried it.**

שנאמר: ״ויאמר ללוים המבינים לכל ישראל הקדושים לה׳ תנו את ארון הקודש בבית אשר בנה שלמה בן דוד מלך ישראל אין לכם משא בכתף עתה עבדו את ה׳ אלהיכם ואת עמו ישראל״.

The Gemara cites the source for the tradition that Josiah buried the Ark. **As it is stated: "And he said to the Levites who taught all of Israel, who were sacred to the Lord: Put the sacred Ark in the house that Solomon, son of David, king of Israel, built. There shall no more be a burden upon your shoulders; now serve the Lord your God, and His people Israel"** (I Chronicles 35:3). In other words, from now onward the Levites will no longer carry the Ark on their shoulders, and they should dedicate themselves to their service of singing and locking the gates of the Temple.

ואמר רבי אלעזר: אתיא ׳שמה׳ ׳שמה׳, ואתיא ׳דורות׳ ׳דורות׳,

And Rabbi Elazar said: The matter **is derived** by means of a verbal analogy, as it is written with regard to the Ark: "That is by the Ark of the Testimony, before the Ark cover that is above the testimony, **there** will I meet with you" (Exodus 30:6), and it is written: "Take a jar and put a full *omer* of manna **there,** and place it before the Lord for safekeeping throughout your generations" (Exodus 16:33). **And it is** further **derived** by verbal analogy from the term **"Generations"** written here and **"generations"** written with regard to the oil used for anointing: "This shall be a sacred anointing oil for Me throughout your generations" (Exodus 30:31).

ואתיא ׳משמרת׳ ׳משמרת׳.

Rabbi Elazar continued: **And it is** likewise **derived** by verbal analogy from the term **"safekeeping"** stated here and **"safekeeping"** stated in connection to the staff of Aaron: "Place back the rod of Aaron before the testimony for safekeeping" (Numbers 17:25). These verbal analogies teach that all of these items were hidden together with the Ark. Evidently, there was no Ark in the Holy of Holies even before the First Temple period ended. How, then, can the mishna speak of the Ark during the Second Temple period?

לעולם במקדש שני, ומאי הגיע לארון – מקום ארון. והא קתני נתן את המחתה לבין שני הבדים! אימא: כבין שני הבדים.

The Gemara answers: **Actually,** the mishna is referring **to the Second Temple, and what is** the meaning of the phrase: **Reaches the Ark?** It means the **place of the Ark.** The Gemara raises a difficulty: **But it is taught that he places the coal pan between the two staves,** which indicates that the staves of the Ark were present. The Gemara answers: Emend the text and **say:** As though it was **between the two staves,** i.e., in the place where the staves had been located when the Ark was there.

NOTES

And the whole chamber in its entirety would fill with smoke – ונתמלא כל הבית כולו עשן: Apparently it was a mitzva for the High Priest to wait there, in accordance with the verse: "And the incense cloud shall cover" (Leviticus 16:13), which indicates that he must wait until the cloud envelops the Ark cover. The Rambam apparently interprets the verse similarly (see also *Ḥeshek Shlomo*).

Its almonds and blossoms – שקדיה ופרחיה: The verse describes Aaron's staff as follows: "It put forth buds and bloomed blossoms and bore ripe almonds" (Numbers 17:23). This means that the flowers and almonds emerged together, which does not occur naturally, to emphasize the miraculous nature of the event (*Tosafot Yeshanim*).

He saw that it is written – ראה שכתוב: The Radak explains that the Torah scroll found in the Temple in Josiah's time was opened at this verse. The king viewed this as a portent that the verse would soon be fulfilled, prompting him to hide the Ark.

HALAKHA

The High Priest's actions in the Holy of Holies – מעשה הכהן בקדש הקדשים: When the High Priest reaches the Ark, he places the coal pan between its staves, or on the foundation rock in the Second Temple. He piles the incense on top of the coals and waits until the chamber fills with smoke. He then walks backward until he exits through the curtains. When he reaches the Sanctuary, he utters a short prayer, taking care not to prolong it so the people should not be worried that he might have died in the sacred place (Rambam *Sefer Avoda, Hilkhot Avodat Yom HaKippurim* 4:1).

The interment of the Ark – גניזת הארון: The Ark rested in the Holy of Holies on the foundation rock. Next to it was the jar of manna and Aaron's staff. King Josiah ordered the concealment of the Ark, the jar of manna, and the anointing oil somewhere deep inside tunnels that had been dug during the construction of the Temple (Rambam *Sefer Avoda, Hilkhot Beit HaBeḥira* 4:1).

LANGUAGE

Gift [*doron*] – דורון: From the Greek δῶρον, *doron*, meaning gift or offering.

HALAKHA

Closest, which is farthest from the High Priest – פְּנִימָה שֶׁהִיא חוּצָה לוֹ: The High Priest would pile the incense on top of the coals in the coal pan on the side that was closest to the Ark and farthest from him, so he would not be burned. This *halakha* is in accordance with the opinion of Abaye (Rambam *Sefer Avoda*, *Hilkhot Avodat Yom HaKippurim* 4:5).

״צָבַר אֶת הַקְּטֹרֶת עַל גַּבֵּי גֶחָלִים״. תְּנַן כְּמַאן דְּאָמַר צוֹבְרָהּ. תָּנֵי חֲדָא: צוֹבְרָהּ פְּנִימָה, שֶׁהִיא חוּצָה לוֹ. וְתַנְיָא אִידָּךְ: צוֹבְרָהּ חוּצָה, שֶׁהִיא פְּנִימָה לוֹ.

§ The mishna taught: **He piles the incense atop** the **coals.** The Gemara comments: **We learned** in the mishna **in accordance with** the opinion of **the one who said** that **he piles** the incense on the coals and does not scatter it there. **It was taught** in **one** *baraita*: **He piles** the incense in the section of the coal pan **closest** to the Ark, **which is farthest from** the High Priest,[H] until he reaches the other side of the coal pan. **And it was taught in another** *baraita*: **He piles it** in the section of the coal pan **farthest** from the Ark, **which is closest to him.**

אָמַר אַבַּיֵי: תַּנָּאֵי הִיא. וְאָמַר אַבַּיֵי: מִסְתַּבְּרָא כְּמַאן דְּאָמַר פְּנִימָה שֶׁהִיא חוּצָה לוֹ, דִּתְנַן: מְלַמְּדִין אוֹתוֹ: הִזָּהֵר

Abaye said that **this** issue **is** a dispute between ***tanna'im*. And Abaye said: It is reasonable** to explain **in accordance with** the opinion of **the one who said** that he piles the incense in the section of the coal pan **closest** to the Ark, **which is farthest from him. As we learned** in a mishna that **they** would **teach** the priest who burns the incense: **Be careful**

NOTES

Not to begin in front of you – שֶׁלֹּא תַּתְחִיל מִפָּנֶיךָ: The comments of *Tosafot* in this regard are puzzling, as they state that Abaye cited a proof from a *baraita*, whereas he actually quoted a mishna (see *Tosefot Yom Tov*). It is possible that *Tosafot* here distinguish between the incense burned every day of the year and the incense of Yom Kippur, as they maintain that the *baraita* is specifically referring to Yom Kippur (*Katit LaMaor* and others). With regard to the issue itself, it is necessary to state that the priest does not begin with the incense immediately in front of him; otherwise, it might be assumed that, in accordance with the principle that one does not pass over the opportunity to perform mitzvot, he should start with the incense closest to him. Therefore, a special justification is necessary for the High Priest to burn the incense far from him (*Siaḥ Yitzḥak*).

If he omitted any one of its spices – שֶׁחִיסֵּר אַחַת מִכׇּל סַמָּנֶיהָ: This *halakha* applies not only to the four spices mentioned explicitly in the Torah, i.e., stacte, onycha, galbanum, and frankincense, but also to the other spices not mentioned in the verses, which are learned from a *halakha* transmitted to Moses from Sinai (*Me'iri*).

שֶׁלֹּא תַּתְחִיל מִפָּנֶיךָ שֶׁמָּא תִּכָּוֶה.

not to begin piling the incense **in front of you,**[N] i.e., from the side closest to you, **lest you be burned.** If the priest were to place the incense on the side directly in front of him and then proceed to spread it toward the Ark, his hands would pass over the incense that is already burning and he might burn himself.

תָּנוּ רַבָּנַן: ״וְנָתַן אֶת הַקְּטֹרֶת עַל הָאֵשׁ לִפְנֵי ה׳״ – שֶׁלֹּא יְתַקֵּן מִבַּחוּץ וְיַכְנִיס, לְהוֹצִיא מִלִּבָּן שֶׁל צַדּוֹקִין שֶׁאוֹמְרִים יְתַקֵּן מִבַּחוּץ וְיַכְנִיס.

§ **The Sages taught** in a *baraita*: **"And he shall put the incense upon the fire before the Lord"** (Leviticus 16:13); this means that **he** should **not prepare** by placing the incense **outside,** in the Sanctuary, **and bring** into the Holy of Holies a coal pan holding the burning incense. This was emphasized in order **to exclude the opinion of the Sadducees,**[H] **who say** that **he** should **prepare** the incense **outside** and then **bring** it in.

מַאי דָּרוּשׁ? ״כִּי בֶּעָנָן אֵרָאֶה עַל הַכַּפּוֹרֶת״ – מְלַמֵּד שֶׁיְּתַקֵּן מִבַּחוּץ וְיַכְנִיס.

The Gemara asks: **What did** the Sadducees **interpret;** what verse do they cite as the basis for their opinion? The Gemara answers that it was the verse: **"For I will appear in a cloud upon the Ark cover"** (Leviticus 16:2), which the Sadducees say **teaches that he should prepare** it **outside,** so there would already be a cloud of incense, and only then should **he bring** it inside the Holy of Holies.

אָמְרוּ לָהֶם חֲכָמִים: וַהֲלֹא כְּבָר נֶאֱמַר: ״וְנָתַן אֶת הַקְּטֹרֶת עַל הָאֵשׁ לִפְנֵי ה׳״. אִם כֵּן מָה תַּלְמוּד לוֹמַר ״כִּי בֶּעָנָן אֵרָאֶה עַל הַכַּפּוֹרֶת״?

The Sages said to them: Wasn't it already stated explicitly: **"And he shall put the incense upon the fire before the Lord"** (Leviticus 16:13), which indicates that the High Priest should present the incense only when he stands before God in the Holy of Holies? **If so, what** is the meaning when **the verse states: "For I will appear in a cloud upon the Ark cover"** (Leviticus 16:2)? This verse does not mean that there should already be an incense cloud before he enters.

מְלַמֵּד שֶׁנּוֹתֵן בָּהּ מַעֲלֵה עָשָׁן. וּמִנַּיִין שֶׁנּוֹתֵן בָּהּ מַעֲלֵה עָשָׁן – שֶׁנֶּאֱמַר: ״וְכִסָּה עֲנַן הַקְּטֹרֶת אֶת הַכַּפּוֹרֶת״. הָא לֹא נָתַן בָּהּ מַעֲלֵה עָשָׁן, אוֹ שֶׁחִיסֵּר אַחַת מִכׇּל סַמָּנֶיהָ – חַיָּיב מִיתָה.

Instead, this verse is referring to the shape of the incense cloud, and it **teaches that he includes a smoke-raiser in its** spices, a plant that causes the smoke to rise straight up like a staff. **And from where** is it derived **that he includes a smoke-raiser in its** spices? **As it is stated: "And the incense cloud shall cover the Ark cover"** (Leviticus 16:13). Therefore, if **he did not include a smoke-raiser, or if he omitted any one of its spices,**[NH] **he is liable** to receive the **death** penalty.

HALAKHA

To exclude the opinion of the Sadducees – לְהוֹצִיא מִלִּבָּן שֶׁל צַדּוֹקִים: During the Second Temple, there was a community of Sadducees who did not accept the tradition of the Oral Torah. In their opinion, the High Priest entered the Holy of Holies only after he put the incense on the coal pan. Concerned that the High Priest might sympathize with this heresy, the Sages made him swear not to behave in this manner (Rambam *Sefer Avoda*, *Hilkhot Avodat Yom HaKippurim* 1:7).

If he omitted any one of its spices – שֶׁחִיסֵּר אַחַת מִכׇּל סַמָּנֶיהָ: If the High Priest leaves out one of the incense spices or if he does not include the smoke-raiser, he incurs the death penalty. He is likewise liable to be put to death for entering the Holy of Holies without performing a mitzva. Consequently, if the priest enters unintentionally but burns the incense intentionally, or if he burns the incense unintentionally but enters the chamber intentionally, or if he brings in both complete and incomplete incense, he incurs the death penalty. The *halakha* is in accordance with the opinion of Rav Sheshet and Rav Ashi, cited in the continuation of the discussion (Rambam *Sefer Avoda*, *Hilkhot Avodat Yom HaKippurim* 2:25).

וְתִיפּוֹק לֵיהּ דְּקָא מְעַיֵּיל בִּיאָה רֵיקָנִית!

The Gemara analyzes this last *halakha*: Why does one incur the death penalty for omitting one of the spices? **And let** the *tanna* **derive** the fact that he incurs the death penalty for a different action, **as his entry** into the Holy of Holies is **for no purpose.**[N] It is prohibited to enter the Holy of Holies unless one is performing a mitzva. If the incense lacks an ingredient, the High Priest is not truly performing the mitzva, and therefore he has entered the Holy of Holies for no purpose. Consequently, he incurs the death penalty on account of his entry, even without burning the incense.

אָמַר רַב שֵׁשֶׁת: הָכָא בְּמַאי עָסְקִינַן – כְּגוֹן שֶׁשָּׁגַג בְּבִיאָה, וְהֵזִיד בְּהַקְטָרָה.

Rav Sheshet said: With what are we dealing here? We are dealing with a case **where he** acted **unwittingly** with regard to the **entry,** i.e., he was unaware that entering for no reason renders him liable, or he did not mean to enter the Holy of Holies at all; **and he** acted **intentionally with** regard to the **burning,** knowing that one who burns incense that lacks an ingredient incurs the death penalty. In that case, he is liable to receive the death penalty only for burning incomplete incense.

רַב אַשִׁי אָמַר: אֲפִילּוּ תֵּימָא הֵזִיד בָּזוֹ וּבָזוֹ, וּכְגוֹן דְּעַיֵּיל שְׁתֵּי הַקְטָרוֹת, אַחַת שְׁלֵימָה וְאַחַת חֲסֵירָה. אַבִּיאָה לָא מִיחַיֵּיב – דְּהָא עַיֵּיל לֵיהּ שְׁלֵימָה, אַהַקְטָרָה מִיחַיֵּיב – דְּקָא מַקְטַר קְטוֹרֶת חֲסֵירָה.

Rav Ashi said a different explanation: **Even if you say that he** acted **intentionally with** regard to **both this and that,**[N] i.e., he knew full well that he would be liable to receive the death penalty both for burning incomplete incense and for entering the Holy of Holies for no purpose, it is nevertheless possible that he is not liable to receive the death penalty for his entry. **And** Rav Ashi explains that this is the halakha in a case **where he brought two** sets of **incense** into the Holy of Holies, **one complete** with all the spices **and one incomplete,** both of which he burned. **For his entry** to the Holy of Holies **he is not liable** to be put to death, **as he brought in** a coal pan with **complete** incense and thereby fulfilled the mitzva. However, **for burning he is liable** to receive the death penalty, **as he burns incomplete incense.**

אָמַר מָר: וּמִנַּיִין שֶׁנּוֹתֵן בָּהּ מַעֲלֶה עָשָׁן – תַּלְמוּד לוֹמַר: "וְכִסָּה". קְרָא לִקְרָא?!

§ The Gemara analyzes the above *baraita*. **The Master said** in the *baraita*: **And from where** is it derived **that he includes a smoke-raiser in its** spices? **The verse states: "And it shall cover"** (Leviticus 16:13). The Gemara expresses surprise at this statement: One **verse for** another **verse?** The requirement of a smoke-raiser was already proven from the verse: "For I will appear in a cloud upon the Ark cover" (Leviticus 16:2); why cite a second verse in support of the first one?

אָמַר רַב יוֹסֵף, הָכִי קָאָמַר: אֵין לִי אֶלָּא עֲלֵה מַעֲלֶה עָשָׁן, עִיקַּר מַעֲלֶה עָשָׁן מִנַּיִין? תַּלְמוּד לוֹמַר "וְכִסָּה".

Rav Yosef said: This is what the *baraita* **said**; this is how to understand the matter: **I have** derived **nothing other** than the obligation to bring **a leaf of a smoke-raising** plant. **From where** is it derived that he must also bring **a root of a smoke-raiser? The verse states: "And it shall cover,"** which indicates the requirement for more of the smoke-raiser than might have been supposed from the other verse.

אֲמַר לֵיהּ אַבַּיֵי: וְהָא אִיפְּכָא תַּנְיָא, דְּתַנְיָא: נָתַן בָּהּ עִיקַּר מַעֲלֶה עָשָׁן, הָיָה מִתַּמֵּר וְעוֹלֶה כְּמַקֵּל עַד שֶׁמַּגִּיעַ לְשָׁמֵי קוֹרָה. כֵּיוָן שֶׁהִגִּיעַ לְשָׁמֵי קוֹרָה – מְמַשְׁמֵשׁ וְיוֹרֵד בַּכּוֹתָלִים עַד שֶׁנִּתְמַלֵּא הַבַּיִת עָשָׁן, שֶׁנֶּאֱמַר: "וְהַבַּיִת יִמָּלֵא עָשָׁן".

Abaye said to Rav Yosef: Your interpretation indicates that the leaf of the smoke-raiser raises smoke better than its root, as the requirement for a root is merely considered an addition. **But wasn't the opposite taught** in a *baraita*? **As it was taught** in a *baraita*: **He put into** the incense **a root of a smoke-raiser,** and the smoke **would rise in a column like a staff until it reached** the Temple **ceiling. When it reached** the **ceiling** there was nowhere for the smoke to exit the building, and therefore it slowly **descended the walls until the entire House was filled with smoke, as it is stated: "And the House was filled with smoke"** (Isaiah 6:4).[N] This *baraita* indicates that the root of the smoke-raiser raises smoke better than its leaf.

אֶלָּא אָמַר אַבַּיֵי: הָכִי קָאָמַר, אֵין לִי אֶלָּא עִיקַּר מַעֲלֶה עָשָׁן, עֲלֵה מַעֲלֶה עָשָׁן מִנַּיִין? תַּלְמוּד לוֹמַר: "וְכִסָּה".

Rather, Abaye said that **this is** what the *baraita* **said;** this is how it should be understood: **I have** derived **nothing other** than the obligation to bring **a root of a smoke-raising** plant. **From where** is it derived that he must also bring **a leaf of a smoke-raiser? The verse states: "And it shall cover."**

רַב שֵׁשֶׁת אָמַר: אֵין לִי אֶלָּא אֹהֶל מוֹעֵד שֶׁבַּמִּדְבָּר, שִׁילֹה וּבֵית עוֹלָמִים מִנַּיִין? תַּלְמוּד לוֹמַר: "וְכִסָּה".

Rav Sheshet said that the *baraita* means the following: **I have** derived **nothing other** than the inclusion of a smoke-raiser amongst the other spices in **the Tent of Meeting that was in the wilderness; from where** is it derived that this obligation extends to the Tabernacle at **Shiloh and** in **the eternal Temple** in Jerusalem? **The verse states: "And it shall cover,"** which indicates that wherever the High Priest enters the Holy of Holies to burn incense, he must include a smoke-raiser in its ingredients.

NOTES

As his entry is for no purpose – דְּקָא מְעַיֵּיל בִּיאָה רֵיקָנִית: The author of the *Gevurat Ari* points out that the Gemara could have raised a greater difficulty: If the High Priest burns incomplete incense, he has not performed a mitzva but has lit a fire on Yom Kippur, thereby violating a prohibition punishable by *karet*. One answer to this difficulty is that the Gemara here deals only with prohibitions related to the Temple. Others suggest that this discussion is in accordance with the opinion that one is exempt for using fire in a destructive manner (*Be'er Avraham*). Finally, it is possible that the Gemara accepts the ruling that the prohibition against lighting fire does not apply in the Temple (*Nimmukei Ḥayyim*).

He acted intentionally with regard to both this and that – הֵזִיד בָּזוֹ וּבָזוֹ: The *Me'iri* explains that he entered with the morning incense as well, which he did not burn at its proper time.

And the House was filled with smoke – וְהַבַּיִת יִמָּלֵא עָשָׁן: This verse is not referring to the incense; rather, it is part of Isaiah's vision, in which he saw the seraphim surrounding the glory of God (*Tosafot Yeshanim*). Perhaps the Gemara maintains that a description of the heavenly Temple is an indication of how the incense should burn in the earthly Temple.

HALAKHA

It is a mitzva to bring man-made fire – מִצְוָה לְהָבִיא מִן הַהֶדְיוֹט: Although fire descends from the heavens, it is a special mitzva to bring man-made fire to ensure that fire burns constantly on the altar (Rambam *Sefer Avoda, Hilkhot Temidin UMusafin* 2:1)

NOTES

The sin of Aaron's sons – חֵטְא בְּנֵי אַהֲרֹן: The *midrashim* discuss this issue at length and list several sins that the two priests committed, either before or during the act for which they were punished. According to all opinions, they were punished because their act of bringing in the fire was unlawful, but they would not have died had they not been guilty on other accounts as well (see Rashi on Leviticus 10:5).

הַאי מִ״וְכֵן יַעֲשֶׂה לְאֹהֶל מוֹעֵד הַשֹּׁכֵן אִתָּם״ נָפְקָא!

The Gemara raises a difficulty with regard to this interpretation: **This** *halakha* **is derived from** the verse: **"And so shall he do for the Tent of Meeting that dwells with them"** (Leviticus 16:16). This verse teaches that this rite must be performed not only that first time in the wilderness, but wherever the Divine Presence dwells.

אֶלָּא, הָכִי קָאָמַר: אֵין לִי אֶלָּא בְּיוֹם הַכִּפּוּרִים, בִּשְׁאָר יְמוֹת הַשָּׁנָה מִנַּיִן – תַּלְמוּד לוֹמַר: ״וְכִסָּה״.

Rather, this is what the *baraita* **said: I have** derived **nothing other** than the obligation to include a smoke-raiser in the spices of the incense offered **on Yom Kippur** in the Holy of Holies; **from where** is it derived that this obligation applies to the incense offered **on the rest of the days of the year** in the Sanctuary? **The verse states: "And it shall cover,"** to teach that every incense burned in the Temple must include a smoke-raiser.

רַב אַשִׁי אָמַר: חַד – לְמִצְוָה, וְחַד – לְעַכֵּב, רָבָא אָמַר: חַד – לְעוֹנֶשׁ, וְחַד – לְאַזְהָרָה.

Rav Ashi said: One verse teaches us **the mitzva** itself, **and one** verse teaches that this requirement is **indispensable**, i.e., the rite is invalid if one omits this ingredient. **Rava said: One** verse teaches that the omission of the smoke-raiser renders one liable to receive the **punishment** of death, **and one** verse serves **as a warning** that it is prohibited to omit it, as the Torah does not require punishment without issuing a warning.

תַּנְיָא, רַבִּי אֱלִיעֶזֶר אוֹמֵר: ״וְלֹא יָמוּת״ – עוֹנֶשׁ, ״כִּי בֶּעָנָן אֵרָאֶה״ – אַזְהָרָה.

§ **It was taught** in a *baraita* that **Rabbi Eliezer says:** "Speak to Aaron your brother that he should not come at all times into the sacred place within the curtain, before the Ark cover that is upon the Ark; **that he not die**" (Leviticus 16:2). This verse teaches the **punishment** for the omission of the smoke-raiser from the spices of the incense. With regard to the verse: **"For I will appear in a cloud** upon the Ark cover" (Leviticus 16:2); this is the **warning** that it is prohibited to omit the smoke-raiser, which causes the cloud to rise.

יָכוֹל יִהְיוּ שְׁנֵיהֶם אֲמוּרִין קוֹדֶם מִיתַת בְּנֵי אַהֲרֹן – תַּלְמוּד לוֹמַר: ״אַחֲרֵי מוֹת שְׁנֵי בְּנֵי אַהֲרֹן״, יָכוֹל יִהְיוּ שְׁנֵיהֶם אֲמוּרִים אַחַר מִיתַת שְׁנֵי בְּנֵי אַהֲרֹן – תַּלְמוּד לוֹמַר: ״כִּי בֶּעָנָן אֵרָאֶה עַל הַכַּפּוֹרֶת״. הָא כֵּיצַד? אַזְהָרָה קוֹדֶם מִיתָה, וְעוֹנֶשׁ אַחַר מִיתָה.

One **might** have thought that **both** verses **were said before the deaths of Aaron's sons,** who died upon entering the sacred place. Therefore, **the verse states: "After the deaths of the two sons of Aaron"** (Leviticus 16:1). One **might** have thought that **both of them,** the punishment and the warning, **were said after the deaths of Aaron's two sons.** Therefore, **the verse states: "For I will appear in a cloud upon the Ark cover." How so;** how should these verses be understood? The **warning** was said **before** the **death** of Aaron's sons, **and the punishment** associated with it was stated **after the death** of his sons.

מַאי תַּלְמוּדָא? אָמַר רָבָא, אָמַר קְרָא: ״כִּי בֶּעָנָן אֵרָאֶה״ – וַעֲדַיִין לֹא נִרְאָה. וְאֶלָּא מַאי טַעְמָא אִיעֲנוּשׁ?

The Gemara expresses puzzlement at Rabbi Eliezer's statement: **What is the** biblical **derivation?** How does Rabbi Eliezer learn from the phrase "I will appear" that the warning was stated earlier? **Rava said** that **the verse states: "For I will appear in a cloud"**; the future tense indicates that the cloud over the Ark cover **had not yet appeared,** as the Tabernacle had not been built, which means that this command was issued before Aaron's sons entered and died. The Gemara asks: **Rather, what is the reason** that Aaron's sons **were punished** with death, if the punishment had not been stated? The Torah does not punish one who is unaware of the sin's punishment.

כִּדְתַנְיָא, רַבִּי אֱלִיעֶזֶר אוֹמֵר: לֹא מֵתוּ בְּנֵי אַהֲרֹן אֶלָּא עַל שֶׁהוֹרוּ הֲלָכָה בִּפְנֵי מֹשֶׁה רַבָּן. מַאי דְּרוּשׁ? ״וְנָתְנוּ בְּנֵי אַהֲרֹן הַכֹּהֵן אֵשׁ עַל הַמִּזְבֵּחַ״ – אַף עַל פִּי שֶׁהָאֵשׁ יוֹרֶדֶת מִן הַשָּׁמַיִם, מִצְוָה לְהָבִיא מִן הַהֶדְיוֹט.

The Gemara answers: They were not punished for their entry into the sacred place but for a different reason, **as it was taught** in a *baraita* that **Rabbi Eliezer says: Aaron's sons died only because they taught a** *halakha* **before Moses their teacher;** they should have asked him for his ruling, but they neglected to do so. The Gemara asks: **What did they interpret** from the verse that led them to enter the sacred place with fire? The verse states: **"And the sons of Aaron the priest shall put fire upon the altar"** (Leviticus 1:7), which indicates that **although fire descends from the heavens,** it is a **mitzva to bring man-made** fire.[H] To fulfill this mitzva, Aaron's sons entered and brought fire to the altar. Although their ruling was in accordance with the *halakha*, they incurred the death penalty for failing to ask Moses.[N]

״יָצָא וּבָא לוֹ דֶּרֶךְ כְּנִיסָתוֹ״. מְנָא הָנֵי מִילֵּי? אָמַר רַבִּי שְׁמוּאֵל בַּר נַחְמָנִי אָמַר רַבִּי יוֹנָתָן: אָמַר קְרָא: ״וַיָּבֹא שְׁלֹמֹה לַבָּמָה אֲשֶׁר בְּגִבְעוֹן יְרוּשָׁלַיִם״, וְכִי מָה עִנְיַן גִּבְעוֹן אֵצֶל יְרוּשָׁלַיִם?

§ The mishna teaches that the High Priest **exits and comes** out **the way** that **he entered,** i.e., he does not turn around, but walks backward with his face toward the Ark. The Gemara asks: **From where are these matters** derived; what is the source in the Torah for this *halakha*? **Rabbi Shmuel bar Naḥmani said** that **Rabbi Yonatan said** that **the verse states: "And Solomon came to the high place that was at Gibeon, Jerusalem"** (II Chronicles 1:13). **Now, what does Gibeon have to do with Jerusalem?** Either he came to Gibeon or to Jerusalem; these are two different places.

אֶלָּא מַקִּישׁ יְצִיאָתוֹ מִגִּבְעוֹן לִירוּשָׁלַיִם לְבִיאָתוֹ מִירוּשָׁלַיִם לְגִבְעוֹן. מַה בִּיאָתוֹ מִירוּשָׁלַיִם לְגִבְעוֹן – פָּנָיו כְּלַפֵּי בָּמָה כְּדֶרֶךְ בִּיאָתוֹ, אַף יְצִיאָתוֹ מִגִּבְעוֹן לִירוּשָׁלַיִם – פָּנָיו כְּלַפֵּי בָּמָה כְּדֶרֶךְ בִּיאָתוֹ.

Rather, the verse **compares his exit from Gibeon to Jerusalem to his arrival from Jerusalem to Gibeon. Just as** in the case of **his arrival from Jerusalem to Gibeon his face was** necessarily **turned toward the high place, in the usual manner** of a person's **arrival, so too, upon his exit from Gibeon to Jerusalem his face** was still **turned toward the high place, in the manner of his arrival.** This teaches that one does not turn his face away from a sacred place; rather, he must walk backward.

וְכֵן כֹּהֲנִים בַּעֲבוֹדָתָן, וּלְוִיִּם בְּדוּכָנָן, וְיִשְׂרָאֵל בְּמַעֲמָדָן, כְּשֶׁהֵן נִפְטָרִין – לֹא הָיוּ מַחֲזִירִין פְּנֵיהֶן וְהוֹלְכִין, אֶלָּא מְצַדְּדִין פְּנֵיהֶן וְהוֹלְכִין,

And likewise, with regard to **priests in their service; and Levites on their platform** in the Temple, where they recited songs; **and Israelites at their watches,** where they observed the sacrifice of the daily offering: **When they departed** from the sacred place, **they would not turn their faces and walk but would turn their faces sideways and walk,** so as not to turn their backs on the sacred place.[H]

וְכֵן תַּלְמִיד הַנִּפְטָר מֵרַבּוֹ לֹא יַחֲזִיר פָּנָיו וְיֵלֵךְ, אֶלָּא מְצַדֵּד פָּנָיו וְהוֹלֵךְ. כִּי הָא דְּרַבִּי אֶלְעָזָר, כַּד הֲוָה מִיפַּטַר מִינֵּיהּ דְּרַבִּי יוֹחָנָן, כַּד הֲוָה בָּעֵי רַבִּי יוֹחָנָן לְסַגּוֹיֵי הֲוָה גָּחֵין קָאֵי רַבִּי אֶלְעָזָר אַדּוּכְתֵּיהּ, עַד דַּהֲוָה מִיכַּסֵּי רַבִּי יוֹחָנָן מִינֵּיהּ.

And likewise, a student who takes leave of his teacher[H] should **not turn his face and walk but turn his face sideways and walk.**[N] This is **in accordance with that** practice **of Rabbi Elazar when he took leave of his teacher, Rabbi Yoḥanan. When Rabbi Yoḥanan wanted to leave** him, **Rabbi Elazar would bend down and stand in his place** as a sign of respect and humility, **until Rabbi Yoḥanan disappeared from his sight;** only then would Rabbi Elazar turn to leave.

וְכַד הֲוָה בָּעֵי רַבִּי אֶלְעָזָר לְסַגּוֹיֵי, הֲוָה קָא אָזֵיל לַאֲחוֹרֵיהּ עַד דְּמִכַּסֵּי מִינֵּיהּ דְּרַבִּי יוֹחָנָן, רָבָא כַּד הֲוָה מִיפַּטַר מִינֵּיהּ דְּרַב יוֹסֵף הֲוָה אָזֵיל לַאֲחוֹרֵיהּ, עַד דְּמִנַּגְּפָן כַּרְעֵיהּ וּמִתְוַוסָּן אִסְקוּפָּתָא דְּבֵי רַב יוֹסֵף דְּמָא.

And when Rabbi Elazar wanted to leave, he would walk backward until he disappeared from Rabbi Yoḥanan's sight, and only then would he walk normally, so as not to turn his back on his teacher. The Gemara further relates: **When Rava took leave of Rav Yosef, he would walk backward,** paying no attention to the obstacles in his path, **until his legs were bruised and the threshold of Rav Yosef's house was bloodied** from Rava's wounds.

HALAKHA

Priests, Levites, and Israelites upon their exit – כֹּהֲנִים לְוִיִּם וְיִשְׂרָאֵל בִּיצִיאָתָם: After completing his service in the Temple, a priest should not exit with his back to the Sanctuary but should walk backward or slightly to his side until he exits the Temple. Likewise, Levites who come down from their platform and regular Israelites who are in in the Temple should leave in this manner (Rambam *Sefer Avoda, Hilkhot Beit HaBeḥira* 7:4)

A student who takes leave of his teacher – תַּלְמִיד הַנִּפְטָר מֵרַבּוֹ: A student who takes leave of his teacher should not turn his back to him but should walk backward while facing his teacher (*Shulḥan Arukh, Yoreh De'a* 242:16).

NOTES

Turn his face sideways and walk – מְצַדֵּד פָּנָיו וְהוֹלֵךְ: One should leave in this manner because it is difficult to walk backward without coming to harm. Rabbi Elazar and Rava, who did walk backward, acted beyond the letter of the law. For this reason Rav Yosef praised Rava for the respect he granted him (*Siaḥ Yitzḥak*).

Perek **V**
Daf **53** Amud **b**

אֲמַרוּ לֵיהּ לְרַב יוֹסֵף: הָכִי עָבֵיד רָבָא. אֲמַר לֵיהּ: יְהֵא רַעֲוָא דְּתָרוּם רֵישָׁךְ אַכּוּלָּהּ כְּרַכָּא!

They said to Rav Yosef: This is what Rava does. Rav Yosef was blind and could not see for himself. Rav Yosef **said to him: May it be** God's **will that you lift your head over the entire city,**[N] in reward for honoring your teacher.

אָמַר רַבִּי אֲלֶכְּסַנְדְּרִי אָמַר רַבִּי יְהוֹשֻׁעַ בֶּן לֵוִי: הַמִּתְפַּלֵּל צָרִיךְ שֶׁיִּפְסִיעַ שָׁלֹשׁ פְּסִיעוֹת לַאֲחוֹרָיו, וְאַחַר כָּךְ יִתֵּן שָׁלוֹם. אָמַר לֵיהּ רַב מָרְדְּכַי: כֵּיוָן שֶׁפָּסַע שָׁלֹשׁ פְּסִיעוֹת לַאֲחוֹרָיו – הָתָם אִיבַּעְיָא לֵיהּ לְמֵיקַם, מָשָׁל לְתַלְמִיד הַנִּפְטָר מֵרַבּוֹ, אִם חוֹזֵר לְאַלְתַּר – דּוֹמֶה לְכֶלֶב שֶׁשָּׁב עַל קִיאוֹ.

§ Apropos the obligation of a student to walk backward when taking leave of his teacher, the Gemara discusses a similar topic. **Rabbi Alexandri said that Rabbi Yehoshua ben Levi said: One who prays must take three steps**[N] **backward**[H] upon concluding his prayer **and then recite: Peace,** in a manner befitting one who departs from before the Holy One, Blessed be He. **Rav Mordekhai said to him: Since he has taken three steps backward, he should stand there** and not return to his place immediately. This is **analogous to a student who takes leave of his teacher. If he returns immediately** to the place where was first standing, **he is similar to a dog who returns to its vomit,**[N] and his previous action is spoiled.

HALAKHA

One who prays must take three steps backward – הַמִּתְפַּלֵּל צָרִיךְ שֶׁיִּפְסִיעַ שָׁלֹשׁ פְּסִיעוֹת לַאֲחוֹרָיו: Upon concluding the *Amida* prayer, one bows and takes three steps backward. He then turns his face first toward the left and then to the right, finally bowing straight in front of him, like a servant taking leave of his master (*Shulḥan Arukh, Oraḥ Ḥayyim* 123:1).

NOTES

That you lift your head over the entire city – דְּתָרוּם רֵישָׁךְ אַכּוּלָּהּ כְּרַכָּא: Rabbeinu Ḥananel explains that he blessed him that the *halakha* should always be in accordance with his opinion. Others add that although the academies of Abaye and Rava were located in the same place, the *halakha* is in accordance with the opinion of Rava rather than that of Abaye (Maharsha).

Three steps – שָׁלֹשׁ פְּסִיעוֹת: The commentaries offer several reasons for this requirement. According to the *ge'onim*, the Divine Presence inhabits the four cubits surrounding one who is praying. The individual therefore steps out of this space upon concluding his prayer. Others state that these three steps correspond to the "darkness, cloud, and fog" (Deuteronomy 4:11) that surround the revelation of the Divine Presence, from which one must retreat at the end of prayer (*Orḥot Ḥayyim*). Yet others suggest that the three steps correspond to the three steps Nebuchadnezzar took in honor of God, for which he received a great reward (Vilna Gaon; Maharsha).

A dog who returns to its vomit – כֶּלֶב שֶׁשָּׁב עַל קִיאוֹ: If a dog vomits his food it shows that does not want it. But if it later returns and swallows it, it renders its earlier action meaningless. Likewise, one who steps backward out of reverence to God but returns immediately to his previous location has ruined the gesture (*Beit Yosef*).

תניא נמי הכי: המתפלל צריך שיפסיע שלש פסיעות לאחוריו, ואחר כך יתן שלום. ואם לא עשה כן – ראוי לו שלא התפלל. ומשום שמעיה אמרו שנותן שלום לימין ואחר כך לשמאל, שנאמר: "מימינו אש דת למו" ואומר: "יפול מצדך אלף ורבבה מימינך".

The Gemara comments that **this was also taught** in a *baraita*: **One who prays must take three steps backward** upon concluding his prayer **and then recite: Peace. And if he did not do so, it is better for him not to have prayed,** as his actions are disrespectful toward God. **And they said in the name of Shemaya** the Sage **that when one recites: Peace,** he first bows **to the right and then to the left, as it is stated: "At His right hand was a fiery law to them"** (Deuteronomy 33:2), **and it says: "A thousand may fall at your side, and ten thousand at your right side"** (Psalms 91:7).

מאי "ואומר"? וכי תימא: אורחא דמילתא היא למיתב בימין, תא שמע: "יפול מצדך אלף ורבבה מימינך".

The Gemara asks: **What is** the reason for: **And it says?** Why is it necessary to cite another source? The Gemara explains: **If you say** that **it is** merely **the usual manner to give** an object **with the right** hand, but this bears no special significance, **come and hear: "A thousand may fall at your side, and ten thousand at your right side,"** which indicates that the right side is the more significant one.

רבא חזייה לאביי דיהיב שלמא לימינא ברישא. אמר ליה: מי סברת לימין דידך? לשמאל דידך קא אמינא, דהוי ימינו של הקדוש ברוך הוא. אמר רב חייא בריה דרב הונא: חזינא להו לאביי ורבא דפסעי להו שלש פסיעות בכריעה אחת.

The Gemara relates that **Rava saw Abaye reciting: Peace,** by bowing at the end of his prayer **to** his **right first.** Rava **said to him: Do you maintain** that you should bow **to your right? I say** you should bow **to your left** first, **as it is the right of the Holy One, Blessed be He,** since He is opposite you face-to-face, as it were. **Rav Ḥiyya, son of Rav Huna, said: I observed that Abaye and Rava** both **took** those **three steps all in one** act of **bowing,** without standing upright in between, by way of submission to and acceptance of God's authority.

"ומתפלל תפלה קצרה בבית החיצון". מאי מצלי? רבא בר רב אדא ורבין בר רב אדא, תרוייהו משמיה דרב אמרי: יהי רצון מלפניך ה׳ אלהינו שתהא שנה זו גשומה ושחונה. שחונה מעליותא היא?! אלא אימא: אם שחונה – תהא גשומה.

§ The mishna taught: **And** the High Priest **recites a brief prayer in the outer chamber.** The Gemara asks: **What does he pray? Rava bar Rav Adda and Ravin bar Rav Adda both said in the name of Rav** that this was his prayer: **May it be your will, Lord our God, that this year shall be rainy and hot.** The Gemara immediately expresses surprise at this request: Is **heat a good** matter? Why should he request that the year be hot? **Rather, say** and emend it as follows: **If** the upcoming year is **hot, may it** also **be rainy,** lest the heat harm the crops.

רב אחא בריה דרבא מסיים בה משמיה דרב יהודה: לא יעדי עביד שולטן מדבית יהודה, ולא יהיו עמך ישראל צריכין לפרנס זה מזה, ולא תכנס לפניך תפלת עוברי דרכים.

Rav Aḥa, son of Rava, concluded the language of this prayer **in the name of Rav Yehuda: May the rule of power not depart from the house of Judah; and may your nation Israel not depend on each other for sustenance,** rather, they should be sustained from the produce of their land; **and let not the prayer of travelers enter Your presence** when they pray for the rain to stop on their travels.[NH]

רבי חנינא בן דוסא הוה קא אזיל באורחא, שדא מטרא עליה. אמר: רבונו של עולם, כל העולם כולו בנחת וחנינא בצער? פסק מיטרא. כי אתא לביתיה אמר: רבונו של עולם, כל העולם כולו בצער וחנינא בנחת. אתא מיטרא. אמר רב יוסף: מאי אהניא ליה צלותיה דכהן גדול לגבי רבי חנינא בן דוסא.

The Gemara relates: **Rabbi Ḥanina ben Dosa was walking on the road** when **rain fell upon him. He said: Master of the Universe, the entire world is comfortable and Ḥanina is suffering. The rain stopped. When he came to his house he said: Master of the Universe, the entire world is suffering** for lack of rain **and Ḥanina is comfortable.**[N] **The rain came back. Rav Yosef said: What effect does the prayer of the High Priest have with regard to Rabbi Ḥanina ben Dosa?** Notwithstanding the prayer of the High Priest in the Holy of Holies, Rabbi Ḥanina ben Dosa's sanctity is greater, as God fulfills his bidding.

תנו רבנן: מעשה בכהן גדול אחד שהאריך בתפלתו, ונמנו אחיו הכהנים ליכנס אחריו. התחילו הם נכנסין והוא יוצא. אמרו לו: מפני מה הארכת בתפלתך? אמר להם: קשה בעיניכם שהתפללתי עליכם, ועל בית המקדש שלא יחרב. אמרו לו: אל תהי רגיל לעשות כן, שהרי שנינו: לא היה מאריך בתפלתו, כדי שלא להבעית את ישראל.

§ The mishna stated that the High Priest would not extend his prayer. **The Sages taught** in the *Tosefta*: There was **an incident** involving **a certain High Priest who extended his prayer,**[N] **and his fellow priests** took a vote, **counted,** and decided **to go in after him** out of concern that he had died or fainted and required assistance. **They began to enter and** at that moment **he emerged. They said to him: Why did you extend your prayer? He said to them:** Why not? **Does it trouble you that I prayed for you and for the Temple not to be destroyed? They said to him: Do not make a habit of doing so,** as **we learned:**[N] **He would not extend his prayer, so as not to alarm the Jewish people,** who might fear he had died.

NOTES

The High Priest's prayer – **תפילת כהן גדול**: In the Jerusalem Talmud, several other statements are added to this prayer, some of which appear in the Yom Kippur service in the prayer book. The phrase: May the rule of power not depart, is based on the verse: "The scepter shall not depart from Judah" (Genesis 49:10). The request that the people should not require sustenance from one another does not mean only that no one should suffer from poverty, but also that each person should have an inheritance of his own and not depend on others at all.

And Ḥanina is comfortable – **וחנינא בנחת**: Rashi explains that since Rabbi Ḥanina ben Dosa was very poor, he did not own any fields and therefore was not troubled by the absence of rain. Many later commentaries wonder how Rabbi Ḥanina ben Dosa could have prayed for something that would harm other people. Perhaps Rabbi Ḥanina did not actually pray for the cessation of rain but merely offered a casual observation. Due to his great righteousness, God reacted to his comment.

An incident involving a certain High Priest who extended his prayer – **מעשה בכהן גדול אחד שהאריך בתפילתו**: According to the Jerusalem Talmud, this High Priest was Shimon HaTzaddik.

As we learned – **שהרי שנינו**: Several commentaries cite this story as proof that *mishnayot* were arranged and studied during the Temple period, long before the Mishna was edited (Rabbi Tzvi Hirsch Chajes).

HALAKHA

The High Priest's short prayer – **תפילה קצרה של כהן גדול**: While in the Sanctuary, the High Priest recited this short prayer: May it be your will, Lord our God, that if this year is hot, let it be rainy; and may the scepter not depart from the house of Judah; and may Your nation Israel not require charity; and do not accept the prayer of travelers (Rambam *Sefer Avoda, Hilkhot Avodat Yom HaKippurim* 4:1).

מתני׳ מִשֶּׁנִּיטַּל אָרוֹן, אֶבֶן הָיְתָה שָׁם מִימוֹת נְבִיאִים רִאשׁוֹנִים וּשְׁתִיָּיה הָיְתָה נִקְרֵאת, גָּבוֹהַּ מִן הָאָרֶץ שָׁלֹשׁ אֶצְבָּעוֹת, וְעָלֶיהָ הָיָה נוֹתֵן. נָטַל אֶת הַדָּם מִמִּי שֶׁהָיָה מְמָרֵס בּוֹ, נִכְנַס לְמָקוֹם שֶׁנִּכְנַס וְעָמַד בַּמָּקוֹם שֶׁעָמַד, וְהִזָּה מִמֶּנּוּ אַחַת לְמַעְלָה וְשֶׁבַע לְמַטָּה.

MISHNA **After the Ark was taken** into exile, **there was a rock** in the Holy of Holies[B] **from the days of the early prophets,** David and Samuel, who laid the groundwork for construction of the Temple, **and** this stone **was called** the **foundation** rock. It was **three fingerbreadths higher than the ground, and** the High Priest **would place** the incense **on it.** After the High Priest left the Holy of Holies, **he took the blood** of the bull sacrificed as a sin-offering **from** the one **who was stirring it,**[H] so it would not coagulate. **He entered into the place that he** had previously **entered,**[N] the Holy of Holies, **and stood at the place where he** had previously **stood** to offer the incense, between the staves. **And he sprinkled from** the blood, **one** time **upward and seven** times **downward.**

וְלֹא הָיָה מִתְכַּוֵּין לְהַזּוֹת לֹא לְמַעְלָה וְלֹא לְמַטָּה אֶלָּא כְּמַצְלִיף. וְכָךְ הָיָה מוֹנֶה: אַחַת, אַחַת וְאַחַת, אַחַת וּשְׁתַּיִם, אַחַת וְשָׁלֹשׁ, אַחַת וְאַרְבַּע, אַחַת וְחָמֵשׁ, אַחַת וָשֵׁשׁ, אַחַת וָשֶׁבַע. יָצָא וְהִנִּיחוֹ עַל כַּן הַזָּהָב שֶׁבַּהֵיכָל.

And he would neither intend to sprinkle the blood **upward nor** to sprinkle it **downward, but rather like one who whips,** with the blood sprinkled in a single column, one drop below the other. **And this** is how **he would count** as he sprinkled, to avoid error: **One; one and one; one and two; one and three; one and four; one and five; one and six; one and seven.** The High Priest then **emerged** from there **and placed** the bowl with the remaining blood **on the golden pedestal in the Sanctuary.**

הֵבִיאוּ לוֹ אֶת הַשָּׂעִיר, שְׁחָטוֹ, וְקִבֵּל בַּמִּזְרָק אֶת דָּמוֹ, נִכְנַס לַמָּקוֹם שֶׁנִּכְנַס, וְעָמַד בַּמָּקוֹם שֶׁעָמַד, וְהִזָּה מִמֶּנּוּ אַחַת לְמַעְלָה וְשֶׁבַע לְמַטָּה. וְכָךְ הָיָה מוֹנֶה: אַחַת, אַחַת וְאַחַת, אַחַת וּשְׁתַּיִם, וכו׳. יָצָא וְהִנִּיחוֹ עַל כַּן הַזָּהָב הַשֵּׁנִי שֶׁבַּהֵיכָל. רַבִּי יְהוּדָה אוֹמֵר: לֹא הָיָה שָׁם אֶלָּא כַּן אֶחָד בִּלְבַד. נָטַל דַּם הַפָּר וְהִנִּיחַ דַּם הַשָּׂעִיר,

They brought him the goat to be sacrificed as a sin-offering to God. **He slaughtered it and received its blood in the bowl. He** again **entered into the place that he** had previously **entered,** the Holy of Holies, **and stood at the place that he** previously **stood, and sprinkled from** the blood of the goat **one** time **upward and seven** times **downward. And this** is how **he would count,** just as he counted when sprinkling the blood of the bull: **One; one and one; one and two; etc.** The High Priest then **emerged** from the Holy of Holies **and placed** the bowl with the remaining blood **on the second golden pedestal in the Sanctuary. Rabbi Yehuda says: There was only one pedestal there,** and he **took the blood of the bull** from the pedestal **and placed the blood of the goat** in its place.

וְהִזָּה מִמֶּנּוּ עַל הַפָּרוֹכֶת שֶׁכְּנֶגֶד הָאָרוֹן מִבַּחוּץ, אַחַת לְמַעְלָה וְשֶׁבַע לְמַטָּה, וְלֹא הָיָה מִתְכַּוֵּין וכו׳, וְכָךְ הָיָה מוֹנֶה וכו׳. נָטַל דַּם הַשָּׂעִיר וְהִנִּיחַ דַּם הַפָּר, וְהִזָּה מִמֶּנּוּ עַל הַפָּרוֹכֶת שֶׁכְּנֶגֶד הָאָרוֹן מִבַּחוּץ, אַחַת לְמַעְלָה וְשֶׁבַע לְמַטָּה וכו׳. עֵירָה דַּם הַפָּר לְתוֹךְ דַּם הַשָּׂעִיר, וְנָתַן אֶת הַמָּלֵא בָּרֵיקָן.

And he sprinkled from the blood of the bull **on the curtain opposite the Ark from outside** the Holy of Holies, **one** time **upward and seven** times **downward, and he would not intend, etc. And this** is how **he would count, etc.** When he concluded, **he took the blood of the goat** from the pedestal **and placed blood of the bull** in its place on the pedestal. **And he sprinkled from** the goat's blood **on the curtain opposite the Ark from outside,** just as he did with the blood of the bull, **one** time **upward and seven** times **downward, etc.** Afterward, **he poured the blood of the bull into the blood of the goat and placed** the blood **from the full** bowl into the **empty** bowl, so that the blood would be mixed well.

גמ׳ ״מִשֶּׁנִּגְנַז״ לָא קָתָנֵי, אֶלָּא ״מִשֶּׁנִּיטַּל״. תְּנַן כְּמַאן דְּאָמַר אָרוֹן גָּלָה לְבָבֶל. דְּתַנְיָא, רַבִּי אֱלִיעֶזֶר אוֹמֵר: אָרוֹן גָּלָה לְבָבֶל, שֶׁנֶּאֱמַר: ״וְלִתְשׁוּבַת הַשָּׁנָה שָׁלַח הַמֶּלֶךְ נְבוּכַדְנֶאצַּר וַיְבִיאֵהוּ בָבֶלָה עִם כְּלֵי חֶמְדַּת בֵּית ה׳״.

GEMARA The Gemara comments with regard to the wording of the mishna: It does **not teach: After** the Ark **was buried, but: After** it **was taken.** If so, **we learned** this mishna **in accordance with** the opinion of **the one who said** that **the Ark was exiled to Babylonia** and was not buried in its place, **as it was taught** in a *baraita*: **Rabbi Eliezer says: The Ark was exiled to Babylonia, as it is stated: "And at the turn of the year King Nebuchadnezzar sent and brought him to Babylonia, along with the precious vessels of the House of the Lord"** (II Chronicles 36:10). These precious vessels must include the Ark.

BACKGROUND

There was a rock in the Holy of Holies – אֶבֶן הָיְתָה שָׁם: The Ark was placed on a slab of bedrock, called the foundation rock, that was in the Holy of Holies. During the Second Temple, the Ark was not placed in the Holy of Holies. According to many sources, the rock of the Dome of the Rock is the foundation rock.

Rock of the Dome of the Rock, view from above

NOTES

He entered into the place that he had entered – נִכְנַס לְמָקוֹם שֶׁנִּכְנַס: The mishna is intentionally vague with regard to this place, as it simply calls it: The place that he had entered, without mentioning the Ark at all. This is so that the *tanna* of the mishna can avoid having to distinguish between the First Temple period, when the Ark was present, and the Second Temple era, when it was not (*Siaḥ Yitzḥak*).

HALAKHA

He took the blood from the one who was stirring it – נָטַל אֶת הַדָּם מִמִּי שֶׁהָיָה מְמָרֵס בּוֹ: The High Priest takes the blood of the bull from the priest who was stirring it, enters the Holy of Holies, and sprinkles eight times between the two staves of the Ark. He then exits and places the bowl on the golden pedestal in the Sanctuary. Next, he leaves the Sanctuary, slaughters the goat, and collects its blood. He once again enters the Holy of Holies and sprinkles the blood between the staves of the Ark eight times. He then sprinkles the bull's blood eight times toward the curtain across from the Ark, and the goat's blood eight times there as well. He then pours the blood of the bull into the blood of the goat and then pours the mixture back into the first bowl to mix them thoroughly (Rambam *Sefer Avoda, Hilkhot Avodat Yom HaKippurim* 4:2).

רַבִּי שִׁמְעוֹן בֶּן יוֹחַאי אוֹמֵר: אָרוֹן גָּלָה לְבָבֶל, שֶׁנֶּאֱמַר: ״לֹא יִוָּתֵר דָּבָר אָמַר ה׳״ – אֵלּוּ עֲשֶׂרֶת הַדִּבְּרוֹת שֶׁבּוֹ.

Likewise, **Rabbi Shimon ben Yoḥai says: The Ark was exiled to Babylonia, as it is stated:** "Behold, the days come that all that is in your house, and that which your fathers have stored until this day, shall be carried to Babylonia; **nothing [*davar*] shall be left, says the Lord"** (Isaiah 39:6). **These are the Ten Commandments [*dibrot*] that are inside it;** they too shall not be left behind.

רַבִּי יְהוּדָה (בֶּן לָקִישׁ) אוֹמֵר: אָרוֹן בִּמְקוֹמוֹ נִגְנַז, שֶׁנֶּאֱמַר: ״וַיֵּרָאוּ רָאשֵׁי הַבַּדִּים מִן הַקֹּדֶשׁ עַל פְּנֵי הַדְּבִיר וְלֹא יֵרָאוּ הַחוּצָה וַיִּהְיוּ שָׁם עַד הַיּוֹם הַזֶּה״.

Rabbi Yehuda ben Lakish says: The Ark was buried in its place, as it is stated: "And the ends of the staves were seen from the sacred place before the partition, but they could not be seen without; and they are there to this day" (1 Kings 8:8). The expression "to this day" means forever, as the text might be read at any time. This teaches that the Ark is hidden in its place.

וּפְלִיגָא דְּעוּלָּא, דְּאָמַר עוּלָּא: שָׁאַל רַבִּי מַתְיָא בֶּן חָרָשׁ אֶת רַבִּי שִׁמְעוֹן בֶּן יוֹחַאי בְּרוֹמִי: וְכִי מֵאַחַר שֶׁרַבִּי אֱלִיעֶזֶר מְלַמְּדֵנוּ פַּעַם רִאשׁוֹנָה וּשְׁנִיָּה אָרוֹן גָּלָה לְבָבֶל, רִאשׁוֹנָה – הָא דַּאֲמַרַן ״וַיְבִיאֵהוּ בָבֶלָה עִם כְּלֵי חֶמְדַּת בֵּית ה׳״, שְׁנִיָּה מַאי הִיא? דִּכְתִיב: ״וַיֵּצֵא מִבַּת צִיּוֹן

The Gemara comments: And **this** opinion that the Ark was exiled to Babylonia **disagrees with** that **of Ulla, as Ulla said: Rabbi Matya ben Ḥarash asked Rabbi Shimon ben Yoḥai in Rome: And since Rabbi Eliezer taught us once and twice,** i.e., from two separate verses, that **the Ark was exiled to Babylonia.** The Gemara interrupts its citation of Rabbi Matya ben Ḥarash's question to identify these two verses. **The first** verse **is that which we said: "And brought him to Babylonia, along with the precious vessels of the House of the Lord." What is the second** verse? Rabbi Eliezer said: **As it is written: "And gone from the daughter of Zion is**

כָּל הֲדָרָהּ״. מַאי ״כָּל הֲדָרָהּ״ – חַדְרָהּ. אַתָּה מַאי אַתָּה אוֹמֵר? אָמַר לוֹ: שֶׁאֲנִי אוֹמֵר אָרוֹן בִּמְקוֹמוֹ נִגְנַז, שֶׁנֶּאֱמַר: ״וַיַּאֲרִיכוּ הַבַּדִּים״ וגו׳.

all her splendor" (Lamentations 1:6). **What is** the meaning of: **"All her splendor [*hadara*]"?** It means: **Her chamber [*ḥadra*],**[N] i.e., something that was hidden within the innermost chambers, namely the Ark. **You,** Rabbi Shimon ben Yoḥai, **what do you say** in response to this? **He said to him: As I say, the Ark was buried in its place** and not exiled, **as it is stated: "And the staves were so long** that the ends of the staves were seen from the sacred place before the partition, but they could not be seen without; and they are there to this day" (1 Kings 8:8).

אֲמַר לֵיהּ רַבָּה לְעוּלָּא: מַאי מַשְׁמַע? דִּכְתִיב: ״וַיִּהְיוּ שָׁם עַד הַיּוֹם הַזֶּה״. וְכָל הֵיכָא דִּכְתִיב ״עַד הַיּוֹם הַזֶּה״ לְעוֹלָם הוּא? וְהָכְתִיב: ״וְאֶת הַיְבוּסִי יוֹשֵׁב יְרוּשָׁלַםִ לֹא הוֹרִישׁוּ בְּנֵי בִנְיָמִן וַיֵּשֶׁב הַיְבוּסִי אֶת בְּנֵי בִנְיָמִן בִּירוּשָׁלַםִ עַד הַיּוֹם הַזֶּה״, הָכִי נַמִי דְּלָא גָּלוּ?

Rabba said to Ulla: From where in this verse may it **be inferred** that the Ark was buried in its place? Ulla replied that the source is **as it is written: "And they are there to this day,"** which is referring to any day when one might read this sentence, i.e., forever. Rabba objected to this explanation: **And is** it the case that **anywhere that it is written "to this day" it means forever,** as opposed to the time when the verse was written? **But isn't it written: "And the children of Benjamin did not drive out the Jebusites who inhabited Jerusalem; but the Jebusites dwelt with the children of Benjamin in Jerusalem, to this day"** (Judges 1:21)? **So too here,** let us say **that** the Jebusites **were not exiled** from Jerusalem.

וְהָתַנְיָא, רַבִּי יְהוּדָה אוֹמֵר: חֲמִשִּׁים וּשְׁתַּיִם שָׁנָה לֹא עָבַר אִישׁ בִּיהוּדָה, שֶׁנֶּאֱמַר: ״עַל הֶהָרִים אֶשָּׂא בְכִי וָנֶהִי וְעַל נְאוֹת מִדְבָּר קִינָה כִּי נִצְּתוּ מִבְּלִי אִישׁ עוֹבֵר וְלֹא שָׁמְעוּ קוֹל מִקְנֶה מֵעוֹף הַשָּׁמַיִם וְעַד בְּהֵמָה נָדְדוּ הָלָכוּ״. ׳בְּהֵמָה׳ בְּגִימַטְרִיָּא חַמְשִׁין וּשְׁתַּיִם הָווּ.

But wasn't it taught in a *baraita* that **Rabbi Yehuda says: No person passed through** the land of **Judea for fifty-two years** after the destruction of the Temple by Nebuchadnezzar, **as it is stated: "I will raise crying and wailing for the mountains, and a lamentation for the pastures of the wilderness, for they have been burned, with no person passing through. And they do not hear the sound of the cattle; from the bird of the heavens to the beast [*behema*], all have fled and gone"** (Jeremiah 9:9). ***Behema,*** spelled *beit, heh, mem, heh,* **has a numerical value of fifty-two,** alluding to the fact that no one passed through the land for fifty-two years.

NOTES

Hadara, ḥadra – הֲדָרָה, חַדְרָה: Since the letters *heh* and *ḥet* look and sound similar, they are often interchangeable, and the Sages make use of this variance in their interpretations of verses. *Ḥadra* in this context serves to emphasize that the verse is referring to the Ark of the Covenant, which is located in the innermost chambers [*ḥadrei ḥadarim*], as well as the Torah, referred to as *hadara*, the splendor of the Jewish people (see *Iyyei HaYam* and Maharsha).

וְתַנְיָא, רַבִּי יוֹסֵי אוֹמֵר: שֶׁבַע שָׁנִים נִתְקַיְּימָה גָּפְרִית וָמֶלַח בְּאֶרֶץ יִשְׂרָאֵל. וְאָמַר רַבִּי יוֹחָנָן: מַאי טַעְמָא דְּרַבִּי יוֹסֵי – אָתְיָא ׳בְּרִית׳ ׳בְּרִית׳. כְּתִיב הָכָא: ״וְהִגְבִּיר בְּרִית לָרַבִּים שָׁבוּעַ אֶחָד״ וּכְתִיב הָתָם: ״וְאָמְרוּ עַל אֲשֶׁר עָזְבוּ אֶת בְּרִית ה׳ אֱלֹהֵי אֲבוֹתָם״.

And it was taught in another *baraita* that **Rabbi Yosei says:** For **seven years** a curse of **brimstone**[B] **and salt endured in Eretz Yisrael,** rendering it unfit for human habitation. **And Rabbi Yoḥanan said: What is the rationale of Rabbi Yosei;** from where does he learn this? It is **derived from** a verbal analogy between **"covenant"** and **"covenant." It is written here: "And he shall make a firm covenant with many for one week"** (Daniel 9:27), i.e., seven years. **And it is written there:** "And that its entire land is brimstone and salt… **They shall say: Because they forsook the covenant of the Lord, the God of their fathers"** (Deuteronomy 29:22; 24). Evidently, the Jebusites must have been exiled from Jerusalem, which proves that the phrase "to this day" does not always mean forever.

אָמַר לֵיהּ: הָכָא כְּתִיב ׳שָׁם׳ הָתָם לָא כְּתִיב ׳שָׁם׳. וְכָל הֵיכָא דִּכְתִיב ׳שָׁם׳ לְעוֹלָם הוּא. מֵיתִיבִי: ״וּמֵהֶם מִן בְּנֵי שִׁמְעוֹן הָלְכוּ לְהַר שֵׂעִיר אֲנָשִׁים חֲמֵשׁ מֵאוֹת וּפְלַטְיָה וּנְעַרְיָה וּרְפָיָה וְעוּזִּיאֵל בְּנֵי יִשְׁעִי בְּרֹאשָׁם וַיַּכּוּ אֶת שְׁאֵרִית הַפְּלֵיטָה לַעֲמָלֵק וַיֵּשְׁבוּ שָׁם עַד הַיּוֹם הַזֶּה״.

Ulla **said to him: Here,** with regard to the Ark, **it is written:** "And they are **there"**; whereas **there,** in the verse that deals with the Jebusites, **it is not written. And anywhere that "there" is written** with the phrase "to this day" **it** means **forever.** The Gemara **raises an objection** from the following verse: **"And some of them, even of the sons of Simeon, five hundred men, went to Mount Seir having for their captains Pelatiah and Neariah and Rephaiah and Uzziel, the sons of Ishi. And they smote the remnant of the Amalekites who escaped, and dwelt there to this day"** (1 Chronicles 4:42–43).

וּכְבָר עָלָה סַנְחֵרִיב מֶלֶךְ אַשּׁוּר וּבִלְבֵּל כָּל הָאֲרָצוֹת, שֶׁנֶּאֱמַר: ״וְאָסִיר גְּבוּלוֹת עַמִּים וַעֲתוּדוֹתֵיהֶם שׁוֹשֵׂתִי״! תְּיוּבְתָּא.

The Gemara explains its objection: **But Sennacherib, king of Assyria,** had **already come, and** through his policy of forced population transfer **he had scrambled all** the nations of **the lands, as it is stated** in reference to Sennacherib: **"And I have removed the bounds of the peoples, and have robbed their treasures"** (Isaiah 10:13). This indicates that the children of Simeon were also exiled, despite the fact that the verse states: "There to this day." The Gemara concludes: Indeed, this is **a conclusive refutation** of Ulla's statement.

אָמַר רַב נַחְמָן, תָּנָא: וַחֲכָמִים אוֹמְרִים אָרוֹן בְּלִשְׁכַּת דִּיר הָעֵצִים הָיָה גָּנוּז. אָמַר רַב נַחְמָן בַּר יִצְחָק, אַף אֲנַן נַמִי תְּנֵינָא: מַעֲשֶׂה בְּכֹהֵן אֶחָד שֶׁהָיָה מִתְעַסֵּק, וְרָאָה רִצְפָּה מְשׁוּנָּה מֵחַבְרוֹתֶיהָ, וּבָא וְהוֹדִיעַ אֶת חֲבֵירוֹ, וְלֹא הִסְפִּיק לִגְמוֹר אֶת הַדָּבָר עַד שֶׁיָּצְתָה נִשְׁמָתוֹ, וְיָדְעוּ בְּיִחוּד שֶׁשָּׁם אָרוֹן גָּנוּז.

Rav Naḥman **said** that a Sage **taught** in the *Tosefta*: **And the Rabbis say** that the **Ark** of the Covenant **was buried in the Chamber of the Woodshed. Rav Naḥman bar Yitzḥak said: We, too, have learned** in a mishna: There was **an incident involving a certain priest who was occupied** with various matters, **and he saw a floor** tile in the woodshed that was **different from the others.** One of the marble floor tiles was higher than the rest, suggesting it had been lifted out and replaced. **He came and informed his friend** of the uneven tile, **but was unable to finish his report** and provide the exact location of the tile **before his soul departed** from his body. **And** consequently **they knew definitively that the Ark was buried there,** but its location was meant to be kept secret.

מַאי הֲוָה עָבֵיד? אָמַר רַבִּי חֶלְבּוֹ: מִתְעַסֵּק בְּקַרְדּוּמּוֹ הָיָה. תָּנָא דְּבֵי רַבִּי יִשְׁמָעֵאל: שְׁנֵי כֹּהֲנִים בַּעֲלֵי מוּמִין הָיוּ מַתְלִיעִין בָּעֵצִים, וְנִשְׁמְטָה קַרְדּוּמּוֹ שֶׁל אֶחָד מֵהֶם וְנָפְלָה שָׁם, וְיָצְתָה אֵשׁ וַאֲכָלַתּוּ.

The Gemara asks: **What was he doing,** that priest who noticed the misplaced tile? **Rabbi Ḥelbo said: He was occupied with his axe,** i.e., he was banging the floor with his axe. He thereby discovered an empty space under a tile, which he guessed was the opening of a tunnel. **The school of Rabbi Yishmael taught: Two blemished priests**[N] **were sorting wormy wood when the axe of one of them dropped and fell there,** into the hole in the floor. Blemished priests were appointed to inspect the wood for worms, as these logs were unfit for use on the altar. **And fire burst out and consumed** that priest, so the exact location remains unknown.

רַב יְהוּדָה רָמֵי: כְּתִיב ״וַיֵּרָאוּ רָאשֵׁי הַבַּדִּים״ וּכְתִיב ״וְלֹא יֵרָאוּ הַחוּצָה״ – הָא כֵּיצַד? נִרְאִין וְאֵין נִרְאִין. תַּנְיָא נַמִי הָכִי: ״וַיֵּרָאוּ רָאשֵׁי הַבַּדִּים״ יָכוֹל לֹא יְהוּ זָזִין מִמְּקוֹמָן – תַּלְמוּד לוֹמַר: ״וַיַּאֲרִיכוּ הַבַּדִּים״. יָכוֹל יְהוּ מְקָרְעִין בַּפָּרוֹכֶת וְיוֹצְאִין – תַּלְמוּד לוֹמַר: ״וְלֹא יֵרָאוּ הַחוּצָה״.

§ **Rabbi Yehuda raised a contradiction. It is written: "The ends of the staves were seen," and it is written** in that same verse: **"But they could not be seen without"** (1 Kings 8:8). **How** can one reconcile this contradiction? **They were seen and** yet **not seen,** i.e., the staves were partially visible. **This was also taught** in a *baraita*: **"The ends of the staves were seen"**; one **might** have thought that **they did not move from their position** and did not protrude at all. Therefore, **the verse states: "And the staves were so long."**[N] One **might** have thought that **they ripped through the curtain and emerged** on the other side; therefore, **the verse states: "They could not be seen without."**

BACKGROUND

Brimstone – גָּפְרִית: Brimstone is a synonym for sulfur. Although some sulfur is beneficial to plants, too much of it can be harmful. Sulfur can be found near volcanic regions in the form of crystals.

Sulfur crystal

Sulfur mine

NOTES

Blemished priests – כֹּהֲנִים בַּעֲלֵי מוּמִין: Priests with physical blemishes are prohibited from performing the Temple service, but they may be employed in certain tasks. One such job is guaranteeing that the wood for the altar is acceptable. Any wood that contains worms is discarded as repugnant.

And the staves were so long – וַיַּאֲרִיכוּ הַבַּדִּים: Some commentaries say that the staves were twelve cubits long or even more, and would therefore protrude against the curtain so that their presence could be detected on the other side. Other authorities claim that the staves would elongate miraculously, beyond their original length (see Rabbi Yoshiya Pinto and *Ein Ya'akov*).

NOTES

Clinging to one another – מְעוֹרִים זֶה בָּזֶה: The *Me'iri* explains that the wings of the cherubs touched one another, and it was this contact that symbolized the connection between the Jewish people and the Holy One, Blessed be He, whose relationship is like that of a husband and wife. Indeed, this metaphor for the ties between the Jewish people and God appears frequently in the Prophets.

She is modest in the presence of her husband, etc. – צְנוּעָה מִבַּעְלָהּ וכו׳: The *Me'iri* states that in the days of the First Temple the nation was on a sufficiently high spiritual level to witness the symbol of the Jewish people clinging to God. However, in the Second Temple era the nation's spiritual level dropped, and therefore the image of the cherubs was hidden from them.

הָא כֵּיצַד – דּוֹחֲקִין וּבוֹלְטִין וְיוֹצְאִין בַּפָּרוֹכֶת, וְנִרְאִין כִּשְׁנֵי דַּדֵּי אִשָּׁה, שֶׁנֶּאֱמַר: ״צְרוֹר הַמֹּר דּוֹדִי לִי בֵּין שָׁדַי יָלִין״.

How is this so? The staves of the Ark **pushed and protruded and stuck out against the curtain** toward the outside, **and appeared like the two breasts of a woman** pushing against her clothes. **As it is stated: "My beloved is to me like a bundle of myrrh, that lies between my breasts"** (Song of Songs 1:13). For this reason the Ark of the Covenant, where the Divine Presence rests, is positioned so that its staves protrude through the curtain, like the breasts of a woman.

אָמַר רַב קְטִינָא: בְּשָׁעָה שֶׁהָיוּ יִשְׂרָאֵל עוֹלִין לָרֶגֶל מְגַלְּלִין לָהֶם אֶת הַפָּרוֹכֶת, וּמַרְאִין לָהֶם אֶת הַכְּרוּבִים שֶׁהָיוּ מְעוֹרִים זֶה בָּזֶה, וְאוֹמְרִים לָהֶן: רְאוּ חִבַּתְכֶם לִפְנֵי הַמָּקוֹם כְּחִבַּת זָכָר וּנְקֵבָה.

Continuing the previous discussion, **Rav Ketina said: When the Jewish people would ascend for** one of the pilgrimage **Festivals,** the priests would **roll up the curtain for them and show them the cherubs, which were clinging to one another,**[N] **and say to them: See how you are beloved before God, like the love of a male and female.** The two cherubs symbolize the Holy One, Blessed be He, and the Jewish people.

מְתִיב רַב חִסְדָּא: ״וְלֹא יָבֹאוּ לִרְאוֹת כְּבַלַּע אֶת הַקֹּדֶשׁ״ וְאָמַר רַב יְהוּדָה אָמַר רַב: בְּשָׁעַת הַכְנָסַת כֵּלִים לְנַרְתֵּק שֶׁלָּהֶם!

Rav Ḥisda raised an objection: How could the priests allow the people to see this? After all, it is stated with regard to the Tabernacle: **"But they shall not go in to see the sacred objects as they are being covered,** lest they die" (Numbers 4:20), **and Rav Yehuda said** that **Rav said: When the vessels were put into their containers** for transport, it was prohibited even for the Levites to look at them. The prohibition against viewing the vessels should be even more severe when they are fixed in their sacred place within the Temple. How could they be publicly displayed?

אָמַר רַב נַחְמָן: מָשָׁל לְכַלָּה, כָּל זְמַן שֶׁהִיא בְּבֵית אָבִיהָ – צְנוּעָה מִבַּעְלָהּ, כֵּיוָן שֶׁבָּאתָה לְבֵית חָמִיהָ – אֵינָהּ צְנוּעָה מִבַּעְלָהּ.

Rav Naḥman said in answer: This is **analogous to a bride; as long as she is** engaged but still **in her father's house, she is modest** in the presence **of her husband.**[N] However, **once she** is married and **comes to her father-in-law's house** to live with her husband, **she is no longer modest** in the presence **of her husband.** Likewise, in the wilderness, when the Divine Presence did not dwell in a permanent place, it was prohibited to see the sacred objects. By contrast, all were allowed to see the sacred objects in their permanent place in the Temple.

מְתִיב רַב חָנָא בַּר רַב קְטִינָא: מַעֲשֶׂה בְּכֹהֵן אֶחָד שֶׁהָיָה מִתְעַסֵּק וכו׳! אֲמַר לֵיהּ: נִתְגָּרְשָׁה קָא אָמְרַתְּ, נִתְגָּרְשָׁה – חָזְרוּ לְחִיבָּתָהּ הָרִאשׁוֹנָה.

Rav Ḥana bar Rav Ketina raised an objection from the aforementioned mishna: There was **an incident involving a certain priest who was occupied** and discovered the place where the Ark was hidden, and he subsequently died before he could reveal its location. Since he was prevented from seeing the Ark, it was evidently prohibited to see the sacred objects even after the Temple was built. Rav Naḥman **said to him:** This is not difficult, as **you are speaking** of when **she was divorced.** Since the Jewish people were exiled after the destruction of the First Temple, they are compared to a woman divorced from her husband, **and when** a woman is **divorced she returns to her original beloved** but reserved state. She is once again modest and does not reveal herself. Likewise, the Divine Presence will remain hidden until the glory of the First Temple is restored.

בְּמַאי עָסְקִינַן? אִי נֵימָא בְּמִקְדָּשׁ רִאשׁוֹן – מִי הֲוַאי פָּרוֹכֶת? אֶלָּא בְּמִקְדָּשׁ שֵׁנִי – מִי הָווּ כְּרוּבִים? לְעוֹלָם בְּמִקְדָּשׁ רִאשׁוֹן, וּמַאי פָּרֹכֶת – פָּרוֹכֶת דְּבָבֵי.

The Gemara poses a question concerning Rav Ketina's statement: **With what are we dealing** here; in what circumstance did the priests roll up the curtain to show everyone the cherubs? **If we say** this is referring **to** the **First Temple, was there a curtain** between the Sanctuary and the Holy of Holies? In the First Temple, there was a wall there. **Rather,** we will say this is referring **to the Second Temple;** but **were there cherubs** there? Since there was no Ark, it follows that there were no cherubs on it. The Gemara answers: **Actually,** Rav Ketina is referring **to the First Temple, and what is the curtain** that he mentioned? It is **the curtain of the gates.** For all of the Jewish people to be able to see, they had to raise the curtains hanging on all the gates.

דְּאָמַר רַבִּי זֵירָא אָמַר רַב: שְׁלֹשָׁה עָשָׂר פָּרוֹכוֹת הָיוּ בַּמִּקְדָּשׁ, שִׁבְעָה כְּנֶגֶד שִׁבְעָה שְׁעָרִים, שְׁתַּיִם אַחַת לְפִתְחוֹ שֶׁל הֵיכָל וְאַחַת לְפִתְחוֹ שֶׁל אוּלָם, שְׁתַּיִם בַּדְּבִיר, וּשְׁתַּיִם כְּנֶגְדָּן בָּעֲלִיָּה.

As Rabbi Zeira said that **Rav said: There were thirteen curtains in the** Second **Temple: Seven opposite,** i.e., on the inside of, **seven gates; two** additional ones within the Temple, **one** of which was **at the entrance to the Sanctuary and** the other **one** of which was **at the entrance to the Entrance Hall. Two** additional curtains were **within the partition,** in the Holy of Holies in place of the one-cubit partition, **and two corresponding to them** were above **in the upper chamber.** Above the Holy of Holies, there was another level in the same layout as the one below, and a curtain was affixed there, too, as no one climbed up to the higher chamber above the Holy of Holies without a pressing need. These curtains were most likely hanging in the First Temple as well.

רַב אַחָא בַּר יַעֲקֹב אָמַר: לְעוֹלָם בְּמִקְדָּשׁ שֵׁנִי, וּכְרוּבִים דִּצְוּרְתָא הֲווֹ קָיְימִי. דִּכְתִיב "וְאֵת כׇּל קִירוֹת הַבַּיִת מֵסַב קָלַע כְּרוּבִים וְתִמֹרוֹת וּפְטוּרֵי צִיצִים וְצִפָּה זָהָב מְיֻשָּׁר עַל הַמְּחֻקֶּה".

Rav Aḥa bar Ya'akov said: **Actually,** Rav Ketina's statement is referring **to the Second Temple:** There was a curtain at the entrance of the Holy of Holies, **and** indeed **there were images of cherubs there,** i.e., drawn or engraved pictures of the cherubs on the walls. **As it is written: "And he carved all the walls of the house round about with carved figures of cherubs and palm trees and open flowers,** within and without" (1 Kings 6:29), and it is further stated: **"And he overlaid them with gold fitted upon the graven work"** (1 Kings 6:35), which teaches that in addition to the cherubs within the sacred place, other cherubs were drawn on the walls.

וּכְתִיב: "כְּמַעַר אִישׁ וְלֹיוֹת". מַאי "כְּמַעַר אִישׁ וְלֹיוֹת"? אָמַר רַבָּה בַּר רַב שֵׁילָא:

And it is written: "According to the space of each with ***loyot*****"** (1 Kings 7:36). The Gemara asks: **What is** the meaning of: **"According to the space of each with** ***loyot*****"? Rabba bar Rav Sheila said:**

Perek **V**
Daf **54** Amud **b**

כְּאִישׁ הַמְעוֹרֶה בְּלִוְיָה שֶׁלּוֹ. אָמַר רֵישׁ לָקִישׁ: בְּשָׁעָה שֶׁנִּכְנְסוּ גּוֹיִם לַהֵיכָל רָאוּ כְּרוּבִים הַמְעוֹרִין זֶה בָּזֶה, הוֹצִיאוּן לַשּׁוּק וְאָמְרוּ: יִשְׂרָאֵל הַלָּלוּ, שֶׁבִּרְכָתָן בְּרָכָה וְקִלְלָתָן קְלָלָה, יַעַסְקוּ בִּדְבָרִים הַלָּלוּ?! מִיָּד הִזִּילוּם, שֶׁנֶּאֱמַר "כׇּל מְכַבְּדֶיהָ הִזִּילוּהָ כִּי רָאוּ עֶרְוָתָהּ".

It means **like a man** joined and **clinging to his** ***livaya***, his partner, i.e., his wife. In other words, the cherubs appeared to be embracing one another. **Reish Lakish said: When gentiles** destroyed the Second Temple and **entered the Sanctuary, they saw** these drawings of **cherubs clinging to one another.**[N] They peeled them from the wall, **took them out to the market, and said: These Jews, whose blessing is a blessing**[N] **and whose curse is a curse,** due to their great fear of God, should **they be occupied with such matters,** making images of this kind? **They immediately debased** and destroyed **them, as it is stated: "All who honored her debase her because they have seen her nakedness"** (Lamentations 1:8).

"וּשְׁתִיָּה הָיְתָה נִקְרֵאת". תָּנָא: שֶׁמִּמֶּנָּה הוּשְׁתַּת הָעוֹלָם. תְּנַן כְּמַאן דְּאָמַר מִצִּיּוֹן נִבְרָא הָעוֹלָם. דְּתַנְיָא, רַבִּי אֱלִיעֶזֶר אוֹמֵר: עוֹלָם מֵאֶמְצָעִיתוֹ נִבְרָא. שֶׁנֶּאֱמַר: "בְּצֶקֶת עָפָר לַמּוּצָק וּרְגָבִים יְדֻבָּקוּ".

§ The mishna taught that a stone sat in the Holy of Holies **and it was called the foundation** [***shetiyya***] **rock.** A Sage **taught** in the *Tosefta*: Why was it called *shetiyya*? It is **because the world was created** [***hushtat***] **from it.** The Gemara comments: **We learned** the mishna **in accordance with** the opinion of **the one who said** that **the world was created from Zion. As it was taught** in a *baraita* that **Rabbi Eliezer says: The world was created from its center, as it is stated: "When the dust runs into a mass, and the clods cleave fast together"** (Job 38:38). The world was created by adding matter to the center, like the formation of clumps of earth.[N]

רַבִּי יְהוֹשֻׁעַ אוֹמֵר: עוֹלָם מִן הַצְּדָדִין נִבְרָא, שֶׁנֶּאֱמַר: "כִּי לַשֶּׁלֶג יֹאמַר הֱוֵי אָרֶץ וְגֶשֶׁם מָטָר וְגֶשֶׁם מִטְרוֹת עֻזּוֹ". רַבִּי יִצְחָק (נַפָּחָא) אָמַר: אֶבֶן יָרָה הַקָּדוֹשׁ בָּרוּךְ הוּא בַּיָּם, מִמֶּנּוּ נִשְׁתַּת הָעוֹלָם, שֶׁנֶּאֱמַר: "עַל מָה אֲדָנֶיהָ הׇטְבָּעוּ אוֹ מִי יָרָה אֶבֶן פִּנָּתָהּ".

Rabbi Yehoshua says: The **world was created from the sides, as it is stated: "For He said to the snow: Become the earth, likewise to the shower of rain, and to the showers of His mighty rain"** (Job 37:6). This verse indicates that the rains fell from all sides, which led to the creation of the earth. **Rabbi Yitzḥak Nappaḥa said: The Holy One, Blessed be He, cast a stone into the sea, from which the world was created, as it is stated: "Upon what were its foundations fastened; or who laid its cornerstone?"** (Job 38:6).

וַחֲכָמִים אוֹמְרִים: מִצִּיּוֹן נִבְרָא, שֶׁנֶּאֱמַר: "מִזְמוֹר לְאָסָף אֵל אֱלֹהִים ה׳" וְאוֹמֵר: "מִצִּיּוֹן מִכְלַל יוֹפִי" – מִמֶּנּוּ מוּכְלָל יׇפְיוֹ שֶׁל עוֹלָם.

And the Rabbis say: The world **was created from Zion, as it is stated: "A Psalm of Asaph. God, the Lord God** has spoken and called the earth, from the rising of the sun to its place of setting" (Psalms 50:1), **and it states: "Out of Zion, the perfection of beauty,** God has shined forth" (Psalms 50:2). The mishna is taught in accordance with this last opinion.

NOTES

They saw cherubs clinging to one another – רָאוּ כְּרוּבִים הַמְעוֹרִין זֶה בָּזֶה: The early commentaries ask: Since the Talmud claims that the cherubs clung to one another only when the Jewish people obeyed God's will, why were they not they separated at the time of the Temple's destruction? One suggestion is that a special miracle was performed in order to shame the Jews. According to another opinion, this Gemara is referring to the drawn images of the cherubs, which always clung to one another. Yet others explain that the destruction of the Temple atoned for the sins of the Jewish people, and therefore the cherubs were embracing (see Ritva; Maharsha; Rabbi Yoshiya Pinto).

Whose blessing is a blessing – שֶׁבִּרְכָתָן בְּרָכָה: Some commentaries say that this statement alludes to the promise made to Abraham: "And I will bless them who bless you, and he who curses you I will curse" (Genesis 12:3). Others suggest that it is referring to the blessings and curses recited on Mount Gerizim, which include the prohibition against fashioning images and idols, as stated explicitly in Deuteronomy 27:15: "Cursed be the man who makes a graven or molten image, an abomination to the Lord…" (Maharsha; *Iyyun Ya'akov*).

From where was the world created – מֵהֵיכָן נִבְרָא הָעוֹלָם: None of these claims are meant literally; rather, each alludes to a different perspective on the nature of the world and the order of its creation. Was the world created from a central point, or were all parts created equal? Those who say that earth was created from Zion maintain that the world was founded on a point of inner sanctity, the true center of its being (*Minḥat Ḥinnukh*).

NOTES

The generations of the heavens were created from the heavens – **תּוֹלְדוֹת שָׁמַיִם מִשָּׁמַיִם נִבְרְאוּ**: This opinion indicates that the heavens comprise the upper worlds, which are of a different nature than the earth and all physical objects. Conversely, the Rabbis maintain that an element of sanctity unites the material and the spiritual, and therefore Zion is the center of the world from which both the spiritual heavens and physical earth were created (Rabbi Yoshiya Pinto; *Yefat To'ar*).

תַּנְיָא, רַבִּי אֱלִיעֶזֶר הַגָּדוֹל אוֹמֵר: ״אֵלֶּה תּוֹלְדוֹת הַשָּׁמַיִם וְהָאָרֶץ בְּהִבָּרְאָם בְּיוֹם עֲשׂוֹת ה׳ אֱלֹהִים אֶרֶץ וְשָׁמָיִם״. תּוֹלְדוֹת שָׁמַיִם – מִשָּׁמַיִם נִבְרְאוּ, תּוֹלְדוֹת הָאָרֶץ – מֵאֶרֶץ נִבְרְאוּ.

It was taught in a *baraita* that **Rabbi Eliezer the Great says: "These are the generations of the heaven and the earth when they were created, on the day that the Lord God made earth and heaven"** (Genesis 2:4) means that the **generations of the heavens,** i.e., all things found in the heavens, **were created from the heavens,**[N] while the **generations of the earth were created from the earth.**

וַחֲכָמִים אוֹמְרִים: אֵלּוּ וָאֵלּוּ מִצִּיּוֹן נִבְרְאוּ, שֶׁנֶּאֱמַר: ״מִזְמוֹר לְאָסָף אֵל אֱלֹהִים ה׳ דִּבֶּר וַיִּקְרָא אָרֶץ מִמִּזְרַח שֶׁמֶשׁ עַד מְבוֹאוֹ״ וְאוֹמֵר: ״מִצִּיּוֹן מִכְלַל יוֹפִי אֱלֹהִים הוֹפִיעַ״ – מִמֶּנּוּ מוּכְלָל יוֹפְיוֹ שֶׁל עוֹלָם.

And the Rabbis say: Both these and those were created from Zion, as it is stated: "A Psalm of Asaph. God, the Lord God has spoken and called the earth, from the rising of the sun to its place of setting," and it says: "Out of Zion, the perfection of beauty, God has shined forth," i.e., from Zion **the beauty of the world was perfected,** which includes both the generations of the heavens and the generations of the earth.

״נָטַל אֶת הַדָּם מִמִּי שֶׁמְּמָרֵס בּוֹ״ וכו׳. מַאי כְּמַצְלִיף? מַחְוֵי רַב יְהוּדָה:

§ The mishna taught that the High Priest **took the blood** of the bull **from** the one **who was stirring it** so it would not coagulate, **and he entered** and sprinkled it like one who whips. The Gemara asks: **What** is the meaning of: **Like one who whips? Rav Yehuda demonstrated** the action with his hand,

Perek **V**
Daf **55** Amud **a**

NOTES

Like one who lashes with a whip – **כְּמַנְגְּדָנָא**: The commentaries debate the exact nature of this comparison to a whip. Some suggest that it is referring to the forty lashes struck on the back and the front of a criminal. The agent of the court administering the lashes had to change his hand position from above to below, so as to hit each side (*Sefer HaYashar*; see *Arukh*; *Me'iri*; Rabbeinu Ḥananel). Others explain that the sprinkling is like a whip in that the High Priest raises his hand only slightly, enough to strike a blow (*ge'onim*). Another interpretation is that the sprinkling is similar to whipping because the priest did not aim at an exact location, just as one who lashes does not strike a precise location (*Me'iri*).

כְּמַנְגְּדָנָא. תָּנָא: כְּשֶׁהוּא מַזֶּה – אֵינוֹ מַזֶּה עַל הַכַּפּוֹרֶת אֶלָּא כְּנֶגֶד עוֹבְיָהּ שֶׁל כַּפּוֹרֶת. כְּשֶׁהוּא מַזֶּה לְמַעְלָה – מְצַדֵּד יָדוֹ לְמַטָּה, וּכְשֶׁהוּא מַזֶּה לְמַטָּה – מְצַדֵּד יָדוֹ לְמַעְלָה.

like one who lashes with a whip[N] on the back of another and who occasionally strikes lower down. A Sage **taught** in the *Tosefta*: **When** the High Priest **sprinkles** the blood, **he does not sprinkle on** the top of **the Ark cover; rather,** he does so **against the thickness of the Ark cover. When he sprinkles** once **upward, he turns his hand** so that the back of his hand faces **downward,** and he then sprinkles upward. **And when he sprinkles** seven times **downward, he turns his hand** so its back is **upward.** However, he does not sprinkle on the Ark cover or below it, so that the blood does not actually come into contact with it.

מְנָא הָנֵי מִילֵּי? אָמַר רַב אַחָא בַּר יַעֲקֹב אָמַר רַבִּי זֵירָא: אָמַר קְרָא ״וְהִזָּה אוֹתוֹ עַל הַכַּפּוֹרֶת וְלִפְנֵי הַכַּפּוֹרֶת״. לֹא יֹאמַר לְמַטָּה בְּשָׂעִיר, דְּלֹא צָרִיךְ, דְּגָמַר מִמַּטָּה דְּפַר,

The Gemara asks: **From where are these matters,** that the sprinklings do not actually touch the Ark cover, derived? **Rav Aḥa bar Ya'akov said** that **Rabbi Zeira said: The verse states** with regard to the goat sacrificed as a sin-offering: "And he shall do with its blood as he did with the blood of the bull, **and sprinkle it upon the Ark cover and before the Ark cover"** (Leviticus 16:15). The verse should **not say downward,** i.e., "before the Ark cover," with regard **to the goat, as** this **is unnecessary;** this requirement **is derived from** the term **downward** in connection **with the bull.**

לָמָּה נֶאֱמַר – לְאַקּוֹשֵׁי ׳עַל׳ לְ׳לִפְנֵי׳: מַה ׳לִפְנֵי׳ דְּלָאו עַל – אַף ׳עַל׳ דְּלָאו עַל.

Since the rite performed with the blood of the goat is compared to the rite of the blood of the bull, **why is** the requirement that the High Priest must sprinkle downward **stated** twice? It is **to juxtapose** the phrase **"upon** the Ark cover" **to "before** the Ark cover"; **just as "before"** means **that** it is **not** actually **on** the Ark cover but merely in front of it, **so too, "upon"** means **that** it is **not** actually **on** the Ark cover but in front of it, and the High Priest simply turns his hand upward.

אַדְּרַבָּה, לֹא יֹאמַר לְמַעְלָה בְּפַר דְּלֹא צָרִיךְ, דְּגָמַר מִמַּעְלָה דְּשָׂעִיר, לָמָּה נֶאֱמַר – לְאַקּוֹשֵׁי ׳לִפְנֵי׳ לְ׳עַל׳. מַה ׳עַל׳ – עַל מַמָּשׁ, אַף ׳לִפְנֵי׳ – עַל מַמָּשׁ!

The Gemara raises a difficulty: **On the contrary,** the verse should **not say upward,** i.e., "before the Ark cover," with regard **to the bull, as** this **is unnecessary;** it **is derived from** the term **upward** stated in connection **to the goat.** Since the verse equates the two rituals, **why does it state** the upward sprinkling of the blood of the bull? It is **to juxtapose** the phrase **"before** the Ark cover," stated with regard to the bull, **to "upon** the Ark cover," stated with regard to the goat; **just as "upon"** stated by the goat means **actually upon,** as indicated by the literal meaning of the verse, **so too, "before"** means **actually upon** it, i.e., the blood of the goat should touch the thickness of the Ark cover.

הַאי מַאי?! אִי אָמְרַתְּ בִּשְׁלָמָא לְמַטָּה דְּשָׂעִיר לְאַקּוֹשֵׁי לְמַעְלָה דְּפַר – מִיבָּעֵי לֵיהּ לְכִדְתָנָא דְּבֵי רַבִּי אֱלִיעֶזֶר בֶּן יַעֲקֹב. דְּתָנָא דְּבֵי רַבִּי אֱלִיעֶזֶר בֶּן יַעֲקֹב: ״עַל פְּנֵי הַכַּפּוֹרֶת קֵדְמָה״ – זֶה בְּנָה אָב: כׇּל מָקוֹם שֶׁנֶּאֱמַר ׳פְּנֵי׳ אֵינוֹ אֶלָּא קָדִים. אֶלָּא אִי אָמְרַתְּ לְמַעְלָה דְּפַר לְאַקּוֹשֵׁי – לְמַטָּה דְּשָׂעִיר לְמַאי אֲתָא?

The Gemara expresses surprise at this suggestion: **What is this** comparison? **Granted, if you say** that **downward** stated with regard **to the goat** is mentioned **to juxtapose it to upward** stated with regard **to the bull, one needs** the phrase "upon the Ark cover," which deals with the blood of the bull, **for that which the school of Rabbi Eliezer ben Ya'akov taught. As the school of Rabbi Eliezer ben Ya'akov taught: "Upon [*al penei*] the Ark cover to the east"** (Leviticus 16:14); **this forms an analogy** that applies to the entire Torah: **Any place where it is stated "face [*penei*],"** it is referring to **nothing other** than the eastern side.[N] **However, if you say,** as suggested by the question, that **upward** with regard **to the bull** is mentioned **to juxtapose** it to "upward" stated with regard to the goat, **for what purpose does downward** stated with regard **to the goat come;** what do we learn from this phrase? Rather, the first interpretation of the verse must be correct.

תָּנוּ רַבָּנַן: ״וְהִזָּה אֹתוֹ עַל הַכַּפּוֹרֶת וְלִפְנֵי הַכַּפּוֹרֶת״ לָמַדְנוּ כַּמָּה לְמַעְלָה בְּשָׂעִיר – אַחַת. לְמַטָּה בְּשָׂעִיר אֵינִי יוֹדֵעַ כַּמָּה.

§ **The Sages taught: "And sprinkle it upon the Ark cover and before the Ark cover"** (Leviticus 16:15). **We have** thereby **learned how many** times the High Priest must sprinkle **upward for the goat,** that is, **one** sprinkling, as it states: "And sprinkle." However, with regard to the sprinkling **downward for the goat,** before the Ark cover, **I do not know how many** times he must sprinkle.

הֲרֵינִי דָּן: נֶאֶמְרוּ דָּמִים לְמַטָּה בַּפָּר, וְנֶאֶמְרוּ דָּמִים לְמַטָּה בַּשָּׂעִיר, מַה לְמַטָּה בַּפָּר שֶׁבַע – אַף לְמַטָּה בַּשָּׂעִיר שֶׁבַע.

I therefore **derive** the *halakha* from the verses. **It states** that **blood** is sprinkled **downward** in the case **of the bull, and it states** that **blood** is sprinkled **downward** in the case **of the goat. Just as** the blood that he sprinkles **downward** in the case **of the bull** consists of **seven** sprinklings, as the verse explicitly states: "And before the Ark cover he shall sprinkle seven times" (Leviticus 16:14), **so too,** the sprinkling of the blood **downward** in the case **of the goat** is performed **seven** times.

אוֹ כְּלָךְ לְדֶרֶךְ זוֹ: נֶאֶמְרוּ דָּמִים לְמַעְלָה בַּשָּׂעִיר, וְנֶאֶמְרוּ דָּמִים לְמַטָּה בַּשָּׂעִיר, מַה לְמַעְלָה בַּשָּׂעִיר – אַחַת, אַף לְמַטָּה בַּשָּׂעִיר – אַחַת. נִרְאֶה לְמִי דּוֹמֶה: דָּנִין מַטָּה מִמַּטָּה, וְאֵין דָּנִין מַטָּה מִלְּמַעְלָה.

The Gemara raises a difficulty: **Or** one can **go** and reason **this way: It states** that **blood** is sprinkled **upward** in the case **of the goat, and** likewise **it states** that **blood** is sprinkled **downward** in the case **of the goat. Just as** with regard to sprinkling **upward** in the case **of the goat** there is **one** sprinkling, **so too,** with regard to sprinkling **downward** in the case **of the goat** there is only **one** sprinkling. The Gemara comments: **Let us see what** case this **resembles: One derives** an act performed **downward** from another act that is **downward, and one does not derive** an act performed **downward from an upward** act.

אַדְּרַבָּה: דָּנִין גּוּפוֹ מִגּוּפוֹ, וְאֵין דָּנִין גּוּפוֹ מֵעָלְמָא. תַּלְמוּד לוֹמַר: ״וְעָשָׂה אֶת דָּמוֹ כַּאֲשֶׁר עָשָׂה לְדַם הַפָּר״ שֶׁאֵין תַּלְמוּד לוֹמַר ״כַּאֲשֶׁר עָשָׂה״ וּמַה תַּלְמוּד לוֹמַר ״כַּאֲשֶׁר עָשָׂה״ – שֶׁיִּהְיוּ כׇּל עֲשִׂיּוֹתָיו שָׁווֹת; כְּשֵׁם שֶׁלְּמַטָּה בַּפָּר שֶׁבַע – כָּךְ לְמַטָּה בַּשָּׂעִיר שֶׁבַע.

The Gemara retorts: **On the contrary, one derives** one aspect of **a matter from** another aspect of **that** same **matter,** i.e., one should infer the *halakha* with regard to the blood of the goat from another *halakha* involving that same blood, **and one does not derive** the *halakha* of **that matter from** an external **matter.** Therefore, **the verse states: "And he shall do with its blood as he did with the blood of the bull"** (Leviticus 16:15). As there is **no** need for **the verse to state: "As he did,"** because the whole process is explicitly stated a second time, **what** then is the meaning when **the verse states: "As he did"?** It comes to teach **that all his actions should be alike,** down to every detail. Consequently, **just as** the sprinklings **downward** in the case **of the bull** are **seven, so too,** the sprinklings **downward** in the case **of the goat** are **seven.**

לָמַדְנוּ כַּמָּה לְמַטָּה בַּפָּר וּבַשָּׂעִיר – שֶׁבַע, לְמַעְלָה בַּפָּר אֵינִי יוֹדֵעַ כַּמָּה, וַהֲרֵינִי דָּן: נֶאֶמְרוּ דָּמִים לְמַעְלָה בַּשָּׂעִיר, וְנֶאֶמְרוּ דָּמִים לְמַעְלָה בַּפָּר. מַה לְמַעְלָה בַּשָּׂעִיר – אַחַת, אַף לְמַעְלָה בַּפָּר – אַחַת.

We have thereby **learned how many** sprinklings are performed **downward** in the case **of the bull and by the goat: Seven.** However, **I do not know how many** times the High Priest must sprinkle **upward** in the case **of the bull. And I** therefore **derive** the *halakha* as follows: **It states** that **blood** is sprinkled **upward** in the case **of the goat, and it states** that **blood** is sprinkled **upward** in the case **of the bull. Just as** with regard to the sprinkling **upward** in the case **of the goat** he sprinkles **one** time, as stated explicitly, **so too,** in the case **of the bull** he sprinkles **upward one** time.

NOTES

Face [*penei*] is referring to nothing other than the eastern side – פְּנֵי אֵינוֹ אֶלָּא קָדִים: The converse to this claim is that every instance of "before the Lord" is referring to the Divine Presence, which is located in the west. Since this expression appears in the previous verse, it is necessary to teach that the vessels themselves were faced eastward.

HALAKHA

The manner of sprinkling and counting – דרך ההזאה והמנין: The High Priest first sprinkled eight times with the blood of the bull between the staves of the Ark: Once upward and seven times downward. This order was repeated with the goat's blood. It was repeated again toward the curtain with the bull's blood and then with the blood of the goat. As he sprinkled, he counted in the following manner: One, one and one, one and two, etc. He counted to avoid an error in the sprinkling. The Rambam rules in accordance with the opinion of Rabbi Elazar because his statement is quoted before that of Rabbi Yoḥanan, an unusual occurrence that indicates that the *halakha* is in accordance with his opinion (*Likkutei Halakhot*; Rambam *Sefer Avoda, Hilkhot Avodat Yom HaKippurim* 3:5).

NOTES

Must be counted – צריכה מנין: According to Rabbi Yoḥanan, there is a special mitzva for the High Priest to count. Statements to the same effect appear in the *Sifra* and the Jerusalem Talmud. Nevertheless, some commentaries maintain that he is required to count only *ab initio* (see *Me'iri*).

או כלך לדרך זו: נאמרו דמים למטה בפר, ונאמרו דמים למעלה בפר, מה למטה בפר – שבע, אף למעלה בפר – שבע. נראה למי דומה: דנין מעלה ממעלה, ואין דנין מעלה ממטה.

The Gemara raises a difficulty: **Or** one can **go** and reason **this way: It is stated** that **blood** is sprinkled **downward** in the case **of the bull, and** likewise **it is stated** that **blood** is sprinkled **upward** in the case **of the bull. Just as** with regard to sprinkling **downward** in the case **of the bull** there are **seven** sprinklings, **so too,** with regard to sprinkling **upward** in the case **of the bull** there should be **seven** sprinklings. The Gemara comments: **Let us see what** case this **resembles: One derives** an act performed **upward** from another act that is performed **upward, and one does not derive** an act performed **upward from a downward** act.

אדרבה: דנין גופו מגופו ואין דנין גופו מעלמא! תלמוד לומר: "ועשה את דמו כאשר עשה" שאין תלמוד לומר "כאשר עשה" ומה תלמוד לומר "כאשר עשה" – שיהיו כל עשיותיו שוות, כשם שלמטה בפר שבע – כך למטה בשעיר שבע, וכשם שלמעלה בשעיר אחת – כך למעלה בפר אחת.

The Gemara retorts: **On the contrary, one derives** one aspect of **a matter from** another aspect of **that** same **matter, and one does not derive** the *halakha* of **that matter from** an external **matter.** Therefore, **the verse states: "And he shall do with its blood as he did." As** there is **no need** for **the verse to state: "As he did,"** because the whole process is explicitly stated a second time, **what** then is the meaning when **the verse states: "As he did"?** It comes to teach **that all his actions should be alike: Just as** the sprinklings **downward** in the case **of the bull** are **seven, so too,** the sprinklings **downward** in the case **of the goat** are **seven; and just as** the sprinkling **upward** in the case **of the goat** is **one, so too,** the sprinkling **upward** in the case **of the bull** is **one.**

"אחת, אחת ואחת, אחת ושתים". תנו רבנן: אחת, אחת ואחת, אחת ושתים, אחת ושלש, אחת וארבע, אחת וחמש, אחת ושש, אחת ושבע, דברי רבי מאיר. רבי יהודה אומר: אחת, אחת ואחת, שתים ואחת, שלש ואחת, ארבע ואחת, חמש ואחת, שש ואחת, שבע ואחת.

§ The mishna states that the High Priest counted: **One; one and one; one and two. The Sages taught** in a *baraita* that when sprinkling, the High Priest counted: **One; one and one; one and two; one and three; one and four; one and five; one and six; one and seven.** This is **the statement of Rabbi Meir. Rabbi Yehuda says** that he counted: **One; one and one; two and one; three and one; four and one; five and one; six and one; seven and one.**[H]

ולא פליגי; מר כי אתריה ומר כי אתריה.

The Gemara comments: **They do not disagree** about the matter itself that the High Priest sprinkles once upward and seven times downward. Rather, this **Sage** rules **in accordance with** the norm **in his place, and** this **Sage** rules **in accordance with** the norm **in his place.** In one place they counted the smaller number first, while in the other place they would count the larger number first.

דכולי עלמא מיהת הזאה ראשונה צריכה מנין עם כל אחת ואחת, מאי טעמא? רבי אלעזר אמר: שלא יטעה בהזאות.

The Gemara asks: **In any case, everyone,** both Rabbi Meir and Rabbi Yehuda, agrees that **the first sprinkling** upward **must be counted**[N] together **with each and every** one of the subsequent sprinklings. **What is the reason** for this? Why can't the High Priest count the downward sprinklings separately? The Sages debated this matter. **Rabbi Elazar said:** The reason is so **that he does not err in the sprinklings.** If the High Priest were to count downward without including the first upward sprinkling, he might mistakenly think that his calculation includes the first sprinkling, which would lead him to add another one.

רבי יוחנן אמר, אמר קרא: "ולפני הכפורת יזה" שאין תלמוד לומר "יזה" ומה תלמוד לומר "יזה" – לימד על הזאה ראשונה שצריכה מנין עם כל אחת ואחת.

Rabbi Yoḥanan said that the reason is that **the verse states:** "And he shall sprinkle it with his finger upon the Ark cover, **and before the Ark cover he shall sprinkle**" (Leviticus 16:14). **As** there is **no need** for **the verse to state: He shall sprinkle"** again, **what** is the meaning when **the verse states: "He shall sprinkle"?** This **teaches** with regard **to the first sprinkling that it must be counted with each and every** subsequent **one,** i.e., he must mention the first sprinkling every time.

מאי בינייהו? איכא בינייהו דלא מנה, ולא טעה.

The Gemara asks: **What is** the practical difference **between** these two explanations? The Gemara answers: The practical difference **between them** concerns a case **where he did not count** the first sprinkling **and did not err.** That is acceptable according to the opinion of Rabbi Elazar, whereas according to Rabbi Yoḥanan the High Priest acted incorrectly, as it is mitzva to count the first one.

״יָצָא וְהִנִּיחוֹ עַל כַּן הַזָּהָב שֶׁבַּהֵיכָל״. תְּנַן הָתָם, רַבִּי יְהוּדָה אוֹמֵר: לֹא הָיוּ שׁוֹפָרוֹת לְקִינֵּי חוֹבָה מִפְּנֵי הַתַּעֲרוֹבוֹת.

§ The mishna taught that the High Priest **emerged and placed** the bowl with the remaining blood of the bull **on the golden pedestal in the Sanctuary,** and later he placed the goat's blood on a second pedestal, whereas according to Rabbi Yehuda there was only one pedestal. The Gemara comments: **We learned** in a mishna **there** (*Shekalim* 6:6) that **Rabbi Yehuda says: There were no** collection **horns for obligatory nests,** i.e., the pairs of pigeons or turtledoves brought as sin- and burnt-offerings by women after childbirth or other individuals, **due to the** concern of **mixtures.**[N]

מַאי מִפְּנֵי הַתַּעֲרוֹבוֹת? אֲמַר רַב יוֹסֵף: מִפְּנֵי תַּעֲרוֹבֶת חוֹבָה בִּנְדָבָה. אֲמַר לֵיהּ אַבַּיֵי: וְנַעֲבֵיד תְּרֵי, וְנִכְתּוֹב עֲלַיְיהוּ הֵי דְּחוֹבָה וְהֵי דִּנְדָבָה. רַבִּי יְהוּדָה

The Gemara asks: **What is** the meaning of the phrase: **Due to a mixture? Rav Yosef said:** It means **due to** the possible **mixture of obligatory** nests **with free-will** ones.[N] There was concern lest the priests mix the money given for obligatory nests, which are sacrificed as a sin-offering and a burnt-offering, with the money for free-will nests, which are sacrificed as a pair of burnt-offerings. Mixing the funds in this way would disqualify the birds. **Abaye said to him: And let us prepare two** collection horns **and write on them which is** the container **for obligatory** offerings **and which is** the one for **free-will** offerings. The Gemara answers: **Rabbi Yehuda**

NOTES

Due to the mixtures – מִפְּנֵי הַתַּעֲרוֹבוֹת: Rashi explains that the priest might err and mix the funds for obligatory offerings with those for free-will offerings. Other commentaries take issue with this explanation, as priests are generally considered meticulous. An alternative concern is that the donors might put their money in the incorrect container (see Ritva).

Mixture of obligatory nests with free-will ones – תַּעֲרוֹבֶת חוֹבָה בִּנְדָבָה: *Tosafot* ask why there is no concern lest the priest mix the funds for obligatory nests of one woman with those of another woman. This answer is that the money for each nest was bound together. Furthermore, the money was redeemed with the stipulation that each sum of money belonged to the offering of a single woman (*Tosafot Yeshanim*).

לֵית לֵיהּ כְּתִיבָה. דִּתְנַן, רַבִּי יְהוּדָה אוֹמֵר: לֹא הָיָה שָׁם אֶלָּא כַּן אֶחָד בִּלְבַד. תְּרֵי מַאי טַעְמָא לֹא – מִשּׁוּם דְּמִחַלְפִי, וְנַעֲבֵיד תְּרֵי וְלִיכְתּוֹב עֲלַיְיהוּ הֵי דְּפַר וְהֵי דְּשָׂעִיר! אֶלָּא: לְרַבִּי יְהוּדָה לֵית לֵיהּ כְּתִיבָה.

does not accept that one may rely on **writing** in a situation where an error is possible. **As we learned** in the mishna that **Rabbi Yehuda says: There was only one pedestal** in the Temple on which to place the blood. **What is the reason** that they did **not** place **two** pedestals there? It is **because** the pedestals **might be exchanged** for one another, and he might take the goat's blood instead of that of the bull. **But** in that case, **let us place two pedestals and write on them which** one **is for the bull and which is for the goat. Rather,** it is clear that **Rabbi Yehuda does not accept** that one may rely on **writing** in a situation where error is possible.

מֵיתִיבִי: שְׁלֹשׁ עֶשְׂרֵה שׁוֹפָרוֹת הָיוּ בַּמִּקְדָּשׁ, וְהָיָה כָּתוּב עֲלֵיהֶן: תִּקְלִין חֲדַתִּין, וְתִקְלִין עַתִּיקִין, וְקִינִּין, וְגוֹזְלֵי עוֹלָה, וְעֵצִים, וּלְבוֹנָה, וְזָהָב לְכַפּוֹרֶת, וְשִׁשָּׁה לִנְדָבָה.

The Gemara **raises an objection** against this conclusion: **There were thirteen** collection **horns**[N] **in the Temple,**[H] **and they were** each **inscribed** with different names. On one container was written: **New shekels.** In this horn they placed shekels that were donated at the correct time that year. **And** on another horn the phrase **old shekels** was written, referring to coins from the past year that did not reach the Temple during the allotted period. On the other horns, the following phrases were written: **Nests,** for obligatory offerings consisting of pairs of pigeons or turtledoves; **young birds for burnt-offerings; wood,** for anyone who wished to donate wood; **frankincense; and gold for the Ark cover.**[N] **And** there were **six** additional boxes designated for communal **free-will offerings**[N] of all kinds.[N]

HALAKHA

There were thirteen collection horns in the Temple – שְׁלֹשׁ עֶשְׂרֵה שׁוֹפָרוֹת הָיוּ בַּמִּקְדָּשׁ: There were thirteen containers in the Temple, each shaped like a *shofar*. The first contained shekels of the current year, the so-called new shekels, while the second held the old shekels of the previous year. The third box was for the money of those obligated to bring two pigeons or turtledoves, one as a sin-offering and one as a burnt-offering, i.e., obligatory nests. The fourth box contained the coins of those who brought birds for a free-will burnt-offering. The fifth collection box was for those donating money for wood, and the sixth was for money for frankincense. Those who donated gold for the Ark cover put it in the seventh container, while those obligated to bring an animal sin-offering placed their funds in the eighth box. The ninth box was for the surplus of guilt-offering money, i.e., if an individual separated money for his guilt-offering and some was left over, he should place the surplus coins in that box. The tenth was for bird offerings of *zavim* and women after childbirth, and the eleventh was for the offerings of nazirites. The twelfth box was for the surplus of the guilt-offerings brought by lepers, and the thirteenth and last box was for free-will animal burnt-offerings. This list is in accordance with the opinion of the Rabbis rather than that of Rabbi Yehuda (Rambam *Sefer Zemanim*, *Hilkhot Shekalim* 2:2).

NOTES

Collection horns [*shofarot*] – שׁוֹפָרוֹת: As explained by the commentaries, these were called *shofarot* because they resembled the shape of a *shofar*, with narrow openings at the top but wide underneath. The boxes were fashioned in this shape to thwart thieves from trying to steal from the funds while appearing to donate money; it took a great deal of effort to steal from narrow-mouthed boxes (see Jerusalem Talmud; *Ba'al Halakhot Gedolot*).

Gold for the Ark cover – זָהָב לְכַפּוֹרֶת: According to Rashi, this was a container for donating gold to be used for Temple vessels in general. Other commentaries suggest that the gold was used mainly for plating the Holy of Holies chamber, also known as the Ark cover chamber, as it is taught that the donation surplus was reserved for this purpose (*Tosafot Yeshanim*).

Six for communal free-will offerings – שִׁשָּׁה לִנְדָבָה: Rashi explains that there were six containers for general donations, one for each of the six families of every priestly watch. The Rambam writes that each of these containers was designated for a specific purpose. A similar explanation is stated in tractate *Shekalim* (see the *Halakha* section).

Thirteen collection horns – שְׁלֹשָׁה עָשָׂר שׁוֹפָרוֹת: There were no collection horns for any other purposes, as one could not pay for an obligatory animal offering in this manner. The reason is that one who brings an obligatory offering must place his hands on it, which means he must be present when it is sacrificed. Likewise, there were no donation horns for other types of offerings, as these were uncommon; permanent horns were established only for frequently sacrificed offerings (*Me'iri*).

תִּקְלִין חֲדַתִּין – אֵלּוּ שְׁקָלִים שֶׁל כׇּל שָׁנָה וְשָׁנָה, תִּקְלִין עַתִּיקִין – מִי שֶׁלֹּא שָׁקַל אֶשְׁתָּקַד יִשְׁקוֹל לַשָּׁנָה הַבָּאָה, קִינִּין – הֵן תּוֹרִין, גּוֹזָלֵי עוֹלָה – הֵן בְּנֵי יוֹנָה, וְכוּלָּן עוֹלוֹת, דִּבְרֵי רַבִּי יְהוּדָה!

The Gemara explains: **New shekels, these are** the **shekels of each and every year** that arrive on time; **old shekels,** these are for **one who did not donate a shekel the previous year,** who must **donate the next year; nests, these are the turtledoves** brought as offerings; **young birds for burnt-offerings, these are pigeons; and all these** birds **are burnt-offerings;** this is **the statement of Rabbi Yehuda.** Rabbi Yehuda maintains that there was no container for nests of obligatory sin-offerings and burnt-offerings, due to the potential mixture between the two. In any case, this shows that Rabbi Yehuda does rely on inscriptions written on containers, which contradicts the above claim that he does not rely on writing in these situations.

כִּי אֲתָא רַב דִּימִי אֲמַר, אָמְרִי בְּמַעְרְבָא: גְּזֵירָה מִשּׁוּם חַטָּאת שֶׁמֵּתוּ בְּעָלֶיהָ. וּמִי חָיְישִׁינַן? וְהָתְנַן: הַשּׁוֹלֵחַ חַטָּאתוֹ מִמְּדִינַת הַיָּם – מַקְרִיבִין אוֹתָהּ, בְּחֶזְקַת שֶׁהוּא קַיָּים.

When Rav Dimi came from Eretz Yisrael to Babylonia **he said: They say in the West,** Eretz Yisrael, that this is a rabbinic **decree due to** the possible presence in the mixture of **a sin-offering whose owners have died.** Since a sin-offering of this kind must be left to die, if one of the donors of the coins in the sin-offering horn passes away, his funds cannot be used. The Gemara asks: **And are we concerned** about the possible death of a donor? **But didn't we learn** in a mishna: With regard to **one who sends his sin-offering**[N] **from overseas,**[H] **they sacrifice it** for him **on the presumption that he is alive,** although he might have died in the meantime. This shows that the possibility of death is not taken into account.

אֶלָּא: מִשּׁוּם חַטָּאת שֶׁמֵּתוּ בְּעָלֶיהָ וַדַּאי. וְנִבְרוֹר אַרְבָּעָה זוּזֵי, וְנִשְׁדֵּי בְּמַיָּא, וְהָנָךְ נִישְׁתְּרוּ. רַבִּי יְהוּדָה לֵית לֵיהּ בְּרֵירָה.

Rather, Rabbi Yehuda's concern is **due to a sin-offering whose owner has certainly died,** lest it be confirmed that one of the people who donated money for a sin-offering bird has indeed died. The Gemara asks: Even so, this can be rectified, as **let us select four *zuz*,** the price of such an offering, **and throw them into the water** to be destroyed. It may be said that the money removed from the box was the money for the sin-offering whose owner died, **and these** other coins **will be permitted.** It will be clarified retroactively that these coins were designated for that purpose. The Gemara answers: **Rabbi Yehuda does not accept** the rule of retroactive **clarification.**[N] In his opinion, one cannot issue a designation after the fact. Consequently, he rejects this solution.

מְנָא לָן? אִילֵימָא מֵהָא דִּתְנַן: הַלּוֹקֵחַ יַיִן מִבֵּין הַכּוּתִיִּים עֶרֶב שַׁבָּת עִם חֲשֵׁכָה, עוֹמֵד וְאוֹמֵר: שְׁנֵי לוּגִּין שֶׁאֲנִי עָתִיד לְהַפְרִישׁ – הֲרֵי הֵן תְּרוּמָה,

The Gemara asks: **From where do we** derive that this is indeed Rabbi Yehuda's opinion? **If we say** it is derived **from that which we learned** in the following mishna, there is a difficulty. The mishna states: With regard to **one who buys wine from among the Samaritans,**[NH] who do not tithe their produce properly, **on Shabbat eve at nightfall** and has no time to separate the tithe before Shabbat and to place the separated portions in distinct locations, he may **arise and say: Two** ***log*** of the one hundred *log* present here, **which I will separate in the future,** after Shabbat, **shall be** the ***teruma gedola*** given to a priest, as the Sages mandated that one-fiftieth of one's produce constitutes an average measure of *teruma*;

HALAKHA

One who sends his sin-offering from overseas – הַשּׁוֹלֵחַ חַטָּאתוֹ מִמְּדִינַת הַיָּם: If one sends a sin-offering from overseas, the priests sacrifice it on the presumption that he is alive (Rambam *Sefer Avoda, Hilkhot Pesulei HaMukdashin* 4:14).

One who buys wine from among the Samaritans – הַלּוֹקֵחַ יַיִן מִבֵּין הַכּוּתִיִּים: One who owns one hundred *log* of untithed wine must separate *terumot* and tithes before he may drink any of the beverage. He may not stipulate beforehand that the remaining wine shall serve as *terumot* and tithes, as the principle of retroactive clarification is not accepted with regard to a Torah requirement. The *halakha* is in accordance with the majority opinion, as explained in tractate *Beitza* (*Kesef Mishne*; Radbaz; Rambam *Sefer Zera'im, Hilkhot Ma'asrot* 7:1)

NOTES

One who sends his sin-offering – הַשּׁוֹלֵחַ חַטָּאתוֹ: It has been suggested that this is referring specifically to the offering of a woman or a bird brought as a sin-offering. As in the case of other sin-offerings, the donor is required to place his hands on the animal prior to its slaughter. Admittedly, this rite is not indispensable, but it is still preferable for the donor to be present (*Me'iri*).

Retroactive clarification – בְּרֵירָה: The concept of retroactive clarification features in various halakhic contexts. The issue is as follows: Once an event has happened, may one behave as though its outcome was premeditated, thereby making the result retroactively correct? For example, may the wine remaining in a jug be considered *teruma* retroactively? In all cases of retroactive clarification it is not merely a matter of discovering the previous status but of behaving as though something that was determined only later was actually in effect at an earlier point in time. The halakhic conclusion is that one may not apply the concept of retroactive clarification to cases involving Torah law, but one may with regard to rabbinic law.

One who buys wine from among the Samaritans – הַלּוֹקֵחַ יַיִן מִבֵּין הַכּוּתִיִּים: The halakhic status of Samaritans was uncertain in mishnaic times. Some *tanna'im* maintain that Samaritans were proper converts and therefore halakhically Jewish. Nevertheless, because they rejected all the books of the Bible other than the Torah, as well as the authority of the Oral Law, they were viewed as sinful Jews who could not be trusted completely. Other *tanna'im* label them lion converts, in reference to the fact that they converted only due to their fear of the lions that attacked them, which rendered their conversion somewhat questionable (see II Kings, chapter 17). Yet others consider their behavior so deviant that they were no better than gentiles. The early commentaries debate which approach is accepted by the mishna cited here. On the one hand, this mishna permits the purchase of wine from Samaritans, which suggests that they are not considered gentiles, as wine of gentiles is classified as wine poured as a libation to idolatry and may not be drunk. On the other hand, the mishna rules that *terumot* and tithes must be separated from their wine. See *Tosafot* for several ways to reconcile this apparent contradiction.

Perek **V**
Daf **56** Amud **a**

עֲשָׂרָה מַעֲשֵׂר רִאשׁוֹן, תִּשְׁעָה מַעֲשֵׂר שֵׁנִי, וּמֵיחֵל וְשׁוֹתֶה מִיָּד, דִּבְרֵי רַבִּי מֵאִיר.

ten *log* that I will later separate shall be the **first tithe;**[N] and another tenth from the rest, which equals **nine** *log* of the remaining ninety, shall be **second tithe. And he redeems** the second tithe with money that he will later take to Jerusalem, **and he** may then **immediately drink**[N] the wine. After Shabbat, when he removes portions from the mixture and places them in vessels, they are retroactively designated as *terumot* and tithes.[B] This is **the statement of Rabbi Meir.**

BACKGROUND

***Terumot* and tithes – תְּרוּמוֹת וּמַעַשְׂרוֹת:** *Terumot* and tithes are separated in the following manner. For example, if one has one hundred units of food or beverage, he first removes the *teruma gedola*, which is given to the priests. The average amount of this gift is one-fiftieth of the produce, which in this example is two units. Next, the first tithe is removed and given to a Levite. This gift is ten percent of the remaining produce, or slightly less than ten units in this case. In most years, another tenth is taken from the rest as second tithe, which is taken to Jerusalem and consumed there. Here the second tithe amounts to slightly more than nine units. In years three and six of the Sabbatical cycle, this tithe is given to the poor instead.

Tithes that would be removed from one hundred pieces of fruit

NOTES

Ten shall be the first tithe – עֲשָׂרָה מַעֲשֵׂר רִאשׁוֹן: *Tosafot* note that the calculation is inaccurate, as after separating the *teruma gedola* there are no longer one hundred *log* in the wineskin but ninety-eight. Therefore, one need separate only nine and eight-tenths of a *log*. Nevertheless, the Gemara does not specify the precise amount, as the idea is clear enough. Furthermore, perhaps he uses slightly small measurements, which balances out the difference (*Tosafot Yeshanim*).

And he redeems [*meiḥeil*] and he may immediately drink – וּמֵיחֵל וְשׁוֹתֶה מִיָּד: The meaning of the term *meiḥeil* here is the subject of much debate. According to Rashi, he redeems the second tithe of the wine with money has at home. Others claim it means: He begins, i.e., he may start drinking right away without waiting (Rambam; Rabbeinu Tam; *Me'iri*). Rav Hai Gaon reads the word as *mohel*, which means he is permitted to dilute the wine in water and drink it, in accordance with the *halakha* that diluted wine is considered part of a meal and may therefore not be served before *terumot* and tithes have been separated (see *Tosafot Yeshanim*).

Perek **V**
Daf **56** Amud **b**

רַבִּי יְהוּדָה וְרַבִּי יוֹסֵי וְרַבִּי שִׁמְעוֹן אוֹסְרִין. אַלְמָא: אֵין בְּרֵירָה.

Rabbi Yehuda, Rabbi Yosei, and Rabbi Shimon prohibit this practice. **Apparently,** Rabbi Yehuda maintains that **there is no** retroactive **clarification.**

מִמַּאי? דִּילְמָא שָׁאנֵי הָתָם כִּדְקָתָנֵי טַעְמָא: אָמְרוּ לוֹ לְרַבִּי מֵאִיר: אִי אַתָּה מוֹדֶה שֶׁמָּא יִבָּקַע הַנּוֹד וְנִמְצָא שׁוֹתֶה טְבָלִים לְמַפְרֵעַ? וְאָמַר לָהֶם: לִכְשֶׁיִּבָּקַע.

The Gemara explains the difficulty: **From where** do you reach this conclusion? **Perhaps it is different there, as the reason is taught:** The Rabbis **said to Rabbi Meir: Do you not concede that the jug might split open**[N] before he removes the portions of *terumot* and tithes from the mixture, causing all the wine to spill out? **And he** will then **be found drinking untithed** wine **retroactively.** Therefore, he cannot rely on separation that has not yet occurred. **And he said to them:** Although there will be a problem **if it splits open,** there is no cause to be concerned for this contingency in advance. Since this reasoning is based on the possibility that the jug might break, there is no proof from here that Rabbi Yehuda rejects the principle of retroactive clarification.

אֶלָּא, מִדְּתָנֵי אַיּוֹ. דְּתָנֵי אַיּוֹ, רַבִּי יְהוּדָה אוֹמֵר: אֵין אָדָם מַתְנֶה עַל שְׁנֵי דְבָרִים כְּאֶחָד.

Rather, the proof that Rabbi Yehuda does not accept the principle of retroactive clarification is **from** a *baraita* the Sage **Ayo taught. As Ayo taught** that **Rabbi Yehuda says: A person cannot stipulate conditions about two matters at once,** e.g., one cannot establish a joining of Shabbat boundaries [*eiruv*] in each of two different directions on Friday afternoon while making the following stipulation: If tomorrow, on Shabbat, two Sages arrive from two different directions, I will decide then which of the two lecturers I prefer to hear at that point in time, which will determine which *eiruv* is in effect.[H]

NOTES

The jug might split open – שֶׁמָּא יִבָּקַע הַנּוֹד: According to this interpretation, the dispute does not concern the issue of retroactive designation at all. Instead, the *tanna'im* disagree as to whether one is permitted to place oneself in a situation of doubt when a biblical prohibition is involved. The Rabbis are concerned about potential complications, whereas Rabbi Meir does not worry about problematic eventualities (see *Tosafot*).

HALAKHA

Stipulations of *eiruvin* – תְּנַאי בְּעֵירוּבִין: An individual who heard that a scholar will visit a nearby place on Shabbat but does not know which side of the town will be his destination may establish two *eiruvin* conditionally, one on either side. Retroactive clarification is applicable in this situation, which means that he may claim that the side on which the scholar arrives is that of the effective *eiruv* (*Shulḥan Arukh*, *Oraḥ Ḥayyim* 413).

אֶלָּא, אִם בָּא חָכָם לַמִּזְרָח – עֵירוּבוֹ לַמִּזְרָח, לַמַּעֲרָב – עֵירוּבוֹ לַמַּעֲרָב. אֲבָל לְכָאן וּלְכָאן – לֹא.

Rather, he may say that **if the Sage comes to the east, his *eiruv* is to the east,** and if the Sage comes **to the west, his *eiruv* is to the west.**[N] **However,** he may **not** say that if one Sage comes **from here, and** another Sage comes **from there,** he will go wherever he wishes, in either direction.

וְהָוֵינַן בָּהּ: מַאי שְׁנָא לְכָאן וּלְכָאן דְּלֹא – דְּאֵין בְּרֵירָה.

And we discussed this passage in the Gemara and asked: **What is different** about a case in which one stipulated that if Sages came **from here and from there** that he may go to whichever side he chooses, such that his *eiruv* is **not** effective? Apparently, Rabbi Yehuda maintains **that there is no** retroactive **clarification,** i.e., this person cannot claim after the fact that the place where he walked is designated as the place that he initially intended for his *eiruv*.

לַמִּזְרָח וּמַעֲרָב נָמֵי – אֵין בְּרֵירָה!

However, according to this principle, when an individual establishes an *eiruv* **to the east and** to **the west** for the anticipated arrival of a single Sage, one should **also** invoke the principle that **there is no** retroactive **clarification.** Why does Rabbi Yehuda agree that if one anticipates the arrival of a single Sage and stipulates that if he comes to the east his *eiruv* will be to the east, the *eiruv* is valid?

וְאָמַר רַבִּי יוֹחָנָן: כְּשֶׁכְּבָר בָּא חָכָם.

And Rabbi Yoḥanan said: This is not a true case of retroactive clarification, **as the Sage had already come** by twilight, but the one who established the *eiruv* did not yet know at which side of the town the Sage had arrived. Therefore, at the time the *eiruv* establishes his Shabbat residence, it is clear which *eiruv* he wants, although he himself will become aware of that only later. In this case, Rabbi Yehuda agrees that the *eiruv* is valid, but he nonetheless maintains in general that there is no retroactive clarification. This accounts for Rabbi Yehuda's opinion that there was no container for nests of obligatory sin-offerings and burnt-offerings, as he maintains that there is no solution for the possible mixture of the different coins.

וְהַשְׁתָּא דְּאָמְרִינַן לְרַבִּי יְהוּדָה אֵין בְּרֵירָה, הָא כְּתִיבָה אִית לֵיהּ. יוֹם הַכִּפּוּרִים נָמֵי, נַעֲבֵיד תְּרֵי, וְנִכְתּוֹב עֲלַיְיהוּ!

The Gemara asks: **And now that we have said** and proven that **according to Rabbi Yehuda there is no** retroactive **clarification,** nevertheless **he is of** the opinion that one may rely on **writing,** as proven from the *halakha* of the collection horns. If so, on **Yom Kippur as well, let us place two** pedestals **and write on them** which one is for the blood of the bull and which is for the blood of the goat.

מִשּׁוּם חוּלְשָׁא דְּכֹהֵן גָּדוֹל לָאו אַדַּעְתֵּיהּ. דְּאִי לָא תֵּימָא הָכִי, בְּלֹא כְּתִיבָה נָמֵי; הַאי – נָפֵישׁ, וְהַאי – זוּטָר.

The Gemara answers: The reason they did not place two pedestals with writing on them is **due to the High Priest's weakness.** Since he is fasting during the entire day's service, the writing will **not** be **on his mind;** he will pay no attention to it and might become confused. **As, if you do not say so,** that there is concern for the High Priest's weakness, even **without writing** he should **also** not err, as **this** bowl in which he collects the bull's blood **is** relatively **large and this** one for the goat's blood **is small.**

וְכִי תֵּימָא לָא מְקַבֵּיל לֵיהּ כּוּלֵּיהּ – וְהָאָמַר רַב יְהוּדָה: הַשּׁוֹחֵט צָרִיךְ שֶׁיְּקַבֵּל אֶת כׇּל דָּמוֹ שֶׁל פָּר, שֶׁנֶּאֱמַר: ״וְאֶת כׇּל דַּם הַפָּר יִשְׁפּוֹךְ אֶל יְסוֹד הַמִּזְבֵּחַ״.

And if you say that **he does not collect all** the bull's blood but only some of it, so that the bowls are of equal size, **didn't Rav Yehuda say: One who slaughters** the bull **must receive all of the blood of** the **bull, as it is stated: "And all the blood of the bull he shall pour out on the base of the altar"** (Leviticus 4:7).

וְכִי תֵּימָא: דִּילְמָא מִשְׁתַּפֵּיךְ מִינֵּיהּ – הַאי חִיוַּר וְהַאי סוּמָק. אֶלָּא, מִשּׁוּם חוּלְשָׁא דְּכֹהֵן גָּדוֹל לָאו אַדַּעְתֵּיהּ. הָכָא נָמֵי: מִשּׁוּם חוּלְשָׁא דְּכֹהֵן גָּדוֹל לָאו אַדַּעְתֵּיהּ.

And if you say that **perhaps some of** the bull's blood **might spill,** yielding equal amounts of blood, there should still be no mistake, as **this** blood, that of the goat, **is white** and bright compared to the blood of the bull, **and this** blood of the bull **is red** and darker than the other. **Rather,** the reason must be that **due to the High Priest's weakness,** these differences will **not** be **on his mind. Here, too,** the writing will not help, as **due to the High Priest's weakness** the inscriptions will **not** be **on his mind.**

הַהוּא דִּנְחֵית קַמֵּיהּ דְּרָבָא, אֲמַר: יָצָא וְהִנִּיחוֹ עַל כֵּן שֵׁנִי שֶׁבַּהֵיכָל, נָטַל דַּם הַפָּר וְהִנִּיחַ דַּם הַשָּׂעִיר.

§ The Gemara relates: **A certain person descended** to lead the prayer service on Yom Kippur **before Rava**[N] on Yom Kippur. He included the order of the High Priest's Yom Kippur service in his prayer, and **he recited:** The High Priest then **emerged** from the Holy of Holies **and placed** the bowl **on the second golden pedestal in the Sanctuary; he took the blood of the bull** from the pedestal **and placed the blood of the goat** in its place.

NOTES

An *eiruv* to the east and to the west – עֵירוּב לַמִּזְרָח וְלַמַּעֲרָב: Citing verses in support of their ruling, the Sages decreed that it is prohibited to walk more than two thousand cubits beyond the city limits on Shabbat. Nevertheless, in certain situations one is permitted to establish what the Sages termed a joining of Shabbat boundaries [*eiruv*]: Before Shabbat, the individual places food for a meal at a location distant from his home, but still within the Shabbat limits, and declares that this location will be his new residence for the day. This allows him to travel two thousand cubits from the place of the *eiruv*. This institution is universally accepted, but the Sages debate the circumstances in which a conditional *eiruv* may be employed. The Gemara presents one such situation, in which a Sage might visit a neighboring town. The question arises with regard to the validity of the *eiruv* of an individual who wishes to travel to hear him speak.

A certain person descended before Rava – הַהוּא דִּנְחֵית קַמֵּיהּ דְּרָבָא: This anecdote shows that as early as the amoraic period, the order of the Yom Kippur Temple service was recited during the prayers of that day. It is unlikely that these early prayers included a fixed formulation of the service, and to this day different poetic presentations of the High Priest's service are included in Festival prayer books. Poets such as Yosei ben Yosei composed alphabetical descriptions of the service, which tend to vary from one another in certain details, including differences in *halakha*.

אֲמַר לֵיהּ: חֲדָא כְּרַבָּנַן וַחֲדָא כְּרַבִּי יְהוּדָה?! אֵימָא: הִנִּיחַ דַּם הַשָּׂעִיר וְנָטַל דַּם הַפָּר.

Rava **said to him:** This is problematic, as **one** statement is **in accordance with** the opinion of **the Rabbis, and** the other **one is in accordance with** the opinion of **Rabbi Yehuda.** According to the Rabbis, each of these bowls sat on its own pedestal in the Sanctuary, whereas Rabbi Yehuda maintains that the High Priest must first lift up the container with the blood of the bull and then put down that of the goat. **Rather,** you should **recite** the entire order of the service entirely in accordance with the opinion of the Rabbis: **He placed the blood of the goat** on its designated pedestal **and took the blood of the bull**[H] from the second stand.

״וְהִזָּה מִמֶּנּוּ עַל הַפָּרוֹכֶת כְּנֶגֶד אָרוֹן מִבַּחוּץ״. תָּנוּ רַבָּנַן: ״וְכֵן יַעֲשֶׂה לְאֹהֶל מוֹעֵד״ מָה תַּלְמוּד לוֹמַר? כְּשֵׁם שֶׁמַּזֶּה לִפְנַי לִפְנִים – כָּךְ מַזֶּה בַּהֵיכָל.

§ The mishna taught: **And** the High Priest **sprinkled from** the blood of the bull **on the curtain opposite the Ark from outside** the Holy of Holies. **The Sages taught:** "And he shall make atonement for the sacred place because of the impurities of the children of Israel, and because of their transgressions, even all their sins; **and so shall he do for the Tent of Meeting** that dwells with them in the midst of their impurity" (Leviticus 16:16). **What** is the meaning when **the verse states** this? **Just as he sprinkles in the innermost sanctum,** the Holy of Holies, **so he sprinkles in the Sanctuary,** the Tent of Meeting, toward the curtain.

מָה לִפְנַי לִפְנִים – אַחַת לְמַעְלָה וְשֶׁבַע לְמַטָּה מִדַּם הַפָּר, כָּךְ מַזֶּה בַּהֵיכָל. וּכְשֵׁם שֶׁלִּפְנַי לִפְנִים אַחַת לְמַעְלָה וְשֶׁבַע לְמַטָּה מִדַּם הַשָּׂעִיר – כָּךְ מַזֶּה בַּהֵיכָל. ״הַשֹּׁכֵן אִתָּם בְּתוֹךְ טוּמְאֹתָם״ – אֲפִילּוּ בְּשָׁעָה שֶׁהֵן טְמֵאִים שְׁכִינָה עִמָּהֶם.

Furthermore: **Just as** in **the innermost sanctum** he sprinkles **once upward and seven** times **downward from the blood of the bull, so he sprinkles in the Sanctuary. And just as** in **the innermost sanctum** he sprinkles **once upward and seven** times **downward from the blood of the goat, so he sprinkles in the Sanctuary.**[H] The last part of the verse: **"That dwells with them in the midst of their impurity,"** teaches that **even when** the Jewish people **are impure, the Divine Presence is with them.**

אֲמַר לֵיהּ הַהוּא צְדוּקִי לְרַבִּי חֲנִינָא:

With regard to this verse, the Gemara relates: **A certain Sadducee said to Rabbi Ḥanina:**

HALAKHA

He placed the blood of the goat and took the blood of the bull – הִנִּיחַ דַּם הַשָּׂעִיר וְנָטַל דַּם הַפָּר: When the High Priest switches the bowl of the bull's blood with the one containing the blood of the goat and vice versa, he first places the bowl in his hand on the pedestal and then picks up the other bowl (Rambam *Sefer Avoda, Hilkhot Avodat Yom HaKippurim* 4:2).

The presentations of blood in the Sanctuary – מַתְּנוֹת בַּהֵיכָל: The High Priest sprinkles the blood toward the curtain in the same manner he sprinkles it in the Holy of Holies: One sprinkling upward and seven sprinklings downward for both the blood of the bull and that of the goat (Rambam *Sefer Avoda, Hilkhot Avodat Yom HaKippurim* 3:5).

Perek **V**
Daf **57** Amud **a**

הַשְׁתָּא בְּרִי טְמֵאִים אַתּוּן, דִּכְתִיב: ״טוּמְאָתָהּ בְּשׁוּלֶיהָ״. אֲמַר לֵיהּ: תָּא חֲזִי מָה כְּתִיב בְּהוּ ״הַשֹּׁכֵן אִתָּם בְּתוֹךְ טוּמְאֹתָם״, אֲפִילּוּ בִּזְמַן שֶׁהֵן טְמֵאִין – שְׁכִינָה שְׁרוּיָה בֵּינֵיהֶן.

Now you are certainly impure,[N] **as it is written** about the Jewish people: **"Her impurity was in her skirts"** (Lamentations 1:9), and the Divine Presence does not dwell upon the Jews when they are impure. Rabbi Ḥanina **said to him: Come** and **see what is written about** the Jewish people: **"That dwells with them in the midst of their impurity"** (Leviticus 16:16). This indicates that **even when they are impure, the Divine Presence dwells among them.**

וְכִי דָּבָר הַלָּמֵד בְּהֶיקֵּשׁ חוֹזֵר וּמְלַמֵּד בְּהֶיקֵּשׁ?

The Gemara raises a difficulty with regard to the aforementioned *halakha*. It was stated above that the comparison to the goat teaches that the High Priest sprinkles the bull's blood once upward; and the seven downward sprinklings of the goat's blood are derived from the rite of the blood of the bull. Subsequently, the order of sprinkling toward the curtain in the Sanctuary is again derived by means of a similar comparison. The Gemara asks: **And does a matter derived by juxtaposition,** i.e., a *halakha* not written explicitly in the Torah but learned by means of a comparison, **again teach by juxtaposition?** There is a general principle that a *halakha* derived by juxtaposition with regard to offerings cannot subsequently teach another *halakha* by juxtaposition.[N]

הַאי הֵימֶנּוּ וְדָבָר אַחֵר הוּא, וְלָא הָוֵי הֶיקֵּשׁ.

The Gemara answers that the first juxtaposition was not a proper inference by verbal analogy, as **this** *halakha* that the High Priest must sprinkle once upward and seven times downward **is** derived both **from that** juxtaposition **and something else** as well. Since the basic requirement that he must sprinkle upward and downward for the bull and the goat is stated explicitly in both cases, and the comparison was necessary only to teach the precise number of sprinklings, this inference **is not** considered **a juxtaposition** to the extent that one cannot derive further comparisons from it.

NOTES

Now you are certainly impure – הַשְׁתָּא בְּרִי טְמֵאִים אַתּוּן: The Sadducee was referring to the period after the destruction of the Temple. His proof is from the verse: "Her impurity was in her skirts" (Lamentations 1:9), which alludes to the end of the Temple, i.e., in these final days (Rabbeinu Elyakim).

A derivation from what has already been derived in the *halakhot* of offerings – לָמֵד וּמְלַמֵּד בְּקָדָשִׁים: With regard to all issues related to Torah law, when a *halakha* has been derived by means one of the exegetical principles, the resulting idea is treated as though it were written explicitly in the text. That *halakha* can subsequently serve as a source for other derivations. However, in the case of sacrificial matters, it is stated in tractate *Zevaḥim* that *halakhot* that have been derived by an exegetical principle cannot themselves serve as the source for other *halakhot*. Instead, each *halakha* requires a separate derivation. This principle is apparently based on the fact that the *halakhot* of offerings are not governed by logic but are divine decrees, and therefore there is a limit to the extent to which one can derive novel *halakhot* that are not stated explicitly in the text. The Gemara in *Zevaḥim* does concede that certain exegetical principles do yield conclusions from which one may derive new *halakhot*. The Sages debate which of the principles operate in this manner.

NOTES

Is derived all at once – **בְּחֲדָא זִימְנָא גָּמַר**: Rabbeinu Ḥananel explains that since the verse explicitly compares the rite outside the curtain to the rite inside, it is appropriate to transfer all details of the inside performance to the outside sprinkling, irrespective of their manner of derivation.

I saw the curtain – **אֲנִי רְאִיתִיהָ**: Some commentaries ask why the statement of Rabbi Elazar, son of Rabbi Yosei, is not considered an absolute proof, as the other Sages would certainly not question the veracity of his testimony. One suggestion is that they considered his report insufficient proof because the High Priest might have inadvertently sprinkled blood directly on the curtain (Ritva).

That they were performed not in their order – **דַּעֲבִידִי שֶׁלֹּא כְּסִדְרָן**: There is a difference between the manner in which the blood is sprinkled on Yom Kippur and the rite of the blood of the goats for a sin of idolatry. When the High Priest sprinkles the blood on Yom Kippur he stands close to the curtain. By contrast, the blood of the goats for a sin of idolatry is sprinkled toward the curtain from behind the golden incense altar, at a distance of more than twenty cubits. This is why the Yom Kippur sprinkling could be performed in an orderly pattern, but that of the goats for a sin of idolatry could not (*Me'iri*).

הָנִיחָא לְמַאן דְּאָמַר ״לָא הָוֵי הֶיקֵּשׁ״, אֶלָּא לְמַאן דְּאָמַר הָוֵי הֶיקֵּשׁ – מַאי אִיכָּא לְמֵימַר?

The Gemara continues to question this explanation: **It works out well according to the one who said** that a juxtaposition that is also inferred from something else **is not** considered **a juxtaposition** in this regard; **but according to the one who says** that this too is called **a juxtaposition, what can be said?**

מְקוֹמוֹת הוּא דְּגָמְרִי מֵהֲדָדֵי.

The Gemara answers: **It is the locations that are derived from one another.** The *halakha* of the blood of the bull was not derived from that of the goat, nor the *halakha* of sprinkling the bull's blood outside the curtain from that of sprinkling the bull's blood inside. Instead, the first comparison equates the sprinkling of the bull's blood and the goat's blood, while the second comparison equates the locations, i.e., he sprinkles outside the curtain in the same manner that he sprinkles inside. Consequently, the two juxtapositions are not connected to each other, which means that there is no problem of a *halakha* derived by juxtaposition itself teaching by juxtaposition.

אִי בָּעֵית אֵימָא: חוּץ מִבִּפְנִים בַּחֲדָא זִימְנָא גָּמַר.

If you wish, say instead a different resolution: The sprinkling **outside is derived from** the sprinkling **inside all at once,**[N] i.e., the juxtaposition includes not only the blood of the bull and the goat, but also the manners of sprinkling the blood inside and outside. There are not two comparisons here, one derived from the other, but a single, complex juxtaposition.

תָּנָא: כְּשֶׁהוּא מַזֶּה, אֵינוֹ מַזֶּה עַל הַפָּרוֹכֶת אֶלָּא כְּנֶגֶד הַפָּרוֹכֶת. אָמַר רַבִּי אֶלְעָזָר בְּרַבִּי יוֹסֵי: אֲנִי רְאִיתִיהָ בְּרוֹמִי, וְהָיוּ עָלֶיהָ כַּמָּה טִיפֵּי דָמִים שֶׁל פַּר וְשָׂעִיר שֶׁל יוֹם הַכִּפּוּרִים.

§ A Sage **taught: When** the High Priest **sprinkles** the blood, **he does not** actually **sprinkle on the curtain but opposite the curtain. Rabbi Elazar, son of Rabbi Yosei,**[P] **said: I saw** the curtain[N] **in Rome.** After a miracle was performed on his behalf and he healed the daughter of the Roman emperor, Rabbi Elazar was permitted to view the ruler's treasures and take whatever he wanted. He saw the Temple vessels that the Romans captured, including the curtain. Rabbi Elazar continued: **And on** the curtain **were several drops of blood from the bull and the goat of Yom Kippur.** This shows that the blood was actually sprinkled on the curtain.

וְדִילְמָא דְּפַר הֶעְלֵם דָּבָר שֶׁל צִבּוּר וּשְׂעִירֵי עֲבוֹדָה זָרָה הָווּ?

The Gemara questions this conclusion: **But** how can Rabbi Elazar be sure that these drops of blood were from the bull and goat of Yom Kippur? **Perhaps** they **were** from the **bull for an unwitting communal sin** or **the goats for** a sin of **idolatry,** both of whose blood is also sprinkled on the curtain.

דַּחֲזָא דַּעֲבִידִי כְּסִדְרָן. וּתְנַן נַמִי גַּבֵּי פַּר הֶעְלֵם דָּבָר שֶׁל צִבּוּר כִּי הַאי גַּוְונָא: כְּשֶׁהוּא מַזֶּה – לֹא הָיוּ נוֹגְעִין בַּפָּרוֹכֶת, וְאִם נָגְעוּ – נָגְעוּ.

The Gemara explains **that he saw that these** sprinklings of blood **were performed in their order,** one drop after another, a sequence that is followed only in the Yom Kippur service. **And we also learned** in a mishna about **a case like this with regard to** the **bull for an unwitting communal sin: When he sprinkles,** the blood **would not touch the curtain, but if it did touch, it touched,** and this did not invalidate the service.

אָמַר רַבִּי אֶלְעָזָר בְּרַבִּי יוֹסֵי: אֲנִי רְאִיתִיהָ בְּרוֹמִי, וְהָיוּ עָלֶיהָ כַּמָּה טִיפֵּי דָמִים שֶׁל פַּר הֶעְלֵם דָּבָר שֶׁל צִבּוּר וּשְׂעִירֵי עֲבוֹדָה זָרָה. וְדִילְמָא דְּפַר וְשָׂעִיר שֶׁל יוֹם הַכִּפּוּרִים נִינְהוּ? דְּחָזְנְהוּ דַּעֲבִידִי שֶׁלֹּא כְּסִדְרָן.

Rabbi Elazar, son of Rabbi Yosei, said: I saw the curtain **in Rome, and there were several drops of blood on it from** the **bull for an unwitting communal sin** and the **goats for** a sin of **idolatry.** The Gemara asks: **But** how could he identify the source of the blood; **perhaps they** were **from the bull and goat of Yom Kippur?** The Gemara answers: **He saw that they were performed not in their order**[N] and inferred that they must be sprinklings from communal sin-offerings, which are not presented in a sequence.

PERSONALITIES

Rabbi Elazar son of Rabbi Yosei – **רַבִּי אֶלְעָזָר בְּרַבִּי יוֹסֵי**: Rabbi Elazar, son of Rabbi Yosei, was a member of the tannaitic generation that preceded the final editing of the Mishna. He was the son of the *tanna* Rabbi Yosei ben Ḥalafta and was apparently considered the greatest scholar of his father's five sons. Together with Rabbi Shimon bar Yoḥai, he once traveled to Rome to try to obtain the annulment of a decree against the Jews. Due to a miracle, they were able to save the life of the emperor's daughter. As a sign of gratitude, they were allowed to view the leader's treasures. Naturally, Rabbi Elazar was most interested in the Temple artifacts, and he was later able to report details of some of them, e.g., the curtain and the frontplate, to the other Sages.

נִתְעָרְבוּ לוֹ דָּמִים בְּדָמִים, אָמַר רָבָא: נוֹתֵן אַחַת לְמַעְלָה וְשֶׁבַע לְמַטָּה, וְעוֹלֶה לוֹ לְכָאן וּלְכָאן.

The Gemara asks a question: What should the High Priest do if **the blood** of the bull **became mixed with the blood** of the goat[H] before he finished all the sprinklings? **Rava said:** He should **present** from the mixture **once upward and seven** times **downward, and that counts toward** both **this** one **and that** one, as he has sprinkled from both of them.

אָמְרוּהָ קַמֵּיהּ דְּרַבִּי יִרְמְיָה. אָמַר: בַּבְלָאֵי טִפְּשָׁאֵי! מִשּׁוּם דְּדָיְירִי בְּאַרְעָא דַּחֲשׁוֹכָא אָמְרִי שְׁמַעְתָּא דִּמְחַשְּׁכָן! הָא קָא יָהֵיב לְמַעְלָה דְּשָׂעִיר, מִקַּמֵּי מַטָּה דְּפַר, וְהַתּוֹרָה אָמְרָה: ״וְכִלָּה מִכַּפֵּר אֶת הַקֹּדֶשׁ״: כַּלֵּה דַּם הַפָּר, וְאַחַר כָּךְ כַּלֵּה דַּם הַשָּׂעִיר.

They said this answer **before Rabbi Yirmeya** in Eretz Yisrael, whereupon **he said: Foolish Babylonians![N] Because they live in** a **dark**, low **land, they speak darkened** ***halakhot***, devoid of logic. If this solution is followed, when the High Priest sprinkles the mixture of bull and goat blood, **he** thereby **presents** the **upward** sprinklings **of the goat before** he sprinkles the **downward** presentations of the **bull; and the Torah said: "And when he has finished atoning[N] for the sacred place"** (Leviticus 16:20), which teaches: **He finishes the blood of the bull** by sprinkling upward and downward, **and** only **afterward he finishes the blood of the goat.**

אֶלָּא אָמַר רַבִּי יִרְמְיָה: נוֹתֵן אַחַת לְמַעְלָה וְשֶׁבַע לְמַטָּה לְשֵׁם הַפָּר, וְחוֹזֵר וְנוֹתֵן אַחַת לְמַעְלָה וְשֶׁבַע לְמַטָּה לְשֵׁם הַשָּׂעִיר.

Rather, Rabbi Yirmeya said that the High Priest proceeds as follows: **He presents once upward and seven** times **downward for the purpose of** sprinkling the blood of **the bull,**[N] as the blood of the bull is in this mixture. **And he again presents once upward and seven** times **downward for the purpose of** sprinkling the blood of **the goat.** Although the blood is mixed together and by sprinkling for the purpose of the bull's blood he also sprinkles some of the goat's blood, since he has only the bull's blood in mind it is as though he did not sprinkle the blood of the goat at all.

נִתְעָרְבוּ לוֹ דָּמִים בְּדָמִים בְּמַתָּנוֹת הָאַחֲרוֹנוֹת, סָבַר רַב פָּפָּא קַמֵּיהּ דְּרָבָא לְמֵימַר: נוֹתֵן שֶׁבַע לְמַטָּה לְשֵׁם פַּר וּלְשֵׁם שָׂעִיר, וְחוֹזֵר וְנוֹתֵן אַחַת לְמַעְלָה לְשֵׁם שָׂעִיר.

The Gemara asks another question: What should the High Priest do if **the blood** of the bull **became mixed with the blood** of the goat **during the final presentations** that he performs in the Sanctuary? **Rav Pappa,** who was sitting **before Rava, thought[N] to say: He presents seven** times **downward for the purpose of the bull and for the purpose of the goat, and he again presents once upward for the purpose of the goat.**

אֲמַר לֵיהּ רָבָא: עַד הָשְׁתָּא קָרוּ לַן טִפְּשָׁאֵי, וְהָשְׁתָּא טִפְּשָׁאֵי דְּטִפְּשָׁאֵי, דְּקָא מְגַמְּרִינַן לְהוּ וְלָא גָּמְרִי. וְהָא קָא יָהֵיב מַטָּה דְּשָׂעִיר מִקַּמֵּי מַעְלָה דְּשָׂעִיר, וְהַתּוֹרָה אָמְרָה: תֵּן לְמַעְלָה וְאַחַר כָּךְ לְמַטָּה!

Rava said to him: Until now they called us Babylonians merely **foolish, and now** they will call us the **foolish of the foolish,** as they will say that **we teach them and** yet **they do not learn.** In response to your statement one could simply repeat Rabbi Yirmeya's previous argument: **But he presents downward** sprinklings **for the goat before** the **upward** sprinklings **for the goat, and the Torah said: Present upward and then downward.**

HALAKHA

The blood of the bull became mixed with the blood of the goat – נִתְעָרְבוּ לוֹ דָּמִים בְּדָמִים: If the blood of the bull became mixed with that of the goat before the High Priest finished the sprinklings, he sprinkles upward once and downward seven times for the purpose of the bull. He then sprinkles upward once and downward seven times for the purpose of the goat. If the blood became mixed during the last sprinkling, he sprinkles downward once for the purpose of the bull, and subsequently sprinkles upward once and downward seven times for the purpose of the goat. The *halakha* is accordance with the opinion of Rabbi Yirmeya (see *Kesef Mishne*; Rambam *Sefer Avoda, Hilkhot Avodat Yom HaKippurim* 5:10).

NOTES

Foolish Babylonians – בַּבְלָאֵי טִפְּשָׁאֵי: Some Sages in Eretz Yisrael adopted an attitude of scorn toward the scholarship of their Babylonian counterparts. They generally felt that the community in Eretz Yisrael possessed the authoritative tradition, while the Babylonian Jews' lack of expertise in *halakha* meant that their ideas were often unfounded. The Rambam writes in a responsum that this was true only in a specific period when governmental decrees in Babylonia prevented proper learning, leading to a corruption of the tradition. Later generations of Babylonians, however, are credited with a higher level of scholarship than those of Eretz Yisrael (Ritva).

And when he has finished atoning – וְכִלָּה מִכַּפֵּר: Some commentaries omit this citation, as they maintain that the principal argument is derived from the term "statute" (Leviticus 16:34), which is written in connection with the sprinkling. This word teaches that the order of sprinkling may not be changed (*Tosafot Yeshanim*).

He presents…for the purpose of the bull – נוֹתֵן...לְשֵׁם הַפָּר: Although the goat's blood is mixed with that of the bull, as he does not intend to sprinkle the blood of the goat it is considered like water, which does not invalidate the bull's blood (*Tosefot Rid*).

Rav Pappa…thought – סָבַר רַב פָּפָּא: Some commentaries suggest that Rav Pappa had not heard Rabbi Yirmeya's criticism (Ritva). Others suggest that he had indeed heard of Rabbi Yirmeya's response, but he nevertheless thought that since in this case the two acts of sprinkling are performed with the same blood, he is not considered to have sprinkled the later blood in his first act of sprinkling (*Siaḥ Yitzḥak*).

NOTES

The cups became mixed – נִתְעָרְבוּ לוֹ כּוֹסוֹת בְּכוֹסוֹת: If, as the Gemara earlier noted, the blood of a bull and that of a goat look different, how could they be confused with each other? Some commentaries suggest that an elderly High Priest might not be able to discern such a subtle difference between shades of blood (*Me'iri*). Others claim that the weakness of the High Priest from fasting might lead to confusion with regard to matters of this kind (*Baḥ*).

Rejected – דְּחוּיִין: The concept of rejection is relevant to various mitzvot. It refers to an item not currently fit for the use of a mitzva due to a blemish or some other factor. In most circumstances, the object in question was originally fit but was subsequently altered in some way. Certain authorities maintain that the rejection of an item changes its status inherently, so that even if the cause for the rejection is later removed, the item remains rejected.

HALAKHA

The cups became mixed – נִתְעָרְבוּ לוֹ כּוֹסוֹת בְּכוֹסוֹת: If the cups became mixed to the point that the High Priest does not know which of them contains blood from the bull and which from the goat, he sprinkles blood from one of them upward once and downward seven times. He then does the same from the other cup, before repeating the rite again with the first container, so that he performs it a total of three times (Rambam *Sefer Avoda, Hilkhot Avodat Yom HaKippurim* 5:11).

Part of the blood became mixed – מִקְצָת דָּמִים נִתְעָרְבוּ: If some of the blood became mixed, and it is unknown which is the bull's blood and which is the goat's, the High Priest sprinkles from the cups that were not mixed while he pours the rest into the drain canal, in accordance with the opinion of Rav Pappa (Rambam *Sefer Avoda, Hilkhot Avodat Yom HaKippurim* 5:12).

אֶלָּא אָמַר רָבָא: נוֹתֵן שֶׁבַע לְמַטָּה לְשֵׁם פַּר, וְחוֹזֵר וְנוֹתֵן אַחַת לְמַעְלָה וְשֶׁבַע לְמַטָּה לְשֵׁם שָׂעִיר.

Rather, Rava said: He presents downward seven times **for the purpose of the bull, and he again presents upward once and downward seven** times **for the purpose of the goat.**

נִתְעָרְבוּ לוֹ כּוֹסוֹת בְּכוֹסוֹת – נוֹתֵן, וְחוֹזֵר וְנוֹתֵן,

The Gemara asks another question: What if the **cups became mixed,**[NH] i.e., if the bowl containing the blood of the bull was confused with that of the blood of the goat? The Gemara explains: **He presents** blood from one cup by sprinkling upward once and downward seven times, **and he again presents** a second set of sprinklings from the second cup.

וְחוֹזֵר וְנוֹתֵן שְׁלֹשָׁה פְּעָמִים.

And he again presents another set of sprinklings, again from the first cup, which amounts to a total of **three times.** In this manner, he fulfills the obligation no matter which cup was which. If the first cup was that of the bull's blood and the second was that of the goat, he fulfilled his obligation with the first and second sprinklings. If the first cup contained the blood of the goat, he performed the sprinkling of the goat's blood before that of the bull, which means his first set of sprinklings are discounted. Consequently, when he sprinkled from the second cup, which contains the bull's blood, and a third time from the cup of the goat's blood, he fulfilled his obligation with the second and third sets of sprinklings.

מִקְצָת דָּמִים נִתְעָרְבוּ לוֹ, וּמִקְצָת דָּמִים לֹא נִתְעָרְבוּ [לוֹ], פְּשִׁיטָא, כִּי יָהֵיב – מִוַּדָּאִין יָהֵיב.

The Gemara asks yet another question: **If** only **part of** the **blood became mixed**[H] together **and part of the blood did not become mixed,** e.g., if some of the blood spilled and became mixed in a third vessel, the solution is **obvious: When he presents, he presents from the** blood of **certain** identity.

מִיהוּ, הָנָךְ שִׁירַיִם הָווּ וְלִיסוֹד אָזְלִי, אוֹ דִּילְמָא דְּחוּיִין הָווּ וְאָזְלִי לָאַמָּה?

However, one could still ask a question with regard to this case: What is the status of the mixed blood in **the other** vessel or vessels? **Are they** considered the **remainder** of the blood, **and** the remainder of the blood **goes to the base** of the altar like the remainder of all blood of sin-offerings? **Or perhaps** this mixture of blood **is rejected,**[N] as the blood from this vessel was not used for the first sprinklings, **and** therefore the two types of blood are spilled and **go to the canal** beneath the altar, which rinses all the dirt from the courtyard into the Kidron River.

אָמַר רַב פַּפָּא: אֲפִילּוּ לְמַאן דְּאָמַר כּוֹס אֶחָד עוֹשֶׂה חֲבֵירוֹ שִׁירַיִם – הָנֵי מִילֵּי הֵיכָא דְּאִי בָּעֵי לְמֵיתַב מָצֵי יָהֵיב, אֲבָל הַאי דְּאִי בָּעֵי לְמֵיתַב לָא מָצֵי יָהֵיב – לָא.

Rav Pappa said: Even according to the one who says that **one cup renders its counterpart a remainder,** i.e., if a one collected blood in two cups, the blood in the second cup is considered the remainder of the first cup, **this applies** only in a case **where he could present** blood from the second cup **if he wanted** to, i.e., if both cups were filled with blood from the offering. **However,** in **this** case, **as** the blood in this vessel could **not be presented** even **if he wanted** to, it does **not** become a remainder, and it is therefore certainly rejected.

אָמַר לֵיהּ רַב הוּנָא בְּרֵיהּ דְּרַב יְהוֹשֻׁעַ לְרַב פַּפָּא: אַדְּרַבָּה, אֲפִילּוּ לְמַאן דְּאָמַר כּוֹס אֶחָד עוֹשֶׂה חֲבֵירוֹ דָּחוּי – הָנֵי מִילֵּי דְּדַחְיֵיהּ בְּיָדַיִם, אֲבָל הֵיכָא דְּלָא דַּחְיֵיהּ בְּיָדַיִם – לָא.

Rav Huna, son of Rav Yehoshua, said to Rav Pappa: On the contrary, even according to the one who says that when blood is collected in two cups **one cup renders** the blood of **its counterpart rejected, that applies** only when **he rejects** the second cup **with** his own **hands,** i.e., by means of a direct act. **However,** in a case **where he does not reject it with** his own **hands,** as no act of rejection was performed but rather the blood became a remainder by itself, the blood is **not** rejected.

דְּתַנְיָא: לְמַעְלָה הוּא אוֹמֵר ״וְאֶת דָּמוֹ יִשְׁפּוֹךְ״ וּלְמַטָּה הוּא אוֹמֵר ״וְאֶת כָּל דָּמָהּ יִשְׁפּוֹךְ״.

As it was taught in a *baraita*: In the verse **above, it says:** "And the priest shall take of the blood of the sin-offering with his finger, and put it upon the corners of the altar of the burnt-offering, **and he shall pour its blood** out at the base of the altar of burnt-offering" (Leviticus 4:25). **And** in the verse **below it says:** "And the priest shall take of its blood with his finger, and put it upon the corners of the altar of burnt-offering, **and he shall pour all its blood** out at the base of the altar" (Leviticus 4:30). The second verse adds the word "all."

מִנַּיִין לְחַטָּאת שֶׁקִּבֵּל דָּמָהּ בְּאַרְבַּע כּוֹסוֹת וְנָתַן מִזֶּה אַחַת וּמִזֶּה אַחַת שֶׁכּוּלָּן נִשְׁפָּכִין לַיְסוֹד – תַּלְמוּד לוֹמַר: ״וְאֶת כָּל דָּמָהּ יִשְׁפּוֹךְ״.

The *baraita* explains: **From where** is it derived **with regard to a sin-offering that if one collected its blood in four cups and presented** blood from each of them by sprinkling **once from this** cup **and once from that** cup until he has sprinkled four times, once from each cup, **that** the leftover blood in **all** the cups **is poured** out as remainders **on the base** of the altar? **The verse states: "And he shall pour all its blood."**

יָכוֹל אֲפִילּוּ נָתַן אַרְבַּע מַתָּנוֹת מֵאַחַת מֵהֶן – תַּלְמוּד לוֹמַר: ״וְאֶת דָּמוֹ יִשְׁפּוֹךְ״ – הַהוּא נִשְׁפָּךְ לַיְסוֹד, וְהֵן נִשְׁפָּכִין לָאַמָּה. רַבִּי אֱלִיעֶזֶר בְּרַבִּי שִׁמְעוֹן אוֹמֵר: מִנַּיִין לְחַטָּאת שֶׁקִּבֵּל דָּמָהּ בְּאַרְבַּע כּוֹסוֹת וְנָתַן אַרְבַּע מַתָּנוֹת מֵאֶחָד מֵהֶן שֶׁכּוּלָּן נִשְׁפָּכִין לַיְסוֹד – תַּלְמוּד לוֹמַר: ״וְאֶת כָּל דָּמָהּ יִשְׁפּוֹךְ״.

One **might** have thought that **even if he presented four presentations from one of them,** all the rest should be spilled on the base of the altar as remainder; therefore, **the verse states: "And he shall pour its blood."** This indicates that not all the blood, but only **that** blood in the bowl from which blood was sprinkled on the altar, **is poured on the base** as a remainder, **and the** rest of the cups of blood **are poured into the canal. Rabbi Eliezer, son of Rabbi Shimon, says: From where** is it derived **with regard to a sin-offering that if one collected its blood in four cups**[H] **and presented four presentations from one of them, that they are all poured at the base** of the altar? **The verse states: "And he shall pour all its blood."**

וּלְרַבִּי אֱלִיעֶזֶר בְּרַבִּי שִׁמְעוֹן, הָא כְּתִיב: ״וְאֶת דָּמוֹ יִשְׁפּוֹךְ״! אָמַר רַב אַשִׁי: לְמַעוּטֵי שִׁירַיִם שֶׁבְּצַוַּאר בְּהֵמָה.

The Gemara asks: **And according to** the opinion of **Rabbi Eliezer, son of Rabbi Shimon,** isn't **it** also **written: "And he shall pour its blood"**? How does he explain this difference between the verses? **Rav Ashi said:** When the Torah states "its blood," it comes **to exclude** the **remainders that are in the throat of** the **animal.** If more blood comes out of the throat after the collection of the blood, that blood is certainly not poured on the base of the altar but is swept into the canal of the Temple.

״עֵירָה דַּם הַפָּר לְתוֹךְ דַּם הַשָּׂעִיר״. תְּנַן כְּמַאן דְּאָמַר מְעָרְבִין לַקְּרָנוֹת. דְּאִיתְּמַר, רַבִּי יֹאשִׁיָּה וְרַבִּי יוֹנָתָן. חַד אָמַר: מְעָרְבִין, וְחַד אָמַר: אֵין מְעָרְבִין.

§ The mishna states that after the High Priest sprinkled the blood toward the curtain **he poured the blood of the bull into the blood of the goat.**[N] The Gemara comments: **We learned** this mishna **in accordance with** the opinion of **the one who said** that the High Priest **mixes** the two types of blood before placing them **on the corners**[H] of the inner altar, and he does not present each one separately. **As it was stated:** The later *tanna'im,* **Rabbi Yoshiya**[NP] **and Rabbi Yonatan,**[P] debated this issue. **One** of them **said:** The High Priest **mixes** the blood for the purpose of placing the blood on the altar's corners, **and one** of them **said: He does not mix** the blood.[N]

תִּסְתַּיֵּים דְּרַבִּי יֹאשִׁיָּה הוּא דְּאָמַר מְעָרְבִין, דְּאָמַר: אַף עַל גַּב דְּלָא כְּתִיב ״יַחְדָּיו״ – כְּמַאן דִּכְתִיב ״יַחְדָּיו״ דָּמֵי.

The Gemara comments: **Conclude** that **Rabbi Yoshiya was** the *tanna* **who said** that the High Priest **mixes** the blood. In general, he maintains that whenever a verse mentions two matters, **although** the term: **Together, is not written** explicitly, **it is considered as though** the term: **Together,** is indeed **written.** In other words, two items that appear in the same verse are treated as combined unless expressly stated otherwise. By contrast, Rabbi Yonatan maintains that even if two matters are mentioned together they are treated separately unless the verse uses the term: Together. In this case, the verse states: "And he shall take of the blood of the bull and of the blood of the goat" (Leviticus 16:18). Therefore, Rabbi Yoshiya rules that the High Priest must place the two sets of blood together.

HALAKHA

A sin-offering whose blood was collected in several cups – חַטָּאת שֶׁקִּיבֵּל דָּמָהּ בְּכַמָּה כּוֹסוֹת: If the blood of a sin-offering was collected in four cups and a priest sprinkled blood from each cup, the remainder of the blood in the four cups is spilled on the base of the altar. However, if he sprinkled blood from one cup alone, the remainder of that cup is spilled on the base while that of the other cups is poured into the drain canal. This *halakha* is in accordance with the opinion of the first *tanna* (Rambam *Sefer Avoda, Hilkhot Pesulei HaMukdashin* 2:21).

He mixes before placing on the corners – מְעָרְבִין לַקְּרָנוֹת: The blood of the bull and the goat are sprinkled on the corners of the altar after they have been mixed together (Rambam *Sefer Avoda, Hilkhot Avodat Yom HaKippurim* 4:2).

NOTES

He poured the blood of the bull into the blood of the goat – עֵירָה דַּם הַפָּר לְתוֹךְ דַּם הַשָּׂעִיר: Since there is more blood from a bull than from a goat, and the blood of a bull is heavier, the two mix better when the bull's blood is poured into the that of the goat (*Tosafot Yeshanim*).

As it was stated, Rabbi Yoshiya, etc. – דְּאִיתְּמַר רַבִּי יֹאשִׁיָּה וכו׳: The early commentaries debate the appropriateness of the phrase: It was stated, in this context, as this expression is generally used to introduce a debate between *amora'im*, whereas Rabbi Yoshiya and Rabbi Yonatan are in fact *tanna'im*. Various answers have been offered to this problem. According to *Tosafot Yeshanim*, since these two Sages lived at the end of the tannaitic period, just before the start of the amoraic period, the Gemara did not insist on employing the term: It was taught in a *baraita* (see also *Mikhtav LeḤizkiyahu*). Another suggestion is that this debate was not recorded in any *baraita* but was transmitted orally until it was written down by the *amora'im* (Ritva). A third perspective is that the phenomenon of a debate being introduced without a clear attribution for each of the opinions, i.e., when the Gemara simply states: One said…and one said, which is the case here, is a feature of amoraic, not tannaitic, texts (*Yad Malakhi*).

The dispute between Rabbi Yoshiya and Rabbi Yonatan – מַחְלוֹקֶת רַבִּי יֹאשִׁיָּה וְרַבִּי יוֹנָתָן: This dispute concerns the correct interpretation of verses that mention two items. Does the Torah mean that the pair of items should always feature as one, unless it explicitly separates them; or are the two matters separate, barring an expression that unites them? This distinction makes little difference with regard to practical *halakha*, but several textual analyses are dependent on this question.

PERSONALITIES

Rabbi Yoshiya – רַבִּי יֹאשִׁיָּה: Rabbi Yoshiya, who is also called Rabbi Yoshiya Rabba, the Great, lived during the last generation of the *tanna'im*. According to tradition, he emigrated from the city of Hotzal in Babylonia to learn Torah in Eretz Yisrael, mainly from Rabbi Yishmael, until he developed into one of the outstanding personalities of his teacher's academy. At some point, possibly after the death of Rabbi Yishmael, he returned to Babylonia where he was appointed head of the Sages of Hotzal. He was succeeded by his son, Rabbi Aḥi. Rabbi Yoshiya is attributed with numerous halakhic and aggadic statements, with many presented in the form of debates with his colleague Rabbi Yonatan. These appear mostly in the *Mekhilta*, which is from the school of Rabbi Yishmael.

Rabbi Yonatan – רַבִּי יוֹנָתָן: A native of Eretz Yisrael, Rabbi Yonatan was a member of the last generation of *tanna'im*. His full name was Rabbi Natan, or Yonatan, ben Yosef. He studied under Rabbi Yishmael and was responsible for spreading his teacher's methods of study. Nevertheless, he apparently also learned in Rabbi Akiva's school. Most of his recorded statements are found in the Talmud and the *Mekhilta* of the school of Rabbi Yishmael, and they are presented as disputes with his colleague Rabbi Yoshiya.

אֲפִילּוּ תֵּימָא רַבִּי יוֹנָתָן הוּא, שָׁאנֵי הָכָא דִּכְתִיב ׳אַחַת׳.

The Gemara rejects this contention. **Even if you say** that the mishna is in accordance with the opinion of **Rabbi Yonatan,** it remains possible to explain its ruling, since **it is different here, as it is written "once"** (Exodus 30:10), which indicates that there must be one act of sprinkling and not two. Consequently, the High Priest must mix the blood to ensure that there is only one presentation.

תַּנְיָא דְּלָא כְּשִׁנּוּיִין: ״וְלָקַח מִדַּם הַפָּר וּמִדַּם הַשָּׂעִיר״ – שֶׁיְּהוּ מְעוֹרָבִין, דִּבְרֵי רַבִּי יֹאשִׁיָּה.

The Gemara comments: **It was taught** in a *baraita* **contrary to our response,** but in accordance with the initial assumption: "And he shall go out to the altar that is before the Lord, and make atonement for it; **and he shall take of the blood of the bull and of the blood of the goat,** and put it on the corners of the altar round about" (Leviticus 16:18). This verse teaches **that** the blood of the bull and the goat should **be mixed.** This is **the statement of Rabbi Yoshiya.**

Perek **V**
Daf **58** Amud **a**

NOTES

Once a year – אַחַת בַּשָּׁנָה: Since Rabbi Yoshiya maintains that the blood of the two animals is sprinkled together, what does he learn from the word "once"? His answer is that other *halakhot* are derived from this term, as explained in tractate *Shevuot* (*Tosafot Yeshanim*).

Placed one bowl inside a second bowl – הִנִּיחַ מִזְרָק בְּתוֹךְ מִזְרָק: Some commentaries add that the High Priest must nullify the outer vessel in favor of the inner one, as the Gemara's comment that one cannot nullify another person's foot indicates that nullification is required (*Me'iri*). *Tosafot* note that there is another issue involved here, namely the question of whether or not this is an appropriate manner of collecting blood. This question is also discussed in relation to a different issue in tractate *Sukka*, although it is possible that there is a difference between the *halakhot* of offerings and other mitzvot in this regard.

HALAKHA

Placed one bowl inside a second bowl – הִנִּיחַ מִזְרָק בְּתוֹךְ מִזְרָק: If a priest put one bowl inside another bowl and collected the blood that way, it is valid, as one type of an object does not interpose for another object of the same type (Rambam *Sefer Avoda*, *Hilkhot Pesulei HaMukdashin* 1:21).

רַבִּי יוֹנָתָן אוֹמֵר: מִזֶּה בִּפְנֵי עַצְמוֹ, וּמִזֶּה בִּפְנֵי עַצְמוֹ. אָמַר לוֹ רַבִּי יֹאשִׁיָּה: וַהֲלֹא כְּבָר נֶאֱמַר ״אַחַת״!

Rabbi Yonatan says: He presents **from this** one, the bull's blood, **by itself, and** he presents **from that** one, the goat's blood, **by itself** and does not mix them. **Rabbi Yoshiya said to him: But wasn't it already stated:** "And Aaron shall make atonement upon its corners **once** a year;[N] with the blood of the sin-offering of atonement" (Exodus 30:10), which indicates that the High Priest does not present twice?

אָמַר לוֹ רַבִּי יוֹנָתָן: וַהֲלֹא כְּבָר נֶאֱמַר ״מִדַּם הַפָּר וּמִדַּם הַשָּׂעִיר״. אִם כֵּן לָמָּה נֶאֱמַר ״אַחַת״ – לוֹמַר לְךָ אַחַת וְלֹא שְׁתַּיִם מִדַּם הַפָּר, אַחַת וְלֹא שְׁתַּיִם מִדַּם הַשָּׂעִיר.

Rabbi Yonatan said to him: But wasn't it already stated: "Of the blood of the bull and of the blood of the goat" (Leviticus 16:18), which teaches that each set of sprinklings must be performed by itself? **If so, why is "once" stated?** This verse comes **to tell you** that he must perform the rite **once and not** perform **two** sets of sprinklings **from the blood of the bull;** and likewise he must perform the rite **once and not** perform **two** sets of sprinklings **from the blood of the goat.** From the blood of each of the animals, the High Priest presents only one set of sprinklings. This shows that Rabbi Yoshiya and Rabbi Yonatan indeed disagree with regard to this issue.

תַּנְיָא אִידַּךְ: ״וְלָקַח מִדַּם הַפָּר וּמִדַּם הַשָּׂעִיר״ – שֶׁיְּהוּ מְעוֹרָבִין זֶה בָּזֶה. אַתָּה אוֹמֵר שֶׁיְּהוּ מְעוֹרָבִין זֶה בָּזֶה אוֹ אֵינוֹ אֶלָּא מִזֶּה בִּפְנֵי עַצְמוֹ וּמִזֶּה בִּפְנֵי עַצְמוֹ? תַּלְמוּד לוֹמַר: ׳אַחַת׳. וּסְתָמָא כְּרַבִּי יֹאשִׁיָּה.

It was taught in **another** *baraita*: **"And he shall take of the blood of the bull and of the blood of the goat"** (Leviticus 16:18). This verse teaches **that** the blood of the bull and the goat **should be mixed together. Do you say that they should be mixed together, or perhaps that is not** the case; rather, he presents **from this** blood **by itself and from that by itself?** Therefore, **the verse states: "Once."** The Gemara comments: **And** this **unattributed** *baraita* **is in accordance with** the opinion of **Rabbi Yoshiya,** who said the two sets of blood are mixed, as stated in the mishna.

״נָתַן אֶת הַמָּלֵא בָּרֵיקָן״ וכו׳. בְּעָא מִינֵּיהּ רָמִי בַּר חָמָא מֵרַב חִסְדָּא: הִנִּיחַ מִזְרָק בְּתוֹךְ מִזְרָק, וְקִיבֵּל בּוֹ אֶת הַדָּם, מַהוּ? מִין בְּמִינוֹ חוֹצֵץ, אוֹ אֵינוֹ חוֹצֵץ?

§ It was taught in the mishna that after the High Priest poured the bull's blood into the goat's blood, **he placed** the blood **from the full** bowl **into the empty** bowl, to mix the blood well. **Rami bar Ḥama raised a dilemma before Rav Ḥisda: What is** the *halakha* if **he placed** one **bowl inside** a second **bowl**[NH] **and collected the blood in** the inner bowl? Does one **type** of object mingled **with** another of **its** own **type interpose,** which would mean that the priest has not collected the blood himself, as the outer bowl interposed between him and the vessel? **Or** perhaps an object of one type **does not interpose** for another object of the same type, and therefore the two bowls are considered one object.

אֲמַר לֵיהּ, תְּנֵיתוּהָ: נָתַן אֶת הַמָּלֵא בָּרֵיקָן. מַאי לָאו – הוֹשִׁיב מִזְרָק מָלֵא לְתוֹךְ מִזְרָק רֵיקָן?

Rav Ḥisda **said to him: We** have already **learned** the answer to this question in the mishna: **He placed** the blood **from the full** bowl **into the empty** bowl. **What, is it not** correct to infer from this statement that **he inserted** the **full bowl into** the **empty bowl?**

לֹא, עֵירָה מִזְרָק מָלֵא לְתוֹךְ מִזְרָק רֵיקָן. הָא תָּנָא לֵיהּ רֵישָׁא: עֵירָה דַּם הַפָּר לְתוֹךְ דַּם הַשָּׂעִיר! כְּדֵי לְעָרְבָן יָפֶה יָפֶה.

Rami bar Ḥama responded: **No,** it means that **he poured** the **full bowl into an empty bowl.** Rav Ḥisda said to him: But this statement is unnecessary, as the *tanna* of the mishna already **taught** the requirement to pour from one vessel into another in the **first** clause: **He poured the blood of the bull into the blood of the goat.** The subsequent phrase: He placed the full into the empty, must therefore refer to the placement of one vessel inside another. Rami bar Ḥama responded: No, it means that he pours the blood from the full bowl into the empty bowl a second time **in order to mix them very well.** To this end, he pours from one vessel into the other before again pouring the mixture back into the first vessel, thereby mixing them thoroughly.

תָּא שְׁמַע: הָיָה עוֹמֵד עַל גַּבֵּי כְּלִי אוֹ עַל גַּבֵּי רֶגֶל חֲבֵירוֹ – פָּסוּל. שָׁאנֵי רֶגֶל, דְּלָא מָצֵי מְבַטֵּיל לֵיהּ.

The Gemara suggests: **Come** and **hear** a solution to this question: If a priest performed the Temple service while he **was standing on top of a vessel,**[NH] **or on the foot of another** priest, his service **is disqualified,** as the priest must stand directly on the floor of the Temple. The fact that the foot of another person is considered an interposition proves that one type serves as an interposition with regard to another object of the same type. The Gemara rejects this contention: **A foot is different, as he cannot nullify it.** The foot of another person cannot be considered nullified with respect to the priest's foot, but in the case of a vessel it is possible to say that one vessel is nullified in favor of another vessel.

אִיכָּא דְּאָמְרִי, הָכִי בְּעֵי מִינֵּיהּ: דֶּרֶךְ שֵׁירוּת בְּכָךְ אוֹ אֵין דֶּרֶךְ שֵׁירוּת בְּכָךְ? תָּא שְׁמַע, דְּתָנָא דְּבֵי רַבִּי יִשְׁמָעֵאל: "אֶת כָּל כְּלֵי הַשָּׁרֵת אֲשֶׁר יְשָׁרְתוּ בָם בַּקֹּדֶשׁ" שְׁנֵי כֵּלִים וְשֵׁירוּת אַחַת.

Some say that Rami bar Ḥama did not refer to the issue of interposition at all. Rather, **this is the dilemma he raised before** Rav Ḥisda: **Is** placing one vessel inside another vessel a proper **manner of service; or is this not** a proper **manner of service,** and if one does so his service is disqualified? The Gemara answers: **Come** and **hear** that **which the school of Rabbi Yishmael taught: "And they shall take all the service vessels, with which they serve in the Sanctuary"** (Numbers 4:12). This verse is referring to **two vessels and one service,** which indicates that this is a proper manner of service.

בְּעָא מִינֵּיהּ רָמִי בַּר חָמָא מֵרַב חִסְדָּא: הִנִּיחַ סִיב בְּתוֹךְ הַמִּזְרָק וְקִיבֵּל בּוֹ אֶת הַדָּם, מַהוּ? מִין בְּשֶׁאֵינוֹ מִינוֹ חוֹצֵץ, אוֹ אֵינוֹ חוֹצֵץ? כֵּיוָן דְּמִחַלְחֵל – לָא חָיֵיץ, אוֹ דִּילְמָא לָא שְׁנָא?

§ **Rami bar Ḥama raised** another **dilemma before Rav Ḥisda** along the same lines: **What is the** *halakha* **if he placed bast,**[B] the material that grows around palm trees, **inside the bowl,**[H] **and collected the blood in** the bowl through the bast, such that the blood seeps through into the bowl? Does one **type** of object mixed **with** another **not** of its own **type interpose; or** perhaps **it does not interpose?** Could one say that **since the blood seeps** through, it therefore **does not interpose? Or perhaps** this case is **no different,** and as there is a foreign object in the vessel it is considered an interposition even if the blood seeps through.

אָמַר לֵיהּ: תְּנֵינָא, זוֹלֵף וְהוֹלֵךְ עַד שֶׁמַּגִּיעַ לַסְּפוֹג. שָׁאנֵי מַיָּא דְּקַלִּישִׁי.

Rav Ḥisda **said to him** in response: **We** already **learned** this matter with regard to sanctifying the purification waters, i.e., the water mixed with ashes of the red heifer. If a sponge was placed inside the container of water, the water in the sponge is disqualified and the priest may not sprinkle with it. How should he proceed? **He sprinkles** from the water **and continues until he reaches the sponge.** This shows that the presence of the sponge in the water container is not considered an interposition for the water in the container, despite the fact that it itself is unfit for the service. Rami bar Ḥama replied: This is no proof. **Water is different, as it is thin** and therefore it certainly seeps through the sponge and reaches the bowl; whereas the thicker blood will perhaps not seep into the fiber.

אִיכָּא דְּאָמְרִי, הָכִי פָּשַׁט לֵיהּ: בְּדָם – כָּשֵׁר, בְּקוֹמֶץ פָּסוּל.

Some say that **this is how** Rav Ḥisda **resolved** the problem of placing the bast in the bowl **for** Rami bar Ḥama: In the case **of the blood it is valid,** as blood passes through, and the bast does not obstruct it. However, in the case **of the handful** of a meal-offering, which must be sanctified in a vessel immediately after the handful is taken, if he put bast in a vessel and placed the handful on top of it, **it is disqualified.**[N] The reason is that the handful of a meal-offering consists of dough, which does not pass through the bast, and it is therefore considered a proper interposition.

NOTES

Standing on top of a vessel – עוֹמֵד עַל גַּבֵּי כְּלִי: Just as the Temple vessels are sanctified, so too, the floor of the courtyard is sanctified. Just as there must be no barrier between the priest and the vessel, so too, there must not be a barrier between him and the floor.

In the case of the handful it is disqualified – בְּקוֹמֶץ פָּסוּל: It is apparently obvious that the meal-offering is invalid in this case. One explanation is that since the flour of the meal-offering is very fine, one might have thought that perhaps it too will seep through the bast. The Gemara therefore points out that solid matter is not considered to seep through bast (*Tosafot Yeshanim*).

HALAKHA

Standing on top of a vessel – עוֹמֵד עַל גַּבֵּי כְּלִי: A priest performing the Temple service must stand on the floor. If something interposes between him and the ground, e.g., if he stands on top of a vessel, an animal, or another's foot, the service is disqualified (Rambam *Sefer Avoda, Hilkhot Biat HaMikdash* 5:17).

He placed bast inside the bowl – הִנִּיחַ סִיב בְּתוֹךְ הַמִּזְרָק: If the priest placed bast or any other absorbent fiber into the bowl and collected the blood in this manner, the service is valid, as fiber is hollow, and the blood will enter into the bowl without any interposition. However, if he did so for the handful of the meal-offering and took the handful from on top of the bast, the service is disqualified (Rambam *Sefer Avoda, Hilkhot Pesulei HaMukdashin* 1:21).

BACKGROUND

Bast – סִיב: Bast is a soft, woody fiber obtained from stems of certain plants and used for textiles and ropes. These fibers, usually characterized by fineness and flexibility, are also known as soft fibers, distinguishing them from the coarser, less flexible fibers of the leaf. Bast from palm trees has been used since antiquity.

Bast of a palm tree

BACKGROUND

He stood in one place and sprinkled – בִּמְקוֹמוֹ הָיָה עוֹמֵד וּמְחַטֵּא:

High Priest sprinkling the blood on the altar

Kidron River – נַחַל קִדְרוֹן: On this map, the area of the Temple Mount is the large structure on the left-hand side. The Kidron River, which passes next to the wall of the Temple Mount, is the source of the Pool of Siloam. The sketch clearly shows that the wall of the Temple Mount stands above the slope of the river, and therefore the natural place for removing the spillage from the Temple was via the Kidron River.

Map of the Temple Mount and the Kidron River

Section of Kidron River

מתני׳ ״וְיָצָא אֶל הַמִּזְבֵּחַ אֲשֶׁר לִפְנֵי ה׳״ – זֶה מִזְבַּח הַזָּהָב. הִתְחִיל מְחַטֵּא וְיוֹרֵד. מֵהֵיכָן הוּא מַתְחִיל – מִקֶּרֶן מִזְרָחִית צְפוֹנִית, צְפוֹנִית מַעֲרָבִית, מַעֲרָבִית דְּרוֹמִית, דְּרוֹמִית מִזְרָחִית. מָקוֹם שֶׁהוּא מַתְחִיל בְּחַטָּאת עַל מִזְבֵּחַ הַחִיצוֹן מִשָּׁם הָיָה גּוֹמֵר עַל מִזְבֵּחַ הַפְּנִימִי.

MISHNA It is stated: **"And he shall go out to the altar that is before the Lord,** and make atonement for it; and he shall take of the blood of the bull, and of the blood of the goat, and place it upon the corners of the altar round about" (Leviticus 16:18). **This** altar **is the golden altar,** since the outer altar is not before the Lord in the Sanctuary. **He began to cleanse** the altar, sprinkling the blood **downward.**[NH] **From where does he begin?** He begins **from the northeast corner,** and proceeds to the **northwest** corner, and then to the **southwest** corner, and finally to the **southeast** corner. A way to remember this is: At the **place** where **he begins** sprinkling the blood **for a sin-offering**[H] sacrificed **on the outer altar,** the southeast corner, **there he finishes** sprinkling the blood **on the inner altar.**

רַבִּי אֱלִיעֶזֶר אוֹמֵר: בִּמְקוֹמוֹ הָיָה עוֹמֵד וּמְחַטֵּא.

Rabbi Eliezer says: The priest would not circle the altar; rather, **he stood in** one **place and sprinkled**[B] the blood from there. Since the altar was only one square cubit, he could sprinkle the blood on all four corners without moving.

וְעַל כּוּלָּן הָיָה נוֹתֵן מִלְּמַטָּה לְמַעְלָה, חוּץ מִזּוֹ שֶׁהָיְתָה לְפָנָיו, שֶׁהָיָה נוֹתֵן מִלְּמַעְלָה לְמַטָּה. הִזָּה עַל טׇהֳרוֹ שֶׁל מִזְבֵּחַ שֶׁבַע פְּעָמִים. וּשְׁיָרֵי הַדָּם הָיָה שׁוֹפֵךְ עַל יְסוֹד מַעֲרָבִי שֶׁל מִזְבֵּחַ הַחִיצוֹן. וְשֶׁל מִזְבֵּחַ הַחִיצוֹן הָיָה שׁוֹפֵךְ אֶל יְסוֹד דְּרוֹמִי. אֵלּוּ וָאֵלּוּ מִתְעָרְבִין בָּאַמָּה, וְיוֹצְאִין לְנַחַל קִדְרוֹן, וְנִמְכָּרִין לַגַּנָּנִין לְזֶבֶל וּמוֹעֲלִין בָּהֶן.

And on all the corners he would present the blood **from below upward, except for that** corner **that was** directly **before him,**[N] on **which he would present** the blood **from above downward. He sprinkled** blood **on the pure** gold **of the altar**[H] **seven times** after clearing away the ashes. **And he would pour the remainder of the blood on the western base of the outer altar.** On a related topic, the mishna teaches that **he would pour** the remaining blood of an offering, after it was sprinkled, **on the outer altar, on its southern base.**[H] **These** remainders of blood from the outer altar **and those** remainders of blood from the inner altar are **mixed in the canal** beneath the altar **and flow out** with the water used to rinse the area **to the Kidron River.**[HB] This water was **sold to gardeners for** use as **fertilizer.** The gardeners paid for this water and thereby redeemed it from its sanctity. Failure to do so would render them guilty of **misuse** of consecrated property.

NOTES

He began to cleanse [*meḥateh*] downward – הִתְחִיל מְחַטֵּא וְיוֹרֵד: According to Rashi, *meḥateh* means descent, i.e., he sprinkles downward. However, most other commentaries maintain that *meḥateh* is simply a term for sprinkling, as stated explicitly in the Torah (see Leviticus 16:18), without any indication of the direction (see Ritva).

Except for that corner that was directly before him – חוּץ מִזּוֹ שֶׁהָיְתָה לְפָנָיו: He cannot sprinkle from below upward lest the blood enter the sleeve of his tunic, as stained priestly garments are unfit for the Temple service.

HALAKHA

Sprinkling on the golden altar – הַזָּאָה עַל מִזְבַּח הַזָּהָב: The High Priest stands on the inner side of the golden altar, between the altar and the candelabrum, to the south of the altar. He circles the altar and sprinkles the corners beginning with the northeast corner, followed by the northwest, southwest, and southeast. On all the corners he presents the blood from the bottom to the top, except for the last sprinkling, which is on the corner closest to him. He performs this sprinkling from the top downward to avoid sullying his garments. The Rambam rules here in accordance with the unattributed opinion in the mishna, which he maintains is the majority opinion (see *Kesef Mishne* as cited in the responsa of the Rashba, and *Tosafot Yeshanim*; Rambam *Sefer Avoda, Hilkhot Avodat Yom HaKippurim* 4:2).

The place where he begins for a sin-offering – מָקוֹם שֶׁהוּא מַתְחִיל בְּחַטָּאת: The blood of a sin-offering is sprinkled on the altar as follows: The priest ascends the ramp and turns to his right. He first places blood on the southeast corner, then on the northeast one, continuing until he ends at the southwest corner (Rambam *Sefer Avoda, Hilkhot Ma'aseh HaKorbanot* 5:10).

He sprinkled blood on the pure gold of the altar – הִזָּה עַל טׇהֳרוֹ שֶׁל מִזְבֵּחַ: The High Priest raked the ashes and coals aside until he exposed the gold of the altar. He sprinkled the mixed blood on the top of the altar on its south side and then poured the remainder of the blood on the west base of the outer altar (Rambam *Sefer Avoda, Hilkhot Avodat Yom HaKippurim* 4:2).

The remainder of the blood from a sin-offering on the outer altar – שְׁיָרֵי דַּם חַטָּאת חִיצוֹנָה: The blood that remained from a sin-offering sacrificed on the outer altar was poured on its southern base (Rambam *Sefer Avoda, Hilkhot Ma'aseh HaKorbanot* 5:10).

Those are mixed in the canal and flow out to the Kidron River – מִתְעָרְבִין בָּאַמָּה וְיוֹצְאִין לְנַחַל קִדְרוֹן: The blood that was spilled on the base of the altar flowed from there into the Temple's drainpipes, where it was washed out with the cleansing water to the Kidron River. This blood-water mixture was sold to gardeners as fertilizer, and the money of the proceeds was consecrated. Any unlawful use of the blood constituted misuse of consecrated property. The Ra'avad maintains that this prohibition applies by rabbinic law (Rambam *Sefer Avoda, Hilkhot Me'ila* 2:11).

גמ׳ תָּנוּ רַבָּנַן: ״וְיָצָא אֶל הַמִּזְבֵּחַ״ מַה תַּלְמוּד לוֹמַר? אָמַר רַבִּי נְחֶמְיָה: לְפִי שֶׁמָּצִינוּ בְּפַר הַבָּא עַל כָּל הַמִּצְוֹת, שֶׁכֹּהֵן עוֹמֵד חוּץ לַמִּזְבֵּחַ וּמַזֶּה עַל הַפָּרוֹכֶת בְּשָׁעָה שֶׁהוּא מַזֶּה, יָכוֹל אַף זֶה כֵּן –

GEMARA The Sages taught: **"And he shall go out to the altar"** (Leviticus 16:18). **What is** the meaning when **the verse states** this? Upon his exit, after sprinkling toward the curtain, the High Priest must necessarily reach the golden altar. **Rabbi Neḥemya said:** It is **because we find with regard to the bull brought for** a violation of **all the mitzvot,** i.e., the bull that must be brought in the event that the community errs with regard to any of the mitzvot, which is called the bull for an unwitting communal sin, **that when the priest sprinkles** toward the curtain **he stands past the altar and sprinkles** back **toward the curtain;** therefore, one **might** have thought **that here, too,** the rite should be performed in **the same** manner.

תַּלְמוּד לוֹמַר: ״וְיָצָא אֶל הַמִּזְבֵּחַ״. הֵיכָן הָיָה – לִפְנִים מִן הַמִּזְבֵּחַ.

Therefore, **the verse states: "And he shall go out to the altar." Where was he** before? He was **on the inner side of the altar,** i.e., the western side, close to the curtain, when he sprinkled, not on the outer side of the altar.

תַּנְיָא אִידָךְ: ״לִפְנֵי ה׳״ מַה תַּלְמוּד לוֹמַר? אָמַר רַבִּי נְחֶמְיָה: לְפִי שֶׁמָּצִינוּ בְּפַר וְשָׂעִיר שֶׁל יוֹם הַכִּפּוּרִים שֶׁכֹּהֵן עוֹמֵד לִפְנִים מִן הַמִּזְבֵּחַ וּמַזֶּה עַל הַפָּרוֹכֶת בְּשָׁעָה שֶׁהוּא מַזֶּה, יָכוֹל אַף זֶה כֵּן –

It was taught in **another** *baraita*: With regard to the bull for an unwitting communal sin the verse states: "And he shall sprinkle seven times **before the Lord** in front of the curtain" (Leviticus 4:17). **What** is the meaning when **the verse states:** Before the Lord? **Rabbi Neḥemya said:** It is **because we find with regard to the bull and the goat of Yom Kippur that when he sprinkles** the High **Priest stands on the inner side of the altar,** close to the curtain, **and sprinkles toward the curtain;** therefore, one **might** have thought that **here, too,** in the case of the bull for an unwitting communal sin, it should be **the same** rite.

תַּלְמוּד לוֹמַר: ״מִזְבַּח קְטֹרֶת הַסַּמִּים לִפְנֵי ה׳ אֲשֶׁר בְּאֹהֶל מוֹעֵד״. מִזְבֵּחַ לִפְנֵי ה׳, וְאֵין כֹּהֵן לִפְנֵי ה׳. הָא כֵּיצַד – עוֹמֵד חוּץ לַמִּזְבֵּחַ וּמַזֶּה.

Therefore, **the verse states:** "And the priest shall put the blood upon the corners of the **altar of sweet incense before the Lord, which is in the Tent of Meeting"** (Leviticus 4:7). This verse teaches that the **altar** is **before the Lord, but the priest is not before the Lord. How so?** The priest **stands on the outer side of the altar and sprinkles.**

״הִתְחִיל מְחַטֵּא וְיוֹרֵד וכו׳״. תָּנוּ רַבָּנַן: הִתְחִיל מְחַטֵּא וְיוֹרֵד, מֵהֵיכָן הָיָה מַתְחִיל – מִקֶּרֶן מִזְרָחִית דְּרוֹמִית, דְּרוֹמִית מַעֲרָבִית, מַעֲרָבִית צְפוֹנִית, צְפוֹנִית מִזְרָחִית, דִּבְרֵי רַבִּי עֲקִיבָא. רַבִּי יוֹסֵי הַגְּלִילִי אוֹמֵר: מִקֶּרֶן מִזְרָחִית צְפוֹנִית, צְפוֹנִית מַעֲרָבִית, מַעֲרָבִית דְּרוֹמִית, דְּרוֹמִית מִזְרָחִית.

§ The mishna taught: **He began to cleanse** the altar, sprinkling the blood **downward. The Sages taught** in a *baraita*: **He began to cleanse downward. From where would he begin?** He would begin **from the southeast corner** of the altar, and from there he would turn to the **southwest** corner, onward to the **northwest** corner, and finally to the **northeast** corner. This is **the statement of Rabbi Akiva. Rabbi Yosei HaGelili says:** He began **from the northeast**[N] **corner,** from which he turned to the **northwest** corner, then to the **southwest** corner, and finished at the **southeast** corner.

מָקוֹם שֶׁרַבִּי יוֹסֵי הַגְּלִילִי מַתְחִיל, שָׁם רַבִּי עֲקִיבָא פּוֹסֵק. מָקוֹם שֶׁרַבִּי עֲקִיבָא מַתְחִיל, שָׁם רַבִּי יוֹסֵי הַגְּלִילִי פּוֹסֵק.

The Gemara notes: The place where the High Priest **begins** according to the opinion of **Rabbi Yosei HaGelili,** i.e., the northeast corner, **there** is where **Rabbi Akiva** says he **ends;** and the place where the High Priest **begins** according to the opinion of **Rabbi Akiva,** the southeast corner, **there** is where **Rabbi Yosei HaGelili** says he **ends.**

דְּכוּלֵּי עָלְמָא מִיהָא, בְּהַהוּא קֶרֶן דְּפָגַע בְּרֵישָׁא לָא עָבֵיד, מַאי טַעְמָא? אָמַר שְׁמוּאֵל: דְּאָמַר קְרָא ״וְיָצָא אֶל הַמִּזְבֵּחַ״ – עַד דְּנָפֵיק מִכּוּלֵּיהּ מִזְבֵּחַ.

The Gemara asks: **Everyone agrees, in any case,** that **he does not perform** the service **at the corner that he encounters first.** Since the High Priest approaches the altar from the west side, the first corner he encounters is located on the west side. **What is the reason** for this? **Shmuel said:** The reason is **that the verse states: "And he shall go out to the altar,"** which indicates that he does not begin **until he goes out from** the sacred area beyond the **entire** area of the **altar.** At this stage, he is no longer on the western side of the altar but on its eastern side.

וּלְרַבִּי עֲקִיבָא, נַקִּיף דֶּרֶךְ יָמִין! לֵימָא בִּדְרָמִי בַּר יְחֶזְקֵאל קָא מִיפַּלְגִי,

The Gemara asks: **And** according to the opinion of **Rabbi Akiva, let him go around via the right.** Since the High Priest is standing at the eastern side of the altar facing the west, the corner on his right is the northeast one. **Let us say** that **they disagree with regard** to the opinion **of Rami bar Yeḥezkel.**

NOTES

Northeast – מִזְרָחִית צְפוֹנִית: The commentaries note that Rabbi Yosei HaGelili's opinion is in accordance with Rabbi Yosei's claim that the entrance of the curtain is in the north. As the High Priest emerges from that side, he begins to sprinkle there. However, other commentaries maintain that Rabbi Yosei HaGelili disagrees with Rabbi Yosei (see *Tosafot Yeshanim* and the commentaries on Rambam *Sefer Avoda, Hilkhot Avodat Yom HaKippurim* 4:2).

NOTES

By right [*midina*] – מדינא: Some commentaries read this as *modina*, meaning: I concur in this regard (Rabbeinu Elyakim). The term *midina* can also been interpreted as: With this I agree.

דאמר רמי בר יחזקאל: ים שעשה שלמה "עומד על שנים עשר בקר שלשה פונים צפונה ושלשה פונים ימה ושלשה פונים נגבה ושלשה פונים מזרחה והים עליהם מלמעלה וכל אחוריהם ביתה". הא למדת שכל פינות שאתה פונה לא יהו אלא דרך ימין, למזרח. מר אית ליה דרמי בר יחזקאל, ומר לית ליה דרמי בר יחזקאל?

As Rami bar Yeḥezkel said: A verse describes **the sea,** the basin **that Solomon built,** in the following terms: **"It stood upon twelve oxen, three looking toward the north, and three looking toward the west, and three looking toward the south, and three looking toward the east; and the sea was set upon them above, and all their hinder parts were inward"** (II Chronicles 4:4). From the direction in which the text lists the groups of oxen under the basin, **you learn that all turns that you turn should be only to the right** and **to the east** side. Let us say that **this Sage,** Rabbi Yosei HaGelili, **is of** the opinion that the ruling is in accordance with the opinion **of Rami bar Yeḥezkel, and this Sage,** Rabbi Akiva, **is of** the opinion that the ruling is **not** in accordance with the opinion of **Rami bar Yeḥezkel.**

לא, דכולי עלמא אית להו דרמי בר יחזקאל, והכא בהא קא מיפלגי; מר סבר: ילפינן פנים מחוץ, ומר סבר; לא ילפינן פנים מחוץ.

The Gemara rejects this suggestion: **No, everyone is of** the opinion that the ruling is in accordance with the opinion of **Rami bar Yeḥezkel, but here they disagree with regard to this** matter: **One Sage,** Rabbi Yosei HaGelili, **holds: We derive** the order of the rite **inside** the Sanctuary **from** the manner of the sprinkling on the **outside:** Just as the priest sprinkles on the corners of the outer altar in that order, he sprinkles similarly on the inner altar. **And one Sage,** Rabbi Akiva, **holds: We do not derive** the order of the rite **inside** of the Sanctuary **from** the rite performed **outside.**

ורבי עקיבא: נהי דלא יליף פנים מחוץ, אי בעי – הכי נעביד, אי בעי – הכי נעביד! אמר לך רבי עקיבא: מדינא – בההוא קרן דפגעברישא בההוא עביד ברישא, דאמר ריש לקיש: אין מעבירין על המצות.

§ The Gemara asks: **And** according to the opinion of **Rabbi Akiva, although he does not derive** the **inside from** the **outside,** nevertheless **if** the High Priest **wants, let him perform** the rite in **this** manner, and **if he wants, let him perform** the rite in **that** manner. Why must he begin specifically at the southeast corner? The Gemara answers: **Rabbi Akiva** could have **said to you:** Indeed, **by right**[N] **he should begin** sprinkling **by that corner** of the altar **that he reaches first, as Reish Lakish said: One does not pass on** an opportunity to perform **mitzvot.** If one has the chance to perform a mitzva, he should not put it off for later but should do it immediately.

ואמאי לא עביד – משום דכתיב "ויצא אל המזבח" – עד דנפיק מכוליה מזבח, וכיון דיהיב בההוא קרן – הדר אתי לההוא קרן דאיחייב למיתב ברישא.

And why does he not do so; why does the High Priest not begin the sprinkling on one of the western corners? This is **due to** that **which is written: "He shall go out to the altar,"** meaning that he does not begin **until he goes out from** the area of the **entire altar. And since he presents** the blood **at that corner** on the outside of the altar, **he then comes to that corner** on the west side **where he should have presented** the blood **first.**

Perek **V**
Daf **59** Amud **a**

ואי בעית אימא: אי סבירא לן הקפה ברגל – דכולי עלמא לא פליגי דילפינן פנים מחוץ. והכא בהא קא מיפלגי; מר סבר: הקפה ביד, ומר סבר: הקפה ברגל.

And if you wish, say instead: **If we hold** that the **encircling** is performed **by foot,** i.e., the priest walks around the inner altar, **everyone agrees that we learn** the method of sprinkling **inside** from the sprinkling **outside. And here they disagree about this** matter: **One Sage,** Rabbi Akiva, **holds** that the priest stands in his place and sprinkles on all the corners from there, which means his **encircling** is performed **by hand; and one Sage,** Rabbi Yosei, **holds** that the **encircling** is done **by foot.**

ואי בעית אימא: דכולי עלמא הקפה ביד, והכא בהא קא מיפלגי; מר סבר: ילפינן יד מרגל, ומר סבר: לא ילפינן.

And if you wish, say instead: **Everyone** agrees that **the encircling** was performed **by hand, and here they disagree about this** matter: **One Sage,** Rabbi Yosei, **holds** that **we derive** the *halakhot* of an encircling performed by **hand from** those of an encircling by **foot,** and therefore the ritual of the inner altar is the same as that of the outer altar. **And one Sage,** Rabbi Akiva, **holds that we do not derive** the encircling performed by hand from the encircling done by foot.

וְסָבַר רַבִּי יוֹסֵי הַגְּלִילִי הַקָּפָה בַּיָּד? וְהָא מִדְּקָתָנֵי סֵיפָא, רַבִּי אֱלִיעֶזֶר אוֹמֵר: בִּמְקוֹמוֹ הָיָה עוֹמֵד וּמְחַטֵּא – מִכְּלָל דְּתַנָּא קַמָּא לָא סְבִירָא לֵיהּ! אֶלָּא מְחַוַּורְתָּא כִּדְשַׁנִּינַן מֵעִיקָּרָא: מָר סָבַר הַקָּפָה בַּיָּד, וּמָר סָבַר הַקָּפָה בָּרֶגֶל.

§ The Gemara asks: **And does Rabbi Yosei HaGelili hold** that **the encircling** is performed **by hand? But from** the fact **that it is taught** in **the latter clause** of the mishna that **Rabbi Eliezer says: He stood in** one **place and sprinkled** the blood from there, it can be learned **by inference** that **the first** ***tanna***, whom the Gemara identified as Rabbi Yosei HaGelili, **does not maintain** that the rite is performed in this manner. **Rather, it is clear as we originally answered,** that **one Sage,** Rabbi Akiva, **holds** that the **encircling** is performed **by hand; and one Sage,** Rabbi Yosei, **holds** that the **encircling** is performed **by foot.**

וְאִי בָּעֵית אֵימָא: בְּהָא קָא מִיפַּלְגִי, מָר סָבַר: סָבִיב דְּמִזְבֵּחַ פְּנִימִי כְּסָבִיב דְּמִזְבֵּחַ הַחִיצוֹן, וּמָר סָבַר: כּוּלֵּיהּ מִזְבֵּחַ פְּנִימִי בִּמְקוֹם חֲדָא קֶרֶן דְּמִזְבֵּחַ חִיצוֹן קָאֵי.

And if you wish, say instead that **they disagree about this** matter: **One Sage,** Rabbi Akiva, **holds** that the **perimeter of the inner altar is like the perimeter of the outer altar, and one Sage,** Rabbi Yosei, **holds** that the **entire inner altar stands in place of one corner of** the **outer altar.** Since the entire inner altar is only one cubit by one cubit, like a single corner of the outer altar, the *halakhot* of the outer altar are not relevant to the inner altar.

תַּנְיָא אָמַר רַבִּי יִשְׁמָעֵאל: שְׁנֵי כֹּהֲנִים גְּדוֹלִים נִשְׁתַּיְּירוּ בְּמִקְדָּשׁ רִאשׁוֹן, זֶה אוֹמֵר: בְּיָדַי הִקַּפְתִּי, וְזֶה אוֹמֵר: בְּרַגְלַי הִקַּפְתִּי. זֶה נוֹתֵן טַעַם לִדְבָרָיו וְזֶה נוֹתֵן טַעַם לִדְבָרָיו.

It was taught in a *baraita* that **Rabbi Yishmael said: Two High Priests remained from** the days of **the First Temple.**[N] **This one says: I encircled by hand** and sprinkled, and I did not encircle the perimeter of the inner altar by foot. **And that one says: I encircled by foot. This one gave a reason for his statement, and that one gave a reason for his statement.**

זֶה נוֹתֵן טַעַם לִדְבָרָיו, סָבִיב דְּמִזְבֵּחַ פְּנִימִי כְּסָבִיב דְּמִזְבֵּחַ הַחִיצוֹן, וְזֶה נוֹתֵן טַעַם לִדְבָרָיו: כּוּלֵּיהּ מִזְבֵּחַ פְּנִימִי בִּמְקוֹם חֲדָא קֶרֶן דְּחִיצוֹן קָאֵי.

The one who said that he encircled by foot **gave** the following **reason for his statement: The perimeter of the inner altar** is **like** the **perimeter of the outer altar,** which is encircled by foot for sprinkling. **And the one** who said that he encircled by hand **gave** the following **reason for his statement: The entire inner altar stands in place of one corner of the outer** altar. Just as for one corner of the outer altar, the priest sprinkles the blood by hand, the same applies to the entire inner altar.[H]

״רַבִּי אֱלִיעֶזֶר אוֹמֵר בִּמְקוֹמוֹ הָיָה עוֹמֵד וּמְחַטֵּא״. מַתְנִיתִין מַנִּי – רַבִּי יְהוּדָה הִיא. דְּתַנְיָא; רַבִּי מֵאִיר אוֹמֵר, רַבִּי אֱלִיעֶזֶר אוֹמֵר: בִּמְקוֹמוֹ עוֹמֵד וּמְחַטֵּא, וְעַל כּוּלָּן הָיָה נוֹתֵן מִמַּעְלָה לְמַטָּה, חוּץ מֵאוֹתָהּ שֶׁבָּאֲלַכְסוֹן שֶׁנּוֹתֵן מִמַּטָּה לְמַעְלָה.

§ It was taught in the mishna that **Rabbi Eliezer says: He stood in** one **place and sprinkled** the blood from there. The Gemara asks: In accordance with **whose** opinion **is the mishna?** The Gemara answers: The mishna **is** taught in accordance with the opinion of **Rabbi Yehuda,** who explained Rabbi Eliezer's ruling in the following manner. **As it was taught** in a *baraita*, later *tanna'im* disagreed with regard to the opinion of Rabbi Eliezer. **Rabbi Meir says** that **Rabbi Eliezer says** as follows: **He stood in** one **place and sprinkled, and on all** of the corners **he presented** the blood **from above downward,** so as not to drip blood down the sleeve of his garment, **except for that** corner **on the diagonal** [***alakhson***][L] across from him. Since it was difficult for him to sprinkle on that corner from top to bottom, **he sprinkled from below upward.**

רַבִּי יְהוּדָה אוֹמֵר, רַבִּי אֱלִיעֶזֶר אוֹמֵר: בִּמְקוֹמוֹ עוֹמֵד וּמְחַטֵּא, וְעַל כּוּלָּן הוּא נוֹתֵן מִלְּמַטָּה לְמַעְלָה, חוּץ מִזּוֹ שֶׁהָיְתָה לְפָנָיו מַמָּשׁ, שֶׁנּוֹתֵן מִמַּעְלָה לְמַטָּה, כִּי הֵיכִי דְּלָא נִיתְווֹסַן מָאנֵיהּ.

Conversely, **Rabbi Yehuda says** that **Rabbi Eliezer says: He stood** in one **place and sprinkled, and on all of** the corners **he sprinkled from below upward,** as it is more convenient to sprinkle in that manner, **except for that one which was directly before him, on** which **he would present from above downward.** The reason is **so as not to dirty his garments** with blood. If he sprinkled on the corner next to him from below upward, the blood might fall on his clothes, and he would have to change garments, as dirty priestly garments may not be worn for the Temple service.

״הִזָּה מִמֶּנּוּ עַל טׇהֳרוֹ שֶׁל מִזְבֵּחַ״. מַאי טׇהֳרוֹ? אָמַר רַבָּה בַּר רַב שֵׁילָא: פַּלְגֵּיהּ דְּמִזְבֵּחַ, כִּדְאָמְרִי אִינָשֵׁי: טְהַר טִיהֲרָא, וַהֲוֵי פַּלְגֵּיהּ דְּיוֹמָא.

§ The mishna taught: **He sprinkled** blood **on the pure** gold [*tohoro*] **of the altar.**[H] The Gemara asks: **What** is the meaning of the term *tohoro*? **Rabba bar Rav Sheila said:** It means **half of the altar, as people** commonly **say:** ***Tehar tihara***, the light of noon shines **and it is the middle of the day.** Here, too, *tohoro* of the altar means half the altar, i.e., he sprinkled on the midpoint of the altar wall.

NOTES

Remained from the First Temple – נִשְׁתַּיְּירוּ בְּמִקְדָּשׁ רִאשׁוֹן: Some versions of the Gemara omit the word: First, and likewise in the Jerusalem Talmud this statement is associated with the Second Temple. *Tosafot Yeshanim* note that according to the current version of the text, the meaning of the Gemara is unclear, as differences of opinion only arose later, during the Second Temple period. One explanation is that although disputes that arose during the First Temple period were invariably resolved by the court, this issue was never openly discussed at the time, and therefore two High Priests could remember acting in different ways.

HALAKHA

Encircling by hand and by foot – הַקָּפָה בַּיָּד וּבָרֶגֶל: The Rambam rules that the encircling was performed by foot, in accordance with the unattributed opinion in the mishna. Other authorities maintain that the *halakha* is in accordance with Rabbi Akiva that the encircling is performed by hand (Rosh; Rambam *Sefer Avoda, Hilkhot Avodat Yom HaKippurim* 4:2).

Sprinkling on the pure gold of the altar – הַזָּאָה עַל טׇהֳרוֹ שֶׁל מִזְבֵּחַ: After the High Priest removed the coals and ashes from the top of the inner altar, exposing its gold surface, he sprinkled the mixed blood of the bull and the goat on the top of the altar. This was performed on the side where he finished sprinkling on the corners, its southern side (Rambam *Sefer Avoda, Hilkhot Avodat Yom HaKippurim* 4:2).

LANGUAGE

Diagonal [*alakhson*] – אֲלַכְסוֹן: From the Greek λοξόν, *loxon*, meaning crooked, diagonal, oblique. The equivalent Aramaic word is apparently *karnzol*.

מֵיתִיבִי: כְּשֶׁהוּא מַזֶּה אֵינוֹ מַזֶּה לֹא עַל גַּבֵּי הָאֵפֶר וְלֹא עַל גַּבֵּי הַגֶּחָלִים, אֶלָּא חוֹתֶה גֶּחָלִים אֵילָךְ וְאֵילָךְ, וּמַזֶּה. אֶלָּא אָמַר רַבָּה בַּר רַב שֵׁילָא: עַל גִּלּוּיָה דְּמִזְבֵּחַ, כְּדִכְתִיב ״וּכְעֶצֶם הַשָּׁמַיִם לָטוֹהַר״.

The Gemara **raises an objection: When he sprinkles** on the inner altar, **he sprinkles neither on top of the ash**[N] **nor on top of the coals; rather, he rakes** and removes **the coals to both sides and sprinkles.** This indicates that this sprinkling was performed on top of the altar, not on its side. **Rather, Rabba bar Rav Sheila** retracted his previous interpretation and said: On *tohoro* of the altar means **on the exposed** area **of the altar, as it is written: "And the like of the very heaven for clearness [*letohar*]"** (Exodus 24:10), which shows that *tohar* is an expression of clarity.

תַּנְיָא, חֲנַנְיָא אוֹמֵר: בְּצַד צְפוֹנִי הוּא נוֹתֵן. רַבִּי יוֹסֵי אוֹמֵר: בְּצַד דְּרוֹמִי הוּא נוֹתֵן. בְּמַאי קָמִיפַּלְגִי? מָר סָבַר: פִּיתְחָא בַּדָּרוֹם קָאֵי, וּמָר סָבַר: פִּיתְחָא בַּצָּפוֹן קָאֵי.

§ **It was taught** in a *baraita* that **Ḥananya says:** The priest **presents** seven sprinklings **on the north side** of the altar, and **Rabbi Yosei says: He presents** them **on the south side.** The Gemara asks: **With regard to what** principle do **they disagree?** The Gemara explains: **One Sage,** Ḥananya, **holds** that **the entrance** was **positioned in the south,** and therefore the High Priest begins the sprinklings from that side. **And one Sage,** Rabbi Yosei, **holds** that **the entrance** was **positioned in the north,**[N] and he therefore begins to sprinkle on the altar from the north side.

דְּכוּלֵּי עָלְמָא מִיהָא, הֵיכָא דְּגָמְרָן מַתָּנוֹת דִּקְרָנוֹת – הָתָם, יָהֵיב עַל גַּגּוֹ. מַאי טַעְמָא? אָמַר קְרָא: ״וְטִהֲרוֹ וְקִדְּשׁוֹ״ – מָקוֹם שֶׁקִּדְּשׁוֹ שָׁם טִיהֲרוֹ.

The Gemara comments: **Everyone** agrees **in any case** that in the place **where he finishes the presentations** of the **corners, that** is **where he places** the blood **on** the altar's **top.** They disagree only about the location of the final presentation, whether it is on the south or the north side. The Gemara asks: **What is the reason** for this agreement? The Gemara answers that **the verse states:** "And he shall sprinkle of the blood upon it with his finger seven times, **and cleanse it and sanctify it**" (Leviticus 16:19), which indicates that the **place he sanctified** by sprinkling blood, the corner of the altar where he sprinkled last, **there he shall** also begin to **cleanse** and sprinkle on top.

״שְׁיָרֵי הַדָּם הָיָה שׁוֹפֵךְ עַל יְסוֹד מַעֲרָבִי שֶׁל מִזְבֵּחַ הַחִיצוֹן״. דְּאָמַר קְרָא: ״וְאֶת כָּל דַּם הַפָּר יִשְׁפּוֹךְ״, וְכִי נָפֵיק – בְּהַהוּא פָּגַע בְּרֵישָׁא.

§ The mishna taught: **And he would pour the remainder of the blood on the western base of the outer altar.** The Gemara explains: The reason is **that the verse states** with regard to the sin-offering bull of the High Priest during the rest of the year: **"And he shall pour out all the blood of the bull** at the base of the altar of burnt-offering, which is at the door of the Tent of Meeting" (Leviticus 4:7), **and when he goes out** from the Sanctuary to pour the remainder of the blood, **he first reaches that** western side of the base of the altar.

״וְשֶׁל מִזְבֵּחַ הַחִיצוֹן הָיָה שׁוֹפֵךְ עַל יְסוֹד דְּרוֹמִית״. תָּנוּ רַבָּנַן: ״יְסוֹד הַמִּזְבֵּחַ״ – זֶה יְסוֹד דְּרוֹמִית. אַתָּה אוֹמֵר יְסוֹד דְּרוֹמִית, אוֹ אֵינוֹ אֶלָּא יְסוֹד מַעֲרָבִית?

§ The mishna further taught: **And he would pour** the remaining blood after the blood of an offering was sprinkled **on the outer altar, on its southern base. The Sages taught** in a *baraita*: **"The base of the altar"** (Leviticus 4:30), which is mentioned with regard to pouring the remainder of the blood of an individual offering, **is the southern base.** Do **you say** it is **the southern base? Or perhaps that is not** the case, but **rather** it is **the western base?**

אָמַרְתְּ: יִלְמַד יְרִידָתוֹ מִן הַכֶּבֶשׁ לִיצִיאָתוֹ מִן הַהֵיכָל, מַה יְצִיאָתוֹ מִן הַהֵיכָל – בְּסָמוּךְ לוֹ, וְאֵי זֶה – זֶה יְסוֹד מַעֲרָבִי, אַף יְרִידָתוֹ מִן הַכֶּבֶשׁ בְּסָמוּךְ לוֹ, וְאֵי זֶה – זֶה יְסוֹד דְּרוֹמִי.

You said: Let his descent from the ramp of the outer altar after sprinkling blood from the sin-offerings **be derived from his exit from the Sanctuary** with the remaining blood in his hand: **Just as upon his exit from the Sanctuary** he pours the remainder of the blood **on the** side **closest to him, and which is that, it is the western base; so too,** upon **his descent from the ramp** of the outer altar after sprinkling blood from a sin-offering, he pours the blood **on the** side **closest to him, and which is that? It is the southern base,** as when he descends from the ramp he turns to the right, i.e., the east, which means the southern base is the one closest to him.

תַּנְיָא, רַבִּי יִשְׁמָעֵאל אוֹמֵר: זֶה וָזֶה יְסוֹד מַעֲרָבִי. רַבִּי שִׁמְעוֹן בֶּן יוֹחַאי אוֹמֵר: זֶה וָזֶה יְסוֹד דְּרוֹמִי. בִּשְׁלָמָא רַבִּי יִשְׁמָעֵאל קָסָבַר: יִלְמַד סָתוּם מִמְּפוֹרָשׁ.

It was taught in a *baraita* that **Rabbi Yishmael says:** Both **this and that,** the blood of an inner sin-offering and that of an outer sin-offering, were spilled at **the western base** of the altar. **Rabbi Shimon ben Yoḥai says:** Both **this and that** blood were spilled at **the southern base.** The Gemara asks: **Granted, Rabbi Yishmael maintains** that the *halakha* of outer sin-offerings, which is **not clarified** in the Torah, **is derived from** the inner sin-offerings, whose *halakha* is **explicit:** Just as the remains of the inner sprinklings are poured at the western base, so too, the remains of the outer sprinklings are poured at the western base.

NOTES

He sprinkles neither on top of the ash – אֵינוֹ מַזֶּה לֹא עַל גַּבֵּי הָאֵפֶר: This point is derived in the Jerusalem Talmud from the phrase "and sprinkle upon it" (Leviticus 16:19), meaning upon it and not upon its ash.

The north or the south side – בְּצַד צְפוֹנִי וּדְרוֹמִי: In the Jerusalem Talmud, it is explained that this dispute is based on the disagreement between Rabbi Eliezer and the Rabbis as to whether the High Priest sprinkles from one position or encircles the altar by foot. According to this interpretation, he sprinkles on the altar's top from the same side where he stood to sprinkle on the corners.

אֶלָּא רַבִּי שִׁמְעוֹן בֶּן יוֹחַאי מַאי טַעְמָא? אָמַר רַב אַשִׁי: קָסָבַר פִּתְחָא בַּדָּרוֹם קָאֵי.

However, with regard to **Rabbi Shimon ben Yoḥai, what is the reason** that he holds that both sets of remainders of blood are spilled at the southern base? **Rav Ashi said:** Rabbi Shimon ben Yoḥai **maintains** that the **entrance** of the Sanctuary **is positioned at the south** side of the altar, i.e., the altar is not located in the middle of the courtyard but to the north. Consequently, the southern base of the altar is closest to the High Priest's exit from the Sanctuary.

תָּנָא דְּבֵי רַבִּי יִשְׁמָעֵאל בִּדְבֵי רַבִּי שִׁמְעוֹן בֶּן יוֹחַאי: זֶה וָזֶה יְסוֹד דְּרוֹמִית. וְסִימָנֵיךְ: מְשָׁכוּהָ גַּבְרֵי לְגַבְרָא.

The school of Rabbi Yishmael taught a different version of his opinion, which they learned **in the school of Rabbi Shimon ben Yoḥai:** Both **this and that,** the blood of an inner sin-offering and that of an outer sin-offering, were presented at **the southern base.** According to this version, Rabbi Yishmael changed his opinion and agreed with Rabbi Shimon. The Gemara comments: **And your mnemonic** to remember the shift in opinion is: **The men pulled the man,**[N] i.e., the majority overruled the individual. In this case, the numerous students of Rabbi Shimon convinced the individual Sage, Rabbi Yishmael, to accept their ruling.

"אֵלּוּ וָאֵלּוּ מִתְעָרְבִין בָּאַמָּה וְיוֹצְאִין" וכו׳. תָּנוּ רַבָּנַן: מוֹעֲלִין בְּדָמִים, דִּבְרֵי רַבִּי מֵאִיר וְרַבִּי שִׁמְעוֹן, וַחֲכָמִים אוֹמְרִים: אֵין מוֹעֲלִין בָּהֶן.

§ It was taught in the mishna: **These** remainders of blood from the outer altar **and those** remainders of blood from the inner altar are **mixed in the canal** beneath the altar **and flow out** with the water used to rinse the area to the Kidron River, where they are sold to gardeners. Any blood that was not redeemed was subject to the prohibition against misuse of consecrated property. **The Sages taught:** One who takes these remainders without redeeming them **misuses** property consecrated in the Temple **by** unlawfully using **blood,**[H] which is consecrated and is Temple property. It is prohibited to use consecrated objects for mundane purposes, and one who does so is committing the sin of misusing consecrated property. This is **the statement of Rabbi Meir and Rabbi Shimon. And the Rabbis say:** One does **not misuse** consecrated property **by** benefiting from **these** remainders of the blood of offerings.

NOTES

The men pulled the man – מְשָׁכוּהָ גַּבְרֵי לְגַבְרָא: *Tosafot* cite a version of the mnemonic that reads: The man pulled the men. According to this version, the statement of Rabbi Shimon ben Yoḥai was reversed. The reference to men alludes to the fact that the names of two men are included in Rabbi Shimon ben Yoḥai's name, whereas Rabbi Yishmael contains just the one name.

HALAKHA

Misuses by unlawfully using blood – מוֹעֲלִין בְּדָמִים: The blood that flows out with the water from the Temple and that is sold to gardeners is subject to the prohibition of misuse of consecrated property if used unlawfully. According to the Ra'avad, this prohibition is by rabbinic law (Ra'avad). The Rambam, who rules that the prohibition applies by Torah law, apparently interprets the dispute in the *baraita* as referring to the blood before it is presented on the altar, but not to the blood sold to gardeners (Rambam *Sefer Avoda*, *Hilkhot Me'ila* 2:11).

Perek **V**
Daf **59** Amud **b**

עַד כָּאן לָא פְּלִיגִי אֶלָּא מִדְּרַבָּנַן, אֲבָל מִדְּאוֹרָיְיתָא – אֵין מוֹעֲלִין בָּהֶן.

The Gemara comments: The Rabbis **disagree only with regard to** misuse of consecrated property[N] that applies **by rabbinic law,**[N] as it was the Sages who prohibited the use of blood; **however,** everyone agrees that **by Torah law** one does **not misuse** consecrated property **by** benefiting from **these** remainders of blood.[N] Clearly, the Temple treasurers would not have sold it to gardeners *ab initio* had the Torah prohibited the use of this blood (*Tosafot*).

מְנָא הָנֵי מִילֵּי? אָמַר עוּלָּא: אָמַר קְרָא "לָכֶם" – שֶׁלָּכֶם יְהֵא. דְּבֵי רַבִּי שִׁמְעוֹן תָּנָא "לְכַפֵּר" – לְכַפָּרָה נְתַתִּיו וְלֹא לִמְעִילָה.

The Gemara asks: **From where are these matters,** that there is no misuse for blood, derived? **Ulla said** that **the verse states:** "For the life of the flesh is in the blood, and I have given it **to you** upon the altar to make atonement for your souls" (Leviticus 17:11). "To you" indicates that **it shall be yours.** It is not the property of the Temple; rather, it belongs to all of the Jewish people. **The school of Rabbi Shimon** likewise **taught** that the phrase **"to make atonement"** teaches that God says: **I gave it for atonement and not for** the prohibition against **misuse** of consecrated objects.

NOTES

Misuse of consecrated property – מְעִילָה: The *halakha* of misuse of consecrated objects is mentioned briefly in the Torah (see Leviticus 5:14–16), while the many details of its *halakhot* are discussed extensively in tractate *Me'ila*. Misuse [*me'ila*] is any unlawful benefit derived from consecrated objects, as one may not use something that has been consecrated to God for personal gain. The prohibition of misuse is severe in that even someone who acts unwittingly or by unavoidable accident is guilty of misuse and liable to bring an offering. Furthermore, although in most situations one is not held accountable for the actions of his agent, this principle does not apply to cases of misuse. Tractate *Me'ila* details those instances when different types of offerings and other sacred items are subject to misuse and when this prohibition does not apply.

Misuse of consecrated objects by rabbinic law – מְעִילָה מִדְּרַבָּנַן: Rashi distinguishes between misuse prohibited by Torah law, which entails the payment of an additional fifth of the misused amount, and misuse by rabbinic law, in which case only the original amount must be repaid. There is a further distinction between the two levels of misuse: An individual who violates Torah Law brings the guilt-offering for misuse of consecrated articles. This is not the case for misuse that is prohibited by rabbinic law.

Misuse of consecrated objects with regard to blood – מְעִילָה בְּדָם: Some commentaries claim that misuse of consecrated objects in the case of blood is possible only when the blood has left the Temple area, but not while it is still in the Temple (*Tosafot Yeshanim*). In general, rabbinic decrees, e.g., those meant to enhance the character of Shabbat as a day of rest [*shevut*], were not enforced in the Temple.

וְרַבִּי יוֹחָנָן אָמַר: אָמַר קְרָא "הוּא" – לִפְנֵי כַפָּרָה כִּלְאַחַר כַּפָּרָה, מַה לְּאַחַר כַּפָּרָה אֵין בּוֹ מְעִילָה, אַף לִפְנֵי כַפָּרָה אֵין בּוֹ מְעִילָה.

And Rabbi Yoḥanan said that this *halakha* is derived from a different phrase. **The verse states:** "For **it is** the blood that makes atonement by reason of the life" (Leviticus 17:11), which indicates that it retains the same status **before atonement as after atonement: Just as after atonement** it is **not subject to** the prohibition against **misuse** of consecrated objects, as the mitzva has been performed, **so too, before atonement it is not subject to misuse** of consecrated objects. As the Gemara states below, there is a general principle that once the mitzva involving a certain object has been performed, the object is no longer subject to misuse of consecrated objects.

וְאֵימָא: לְאַחַר כַּפָּרָה כִּלְפְנֵי כַפָּרָה, מַה לִּפְנֵי כַפָּרָה יֵשׁ בּוֹ מְעִילָה אַף לְאַחַר כַּפָּרָה יֵשׁ בּוֹ מְעִילָה! אֵין לְךָ דָּבָר שֶׁנַּעֲשֵׂית מִצְוָתוֹ וּמוֹעֲלִין בּוֹ. וְלָא? וַהֲרֵי תְּרוּמַת הַדֶּשֶׁן!

The Gemara asks: **But** if the status of blood before atonement is compared to its status after atonement, one can **say** the opposite: **Just as before atonement it is subject to misuse** of consecrated objects, **so too, after atonement it is subject to misuse** of consecrated objects. The Gemara rejects this contention: This cannot be the case, as there is a general principle: **There is nothing whose mitzva has been performed**[N] **that is** still **subject to misuse** of consecrated property. The Gemara asks: **And** is there **no** such case? **But there is** the instance of the **removal of the ashes** of offerings burned on the altar. These ashes require burial, and yet any benefit derived from them is misuse of consecrated property, despite the fact that their mitzva has already been performed.

Perek **V**
Daf **60** Amud **a**

מִשּׁוּם דְּהָוֵי תְּרוּמַת הַדֶּשֶׁן וּבִגְדֵי כְהוּנָּה שְׁנֵי כְתוּבִין הַבָּאִין כְּאֶחָד, וְכׇל שְׁנֵי כְתוּבִין הַבָּאִין כְּאֶחָד אֵין מְלַמְּדִין.

The Gemara answers: This is **because** the mitzva of **the removal of the ashes**[H] **and the priestly vestments,** the four white garments worn by the High Priest on Yom Kippur, are both subject to the special *halakha* that misuse of consecrated objects applies to them even after their mitzva has been performed. Consequently, they are **two verses that come as one,**[N] i.e., they share a unique *halakha* not found elsewhere. **And** there is a principle: **Any two verses that come as one do not teach,** i.e., an analogy may not be derived from these two similar cases. Instead, they are considered exceptional instances that cannot serve as models for other cases.

הָנִיחָא לְרַבָּנַן, דְּאָמְרִי: "וְהִנִּיחָם שָׁם" – מְלַמֵּד שֶׁטְּעוּנִין גְּנִיזָה.

§ The Gemara raises a further difficulty: **This** works out **well** according **to** the opinion of **the Rabbis, who say** that the verse: "And he shall take off the linen garments, which he wore when he went into the sacred place, **and shall leave them there**" (Leviticus 16:23), **teaches that** the four white garments worn by the High Priest on Yom Kippur are not fit for further use, and **they require interment.**[H]

אֶלָּא לְרַבִּי דּוֹסָא, דְּאָמַר: בִּגְדֵי כְהוּנָּה רְאוּיִן הֵן לְכֹהֵן הֶדְיוֹט, מַאי אִיכָּא לְמֵימַר?

However, according **to** the opinion of **Rabbi Dosa, who said** that these **priestly vestments are fit for a common priest** and do not require interment, one does not misuse consecrated property by using them, and therefore **what is there to say?** In his opinion, the *halakha* of misuse of consecrated objects after the performance of a mitzva applies only to the removal of ashes from the altar, not to the priestly vestments, which means it is stated in only a single case. Why, then, does this case not serve as a model for other instances in the Torah?

NOTES

There is nothing whose mitzva has been performed – אֵין לְךָ דָּבָר שֶׁנַּעֲשֵׂית מִצְוָתוֹ: The early commentaries inquire into the source for this *halakha* that an object whose mitzva has been performed loses its sanctity and is no longer subject to the prohibition of misuse of consecrated objects. Indeed, according to *Tosafot Yeshanim*, it is in fact possible to claim the opposite, i.e., that an object that has been used for a mitzva is of greater sanctity. The source of the *halakha* is apparently the fact that sin-offerings that must be left to die, and will therefore not be used for a mitzva, are not subject to misuse of consecrated objects. This indicates that once an object is no longer involved in a mitzva, it is not subject to the prohibition of misuse of consecrated objects (*Tosafot Yeshanim*; *Tosefot HaRosh*).

HALAKHA

The removal of the ashes – תְּרוּמַת הַדֶּשֶׁן: Some of the ashes removed from the altar are deposited outside the city, and it is prohibited to derive benefit from them. The Ra'avad maintains that this prohibition applies only to the ashes used in the mitzva of the removal of the ashes, not the ashes taken outside the Temple (see *Kesef Mishne*; Rambam *Sefer Avoda*, *Hilkhot Temidin UMusafin* 2:15).

Priestly vestments require interment – בִּגְדֵי כְּהוּנָּה טְעוּנִין גְּנִיזָה: The worn-out garments of the High Priest, and likewise the white garments in which he serves on Yom Kippur, must be buried. It is prohibited to derive any benefit from them, in accordance with the opinion of the Rabbis (Rambam *Sefer Avoda*, *Hilkhot Kelei HaMikdash* 8:5).

NOTES

Two verses that come as one – שְׁנֵי כְתוּבִין הַבָּאִין כְּאֶחָד: A *halakha* written in one case may serve as a general model for many other instances, in the absence of a restriction limiting the *halakha* to that context. This is the hermeneutical technique called an analogy [*binyan av*]. However, if the same *halakha* appears in two different contexts, the assumption is that the Torah did not intend the second case to be derived from the first, and therefore it is clearly not a general *halakha* but one that applies only in particular circumstances. If it is possible to prove that the two cases could not be inferred from one another, either because they are too dissimilar or for some other such reason, the *halakha* in question can serve as a model for other situations. Some *tanna'im* maintain that even two verses that come as one can teach with regard to other cases, as the repetition merely serves to emphasize the general *halakha*. However, even these *tanna'im* agree that three verses that come as one cannot teach the *halakha* with regard to other situations (see *Yad Malakhi*).

מִשּׁוּם דְּהָוֵי תְּרוּמַת הַדֶּשֶׁן וְעֶגְלָה עֲרוּפָה שְׁנֵי כְתוּבִין הַבָּאִין כְּאֶחָד, וְכָל שְׁנֵי כְתוּבִין הַבָּאִין כְּאֶחָד אֵין מְלַמְּדִין.

The Gemara responds: It is **because** the cases of the **removal of the ashes and the heifer whose neck is broken**[H] **are two verses that come as one,** as it is prohibited to derive benefit from either of them even after their mitzva is completed, **and any two verses that come as one do not teach** their common feature to other cases. The heifer whose neck is broken is a ritual performed when a murder victim's body is found outside a town, and it is not known who caused his death.

הָנִיחָא לְמַאן דְּאָמַר אֵין מְלַמְּדִין אֶלָּא לְמַאן דְּאָמַר מְלַמְּדִין מַאי אִיכָּא לְמֵימַר? תְּרֵי מִיעוּטֵי כְּתִיבִי: ״וְשָׂמוֹ״ ״הָעֲרוּפָה״.

The Gemara challenges this reply from a different angle: **It works out well according to the one who said** that two verses that come as one **do not teach** their common feature to other cases, **but according to the one who says that two verses that come as one** do **teach** with regard to other cases, **what is there to say?** The Gemara answers: **Two exclusions are written** in these two cases, which indicate that this *halakha* applies to them alone. With respect to the removal of ashes, it states: **"And he shall put it"** (Leviticus 6:3), implying "it" and nothing else. With regard to the heifer whose neck is broken, it is written: **"Whose neck was broken"** (Deuteronomy 21:6), which teaches that this *halakha* applies solely to this case.

וְהָנֵי תְּלָתֵי קְרָאֵי בְּדָם לָמָּה לִי?

The Gemara asks: **And** if this *halakha* is derived from those two cases, **why do I** need **these three verses** stated **with regard to blood,** from which it is derived that the prohibition against misuse of consecrated objects does not apply to the remainder of blood that flows to the Kidron River? The reference is to the three phrases singled out above from the verse: "I have given it to you upon the altar to make atonement for your souls, for it is the blood that makes atonement by reason of the life" (Leviticus 17:11).

חַד לְמַעוֹטֵי מִנּוֹתָר, וְחַד לְמַעוֹטֵי מִמְּעִילָה, וְחַד לְמַעוֹטֵי מִטּוּמְאָה.

The Gemara answers: **One** of those phrases comes **to exclude** the blood from the prohibition of *notar*, offerings that remain after the time when they may be eaten has expired. If one ate leftover blood, he is not punished with *karet*, as generally incurred by one who consumes *notar*. Rather, he is liable only for violating the prohibition against eating blood. **And one** phrase comes **to exclude** it **from** the prohibition against **misuse** of consecrated objects, **and one** other phrase comes **to exclude** it **from ritual impurity.**[H] If one ate this blood in a state of ritual impurity, he is liable only for the transgression of eating blood, but not on account of eating consecrated food while ritually impure.

אֲבָל מִפִּיגּוּל – לָא צָרִיךְ לְמַעוֹטֵי קְרָא. דִּתְנַן: כָּל שֶׁיֵּשׁ לוֹ מַתִּירִין, בֵּין לָאָדָם בֵּין לַמִּזְבֵּחַ – חַיָּיבִין עָלָיו מִשּׁוּם פִּיגּוּל, וְדָם עַצְמוֹ מַתִּיר הוּא.

However, no verse is required to exclude this blood **from the** *halakha* of *piggul*, an offering disqualified by improper intention, because this is already derived from another source, **as we learned** in a mishna: With regard to **any** offering **that has** another rite that **permits it,**[HN] e.g., an offering that is permitted by the sprinkling of blood or by means of a second offering, **one is liable to** receive *karet* if he eats it after it is rendered ***piggul.*** This is the case **whether** the other rite permits it **for human** consumption **or whether** it enables the offering to be sacrificed **on the altar.** However, the permitting factor itself is not subject to *piggul*. Consequently, *piggul* does not apply to **blood itself,** as it renders the offering **permitted** for human consumption or for the altar.

מתני׳ כָּל מַעֲשֵׂה יוֹם הַכִּפּוּרִים הָאָמוּר – עַל הַסֵּדֶר. אִם הִקְדִּים מַעֲשֶׂה לַחֲבֵירוֹ – לֹא עָשָׂה כְּלוּם. הִקְדִּים דַּם הַשָּׂעִיר לְדַם הַפָּר – יַחֲזוֹר וְיַזֶּה מִדַּם הַשָּׂעִיר לְאַחַר דַּם הַפָּר. וְאִם עַד שֶׁלֹּא גָּמַר אֶת הַמַּתָּנוֹת שֶׁבִּפְנִים נִשְׁפַּךְ הַדָּם – יָבִיא דָּם אַחֵר, וְיַחֲזוֹר בַּתְּחִילָּה מִבִּפְנִים,

MISHNA **Each action** performed in the context of the service **of Yom Kippur stated** in the mishna, as in the Torah, is listed **in order.**[N] **If** the High Priest **performed** one of the **actions before another, he has done nothing. If he performed** the sprinkling of **the blood of the goat before** the sprinkling of **the blood of the bull,**[H] **he must repeat** the action **and sprinkle the blood of the goat after** sprinkling **the blood of the bull,** so that the actions are performed in the proper order. **And if the blood spills before he completed the presentations that** were sprinkled **inside**[H] the Holy of Holies, **he** must slaughter another bull or goat, and **bring other blood, and** then **repeat** all the services **from the beginning inside** the Holy of Holies.

HALAKHA

The heifer whose neck is broken – עֶגְלָה עֲרוּפָה: It is prohibited to derive benefit from the heifer whose neck is broken. This prohibition begins from the point when the animal is led into the valley, and it continues to apply whether its neck is indeed broken or whether it dies or is slaughtered before its neck is broken. The carcass of the animal is buried (Rambam *Sefer Nezikin, Hilkhot Rotze'aḥ* 10:6).

Blood with regard to *notar* and ritual impurity – דָּם בְּנוֹתָר וּבְטוּמְאָה: The *halakha* of *notar* does not apply to the blood of offerings, nor is one liable for eating this blood in a state of impurity (Rambam *Sefer Avoda, Hilkhot Pesulei HaMukdashin* 8:17).

Any offering that has another rite that permits it – כָּל שֶׁיֵּשׁ לוֹ מַתִּירִין: One is punished with *karet* for rendering an offering *piggul* only in the case of offerings that have been rendered permitted either for human consumption or for burning on the altar. If one ate the permitting factor itself, he is not liable (Rambam *Sefer Avoda, Hilkhot Pesulei HaMukdashin* 8:7).

He performed the sprinkling of the blood of the goat before the sprinkling of the blood of the bull – הִקְדִּים דַּם הַשָּׂעִיר לְדַם הַפָּר: If the High Priest sprinkled the goat's blood before that of the bull, he should sprinkle the bull's blood properly, slaughter a second goat, and then sprinkle its blood as well (Rambam *Sefer Avoda, Hilkhot Avodat Yom HaKippurim* 5:4).

Before he completed the presentations that were inside – עַד שֶׁלֹּא גָּמַר אֶת הַמַּתָּנוֹת שֶׁבִּפְנִים: If the blood spilled before he finished the sprinklings, the High Priest brings other blood and repeats the rite from the beginning (Rambam *Sefer Avoda, Hilkhot Avodat Yom HaKippurim* 5:5).

NOTES

Any offering that has another rite that permits it – כָּל שֶׁיֵּשׁ לוֹ מַתִּירִין: The *halakha* of *piggul* is stated in the Torah in connection with peace-offerings. Certain actions render parts of peace-offerings fit to be eaten, while other actions allow other parts of the offering to be burned on the altar. The case of peace-offerings teaches a general *halakha* that *piggul* applies neither to the permitting factor itself nor to an offering that has no permitting factors, e.g., inner sin-offerings, whose entire flesh is burned. Consequently, although eating blood constitutes a prohibition in its own right, one who does so is not liable for violating the prohibitions of *piggul* or *notar* as well.

Each action of Yom Kippur stated is listed in order – כָּל מַעֲשֵׂה יוֹם הַכִּפּוּרִים הָאָמוּר, עַל הַסֵּדֶר: According to most commentaries, this mishna can be understood in accordance with the opinions of both Rabbi Yehuda and Rabbi Neḥemya, cited in the continuation of the discussion. Other authorities, however, suggest that the mishna is in accordance with a third opinion that all procedures are indispensable on Yom Kippur, whether they are performed in the golden garments or the white garments (*Me'iri*; *Siaḥ Yitzḥak*; *Gevurat Ari*).

NOTES

When – אֵימָתַי: It is a general principle in the Talmud that wherever Rabbi Yehuda says: When, he is not disagreeing with the first *tanna*'s statement but interpreting it. Some commentaries say that this principle also applies to the phrase: In what case is this statement said. It is possible that this principle refers only to the Mishna, not to a *baraita* (*Yad Malakhi*).

HALAKHA

The actions of Yom Kippur whose order is indispensable – מַעֲשֵׂי יוֹם הַכִּפּוּרִים שֶׁסִּדְרָן מְעַכֵּב: All the actions that the High Priest performs in white garments within the Sanctuary on Yom Kippur must be performed in the proper order. If he performs a later action first, he has achieved nothing. The *halakha* is in accordance with the opinion of Rabbi Yehuda, either because he was greater than Rabbi Neḥemya or because he is interpreting the statement of the first *tanna* (*Kesef Mishne*; Rambam *Sefer Avoda, Hilkhot Avodat Yom HaKippurim* 5:1). According to some versions of the text of the Rambam, he disagrees with Rashi, who maintains that this *halakha* applies only to those services performed in the Holy of Holies.

וְכֵן בַּהֵיכָל, וְכֵן בְּמִזְבַּח הַזָּהָב, שֶׁכּוּלָּן כַּפָּרָה בִּפְנֵי עַצְמָן. רַבִּי אֶלְעָזָר וְרַבִּי שִׁמְעוֹן אוֹמְרִים: מִמָּקוֹם שֶׁפָּסַק מִשָּׁם הוּא מַתְחִיל.

And similarly, if the blood spills before he finishes the presentations **in the Sanctuary,** he must begin the service in the Sanctuary from the beginning, **and likewise** with regard to the sprinkling of blood **on the golden altar. Since they are each** acts of **atonement in and of themselves,** there is no need to repeat the service of the entire day from the beginning. Rather, he need only repeat the specific element that he failed to complete. **Rabbi Elazar and Rabbi Shimon say: From the place that he interrupted** that particular service, when the blood spilled, **there he resumes** performance of that service. In their opinion, each individual sprinkling in each of these services is an act in and of itself, and there is no need to repeat what he has already done.

גמ׳ תָּנוּ רַבָּנַן: כׇּל מַעֲשֵׂה יוֹם הַכִּפּוּרִים הָאָמוּר – עַל הַסֵּדֶר, אִם הִקְדִּים מַעֲשֶׂה לַחֲבֵירוֹ – לֹא עָשָׂה כְּלוּם. אָמַר רַבִּי יְהוּדָה: אֵימָתַי – בִּדְבָרִים הַנַּעֲשִׂין בְּבִגְדֵי לָבָן מִבִּפְנִים, אֲבָל דְּבָרִים הַנַּעֲשִׂין בְּבִגְדֵי לָבָן מִבַּחוּץ, אִם הִקְדִּים מַעֲשֶׂה לַחֲבֵירוֹ – מַה שֶּׁעָשָׂה עָשׂוּי.

GEMARA The Sages taught: Each action performed in the context of the service **of Yom Kippur stated** in the Torah is listed **in order. If** the High Priest **performed** one of the **actions before another, he has done nothing. Rabbi Yehuda said: When**[N] does this apply? It applies **to those actions performed in white garments inside** the Sanctuary, e.g., burning the incense and sprinkling the blood, which are the essential services of the day. **However,** with regard to **those actions performed in white garments outside,** such as the lottery and the confession, **if he performed** one **action before another, what he did is done** and he need not repeat the rite.[H]

רַבִּי נְחֶמְיָה אוֹמֵר: בַּמֶּה דְּבָרִים אֲמוּרִים – בִּדְבָרִים הַנַּעֲשִׂים בְּבִגְדֵי לָבָן, בֵּין מִבִּפְנִים בֵּין מִבַּחוּץ, אֲבָל בִּדְבָרִים הַנַּעֲשִׂים בְּבִגְדֵי זָהָב מִבַּחוּץ – מַה שֶּׁעָשָׂה עָשׂוּי. אָמַר רַבִּי יוֹחָנָן: וּשְׁנֵיהֶם מִקְרָא אֶחָד דָּרְשׁוּ: ״וְהָיְתָה זֹּאת לָכֶם לְחוּקַּת עוֹלָם אַחַת בַּשָּׁנָה״,

In contrast, **Rabbi Neḥemya says: In what** case **is this statement said,** that the order is indispensable? It is said with regard **to actions performed in white garments, whether inside or outside** the Sanctuary. **However,** with regard **to** those **actions performed in golden garments outside** the Sanctuary, the regular Temple service and additional services, if the order was altered, **what he did is done. Rabbi Yoḥanan said: And both of them,** Rabbi Yehuda and Rabbi Neḥemya, **derived** their opinions **from one verse: "And this shall be an everlasting statute to you,** to make atonement for the children of Israel for all their sins **once a year"** (Leviticus 16:34).

Perek **V**
Daf **60** Amud **b**

NOTES

The place where atonement is achieved – מָקוֹם שֶׁמִּתְכַּפְּרִין בּוֹ: Rabbi Yehuda bases his opinion on the previous verse: "And he shall make atonement for the most sacred place, and he shall make atonement for the Tent of Meeting and for the altar…And this shall be an everlasting statute to you…" (Leviticus 16:33–34). This indicates that the phrase "everlasting statute" is referring to these places (*Siaḥ Yitzḥak*).

רַבִּי יְהוּדָה סָבַר: מָקוֹם שֶׁמִּתְכַּפְּרִין בּוֹ פַּעַם אַחַת בַּשָּׁנָה. וְרַבִּי נְחֶמְיָה סָבַר: דְּבָרִים הַמִּתְכַּפְּרִין בָּהֶן פַּעַם אַחַת בַּשָּׁנָה.

Rabbi Yehuda maintains that this is referring to the **place where atonement is achieved**[N] **once a year,** namely the Holy of Holies. In his opinion, the order of actions is indispensable for the services performed in the Holy of Holies. **And Rabbi Neḥemya maintains** that the verse is referring to **the actions through which atonement is achieved once a year,** meaning both the place and the garments. Consequently, in the opinion of Rabbi Neḥemya, the order for all actions performed in white clothes is indispensable.

אַטּוּ לְרַבִּי יְהוּדָה ׳מָקוֹם׳ כְּתִיב?! אֶלָּא, הַיְינוּ טַעְמֵיהּ דְּרַבִּי יְהוּדָה: כְּתִיב ״זֹאת״ וּכְתִיב ״אַחַת״, חַד – לְמַעוֹטֵי בִּגְדֵי לָבָן מִבַּחוּץ, וְחַד – לְמַעוֹטֵי בִּגְדֵי זָהָב.

The Gemara asks: **Is that to say** that according **to** the opinion of **Rabbi Yehuda** the word **place is written?** The verse merely states "once a year," which apparently is referring to the order of the service in general but not to a specific place. **Rather,** the Gemara retracts the previous explanation in favor of the following: **This is the reasoning of Rabbi Yehuda: It is written: "This"** (Leviticus 16:34), which is a term of restriction and limitation, **and it is written: "Once** a year" (Leviticus 16:34), another term of restriction. **One** restriction comes **to exclude** actions performed **in the white garments outside** the Sanctuary, meaning that they are not indispensable; **and one** restriction comes **to exclude** actions performed **in** the **gold garments.**

ורבי נחמיה: חד – למעוטי בגדי זהב, וחד – למעוטי שירים, דלא מעכבי. ורבי יהודה: אי מעכבי – מעכבי, ואי לא מעכבי – לא מעכבי.

And how does **Rabbi Neḥemya** interpret these two restricting expressions? In his opinion, **one** of the restrictions comes **to exclude** actions performed in the **gold garments, and one** restriction comes **to exclude** the **remainders** of blood that are poured at the base of the altar, meaning **that** these **are not indispensable.** If the High Priest performed a service that is supposed to come after the spilling of the blood too early, the service is valid, despite the fact that the spilling of the blood is performed in white garments. The Gemara asks: **And** what does **Rabbi Yehuda** maintain with regard to the remainders of blood? The Gemara answers: In his opinion, **if** the other actions performed outside are **indispensable,** this too is **indispensable;**[N] **and if** the other acts performed outside are **not indispensable,** the remainders are **not indispensable** either. The pouring of the remainders of blood is no different from the sprinkling of blood in this regard.

כדתניא: "וכלה מכפר את הקודש" אם כפר – כלה, ואם לא כפר – לא כלה, דברי רבי עקיבא. אמר לו רבי יהודה: מפני מה לא נאמר: אם כלה כפר ואם לא כלה לא כפר? שאם חיסר אחת מן המתנות – לא עשה ולא כלום.

In proof that Rabbi Yehuda maintains that pouring the remainders of blood is no different from the sprinkling of blood, the Gemara cites a *baraita* that is referring to a case where the pouring of the remainders of the blood is entirely omitted. **As it was taught** in a *baraita*: **"And when he has finished atoning for the sacred place"** (Leviticus 16:20). This verse indicates that **if he performed the atonement, he has finished** the order of the service; **and if he did not perform the atonement, he has not finished.** This is **the statement of Rabbi Akiva. Rabbi Yehuda said to him: Why do we not say** that **if he finished** sprinkling all the blood, **he has performed atonement; and if he did not finish, he has not performed atonement?** This would indicate **that if one of the presentations is lacking** it is as though **he did nothing.**

ואמרינן: מאי בינייהו? רבי יוחנן ורבי יהושע בן לוי; חד אמר: משמעות דורשין איכא בינייהו, וחד אמר: שירים מעכבי איכא בינייהו.

And we say in this regard: **What** is the practical difference **between them?** **Rabbi Yoḥanan and Rabbi Yehoshua ben Levi** debated this point. **One** of them **said: There is** a difference **between them** with regard to **the source from which they derive their interpretation,**[N] i.e., there is no halakhic difference between them but only a dispute as to how to interpret the verses. **And the** other **one said: There is** a difference **between them** with respect to whether pouring the **remainders** of blood at the base of the altar **is indispensable** to the atonement. According to Rabbi Akiva, it is not indispensable, whereas Rabbi Yehuda maintains that it is indispensable.

ומי אמר רבי יוחנן הכי? והאמר רבי יוחנן: תנא רבי נחמיה כדברי האומר שירים מעכבי! קשיא.

The Gemara asks: **And did Rabbi Yoḥanan** actually **say this,** that in Rabbi Neḥemya's opinion pouring the remainders of blood is not indispensable? **But didn't Rabbi Yoḥanan** himself **say** in tractate *Zevaḥim* (111a): **Rabbi Neḥemya taught in accordance with the statement of the one who said that** the **remainders** of blood **are indispensable?** The Gemara comments: Indeed, this is **difficult.**[N]

אמר רבי חנינא: קטורת שחפנה קודם שחיטתו של פר – לא עשה ולא כלום. כמאן – דלא כרבי יהודה. דאי רבי יהודה – האמר כי כתיבא 'חוקה' – בדברים הנעשים בבגדי לבן מבפנים הוא דכתיבא!

§ **Rabbi Ḥanina said:** With regard to **incense that** the High Priest **scooped before the slaughtering**[H] **of the bull,** it is as though **he did nothing.** The Gemara comments: **In accordance with** whose opinion is this statement? **It is not in accordance with** the opinion of **Rabbi Yehuda. As, if** you say it is in accordance with the opinion of **Rabbi Yehuda, didn't** Rabbi Yehuda **say** that **when it is written "statute"** (Leviticus 16:34), a term that indicates that no details may be altered, **it is written** with regard **to actions performed in white garments within** the Sanctuary, whereas scooping incense is done outside?

אפילו תימא רבי יהודה: צורך פנים כפנים דמי. תנן: אם עד שלא גמר מתנות שבפנים נשפך הדם – יביא דם אחר, ויחזור ויזה בתחילה מבפנים. ואם איתא: יחזור ויחפון מבעי ליה!

The Gemara rejects this claim: **Even if you say** that Rabbi Ḥanina holds in accordance with the opinion of **Rabbi Yehuda,** it is possible that in his opinion scooping the incense **for the purpose of** it being taken **inside is considered like** an action actually performed **inside.** The Gemara raises a difficulty: **We learned** in the mishna that **if the blood spills before** the High Priest **completed the presentations that** were sprinkled **inside** the Holy of Holies, **he** must slaughter another bull or goat, **bring other blood,** and then **sprinkle again from the beginning inside. And if it is so,** that an action performed outside the Sanctuary for the purpose of a service inside the Sanctuary is considered like an action actually performed inside, merely slaughtering the bull and sprinkling the blood again should be insufficient. Instead, the mishna **should have said** that **he must return and scoop** the incense anew. The fact that the mishna did not say this proves that the order of scooping the incense is not indispensable.

NOTES

If they are indispensable this too is indispensable – אי מעכבי מעכבי: The early commentaries raised various difficulties with regard to Rashi's interpretation, specifically with regard to his reasoning that the order of the service has bearing on the issue of whether certain acts may be discarded altogether. Rabbeinu Elyakim states that if the pouring of the remainder of blood is indispensable throughout the year, it is indispensable here as well; and if it is not essential for other offerings, it is not essential here either. According to this explanation, the Gemara is not referring specifically to the Yom Kippur service. The Ritva cites a similar interpretation.

There is a difference between them with regard to the source from which they derive their interpretation – משמעות דורשין איכא בינייהו: According to the plain meaning of this statement, there is no halakhic difference between the two opinions; the difference is merely one of interpretation. Nevertheless, alternative ways of interpreting the text could eventually lead to halakhic differences in other contexts. This is because the interpretation of a verse may affect the way other texts are understood, which might have practical ramifications.

This is difficult – קשיא: To avoid leaving this difficulty unresolved, some commentaries have distinguished between two types of remainders of blood: Those of inner offerings, i.e., offerings whose blood is sprinkled inside the Holy of Holies, and those of outer offerings, i.e., offerings whose blood is sprinkled upon the altar in the Temple courtyard. Rabbi Yoḥanan's statement is referring only to inner offerings (*Kashot Meyushav*).

HALAKHA

Incense that the High Priest scooped before the slaughtering – קטורת שחפנה קודם שחיטה: If the High Priest scoops the incense before the bull was slaughtered, he has achieved nothing. The reason is that the scooping is performed for the purpose of a service inside the Sanctuary, and therefore it has the status of an inner service, in accordance with the opinion of Rabbi Yehuda (Rambam *Sefer Avoda, Hilkhot Avodat Yom HaKippurim* 5:2).

בִּקְטוֹרֶת לָא קָא מַיְירֵי.

The Gemara answers that this is no proof, as **he is not dealing with the incense.** In practice, the High Priest must indeed go back and scoop new incense after slaughtering the bull. The mishna did not mention this detail because it is discussing the issue of the sprinkling of blood, not the incense service.

אָמַר עוּלָּא: שָׂעִיר שֶׁשְּׁחָטוֹ קוֹדֶם מַתַּן דָּמוֹ שֶׁל פַּר – לֹא עָשָׂה וְלֹא כְּלוּם. תְּנַן: הִקְדִּים דַּם הַשָּׂעִיר לְדַם הַפָּר – יַחֲזוֹר וְיַזֶּה מִדַּם הַשָּׂעִיר אַחַר דַּם הַפָּר. וְאִם אִיתָא, יַחֲזוֹר וְיִשְׁחוֹט מִבְּעֵי לֵיהּ! תַּרְגְּמָא עוּלָּא: בְּמַתָּנוֹת שֶׁבַּהֵיכָל. וְכֵן אָמַר רַבִּי אָפֵס: בְּמַתָּנוֹת שֶׁבַּהֵיכָל.

§ **Ulla said:** With regard to **a goat that he slaughtered before presentation of the blood of the bull,**[H] it is as though **he did nothing.** The Gemara asks: But **we learned** in the mishna that if **he performed** the sprinkling of **the blood of the goat before** the sprinkling of **the blood of the bull, he** must **repeat** the action **and sprinkle the blood of the goat after** sprinkling **the blood of the bull. And if it is so** that Ulla is correct, the mishna **should have said** that **he must return and slaughter** another bull. The Gemara answers: **Ulla interpreted** the mishna as referring only **to the presentations in the Sanctuary** that were performed out of order. However, it is essential that the presentations in the Holy of Holies must be performed before the slaughter of the goat. **And likewise, Rabbi Afes**[L] **said**[N] that the mishna is referring **to the presentations in the Sanctuary.**

״וְכֵן בַּהֵיכָל וְכֵן בַּמִּזְבֵּחַ״ וכו׳. תָּנוּ רַבָּנַן: ״וְכִפֶּר אֶת מִקְדַּשׁ הַקּוֹדֶשׁ״ – זֶה לִפְנַי וְלִפְנִים, ״אֹהֶל מוֹעֵד״ – זֶה הֵיכָל, ״מִזְבֵּחַ״ – כְּמַשְׁמָעוֹ, ״יְכַפֵּר״ – אֵלּוּ עֲזָרוֹת.

§ The mishna states: **And similarly in the Sanctuary, and likewise on the golden altar,** if the blood spills he must go back and begin that cycle of sprinklings afresh. **The Sages taught:** "And he shall make atonement for the most sacred place, and he shall make atonement for the Tent of Meeting and for the altar; and he shall make atonement for the priests and for all the people of the assembly" (Leviticus 16:33). **"And he shall make atonement for the most sacred place," this is the innermost sanctum,**[N] the Holy of Holies; **"the Tent of Meeting," this is the Sanctuary; "altar"** is meant **as per its plain meaning; "he shall make atonement,"** is referring to the second mention of this phrase in the verse, **these are the courtyards.**

״הַכֹּהֲנִים״ – כְּמַשְׁמָעָן, ״עַם הַקָּהָל״ – אֵלּוּ יִשְׂרָאֵל, ״יְכַפֵּר״, אֵלּוּ הַלְוִיִּם – הוּשְׁווּ כּוּלָּן לְכַפָּרָה אַחַת, שֶׁכּוּלָּן מִתְכַּפְּרִין בְּשָׂעִיר הַמִּשְׁתַּלֵּחַ בִּשְׁאָר עֲבֵירוֹת, דִּבְרֵי רַבִּי יְהוּדָה.

"The priests" is meant **as per its plain meaning; "people of the assembly," these are the Israelites; "he shall make atonement," these are the Levites,**[N] who also gain atonement. **They are all equated** in this verse **in** that they achieve **one atonement** in this verse, which indicates **that they all achieve atonement through the scapegoat** for all **other transgressions,** apart from the ritual impurity of the Temple and consecrated objects, i.e., entering the Temple or eating consecrated food while ritually impure. The bull presented inside atones only for the priests, while the goats atone solely for Israelites. Only the scapegoat atones equally for all Jews. This is **the statement of Rabbi Yehuda.**

רַבִּי שִׁמְעוֹן אוֹמֵר: כְּשֵׁם שֶׁדַּם הַשָּׂעִיר הַנַּעֲשֶׂה בִּפְנִים מְכַפֵּר עַל יִשְׂרָאֵל בְּטוּמְאַת מִקְדָּשׁ וְקָדָשָׁיו, כָּךְ דַּם הַפָּר מְכַפֵּר עַל הַכֹּהֲנִים בְּטוּמְאַת מִקְדָּשׁ וְקָדָשָׁיו. וּכְשֵׁם שֶׁוִּידּוּי שֶׁל שְׂעִיר הַמִּשְׁתַּלֵּחַ מְכַפֵּר עַל יִשְׂרָאֵל בִּשְׁאָר עֲבֵירוֹת – כָּךְ וִידּוּי שֶׁל פַּר מְכַפֵּר עַל הַכֹּהֲנִים בִּשְׁאָר עֲבֵירוֹת.

Rabbi Shimon says: Just as the blood of the goat presented inside atones for Israelites who sinned **with the ritual impurity of the Temple and its consecrated objects, so too, the blood of the** High Priest's **bull atones for the priests** who sinned **with the ritual impurity of the Temple and its consecrated objects. And just as the confession over the scapegoat atones for Israelites with regard to all other transgressions, so too, the confession over the bull atones for the priests with regard to all other transgressions,** and therefore the priests do not require atonement through the scapegoat.

תָּנוּ רַבָּנַן: ״וְכִלָּה מִכַּפֵּר אֶת הַקּוֹדֶשׁ״ – זֶה לִפְנַי וְלִפְנִים, ״אֹהֶל מוֹעֵד״ – זֶה הֵיכָל, מִזְבֵּחַ – כְּמַשְׁמָעוֹ, מְלַמֵּד שֶׁכּוּלָּן כַּפָּרָה כַּפָּרָה בִּפְנֵי עַצְמָן.

The Sages taught in another *baraita*: "And when he has finished atoning for the sacred place, and the Tent of Meeting, and the altar, he shall present the live goat" (Leviticus 16:20). **"And when he has finished atoning for the sacred place," this is** the sprinklings in **the innermost sanctum,** the Holy of Holies; **"Tent of Meeting," this is the** sprinklings toward the curtain in the **Sanctuary; "altar," as per its plain meaning.** This **teaches that they each** constitute **a separate atonement unto themselves,** i.e., each one of these actions achieves a distinct atonement. If a disqualification occurs in any of the atoning actions, he must return to the beginning of that action.

HALAKHA

A goat that he slaughtered before presentation of the blood of the bull – שָׂעִיר שֶׁשְּׁחָטוֹ קוֹדֶם מַתַּן דָּמוֹ שֶׁל פַּר: If the High Priest slaughters the goat before presentation of the blood of the bull, he has achieved nothing and must bring another goat. The *halakha* is in accordance with the opinion of Ulla (Rambam *Sefer Avoda, Hilkhot Avodat Yom HaKippurim* 5:2).

LANGUAGE

Rabbi Afes – רַבִּי אָפֵס: Probably from the Greek name Ἄπις, *Apis*, or Ἐπειός, *Epius*.

NOTES

And likewise Rabbi Afes said – וְכֵן אָמַר רַבִּי אָפֵס: Ulla has no choice but to interpret the mishna in this manner, so that it would not conflict with his opinion, but why did Rabbi Afes explain that the mishna is referring specifically to the presentations in the Sanctuary? One answer is that Rabbi Afes thereby reconciles an apparent contradiction between the first clause and latter clause of the mishna. The mishna first states: Each act of Yom Kippur, but proceeds to list only some of its rites. Therefore, he explains that the mishna is not dealing with every stage of the Yom Kippur service but only with the presentations in the Sanctuary (*Toledot Yitzhak*).

The most sacred place, this is the innermost sanctum – מִקְדַּשׁ הַקּוֹדֶשׁ זֶה לִפְנַי וְלִפְנִים: Rashi's interpretation of this statement has been challenged from several perspectives, both with regard to his opinion in general that this refers to the sin that requires atonement, as well as the details of his opinion, i.e., that the sin is that of one who entered the Holy of Holies while ritually impure and never became aware of his transgression. Some commentaries suggest that the verse is not dealing with atonement itself, i.e., what the priest is atoning for, but with the method by which he achieves atonement in each of these places (*Tosafot Yeshanim; Tosefot HaRosh*).

These are the Levites – אֵלּוּ הַלְוִיִּם: It is odd that a special verse is necessary to include the Levites, who are part of the Jewish people. One suggestion is that as the inclusion of regular Israelites is derived from the phrase: "People of the assembly," and it is unclear whether the Levites are called a people, they therefore need to be included specially (*Gevurat Ari*). A different *baraita* includes slaves, not Levites, as derived from the phrase: "He shall atone."

מִכָּאן אָמְרוּ: נָתַן מִקְצָת מַתָּנוֹת שֶׁבִּפְנִים וְנִשְׁפַּךְ הַדָּם – יָבִיא דָּם אַחֵר, וְיַתְחִיל בַּתְּחִלָּה בְּמַתָּנוֹת שֶׁבִּפְנִים. רַבִּי אֶלְעָזָר וְרַבִּי שִׁמְעוֹן אוֹמְרִים: אֵינוֹ מַתְחִיל אֶלָּא מִמָּקוֹם שֶׁפָּסַק. גָּמַר אֶת הַמַּתָּנוֹת שֶׁבִּפְנִים, וְנִשְׁפַּךְ הַדָּם – יָבִיא דָּם אַחֵר, וְיַתְחִיל בַּתְּחִילָּה בְּמַתָּנוֹת שֶׁבַּהֵיכָל.

From here the Sages stated: If the High Priest **presented some of the presentations inside** the Holy of Holies **and then the blood spilled, he brings other blood and begins from the start of the presentations inside. Rabbi Elazar and Rabbi Shimon say:** He need not start the cycle of sprinklings again; rather, **he begins only from the place where he stopped. If he finished the presentations inside** and then **the blood spilled,**[H] **he brings other blood and starts at the beginning of the presentations in the Sanctuary.** However, he does not begin the presentations inside anew, as he has already sprinkled all the required blood inside, and that stage of the service is complete.

נָתַן מִקְצָת מַתָּנוֹת שֶׁבַּהֵיכָל וְנִשְׁפַּךְ הַדָּם – יָבִיא דָּם אַחֵר וְיַתְחִיל בַּתְּחִילָּה בַּהֵיכָל. רַבִּי אֶלְעָזָר וְרַבִּי שִׁמְעוֹן אוֹמְרִים: אֵינוֹ מַתְחִיל אֶלָּא מִמָּקוֹם שֶׁפָּסַק.

If **he presented some of the presentations in the Sanctuary** and **the blood spilled, he brings other blood and begins** again **from the start in the Sanctuary,** as he has not yet completed all the sprinklings in the Sanctuary. **Rabbi Elazar and Rabbi Shimon say: He begins only from the place where he stopped.**

גָּמַר מַתָּנוֹת שֶׁבַּהֵיכָל וְנִשְׁפַּךְ הַדָּם – יָבִיא דָּם אַחֵר וְיַתְחִיל בַּתְּחִילָּה בְּמַתְּנוֹת הַמִּזְבֵּחַ. נָתַן מִקְצָת מַתָּנוֹת שֶׁבַּמִּזְבֵּחַ וְנִשְׁפַּךְ הַדָּם – יָבִיא דָּם אַחֵר, וְיַתְחִיל בַּתְּחִילָּה בְּמַתְּנוֹת הַמִּזְבֵּחַ. רַבִּי אֶלְעָזָר וְרַבִּי שִׁמְעוֹן אוֹמְרִים: מִמָּקוֹם שֶׁפָּסַק הוּא מַתְחִיל. גָּמַר מַתָּנוֹת שֶׁבַּמִּזְבֵּחַ וְנִשְׁפַּךְ הַדָּם – דִּבְרֵי הַכֹּל לָא מְעַכְּבִי.

If he finished the presentations in the Sanctuary and the blood spilled,[H] **he brings other blood and begins at the start of the presentations at the altar,** as he has already achieved the atonement of the sprinklings in the Sanctuary. If **he presented some of the presentations at the altar and the blood spilled, he brings other blood and begins at the start of the presentations at the altar,** as the atonement of the altar has yet not been completed. In this case, too, **Rabbi Elazar and Rabbi Shimon say** that **he begins from the place where he stopped. If he finished the presentations at the altar and the blood spilled**[H] before he poured the remainder of the blood at the base of the outer altar, **everyone agrees** that the remainders **are not indispensable,** and he need not slaughter another offering for this mitzva.

אָמַר רַבִּי יוֹחָנָן: וּשְׁנֵיהֶם מִקְּרָא אֶחָד דָּרְשׁוּ: "מִדַּם חַטַּאת הַכִּפּוּרִים אַחַת בַּשָּׁנָה".

Rabbi Yoḥanan said: And both of them, meaning the first *tanna*, i.e., Rabbi Meir, the accepted author of unattributed *mishnayot*, Rabbi Elazar, and Rabbi Shimon, **derived** their opinions **from one verse:** "And Aaron shall make atonement upon its corners once a year; **with the blood of the sin-offering of atonement once a year** he shall make atonement for it throughout your generations; it is most sacred to the Lord" (Exodus 30:10).

רַבִּי מֵאִיר סָבַר: חַטָּאת אַחַת אֲמַרְתִּי לְךָ, וְלֹא שְׁתֵּי חַטָּאוֹת, רַבִּי אֶלְעָזָר וְרַבִּי שִׁמְעוֹן סָבְרִי: חִטּוּי אֶחָד אֲמַרְתִּי לְךָ, וְלֹא שְׁנֵי חִטּוּיִין.

Rabbi Yoḥanan elaborates: **Rabbi Meir holds** that God said: **I said to you** to bring **one sin-offering and not two sin-offerings.** In other words, the High Priest may not sprinkle the blood of two offerings on the inner altar. Consequently, if the blood of the sin-offering spilled in the middle of the rite, he may not complete the presentation with the blood of another animal; rather, he must slaughter new offerings so that he can present all the sprinklings at the altar from one sin-offering. **Rabbi Elazar and Rabbi Shimon hold** that God said: **I said to you** to perform **one sprinkling and not two sprinklings.** If he already sprinkled once, the High Priest need not sprinkle again, and if the blood spilled in the middle, the rite is completed with the blood of another offering.

HALAKHA

He finished the presentations inside and the blood spilled – גָּמַר אֶת הַמַּתָּנוֹת שֶׁבִּפְנִים וְנִשְׁפַּךְ הַדָּם: If the High Priest finished the presentations in the Holy of Holies and then the blood spilled, he brings other blood and restarts from the beginning of the presentations in the Sanctuary. The same applies if the blood spilled in the middle of the presentations in the Sanctuary, in accordance with the opinion of the first *tanna* (Rambam *Sefer Avoda, Hilkhot Avodat Yom HaKippurim* 5:6).

He finished the presentations in the Sanctuary and the blood spilled – גָּמַר מַתָּנוֹת שֶׁבַּהֵיכָל וְנִשְׁפַּךְ הַדָּם: If the High Priest finished the presentations in the Sanctuary and the blood spilled, he brings other blood for the presentations at the altar, in accordance with the opinion of the first *tanna* (Rambam *Sefer Avoda, Hilkhot Avodat Yom HaKippurim* 5:6).

He finished the presentations at the altar and the blood spilled – גָּמַר מַתָּנוֹת שֶׁבַּמִּזְבֵּחַ וְנִשְׁפַּךְ הַדָּם: If the High Priest finished the presentations at the altar and the blood spilled, leaving no other blood to pour as the remainder at the base of the altar, he need not slaughter another offering in order to do so, as this action is not indispensable. The *halakha* is in accordance with the conclusion of the Gemara that all the Sages agree in this regard (see *Leḥem Mishne*; Rambam *Sefer Avoda, Hilkhot Avodat Yom HaKippurim* 5:8).

§ **It was taught** in a *baraita* that **Rabbi** Yehuda HaNasi **said: Rabbi Ya'akov**[P] **differentiated for me** with respect **to *lugin*.** In other words, Rabbi Ya'akov said that although Rabbi Elazar and Rabbi Shimon disagree with Rabbi Meir with respect to the sprinkling on Yom Kippur, maintaining that the High Priest restarts from where he stopped, if some of the oil from the *log* used for purifying the leper[N] spills in the middle of the sprinkling, these *tanna'im* do not disagree that the priest must start that rite afresh.

תניא, אמר רבי: לי חלק רבי יעקב בלוגין.

The Gemara expresses surprise at this claim: **And** do they **not** disagree with regard to this issue as well? **But wasn't it taught** explicitly in a *baraita*: If **he presented some of the presentations** of oil **that** he sprinkles **inside** the Temple **and the *log* spilled,**[NH] **he brings another *log*** and **begins from the start of the presentations in the Sanctuary;** and **Rabbi Elazar and Rabbi Shimon say: He begins from the place where he stopped.**

ולא? והתניא: נתן מקצת מתנות שבפנים ונשפך הלוג – יביא לוג אחר, ויתחיל בתחילה במתנות שבהיכל. רבי אלעזר ורבי שמעון אומרים: ממקום שפסק הוא מתחיל.

Likewise, if **he finished the presentations in the Sanctuary and the *log* spilled, he brings another *log* and begins from the start of the presentations** that he puts on **the thumbs** of the leper. If **he put some of the presentations on** the leper's **thumbs and the *log* spilled, he brings another *log* and begins from the start of the presentations on** his **thumbs. Rabbi Elazar and Rabbi Shimon say: He begins from the place where he stopped.** If **he finished the presentations on his thumbs and the *log* spilled, everyone agrees** that **the presentations on the head are not indispensable.** This *baraita* proves that Rabbi Elazar and Rabbi Shimon also disagree with Rabbi Meir with regard to the purifying oil of the leper.

גמר מתנות שבהיכל ונשפך הלוג – יביא לוג אחר, ויתחיל בתחילה במתנות שבבהונות, נתן מקצת מתנות בבהונות ונשפך הלוג – יביא לוג [אחר], ויתחיל בתחילה במתנות שבבהונות. רבי אלעזר ורבי שמעון אומרים: ממקום שפסק הוא מתחיל. גמר מתנות שבבהונות ונשפך הלוג – דברי הכל מתנות הראש לא מעכבות.

The Gemara answers: Rather, Rabbi Yehuda HaNasi's statement must be amended, as one should **say: Rabbi Ya'akov taught me** this dispute **with regard to *lugin*.** Just as there is a dispute with regard to spilled blood during the presentations on Yom Kippur, Rabbi Ya'akov taught that a similar dispute applies to the leper's *log* of oil.

אימא: לי שנה רבי יעקב בלוגין.

The Gemara analyzes this issue: **The Master said** above that everyone agrees that the **presentations of** oil placed on **the head** of the leper **are not indispensable.** The Gemara asks: **What is the reason** for this? **If we say** it is **because it is written: "And the rest of the oil** that is in the priest's hand he shall put upon the head of him that is to be purified, to make atonement for him before the Lord" (Leviticus 14:29), which indicates that this presentation involves only the rest of the oil and is therefore not an essential element of atonement, **however, if** that is **so,** consider the verse: **"But the rest of the meal-offering** shall be for Aharon and his sons; it is one of the sacred offerings of the Lord by fire" (Leviticus 2:3). Should we say, **so too, that they are not indispensable?** This cannot be the case, as the *halakha* is that if the remnants of the meal-offering are lost before the handful is burnt, the owner of the offering must bring another handful.

אמר מר: מתנות הראש אין מעכבות. מאי טעמא? אילימא משום דכתיב: "והנותר מן השמן" – אלא מעתה "והנותרת מן המנחה" הכי נמי דלא מעכבי?!

The Gemara answers: **It is different there,** with regard to the leper's *log* of oil, **as it is written** earlier: **"And of the rest** of the oil that is in his hand, the priest shall put upon the tip of the right ear of him that is to be purified, and upon the thumb of his right hand, and upon the big toe of his right foot" (Leviticus 14:17), and it is also written: **"And of the rest** of the oil that is in the priest's hand, he shall put upon the head of him that is to be purified" (Leviticus 14:18). This shows that the presentation on the head is performed only with the remainder of the oil, and therefore this action is certainly not indispensable.

שאני התם דכתיב: "ומיתר" "והנותר".

Rabbi Yoḥanan said:

אמר רבי יוחנן:

PERSONALITIES

Rabbi Ya'akov – רבי יעקב: Rabbi Ya'akov's full name was Rabbi Ya'akov ben Kurshai, a Sage from the last generation of *tanna'im*. Rabbi Ya'akov was highly proficient in the Torah of the *tanna'im* and was apparently one of Rabbi Yehuda HaNasi's teachers, teaching him a great deal of halakhic material. Rabbi Ya'akov's halakhic and aggadic teachings appear in the Mishna and Gemara. Some commentaries surmise that Rabbi Ya'akov was the maternal grandson of Elisha ben Avuya, also known as Aḥer.

NOTES

The purification of the leper – טהרת המצורע: The *halakhot* of the purification of a leper after he has been healed from his affliction are stated in the Torah (see Leviticus 14:1–32). Part of the procedure is performed outside the Temple, e.g., shaving his hair. The leper brings to the Temple a lamb for a guilt-offering and a *log* of oil that is waved by the priest. After the sacrifice of the guilt-offering, the priest applies some of the animal's blood to the earlobe of the leper, his right thumb, and his right big toe. Next, the priest takes some of the oil in his hand and sprinkles seven times. Some of the remaining oil is placed on the earlobe of the leper, his thumb, and his big toe. Finally, some of the leftover oil is placed on the head of the leper. When all this has been done, the leper sacrifices a lamb, or a bird if he is poor, as a sin-offering, and a second lamb or bird as a burnt-offering.

The *log* spilled, etc. – נשפך הלוג וכו׳: The early commentaries sought the source for the opinion of Rabbi Meir and Rabbi Shimon with regard to the oil. Some suggest that Rabbi Meir interprets the phrase "and a *log* of oil" (Leviticus 14:10) as indicating that only a single *log* may be used for each presentation, similar to his explanation with regard to the inner altar. Meanwhile, Rabbi Elazar and Rabbi Shimon derive their opinion by analogy from the *halakhot* of Yom Kippur, as the High Priest sprinkles from the point where he stopped if the blood spills in the middle of the service (*Siaḥ Yitzḥak*).

HALAKHA

He presented some of the presentations of oil that he sprinkles inside and the *log* spilled – נתן מקצת מתנות שבפנים ונשפך הלוג: If, in the purification ritual of a leper, the priest had poured from the oil into his hand and begun to sprinkle when the *log* spilled, and this happened before he finished sprinkling seven times, he brings another *log* and starts the seven presentations again. If it spilled after the seven presentations, he brings another *log* and starts on the thumbs. If he had begun to place the oil on the thumbs and then the *log* spilled, he brings another *log* and presents on the thumbs from the start. If he finished the thumbs when the *log* spilled, although he lacks enough oil to apply from his hand onto the head of the leper, he need not bring another *log*, as the presentation on the head is not indispensable (Rambam *Sefer Korbanot*, *Hilkhot Meḥusrei Kappara* 5:5).

אֲשַׁם מְצוֹרָע שֶׁשְּׁחָטוֹ שֶׁלֹּא לִשְׁמוֹ – בָּאנוּ לְמַחֲלוֹקֶת רַבִּי מֵאִיר וְרַבִּי אֶלְעָזָר וְרַבִּי שִׁמְעוֹן. רַבִּי מֵאִיר דְּאָמַר יָבִיא אַחֵר וְיַתְחִיל בַּתְּחִילָּה – הָכָא נַמִּי יָבִיא אַחֵר וְיִשְׁחוֹט.

With regard to **a leper's guilt-offering**[N] **that was slaughtered not for its own sake**[NH] but for the purpose of a burnt-offering or peace-offering, **we have arrived at the dispute between Rabbi Meir** on the one hand **and Rabbi Elazar and Rabbi Shimon** on the other hand. Rabbi Yoḥanan clarifies his statement: According to the opinion of **Rabbi Meir, who said** that in the case of a service that was not completed **he brings another** animal **and starts from the beginning, here too,** in the case of the leper's guilt-offering, **he brings another** animal **and slaughters** it, as Rabbi Meir maintains that a service that has not been completed is considered as though it had not been performed at all.

וּלְרַבִּי אֶלְעָזָר וְרַבִּי שִׁמְעוֹן שֶׁאוֹמְרִים מִמָּקוֹם שֶׁפָּסַק מִשָּׁם הוּא מַתְחִיל – הָכָא אֵין לוֹ תַּקָּנָה.

And according to the opinion **of Rabbi Elazar and Rabbi Shimon, who say that he begins from the place where he stopped, here he has no remedy.** According to their opinion, a service that has not been completed properly remains valid. In this case, once he has slaughtered the animal he cannot bring a second guilt-offering, as the verse states: "And offer it for a guilt-offering" (Leviticus 14:12), and not two guilt-offerings.

מַתְקִיף לַיהּ רַב חִסְדָּא: וְהָא "אוֹתוֹ" כְּתִיב! קַשְׁיָא.

Rav Ḥisda strongly objects to this: But isn't it written: "And offer **it** for a guilt-offering" (Leviticus 14:12), which indicates that he must offer that same guilt-offering he waved earlier, and if he does not do so the rite is invalid? If so, even according to the opinion of Rabbi Meir, he cannot use another offering. The Gemara comments: Indeed, this is **difficult**[N] for Rabbi Yoḥanan.

תַּנְיָא כְּוָותֵיהּ דְּרַבִּי יוֹחָנָן: אֲשַׁם מְצוֹרָע שֶׁשְּׁחָטוֹ שֶׁלֹּא לִשְׁמוֹ, אוֹ שֶׁלֹּא נָתַן מִדָּמוֹ לְגַבֵּי בְּהוֹנוֹת – הֲרֵי זֶה עוֹלֶה לְגַבֵּי מִזְבֵּחַ וְטָעוּן נְסָכִים, וְצָרִיךְ אָשָׁם אַחֵר לְהַכְשִׁירוֹ. וְרַב חִסְדָּא אָמַר לָךְ: מַאי צָרִיךְ – צָרִיךְ וְאֵין לוֹ תַּקָּנָה.

Even so, it **was taught** in a *baraita* **in accordance with** the opinion of **Rabbi Yoḥanan:** With regard to **a leper's guilt-offering that** the priest **slaughtered not for its own sake, or** if the priest **did not put some of its blood on** the leper's **thumbs, this** guilt-offering **is raised** and sacrificed **on the altar and requires libations** as though it were valid. **And** yet the leper **must bring another guilt-offering to make him eligible,** i.e., pure of his leprosy. Evidently, there is an opinion that he may offer another guilt-offering, which apparently contradicts the opinion of Rav Ḥisda that everyone agrees that he cannot use another offering. **And Rav Ḥisda** could have **said to you: What** is the meaning of the term: **Must,** stated here? It means that **he must** do so, **but** since it is impossible **he has no remedy.**

וְתָנֵי תַּנָּא צָרִיךְ וְאֵין לוֹ תַּקָּנָה?! אִין, וְהָתַנְיָא: נָזִיר מְמוֹרָט, בֵּית שַׁמַּאי אוֹמְרִים: צָרִיךְ הַעֲבָרַת תַּעַר, וּבֵית הִלֵּל אוֹמְרִים: אֵין צָרִיךְ הַעֲבָרַת תַּעַר. וְאָמַר רַבִּי אָבִינָא: כְּשֶׁאוֹמְרִים בֵּית שַׁמַּאי צָרִיךְ – צָרִיךְ וְאֵין לוֹ תַּקָּנָה.

The Gemara expresses surprise at this contention: **But would a** *tanna* **teach: Must,** when he means that **he has no remedy?** The Gemara answers: **Yes, and** indeed **it was taught** in a *baraita*: With regard to a totally **bald nazirite,**[H] who cannot shave his hair with a razor as required, **Beit Shammai say: He must** perform the act of **the passing of a razor** anyway, **and Beit Hillel say: He need not** perform the act of **the passing of a razor.**[N] **And Rabbi Avina** said that **when Beit Shammai say: Must,** they mean **he must** do so, but since it is impossible, **he has no remedy.**

NOTES

A leper's guilt-offering, etc. – **אֲשַׁם מְצוֹרָע וכו׳:** See *Tosafot* and other early commentaries, who challenge Rashi's interpretation of this passage that this is referring to a guilt-offering that was slaughtered for the purpose of a burnt-offering or peace-offering, and accept Rabbeinu Ḥananel's version of the text, which reads: The blood of a leper's guilt-offering that spilled before it was placed on the thumbs. According to this reading, the connection between this *halakha* and the debate between Rabbi Meir and Rabbi Shimon is clear. However, some commentaries point out that there are problems with this version as well. In justification of Rashi's version, it should be noted that the guilt-offering of a leper is unique in that it is accompanied by libations, which are offered regardless of the fate of the animal. Since the disqualification of the animal does not entirely nullify this offering, it can indeed be compared to a disqualification that occurs during the midst of a service (*Gevurat Ari*).

That was slaughtered not for its own sake – **שֶׁשְּׁחָטוֹ שֶׁלֹּא לִשְׁמוֹ:** In the case of most offerings, with the exception of the Paschal lamb and the sin-offering, if they were not slaughtered for their own sake but for the sake of another type of offering, they are not entirely invalidated but are burned on the altar in the normal fashion. The only difference between an offering of this kind and one performed properly is that an animal slaughtered for the sake of another type of offering does not fulfill the obligation of its owner, who must bring another offering in its stead.

This is difficult – **קַשְׁיָא:** Although the Gemara immediately proceeds to cite a *baraita* in support of the opinion of Rabbi Yoḥanan, at this stage of the discussion the challenge still stands (*Kashot Meyushav*).

The passing of a razor – **הַעֲבָרַת תַּעַר:** An individual who takes a nazirite vow assumes three prohibitions: Consuming wine and grape products, contracting ritual impurity from a corpse, and cutting his hair. Upon completion of his term, the nazirite comes to the Temple, sacrifices offerings, and cuts his hair. These acts signify the completion of his vow, whereupon he is permitted to drink wine and to come into contact with a dead body. The question here is which of these actions are indispensable to the ritual of a nazirite.

HALAKHA

A leper's guilt-offering that was slaughtered not for its own sake – **אֲשַׁם מְצוֹרָע שֶׁשְּׁחָטוֹ שֶׁלֹּא לִשְׁמוֹ:** If a leper's guilt offering was slaughtered not for its own sake, or if the priest did not place its blood on the individual's thumbs, the offering is still burned on the altar and requires libations. Nevertheless, the leper has not fulfilled his obligation with it, and he must bring another guilt-offering (Rambam *Sefer Korbanot*, *Hilkhot Meḥusrei Kappara* 5:5).

Bald nazirite – **נָזִיר מְמוֹרָט:** Since the act of shaving is not indispensable, a bald nazirite may bring his offerings and be released from his vow. In light of the Gemara in *Nazir* 46b, where the opinions are reversed and the lenient opinion is that of Beit Shammai, the Rambam apparently rules in accordance with the opinion of Beit Shammai, a ruling that puzzles the *Kesef Mishne* and the *Leḥem Mishne*. However, it is possible that the Rambam relies on the version of the text that appears in the Gemara here, in which the lenient opinion is that of Beit Hillel (Rambam *Sefer Hafla'a*, *Hilkhot Nezirut* 8:5).

וּפְלִיגָא דְּרַבִּי פְּדָת, דְּאָמַר רַבִּי פְּדָת: בֵּית שַׁמַּאי וְרַבִּי אֶלְעָזָר אָמְרוּ דָּבָר אֶחָד. בֵּית שַׁמַּאי – הָא דַּאֲמַרַן, רַבִּי אֶלְעָזָר – (דִּתְנַיָא) אֵין לוֹ בּוֹהֶן יָד וּבוֹהֶן רֶגֶל – אֵין לוֹ טָהֳרָה עוֹלָמִית, רַבִּי אֶלְעָזָר אוֹמֵר: נוֹתֵן עַל מְקוֹמוֹ וְיוֹצֵא. רַבִּי שִׁמְעוֹן אוֹמֵר: אִם נָתַן עַל שֶׁל שְׂמֹאל – יָצָא.

The Gemara comments: And Rabbi Avina, in his interpretation of this matter, **disagrees with Rabbi Pedat. As Rabbi Pedat said: Beit Shammai and Rabbi Elazar said the same thing,** i.e., they have the same opinion in this regard. The opinion of **Beit Shammai is that which we said,** that a bald nazirite must pass a razor over his head. The opinion of **Rabbi Elazar** is **as it was taught** in a mishna: A leper who **has no thumb**[H] **or big toe** on which to sprinkle can **never** attain **ritual purity. Rabbi Elazar says:** The priest **puts it on the spot** where the thumb was, **and** he thereby **fulfills** his obligation. **Rabbi Shimon says: If he put it on the left** hand or foot, **he has fulfilled** his obligation. According to Rabbi Pedat, Rabbi Elazar and Beit Shammai both maintain that even if the rite cannot be performed in the precise manner, one fulfills his obligation regardless.

תָּנוּ רַבָּנַן: ״וְלָקַח מִדַּם הָאָשָׁם״ יָכוֹל בִּכְלִי – תַּלְמוּד לוֹמַר: ״וְנָתַן״, מַה נְּתִינָה בְּעַצְמוֹ שֶׁל כֹּהֵן – אַף לְקִיחָה בְּעַצְמוֹ שֶׁל כֹּהֵן.

§ **The Sages taught:** "And the priest **shall take of the blood of the guilt-offering,** and the priest shall put it upon the tip of the right ear of him who is to be purified, and upon the thumb of his right hand, and upon the big toe of his right foot" (Leviticus 14:14). One **might** have thought that he should take it **in a vessel;** therefore, **the verse states: "And put." Just as putting** means **with the priest's own** body, **so too, taking** means **with the priest's own** body.[N]

יָכוֹל אַף לַמִּזְבֵּחַ כֵּן – תַּלְמוּד לוֹמַר: ״כִּי כַּחַטָּאת הָאָשָׁם הוּא״ מַה חַטָּאת טְעוּנָה כְּלִי – אַף אָשָׁם טָעוּן כְּלִי. נִמְצֵאתָ אַתָּה אוֹמֵר: אֲשַׁם מְצוֹרָע שְׁנֵי כֹהֲנִים מְקַבְּלִים אֶת דָּמוֹ, אֶחָד בַּיָּד וְאֶחָד בַּכְּלִי. זֶה שֶׁקִּבֵּל בִּכְלִי – בָּא לוֹ אֵצֶל מִזְבֵּחַ. וְזֶה שֶׁקִּיבֵּל בַּיָּד – בָּא לוֹ אֵצֶל מְצוֹרָע.

The *baraita* continues: One **might** have thought that **even** with regard to the blood of the leper's guilt-offering that he presents **on the altar,** like the blood of other guilt-offerings, it is **so** that he collects the blood in his hand rather than with a vessel. Therefore, **the verse states: "For as the sin-offering is, so is the guilt-offering"** (Leviticus 14:13): **Just as a sin-offering requires a vessel** for collection of its blood, **so too,** the blood of **a guilt-offering requires** collection in **a vessel. And you find that you** must **say: The leper's guilt-offering** requires **two priests** to **collect its blood; one** collects **by hand, and the other one** collects **in a vessel. The one who collected in a vessel comes to the altar** and sprinkles some of the blood on it, **and the one who collected by hand comes to the leper** and sprinkles some of the blood on him.[H]

תְּנַן הָתָם: וְכוּלָּן מְטַמְּאִים בְּגָדִים, וְנִשְׂרָפִין אַבֵּית הַדֶּשֶׁן, דִּבְרֵי רַבִּי אֶלְעָזָר וְרַבִּי שִׁמְעוֹן. וַחֲכָמִים אוֹמְרִים: אֵין מְטַמְּאִין בְּגָדִים וְאֵין נִשְׂרָפִין אַבֵּית הַדֶּשֶׁן אֶלָּא הָאַחֲרוֹן, הוֹאִיל וְגָמַר בּוֹ כַּפָּרָה.

§ **We learned** in a mishna **there: And all** of the animals whose blood was spilled, as stated in the mishna, **render ritually impure the garments**[N] of those who are occupied with burning them. If a bull or goat was slaughtered, but their blood spilled after one stage of atonement, and another animal is brought to complete the sprinkling, the first animal is burned, an action that renders ritually impure the garments of the individuals who perform the burning. **And** each of **these** first animals **is burned**[N] **in the place of the ashes,** in accordance with the *halakha* of inner sin-offerings. This is **the statement of Rabbi Elazar and Rabbi Shimon. And the Rabbis say: They do not render** the **garments impure and they are not burned in the place of the ashes, except for the last** animal, **since the atonement is completed with it.**[H]

בְּעָא מִינֵּיהּ רָבָא מֵרַב נַחְמָן: כַּמָּה שְׂעִירִים מְשַׁלֵּחַ? אֲמַר לֵיהּ: וְכִי עֶדְרוֹ מְשַׁלֵּחַ? אָמַר לוֹ:

Rava inquired before Rav Naḥman: How many goats does he send away?[N] If the blood of the goat presented inside is spilled, the High Priest must bring an additional pair of goats and perform a new lottery. This might even happen several times, which would mean that one goat is offered on the altar while several goats are designated for sending away. What should be done with those goats? **He said to him: Does he send away his flock?** In other words, the Torah said to send only one goat, not an entire flock. Rava **said to him:**

NOTES

Taking with the priest's own body – לְקִיחָה בְּעַצְמוֹ שֶׁל כֹּהֵן: *Tosafot* raise a difficulty against this proof, as the Torah also states with regard to other offerings: "And the priest shall take of its blood with his finger and place it" (Leviticus 4:30), and there is no insistence that the priest use his hand in those cases. Some commentaries resolve this problem by pointing out that the word "finger" is written there between "take" and "place," which indicates that the two actions are not equivalent (*Korban Aharon*).

And all render ritually impure the garments – וְכוּלָּן מְטַמְּאִים בְּגָדִים: The reasoning here is that according to the opinion of Rabbi Shimon and Rabbi Elazar, the bulls and goats are all considered one offering, as even if there is an interruption in the middle of the sprinklings the rite continues with the blood of a different animal. Conversely, as the Rabbis, i.e., Rabbi Meir, maintain that each stage of the atonement requires its own offering if the blood is spilled, atonement is achieved through only one of the animals, not all of them (*Tosafot Yeshanim*).

Render ritually impure and are burned – מְטַמְּאִים וְנִשְׂרָפִין: With regard to these and all sin-offerings whose blood is brought inside the temple, the Torah states that their flesh and hides are entirely burned and that one who performs these actions is thereby rendered ritually impure, as are the garments he wears at the time (see Leviticus 16:27–28).

How many goats does he send away – כַּמָּה שְׂעִירִים מְשַׁלֵּחַ: According to some commentaries, this question is referring specifically to the opinion of Rabbi Elazar and Rabbi Shimon, who maintain that atonement is achieved through all the animals. Others maintain that the question applies to the opinion of the Rabbis, i.e., Rabbi Meir, as well, as he merely states that atonement is achieved through the last of the bulls, since the earlier ones were disqualified. With regard to the scapegoats, however, as they themselves are not disqualified, they are all fit for the mitzva (*Tosafot Yeshanim*).

HALAKHA

A leper who has no thumbs – מְצוֹרָע בְּלֹא בְּהוֹנוֹת: A leper who has no right hand, no thumb on his right hand, no right foot, no big toe on his right foot, or no right ear, can never be ritually purified, in accordance with the unattributed opinion in the mishna (Rambam *Sefer Korbanot*, *Hilkhot Meḥusrei Kappara* 5:1).

Collecting the blood of a leper's guilt-offering – קַבָּלַת דַּם אֲשַׁם מְצוֹרָע: When the leper's guilt-offering is slaughtered, two priests collect its blood. One collects some of the blood in a vessel and sprinkles it on the altar, while the other collects it in his right hand and pours it into his left palm. He then sprinkles some of this blood on the leper with his right finger. The *halakha* is in accordance with the ruling of the *baraita* (Rambam *Sefer Korbanot*, *Hilkhot Meḥusrei Kappara* 4:2).

Which offerings render garments ritually impure – אֵלּוּ מִן הַקָּרְבָּנוֹת מְטַמְּאִים בְּגָדִים: If the blood of the bull or the goat on Yom Kippur spilled, other animals are brought to complete the atonement. Only the last offering, through which the atonement is completed, is burned in the place of the ashes, and only that offering renders impure the garments of those who burn it (Rambam *Sefer Avoda*, *Hilkhot Avodat Yom HaKippurim* 5:9).

וְכִי עֶדְרוֹ שׂוֹרֵף? מִי דָּמֵי? הָתָם – לֹא כְּתִיב 'אוֹתוֹ', הָכָא כְּתִיב 'אוֹתוֹ'.

And does he burn his flock? The Torah obligated him to burn only one goat, and yet there are times when he must burn several, as stated in the mishna. Rabbi Naḥman retorts: **Is it comparable? There,** with respect to burning the goats, **it is not written: "It,"** which would restrict the burning to only one animal, whereas **here,** with regard to the scapegoat, **it is written: "It,"** which indicates that one animal alone is sent away. The objection has been refuted and indeed only one scapegoat is used.

אִיתְּמַר, רַב פַּפִּי מִשְּׁמֵיהּ דְּרָבָא אָמַר: רִאשׁוֹן מְשַׁלֵּחַ, וְרַב שִׁימִי מִשְּׁמֵיהּ דְּרָבָא אָמַר: אַחֲרוֹן מְשַׁלֵּחַ. בִּשְׁלָמָא רַב שִׁימִי (בַּר אַשִׁי) מִשְּׁמֵיהּ דְּרָבָא דְּאָמַר אַחֲרוֹן מְשַׁלֵּחַ – קָסָבַר: הוֹאִיל וְגָמַר בּוֹ כַּפָּרָה. אֶלָּא רַב פַּפִּי מִשְּׁמֵיהּ דְּרָבָא, מַאי קָסָבַר? סָבַר לָהּ כְּרַבִּי יוֹסֵי, דְּאָמַר: מִצְוָה בְּרִאשׁוֹן.

§ **It was stated** that *amora'im* disagreed about the following issue. **Rav Pappi said in the name of Rava: He sends the first** goat; **and Rav Shimi said in the name of Rava: He sends the last** of them. The Gemara analyzes the matter: **Granted,** according to the opinion of **Rav Shimi bar Ashi in the name of Rava, who said** that **he sends the last** of them, it works out well, as **he** probably **holds** as stated above, that the last goat is used, **since the atonement is completed with it. However,** with regard to **Rav Pappi in the name of Rava, what does he hold?** The Gemara answers: **He holds in accordance with** the opinion of **Rabbi Yosei,** who said that when several identical items are available for a mitzva, the **mitzva is** performed **with the first** of them.[H]

הֵי רַבִּי יוֹסֵי? אִילֵימָא רַבִּי יוֹסֵי דְּקוּפּוֹת, דִּתְנַן (רַבִּי יוֹסֵי אוֹמֵר): שָׁלֹשׁ קוּפּוֹת שֶׁל שָׁלֹשׁ שָׁלֹשׁ סְאִין, שֶׁבָּהֶם תּוֹרְמִין אֶת הַלִּשְׁכָּה, וְהָיָה כָּתוּב עֲלֵיהֶם אב"ג.

The Gemara asks: To **which** of the *halakhot* of **Rabbi Yosei** is this referring? From which of Rabbi Yosei's statements is this conclusion derived? **If we say** it is the statement of **Rabbi Yosei** with regard to **containers,** this is problematic. **As we learned** in a mishna that **Rabbi Yosei says:** There were **three containers**[H] **of three** ***se'a*** **each, with which they collect the donation from the chamber.**[N] Every year the money donated to the Temple by the people in the month of Adar was placed in a special chamber. The treasurers subsequently filled three containers with these coins and used the funds to purchase the communal offerings, e.g., the daily offerings and the additional offerings for Festivals. **And the** letters ***alef, beit, gimmel*** **were written on the** containers.

וְתַנְיָא, אָמַר רַבִּי יוֹסֵי: לָמָּה כָּתוּב עֲלֵיהֶן אב"ג – לֵידַע אֵיזֶה מֵהֶן נִתְרְמָה רִאשׁוֹן, לְהָבִיא הֵימֶנָּה רִאשׁוֹן, שֶׁמִּצְוָה בְּרִאשׁוֹן.

And it was taught in a *baraita* that **Rabbi Yosei said: Why were** the letters ***alef, beit, gimmel*** **written on them?** It was **to ascertain** from **which of them the donation was collected first,** so that they could **bring** the money **from it first, as the mitzva is** to use the coins **of the first** container. This apparently proves that according to the opinion of Rabbi Yosei, it is a mitzva to use the first item.

דִּילְמָא בְּעִידָּנָא דְּאִיתְחֲזַאי קַמַּיְיתָא, לָא אִיתְחֲזַאי בַּתְרַיְיתָא.

The Gemara responds: This is no proof, as **perhaps at the time when the first** container **was fit to be used, the last was not** yet **fit to be used.** When the first container was brought it was fit and designated for the offerings, whereas the coins in the second container had not yet been collected, and therefore the coins in the first container must be used first as they were sanctified first. Here, however, the scapegoat is consecrated only when its pair is sacrificed, and therefore the two cases are dissimilar.

אֶלָּא רַבִּי יוֹסֵי דְּפֶסַח, (דִּתְנַן): הַמַּפְרִישׁ פִּסְחוֹ וְאָבַד, וְהִפְרִישׁ אַחֵר תַּחְתָּיו, וְאַחַר כָּךְ נִמְצָא הָרִאשׁוֹן וַהֲרֵי שְׁנֵיהֶן עוֹמְדִין – אֵי זֶה מֵהֶן שֶׁיִּרְצֶה יַקְרִיב, דִּבְרֵי חֲכָמִים. רַבִּי יוֹסֵי אוֹמֵר: מִצְוָה בְּרִאשׁוֹן, וְאִם הָיָה שֵׁנִי מוּבְחָר מִמֶּנּוּ – יְבִיאֶנּוּ.

Rather, the principle that one uses the first item is derived from the statement of **Rabbi Yosei with regard to the Paschal offering, as it was taught** in a *baraita*: With regard to **one who separated** a sheep for **his Paschal offering and the sheep was lost,**[H] **and he separated another** sheep **in its stead, and afterward the first** sheep **was found, and they both stand** before him, **he sacrifices whichever of them he wants;** this is **the statement of the Rabbis. Rabbi Yosei says:** The **mitzva** is performed **with the first** sheep. **And if the second was of superior quality**[N] **to it, he brings** the second sheep. This proves that according to Rabbi Yosei, if there are two animals equally fit for an offering, one brings the animal that was chosen first.

הדרן עלך הוציאו לו

HALAKHA

Which goat does he send away – אֵיזֶה שָׂעִיר מְשַׁלֵּחַ: The Rambam rules that the first goat is sent because it was chosen through the mitzva of the lottery and was not disqualified. The *Me'iri* states likewise (see *Likkutei Halakhot*; Rambam *Sefer Avoda, Hilkhot Avodat Yom HaKippurim* 5:15).

Three containers – שָׁלֹשׁ קוּפּוֹת: After the shekels were brought to their special chamber in the courtyard, three large containers were filled with the money. After that, three smaller containers were fashioned, on which the letters *alef, beit,* and *gimmel* were written. The contents of these boxes were used one by one to fund the Temple services (Rambam *Sefer Zemanim, Hilkhot Shekalim* 2:6).

One who separated his Paschal offering and it was lost – הַמַּפְרִישׁ פִּסְחוֹ וְאָבַד: If one separated a Paschal offering and it was subsequently lost, whereupon he designated a second animal, and then the first was located, the individual may offer whichever of the two animals he prefers. The other one is sacrificed as a peace-offering, in accordance with the opinion of the Rabbis (Rambam *Sefer Korbanot, Hilkhot Korban Pesaḥ* 4:6).

NOTES

They collect the donation from the chamber – תּוֹרְמִין אֶת הַלִּשְׁכָּה: There is a mitzva to buy the offerings for each year with funds donated by the people in the form of the half-shekels of that year. These coins were collected by the Temple treasurer in the month of Adar and were used from the first of Nisan, which marked the beginning of the year for these purposes. The money was first kept in a special chamber before it was carried in containers and spent to purchase the animals for offerings. The money was kept in three boxes. The contents of the first were donated by people living in Eretz Yisrael, the second was for the shekels of Jews living outside the land but relatively close by, the third container held the money given by Jews from distant lands.

If the second was of superior quality – אִם הָיָה שֵׁנִי מוּבְחָר: This *halakha* was stated solely with regard to the Paschal offering, but not the scapegoat. The difference is that the Paschal lamb is eaten, and therefore it must be of the best quality, whereas the scapegoat was hurled off a cliff (*Tosafot Yeshanim*).

Summary of Perek V

The amount of incense scooped by the High Priest is determined by the size of his hands, and the vessels he uses for this purpose are made to fit him. Although this service is unique to Yom Kippur, the analysis of its *halakhot* and manner of performance leads to a discussion of the handful of flour separated from a regular meal-offering, which resembles the handful of incense in many ways.

The entrance of the High Priest into the Holy of Holies in the Second Temple was via the two dividing curtains. Several steps were taken to ensure that the rites of Yom Kippur were performed in the proper manner in the Second Temple, despite the lack of the Ark of the Covenant and the fact that the structure of the Sanctuary and the inner sanctum was different from that of the First Temple.

For each set of sprinklings in the Holy of Holies the High Priest sprinkles the blood of the bull and the goat once and then seven times, i.e., the first sprinkling is directed slightly upward while the next seven are aimed downward. Any change in the order or number of sprinklings disqualifies the service.

The sprinklings inside the Holy of Holies are performed exclusively on Yom Kippur. The sprinklings outside, on the curtain and the golden altar in the Sanctuary, are also performed with the blood of certain other special sin-offerings, i.e., the bull brought by the anointed priest and the bull brought for an unwitting communal sin. The Gemara clarifies some of the differences between these rites.

There are several differences of opinion with regard to the manner of the sprinkling on the golden altar, and the discussion in the Gemara indicates that there were various customs with regard to its performance even during the period of the Temple itself.

Everyone agrees that not only are certain rites of the Yom Kippur service indispensable for atonement, but so is the order of their performance. Consequently, if the High Priest performed a later service first, he must go back and start over from the beginning. However, this requirement is limited to the special rites of the day, those performed by the High Priest in his white garments inside the Holy of Holies.

With regard to the other services, each is considered a distinct unit, which means that if one of them was impaired in some way the High Priest must begin that rite afresh. This impairment might be caused by an error in the performance of the rite, or due to the inability of the High Priest to complete the service of this holiest day.

Introduction to **Perek VI**

And when he has made an end of atoning for the Sanctuary, and the Tent of Meeting, and the altar, he shall present the live goat. And Aaron shall lay both his hands upon the head of the live goat, and confess over it all the iniquities of the children of Israel, and all their transgressions, even all their sins; and he shall put them upon the head of the goat, and shall send it away with an appointed man into the wilderness. And the goat shall bear upon it all their iniquities to a land which is cut off; and he shall let go the goat in the wilderness.

(Leviticus 16:20–22)

And the fat of the sin-offering he shall make smoke upon the altar. And he that dispatched the goat to Azazel shall wash his clothes, and bathe his flesh in water, and afterward he may come into the camp. And the bull of the sin-offering, and the goat of the sin-offering, whose blood was brought in to gain atonement in the sacred place, shall be taken outside the camp and they shall burn in the fire their skins, and their flesh, and their dung.

(Leviticus 16:25–27)

This chapter primarily addresses the laws of the scapegoat, and begins by addressing the relationship between the scapegoat and the goat sacrificed as a sin-offering on Yom Kippur. These two goats must be identical and equally suitable for each of the two services. Lots are drawn that determine which goat will be sacrificed as the sin-offering and which will be used as the scapegoat. Even after the lottery, if one of the goats becomes disqualified, the other goat also becomes unfit for its role. It therefore needs to be clarified until when, and to what extent, these goats remain interdependent.

Another topic addressed in this chapter is the confession recited by the High Priest over the scapegoat, and the sins for which the scapegoat brings atonement.

The chapter also discusses the process of sending the scapegoat to the wilderness. This ritual generates both theological and practical questions: What is the ritual's meaning? The scapegoat is not a sacrificial offering, as it is not slaughtered and it is sent out of the Temple. The meaning of the ritual must be clarified so that it not appear as though it contains traces of idolatrous worship.

On a practical level, who accompanies the scapegoat and what *halakhot* apply to him? How is the scapegoat sent out of the Temple and how is it brought to the proper location in the wilderness? Does the term Azazel refer to a location in the wilderness or to the ritual of the scapegoat? And how does one conclude the ritual of the scapegoat?

This chapter focuses on all of these issues, as well as other details related to the scapegoat.

מתני׳ שְׁנֵי שְׂעִירֵי יוֹם הַכִּפּוּרִים מִצְוָתָן שֶׁיִּהְיוּ שְׁנֵיהֶן שָׁוִין בְּמַרְאֶה וּבְקוֹמָה וּבְדָמִים וּבִלְקִיחָתָן כְּאֶחָד. וְאַף עַל פִּי שֶׁאֵין שָׁוִין – כְּשֵׁרִין. לָקַח אֶחָד הַיּוֹם וְאֶחָד לְמָחָר – כְּשֵׁרִין.

MISHNA **The mitzva of the two Yom Kippur goats,**[H] the goat sacrificed to God and the goat sent to Azazel that are brought as a pair, **is** as follows, *ab initio*: **That they will both be identical in appearance,**[N] i.e., color, **and in height, and in monetary value,**[N] **and their acquisition** must be **as one,**[N] i.e., they must be purchased together. **And even if they are not identical,** nevertheless, **they are valid.** And similarly, if **he acquired one today and one tomorrow, they are valid.**

מֵת אֶחָד מֵהֶם, אִם עַד שֶׁלֹּא הִגְרִיל מֵת – יִקַּח זוּג לַשֵּׁנִי, וְאִם מִשֶּׁהִגְרִיל מֵת – יָבִיא זוּג אַחֵר, וְיַגְרִיל עֲלֵיהֶם בַּתְּחִילָּה,

If one of the goats **died,**[H] **if** it **died before** the High Priest **drew the lots,** he immediately **takes a counterpart for the second,** since neither has yet been designated. **And if** it **died after** the High Priest **drew the lots, he brings another pair** of goats **and draws lots over them from the start.**

וְיֹאמַר: אִם שֶׁל שֵׁם מֵת – זֶה שֶׁעָלָה עָלָיו הַגּוֹרָל לַשֵּׁם יִתְקַיֵּים תַּחְתָּיו, וְאִם שֶׁל עֲזָאזֵל מֵת – זֶה שֶׁעָלָה עָלָיו הַגּוֹרָל לַעֲזָאזֵל יִתְקַיֵּים תַּחְתָּיו, וְהַשֵּׁנִי יִרְעֶה עַד שֶׁיִּסְתָּאֵב וְיִמָּכֵר, וְיִפְּלוּ דָּמָיו לִנְדָבָה. שֶׁאֵין חַטַּאת צִבּוּר מֵתָה. רַבִּי יְהוּדָה אוֹמֵר: תָּמוּת.

After that lottery **he utters** a stipulation: **If the one to be sacrificed to God died, that** goat **upon which the lot for God** was drawn in the second lottery **shall stand in its stead; and if** the one to be sent **to Azazel died, that** goat **upon which the lot for Azazel** was drawn **shall stand in its stead. And the second,** superfluous goat, i.e., in the case where a new pair of goats was brought, **should graze until it becomes unfit,** at which point **it will be sold, and the** money received from **its** sale **will go toward** the purchase of **a** public **gift-offering.** Although for individual sin-offerings in similar circumstances there is no remedy and it is left to die, that is not the case here, as **a communal sin-offering** is **not** left **to die.** On the other hand, **Rabbi Yehuda says:** In this **it should** be left to **die.**

וְעוֹד אָמַר רַבִּי יְהוּדָה: נִשְׁפַּךְ הַדָּם – יָמוּת הַמִּשְׁתַּלֵּחַ, מֵת הַמִּשְׁתַּלֵּחַ – יִשָּׁפֵךְ הַדָּם.

And furthermore, Rabbi Yehuda said: If **the blood** of the goat sacrificed to God **spilled** before it was sprinkled, **the scapegoat** is left **to die.** Similarly, **if the scapegoat dies, the blood** of the goat sacrificed to God **should be spilled,** and two other goats are brought and lots are drawn.

HALAKHA

The two Yom Kippur goats – שְׁנֵי שְׂעִירֵי יוֹם הַכִּפּוּרִים: The two Yom Kippur goats should be identical in appearance, size, and monetary value, and they should be purchased together. Nevertheless, they may be used even if they are not identical or were not purchased together (Rambam *Sefer Avoda, Hilkhot Avodat Yom HaKippurim* 5:14).

If one of the goats died – מֵת אֶחָד מֵהֶם: If one of the two Yom Kippur goats dies before the lottery is cast, the High Priest brings a counterpart for the remaining goat. If one of the goats dies after the lottery, the High Priest brings two new goats and draws new lots. It the goat that died was to be sacrificed to God, the goat selected to be sacrificed to God in the second lottery takes its place. If the goat that died was to be sent to Azazel, the goat selected to be sent to Azazel in the second lottery takes its place. In the case where a new pair of goats was brought, the remaining goat of the second pair is put out to pasture until it becomes blemished. It is then sold, and the proceeds are used for a communal gift-offering. This is in accordance with the mishna and with the opinion of Rav in the Gemara (Rambam *Sefer Avoda, Hilkhot Avodat Yom HaKippurim* 5:15).

NOTES

That they will both be identical in appearance – שֶׁיִּהְיוּ שְׁנֵיהֶן שָׁוִין בְּמַרְאֶה: *Tosafot Yeshanim* asks: Since the Gemara in tractate *Sanhedrin* teaches that no two people look exactly alike, how can one expect to find two identical goats? They answer that there is a greater discrepancy between different human faces than there is with regard to the appearance of animals. Still, according to the Jerusalem Talmud, no two natural items, even two grains of wheat, can ever be fully identical. Therefore, the mishna must mean to say that the goats must be as close as possible to each other in terms of coloring and size (see *Gevurat Ari*).

And in monetary value – וּבְדָמִים: In the Jerusalem Talmud it is explained that the important point is the value of the goats rather than their actual purchase price. Therefore, it is preferable not to use two goats that were purchased for the same price if one is qualitatively superior, whereas it is acceptable to use two goats of equal quality even if they were not purchased for the same price.

And their acquisition must be as one – וּבִלְקִיחָתָן כְּאֶחָד: The two goats must be bought not only at the same time, but preferably from the same individual. This too is part of the effort to ensure that the animals are as similar as possible.

NOTES

One in appearance – חַד לְמַרְאֶה: *Tosafot Yeshanim* cite a version of this text according to which one reference is for appearance and height, one is for monetary value, and the third teaches that they must be purchased simultaneously. This interpretation solves some questions that were raised with regard to this derivation.

HALAKHA

The lambs brought by a leper – כִּבְשֵׂי מְצוֹרָע: It is a mitzva for a leper to bring lambs that are identical. However, if they are not identical, they are nevertheless valid (*Likkutei Halakhot*).

גמ׳ תָּנוּ רַבָּנַן: ״יִקַּח שְׁנֵי שְׂעִירֵי עִזִּים״ – מִיעוּט ״שְׂעִירֵי״ – שְׁנַיִם, מַה תַּלְמוּד לוֹמַר ״שְׁנֵי״ – שֶׁיִּהְיוּ שְׁנֵיהֶן שָׁוִים. מִנַּיִן אַף עַל פִּי שֶׁאֵין שְׁנֵיהֶן שָׁוִין כְּשֵׁירִין – תַּלְמוּד לוֹמַר: ״שָׂעִיר״ ״שָׂעִיר״ רִיבָּה.

GEMARA **The Sages taught:** It states: **"He shall take two goats"** (Leviticus 16:5). The **minimum** number indicated by a plural term, as the word **goats** is here, is **two.** If so, **what** is the meaning when **the verse states: Two?** It teaches **that the two should be identical.** And **from where** do we derive that **even if the two** goats **are not identical** they are nevertheless **valid? The verses state** and repeat the word **goat, goat** (Leviticus 16:9–10) **to amplify** and indicate that the goats are valid even if they are not identical.

טַעְמָא דְּרַבֵּי רַחֲמָנָא, הָא לָא רַבֵּי רַחֲמָנָא – הֲוָה אָמִינָא: פְּסוּלִין. עִיכּוּבָא מְנָא לָן?

The Gemara asks: **The reason** is specifically **because the Merciful One** in the Torah **amplified** and thereby indicated that the goats are valid even if they are not identical. **Doesn't this** indicate that if **the Merciful One did not amplify, I would have said** the goats are **disqualified? From where do we** derive that the goats are **prevented** from being sacrificed if they are not identical? The principle with regard to sacrificial offerings is that if the Torah indicates a requirement only once, it is a mitzva *ab initio*, and if the Torah repeats the requirement, it is considered indispensable in order for the offering to be valid.

סָלְקָא דַּעְתָּךְ אָמִינָא: ״שְׁנֵי״ ״שְׁנֵי״ ״שְׁנֵי״ כְּתִיב.

The Gemara answers: It could **enter your mind to say** that since the word **two, two, two, is written** three times in the relevant passage, the repetition indicates that the goats are disqualified if they are not identical. Therefore, the Torah had to indicate that the goats are valid even if they are not identical.

וְהַשְׁתָּא דְּרַבֵּי רַחֲמָנָא ״שָׂעִיר״ ״שָׂעִיר״, ״שְׁנֵי״ ״שְׁנֵי״ ״שְׁנֵי״ לָמָּה לִי? חַד – לְמַרְאֶה, וְחַד – לְקוֹמָה, וְחַד – לְדָמִים.

The Gemara asks: **And now that the Merciful One has amplified** by repeating the word **goat, goat, why do I** need the threefold repetition of **two, two, two?** The Gemara answers that it teaches how the mitzva should be performed *ab initio*: **One** of the terms indicates that the goats should be identical **in appearance,**[N] **one** indicates they should be identical **in height, and one** indicates they should be identical **in monetary value.**

תַּנְיָא נַמִי הָכִי גַּבֵּי כִּבְשֵׂי מְצוֹרָע: ״יִקַּח שְׁנֵי כְבָשִׂים״ מִיעוּט כְּבָשִׂים שְׁנַיִם, מַה תַּלְמוּד לוֹמַר ״שְׁנֵי״ – שֶׁיִּהְיוּ שְׁנֵיהֶן שָׁוִין. וּמִנַּיִן שֶׁאַף עַל פִּי שֶׁאֵין שְׁנֵיהֶן שָׁוִין כְּשֵׁירִין, תַּלְמוּד לוֹמַר: ״כֶּבֶשׂ״ ״כֶּבֶשׂ״ רִיבָּה.

The Gemara comments that **this was also taught** in a *baraita* **with regard to the lambs** brought by a **leper,**[H] based upon the verse: **"He shall take two lambs"** (Leviticus 14:10). The **minimum** number of **lambs,** which is a plural term, is **two. If so, what** is the meaning when **the verse states "two"?** It teaches **that the two should be identical.** And **from where** do we derive **that even if the two** lambs **are not identical** they are nevertheless **valid? The verses state: Lamb, lamb,** repetitively, **to amplify** and indicate that the lambs are valid even if they are not identical.

טַעְמָא דְּרַבֵּי רַחֲמָנָא, הָא לָא רַבֵּי רַחֲמָנָא – הֲוָה אָמִינָא: פְּסוּלִין, עִיכּוּבָא מְנָא לָן? סָלְקָא דַּעְתָּךְ אָמִינָא: ״תִּהְיֶה״ כְּתִיב.

The Gemara asks: **The reason** is specifically **because the Merciful One** in the Torah **amplified** and thereby indicated that the lambs are valid even if they are not identical. **Doesn't this** indicate that if **the Merciful One did not amplify, I would have said** the lambs are **disqualified? From where do we** derive that the lambs are **prevented** from being sacrificed if they are not identical? The Gemara answers: It could **enter your mind to say** that since **it is written:** "This **shall be** the law of the leper" (Leviticus 14:2), the verse indicates that every detail stated in this context is indispensable. Therefore, it was necessary for the Torah to indicate that the lambs are valid even if they are not identical.

וְהַשְׁתָּא דְּרַבֵּי רַחֲמָנָא ״כֶּבֶשׂ״ ״כֶּבֶשׂ״, ״תִּהְיֶה״ לָמָּה לִי? לִשְׁאָר הֲוָיָתוֹ שֶׁל מְצוֹרָע.

The Gemara asks: **And now that the Merciful One has amplified** by repeating the word **lamb, lamb, why do I** need the phrase "this **shall be"?** The Gemara answers: This phrase applies **to the rest of the** *halakhot* that **are** included in the atonement ritual **of the leper,** which are indispensable.

(וּתְנַן) נַמִי גַּבֵּי מְצוֹרָע כִּי הַאי גַּוְונָא: "צִפֳּרִים" מִיעוּט צִפֳּרִים (שְׁנַיִם), מַה תַּלְמוּד לוֹמַר "שְׁתֵּי" – שֶׁיִּהְיוּ שְׁתֵּיהֶן שָׁווֹת. וּמִנַּיִן שֶׁאַף עַל פִּי שֶׁאֵינָן שָׁווֹת כְּשֵׁירוֹת – תַּלְמוּד לוֹמַר: "צִפּוֹר" "צִפּוֹר" רִיבָּה.

The Gemara comments: **And we also learned similarly with regard to** the birds used for the purification of **a leper.**[H] The verse states that the priest should take "two **birds**" (Leviticus 14:4), and the **minimum** number indicated by the plural term **birds is two. What** is the meaning when **the verse states: Two?** It indicates **that the two birds should be identical. And from where** do we derive **that even if they are not identical** they are valid? **The verses state: Bird, bird** (Leviticus 14:5–6),[N] repetitively, to **amplify.**

טַעְמָא – דְּרַבֵּי רַחֲמָנָא, הָא לָא רַבֵּי רַחֲמָנָא – פְּסוּלוֹת. עִכּוּבָא מְנָא לָן? סָלְקָא דַּעְתָּךְ אָמִינָא: "תִּהְיֶה" כְּתִיב.

The Gemara asks: **The reason** is specifically **because the Merciful One** in the Torah **amplified** and thereby indicated that the birds are valid even if they are not identical. **Doesn't this** indicate that if **the Merciful One did not amplify,** I would have said the birds are **disqualified? From where do we** derive that the birds are **prevented** from being used if they are not identical? The Gemara answers: It could **enter your mind to say** that since **it is written:** "This **shall be** the law of the leper," the verse indicates that every detail stated in this context is indispensable. Therefore, it was necessary for the Torah to indicate that the birds are valid even if they are not identical.

וְהַשְׁתָּא דְּרַבֵּי רַחֲמָנָא 'צִפּוֹר', 'תִּהְיֶה' לָמָּה לִי? לִשְׁאָר הֲוָיָתוֹ שֶׁל מְצוֹרָע.

The Gemara asks: **And now that the Merciful One has amplified** by repeating the word **bird, why do I** need the phrase "this **shall be**"? The Gemara answers: This phrase applies **to the rest of the** *halakhot* that **are** included in the atonement ritual **of the leper,** which are indispensable.

אִי הָכִי, גַּבֵּי תְּמִידִין נַמִי נֵימָא: "כְּבָשִׂים" – מִיעוּט כְּבָשִׂים שְׁנַיִם, מַה תַּלְמוּד לוֹמַר "שְׁנַיִם" שֶׁיִּהְיוּ שְׁנֵיהֶן שָׁוִין, וּמִנַּיִן שֶׁאַף עַל פִּי שֶׁאֵין שְׁנֵיהֶן שָׁוִין כְּשֵׁירִין – תַּלְמוּד לוֹמַר "כֶּבֶשׂ" "כֶּבֶשׂ" רִיבָּה, וּלְמִצְוָה הָכִי נַמִי דְּבָעֵינַן!

The Gemara suggests: **If so,** this line of reasoning should be applied to the **daily offerings as well. Let us say** that when the verse states: "Two **lambs** of the first year, day by day, continually" (Exodus 29:38), the **minimum** number indicated by the word **lambs is two. What is the meaning when the verse states "two"?** It indicates **that the two lambs should be identical. And from where** do we derive **that even if the two are not identical they are valid? The verse states** the word **lamb, lamb** (Exodus 29:39), repetitively, to **amplify.** Let us learn from here that in order **to** fulfill **the mitzva** in the preferred manner, **we also require** that the two lambs used for the daily offering be identical.

הַהוּא מִיבָּעֵי לֵיהּ לְכִדְתַנְיָא: "שְׁנַיִם לַיּוֹם" – כְּנֶגֶד הַיּוֹם.

The Gemara responds: **That** verse **is needed for that which was taught** in a *baraita*: **"Two** lambs of the first year, **day by day"** (Exodus 29:38),[N] indicates that the lambs must be slaughtered **opposite the** location of the sun at that time of **day.**[N]

אַתָּה אוֹמֵר כְּנֶגֶד הַיּוֹם, אוֹ אֵינוֹ אֶלָּא חוֹבַת הַיּוֹם? כְּשֶׁהוּא אוֹמֵר "אֶת הַכֶּבֶשׂ אֶחָד תַּעֲשֶׂה בַבֹּקֶר וְאֵת הַכֶּבֶשׂ הַשֵּׁנִי תַּעֲשֶׂה בֵּין הָעַרְבָּיִם" הֲרֵי חוֹבַת הַיּוֹם אָמוּר, וּמָה אֲנִי מְקַיֵּים שְׁנַיִם לַיּוֹם – כְּנֶגֶד הַיּוֹם.

The Gemara asks: Do **you say** it means **opposite the** location of the sun at that time of **day, or does it only** mean to say that two lambs must be sacrificed for the **obligation of** each **day?** The Gemara answers: **When it states: "One lamb you shall offer in the morning, and the other lamb you shall offer in the afternoon"** (Numbers 28:4), **the obligation of** each **day is stated** explicitly. **And how do I uphold** the verse: **"Two** lambs of the first year, **day by day"?** It teaches that the lambs must be slaughtered **opposite the** location of the sun at that time of **day.**

כֵּיצַד? תָּמִיד שֶׁל שַׁחַר הָיָה נִשְׁחָט עַל קֶרֶן צְפוֹנִית מַעֲרָבִית עַל טַבַּעַת שְׁנִיָּה, וְשֶׁל בֵּין הָעַרְבַּיִם הָיָה נִשְׁחָט עַל קֶרֶן מִזְרָחִית צְפוֹנִית עַל טַבַּעַת שְׁנִיָּה.

How is this done in actuality? The **daily offering of the morning was slaughtered** in the Temple courtyard **opposite the northwest corner** of the altar, **on the second ring,**[NB] across from the sun, which rises in the east. **And** the daily offering **of the afternoon was slaughtered opposite the northeast corner** of the altar, **on the second ring,** across the sun, which is located in the west in the afternoon.[H]

מוּסָפִין שֶׁל שַׁבָּת – וַדַּאי צְרִיכִין שֶׁיִּהְיוּ שְׁנֵיהֶן שָׁוִין.

The Gemara comments: When the Torah states: "Two lambs" (Numbers 28:9) with regard to the **additional offerings** brought **on Shabbat,**[N] the word two, which is unnecessary, **certainly** indicates **that the two should be identical** *ab initio.*

HALAKHA

The birds used for the purification of a leper – צִפֳּרֵי מְצוֹרָע: It is a mitzva for a leper to bring birds that are identical in appearance, size, and value, and that are purchased together. Nevertheless, if they are not identical or are purchased on two different days, they are valid (Rambam *Sefer Tahara, Hilkhot Tumat Tzara'at* 11:8).

The location for slaughtering the daily offering – מְקוֹם שְׁחִיטַת הַתָּמִיד: The daily offering of the morning was slaughtered in the Temple courtyard, in front of the northwest corner of the altar, in the second ring, while the daily offering of the afternoon was slaughtered in the northeast corner, at the second ring. This is in accordance with the accepted tradition that the daily offering should be slaughtered opposite the sun (Rambam *Sefer Avoda, Hilkhot Temidin UMusafin* 1:11).

NOTES

Lamb lamb…bird bird – כֶּבֶשׂ כֶּבֶשׂ...צִפּוֹר צִפּוֹר: The verse states: "And the priest shall take one lamb" (Leviticus 14:12), and similarly: "And the priest shall command to slaughter one of the birds" (Leviticus 14:5). Since in both contexts the subject of the verse was clear and it could have simply stated: One of them, the words lamb and birds are considered extraneous, and indicate that the pairs of lambs and birds are valid even if they are not identical (*Me'iri*).

Two lambs of the first year, day by day – שְׁנַיִם לַיּוֹם: The Torah could not have written "day by day" without adding the word two, as one might have reasoned that it is referring to the morning offering alone (*Tosafot Yeshanim*).

Opposite the location of the sun at that time of day – כְּנֶגֶד הַיּוֹם: The reason for this is to demonstrate that the sun is not an object of worship (*Me'iri*).

The second ring – טַבַּעַת שְׁנִיָּה: *Tosafot* ask why the second ring in particular is used. Many commentators explain that the first ring cannot be used because its location is shaded by the altar (*Tosafot Yeshanim, Tosefot Rid*), or by the shadow from the walls (*Peirush LeTamid*), and is therefore not opposite the sun. Rabbi Zeraḥya HaLevi writes that the second ring was used because it is more precisely opposite the position of the sun, which does not rise precisely in the northeast nor set exactly in the northwest.

The additional offerings brought on Shabbat – מוּסְפִין שֶׁל שַׁבָּת: According to the version of the text accepted by *Tosafot*, the requirement specifying that the animals brought as the additional offerings on Shabbat must be identical is indispensable to the fulfillment of the mitzva. Nevertheless, the Rambam does not mention this requirement at all, and the commentaries express surprise at this omission (see especially *Omer HaShikheḥa*). However, according to the version of the text accepted by Rabbeinu Ḥananel, the additional offerings of Shabbat need not be identical, and the term "two" means that two offerings are sacrificed rather than four. This is how the *Me'iri* explains the issue.

BACKGROUND

The second ring – טַבַּעַת שְׁנִיָּה: The image depicts the rings in the courtyard as viewed while facing west.

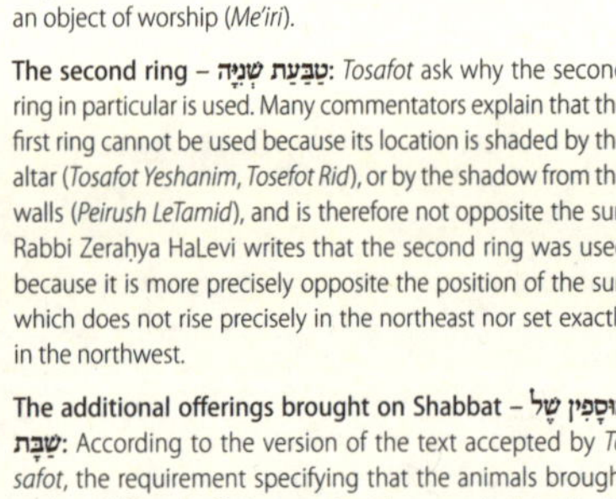

Rings in the courtyard

תָּנוּ רַבָּנַן: שְׁנֵי שְׂעִירֵי יוֹם הַכִּיפּוּרִים שֶׁשְּׁחָטָן בַּחוּץ עַד שֶׁלֹּא הִגְרִיל עֲלֵיהֶן – חַיָּיב עַל שְׁנֵיהֶם, מִשֶּׁהִגְרִיל עֲלֵיהֶן – חַיָּיב עַל שֶׁל שֵׁם, וּפָטוּר עַל שֶׁל עֲזָאזֵל.

§ **The Sages taught:** If the High Priest **slaughtered the two Yom Kippur goats outside** the Temple courtyard[NH] **when he had not yet drawn lots** to determine which of **them** is to be sacrificed to God and which is to be sent to Azazel, **he is liable** to receive the punishment of *karet* **for both of them,** as they are both fit for use as an offering. If he slaughtered them **after he drew lots** for **them, he is liable** for slaughtering the goat designated **for God,** which is a sacrificial offering, **and he is exempt for** slaughtering the goat designated **for Azazel,** as it is not a sacrificial offering.

״עַד שֶׁלֹּא הִגְרִיל עֲלֵיהֶם חַיָּיב עַל שְׁנֵיהֶם״ לְמַאי חֲזוּ – אָמַר רַב חִסְדָּא: הוֹאִיל וְרָאוּי לְשָׂעִיר הַנַּעֲשֶׂה בַּחוּץ.

The Gemara clarifies the meaning of this *baraita*. With regard to the statement that if he slaughtered the goats **when he had not yet drawn lots, he is liable for both of them,** the Gemara asks: **For what are they fit?** Before the lots are drawn, neither goat is fit for use as an offering. The Gemara answers that **Rav Ḥisda said:** He is liable **since they are fit** to be used **as the goat** whose sacrificial rites are **performed outside.** These two goats are fit for use as the additional offerings of Yom Kippur, whose sacrificial rites are performed outside of the Sanctuary, in the Temple courtyard. Therefore, the goats have the status of sacrificial offerings.

וּמַאי שְׁנָא לְשָׂעִיר הַנַּעֲשֶׂה בִּפְנִים דְּלָא – דִּמְחוּסַּר הַגְרָלָה, לְשָׂעִיר הַנַּעֲשֶׂה בַּחוּץ נַמִי לָא חֲזֵי – דִּמְחַסְּרֵי עֲבוֹדַת הַיּוֹם!

The Gemara asks: **What is different** about **the goat** whose sacrificial rites are **performed inside** the Sanctuary, i.e., the goat selected to be sacrificed as a sin-offering, for which the goats are **not** valid because **they lack the lottery? They are also unfit** to be used **as the goat** whose rites are **performed outside** the Sanctuary, **as they lack the service of the day.**[N] The entire Yom Kippur service must be performed in the proper sequence, and several steps have to be executed before the additional offerings are sacrificed, including the sprinkling of the bull's and goat's blood, and the burning of the handful of incense. Since the additional offerings cannot yet be sacrificed, the goats cannot be considered fit for these offerings, and one should not be liable to receive *karet* for slaughtering the goats outside the Temple courtyard.

קָסָבַר רַב חִסְדָּא: אֵין מְחוּסַּר זְמַן לְבוֹ בַּיּוֹם.

The Gemara answers: **Rav Ḥisda holds** that an offering is **not** considered to be **lacking time** if it is to be brought on **that day.** An offering is considered lacking time, and therefore unfit, if it is supposed to be brought on a different day. However, if it is the proper day but the right moment has not yet arrived, the offering is considered valid. On the other hand, before the High Priest draws lots to determine which of the goats will be sacrificed to God and which sent to Azazel, even though it is the proper day, the goats are not yet considered valid offerings because there is a necessary action that the High Priest must take with regard to the goat itself before it can be brought as an offering.

אָמַר רָבִינָא: הַשְׁתָּא דְּאָמַר רַב חִסְדָּא מְחוּסַּר הַגְרָלָה כִּמְחוּסַּר מַעֲשֶׂה דָּמֵי, הָא דְּאָמַר רַב יְהוּדָה אָמַר שְׁמוּאֵל: שְׁלָמִים שֶׁשְּׁחָטָן קוֹדֶם שֶׁנִּפְתְּחוּ דַּלְתוֹת הַהֵיכָל – פְּסוּלִין, שֶׁנֶּאֱמַר: ״וּשְׁחָטוֹ פֶּתַח אֹהֶל מוֹעֵד״ – בִּזְמַן שֶׁהוּא פָּתוּחַ, וְלֹא בִּזְמַן שֶׁהוּא נָעוּל.

Ravina said: Now that Rav Ḥisda said that although the drawing of lots is external to the animals themselves, an animal **lacking the lottery is comparable to** an animal **lacking an action** and is not yet considered a valid offering, a statement can be made with regard to **that which Rav Yehuda said** that **Shmuel said: Peace-offerings that one slaughtered** in the Temple **before the doors of the Sanctuary were opened**[H] **are disqualified,** as **it is stated** with regard to peace-offerings: **"And he shall slaughter it at the entrance to the Tent of Meeting"** (Leviticus 3:2), which teaches that it must be slaughtered **when** the entrance **is open** and serves as an actual entrance, **but not when it is locked.** As long as the entrance to the Tent of Meeting, or in the Temple the doors to the Sanctuary, remain closed, one may not sacrifice the peace-offerings, and if they are sacrificed, they are disqualified.

NOTES

Offerings slaughtered outside the Temple courtyard – שְׁחוּטֵי חוּץ: The Torah prohibits sacrificing offerings outside the Temple, and one who does so is liable to the punishment of *karet* (Leviticus 17:8–9). The prohibition applies to animals fit for offerings, which excludes blemished animals or those disqualified for other reasons.

They lack the service of the day – מְחַסְּרֵי עֲבוֹדַת הַיּוֹם: An offering is disqualified if it is lacking time. This applies to several circumstances: It might be less than eight days old and not yet eligible for sacrifice, or it might be a Paschal lamb or Festival offering whose date for offering has not yet arrived. In this case, since the goats may not be offered until a certain point in the service of the day, they are considered lacking time until then.

HALAKHA

If the High Priest slaughtered the two Yom Kippur goats outside the Temple courtyard – שְׁנֵי שְׂעִירֵי יוֹם הַכִּפּוּרִים שֶׁשְּׁחָטָן בַּחוּץ: If one slaughtered the Yom Kippur goats outside the Temple before the High Priest confessed over them, one is liable to receive the punishment of *karet* for each of the two goats, since they were both eligible for sacrifice. If one slaughters them after the confession, he is liable for slaughtering the goat designated for God, but exempt for the one that is sent away to Azazel. The Ra'avad holds that one's liability depends on whether the act took place before or after the lottery, rather than the High Priest's confession. The *Kesef Mishne* explains that the Rambam based his view on a passage in tractate *Zevaḥim* (Rambam *Sefer Avoda, Hilkhot Ma'aseh HaKorbanot* 18:11).

Peace-offerings that one slaughtered before the doors of the Sanctuary were opened – שְׁלָמִים שֶׁשְּׁחָטָן קוֹדֶם שֶׁנִּפְתְּחוּ דַּלְתוֹת הַהֵיכָל: Peace-offerings that were slaughtered before the doors of the Sanctuary were opened are disqualified, since it is written that one shall slaughter them "at the entrance to the Tent of Meeting" (Leviticus 3:2). This principle is in accordance with the opinion of Shmuel (Rambam *Sefer Avoda, Hilkhot Ma'aseh HaKorbanot* 5:5).

שְׁחָטָן בַּחוּץ קוֹדֶם שֶׁנִּפְתְּחוּ דַּלְתוֹת הַהֵיכָל – פָּטוּר. מַאי טַעְמָא – מְחוּסַּר פְּתִיחָה כִּמְחוּסַּר מַעֲשֶׂה דָּמֵי.

Based on Rav Ḥisda's statement, if **he slaughtered them outside** the Temple **before the doors of the Sanctuary were opened**[H] **he is exempt. What is the reason? Lacking** the **opening** of the doors **is comparable to lacking an action.** Therefore, the offering was not yet fit to be sacrificed in the Temple, and when he slaughtered it outside, despite doing so with the intention that it is a sacrificial offering, he is not considered to have violated the prohibition against sacrificing an offering outside the Temple.

וּמִי אִית לֵיהּ לְרַב חִסְדָּא ״הוֹאִיל״,

Rav Ḥisda stated above that since the Yom Kippur goats could be used for the additional offerings, one is liable for slaughtering them outside the Temple. The Gemara asks: **Does Rav Ḥisda**[N] **accept** the principle: **Since**[N] a particular situation could come to be in the future, it is viewed as though it existed already in the present?

וְהָאָמַר רַב חִסְדָּא: פֶּסַח שֶׁשְּׁחָטוֹ בַּחוּץ בִּשְׁאָר יְמוֹת הַשָּׁנָה, לִשְׁמוֹ – פָּטוּר, שֶׁלֹּא לִשְׁמוֹ – חַיָּיב.

And didn't Rav Ḥisda say: If one **slaughtered a Paschal lamb outside** the Temple[H] **during the rest of the days of the year**[N] other than Passover eve, if he slaughtered it **for its own sake,** i.e., as a Paschal lamb, **he is exempt,** since at that time it is not fit to be sacrificed as a Paschal lamb. If he sacrificed it **not for its own sake** but rather as a peace-offering, **he is liable.** A Paschal lamb that is slaughtered as a peace-offering on any day of the year other than Passover eve is considered a valid peace-offering. Therefore, it has the status of an offering that is fit to be sacrificed in the Temple, and he is liable for slaughtering it outside the Temple.

טַעְמָא – דְּשֶׁלֹּא לִשְׁמוֹ, הָא סְתָמָא – לִשְׁמוֹ הוּא, וּפָטוּר. וְאַמַּאי? לֵימָא: הוֹאִיל וְרָאוּי שֶׁלֹּא לִשְׁמוֹ בִּפְנִים! –

The Gemara comments: **The reason** he is liable is because he specifically slaughtered it **not for its own sake. However,** if he slaughtered it **without specifying** what offering he had in mind, **it is** considered to have been slaughtered **for its own sake and he is exempt. But why** is he exempt? **Let us say: Since it is fit** to be sacrificed **within** the Temple **not for its own sake,** i.e., as a peace-offering, it should be considered as though he slaughtered it as a peace-offering outside the Temple, and he should be liable.

הָכִי הַשְׁתָּא! הָתָם – בָּעֵי עֲקִירָה, הָאי לָא בָּעֵי עֲקִירָה.

The Gemara responds: **How can** these cases **be compared? There,** with regard to the Paschal lamb, it **requires** explicit **uprooting** from the status of a Paschal lamb in order to be considered a peace-offering. Therefore, if he did not specify his intent, it is still considered a Paschal lamb, which is not fit to be sacrificed. **These** Yom Kippur goats **do not require uprooting** from their previous status. The Yom Kippur goats have the status of a sin-offering and the goats sacrificed as part of the additional offerings of the day are also considered sin-offerings. Therefore, one who slaughters them outside the Temple is liable, as they are fit to be sacrificed at that time as sin-offerings, even without the principle: Since, etc.

רַבָּה בַּר שִׁימִי מַתְנֵי לְהוּ בִּדְרַבָּה, וְקַשְׁיָא לֵיהּ דְּרַבָּה אַדְּרַבָּה, וּמְשַׁנֵּי כִּדְשַׁנִּינַן.

Rabba bar Shimi taught these two *halakhot*, cited above in the name of Rav Ḥisda, **in the name of Rabba, and he** found **a difficulty between** one statement of **Rabba** and another statement of **Rabba. And he resolved** the apparent contradiction **as we resolved** it.

כִּי אֲתָא רַב דִּימִי אָמַר רַבִּי יִרְמְיָה אָמַר רַבִּי יוֹחָנָן: פֶּסַח שֶׁשְּׁחָטוֹ בַּחוּץ בִּשְׁאָר יְמוֹת הַשָּׁנָה, בֵּין לִשְׁמוֹ בֵּין שֶׁלֹּא לִשְׁמוֹ – פָּטוּר.

§ **When Rav Dimi came** from Eretz Yisrael to Babylonia, **he said** that **Rabbi Yirmeya said** that **Rabbi Yoḥanan said:** If one **slaughtered a Paschal lamb outside** the Temple **during the rest of the days of the year, whether** he slaughtered it **for its own sake,** as a Paschal lamb, **or not for its own sake,** as a peace-offering, **he is exempt.**

אָמַר רַב דִּימִי: אֲמָרִיתַהּ לִשְׁמַעְתָּא קַמֵּיהּ דְּרַבִּי יִרְמְיָה, בִּשְׁלָמָא לִשְׁמוֹ – דְּהָא לָא חֲזֵי לֵיהּ, אֶלָּא שֶׁלֹּא לִשְׁמוֹ – אַמַּאי? הָא חֲזֵי שֶׁלֹּא לִשְׁמוֹ בִּפְנִים!

Rav Dimi said: I said this *halakha* **before Rabbi Yirmeya** and asked him: **Granted,** when he slaughters it outside the Temple **for its own sake** he is exempt, **because it is not fit** to be brought as a Paschal lamb at that time, and one is liable for slaughtering an offering outside the Temple only if it was fit to be sacrificed in the Temple. **However,** if he slaughters it **not for its own sake, why** is he exempt? **Isn't it fit** to be sacrificed **not for its own sake** as a peace-offering **inside** the Temple?

HALAKHA

He slaughtered them outside the Temple before the opening of the doors – שְׁחָטָן בַּחוּץ לִפְנֵי פְּתִיחַת הַדְּלָתוֹת: One who slaughters peace-offerings outside the Temple before the doors of the Sanctuary are opened is exempt. The animals are not considered fit to serve as offerings because the action of opening the doors must still be carried out (Rambam *Sefer Avoda, Hilkhot Ma'aseh HaKorbanot* 18:12).

A Paschal lamb that was slaughtered outside – פֶּסַח שֶׁנִּשְׁחָט בַּחוּץ: One who slaughters an animal consecrated as a Paschal lamb outside the Temple is liable even if he slaughtered it during the rest of the days of the year. This is because the Paschal lamb during the year has the status of a peace-offering, in accordance with the opinion of Ravin, cited in the continuation of the discussion, as his opinion is supported by Rav Ashi, a later amora (Rambam *Sefer Avoda, Hilkhot Ma'aseh HaKorbanot* 18:12 and *Kesef Mishne* there).

NOTES

Does Rav Ḥisda accept the principle: Since, etc. – וּמִי אִית לֵיהּ לְרַב חִסְדָּא הוֹאִיל וכו׳: The Gemara could have challenged Rav Ḥisda's opinion by stating his ruling in tractate *Pesaḥim* that the principle: Since, i.e., since guests might arrive, does not apply with regard to one who bakes unnecessarily on a Festival. Later in that tractate, the Gemara establishes that Rav Ḥisda does not accept this principle with regard to leniencies, while he does accept it with regard to stringencies. It seems that it would have been appropriate to mention this conclusion here in tractate *Yoma*. It is possible that the Gemara did not suggest the abovementioned challenge along with the resolution mentioned in tractate *Pesaḥim* since it is possible to differentiate between the cases: With regard to sacrifices, the action of slaughtering them is in one's hands and therefore the principle: Since, etc., is valid, but whether or not guests will arrive on a Festival is not in his control (*Siaḥ Yitzḥak*).

Since – הוֹאִיל: The principle: Since, etc., and other similar principles, are employed in various areas of *halakha*. The fundamental principle is that conditions that may develop in the future are taken into consideration in determining the *halakha* in the present. Not all of the talmudic Sages agreed that the *halakha* may be determined based upon potential future developments, and therefore not all of them accepted the principle.

A Paschal lamb slaughtered during the rest of the days of the year – פֶּסַח שֶׁנִּשְׁחָט בִּשְׁאָר יְמוֹת הַשָּׁנָה: The Paschal lamb is unique because it can be brought as a peace-offering during the year despite the fact that it was designated for sacrifice as a Paschal lamb on the fourteenth of Nisan. The Gemara here, as well as in tractate *Pesaḥim*, considers the degree to which the Paschal lamb should always be considered a potential peace-offering.

וְאָמַר לִי: עֲקִירַת חוּץ – לָאו שְׁמָהּ עֲקִירָה.

And Rabbi Yirmeya **said to me** in response: **Uprooting** an offering's designation **outside** the Temple **is not called uprooting.** Since he slaughtered it outside, the status of the offering does not change from that of a Paschal lamb to that of a peace-offering, despite his intention to this effect.

כִּי אֲתָא רָבִין אֲמַר רַבִּי יִרְמְיָה אֲמַר רַבִּי יוֹחָנָן: פֶּסַח שֶׁשְּׁחָטוֹ בַּחוּץ בִּשְׁאָר יְמוֹת הַשָּׁנָה, בֵּין לִשְׁמוֹ בֵּין שֶׁלֹּא לִשְׁמוֹ – חַיָּיב.

When Ravin came from Eretz Yisrael to Babylonia, **he said** a different version of the statement that **Rabbi Yirmeya said** that **Rabbi Yoḥanan** said: If one **slaughtered a Paschal lamb outside** the Temple **during the rest of the days of the year, whether** he slaughtered it **for its own sake or not for its own sake, he is liable.**

וַאֲפִילּוּ לִשְׁמוֹ? וְהָתְנַן: מְחוּסַּר זְמַן, בֵּין בְּגוּפוֹ בֵּין בַּבְּעָלִים.

The Gemara expresses surprise: Is he liable **even** if he slaughtered it **for its own sake? Didn't we learn** in a mishna in tractate *Zevaḥim* that one is exempt for sacrificing an offering that was not yet fit for sacrifice because it was **lacking time?**[H] This is so **whether** it **itself** was lacking time, such as if it was less than eight days old, **or** it was lacking time **due to** its **owners.**

וְאֵיזֶהוּ מְחוּסַּר זְמַן בַּבְּעָלִים – הַזָּב וְהַזָּבָה וְהַיּוֹלֶדֶת וְהַמְצוֹרָע

The Gemara explains: **And what is** an offering that is **lacking time due to** its **owners? A** *zav*, **a** *zava*, **a woman after childbirth, and a leper,** who sacrificed their offerings before the appropriate time. A *zav*, a *zava*, and a leper bring their offerings after counting seven days; a woman after childbirth brings hers when her purification period is complete.

שֶׁהִקְרִיבוּ חַטָּאתָם וַאֲשָׁמָם בַּחוּץ – פְּטוּרִין, עוֹלוֹתֵיהֶן וְשַׁלְמֵיהֶן בַּחוּץ – חַיָּיבִין,

Any of these people **who sacrificed their sin-offering and,** in the case of lepers, **their guilt-offering**[N] **outside** the Temple **are exempt.** Since they would not fulfill their obligations to bring these offerings if they would sacrifice them in the Temple, and the offerings are unfit to be brought as voluntary offerings, because sin-offerings and guilt-offerings are not brought as voluntary offerings, one who slaughters them outside the Temple is not liable. However, if they sacrifice **their burnt-offerings and peace-offerings outside** the Temple, **they are liable.** This is because these offerings could be valid as voluntary offerings if they were sacrificed in the Temple.

וְאָמַר רַב חִלְקִיָּה בַּר טוֹבִי: לֹא שָׁנוּ אֶלָּא לִשְׁמוֹ, אֲבָל שֶׁלֹּא לִשְׁמוֹ – חַיָּיב.

And Rav Ḥilkiya bar Tovi said: They only taught that one is exempt for the guilt-offering when it is slaughtered **for its own sake, but** if it is slaughtered **not for its own sake, he is liable,** because a guilt-offering slaughtered in the Temple not for its own sake is valid.

לִשְׁמוֹ מִיהָא פָּטוּר, אַמַּאי? נֵימָא: הוֹאִיל וּרְאוּיִן שֶׁלֹּא לִשְׁמוֹ בִּפְנִים! הָכִי הָשְׁתָּא?! הָתָם – בָּעֵי עֲקִירָה, הָכָא – פֶּסַח בִּשְׁאָר יְמוֹת הַשָּׁנָה שְׁלָמִים נִינְהוּ.

The Gemara considers this: If he slaughtered it **for its own sake, in any event he is exempt. Why? Let us say: Since they are fit** to be sacrificed **inside** the Temple **not for their own sake,** he should be liable for sacrificing them outside. The Gemara responds: **How can these cases be compared? There,** the guilt-offering **requires** explicit **uprooting** of its designation in order to be valid. **Here, a Paschal lamb during the rest of the days of the year is** considered **a peace-offering,** even if its status is not explicitly uprooted.

רַב אַשִׁי מַתְנֵי: חַיָּיב, כִּדְאָמְרִינַן. רַב יִרְמְיָה מִדִּפְתִּי מַתְנֵי פָּטוּר, קָסָבַר: פֶּסַח בִּשְׁאָר יְמוֹת הַשָּׁנָה בָּעֵי עֲקִירָה, וַעֲקִירַת חוּץ לָאו שְׁמָהּ עֲקִירָה, וּפְלִיגָא דְּרַב חִלְקִיָּה בַּר טוֹבִי.

The Gemara continues to discuss the case of a Paschal lamb that was slaughtered outside the Temple during the rest of the year, and not for its own sake. **Rav Ashi taught: He is liable, as we stated. Rav Yirmeya of Difti taught: He is exempt.** Rav Yirmeya **held** that **a Paschal lamb during the rest of the days of the year requires uprooting** of its previous designation, **and uprooting** an offering's designation **outside** the Temple **is not called uprooting. And this** *halakha* **disagrees with** the statement **of Rav Ḥilkiya bar Tovi,** who held that uprooting an offering's designation outside the Temple is considered an effective uprooting of that designation.

אָמַר מָר: מִשֶּׁהִגְרִיל עֲלֵיהֶן – חַיָּיב עַל שֶׁל שֵׁם, וּפָטוּר עַל שֶׁל עֲזָאזֵל.

§ **The Master said:** If he slaughtered the two Yom Kippur goats outside the Temple **after he drew lots** to determine which of **them** is to be sacrificed to God and which is sent to Azazel, **he is liable for** slaughtering the one designated **for God, and exempt for** the one designated to be sent **to Azazel.**

תָּנוּ רַבָּנַן: "אִישׁ אִישׁ מִבֵּית יִשְׂרָאֵל אֲשֶׁר יִשְׁחַט שׁוֹר אוֹ כֶשֶׂב אוֹ עֵז בַּמַּחֲנֶה אוֹ אֲשֶׁר יִשְׁחַט מִחוּץ לַמַּחֲנֶה וְאֶל פֶּתַח אֹהֶל מוֹעֵד לֹא הֱבִיאוֹ לְהַקְרִיב קָרְבָּן לַה׳".

The Sages taught in a *baraita* based upon the verses: "**Any man of the house of Israel who shall slaughter a bull, or a lamb, or a goat in the camp, or who slaughters it outside the camp, and has not brought it to the entrance to the Tent of Meeting to present it as an offering to the Lord** before the tabernacle of the Lord, blood shall be imputed to that man; he has shed blood; and that man shall be cut off from among his people" (Leviticus 17:3–4).

HALAKHA

An offering lacking time that was slaughtered outside the Temple – מְחוּסַּר זְמַן שֶׁנִּשְׁחַט בַּחוּץ: One who slaughters an offering that is lacking time outside the Temple is exempt, whether it was lacking time of its own accord or due to its owners. Examples of the latter case are the sin-offerings of a *zav*, *zava* and a woman after childbirth, or the sin-offering and guilt-offering of a leper, that are slaughtered before their appropriate times. However, one who slaughters the burnt-offerings of these individuals, or the peace-offering of a nazirite, outside the Temple before the appropriate time, is liable. Since these offerings are not essential parts of the purification process, they are considered fit to be sacrificed even before the purification process (Rambam *Sefer Avoda, Hilkhot Ma'aseh HaKorbanot* 18:9).

NOTES

Sin-offering and guilt-offering – חַטָּאת וְאָשָׁם: Both the sin-offering and guilt-offering are brought to atone for a transgression. However, there are several differences between them, including the sins for which one brings these offerings. A sin-offering is brought for the unwitting violation of a prohibition that carries the punishment of *karet*. A guilt-offering is brought for a few specific transgressions, such as certain cases of theft, and misusing consecrated property. They also differ with respect to the procedures used when they are sacrificed: The blood of the sin-offering is sprinkled on the four corners of the altar, but that of a guilt-offering is sprinkled on two corners of the altar and allowed to run down its four sides. Furthermore, a sin-offering that is sacrificed with the intent that it serve as a different offering is invalid. Conversely, a guilt-offering that is sacrificed with the intent that it serve as a different offering is nevertheless valid, although the one who brought it does not fulfill his obligation to bring a guilt-offering and must bring another one.

אִי קׇרְבָּן – שׁוֹמֵעַ אֲנִי אֲפִילּוּ קׇדְשֵׁי בֶּדֶק הַבַּיִת שֶׁנִּקְרְאוּ קׇרְבָּן, כְּעִנְיָן שֶׁנֶּאֱמַר ״וַנַּקְרֵב אֶת קׇרְבַּן ה׳״ – תַּלְמוּד לוֹמַר: ״וְאֶל פֶּתַח אֹהֶל מוֹעֵד לֹא הֱבִיאוֹ״ כׇּל הָרָאוּי לְפֶתַח אֹהֶל מוֹעֵד – חַיָּיב עָלָיו בַּחוּץ, כׇּל שֶׁאֵינוֹ רָאוּי לְפֶתַח אֹהֶל מוֹעֵד – אֵין חַיָּיבִין עָלָיו בַּחוּץ.

If it would have mentioned just the word **offering**, I would **derive** that one is liable **even** for slaughtering animals **consecrated for Temple maintenance**[N] outside the Temple, **which are** also **called offering, as it is stated: "And we have brought the Lord's offering,** what every man has found: Articles of gold, armlets, and bracelets, rings, earrings, and pendants" (Numbers 31:50). **Therefore, the verse states: "And has not brought it to the entrance to the Tent of Meeting"** (Leviticus 17:4), to teach that with regard to **any** animal **fit** to be sacrificed within **the entrance to the Tent of Meeting** or the Temple, **one is liable** for slaughtering **it outside** the Temple. Conversely, with regard to **any** animal **that is not fit** to be sacrificed within **the entrance to the Tent of Meeting, one is not liable for** slaughtering **it outside** the Temple.

אוֹצִיא אֵלּוּ שֶׁאֵין רְאוּיִן לְפֶתַח אֹהֶל מוֹעֵד, וְלֹא אוֹצִיא פָּרַת חַטָּאת וְשָׂעִיר הַמִּשְׁתַּלֵּחַ שֶׁהוּא רָאוּי לָבוֹא אֶל פֶּתַח אֹהֶל מוֹעֵד! תַּלְמוּד לוֹמַר: ״לַה׳״ – מִי שֶׁמְּיוּחָדִין לַה׳, יָצְאוּ אֵלּוּ שֶׁאֵין מְיוּחָדִין לַשֵּׁם.

Furthermore: I might **exclude these** animals consecrated for Temple maintenance, **which are not fit** to be sacrificed within **the entrance to the Tent of Meeting** because they are blemished, **and I will not exclude the heifer of a purification offering**[N] **and the scapegoat,**[H] **which are fit to come to the entrance to the Tent of Meeting.** Therefore, **the verse states "to the Lord"** to indicate that one is liable only for **those** animals **that are designated exclusively for God** as offerings. **These,** the heifer of a purification offering and the scapegoat, **are excluded, as they are not designated exclusively for God** as sacrificial offerings but are used for some other purpose.

וְ״לַה׳״ לְהוֹצִיא הוּא? וּרְמִינְהוּ: ״יֵרָצֶה לְקׇרְבַּן אִשֶּׁה לַה׳״ – אֵלּוּ אִישִּׁים,

The Gemara asks about this halakhic midrash: **Does** the expression **"to the Lord"** come **to exclude?** The Gemara **raises a contradiction** based upon the verse: "When a bull, or a lambs, or a goat, is born it shall be seven days under its mother; but from the eighth day on **it may be accepted as an offering by fire to the Lord"** (Leviticus 22:27). An offering by fire to the Lord: **These are** offerings **by fire,** which are sacrificed on the altar and which may not be sacrificed before their proper time.

מִנַּיִן שֶׁלֹּא יַקְדִּישֶׁנּוּ מְחוּסַּר זְמַן, תַּלְמוּד לוֹמַר ״קׇרְבָּן״ ״לַה׳״ לְרַבּוֹת שָׂעִיר הַמִּשְׁתַּלֵּחַ!

From where do we derive **that he may not consecrate** an animal when it is **lacking time,**[H] i.e., before the eighth day? **The verse states: An offering,** which indicates that it should not be designated as an offering before the eighth day. The expression: **To the Lord** comes **to include the scapegoat,** which is also brought for the sake of God. In other words, the expression: To the Lord, not only does not exclude the scapegoat from the category of offerings, but specifically includes it in this category.

אָמַר רָבָא: הָתָם מֵעִנְיָנָא דִּקְרָא, וְהָכָא מֵעִנְיָנָא דִּקְרָא. הָתָם דְּ״אֶל פֶּתַח״ לְרַבּוֹת, ״לַה׳״ לְהוֹצִיא. הָכָא דְּ״אִשֶּׁה״ לְהוֹצִיא, ״לַה׳״ לְרַבּוֹת.

Rava said that this can be resolved as follows: **There** the expression is understood **in the context of the verse and here** it is understood **in the context of the verse. There,** with regard to consecrated animals slaughtered outside the Temple, **where** the phrase: **To the entrance,** in that same verse comes **to include** other offerings, the phrase: **To the Lord** necessarily comes **to exclude.** Conversely, **here,** with regard to consecrating animals before the proper time, **where** the phrase: Offering **by fire** comes **to exclude,** the phrase: **To the Lord** comes **to include.**

טַעְמָא – דְּרַבֵּי רַחֲמָנָא, הָא לָא רַבֵּי – הֲוָה אָמֵינָא: שָׂעִיר הַמִּשְׁתַּלֵּחַ קָדוֹשׁ בִּמְחוּסַּר זְמַן. וְהָא אֵין הַגּוֹרָל קוֹבֵעַ אֶלָּא בְּרָאוּי לַשֵּׁם!

Once the contradiction has been reconciled, the Gemara challenges the reasoning of the argument. **The reason** the scapegoat may not be consecrated before it is eight days old **is because the Merciful One** specifically **included** it among the other offerings. **But had it not included** it **I would have said: The scapegoat** may be **consecrated** even **when** it is **lacking time.** However, this is difficult: **Isn't** it true that **the lottery establishes** as the goat that is sacrificed to God, **only** one that is **fit** to be sacrificed **to God?** Since it is not known in advance which goat will be designated for this purpose, both goats must be eight days old and thereby fit to be sacrificed to God.

NOTES

Items consecrated for Temple maintenance – קׇדְשֵׁי בֶּדֶק הַבַּיִת: There is a distinction between animals consecrated as sacrificial offerings and items donated to the Temple for other purposes. Items in the latter category are considered consecrated for Temple maintenance, and they are used, or sold for money which is used to repair the Temple, to replace its utensils, or to beautify the structure. Anything of worth can be consecrated for Temple maintenance. However, animals that are fit for use as offerings may only be consecrated as offerings.

And I will not exclude the heifer of a purification offering – וְלֹא אוֹצִיא פָּרַת חַטָּאת: Rashi accepts a version of the text that does not make reference to the heifer of the purification offering, as it is not a sacrificial offering and is not brought into the Tent of Meeting. However, Rabbeinu Ḥananel does include the heifer of a purification offering in his version of the text. In his view, animals unfit for the entrance to the Tent of Meeting include only non-kosher animals that may never be brought as sacrificial offerings. Therefore, a Scriptural derivation is needed to exclude the heifer of a purification offering.

HALAKHA

The heifer of a purification offering and the scapegoat – פָּרַת חַטָּאת וְשָׂעִיר הַמִּשְׁתַּלֵּחַ: If one burns the heifer of the purification offering outside of the proper location, or if one slaughtered the scapegoat outside the Temple after the High Priest confessed over it, one is exempt from liability. The reason for this is that these animals are not brought into the Tent of Meeting (Rambam *Sefer Avoda, Hilkhot Ma'aseh HaKorbanot* 19:7).

Consecrating an animal that is lacking time – הַקְדָּשַׁת מְחוּסַּר זְמַן: Consecrating an animal that is not yet eight days old is comparable to consecrating a blemished animal. Although it is prohibited to do so, one does not receive lashings for it (see *Mishne LaMelekh*; Rambam *Sefer Avoda, Hilkhot Issurei Mizbe'aḥ* 3:10).

PERSONALITIES

Ḥanan the Egyptian – חָנָן הַמִּצְרִי: There were at least two Sages who had this name. The first was an important judge in Jerusalem during the era of the Second Temple, and the second was a leading student in the yeshiva of Yavne after its destruction. Although they were great Torah scholars, these personalities did not receive the title Rabbi either because they were young, or for some other reason.

NOTES

A case where the scapegoat became blemished – כְּגוֹן שֶׁהוּמַם: The goat became blemished after the lottery. If it had had a blemish prior to the lottery it would not have been used at all, since both goats have to be fit for use as a sacrificial offering. However, because the goat sent to Azazel is not actually an offering, one might have thought that a blemish that develops after the lottery is insignificant (*Siaḥ Yitzḥak*).

From where do you say that the scapegoat is disqualified by a blemish – וּמְנָא תֵּימְרָא דְּפָסֵיל בֵּיהּ מוּמָא: *Tosafot Yeshanim* and other commentaries express surprise at this question, considering that Ravina himself explains that the case of a scapegoat lacking time is one where the original scapegoat became blemished and was therefore redeemed for another. Clearly, this posits that a blemished scapegoat is disqualified. Why is an additional source needed to make this point? *Tosafot Yeshanim* answer that without this proof we would have interpreted the verse with regard to the goat lacking time in a different way. The author of *Siaḥ Yitzḥak* explains that the Gemara seeks a proof that not only is a blemished animal disqualified, but one would be flogged for consecrating a blemished animal as the scapegoat. It is explained in *Neum Yehuda* that the source is necessary to disqualify the goat even if the blemish is temporary.

HALAKHA

Disqualifying factors for the scapegoat – פְּסוּלֵי שָׂעִיר הַמִּשְׁתַּלֵּחַ: A blemish disqualifies the scapegoat, even if the blemish is merely temporary. Similarly, a goat that is not yet eight days old is not valid for use as the scapegoat (Rambam *Sefer Avoda, Hilkhot Avodat Yom HaKippurim* 5:17).

Prohibitions concerning blemished animals – אִיסּוּרִים שֶׁבְּבַעַל מוּם: One who slaughters a blemished animal as an offering is liable to be flogged. Similarly, one who sprinkles its blood and burns its sacrificial parts on the altar is flogged (Rambam *Sefer Avoda, Hilkhot Issurei Mizbe'aḥ* 1:4).

אָמַר רַב יוֹסֵף: הָא מַנִּי – חָנָן הַמִּצְרִי הִיא. דְּתַנְיָא, חָנָן הַמִּצְרִי אוֹמֵר: אֲפִילּוּ דָּם בַּכּוֹס – מֵבִיא חֲבֵירוֹ וּמְזַוּוֹג לוֹ.

Rav Yosef said: In accordance with **whose** opinion **is this** *baraita*? **It is** the opinion of **Ḥanan the Egyptian,**[P] **as it was taught** in a *baraita* that **Ḥanan the Egyptian says: Even** if the goat sacrificed to God has already been slaughtered and its **blood** has been collected **in the cup,** if the scapegoat dies, **he brings** another goat as **a counterpart and pairs it with** the goat that has already been slaughtered. Since in this case the priest need not draw new lots and the second goat is immediately designated to be sent to Azazel, it was necessary to teach that this goat must not be lacking time.

אֵימַר דִּשְׁמַעַת לֵיהּ לְחָנָן הַמִּצְרִי דְּלֵית לֵיהּ דִּחוּיִין, דְּלֵית לֵיהּ הַגְרָלָה מִי שְׁמַעַת לֵיהּ? דִּילְמָא מַיְיתִי וּמַגְרִיל!

The Gemara presents a challenge with regard to this answer. **Say that you heard Ḥanan the Egyptian** say **that he does not** hold that if the scapegoat dies, the blood of the other goat is **rejected. Did you** also **hear him** say **that he does not** require a new **lottery** for the second goat? **Perhaps** he meant that one **brings** two new goats **and draws lots,** and whichever is designated to be sent to Azazel is the counterpart to the goat that was already slaughtered.

אֶלָּא אָמַר רַב יוֹסֵף: הָא מַנִּי – רַבִּי שִׁמְעוֹן הִיא, דְּתַנְיָא: מֵת אֶחָד מֵהֶן – מֵבִיא חֲבֵירוֹ שֶׁלֹּא בְּהַגְרָלָה, דִּבְרֵי רַבִּי שִׁמְעוֹן.

The Gemara presents another explanation of why it was necessary for the Torah to indicate that the scapegoat must not be lacking time. **Rather, Rav Yosef said:** In accordance with **whose** opinion **is this? It is** in accordance with the opinion of **Rabbi Shimon, as it was taught** in a *baraita*: **If one of** the goats **dies, he brings another** goat in its place **without a lottery;** this is **the statement of Rabbi Shimon.** Therefore, if the scapegoat would die, another goat would be designated as the scapegoat without a lottery, and it was necessary for the Torah to indicate that this goat had to be eight days old.

רָבִינָא אָמַר: כְּגוֹן שֶׁהוּמַם וְחִילְּלוֹ עַל אַחֵר.

Ravina said that it is possible to answer according to all opinions. The derivation was necessary in a case **where** the scapegoat **became blemished**[NH] after the lottery **and they redeemed it with another.** In that situation, all agree that the new scapegoat does not need to be designated through a lottery, because the status of the original scapegoat was transferred to its replacement.

וּמְנָא תֵּימְרָא דְּפָסֵיל בֵּיהּ מוּמָא – דְּתַנְיָא: ״וְאִשֶּׁה לֹא תִתְּנוּ מֵהֶם״ – אֵלּוּ הַחֲלָבִים,

The Gemara asks: **From where do you say that** the scapegoat **is disqualified** by a **blemish?**[N] A blemish disqualifies only a sacrificial offering, and the scapegoat is not a sacrificial offering. The Gemara answers: **As it was taught** in a *baraita* based upon the verse: "Blind, or broken, or maimed, or having a growth, or scurvy, or scabbed, you shall not offer these to the Lord, **nor make** an offering **by fire of them** upon the altar to the Lord" (Leviticus 22:22). The phrase: Nor make an offering by fire of them; **these are the fats** of blemished animals, which may not be sacrificed on the altar.

אֵין לִי אֶלָּא כּוּלָּן, מִקְצָתָן מִנַּיִן – תַּלְמוּד לוֹמַר: ״מֵהֶם״. ״מִזְבֵּחַ״ – זוֹ זְרִיקַת דָּמִים, ״לַה׳״ – לְרַבּוֹת שָׂעִיר הַמִּשְׁתַּלֵּחַ.

I have only derived that it is prohibited to sacrifice **all** the fats of a blemished animal; **from where** do I derive that it is prohibited to sacrifice **some of them? The verse states "of them,"** which indicates that the prohibition applies even to some of them. **"The altar"; this is** referring to the prohibition against **sprinkling the blood** of blemished animals.[H] The phrase **"to the Lord"** comes **to include the scapegoat,** which is also disqualified by a blemish.

וְאִיצְטְרִיךְ לְמִיכְתַּב בַּעַל מוּם, וְאִיצְטְרִיךְ לְמִיכְתַּב מְחוּסַּר זְמַן. דְּאִי כְּתַב רַחֲמָנָא מְחוּסַּר זְמַן – מִשּׁוּם דְּלָא מְטֵי זִמְנֵיהּ, אֲבָל בַּעַל מוּם דִּמְטֵי זִמְנֵיהּ – אֵימָא לָא. וְאִי כְּתַב רַחֲמָנָא בַּעַל מוּם – מִשּׁוּם דְּמָאִיס, אֲבָל מְחוּסַּר זְמַן דְּלָא מָאִיס – אֵימָא לָא, צְרִיכָא.

The Gemara comments: **And** it is **necessary to write** that **a blemished** scapegoat is disqualified **and** it is **necessary to write** that a scapegoat may not be **lacking time. Since if the Merciful One had written** only that a scapegoat is disqualified if it is **lacking time,** one might have said that this is **because its time has not** yet **come** and therefore it is unable to become consecrated. **However,** with regard to **a blemished** animal **whose time has** already **arrived, say** that it is **not** disqualified. **And** conversely, **if the Merciful One had written** only **that a blemished** scapegoat is disqualified, one might have said that this is **because** it is considered **abhorrent** to sacrifice a blemished animal as an offering. **However,** with regard to a goat that is **lacking time, which is not abhorrent, say** that it is **not** disqualified. It is therefore **necessary** for the Torah to include the scapegoat in both disqualifications.

רָבָא אָמַר: כְּגוֹן שֶׁהָיָה לוֹ חוֹלֶה בְּתוֹךְ בֵּיתוֹ, וְשָׁחַט אִמּוֹ בְּיוֹם הַכִּפּוּרִים.

The Gemara presents another explanation as to why a verse is needed to indicate that the scapegoat may not be lacking time. **Rava said:** It is referring to a case **where** the one who sold the two goats **had** a critically **ill person**[N] **in his household, and he slaughtered the mother** of the scapegoat in order to save the ill person's life **on Yom Kippur.** Although the scapegoat is more than eight days old, it is considered lacking time because it is prohibited to slaughter a mother animal and its offspring on the same day.

וְכִי הַאי גַּוְונָא מִי אֲסִיר? "לֹא תִשְׁחֲטוּ" אָמַר רַחֲמָנָא, וְהָא לָאו שְׁחִיטָה הִיא! הָא אָמְרִי בְּמַעַרְבָא: דְּחִיָּיתוֹ לְצוּק זוֹ הִיא שְׁחִיטָתוֹ.

The Gemara asks: **Is it prohibited in a case like this? The Merciful One stated** in the Torah: "And whether it be a cow or ewe, **you shall not slaughter** it and its young[N] on one day" (Leviticus 22:28), **and this** act of pushing the scapegoat off the cliff **is not** a ritual **slaughter.** Consequently, the prohibition against slaughtering a mother animal and its offspring should not apply. The Gemara answers: **They say in the West,** i.e., Eretz Yisrael, that **pushing it off the cliff,** which is the manner in which the scapegoat is supposed to be killed, is considered **its slaughter.**[N]

"אִם שֶׁל שֵׁם מֵת זֶה שֶׁעָלָה עָלָיו" וכו׳.

§ It was taught in the mishna that if one of the goats dies after the lottery, a second pair of goats is sought and new lots are drawn. After that lottery, the priest utters a stipulation: **If** the one to be sacrificed **to God died, that** goat **upon which** the lot for God was drawn shall stand in its stead; and if the one to be sent to Azazel died, that goat upon which the lot for Azazel was drawn shall stand in its stead. The second, superfluous goat should graze until it becomes blemished, at which point it will be sold and the money received in its sale will go to the purchase of a public gift-offering. The Gemara discusses which goat is set to pasture: The one that remains from the first lottery or the one that remains from the second lottery?

אָמַר רַב: שֵׁנִי שֶׁבְּזוּג רִאשׁוֹן – יִקָּרֵב, שֵׁנִי שֶׁבְּזוּג שֵׁנִי – יִרְעֶה. רַבִּי יוֹחָנָן אָמַר: שֵׁנִי שֶׁבְּזוּג רִאשׁוֹן – יִרְעֶה, שֵׁנִי שֶׁבְּזוּג שֵׁנִי יִקָּרֵב.

Rav said: If the goat to be sent to Azazel died, **he should sacrifice the second** goat **of the first pair** to God,[H] **and the second** goat **of the second pair should graze** until it becomes unfit. **Rabbi Yoḥanan said: The second** goat **of the first pair** is the one that **should graze,** whereas **he should sacrifice the second** goat **of the second pair.**

בְּמַאי קָא מִיפַּלְגִי? רַב סָבַר: בַּעֲלֵי חַיִּים אֵינָן נִדְחִין, וְרַבִּי יוֹחָנָן סָבַר: בַּעֲלֵי חַיִּים נִדְחִין.

The Gemara asks: **With regard to what** principle **do they disagree?** The Gemara explains: **Rav holds** that **animals are not rejected.**[H] An animal that was consecrated as an offering but later became unfit for sacrifice is not considered disqualified forever. Therefore, although the remaining goat was not eligible to be sacrificed when its counterpart died, once another goat has been paired with it following a new lottery, it is no longer rejected and should be sacrificed. **And Rabbi Yoḥanan holds** that **animals are rejected.** Therefore, once the remaining goat from the first pair became disqualified, it remains disqualified forever.

NOTES

A case where the one who sold the two goats had a critically ill person – כְּגוֹן שֶׁהָיָה לוֹ חוֹלֶה: Although the *halakha* would be the same if one slaughtered the mother goat in violation of Yom Kippur, the Gemara preferred the explanation that one slaughtered it in a permitted manner (Ritva).

You shall not slaughter it and its young – אוֹתוֹ וְאֶת בְּנוֹ לֹא תִשְׁחֲטוּ: The Torah prohibits the slaughter of a mother animal and its young, whether male or female, on the same day. Some authorities hold that the prohibition includes the father of the young animal when the paternity is known. Since the verse states that the animals may not be slaughtered on the same day, the Sages debated whether the prohibition applies when one of the animals is killed through a method other than ritual slaughter.

Pushing it off the cliff is considered its slaughter – דְּחִיָּיתוֹ לְצוּק זוֹ הִיא שְׁחִיטָתוֹ: *Tosafot* hold that the term slaughter used in the Torah does not limit this *halakha* to ritual slaughter. Included in this category is any method of killing an animal that is prescribed by the Torah for a particular circumstance. The Ritva explains that there was an oral tradition which clarified that pushing the scapegoat off the cliff is regarded as slaughtering.

Pushing the scapegoat off the cliff

HALAKHA

He should sacrifice the second goat of the first pair to God – שֵׁנִי שֶׁבְּזוּג רִאשׁוֹן יִקָּרֵב: If one of the goats dies after the lottery, the High Priest brings another pair of goats and draws new lots. If the goat designated to be sacrificed to God had died, the High Priest declares: That goat upon which the lot for God was drawn, shall stand in its stead. If the one to be sent to Azazel died, he declares: That goat upon which the lot for Azazel was drawn shall stand in its stead. He then sacrifices the remaining goat from the first lottery, while the one which received the same designation from the second lottery grazes until it becomes blemished. It is then sold and the proceeds are used to purchase a gift-offering. The Rambam rules in accordance with the opinion of Rav, as he generally accepts Rav's opinion with regard to rejection (Rambam *Sefer Avoda, Hilkhot Avodat Yom HaKippurim* 5:15 and *Kesef Mishne* there).

Animals are not rejected – בַּעֲלֵי חַיִּים אֵינָן נִדְחִין: Animals that are disqualified are not totally rejected. When the cause of their initial disqualification is removed, they become acceptable for sacrifice. This is in accordance with the opinion of Rav (Rambam *Sefer Avoda, Hilkhot Pesulei HaMukdashin* 6:1 and *Kesef Mishne* there).

NOTES

An animal with a temporary blemish – בַּעַל מוּם עוֹבֵר: The blemishes that disqualify an animal for sacrifice are listed in the Torah (Leviticus, chapter 22) and are explained in the Talmud in tractate *Bekhorot*. Some blemishes are permanent, and they permanently disqualify the animal from being used as a sacrificial offering. Other blemishes are temporary; in these cases, the animal may not be sacrificed while the blemish is present, but it may be sacrificed once it has healed. For this reason, an animal with a temporary blemish can be consecrated as an offering, whereas an animal with a permanent blemish cannot.

Mixtures of sacrificial limbs – תַּעֲרוֹבוֹת: Rashi explains that Rav relies on the opinion of Rabbi Eliezer. However, other commentaries note that it is difficult to say that Rav relies on the ruling of a single Sage against the opinion of the majority of the Sages. Furthermore, it would seem unnecessary for the Gemara to have cited the opinion of the Rabbis. Therefore, they explain that the dispute between Rabbi Eliezer and the Rabbis is with regard to bringing limbs onto the altar, but both sides agree that limbs that have already been brought onto the altar are not removed. This is because once the limbs have become mixed together, even if a limb from a disqualified animal would be sacrificed on the altar, only a rabbinic prohibition would be violated; according to Torah law, however, it is permitted to sacrifice them on the altar. According to this interpretation, Rav's opinion is in accordance with the opinions of Rabbi Eliezer and the Rabbis (*Tosafot*).

HALAKHA

Limbs that became mixed – אֵיבָרִים שֶׁנִּתְעָרְבוּ: Limbs of blemished animals which became mixed with limbs of valid offerings are not nullified even if they are outnumbered a thousand to one. Even if all the limbs have been sacrificed on the altar except for one, whatever has not yet been brought must be burned in the location where disqualified offerings are burned. This is in accordance with the opinion of the Rabbis (Rambam *Sefer Avoda, Hilkhot Pesulei HaMukdashin* 6:21).

מַאי טַעְמָא דְּרַב – דְּיָלֵיף מִמְּחוּסַּר זְמַן, מְחוּסַּר זְמַן, לָאו אַף עַל גַּב דְּהָשְׁתָּא לָא חֲזֵי, כִּי הָדַר מִיחֲזֵי – שַׁפִּיר דָּמֵי, הָכָא נַמִי, לָא שְׁנָא. מִי דָּמֵי? הָתָם – לָא אִיתְחֲזֵי כְּלָל, הָכָא – נִרְאֶה וְנִדְחֶה.

The Gemara asks: **What is the reason** for the opinion **of Rav?** The Gemara answers: **He derives** it **from** the *halakha* applicable to an animal that is **lacking time.** In the case of an animal that is **lacking time, is it not** true that **although it is unfit now, when it again becomes fit, it seems well,** i.e., it may be sacrificed as an offering? **Here, too,** it is **no different.** The Gemara rejects this answer: **Is it comparable? There,** when the animal is lacking time, **it was never fit** to be sacrificed. **Here,** the animal **was fit** as an offering **and** later became unfit and **was** therefore **rejected.** Perhaps in this case it is permanently disqualified.

אֶלָּא, הַיְינוּ טַעְמָא דְּרַב: דְּיָלֵיף מִבַּעַל מוּם עוֹבֵר: בַּעַל מוּם עוֹבֵר, לָאו אַף עַל גַּב דְּלָא חֲזֵי הָשְׁתָּא, כִּי הָדַר מִיחֲזֵי – שַׁפִּיר דָּמֵי, הָכָא נַמִי – לָא שְׁנָא.

Rather, the Gemara retracts the first explanation and says that **this is the reasoning of Rav: He derives** it **from** the case of **an animal with a temporary blemish.**[N] The animal is disqualified as an offering as long as the blemish remains, but is eligible for sacrifice once the blemish has healed. In the case of **an animal with a temporary blemish, is it not** true that **although it is unfit now, when it again becomes fit, it seems well,** i.e., it may be sacrificed as an offering? **Here too,** it is **no different.**

וְהָתָם מְנָא לַן – דִּכְתִיב ״כִּי מׇשְׁחָתָם בָּהֶם מוּם בָּם״ – מוּם בָּם הוּא דְּלֹא יֵרָצוּ, הָא עָבַר מוּמָן יֵרָצוּ.

The Gemara asks: **There,** in the case of an animal with a temporary blemish, **from where do we** derive this *halakha*? **As it is written: "Because their corruption is in them, there is a blemish in them;** they shall not be accepted for you" (Leviticus 22:25), which teaches us: It is when the **blemish is in them that they shall not be accepted; but if their blemish passes, they shall be accepted.**

וְרַבִּי יוֹחָנָן: מִיעֵט רַחֲמָנָא ״בָּהֶם״ – הֵם הוּא דְּכִי עָבַר מוּמָן יֵרָצוּ, הָא כׇּל דְּחוּיִין, הוֹאִיל וְנִדְחוּ – נִדְחוּ.

The Gemara asks: **And** what does **Rabbi Yoḥanan** respond to this proof? **The Merciful One limited** this *halakha* by using the term: **In them,** which indicates that **it is they,** animals with temporary blemishes, **that are accepted when their blemishes pass, but** with regard to **all** other animals that become disqualified, **once they are rejected they** remain **rejected.**

וְרַב: הַהוּא ״בָּהֶם״ – בְּעֵינַיְיהוּ הוּא דְּלָא מִירְצוּ, הָא עַל יְדֵי תַּעֲרוֹבוֹת – מִירְצוּ.

The Gemara asks: **And** how does **Rav** answer Rabbi Yoḥanan? **That** term: **In them,** should be understood as follows: **It is on their own that they are not accepted; but in mixtures**[N] with animals that are fit to be sacrificed, animals that have a temporary blemish **are accepted.**

כִּדְתְנַן: אֵיבָרִים תְּמִימִים בְּאֵיבָרִים בַּעֲלֵי מוּמִין, רַבִּי אֱלִיעֶזֶר אוֹמֵר: אִם קָרַב הָרֹאשׁ שֶׁל אֶחָד מֵהֶן – יַקְרִיבוּ כׇּל הָרָאשִׁין כּוּלָּן, כְּרָעָיו שֶׁל אֶחָד מֵהֶן – יַקְרִיבוּ כׇּל הַכְּרָעַיִים כּוּלָּן, וַחֲכָמִים אוֹמְרִים: אֲפִילּוּ קָרְבוּ כּוּלָּן חוּץ מֵאֶחָד מֵהֶן – יֵצֵא לְבֵית הַשְּׂרֵיפָה.

As we learned in a mishna: **If limbs** from **unblemished** burnt-offerings became mixed **with limbs** from **blemished** burnt-offerings, which are disqualified, **Rabbi Eliezer says:** If **the head of one of them is sacrificed** on the altar before they knew of the blemish, **they should sacrifice all the heads,** as it is assumed that the head of the disqualified animal was the one already sacrificed on the altar. Similarly, if **the legs of one of them** were sacrificed, **they should sacrifice all the legs. And the Rabbis say: Even if all of them were sacrificed except for one,** that one **should be taken out to the place** designated for **burning** disqualified offerings, as it is not assumed that the limbs of the disqualified animal have already been brought.[H]

וְאִידָּךְ: נָפְקָא לֵיהּ מִ״בָּם״ ״בָּהֶם״. וְאִידָּךְ: ״בָּם״ ״בָּהֶם״ לָא דָּרֵישׁ.

The Gemara asks: **And** how does **the other** Sage, Rabbi Yoḥanan, derive the *halakha* that the limbs are acceptable if they are in a mixture? The Gemara answers: **He derives it from** the Torah's choice of terminology: It could have written: "In them," as *bam*, but instead it used the term *bahem*, with the extra letter *heh*, and therefore an extra *halakha* can be derived from this word. The Gemara comments: **And the other** Sage, Rav, **does not expound** the difference in terminology between the words *bam* and *bahem*, as he does not consider the distinction significant enough to teach a *halakha*.

וּלְרַב, נְהִי נַמִי דְּבַעֲלֵי חַיִּים אֵינָן נִדְחִין, אִי בָּעֵי הַאי נַקְרֵיב אִי בָּעֵי הַאי נַקְרֵיב!

The Gemara asks: **According to Rav, although living beings are not** permanently **rejected,** that only explains why the remaining goat of the first pair is acceptable for sacrifice, but why must it be the one to be sacrificed? **If he wants this** one from the first pair **he should sacrifice it, and if he wants that** one from the second pair, **he should sacrifice that.**

אָמַר רָבָא: רַב סָבַר לָהּ כְּרַבִּי יוֹסֵי, דְּאָמַר: מִצְוָה בָּרִאשׁוֹן. הֵי רַבִּי יוֹסֵי? אִי נֵימָא רַבִּי יוֹסֵי דְּקוּפּוֹת, דִּתְנַן: שָׁלֹשׁ קוּפּוֹת שֶׁל שָׁלֹשׁ שָׁלֹשׁ סְאִין, שֶׁבָּהֶן תּוֹרְמִין אֶת הַלִּשְׁכָּה, וְכָתוּב עֲלֵיהֶן אָלֶ״ף, בֵּי״ת, גִּימֶ״ל. וְתַנְיָא, אָמַר רַבִּי יוֹסֵי: לָמָּה כָּתוּב עֲלֵיהֶן אָלֶ״ף בֵּי״ת גִּימֶ״ל – לֵידַע אֵיזֶה מֵהֶן נִתְרְמָה רִאשׁוֹן, לְהָבִיא הֵימֶנָּה רִאשׁוֹן שֶׁמִּצְוָה בָּרִאשׁוֹן,

Rava said: Rav holds in accordance with the opinion of **Rabbi Yosei, who said:** The **mitzva** should be fulfilled with the goat **from the first** pair. The Gemara asks: **Which** statement of **Rabbi Yosei** indicates that this is his opinion? **If we say** it is the statement of **Rabbi Yosei** with **regard to** the **containers, as we learned** in a mishna: There were **three containers,** each **of which** held **three** ***se'a*****, with which they collected** coins from **the chamber. And** the letters ***alef*****,** ***beit*****,** and ***gimmel*** **were written on them. And it was taught** in a *baraita* that **Rabbi Yosei said: Why were** ***alef*****,** ***beit*****,** and ***gimmel*** **written on them?** In order **to know which of them was collected** from the chamber **first,** in order **to bring** an offering **from it first, as the mitzva is** performed **with the first** one.

דִּילְמָא שָׁאנֵי הָתָם, דִּבְעִידָּנָא דְּאִתַּחְזִי קַמַּיְיתָא לָא אִתַּחְזִי בָּתְרַיְיתָא.

That statement of Rabbi Yosei cannot serve as the source for Rav's opinion. **Perhaps it is different there,** in the case of the containers, **because at the time when the first** container of coins **was fit** for use, **the** containers used **later** were **not** yet fit for use. Therefore, it cannot serve as a precedent with regard to a case in which both became fit for use at the same time. In the case of the Yom Kippur goats, none of the goats are actually fit for sacrifice until the point in the Temple service when they are supposed to be sacrificed. By that time, lots have already been drawn for the second pair of goats.

אֶלָּא רַבִּי יוֹסֵי דְּפֶסַח (דִּתְנַן): הַמַּפְרִישׁ פִּסְחוֹ וְאָבַד, וְהִפְרִישׁ אַחֵר תַּחְתָּיו, וְאַחַר כָּךְ נִמְצָא הָרִאשׁוֹן וַהֲרֵי שְׁנֵיהֶן עוֹמְדִין – אֵיזֶה מֵהֶן שֶׁיִּרְצֶה יִקְרַב, דִּבְרֵי חֲכָמִים. רַבִּי יוֹסֵי אוֹמֵר: מִצְוָה בָּרִאשׁוֹן,

Rather, the source of Rav's opinion is the statement of **Rabbi Yosei with regard to the Paschal lamb. As we learned** in a *baraita*: With regard to **one who separated** an animal as **his Paschal lamb and it became lost, and he separated another in its stead, and afterward,** but before midday on the eve of Passover, **the first** one **is found, and they are both standing** before him, the owner may **bring whichever of them he wishes.** This is the **statement of the Rabbis. Rabbi Yosei says:** The **mitzva** should be performed **with the first** one.

Perek **VI**
Daf **64** Amud **b**

וְאִם הָיָה הַשֵּׁנִי מוּבְחָר מִמֶּנּוּ – יְבִיאֶנּוּ,

And if the second one was superior to it, he brings that one. This demonstrates that according to Rabbi Yosei, when the two animals become fit for sacrifice at the same time, preference should be given to the first one unless the second one is superior.

אָמַר רָבָא: דַּיְקָא מַתְנִיתִין כְּוָותֵיהּ דְּרַב, וּבָרַיְיתָא כְּוָותֵיהּ דְּרַבִּי יוֹחָנָן. מַתְנִיתִין כְּוָותֵיהּ דְּרַב – דְּקָתָנֵי: אִם שֶׁל שֵׁם מֵת – זֶה שֶׁעָלָה עָלָיו הַגּוֹרָל לַשֵּׁם יִתְקַיֵּים תַּחְתָּיו, וְאִידָּךְ כִּדְקָאֵי קָאֵי.

Rava said: The language of **the mishna is precise in accordance with** the opinion **of Rav,** and the language of **the** ***baraita*** is precise **in accordance with** the opinion **of Rabbi Yoḥanan.** The Gemara explains: The language of **the mishna** is precise **in accordance with** the opinion **of Rav, as it teaches: If** the one to be sacrificed **to God died, that** goat **upon which the lot for God** was drawn **shall stand in its stead. And the other** goat **stands as it stood** before, i.e., its status does not change, in accordance with the opinion of Rav.

בָּרַיְיתָא כְּוָותֵיהּ דְּרַבִּי יוֹחָנָן – דְּקָתָנֵי: שֵׁנִי, אֵינִי יוֹדֵעַ אִם שֵׁנִי שֶׁבְּזוּג רִאשׁוֹן אִם שֵׁנִי שֶׁבְּזוּג שֵׁנִי, כְּשֶׁהוּא אוֹמֵר ״יָעֳמַד חַי״ – וְלֹא שֶׁחֲבֵירוֹ מֵת. מַאי מַשְׁמַע? יָעֳמַד חַי, וְלֹא שֶׁכְּבָר עָמַד.

The language of **the** ***baraita*** is precise **in accordance with the** opinion **of Rabbi Yoḥanan, as it teaches:** When the mishna says that the **second** goat is left to graze, **I do not know whether** it is referring to **the second goat of the first pair, or the second** goat **of the second pair. When** the verse **states: "It shall be stood alive** before the Lord, to make atonement over him, to send him away to Azazel into the wilderness" (Leviticus 16:10), it is **not** referring to the goat **whose counterpart died.** The Gemara asks: **From where may it be inferred,** i.e., how does the verse indicate this point? The Gemara answers that it states: **"It shall be stood alive,"** in the future tense, indicating that it is **not** referring to the one **that already stood**[N] with its counterpart that died.

NOTES

It shall be stood alive is not referring to the one that already stood – יָעֳמַד חַי וְלֹא שֶׁכְּבָר עָמַד: Rashi explains that this indicates that the goat shall be stood before the Lord once and not twice. However, others explain that the derivation is that the scapegoat is stood before God after the other goat has been designated to be sacrificed to God, which was mentioned in the previous verse (Rashash).

NOTES

I stated my opinion in accordance with the opinion of the Rabbis – כִּי אָמֵינָא אַלִּיבָּא דְּרַבָּנַן: Rashi explains, particularly based on the expression: And furthermore, that Rabbi Yehuda disagrees with the Rabbis with regard to two points: With regard to the goat chosen for the offering, as well as what is done with the goat that is not sacrificed. Some commentators suggest that Rabbi Yehuda himself was unclear whether the Rabbis disagree with regard to both points (Ritva).

תְּנַן: וְעוֹד אָמַר רַבִּי יְהוּדָה: נִשְׁפַּךְ הַדָּם – יָמוּת הַמִּשְׁתַּלֵּחַ, מֵת הַמִּשְׁתַּלֵּחַ – יִשָּׁפֵךְ הַדָּם. בִּשְׁלָמָא לְרַבִּי יוֹחָנָן דְּאָמַר בַּעֲלֵי חַיִּים נִדְחִין – מִשּׁוּם הָכִי יָמוּת הַמִּשְׁתַּלֵּחַ, אֶלָּא לְרַב דְּאָמַר בַּעֲלֵי חַיִּים אֵינָן נִדְחִין – אַמַּאי יָמוּת הַמִּשְׁתַּלֵּחַ?

We learned in the mishna: **And furthermore, Rabbi Yehuda said:** If **the blood** of the goat sacrificed to God **spilled** before it was sprinkled, **the scapegoat** is left **to die.** Similarly, **if the scapegoat dies, the blood** of the goat sacrificed to God **should be spilled,** and two other goats are brought and lots are drawn. **Granted, according to Rabbi Yoḥanan, who said** that **animals** that become disqualified **are** permanently **rejected,** even after the source of their initial disqualification is no longer present, **due to that** reason **the scapegoat** is left **to die. However, according to Rav, who said** that **animals are not** permanently **rejected, why is the scapegoat** left **to die?**

אָמַר לָךְ רַב: אַלִּיבָּא דְּרַבִּי יְהוּדָה לָא קָא אָמֵינָא, כִּי אָמֵינָא – אַלִּיבָּא דְּרַבָּנַן.

Rav could have **said to you: I did not state** my opinion **in accordance with** the opinion **of Rabbi Yehuda. I stated** my opinion **in accordance with** the opinion **of the Rabbis.**[N] Rabbi Yehuda holds that disqualified animals are permanently rejected and communal sin-offerings may be left to die. The Rabbis disagree with both issues and hold that disqualified animals are not permanently disqualified, and communal sin-offerings that are disqualified are not left to die, but rather graze until they develop a blemish, and then are sold. Rav, who holds that the remaining goat from the first pair is sacrificed, states his opinion in accordance with the opinion of the Rabbis, i.e., that disqualified animals are not permanently rejected.

בִּשְׁלָמָא לְרַב – בְּהָא פְּלִיגִי רַבִּי יְהוּדָה וְרַבָּנַן, אֶלָּא לְרַבִּי יוֹחָנָן בְּמַאי פְּלִיגִי? אָמַר רָבָא: הָא אָמְרִינַן דַּיְיקָא מַתְנִיתִין כְּוָותֵיהּ דְּרַב.

The Gemara comments: **Granted, according to** the opinion **of Rav, Rabbi Yehuda and the Rabbis disagree with regard to** whether disqualified animals are permanently rejected. **However, according to** the opinion **of Rabbi Yoḥanan,** who holds that even according to the Rabbis the remaining goat of the first pair is left to graze, **with regard to what** principle **do** Rabbi Yehuda and the Rabbis **disagree? Rava said: Didn't we say** that the language of **the mishna is precise in accordance with** the opinion **of Rav,** and it is difficult to explain the mishna's language in accordance with the opinion of Rabbi Yoḥanan?

תְּנַן: שֶׁאֵין חַטַּאת צִבּוּר מֵתָה. הָא דְּיָחִיד כִּי הַאי גַּוְונָא – מֵתָה. בִּשְׁלָמָא לְרַבִּי יוֹחָנָן – כִּדְרַבִּי אַבָּא אָמַר רַב, דְּאָמַר רַבִּי אַבָּא אָמַר רַב:

We learned in the mishna **that a communal sin-offering is not** left **to die. This** indicates that the sin-offering **of an individual** in **a case like this** is left **to die. Granted, according to** the opinion **of Rabbi Yoḥanan,** who holds that the remaining goat from the first pair is left to graze until it develops a blemish, it can be explained that the sin-offering of an individual in a comparable case is killed, **in accordance with** the opinion that **Rabbi Abba** said that **Rav said. As Rabbi Abba said that Rav said:**

Perek **VI**
Daf **65** Amud **a**

NOTES

One who designates two sin-offerings as a guarantee – מַפְרִישׁ שְׁתֵּי חַטָּאוֹת לְאַחֲרָיוּת: The early commentaries ask how this is possible: One cannot designate two sin-offerings for the same transgression, and there is a principle that whenever two things cannot be done one after the other, they also cannot be done simultaneously. The solution here is to say that if two are designated as a guarantee, it is not considered as dedicating two sin-offerings together (*Tosafot Yeshanim*).

HALAKHA

One who designates two sin-offerings as a guarantee – מַפְרִישׁ שְׁתֵּי חַטָּאוֹת לְאַחֲרָיוּת: One who designates two sin-offerings as a guarantee gains atonement through whichever animal he wishes, and the second grazes until it becomes unfit. It is then sold and the money is used to purchase a gift-offering (Rambam *Sefer Avoda, Hilkhot Pesulei HaMukdashin* 4:5).

הַכֹּל מוֹדִים שֶׁאִם נִתְכַּפֵּר בְּשֶׁאֵינָהּ אֲבוּדָה – אֲבוּדָה מֵתָה.

Everyone concedes that if the animal one designated as a sin-offering became lost, and he designated another animal in its stead and then found the first animal, **if he gained atonement through** the one **that was not lost,** i.e., the second one, **the one that was lost** is left **to die.**

אֶלָּא לְרַב, הָוֵה לֵיהּ כְּמַפְרִישׁ שְׁתֵּי חַטָּאוֹת לְאַחֲרָיוּת. וְאָמַר רַבִּי אוֹשַׁעְיָא: הִפְרִישׁ שְׁתֵּי חַטָּאוֹת לְאַחֲרָיוּת – מִתְכַּפֵּר בְּאַחַת מֵהֶם, וְהַשְּׁנִיָּה תִּרְעֶה!

However, according to the opinion **of Rav,** who rules that the remaining goat from the first pair is the one that is sacrificed, that goat was never disqualified, and the extra goat from the second pair was designated to serve the same purpose as the remaining goat. **This is like** one who **designates two sin-offerings as a guarantee,**[NH] so that if he loses one of them he will still be able to bring the other one. **And Rabbi Oshaya said** that all agree that if **one separated two sin-offerings as a guarantee, he gains atonement through one of them, and the second** is left **to graze** until it becomes unfit. Consequently, even the sin-offering of an individual is not left to die in this case.

כֵּיוָן דְּאָמַר רָבָא: רַב סָבַר לָהּ כְּרַבִּי יוֹסֵי, דְּאָמַר מִצְוָה בָּרִאשׁוֹן, מֵעִיקָּרָא כְּמַפְרִישׁ לְאִיבּוּד דָּמֵי.

The Gemara answers: **Since Rava said** that **Rav holds in accordance with** the opinion of **Rabbi Yosei, who said** that **the mitzva** should be performed **with the first** animal, when one designates the second animal, it is considered **from the beginning to be comparable to** an offering **separated** in order **to be lost.** In that case, if it is the sin-offering of an individual, the second animal is left to die.

תְּנַן, רַבִּי יְהוּדָה אוֹמֵר: תָּמוּת. בִּשְׁלָמָא לְרַבִּי יוֹחָנָן, דְּאָמַר שֵׁנִי שֶׁבְּזוּג רִאשׁוֹן יִרְעֶה, לְרַבִּי יְהוּדָה יָמוּת – מִתְכַּפֵּר בְּשֵׁנִי שֶׁבְּזוּג שֵׁנִי.

We learned in the mishna that **Rabbi Yehuda says: It should** be left to **die. Granted, according to** the opinion **of Rabbi Yoḥanan, who said** that the **second** goat **of the first pair should** be left to **graze, according to Rabbi Yehuda,** who said **it should** be left **to die, he** nonetheless **gains atonement with** the **second** goat **of the second pair.**

אֶלָּא לְרַב דְּאָמַר שֵׁנִי שֶׁבְּזוּג שֵׁנִי יִרְעֶה לְרַבִּי יְהוּדָה יָמוּת, לְרַבִּי יְהוּדָה בְּמַאי מִיכַּפֵּר? מִי סָבְרַתְּ רַבִּי יְהוּדָה אַשֵּׁנִי שֶׁבְּזוּג שֵׁנִי קָאֵי? רַבִּי יְהוּדָה אַשֵּׁנִי שֶׁבְּזוּג רִאשׁוֹן קָאֵי.

However, according to Rav, who said that the **second** goat **of the second pair should** be left to **graze,** and **according to Rabbi Yehuda it should** be left to **die,** then **according to Rabbi Yehuda** he cannot sacrifice either of the two goats: The first goat may not be sacrificed because Rabbi Yehuda holds that disqualified animals are permanently rejected, and the second goat must be left to die. **With which** goat **will he gain atonement?** The Gemara answers: **Do you maintain** that **Rabbi Yehuda was referring to the second** goat **of the second pair** when he said it should be left to die? **Rabbi Yehuda was referring to the second** goat **of the first pair.** The second goat of the second pair is sacrificed.

וְאִיכָּא דְּקָא מוֹתִיב הָכִי: וְעוֹד אָמַר רַבִּי יְהוּדָה: נִשְׁפַּךְ הַדָּם – יָמוּת הַמִּשְׁתַּלֵּחַ, מֵת הַמִּשְׁתַּלֵּחַ – יִשָּׁפֵךְ הַדָּם.

There are those who raised this objection from the statement of Rabbi Yehuda in the mishna. **And furthermore, Rabbi Yehuda said:** If **the blood** of the goat sacrificed to God **spilled** before it was sprinkled, **the scapegoat** is left **to die.** Similarly, if **the scapegoat dies, the blood** of the goat sacrificed to God **should be spilled,** and two other goats are brought and lots are drawn.

בִּשְׁלָמָא לְרַב – רֵישָׁא פְּלִיגִי בְּחַטַּאת צִבּוּר, וְסֵיפָא פְּלִיגִי בְּבַעֲלֵי חַיִּים. אֶלָּא לְרַבִּי יוֹחָנָן מַאי "וְעוֹד"? קַשְׁיָא.

Granted, according to Rav, in **the first clause** of the mishna **they disagree with regard to a communal sin-offering.** According to the Rabbis the second animal is left to graze, whereas according to Rabbi Yehuda it is left to die. **And** in **the latter clause they disagree with regard to** whether **animals** that become disqualified as offerings are permanently rejected. According to the Rabbis they are not rejected and therefore the first goat is sacrificed, whereas Rabbi Yehuda holds that they are rejected and therefore the first goat is left to die and the second goat is sacrificed. **However, according to Rabbi Yoḥanan, what** does the term: **And furthermore,** in the mishna indicate? Even the Rabbis agree that the remaining goat from the first pair is permanently disqualified. The Gemara comments that indeed, this is **difficult.**[N]

"וְעוֹד אָמַר רַבִּי יְהוּדָה: נִשְׁפַּךְ הַדָּם יָמוּת הַמִּשְׁתַּלֵּחַ". בִּשְׁלָמָא נִשְׁפַּךְ הַדָּם יָמוּת הַמִּשְׁתַּלֵּחַ – דְּאַכַּתִּי לָא אִיתְעֲבֵיד מִצְוָתֵיהּ,

§ It was taught in the mishna: **And furthermore, Rabbi Yehuda said:** If **the blood** of the goat sacrificed to God **spilled** before it was sprinkled, **the scapegoat should** be left to **die.** Similarly, if the scapegoat dies, the blood of the goat sacrificed to God should be spilled. The Gemara asks: **Granted,** if **the blood** of the goat sacrificed to God **spilled, the scapegoat should** be left to **die, as the mitzva** of the blood **has not yet been performed,** as it was not sprinkled in the prescribed manner.

אֶלָּא מֵת הַמִּשְׁתַּלֵּחַ אַמַּאי יִשָּׁפֵךְ הַדָּם? הָא אִיתְעֲבֵיד לֵיהּ מִצְוָתֵיהּ!

However, if **the scapegoat dies, why should the blood** of the goat sacrificed to God **be spilled? The mitzva of** the scapegoat has already **been performed.** The only essential detail with regard to the scapegoat is the lottery, which has already been performed by the priest. Sending it to Azazel and pushing it off a cliff are carried out by an appointed person and while they are prescribed *ab initio*, they are not indispensable. After the fact, if the goat dies in some other way, the obligation has been fulfilled.

NOTES

This is difficult – קַשְׁיָא: Commentaries have noted that this is only a difficulty according to the way that the mishna was interpreted in accordance with the opinion of Rav. It is also possible to explain the mishna differently, although it would still not indicate that Rabbi Yoḥanan's opinion is correct (see *Kashot Meyushav*).

אָמְרִי דְּבֵי רַבִּי יַנַּאי אָמַר קְרָא: ״יָעֳמַד חַי לִפְנֵי ה׳ לְכַפֵּר״ עַד מָתַי יְהֵא זָקוּק לִהְיוֹת חַי – עַד שְׁעַת מַתַּן דָּמִים שֶׁל חֲבֵירוֹ.

The Sages **of the house of Rabbi Yannai said** that **the verse states:** “But the goat, on which the lot fell for Azazel, **shall be stood alive before the Lord, to make atonement** over him, to send him away to Azazel into the wilderness” (Leviticus 16:10). **Until when must** the scapegoat **be alive? Until the blood of its counterpart is sprinkled,** and if it dies before, the blood is disqualified.

תְּנַן הָתָם: בְּנֵי הָעִיר שֶׁשָּׁלְחוּ אֶת שִׁקְלֵיהֶן וְנִגְנְבוּ אוֹ שֶׁאָבְדוּ, אִם נִתְרְמָה תְּרוּמָה – נִשְׁבָּעִין לַגִּזְבָּרִין,

We learned in a mishna **there** (*Shekalim* 2:1): **If residents of a city sent their shekels** to the Temple with a messenger, **and** the shekels **were stolen or were lost** along the way;[H] **if the funds were** already **collected,**[N] i.e., the coins for the new year’s offerings were taken from the chamber before the money was stolen, the messengers **take an oath to the treasurers** of the Temple[N] that they did not unlawfully use the shekels, but that they were taken unbeknownst to them or by force. This is because once the necessary coins have been removed, all other coins that have been dedicated for this purpose are considered Temple property wherever they are, and their subsequent theft does not change that status. If the messengers take this oath, they are exempt from monetary liability.

וְאִם לָאו – נִשְׁבָּעִין לִבְנֵי הָעִיר, וּבְנֵי הָעִיר שׁוֹקְלִין אֲחֵרִים תַּחְתֵּיהֶן.

And if the funds were **not** yet collected when these coins were stolen, the coins are still considered the property of those who dedicated them to the Temple, and therefore the messengers **take an oath to the residents of the city, and the residents of the city donate other** shekels to the Temple **in their stead.**

נִמְצְאוּ, אוֹ שֶׁהֶחֱזִירוּם הַגַּנָּבִים – אֵלּוּ וָאֵלּוּ שְׁקָלִים הֵם, וְאֵין עוֹלִין לָהֶן לַשָּׁנָה הַבָּאָה. רַבִּי יְהוּדָה אוֹמֵר: עוֹלִין לָהֶן לַשָּׁנָה הַבָּאָה.

If the shekels that were lost **are found or the thieves returned them, both these and those are shekels,** i.e., they remain sanctified, **but they do not count** toward the amount due **the following year.** The next year the members of that city must donate new shekels; they have not fulfilled the second year’s obligation by having given twice the previous year. **Rabbi Yehuda says: They do count toward the following year.**

מַאי טַעְמָא דְּרַבִּי יְהוּדָה? אָמַר רָבָא: קָסָבַר רַבִּי יְהוּדָה חוֹבוֹת שֶׁל שָׁנָה זוֹ קְרֵיבוֹת לַשָּׁנָה הַבָּאָה.

The Gemara asks: **What is the reason for** the opinion **of Rabbi Yehuda? Rava said: Rabbi Yehuda holds** that **the obligations of this year are** also **brought the following year,** and therefore it is possible to fulfill one’s obligation for the next year by using the shekels of this year.

אֵיתִיבֵיהּ אַבָּיֵי: פַּר וְשָׂעִיר שֶׁל יוֹם הַכִּפּוּרִים שֶׁאָבְדוּ, וְהִפְרִישׁ אֲחֵרִים תַּחְתֵּיהֶן, וְכֵן שְׂעִירֵי עֲבוֹדָה זָרָה שֶׁאָבְדוּ וְהִפְרִישׁ אֲחֵרִים תַּחְתֵּיהֶן – כּוּלָּן יָמוּתוּ, דִּבְרֵי רַבִּי יְהוּדָה. רַבִּי אֱלִיעֶזֶר וְרַבִּי שִׁמְעוֹן אוֹמְרִים: יִרְעוּ עַד שֶׁיִּסְתָּאֲבוּ, וְיִמָּכְרוּ, וְיִפְּלוּ דְּמֵיהֶם לִנְדָבָה, שֶׁאֵין חַטַּאת צִבּוּר מֵתָה. אֲמַר לֵיהּ:

Abaye raised an objection to this explanation. It was taught that if **the bull and goat of Yom Kippur were lost and one designated others in their stead, and similarly** if **the goats** which atone for a communal transgression of **idol worship** by instruction of the court **were lost and he designated others in their stead,** and the original animals were found, **all** the original animals **should** be left to **die,** and cannot be sacrificed at a later time. This is **the statement of Rabbi Yehuda. Rabbi Eliezer and Rabbi Shimon say: They should** be left to **graze until they become unfit.** Then **they are sold, and the money** received in **their** sale **will go to** the purchase of **a public gift-offering, as a communal sin-offering** is **not** left to **die.** According to Rabbi Yehuda, if the obligations of this year may be brought the following year, the bull and goat of Yom Kippur that were lost should be sacrificed the following year, and not left to die. Rava **said to him:**

NOTES

If the funds were already collected – אִם נִתְרְמָה תְּרוּמָה: When funds were taken from the chamber, they were considered to have been taken from among all the coins that were donated for this purpose, including those that had not yet arrived at the Temple. The principle at work here is that the Temple acquires not only what is on hand but also the money that has not yet been received, because wherever it may be, it is in God’s possession.

The messengers take an oath to the treasurers of the Temple – נִשְׁבָּעִין לַגִּזְבָּרִין: Although oaths are not generally taken with regard to consecrated property, it was decreed that in this instance the messenger does take an oath. This was in order to ensure that people would not treat consecrated property lightly by not guarding it properly.

HALAKHA

If residents of a city sent their shekels to the Temple and they were lost – בְּנֵי הָעִיר שֶׁשָּׁלְחוּ שִׁקְלֵיהֶם וְאָבְדוּ: If residents of a city sent their shekels to Jerusalem and the money was stolen or lost along the way, the *halakha* is as follows: If the messenger was not paid, he swears that he was not negligent with the money and is free from liability, in accordance with the *halakhot* of an unpaid guardian. The residents of the city must then donate their shekels a second time. If the first shekels are then found, both collections are considered consecrated. The second collection cannot count toward the following year. Instead, the first set of shekels goes toward the collection of the current year and the second set is included with the leftover shekels of the previous year.

If the messenger was paid, he is liable to pay if the coins were stolen or lost. However, if they were stolen by armed robbers, the messenger must swear to this effect, and he is exempt. In this case, if the shekels were stolen after the funds were already collected from the chamber, the residents of the city are exempt. However, if the money was stolen before the contributions were removed from the chamber, they must donate shekels again (Rambam *Sefer Zemanim*, *Hilkhot Shekalim* 3:8–9).

קרבנות צבור קא אמרת? שאני קרבנות צבור כדרבי טבי אמר רבי יאשיה. דאמר רבי טבי אמר רבי יאשיה, אמר קרא: ״זאת עולת חדש בחדשו״, אמרה תורה: חדש והבא לי קרבן מתרומה חדשה.

You speak of communal offerings? Communal offerings are different, in accordance with what **Rabbi Tavi said** in the name of **Rabbi Yoshiya. As Rabbi Tavi said that Rabbi Yoshiya said** that **the verse states: "This is the burnt-offering for every New Moon upon its renewal**[N] throughout the months of the year" (Numbers 28:14). **The Torah said: Renew and bring Me an offering from the new contribution.**[N] This indicates that communal offerings must be brought from the donations of the current year and not from the donations of the previous year.[H]

תינח שעיר, פר מאי איכא למימר? גזירה פר אטו שעיר.

The Gemara challenges this solution: This works out **well** with regard to the Yom Kippur **goat,** which is a communal offering and is purchased with money from the Temple treasury. However, with regard to the High Priest's **bull** which he pays for himself and which is considered an individual offering, **what is there to say?** The Gemara answers: There is **a** rabbinic **decree** with regard to the **bull due to the goat.**

ומשום גזירה ימותו? ועוד, הא דרבי טבי אמר רבי יאשיה גופה מצוה היא. דאמר רב יהודה אמר שמואל: קרבנות צבור הבאין באחד בניסן – מצוה להביא מן החדש, ואם הביא מן הישן – יצא, אלא שחסר מצוה!

The Gemara expresses surprise: Is it right that **due to a** rabbinic **decree** the offerings **should** be left to **die**[N] instead of being left to graze? **And furthermore, this** statement **that Rabbi Tavi said** in the name of **Rabbi Yoshiya is itself a mitzva** *ab initio*, but is not indispensable. **As Rav Yehuda said** that **Shmuel said:** With regard to **communal offerings that are brought on the first of Nisan, it is a mitzva to bring** them **from the new** year's shekel contributions. However, **if he brought** them **from the old** shekels that were donated during the previous year **he has fulfilled** his obligation, **but he lacked the mitzva,** i.e., he did not perform the procedure in the proper manner. It is difficult to argue that due to this inessential detail the Sages would issue a decree that the High Priest's bull should be left to die.

אלא אמר רבי זירא: לפי שאין הגורל קובע משנה לחברתה. ונייתי ונגריל! גזירה שמא יאמרו הגורל קובע משנה לחברתה.

Rather, Rabbi Zeira said that the reason the bull and goat of Yom Kippur are left to die is **because the lottery does not establish** designations **from** one **year to another.** Therefore, a goat designated by the lottery one year is not eligible for use the next year. The Gemara challenges this explanation: **But let us bring** this goat and another one **and draw lots** again. The Gemara responds: **It is a** rabbinic **decree** that was enacted **lest** people **say** that **the lottery establishes** designations **from** one **year to another.**

הא תינח שעיר, פר מאי איכא למימר? גזירה פר אטו שעיר. ומשום גזירה ימותו?

The Gemara challenges: **This** works out **well** with regard to the **goat,** but with respect to the **bull** of the High Priest, which is not chosen by lottery, **what is there to say?** The Gemara answers: There is **a** rabbinic **decree** with regard to the **bull due to the goat.** The Gemara challenges further: Is it right that **due to a** rabbinic **decree** the offerings **should** be left to **die** instead of being left to graze? Therefore, this answer should be rejected.

אמרוה רבנן קמיה דאביי: גזירה משום חטאת שמתו בעליה. הא תינח פר, שעיר מאי איכא למימר? גזירה שעיר אטו פר.

The Rabbis stated another solution **before Abaye:** It is **a** rabbinic **decree, due to** a concern that the bull will become **a sin-offering whose owners have died,** since the High Priest might die during the year. The Gemara responds: **This** works out **well** with regard to the **bull,** but as for the **goat,** which is a communal offering, **what is there to say?** The Gemara answers: There is **a** rabbinic **decree** with regard to the **goat due to the bull.**

ומשום גזירה ימותו? אלא: גזירה משום חטאת שעברה שנתה. גזירה?! היא גופה חטאת שעברה שנתה היא!

The Gemara asks: Is it right that **due to a** rabbinic **decree** the offerings **should** be left to **die** instead of being left to graze? **Rather,** it is a rabbinic **decree due to** a concern that the goat will become a **sin-offering whose year has passed.** A goat may not be brought as a sin-offering once it is more than a year old, and there is a concern that the goat will be too old by the Yom Kippur of the following year. The Gemara expresses surprise: Is this a rabbinic **decree? It** is certainly **a sin-offering whose year has passed,** as the goat will certainly be more than a year old by the following Yom Kippur.

NOTES

This is the burnt-offering for every New Moon upon its renewal – זֹאת עֹלַת חֹדֶשׁ בְּחָדְשׁוֹ: This verse indicates that the burnt-offering of a particular New Moon must be purchased with the shekels donated in the current year. The Gemara elsewhere derives that this is referring to the month of Nisan. Therefore, from the month of Nisan on, communal offerings may not be purchased with the donations of the previous year.

From the new contribution – מִתְּרוּמָה חֲדָשָׁה: Commentaries have questioned this explanation: For this very reason, the shekels should also not be fit for use the following year. The answer is that the extra shekels that had been collected were not deposited in the chamber until the following year. Therefore, they were a part of the contribution of the following year, and offerings of that new year could be purchased with them (*Tosafot Yeshanim*).

Is it right that due to a rabbinic decree the offerings should be left to die – וּמִשּׁוּם גְּזֵירָה יָמוּתוּ: There are two fundamental issues behind this question. First, causing the animals to die involves the destruction of consecrated property. In addition, there is a prohibition against causing animals undue suffering, which Rava himself holds to be a Torah prohibition (*Pitḥei She'arim*).

Each of the Sages in this passage was of the opinion that he understood the decree to be more severe than the others understood it to be, and therefore his explanation was sufficient to explain why the offering should be killed (*Tosafot Yeshanim*).

HALAKHA

Communal offerings from the new contributions – קָרְבְּנוֹת הַצִּבּוּר מִתְּרוּמָה חֲדָשָׁה: Once the New Moon of the month of Nisan arrives, communal offerings are bought from the new contributions. If new funds have not yet arrived, the shekels from old donations are used (Rambam *Sefer Zemanim, Hilkhot Shekalim* 4:11).

הָא לָא קַשְׁיָא – כְּרַבִּי, דְּתַנְיָא: ״שָׁנָה תְמִימָה״ – מוֹנֶה שְׁלֹשׁ מֵאוֹת וְשִׁשִּׁים וַחֲמִשָּׁה יוֹם, כְּמִנְיַן יְמוֹת הַחַמָּה, דִּבְרֵי רַבִּי. וַחֲכָמִים אוֹמְרִים: מוֹנֶה שְׁנֵים עָשָׂר חֹדֶשׁ מִיּוֹם לְיוֹם.

The Gemara responds: **This is not difficult,** as it is possible that the goat will not be disqualified, **in accordance with** the opinion of **Rabbi** Yehuda HaNasi. **As it was taught** in a *baraita*: With regard to redeeming houses in a walled city[N] the Torah states: "And if it not be redeemed within the space of **a full year**" (Leviticus 25:30),[NH] which indicates that **he counts 365 days, in accordance with the number of** days in a **solar year;** this is **the statement of Rabbi** Yehuda HaNasi. **And the Rabbis say: He counts twelve months from day to day.** Therefore, according to the opinion of Rabbi Yehuda HaNasi, if the goat was less than eleven days old on the first Yom Kippur, it will not be disqualified on the following Yom Kippur because it will still be less than 365 days old, as long as the first year was not a leap year. Nevertheless, it is disqualified by rabbinic decree due to a concern that other goats would be used in similar circumstances even if they were more than a year old.

NOTES

Redeeming houses in a walled city – גְּאוּלַּת בָּתֵּי עָרֵי חוֹמָה: With regard to the *halakhot* of property and inheritance, the Torah (Leviticus, chapter 25) states that it is impossible to permanently sell an ancestral field. Even if the original owner does not redeem the land after selling it, the field returns to his possession during the Jubilee Year. However, there is a different *halakha* with regard to houses of walled cities. One who sells a house within a walled city has a year to redeem his house. Otherwise, it becomes the permanent property of the buyer. Houses within the walled cities of Levites, on the other hand, share the *halakhot* of ancestral fields.

A full year – שָׁנָה תְמִימָה: Commentaries have questioned why this discussion is relevant to other cases. Since the Torah specifically mentions the expression "a full year" with regard to the redemption of houses in walled cities, perhaps it is only there that one requires a full year. In cases where the Torah simply mentions a year, perhaps one requires merely a period of twelve months. The Ritva answers that in the context of houses of walled cities, the previous verse mentions the term "a year." Therefore, if the year with regard to redeeming houses of walled cities is a full year, the same is true of other cases where the Torah mentions a year.

HALAKHA

A full year – שָׁנָה תְמִימָה: One who sells a house in a walled city may redeem it anytime within twelve months from the day he sold it. These twelve months are calculated from day to day (Rambam *Sefer Zera'im, Hilkhot Shemitta VeYovel* 12:1).

Perek **VI**
Daf **66** Amud **a**

וְאִם נִתְעַבְּרָה – נִתְעַבְּרָה לַמּוֹכֵר. הָתִינַח שָׂעִיר, פַּר מַאי אִיכָּא לְמֵימַר? גְּזֵירָה פַּר אַטּוּ שָׂעִיר.

And if the year was **extended** and made into a leap year, **it is extended for** the benefit of **the seller,**[H] and according to the Sages he has an additional month in which to redeem his house. The Gemara asks: This works out **well** with regard to the **goat,** but with regard to the **bull, what is there to say?** The bull remains valid even if it is more than a year old. The Gemara answers: **There is a** rabbinic **decree** with regard to the **bull due to the goat.**

וּמִשּׁוּם גְּזֵירָה יָמוּת?! וְעוֹד, חַטָּאת שֶׁעָבְרָה שְׁנָתָהּ – לִרְעִיָּה אָזְלָא! דְּאָמַר רֵישׁ לָקִישׁ: חַטָּאת שֶׁעָבְרָה שְׁנָתָהּ – רוֹאִין אוֹתָהּ כְּאִילּוּ הִיא עוֹמֶדֶת בְּבֵית הַקְּבָרוֹת וְרוֹעָה.

The Gemara asks: Is it right that **due to** a rabbinic **decree** the offerings **should** be left to **die** instead of being left to graze? **And furthermore,** a **sin-offering whose year has passed** is not left to die but rather **goes to graze. As Reish Lakish said: We consider a sin-offering whose year has passed**[H] **as though it stands in a cemetery,**[N] and the priest cannot take it out in order to sacrifice it because he is not permitted to become ritually defiled. Therefore, **it grazes** until it becomes unfit and is then sold.

אֶלָּא אָמַר רָבָא: גְּזֵירָה מִשּׁוּם תַּקָּלָה. אֵין מַקְדִּישִׁין וְאֵין מַעֲרִיכִין וְאֵין מַחֲרִימִין בַּזְּמַן הַזֶּה.

Rather, Rava said: The bull and goat of Yom Kippur may not be left from one year to the next by rabbinic **decree due to** a concern that a **mishap** may occur. As it was taught in a *baraita*: **One may neither consecrate** objects, **nor valuate,** i.e., take a vow to donate one's value to the Temple treasury, **nor dedicate** items **for sacred use at this time,**[H] when the Temple no longer exists.

NOTES

As though it stands in a cemetery – כְּאִילּוּ הִיא עוֹמֶדֶת בְּבֵית הַקְּבָרוֹת: The Gemara uses this expression rather than simply stating that it is left to graze in order to explain Reish Lakish's reasoning. The rejection of the animal due to its age is unlike other disqualifications. Generally, an animal is disqualified due to an action performed by a person, whereas here the disqualification is due to the animal itself. The terminology is intended to reflect that distinction (*Tosafot Yeshanim*).

HALAKHA

It is extended for the benefit of the seller – נִתְעַבְּרָה לַמּוֹכֵר: One who sells a house in a walled city during a leap year has until the completion of the thirteen-month year to redeem his house (Rambam *Sefer Zera'im, Hilkhot Shemitta VeYovel* 12:5).

A sin-offering whose year has passed – חַטָּאת שֶׁעָבְרָה שְׁנָתָהּ: A sin-offering whose year has passed is left to graze until it becomes unfit. It is then sold and the money is used to purchase another offering (Rambam *Sefer Avoda, Hilkhot Pesulei HaMukdashin* 4:7).

Consecrated property nowadays – הֶקְדֵּשׁ בַּזְּמַן הַזֶּה: Nowadays, when the Temple is no longer standing, one may not consecrate items, take valuation vows, or dedicate items for sacred use by the priests. If one does consecrate an animal, it is locked up and left to die on its own. If agricultural produce or garments are consecrated, they are left to rot. If money or metal vessels are consecrated, they are cast into the sea or they may be redeemed and the money destroyed (Rambam *Sefer Hafla'a, Hilkhot Arakhin VaHaramim* 8:8).

וְאִם הִקְדִּישׁ וְהֶעֱרִיךְ וְהֶחֱרִים, בְּהֵמָה – תֵּיעָקֵר, פֵּירוֹת כְּסוּת וְכֵלִים – יֵרָקְבוּ, מָעוֹת וּכְלֵי מַתָּכוֹת – יוֹלִיךְ הֲנָאָה לְיָם הַמֶּלַח. וְאֵי זֶה הוּא עִיקּוּר – נוֹעֵל דֶּלֶת לְפָנֶיהָ וְהִיא מֵתָה מֵאֵלֶיהָ.

And if one did consecrate, valuate, or dedicate items for sacred use: If he dedicated **an animal it is uprooted,** i.e., he arranges for it to die quickly. If he dedicated agricultural **produce, garments, or vessels** made from materials that decompose, he should store them until **they decompose.** And if he dedicated **money or metal vessels, he** should redeem them and **transport** the value of their **benefit to the Dead Sea.**[N] This *baraita* indicates that animals that cannot be sacrificed at this time must be left to die so that they are not used improperly. The Gemara explains: **And what** constitutes **uprooting? He locks the door before it, and it dies on its own** from hunger.

תַּקָּלָה דְּמַאי? אִי תַּקָּלָה דְּהַקְרָבָה – אֲפִילּוּ כׇּל רְעִיּוֹת נַמִי! אִי תַּקָּלָה דְּגִיזָּה וַעֲבוֹדָה – אֲפִילּוּ כׇּל רְעִיּוֹת נַמִי!

The Gemara asks: **What mishap** might occur if the bull and goat are left until the next year? **If** you say it is a **mishap of offering** the animal as a different offering, a similar concern should exist **even** with regard to **all** animals that have been disqualified for use as offerings that one leaves to **graze. If** it is a **mishap of shearing** the animal's wool **and working** the animal, which would constitute unlawful use of consecrated property, a similar concern should exist **even** with regard to **all** animals that have been disqualified for use as offerings that are left to **graze.** Why are these animals in particular left to die?

לְעוֹלָם תַּקָּלָה דְּהַקְרָבָה, וְהָנָךְ דְּלָאו בְּנֵי הַקְרָבָה נִינְהוּ – לָא טָרֵיד בְּהוּ, הַךְ דְּבַת הַקְרָבָה הִיא – טָרֵיד בָּהּ.

The Gemara answers: **Actually,** the concern is for **a mishap of sacrifice. And those** other disqualified animals that are left to graze, **which are not fit for sacrifice, he is not preoccupied with,** and will not accidentally sacrifice them. **This** bull and goat, **which are fit for sacrifice** next year, **he is preoccupied with** them.[N] Therefore, there is a greater concern that one may sacrifice them as offerings, and they may not be left to graze.

וְתַקָּלָה עַצְמָהּ תַּנָּאֵי הִיא, דְּתַנְיָא חֲדָא: פֶּסַח שֶׁלֹּא קָרַב בָּרִאשׁוֹן – יִקְרַב בַּשֵּׁנִי, בַּשֵּׁנִי – יִקְרַב לַשָּׁנָה הַבָּאָה. וְתַנְיָא אִידָּךְ: לֹא יִקְרַב, מַאי לָאו – בְּתַקָּלָה פְּלִיגִי?

The Gemara comments: This issue **itself,** i.e., whether decrees are instituted due to a concern about a possible **mishap, is** a dispute between *tanna'im*. **As it was taught** in **one** *baraita*: **A Paschal lamb that was not sacrificed on the first** *Pesaḥ* is sold to someone who was impure on the first *Pesaḥ* or who was distant from Jerusalem, so that it may be **sacrificed on the second** *Pesaḥ*. If it was not sacrificed **on the second** *Pesaḥ*, **it is sacrificed the following year. And it was taught** in **another** *baraita*: If it was not sacrificed on the second *Pesaḥ*, **it is not sacrificed** the following year. **What, is it not that they disagree about** the question of whether a decree was issued prohibiting keeping the animal for an entire year due to a concern about the possibility of a **mishap?**

לָא, דְּכוּלֵּי עָלְמָא [לָא] חָיְישִׁינַן לְתַקָּלָה, וְהָכָא בִּפְלוּגְתָּא דְּרַבִּי וְרַבָּנַן קָא מִיפַּלְגִי. וְלָא קַשְׁיָא: הָא – רַבִּי, הָא רַבָּנַן.

The Gemara responds: **No,** these sources do not prove that the *tanna'im* disputed this issue. It is possible **that everyone agrees** that **we are not concerned about a mishap, and here they disagree about the dispute between Rabbi** Yehuda HaNasi **and the Rabbis** with regard to whether it is possible that the lamb will still be fit for sacrifice the following year. **And** the apparent contradiction between the *baraitot* **is not difficult. This** *baraita*, which says that the lamb is brought the following year, is in accordance with the opinion of **Rabbi Yehuda HaNasi. That** *baraita*, which says that the lamb may not be sacrificed the following year, is in accordance with the opinion of **the Rabbis,** who hold that by the following year, the lamb will certainly be more than a year old and will therefore be unfit as a Paschal offering.

וְהָתַנְיָא: וְכֵן הַמָּעוֹת! אֶלָּא לָאו שְׁמַע מִינַּהּ בְּתַקָּלָה פְּלִיגִי, שְׁמַע מִינַּהּ.

The Gemara challenges this rejection: **Wasn't it taught** in a *baraita*: **And, so too, money** that was dedicated for purchasing a Paschal lamb is subject to dispute about whether it may be kept for the following year. In the case of money, the dispute between Rabbi Yehuda HaNasi and the Rabbis is irrelevant. **Rather, isn't it** correct to **conclude from this that they disagree with regard to** whether a decree is issued due to a concern about **a mishap?** The Gemara concludes: Indeed, **learn from this** that it is so.

NOTES

Transport the value of their benefit to the Dead Sea – יוֹלִיךְ הֲנָאָה לְיָם הַמֶּלַח: The money does not need to be taken specifically to the Dead Sea. It may be deposited in any body of water as long as it is irretrievable, so that no one will find it and misuse the consecrated property. The Dead Sea is used as the classic example of such a body of water since the minerals in it cause severe decay. Other items that must be destroyed, such as idols, are treated similarly.

Mineral deposit at the Dead Sea

He is preoccupied with them – טָרֵיד בְּהוּ: One is also preoccupied nowadays with consecrated items, as he is constantly anticipating the imminent rebuilding of the Temple. Consequently, there is concern that a mishap will occur with these items (Rabbeinu Elyakim).

BACKGROUND

The High Priest places both his hands upon it – וְסוֹמֵךְ שְׁתֵּי יָדָיו עָלָיו:

High Priest placing his hands on the scapegoat

HALAKHA

Confession over the goat – **וִידּוּי בַּשָּׂעִיר:** The High Priest comes to the scapegoat, leans his hands on its head, and confesses all the sins of the Jewish people over it. The goat is then sent to the wilderness (Rambam *Sefer Avoda, Hilkhot Avodat Yom HaKippurim* 4:2).

Kneel and prostrate – **כּוֹרְעִים וּמִשְׁתַּחֲוִים:** When the priests and the people standing in the Temple courtyard heard the Explicit Name uttered by the High Priest, they would kneel and bow and fall on their faces and say: Blessed is the name of His glorious kingdom forever and ever. During all of the confessions, the High Priest tried to finish pronouncing the name as those assembled finished reciting this blessing, and he would then call out the conclusion of the verse: You shall be purified (Rambam *Sefer Avoda, Hilkhot Avodat Yom HaKippurim* 2:7).

In remembrance of the Temple, there is a custom to recite the order of the service in the additional prayer of Yom Kippur. When the cantor reaches the statement: And the priests and the people standing in the courtyard, etc., congregants fall to their faces in commemoration of the practice in the Temple (*Shulḥan Arukh, Oraḥ Ḥayyim* 621:4, in the comment of the Rema).

Passing the goat to the one who would lead it to the wilderness – **מְסִירַת הַשָּׂעִיר לְמִי שֶׁהָיָה מוֹלִיכוֹ:** After the confession, the High Priest passed the scapegoat to a man ready to take it to the wilderness. Anyone is eligible for this task, but the High Priests established the custom that a priest, rather than an Israelite, escorted the goat (Rambam *Sefer Avoda, Hilkhot Avodat Yom HaKippurim* 3:7).

The goat's ramp – **כֶּבֶשׁ הַשָּׂעִיר:** A special ramp was constructed leading from the Temple Mount, over which the goat was escorted. This was paid for with the remains of the chamber, i.e., the shekels that remained in the chamber after the three collections of money were taken to use for communal offerings (Rambam *Sefer Zemanim, Hilkhot Shekalim* 4:8).

מתני׳ בָּא לוֹ אֵצֶל שְׂעִיר הַמִּשְׁתַּלֵּחַ, וְסוֹמֵךְ שְׁתֵּי יָדָיו עָלָיו, וּמִתְוַדֶּה. וְכָךְ הָיָה אוֹמֵר: אָנָּא הַשֵּׁם! חָטְאוּ, עָווּ, פָּשְׁעוּ לְפָנֶיךָ עַמְּךָ בֵּית יִשְׂרָאֵל. אָנָּא הַשֵּׁם! כַּפֶּר נָא לַחֲטָאִים וְלַעֲוֹנוֹת וְלַפְּשָׁעִים שֶׁחָטְאוּ, וְשֶׁעָווּ, וְשֶׁפָּשְׁעוּ לְפָנֶיךָ עַמְּךָ בֵּית יִשְׂרָאֵל, כַּכָּתוּב בְּתוֹרַת מֹשֶׁה עַבְדֶּךָ לֵאמֹר: ״כִּי בַיּוֹם הַזֶּה יְכַפֵּר עֲלֵיכֶם לְטַהֵר אֶתְכֶם מִכֹּל חַטֹּאתֵיכֶם לִפְנֵי ה׳ תִּטְהָרוּ״.

MISHNA The Yom Kippur service continues: The High Priest **comes over to the scapegoat, places both his hands upon it,**[B] **and confesses.**[H] **And he would say as follows: Please, God, Your people, the house of Israel, have sinned, and done wrong, and rebelled before You.**[N] **Please, God, grant atonement, please, for the sins, and for the wrongs, and for the rebellions that they have sinned, and done wrong, and rebelled before You, Your people, the house of Israel, as it is written in the Torah of Moses Your servant, saying: "For on this day atonement shall be made for you to cleanse you of all your sins; before the Lord you shall be purified"** (Leviticus 16:30).

וְהַכֹּהֲנִים וְהָעָם הָעוֹמְדִים בָּעֲזָרָה, כְּשֶׁהָיוּ שׁוֹמְעִים שֵׁם הַמְפוֹרָשׁ שֶׁהוּא יוֹצֵא מִפִּי כֹּהֵן גָּדוֹל, הָיוּ כּוֹרְעִים וּמִשְׁתַּחֲוִים וְנוֹפְלִים עַל פְּנֵיהֶם, וְאוֹמְרִים: בָּרוּךְ שֵׁם כְּבוֹד מַלְכוּתוֹ לְעוֹלָם וָעֶד. מְסָרוֹ לְמִי שֶׁהָיָה מוֹלִיכוֹ. הַכֹּל כְּשֵׁרִין לְהוֹלִיכוֹ, אֶלָּא שֶׁעָשׂוּ הַכֹּהֲנִים גְּדוֹלִים קֶבַע וְלֹא הָיוּ מַנִּיחִין אֶת יִשְׂרָאֵל לְהוֹלִיכוֹ.

And the priests and the people standing in the Temple **courtyard, when they would hear the Explicit Name**[N] **emerging from the mouth of the High Priest,** when the High Priest did not use one of the substitute names for God, **they would kneel and prostrate**[H] themselves **and fall on their faces, and say: Blessed is the name of His glorious kingdom forever and ever.** After the confession over the scapegoat, the priest **passed** the goat **to the one who was to lead it** to the wilderness.[H] According to the *halakha*, **everyone is eligible to lead it, but the High Priests established** a fixed custom **and did not allow an Israelite to lead it.**[N]

אָמַר רַבִּי יוֹסֵי: מַעֲשֶׂה וְהוֹלִיכוֹ עַרְסְלָא, וְיִשְׂרָאֵל הָיָה. וְכֶבֶשׁ עָשׂוּ לוֹ, מִפְּנֵי הַבַּבְלִיִּים שֶׁהָיוּ מְתַלְּשִׁים בִּשְׂעָרוֹ וְאוֹמְרִים לוֹ: טוֹל וָצֵא, טוֹל וָצֵא.

Rabbi Yosei said: That was not always the case. There was **an incident** where a person named **Arsela led** the goat to the wilderness, **and he was an Israelite. And they made a ramp**[H] **for** the goat **due to the Babylonian** Jews who were in Jerusalem, **who would pluck** at the goat's **hair and** would **say to** the goat: **Take** our sins **and go, take** our sins **and go,** and do not leave them with us.

גמ׳ וְאִילּוּ ״בְּנֵי אַהֲרֹן עַם קְדוֹשֶׁךָ״ לָא קָאָמַר, מַאן תַּנָּא? אָמַר רַבִּי יִרְמְיָה: דְּלָא כְּרַבִּי יְהוּדָה. דְּאִי כְּרַבִּי יְהוּדָה – הָא אָמַר: יֵשׁ לָהֶם כַּפָּרָה בְּשָׂעִיר הַמִּשְׁתַּלֵּחַ.

GEMARA In the confession over the scapegoat, the High Priest confessed the sins of the Jewish people, **whereas he did not say: The children of Aaron, Your sacred people,** in order to confess the sins of the priests. The Gemara asks: **Who is the** *tanna* that **taught** this mishna? **Rabbi Yirmeya said:** The mishna **is not in accordance with** the opinion of **Rabbi Yehuda, for if** it were **in accordance with** the opinion of **Rabbi Yehuda, didn't** Rabbi Yehuda **say:** The priests **receive atonement through the scapegoat,** which indicates that their sins must be mentioned in the confession over the scapegoat?

אַבַּיֵי אָמַר: אֲפִילּוּ תֵּימָא רַבִּי יְהוּדָה, אַטּוּ כֹּהֲנִים לָאו בִּכְלָל ״עַמְּךָ יִשְׂרָאֵל״ נִינְהוּ?

Abaye said: Even if you say that the mishna is in accordance with the opinion of **Rabbi Yehuda, is that to say that priests are not included among: Your people,** the house of **Israel?** Nothing can be proven from the fact that the High Priest did not list every segment of the Jewish people separately.

״מְסָרוֹ לְמִי שֶׁמּוֹלִיכוֹ״. תָּנוּ רַבָּנַן: ״אִישׁ״ – לְהַכְשִׁיר אֶת הַזָּר, ״עִתִּי״ –

It was taught in the mishna that the priest **passed** the goat **to the one who was to lead it** to the wilderness. **The Sages taught,** with regard to the verse: "And he shall send it away with an appointed man into the wilderness" (Leviticus 16:21), that the halakhic midrash interprets the word **man** as mentioned in order **to qualify a non-priest** for this task. The word **appointed** indicates

NOTES

Your people, the house of Israel, have sinned before You – **חָטְאוּ לְפָנֶיךָ עַמְּךָ בֵּית יִשְׂרָאֵל:** According to an opinion cited in the Jerusalem Talmud, the house of Israel is not mentioned in this confession, so as not to explicitly refer to the sins of the entire community. Instead, the High Priest merely states: Your people have sinned.

When they would hear the Explicit Name – **כְּשֶׁהָיוּ שׁוֹמְעִים שֵׁם הַמְפוֹרָשׁ:** Some commentaries hold that throughout most of the Temple's history, the name of God was uttered as written only on Yom Kippur. At other times, an alternate name of God was used, as it is nowadays (*Tosefot Yom Tov*). Most commentaries, however, disagree with this claim and hold that the Explicit Name was pronounced in the Temple throughout the year and was vocalized in a manner similar to the name *Adonai* as it appears in current prayer books. On Yom Kippur, the name was vocalized differently (*Remakh*). Rav Hai Gaon writes that on Yom Kippur the High Priest did not say the Tetragrammaton, but rather the long, forty-two-letter Explicit Name.

Did not allow an Israelite to lead it – **וְלֹא הָיוּ מַנִּיחִין אֶת יִשְׂרָאֵל לְהוֹלִיכוֹ:** According to a midrash, the individual who escorted the goat would die within a year. For this reason, the priests led the goat themselves, to avoid causing tragedy to others (*Tosafot Ḥadashim*).

שֶׁיְּהֵא מְזוּמָּן, ״עִתִּי״ – וַאֲפִילּוּ בְּשַׁבָּת, ״עִתִּי״ – וַאֲפִילּוּ בְּטוּמְאָה.

that he should be designated the day before. The word **appointed** also indicates that the scapegoat is always sent away at the appointed time, **and even on Shabbat.**[N] Similarly, the word **appointed** indicates that the scapegoat is always sent away at the appointed time, **and even** when the appointed man is **in** a state of ritual **impurity.**

״אִישׁ״ – לְהַכְשִׁיר אֶת הַזָּר. פְּשִׁיטָא! מַהוּ דְּתֵימָא: כַּפָּרָה כְּתִיבָא בֵּיהּ, קָא מַשְׁמַע לַן.

The *baraita* stated that the word **man** is mentioned to **qualify a non-priest.** The Gemara expresses surprise: It is **obvious** that a non-priest is qualified for this service; why would one have thought otherwise? The Gemara answers: **Lest you say:** The term **atonement is written with regard to it,** and atonement is achieved only through services performed by priests. Therefore, **it teaches us** that this atonement is not achieved through a sacrificial offering, and consequently the service may be performed even by an Israelite.

״עִתִּי״ וַאֲפִילּוּ בְּשַׁבָּת. לְמַאי הִלְכְתָא? אָמַר רַב שֵׁשֶׁת: לוֹמַר שֶׁאִם הָיָה חוֹלֶה – מַרְכִּיבוֹ עַל כְּתֵפוֹ.

The *baraita* stated that the word **appointed** indicates that the service is performed **even on Shabbat.** The Gemara asks: With regard **to what *halakha***[N] is this stated? There is no apparent desecration of Shabbat by escorting the goat, since the *halakha* of Shabbat boundaries is merely Rabbinic. **Rav Sheshet said:** It is mentioned in order **to state that if** the goat **were ill**[H] and could not walk the whole way, the one who escorts the goat **carries it on his shoulder.**

כְּמַאן – דְּלָא כְּרַבִּי נָתָן. דְּאִי רַבִּי נָתָן – הָאָמַר: חַי נוֹשֵׂא אֶת עַצְמוֹ. אֲפִילּוּ תֵּימָא רַבִּי נָתָן, חָלָה שָׁאנֵי.

The Gemara comments: **In accordance with whose** opinion was this stated? It is **not in accordance with** the opinion of **Rabbi Natan, as, if** it were in accordance with the opinion of **Rabbi Natan, didn't** he **say** that **a living being carries itself?** Because a living being is lighter than dead weight, the living being is considered to be aiding the one carrying it, and therefore carrying a living being is not considered an act of prohibited labor according to Torah law. The Gemara rejects this: **Even if you say** that it is in accordance with the opinion of **Rabbi Natan,** a living being that **is ill is different.** Since the goat cannot walk on its own strength, despite the fact that it is alive, all agree that the one who carries it is performing a prohibited labor.

אָמַר רַפְרָם: זֹאת אוֹמֶרֶת עֵירוּב וְהוֹצָאָה לַשַּׁבָּת, וְאֵין עֵירוּב וְהוֹצָאָה לְיוֹם הַכִּפּוּרִים.

Based on the fact that the word appointed indicates that the scapegoat is sent away even on Shabbat, **Rafram said: That is to** say that the concept of ***eiruv* and** the prohibition against **carrying out** apply **to Shabbat,** but ***eiruv* and carrying out do not** apply **to Yom Kippur.**[H] If these *halakhot* applied equally to Yom Kippur, and nevertheless the Torah commanded that the scapegoat be sent away, it would be unnecessary to derive that the same is true even if Yom Kippur occurs on Shabbat.

״עִתִּי״ וַאֲפִילּוּ בְּטוּמְאָה. לְמַאי הִלְכְתָא? אָמַר רַב שֵׁשֶׁת: לוֹמַר שֶׁאִם נִטְמָא מְשַׁלְּחוֹ – נִכְנָס טָמֵא לָעֲזָרָה וּמְשַׁלְּחוֹ.

The *baraita* stated that the word **appointed** indicates that the service is performed **even in** a state of ritual **impurity.** The Gemara asks: With regard **to what *halakha*** is this stated? **Rav Sheshet said:** The verse comes **to tell you that if the one sending** the goat away **became impure,**[H] **he** nevertheless **enters the** Temple **courtyard** while he is **impure and sends it** away.

NOTES

The scapegoat is sent away at the appointed time, and even on Shabbat – וַאֲפִילּוּ בְּשַׁבָּת: Although the word appointed is referring to the one who escorts the scapegoat, who must be appointed to this task, the Gemara also derives from this word that the ceremony of sending away the goat must be performed at a specific time (*Gevurat Ari*).

With regard to what *halakha* – לְמַאי הִלְכְתָא: Rashi explains that traveling beyond the Shabbat boundaries is not a Torah prohibition, in accordance with the opinion of most *tanna'im*. According to those who hold that there is a Torah prohibition against traveling more than twelve *mil* from one's Shabbat abode, the distance from Jerusalem to the cliff was less than that (see *Gevurat Ari*).

HALAKHA

If the goat became ill – חָלָה הַשָּׂעִיר: If the goat became ill and is not able to walk, the escort carries it on his shoulder, even on Shabbat. This is in accordance with the opinion of Rav Sheshet (Rambam *Sefer Avoda, Hilkhot Avodat Yom HaKippurim* 5:19).

Shabbat and Yom Kippur – שַׁבָּת וְיוֹם הַכִּפּוּרִים: Yom Kippur is like Shabbat with regard to both the joining of courtyards and the joining of Shabbat boundaries. This is not in accordance with the opinion of Rafram (see *Tosafot*; *Shulḥan Arukh, Oraḥ Ḥayyim* 416:4).

The one sending the goat away became impure – נִטְמָא מְשַׁלְּחוֹ: If the one designated to send away the goat became impure, he nevertheless enters the Temple, takes the goat, and leaves. This is in accordance with the opinion of Rav Sheshet (Rambam *Sefer Avoda, Hilkhot Avodat Yom HaKippurim* 5:21).

שָׁאֲלוּ אֶת רַבִּי אֱלִיעֶזֶר: חָלָה, מַהוּ שֶׁיַּרְכִּיבֵהוּ עַל כְּתֵפוֹ? אָמַר לָהֶם יָכוֹל הוּא לְהַרְכִּיב אֲנִי וְאַתֶּם. חָלָה מְשַׁלְּחוֹ, מַהוּ שֶׁיְּשַׁלְּחֶנּוּ בְּיַד אַחֵר? אָמַר לָהֶם: אֱהֵא בְּשָׁלוֹם אֲנִי וְאַתֶּם.

§ Apropos this discussion, the Gemara mentions that the students once **asked Rabbi Eliezer:**[P] If the goat **became ill, what is** the *halakha* with regard to whether the escort may **carry it on his shoulder? He said to them:**[N] **That** goat **can carry me and you,** meaning the goat designated healthy was unlikely to become ill. Rabbi Eliezer thereby avoided the question. They asked him: If **the one sending** the goat away **became ill,**[H] **what is** the *halakha* with regard to whether **they send it with someone else? He said to them** dismissively: **I and you shall be in peace,** i.e., this would never happen.

דְּחָפוֹ וְלֹא מֵת, מַהוּ שֶׁיֵּרֵד אַחֲרָיו וִימִיתֶנּוּ? אָמַר לָהֶם: ״כֵּן יֹאבְדוּ כׇּל אוֹיְבֶיךָ ה׳״. וַחֲכָמִים אוֹמְרִים: חָלָה – מַרְכִּיבוֹ עַל כְּתֵפוֹ, חָלָה מְשַׁלְּחוֹ – יְשַׁלְּחֶנּוּ בְּיַד אַחֵר, דְּחָפוֹ וְלֹא מֵת – יֵרֵד אַחֲרָיו וִימִיתֶנּוּ.

The students continued to question Rabbi Eliezer: **If he pushed** the goat **and it did not die**[H] upon its fall, **what is** the *halakha* with regard to whether **he should follow it down and kill it? He said to them: "So may all your enemies perish, Lord"** (Judges 5:31). In other words, the goat will certainly die on its own. Rabbi Eliezer did not wish to answer these questions, as will be explained below. However, **the Sages say:** If the goat **became ill,** the escort **carries it on his shoulder. If the one sending out** the goat **became ill, he sends** the goat **with someone else. If he pushes it and it does not die, he follows it down and kills it.**

שָׁאֲלוּ אֶת רַבִּי אֱלִיעֶזֶר: פְּלוֹנִי מַהוּ לָעוֹלָם הַבָּא? אֲמַר לָהֶם: לֹא שְׁאַלְתּוּנִי אֶלָּא עַל פְּלוֹנִי?!

The Gemara cites more questions that the students asked Rabbi Eliezer, which he refused to answer. **They asked Rabbi Eliezer: What** is the fate of **so-and-so,** a certain man who was known to be wicked, with regard **to the World-to-Come? He** evaded the question and **said to them: You have only asked me about so-and-so,** and not a different individual whom you believe to be righteous?

מַהוּ לְהַצִּיל רוֹעֶה כִּבְשָׂה מִן הָאֲרִי? אָמַר לָהֶם: לֹא שְׁאַלְתּוּנִי אֶלָּא עַל הַכִּבְשָׂה?! מַהוּ לְהַצִּיל הָרוֹעֶה מִן הָאֲרִי? אָמַר לָהֶם לֹא שְׁאַלְתּוּנִי אֶלָּא עַל הָרוֹעֶה?! מַמְזֵר מַהוּ לִירַשׁ? מַהוּ לְיַבֵּם?! מַהוּ לָסוּד אֶת בֵּיתוֹ? – מַהוּ לָסוּד אֶת קִבְרוֹ?!

They asked him: **What is** the *halakha* with regard to whether **a shepherd may save a ewe from a lion** on Shabbat (*Me'iri*)? **He said to them: You have only asked me about the ewe?**[N] They asked him: **What is** the *halakha* with regard to **saving the shepherd from the lion** on Shabbat? **He said to them: You have only asked me about the shepherd?** They asked him: **What is** the *halakha* with regard to whether **a** ***mamzer***[B] **inherits** from his parents?[N] Rabbi Eliezer responded with a question: Did you not ask me **what is** the *halakha* with regard to whether he may **perform levirate marriage?** They asked him: **What is** the *halakha* with regard to whether it is permitted **to plaster one's house** after the destruction of the Temple? Rabbi Eliezer responded: **What is** the *halakha* with regard **to plastering one's grave?**

לֹא מִפְּנֵי שֶׁהִפְלִיגָן בִּדְבָרִים, אֶלָּא מִפְּנֵי שֶׁלֹּא אָמַר דָּבָר שֶׁלֹּא שָׁמַע מִפִּי רַבּוֹ מֵעוֹלָם.

The Gemara explains: **It was not because he was distancing them with words,** and made irrelevant statements because he did not know the answers to these questions. **Rather,** Rabbi Eliezer responded in this way **because he never said anything that he did not hear from the mouth of his teacher.**[N] Since he had not learned these points from his teacher, he did not answer directly, thereby indicating that he did not have a tradition with regard to these questions.

PERSONALITIES

Rabbi Eliezer – רַבִּי אֱלִיעֶזֶר: This is the *tanna* Rabbi Eliezer ben Horkanos, also called Rabbi Eliezer the Great, who lived through the destruction of the Second Temple. Rabbi Eliezer was the son of a wealthy family which traced its lineage to Moses. He only began to study Torah at age twenty, when he went to Jerusalem to learn from Rabban Yoḥanan ben Zakkai. Rabban Yoḥanan ben Zakkai had great esteem for Rabbi Eliezer and considered him the greatest of his disciples, so much so that he claimed he was equal to all the Sages of Israel. Rabban Yoḥanan ben Zakkai described Rabbi Eliezer as "a plastered well that doesn't lose a drop," and his learning was based mostly on the traditions he received from his teacher. His approach differed from his teacher in that he tended to agree with the positions of Beit Shammai. Rabbi Eliezer began to teach Torah before the destruction of the Temple and was among Rabban Yoḥanan's students who joined him in founding the great yeshiva in Yavne after that tragedy.

Rabbi Eliezer married Ima Shalom, the sister of the Nasi, Rabban Gamliel of Yavne. Following a fundamental dispute between Rabbi Eliezer and the other Sages with regard to the process of halakhic decision-making, Rabban Gamliel had him excommunicated.

Rabbi Eliezer's colleagues were the other disciples of Rabban Yoḥanan ben Zakkai. In particular, there are many recorded discussions between Rabbi Eliezer and Rabbi Yehoshua, who was Rabbi Eliezer's closest colleague. His principal student was Rabbi Akiva, but he taught other scholars in his generation as well. His son Horkanos was one of the talmudic Sages.

HALAKHA

The one sending away the goat became ill – חָלָה מְשַׁלְּחוֹ: If the one designated to send away the goat became ill, the goat is escorted by someone else, in accordance with the opinion of the Sages (Rambam *Sefer Avoda, Hilkhot Avodat Yom HaKippurim* 5:20).

If he pushed the goat and it did not die – דְּחָפוֹ וְלֹא מֵת: If the escort pushed the goat over the cliff but it did not die, he follows it down and kills it in any way possible (Rambam *Sefer Avoda, Hilkhot Avodat Yom HaKippurim* 5:22).

BACKGROUND

Mamzer **– מַמְזֵר:** A *mamzer* is a child born from an adulterous or incestuous relationship, i.e., a child born from relations between a married woman and a man other than her husband, or between relatives who are forbidden to marry by Torah law, where the participants in such relationships are subject to *karet*. An exception to this *halakha* is the offspring conceived with a menstruating woman, with whom sexual relations are prohibited under penalty of *karet*. The offspring of an unmarried couple is not a *mamzer*.

A *mamzer* inherits from his natural father and is halakhically considered his father's son in all respects. A *mamzer* may marry only a *mamzeret*, a female mamzer, or a convert to Judaism. Likewise, a *mamzeret* may marry only a *mamzer* or a convert. The offspring of that union is a *mamzer* as well.

NOTES

Rabbi Eliezer's answers – תְּשׁוּבוֹת רַבִּי אֱלִיעֶזֶר: Many commentaries (see Maharsha and *Siaḥ Yitzḥak*) explain that Rabbi Eliezer did answer the questions put to him, albeit indirectly. His answer to the question of whether the goat could be carried on the escort's shoulder may be rendered: You and I may carry him, i.e., the messenger, who is healthy, but it is prohibited to carry a person or animal that cannot walk on its own. Similarly, when they asked about the case where the escort becomes ill and he answered: I and you shall be in peace, he thereby indicated that a new escort should be appointed. When they asked whether the man should follow the goat down to kill it and he answered: So may all your enemies perish, Lord, he thereby indicated that once the goat was pushed off the cliff, it was not necessary to do anything else.

So-and-so, shepherd, ewe – פְּלוֹנִי, רוֹעֶה, כִּבְשָׂה: The *ge'onim* had a tradition, cited also in the *Arukh* and *Tosafot*, that the questions Rabbi Eliezer was asked hinted at biblical personalities. The question about so-and-so was whether Avshalom has a portion in the World-to-Come. Rabbi Eliezer answered: Before you ask about him, why not ask about King Solomon, as there is a dispute as to whether he sinned. The question about whether a shepherd may rescue a ewe is an allusion to Bathsheba, whom the prophet Nathan referred to as a ewe in his parable to King David. Rabbi Eliezer responded that they should ask whether it is permitted to save the shepherd, a reference to Uriah, from David, or whether Uriah rebelled against the king (see Rashi and *Me'iri*).

What is the *halakha* with regard to whether a *mamzer* inherits from his parents – מַמְזֵר מַהוּ לִירַשׁ: Rabbi Eliezer did actually answer this question. Since he hinted that a *mamzer* may perform levirate marriage, and levirate marriage is dependent on the system of inheritance, it is clear that a *mamzer* inherits (see Maharsha).

That he did not hear from the mouth of his teacher – שֶׁלֹּא שָׁמַע מִפִּי רַבּוֹ: Statements similar to this are found elsewhere in the Talmud and *Tosefta*, where Rabbi Eliezer dismisses tangential questions for this reason. With regard to the fact that he never said anything which he had not heard from his teacher, it seems that he only employed this principle when asked for a halakhic ruling. During legal debates however, he certainly offered innovative statements of his own.

שָׁאֲלָה אִשָּׁה חֲכָמָה אֶת רַבִּי אֱלִיעֶזֶר: מֵאַחַר שֶׁמַּעֲשֵׂה הָעֵגֶל שָׁוִין מִפְּנֵי מָה אֵין מִיתָתָן שָׁוָה? אָמַר לָהּ: אֵין חָכְמָה לָאִשָּׁה אֶלָּא בְּפֶלֶךְ, וְכֵן הוּא אוֹמֵר: "וְכָל אִשָּׁה חַכְמַת לֵב בְּיָדֶיהָ טָווּ".

The Gemara cites another question posed to Rabbi Eliezer. **A wise woman asked Rabbi Eliezer: Since all** bore **equal** responsibility for the **incident of the** Golden **Calf, due to what** factor were **their deaths not equal?** Some of the people were killed by the sword of Moses and the Levites, some were killed in a plague, and others were struck with an intestinal illness. **He said to her: There is no wisdom in a woman**[N] **except** weaving **with a spindle,**[B] **and so it states: "And any woman who was wise-hearted spun with her hands"** (Exodus 35:25). Therefore, it is unbefitting for a woman to concern herself with such questions.

אִיתְּמַר, רַב וְלֵוִי: חַד אָמַר: זִיבַּח וְקִיטֵּר – בְּסַיִיף, גִּפֵּף וְנִישֵּׁק – בְּמִיתָה, שָׂמַח בִּלְבָבוֹ – בְּהִדְרוֹקָן.

With regard to this issue, **it was stated** that the *amora'im* **Rav and Levi** disagreed: **One of them said:** One who **sacrificed and burned** incense to the calf, which are idolatrous practices that incur capital punishment, was punished **by the sword.** One who **embraced and kissed** it,[N] which are not forms of idolatrous worship that incur capital punishment, was subject to a divine punishment of **death** by a plague. One **who rejoiced inwardly** but performed no act was killed **by** the intestinal illness known as ***hidrokan.***[L]

וְחַד אָמַר: עֵדִים וְהַתְרָאָה – בְּסַיִיף, עֵדִים בְּלֹא הַתְרָאָה – בְּמִיתָה, לֹא עֵדִים וְלֹא הַתְרָאָה – בְּהִדְרוֹקָן.

And one of them said: One who served the calf in the presence of **witnesses and** after a **warning** was punished **by the sword.** One who served the calf in the presence of **witnesses** but **without warning** was subject to **death** by a plague. One who served **without witnesses and without warning** was killed **by *hidrokan.***

אָמַר רַב יְהוּדָה: שִׁבְטוֹ שֶׁל לֵוִי לֹא עָבַד עֲבוֹדָה זָרָה, שֶׁנֶּאֱמַר: "וַיַּעֲמוֹד מֹשֶׁה בְּשַׁעַר הַמַּחֲנֶה" וגו׳.

Rav Yehuda said: The entire **tribe of Levi did not engage in idol worship, as it is stated: "Then Moses stood in the gate of the camp,** and said: Who is for God, let him come to me; and all the children of Levi gathered to him" (Exodus 32:26).

יָתֵיב רָבִינָא וְקָאָמַר לְהָא שְׁמַעְתָּא, אֵיתִיבֵיהּ בְּנֵי רַב פַּפָּא בַּר אַבָּא לְרָבִינָא: "הָאוֹמֵר לְאָבִיו וּלְאִמּוֹ לֹא רְאִיתִיו" –

Ravina sat and related this *halakha* with regard to the tribe of Levi. **The sons of Rav Pappa bar Abba raised an objection to Ravina:** The verse states in praise of the tribe of Levi: **"Who said of his father and of his mother:**[N] **I have not seen him,** neither did he acknowledge his brothers, nor did he know his sons" (Deuteronomy 33:9). This indicates that some of them did engage in idol worship and were killed by their relatives.

"אָבִיו" – אֲבִי אִמּוֹ מִיִּשְׂרָאֵל, "אָחִיו" – אָחִיו מֵאִמּוֹ מִיִּשְׂרָאֵל, "בָּנָיו" – בְּנֵי בִתּוֹ מִיִּשְׂרָאֵל.

Ravina answered them: **"His father"** does not refer to his actual father, but rather **his mother's father,** who was **an Israelite.** Similarly, the term **"his brothers"** is referring to **his** half-**brothers from his mother,** who were fathered **by an Israelite. "His sons"** is referring to **his daughter's sons from an Israelite,** who are considered Israelites. In fact, however, no one from the tribe of Levi worshipped the calf.

BACKGROUND

Spindle – פֶּלֶךְ: Spindles have been used since ancient times to spin wool. In general, the wool was held under the spinner's arm, or in another fashion, and tied to the spindle. The spindle was then spun, thereby pulling the wool. As the wool was being pulled by the spindle, the spinner would twist the wool in order to create thread.

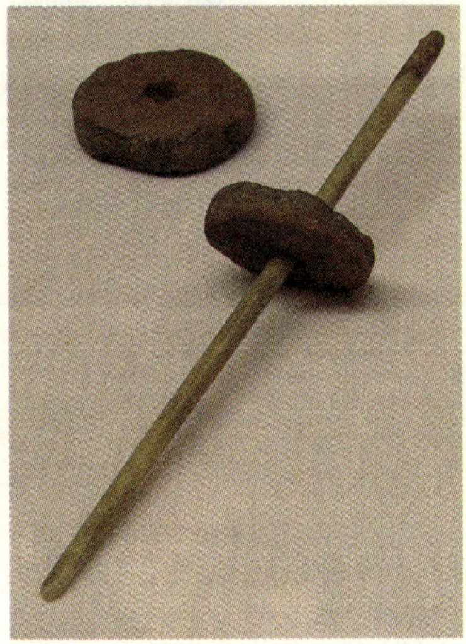

Roman bone and pottery spindle

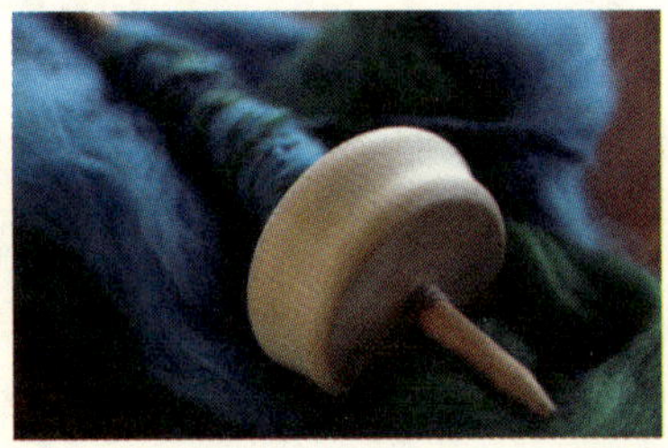

Modern spindle with wool

LANGUAGE

***Hidrokan* – הִדְרוֹקָן:** From the Greek ὑδερικός, *huderikos*, meaning an illness that causes swelling due to an accumulation of water in the body.

NOTES

There is no wisdom in a woman – אֵין חָכְמָה לָאִשָּׁה: It seems that Rabbi Eliezer avoided answering this question as well because he had not heard the answer from his teacher. On the other hand, commentaries have noted that the account of this exchange that appears in the Jerusalem Talmud shows he had an answer to the question, but felt it inappropriate to discuss matters of Torah with women (see *Sota* 20a). An additional approach to this passage is that Rabbi Eliezer was annoyed with the woman since it is disrespectful to pose a question to a Sage that can be handled by a lesser authority (*Me'iri*).

One who sacrificed and burned incense…one who embraced and kissed it – זִיבַּח וְקִיטֵּר...גִּפֵּף וְנִישֵּׁק: It is pointed out in *Tosafot Yeshanim* that according to both Rav and Levi, the punishments meted out in this case were not consistent with the *halakhot* generally applicable to similar cases. The punishment for idol worship is generally stoning, whereas both Rav and Levi agree that in this case, the punishment was death by the sword. Embracing and kissing an idol is not punishable by death at all.

Who said of his father and of his mother – הָאוֹמֵר לְאָבִיו וּלְאִמּוֹ: The question has been asked why an earlier verse was not cited, namely: "Slay each man his brother" (Exodus 32:27; see also verse 29). A possible answer is that the verse in Exodus recounts the events as they unfolded, when Moses did not yet know that no members of the tribe of Levi had sinned. On the other hand, when he blessed the nation forty years later, he knew who was guilty of idolatry and who was not (*Kol Yehuda*; see Maharsha).

BACKGROUND

Ten booths from Jerusalem to the cliff – עֶשֶׂר סוּכּוֹת מִירוּשָׁלַיִם וְעַד צוּק:

Priest escorting the scapegoat. A booth can be seen in the background.

"וְכֶבֶשׁ עָשׂוּ לוֹ" כו׳. אָמַר רַבָּה בַּר בַּר חָנָה: לֹא בַּבְלִיִּים הָיוּ אֶלָּא אֲלֶכְּסַנְדְּרִיִּים הָיוּ, וּמִתּוֹךְ שֶׁשּׂוֹנְאִים אֶת הַבַּבְלִיִּים הָיוּ קוֹרִין אוֹתָן עַל שְׁמָן. תַּנְיָא, רַבִּי יְהוּדָה אוֹמֵר: לֹא בַּבְלִיִּים הָיוּ אֶלָּא אֲלֶכְּסַנְדְּרִיִּים הָיוּ. אָמַר לוֹ רַבִּי יוֹסֵי: תָּנוּחַ דַּעְתְּךָ שֶׁהִנַּחְתָּ אֶת דַּעְתִּי.

§ It was taught in the mishna that **they made a ramp for** the goat due to the Babylonian Jews in Jerusalem. **Rabba bar bar Ḥana said: They were not** actually **Babylonians, rather they were Alexandrians** from Egypt. **And since** in Eretz Yisrael **they hate the Babylonians, they would call** all foreigners who acted inappropriately **by their name** as an insult. Similarly, **it was taught** in a *baraita* that **Rabbi Yehuda says: They were not Babylonians, rather they were Alexandrians. Rabbi Yosei,** whose family was from Babylonia, **said to him: May your mind be at ease, since you have put my mind at ease.**

"טוֹל וָצֵא". תָּנָא: מַה שֶּׁהֵי צְפִירָא דֵּין וְחוֹבֵי דָּרָא סַגִּיאִין.

It was taught in the mishna that the Babylonians would say: **Take** our sins **and go.** It was **taught** in the *Tosefta* that they would say as follows: **Why does this goat remain** here **with the many sins of the generation;** let him hurry and leave.

מתני׳ מִיַּקִּירֵי יְרוּשָׁלַיִם הָיוּ מְלַוִּין אוֹתוֹ עַד סוּכָּה הָרִאשׁוֹנָה. עֶשֶׂר סוּכּוֹת מִירוּשָׁלַיִם וְעַד צוּק

MISHNA People **from** among **the prominent** residents **of Jerusalem would escort** the one leading the goat **until** they reached **the first booth.** Booths were set up along the path to the wilderness to provide the escort a place to rest. There were **ten booths from Jerusalem to the cliff,**[B]

Perek **VI**
Daf **67** Amud **a**

NOTES

Ninety *ris* – תִּשְׁעִים רִיס: This is a proof for the opinion that the Shabbat limit of twelve *mil* is by Torah law. Consequently, the location chosen for this mitzva was not accessible on Shabbat and Festivals (Rashash).

He stands from a distance and observes – עוֹמֵד מֵרָחוֹק וְרוֹאֶה: The commentaries ask why the escort needed to observe. One suggestion is that after the observer saw the goat pushed off the cliff he signaled to those in the last booth, who passed on the signal to those in the previous booth, and so forth. This was necessary because the Temple service could proceed only once the goat was killed (*Neum Yehuda*).

A strip of crimson – לָשׁוֹן שֶׁל זְהוֹרִית: This was not the same strip of crimson that was tied between the goat's horns in the Temple. It is possible that this strip of crimson was transported from the Temple to the cliff between the horns of the goat, which is not considered transporting a burden, or that it was placed next to the cliff the previous day (*Tosafot Yeshanim*).

From the moment that he pushes the goat from the cliff – מִשְּׁעַת דְּחִיָּיתוֹ לַצּוּק: According to Rabbi Shimon, when the Torah is referring to sending the animal it does not mean escorting it from the city, but pushing it from the cliff. Perhaps he understands the term the Torah uses to describe the one who leads the goat, *meshale'aḥ*, in the sense of the verse (Job 36:12) "They shall perish [*beshelaḥ*] by the sword" (Rabbeinu Yehonatan).

תִּשְׁעִים רִיס, שִׁבְעָה וּמֶחֱצָה לְכָל מִיל. עַל כָּל סוּכָּה וְסוּכָּה אוֹמְרִין לוֹ: הֲרֵי מָזוֹן וַהֲרֵי מַיִם. וּמְלַוִּין אוֹתוֹ מִסּוּכָּה לְסוּכָּה, חוּץ מֵאַחֲרוֹן שֶׁבָּהֶן שֶׁאֵינוֹ מַגִּיעַ עִמּוֹ לַצּוּק, אֶלָּא עוֹמֵד מֵרָחוֹק וְרוֹאֶה אֶת מַעֲשָׂיו.

with a distance of **ninety *ris***[N] between them. As there are **seven and a half *ris* for each *mil*,** the total distance was twelve *mil*. **At each and every booth,** people there **say to him: Here is food; here is water,** if you need it. **And they escort him from booth to booth, except for the last** person at the last booth, **who does not reach the cliff with him. Rather, he stands from a distance and observes**[N] **his actions** to ensure that he fulfills the mitzva properly.

מֶה הָיָה עוֹשֶׂה? חוֹלֵק לָשׁוֹן שֶׁל זְהוֹרִית, חֶצְיוֹ קָשׁוּר בַּסֶּלַע וְחֶצְיוֹ קָשׁוּר בֵּין שְׁנֵי קַרְנָיו. וּדְחָפוֹ לַאֲחוֹרָיו, וְהוּא מִתְגַּלְגֵּל וְיוֹרֵד. וְלֹא הָיָה מַגִּיעַ לַחֲצִי הָהָר עַד שֶׁנַּעֲשָׂה אֵבָרִים אֵבָרִים. בָּא וְיָשַׁב לוֹ תַּחַת סוּכָּה אַחֲרוֹנָה עַד שֶׁתֶּחְשַׁךְ. וּמֵאֵימָתַי מְטַמֵּא בְּגָדִים – מִשֶּׁיֵּצֵא חוּץ לְחוֹמַת יְרוּשָׁלַיִם, רַבִּי שִׁמְעוֹן אוֹמֵר: מִשְּׁעַת דְּחִיָּיתוֹ לַצּוּק.

What did the one designated to dispatch the goat **do** there? **He divided a strip of crimson**[N] into two parts, **half** of the strip **tied to the rock, and half of it tied between the two horns** of the goat. **And he pushed the goat backward, and it rolls and descends.**[H] **And it would not reach halfway** down **the mountain until it was torn limb from limb.** The one designated to dispatch the goat **came and sat under the** roofing of **last booth until it grows dark** and only then went home. **And from what point are the garments** of the man **rendered impure,**[H] as it is stated that he is impure and his clothes requires immersion? **From the moment he emerges outside the wall of Jerusalem. Rabbi Shimon says:** His clothes are rendered impure only **from the moment that he pushes** the goat **from the cliff.**[N]

HALAKHA

Sending away the goat – שִׁילּוּחַ הַשָּׂעִיר: Booths were set up between Jerusalem and the edge of the desert, where people waited to escort the designated man on his journey. Food and water were available in each booth, and if the man was weak and needed to eat, he would. Those waiting in the last booth stood and observed his actions from a distance. He first divided the strip of crimson in two, tying half of it to a rock and half of it to the goat's horns. He then pushed the goat backward, and it fell off the cliff and became dismembered. The designated man then rested in the last booth until nightfall (Rambam *Sefer Avoda, Hilkhot Avodat Yom HaKippurim* 3:7).

The goat renders garments impure – הַשָּׂעִיר מְטַמֵּא בְּגָדִים: The garments of the man who sends the goat away are rendered impure from the moment he leaves the walls of Jerusalem until he pushes the goat off the cliff. After he pushes it, any garments become impure to a lesser degree (Rambam *Sefer Tahara, Hilkhot Para Aduma* 5:6 and *Kesef Mishne* there; see also Ra'avad).

גמ׳ תָּנוּ רַבָּנַן: עֶשֶׂר סוּכּוֹת וּשְׁנֵים עָשָׂר מִילִין הָיוּ, דִּבְרֵי רַבִּי מֵאִיר. רַבִּי יְהוּדָה אוֹמֵר: תֵּשַׁע סוּכּוֹת וַעֲשָׂרָה מִילִין. רַבִּי יוֹסֵי אוֹמֵר: חָמֵשׁ סוּכּוֹת וַעֲשָׂרָה מִילִין הָיוּ, וְכוּלָּן עַל יְדֵי עֵירוּב.

GEMARA The Sages taught: **There were ten booths,**[N] **and the distance between Jerusalem and the cliff was twelve** ***mil*****; this is the statement of Rabbi Meir. Rabbi Yehuda says:** There were **nine booths and the distance was ten** ***mil*****. Rabbi Yosei says:** There were **five booths and** the distance was **ten** ***mil*****, and all of them** were able to escort the one leading the goat **by** establishing **a joining** of boundaries [*eiruv teḥumin*] before Yom Kippur, allowing those at each booth to walk to the next booth.[B]

אָמַר רַבִּי יוֹסֵי: סָח לִי אֶלְעָזָר בְּנִי: אִם עַל יְדֵי עֵירוּב – יְכוֹלְנִי לַעֲשׂוֹת אֲפִילּוּ שְׁתֵּי סוּכּוֹת וַעֲשָׂרָה מִילִין.

Rabbi Yosei said: Elazar my son told me:[N] **If** they were able to walk to the next booth **by** establishing **an** ***eiruv*****, I could even make two booths** suffice for the distance of **ten** ***mil*****.** With the proper placement of an *eiruv*, an individual is permitted to walk a distance of two *mil*, which is four thousand cubits. Consequently, the people of Jerusalem could escort the one leading the goat a distance of two *mil*, and the people of the first booth could walk two *mil* from the booth toward Jerusalem to meet him, and escort him back to their booth. Others at that booth, who had established their *eiruv* in the direction of the second booth, could then escort the one leading the goat two *mil* toward the second booth, where he would be met by people from the second booth, who would escort him the remaining two *mil* to the booth. This booth would be located only two *mil* from the cliff.

כְּמַאן אָזְלָא הָא דְּתַנְיָא חוּץ מֵאַחֲרוֹן שֶׁבָּהֶן שֶׁלֹּא הִגִּיעַ עִמּוֹ לַצּוּק אֶלָּא עוֹמֵד מֵרָחוֹק וְרוֹאֶה אֶת מַעֲשָׂיו? – כְּמַאן – כְּרַבִּי מֵאִיר.

The Gemara comments: **In accordance with whose** opinion is **that which was taught** in the *baraita*: People from all the booths would escort the one leading the goat, **except for the last** person in the last booth, **who did not reach the cliff with him; rather, he stands from a distance and observes his actions? In accordance with whose** opinion is this statement? It is **in accordance with** the opinion of **Rabbi Meir,** as he holds that the last booth was too far from the cliff for the people there to escort the one leading the goat the entire way.

״עַל כָּל סוּכָּה וְסוּכָּה אוֹמְרִים לוֹ הֲרֵי מָזוֹן וַהֲרֵי מַיִם״. תָּנָא: מֵעוֹלָם לֹא הוּצְרַךְ אָדָם לְכָךְ, אֶלָּא שֶׁאֵינוֹ דּוֹמֶה מִי שֶׁיֵּשׁ לוֹ פַּת בְּסַלּוֹ לְמִי שֶׁאֵין לוֹ פַּת בְּסַלּוֹ.

It was taught in the mishna: **At each and every booth** people there **say to him: Here is food; here is water,** if you need it. It was **taught: No man** who escorted the goat **ever needed this** food and water. **However,** they would offer it to him anyway, **because one who has bread in his basket**[N] **is not similar to one who does not have bread in his basket.** One who does not have food available to him is concerned that he will not be able to find any if he really needs it, and he therefore feels his hunger and thirst more acutely.

״מֶה הָיָה עוֹשֶׂה חוֹלֵק לָשׁוֹן שֶׁל זְהוֹרִית״. וְנִקְטְרֵיהּ כּוּלֵּיהּ בַּסֶּלַע! כֵּיוָן דְּמִצְוָה בַּשָּׂעִיר דִּילְמָא קָדֵים וּמַלְבִּין, וּמִיַּתְבָא דַּעְתֵּיהּ.

§ It was taught in the mishna: **What did** the person designated to dispatch the goat **do** there? **He divided a strip of crimson** into two parts, half of the strip tied to the rock, and half of it tied between the two horns of the goat. The Gemara asks: **Let him tie the whole** strip **to the rock.** The Gemara answers: **Since it is a mitzva** to push **the goat** from the cliff. If he tied the whole strip to the rock, **perhaps it would turn white quickly, and his mind would be eased** with the knowledge that the sins of the Jewish people had been forgiven. He would then not fulfill the mitzva of pushing the goat off the cliff. He therefore tied part of it between the horns of the goat and looked to see if it became white. Once he was actively involved with the goat, he would remember to push it off the cliff.

NOTES

Ten booths – עֶשֶׂר סוּכּוֹת: All agree that they did not place a booth next to the cliff, to ensure that only the man leading the goat knew whether the strip became white. Everyone else had to wait until nightfall (*Tosafot Yeshanim*).

Elazar my son told me – סָח לִי אֶלְעָזָר בְּנִי: Rashi writes that Rabbi Elazar, son of Rabbi Yosei, said this to his father in jest. However, according to the Jerusalem Talmud's version of the exchange, Rabbi Elazar appears to be challenging his father's approach (*Siaḥ Yitzḥak*). Nevertheless, Rabbi Elazar's comment can be refuted, as it requires those from the later booths to wait outside for the arrival of the scapegoat and the man leading it. This involves significant inconvenience, as they would never know when the man and the scapegoat would arrive.

Bread in his basket – פַּת בְּסַלּוֹ: In the Jerusalem Talmud, this idea is expressed as follows: The evil inclination craves only what it cannot have.

BACKGROUND

From Jerusalem to the cliff – מִירוּשָׁלַיִם לַצּוּק: This diagram illustrates the different approaches with regard to the placement of booths along the route taken by the scapegoat and the man designated to lead it. Solid arrows show the two thousand cubits, or one *mil*, that one may walk on Shabbat. The exception is the last arrow in Rabbi Meir's opinion, which represents two *mil*. The dotted arrows indicate the additional *mil* that one may walk using an *eiruv teḥumin*. The direction of the arrows shows the path of those escorting the designated man.

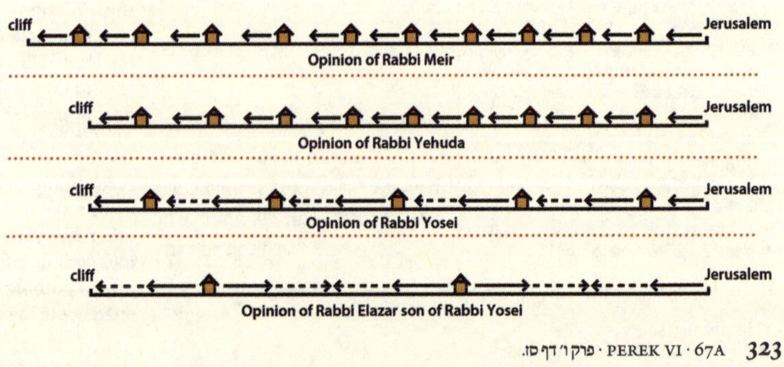

Placement of booths according to the different opinions

NOTES

To the opening of the Entrance Hall of the Temple – עַל פֶּתַח הָאוּלָם: According to the Jerusalem Talmud, at first everyone hung strips from their windows, and only later did the custom arise of hanging the strip at the door of the Entrance Hall.

וְנִקְטְרֵיהּ כּוּלֵּיהּ בֵּין קַרְנָיו! זִמְנִין דְּגָמֵישׁ לֵיהּ לְרֵישֵׁיהּ, וְלָאו אַדַּעְתֵּיהּ.

The Gemara asks: If so, **let him tie the whole** strip **between** the goat's **horns.** The Gemara answers: **Sometimes the goat turns its head and** he **will not know** if the strip turns white or not.

תָּנוּ רַבָּנַן: בָּרִאשׁוֹנָה הָיוּ קוֹשְׁרִין לָשׁוֹן שֶׁל זְהוֹרִית עַל פֶּתַח הָאוּלָם מִבַּחוּץ, הִלְבִּין – הָיוּ שְׂמֵחִין, לֹא הִלְבִּין – הָיוּ עֲצֵבִין וּמִתְבַּיְּישִׁין. הִתְקִינוּ שֶׁיִּהְיוּ קוֹשְׁרִין עַל פֶּתַח אוּלָם מִבִּפְנִים, וַעֲדַיִין הָיוּ מְצִיצִין וְרוֹאִין: הִלְבִּין – הָיוּ שְׂמֵחִין, לֹא הִלְבִּין – הָיוּ עֲצֵבִין. הִתְקִינוּ שֶׁיִּהְיוּ קוֹשְׁרִין אוֹתוֹ חֶצְיוֹ בַּסֶּלַע וְחֶצְיוֹ בֵּין קַרְנָיו.

The Sages taught: At first they would tie this **strip of crimson to the opening of the Entrance Hall** of the Temple[N] **on the outside.** If the strip **turned white they would rejoice,** as this indicated that their sins had been atoned for. If **it did not turn white they would be sad and ashamed.** When the Sages saw that people were overly distressed on Yom Kippur, **they established that they should tie** the strip of crimson **to the opening of the Entrance Hall on the inside,** since only a few could actually go in to see it. **And** they **would still peek and see: If it turned white, they would rejoice,** and if **it did not turn white they would be sad.** Therefore, the Sages **established that they should tie half of** the strip **to the rock and half of it between** the goat's **horns,** so that the people would not know what happened to the strip until after the conclusion of Yom Kippur.

אָמַר רַבִּי נַחוּם בַּר פַּפָּא מִשּׁוּם רַבִּי אֶלְעָזָר הַקַּפָּר: בָּרִאשׁוֹנָה הָיוּ קוֹשְׁרִין לָשׁוֹן שֶׁל זְהוֹרִית עַל פֶּתַח אוּלָם מִבִּפְנִים, וְכֵיוָן שֶׁהִגִּיעַ שָׂעִיר לַמִּדְבָּר – הָיָה מַלְבִּין, וְיָדְעוּ שֶׁנַּעֲשֵׂית מִצְוָתוֹ, שֶׁנֶּאֱמַר: ״אִם יִהְיוּ חֲטָאֵיכֶם כַּשָּׁנִים כַּשֶּׁלֶג יַלְבִּינוּ״.

Rabbi Naḥum bar Pappa said in the name of Rabbi Elazar HaKappar: At first they would tie the strip of crimson to the opening of the Entrance Hall of the Temple **on the inside, and when the goat reached the wilderness,** the strip of crimson **would turn white, and they knew that the mitzva was fulfilled.** The verse alludes to the use of the strip of crimson, as it **is stated: "Though your sins be as scarlet, they will become white as snow;** though they be red like crimson, they will be as wool" (Isaiah 1:18). This verse indicates that when something scarlet turns white, it is a sign of atonement and forgiveness for the sins of the Jewish people.

״לֹא הָיָה מַגִּיעַ לְמַחֲצִית הָהָר״. אִיבַּעְיָא לְהוּ: אוֹתָן אֵבָרִים מַה הֵן בַּהֲנָאָה? רַב וּשְׁמוּאֵל, חַד אָמַר: מוּתָּרִין, וְחַד אָמַר: אֲסוּרִין.

§ It was taught in the mishna that the goat **would not reach halfway** down **the mountain** before it was torn limb from limb. **A dilemma was raised before** the Sages: **What** is the status of **those limbs?** Is it permitted to derive **pleasure** from them? **Rav and Shmuel** disagreed with regard to this issue. **One said they are permitted** for benefit, **and one said they are prohibited.**

מַאן דְּאָמַר מוּתָּרִין –

The Gemara explains their reasoning: **The one who said they are permitted** for benefit

Perek **VI**
Daf **67** Amud **b**

NOTES

Into the wilderness, into the wilderness, in the wilderness – הַמִּדְבָּרָה הַמִּדְבָּרָה בַּמִּדְבָּר: According to another version of the text preferred by the Ritva and other commentaries, this derivation is based not on the three appearances of the term, but on the structure of the term itself. The Torah states: Into the wilderness [*hamidbara*], when it could have said: The wilderness [*hamidbar*], or simply: Wilderness [*midbar*]. The three elements of the word, i.e., *ha*, *midbar*, and *a*, indicate the three locations where the Tabernacle was located, as well as the Temple.

To include Nov and Givon – לְרַבּוֹת נוֹב וְגִבְעוֹן: The Gemara needed to point this out, since the locations of Nov and Givon did not actually have the status of the Temple, but had the great altar, on which communal offerings were brought. Shiloh too did not have a permanent structure; the temple constructed there had the coverings of the Tabernacle as its roof. As a rule, it was permitted for some offerings to be sacrificed at a small improvised altar at certain times in history, some offerings could be brought only on the great altar, and some were brought only in the Temple itself (see *Tosafot Yeshanim*).

דִּכְתִיב ״בַּמִּדְבָּר״, וּמַאן דְּאָמַר אֲסוּרִין – דִּכְתִיב ״גְּזֵירָה״.

established his opinion based on a verse, **as it is written:** "And the goat shall bear upon it all their iniquities to a land which is cut off; and he shall let go the goat **in the wilderness**" (Leviticus 16:22). The concluding phrase, "in the wilderness," is unnecessary, and indicates that the goat shall be available for anyone to use, similar to a wilderness. **And the one** who **said** they **are prohibited** based his opinion on the same verse, **as it is written, "cut off"** [*gezeira*], which indicates a prohibition.

וּמַאן דְּאָמַר אֲסוּרִין – הַאי ״מִדְבָּר״ מַאי עָבֵיד לֵיהּ? מִיבְּעֵי לֵיהּ לְכִדְתַנְיָא: ״הַמִּדְבָּרָה״ ״הַמִּדְבָּרָה״ ״בַּמִּדְבָּר״ – לְרַבּוֹת נוֹב וְגִבְעוֹן, שִׁילֹה וּבֵית עוֹלָמִים.

The Gemara asks: **And the one** who **said** they **are prohibited, what does he do with this** term **wilderness,** i.e., what does he derive from it? The Gemara answers: **He needs it for that which was taught** in a *baraita*: There are three expressions used to describe the location of the procedure with the scapegoat: **"Into the wilderness"** (Leviticus 16:10), **"into the wilderness"** (Leviticus 16:21), and **"in the wilderness"**[N] (Leviticus 16:22), **to include Nov and Givon**[N] and **Shiloh,** when the Tabernacle was located there, **and the eternal Temple.** The mitzva of the scapegoat applied during the time periods when communal offerings were sacrificed in any of these locations.

וְאִידָךְ, הַאי ״גְּזֵירָה״ מַאי עָבֵיד לֵיהּ? – מִיבְּעֵי לֵיהּ לְכִדְתַנְיָא: ״גְּזֵירָה״ אֵין גְּזֵירָה אֶלָּא חֲתוּכָה, דָּבָר אַחֵר: אֵין ״גְּזֵירָה״ אֶלָּא דָּבָר הַמִּתְגַּזֵּר וְיוֹרֵד.

The Gemara asks: **And the other, what does he do with this** word *gezeira*? The Gemara answers: **He needs it for that which was taught** in a *baraita* with regard to the word *gezeira*: *Gezeira* means **nothing other** than **cut.** That is, he must send the goat away to a place cut up by rocks standing upright and sticking out. **Alternatively,** *gezeira* is referring to **nothing other** than **something that breaks apart and falls,** a reference to the goat, which is torn limb from limb.

דָּבָר אַחֵר ״גְּזֵירָה״ – שֶׁמָּא תֹּאמַר מַעֲשֵׂה תֹּהוּ הוּא, תַּלְמוּד לוֹמַר: ״אֲנִי ה׳״ אֲנִי ה׳ גְּזַרְתִּיו וְאֵין לְךָ רְשׁוּת לְהַרְהֵר בָּהֶן.

Alternatively, the word *gezeira* is written **lest you say** the procedure of the scapegoat **is a meaningless act,** since what sanctity and atonement is achieved in sending the goat to Azazel and pushing it from the cliff? Therefore, **the verse states: "I am the Lord"** (Leviticus 18:5), i.e., **I, the Lord, decreed it [*gezartiv*], and you have no right to question it.**

אָמַר רָבָא: מִסְתַּבְּרָא כְּמַאן דְּאָמַר מוּתָּרִין, לֹא אָמְרָה תּוֹרָה ׳שַׁלַּח׳ לְתַקָּלָה.

Having clarified the reasoning of each opinion, the Gemara concludes its discussion of whether the limbs of the goat are permitted for benefit. **Rava said: It is reasonable** to rule **in accordance with the one that said** the limbs of the goat **are permitted,**[H] since **the Torah did not say: "And send** the goat" to cause **mishap.** Once the man pushes the goat off the cliff, he is no longer responsible for it. Therefore, if it were prohibited to derive benefit from the goat's remains, the mitzva itself could lead to a mishap if someone were to find the goat's remains and make use of them.

תָּנוּ רַבָּנַן: ״עֲזָאזֵל״ – שֶׁיְּהֵא עַז וְקָשֶׁה, יָכוֹל בְּיִשּׁוּב – תַּלְמוּד לוֹמַר: ״בַּמִּדְבָּר״, וּמִנַּיִן – שֶׁבְּצוּק תַּלְמוּד לוֹמַר: ״גְּזֵירָה״. תַּנְיָא אִידָךְ: ״עֲזָאזֵל״ – קָשֶׁה שֶׁבֶּהָרִים, וְכֵן הוּא אוֹמֵר: ״וְאֶת אֵילֵי הָאָרֶץ לָקָח״.

§ **The Sages taught:** The word **Azazel** indicates **that** the cliff the goat is pushed from **should be rough and hard. I might** have thought that it may be located **in a settled** area. Therefore, **the verse states: "In the wilderness." And from where** does one derive **that** the goat is pushed from **a cliff? The verse states *"gezeira,"*** indicating an area that is sharp, like a cliff. **It was taught in another *baraita*: Azazel** is a reference to **the hardest mountain, and so it says: "And the mighty [*eilei*] of the land he took away"** (Ezekiel 17:13). Azazel is interpreted as *azaz-el*, with the term *el* connoting something rough and hard.

תָּנָא דְּבֵי רַבִּי יִשְׁמָעֵאל: ״עֲזָאזֵל״ – שֶׁמְּכַפֵּר עַל מַעֲשֵׂה עוּזָּא וַעֲזָאֵל.

The school of Rabbi Yishmael taught: Azazel is so called because **it atones for the actions of Uzza and Azael.**[N] These are the names of "sons of God" who sinned with "daughters of men" (Genesis 6:2) and thereby caused the world to sin during the generation of the Flood.

תָּנוּ רַבָּנַן: ״אֶת מִשְׁפָּטַי תַּעֲשׂוּ״ – דְּבָרִים שֶׁאִלְמָלֵא (לֹא) נִכְתְּבוּ דִּין הוּא שֶׁיִּכָּתְבוּ, וְאֵלּוּ הֵן: עֲבוֹדָה זָרָה, וְגִלּוּי עֲרָיוֹת, וּשְׁפִיכוּת דָּמִים, וְגָזֵל, וּבִרְכַּת הַשֵּׁם.

The Gemara cites another *baraita* related to the scapegoat. **The Sages taught** with regard to the verse: **"You shall do My ordinances,** and you shall keep My statutes to follow them, I am the Lord your God" (Leviticus 18:4), that the phrase: My ordinances, is a reference to **matters that,** even **had they not been written,** it would have been **logical that they be written. They are** the prohibitions against **idol worship, prohibited sexual relations, bloodshed, theft, and blessing God,** a euphemism for cursing the Name of God.

״וְאֶת חוּקּוֹתַי תִּשְׁמְרוּ״ – דְּבָרִים שֶׁהַשָּׂטָן מֵשִׁיב עֲלֵיהֶן, וְאֵלּוּ הֵן: אֲכִילַת חֲזִיר, וּלְבִישַׁת שַׁעַטְנֵז, וַחֲלִיצַת יְבָמָה, וְטָהֳרַת מְצוֹרָע, וְשָׂעִיר הַמִּשְׁתַּלֵּחַ. וְשֶׁמָּא תֹּאמַר מַעֲשֵׂה תוֹהוּ הֵם – תַּלְמוּד לוֹמַר: ״אֲנִי ה׳״ – אֲנִי ה׳ חֲקַקְתִּיו, וְאֵין לְךָ רְשׁוּת לְהַרְהֵר בָּהֶן.

The phrase: **And you shall keep my statutes,** is a reference to **matters that Satan** and the nations of the world **challenge**[N] because the reason for these mitzvot are not known. **They are:** The prohibitions against **eating pork; wearing** garments that are made from **diverse kinds** of material, i.e., wool and linen; performing the ***ḥalitza*** ceremony with a ***yevama***, a widow who must participate in a levirate marriage or *ḥalitza*; **the purification** ceremony **of the leper; and the scapegoat. And lest you say these** have no reason and **are meaningless acts,** therefore **the verse states: "I am the Lord"** (Leviticus 18:4), to indicate: **I am the Lord, I decreed these statutes and you have no right to doubt them.**

״אֵימָתַי מְטַמֵּא בְּגָדִים״. תָּנוּ רַבָּנַן: הַמְשַׁלֵּחַ מְטַמֵּא בְּגָדִים, וְאֵין הַשּׁוֹלֵחַ אֶת הַמְשַׁלֵּחַ מְטַמֵּא בְּגָדִים.

§ It was taught in the mishna that the *tanna'im* disagreed about from **what point the garments** of the man who leads the scapegoat are **rendered impure. The Sages taught** in a ***baraita*: The garments of the one who dispatches** the goat **are rendered impure, but the garments of the one who dispatches the dispatcher,**[N] e.g., those who accompany him, **are not rendered impure.**

יָכוֹל מִשֶּׁיֵּצֵא חוּץ לְחוֹמַת עֲזָרָה – תַּלְמוּד לוֹמַר ״הַמְשַׁלֵּחַ״. אִי ״הַמְשַׁלֵּחַ״ – יָכוֹל עַד שֶׁיַּגִּיעַ לַצּוּק, תַּלְמוּד לוֹמַר ״וְהַמְשַׁלֵּחַ״ – הָא כֵּיצַד – מִשֶּׁיָּצָא חוּץ לְחוֹמַת יְרוּשָׁלַיִם. דִּבְרֵי רַבִּי יְהוּדָה.

One **might** have thought that as soon as **he leaves the wall of the** Temple **courtyard** he becomes ritually impure. Therefore, **the verse states: "He that dispatched"** (Leviticus 16:26), to teach that he does not contract impurity until his journey has begun. On the other hand, if the verse had simply stated: **He that dispatched,** one **might** have thought he does not become impure **until he reaches the cliff.** Therefore, **the verse states: "And he that dispatched,"** with the inclusive term "and." **How is this** to be understood? His garments are rendered impure only **when he emerged outside the wall of Jerusalem.** This **is the statement of Rabbi Yehuda.**

HALAKHA

The limbs of the goat are permitted – אֵיבְרֵי הַשָּׂעִיר מוּתָּרִין: Benefit may be derived from the limbs of the scapegoat, in accordance with the opinion of Rava (Rambam *Sefer Avoda, Hilkhot Avodat Yom HaKippurim* 5:22).

NOTES

The actions of Uzza and Azael – מַעֲשֵׂה עוּזָּא וַעֲזָאֵל: The main discussion of this issue appears in other sources as an explanation of a statement in Genesis that says the sons of God sinned with the daughters of men (Genesis 6:2). According to this understanding, the Torah is referring to angels who became destructive. The midrash claims that Azael still causes the world to sin with regard to prohibited sexual relations (see Rashi). Some commentaries point out that the connection between prohibited sexual relations and the scapegoat which is sent to Azazel is that through prohibited sexual relations a man's seed is deposited in a place where it does not belong, and so too, the goat that is sent to Azazel is sacrificed in the desert instead of in a sacred place (*Iyyun Ya'akov*).

Matters that Satan and the nations of the world challenge – דְּבָרִים שֶׁהַשָּׂטָן מֵשִׁיב עֲלֵיהֶן: Some commentaries have suggested that the common denominator among the items listed here is that they are prohibitions that have an aspect that causes them to appear to be permitted, or mitzvot that seem to be prohibited. Pig meat is prohibited despite the fact that the pig has one of the two signs of a kosher animal, and garments fashioned from diverse kinds are prohibited despite being created from two permitted fabrics. On the other hand, the purification of the leper and the ritual of the scapegoat are sacrificial rites, which are normally prohibited outside the Temple (see Rabbi Tzvi Hirsch Chajes). Additionally, these mitzvot might seem to be superstitions rather than acts of service of God, and one might therefore suspect that they are nonsense. Alternative versions of this passage contain a longer list of examples, including other mitzvot that are not understood and that seem illogical (see Rambam *Sefer Avoda, Hilkhot Me'ila* 8:8).

The one who dispatches the dispatcher – הַשּׁוֹלֵחַ אֶת הַמְשַׁלֵּחַ: Some commentaries suggest that this is referring to the High Priest, who dispatches the one who leads the scapegoat, but is not rendered impure (*Korban Aharon*).

LANGUAGE

Large bowl [*magis*] – מָגִיס: Apparently from the Greek μαγίς, *magis*, meaning a kneading tub or a large bowl.

BACKGROUND

The place designated for burning – בֵּית הַשְּׂרֵיפָה:

Place designated for burning

רַבִּי יוֹסֵי אוֹמֵר: ״עֲזָאזֵל וְכִבֶּס״ – עַד שֶׁהִגִּיעַ לַצּוּק. רַבִּי שִׁמְעוֹן אוֹמֵר: ״וְהַמְשַׁלֵּחַ אֶת הַשָּׂעִיר לַעֲזָאזֵל יְכַבֵּס בְּגָדָיו״ – זוֹרְקוֹ בְּבַת רֹאשׁ וּמְטַמֵּא בְּגָדִים.

Rabbi Yosei says that the verse states: "And he that dispatched the goat to **Azazel shall wash**" (Leviticus 16:26), which indicates that his garments are not rendered impure **until he has reached** Azazel, i.e., **the cliff. Rabbi Shimon says:** His garments are rendered impure only when he pushes the goat from the cliff, as it says: **"And he that dispatched the goat to Azazel shall wash his clothes"** (Leviticus 16:26), to indicate that **he throws it headlong** and only then, once he has fulfilled the mitzva, **his garments are rendered impure.**

מתני׳ בָּא לוֹ אֵצֶל פַּר וְשָׂעִיר הַנִּשְׂרָפִין, קְרָעָן וְהוֹצִיא אֶת אֵימוּרֵיהֶן, נְתָנָן בְּמָגִיס וְהִקְטִירָן עַל גַּבֵּי הַמִּזְבֵּחַ.

MISHNA After the High Priest passed the goat to the man tasked with dispatching the goat, **he came next to the bull**[H] **and the goat that were to be burned. He tore their** flesh but was not required to cut it into pieces, **and removed the portions** of the offering consumed on the altar **and placed them in a large bowl [*magis*]**[L] **and burned them on the altar.**

קְלָעָן בְּמִקְלָעוֹת, וְהוֹצִיאָן לְבֵית הַשְּׂרֵיפָה. וּמֵאֵימָתַי מְטַמְּאִין בְּגָדִים – מִשֶּׁיָּצְאוּ חוּץ לְחוֹמַת הָעֲזָרָה. רַבִּי שִׁמְעוֹן אוֹמֵר: מִשֶּׁיַּצִּית הָאוּר בְּרוּבָּן.

He interwove and bound the bull and the goat together **into braids**[N] as one mass. They were placed in that way upon two poles and carried by four people who **took them out to the place** designated for **burning,**[B] outside of Jerusalem. **And at what point do the** bull and goat **render** the **garments** of those who carried them **impure,**[H] as it is written: "And he who burns them shall wash his garments" (Leviticus 16:28)? They render the garments impure **from** the moment **that they emerged outside the wall of the** Temple **courtyard. Rabbi Shimon says:** They render the garments impure **from** the moment **that the fire has ignited in most of** the bull and the goat.

גמ׳ וְהִקְטִירָן סָלְקָא דַּעְתָּךְ? אֶלָּא אֵימָא: לְהַקְטִירָן עַל גַּבֵּי מִזְבֵּחַ.

GEMARA It was taught in the mishna that the High Priest removed the portions of the offering consumed on the altar and burned them on the altar. The Gemara expresses surprise: **Would it enter your mind** to say **he burned them?** He would not burn them right away, since he had to perform other services first. **Rather, say** that he placed them in a large bowl in order **to burn them on the altar** later.

״קְלָעָן בְּמִקְלָעוֹת״. אָמַר רַבִּי יוֹחָנָן: כְּמִין קְלִיעָה. תָּנָא: לֹא הָיָה מְנַתְּחָן נִיתּוּחַ בְּשַׂר עוֹלָה, אֶלָּא עוֹר עַל גַּבֵּי בָּשָׂר. מְנָא הָנֵי מִילֵּי? דְּתַנְיָא, רַבִּי אוֹמֵר: נֶאֱמַר כָּאן עוֹר וּבָשָׂר וּפֶרֶשׁ וְנֶאֱמַר לְהַלָּן עוֹר וּבָשָׂר וּפֶרֶשׁ

It was taught in the mishna that the High Priest **interwove** and bound the bull and the goat together **into braids** as one mass before taking them to be burned. **Rabbi Yoḥanan said:** He made them **like a braid,** whose parts are interwoven. **It was taught: He would not dissect** the bull and goat in the manner of the **dissection of the flesh of a burnt-offering,** where the animal is skinned and then cut into parts. **Rather,** he would leave the **skin on top of the flesh** and would cut the animal into pieces without skinning it. The Gemara asks: **From where are these matters** derived? **As it was taught** in a *baraita* that **Rabbi** Yehuda HaNasi **says: It is stated here** with regard to the bull and goat, **skin and flesh and dung** (Leviticus 16:27), **and it is stated below,** with regard to the bull sin-offerings that are burned, **skin and flesh and dung** (Leviticus 4:11).

HALAKHA

He came next to the bull – בָּא לוֹ אֵצֶל פַּר: After the scapegoat was sent away, the High Priest came to the bull and the goat that were to be burned. He tore their flesh and removed the portions of the offering consumed on the altar and placed them in a large bowl in order to burn them on the altar. The skin was not removed from the flesh of the animals. The flesh was cut into large pieces that remained attached to each other, and the animals were then burned (Rambam *Sefer Avoda, Hilkhot Avodat Yom HaKippurim* 3:7).

At what point do the bull and goat render the garments impure – וּמֵאֵימָתַי מְטַמְּאִין בְּגָדִים: The garments of those who carry the bull and goat that are to be burned are rendered impure as soon as they leave the wall of the Temple courtyard (Rambam *Sefer Tahara, Hilkhot Para Aduma* 5:5).

NOTES

He interwove the bull and the goat into braids [*miklaot*] – קְלָעָן בְּמִקְלָעוֹת: There are two interpretations of this phrase. One interpretation is that the bull and goat were placed on sticks [*maklot*], which were braided together (*Arukh*; see also Rashi and Rabbeinu Elyakim). The other interpretation is that the bull and goat were cut into large pieces that were braided together (Rambam's Commentary on the Mishna).

מַה לְּהַלָּן עַל יְדֵי נִיתּוּחַ וְלֹא עַל יְדֵי הֶפְשֵׁט – אַף כָּאן עַל יְדֵי נִיתּוּחַ וְלֹא עַל יְדֵי הֶפְשֵׁט.

Just as below it is prepared for burning **by means of dissection and not by means of skinning, so too here** it is **by means of dissection and not by means of skinning.**

וְהָתָם מְנָא לָן? דְּתַנְיָא: ״וְקִרְבּוֹ וּפִרְשׁוֹ וְהוֹצִיא״ – מְלַמֵּד שֶׁמּוֹצִיאוֹ שָׁלֵם. יָכוֹל יִשְׂרְפֶנּוּ שָׁלֵם – נֶאֱמַר כָּאן ״רֹאשׁוֹ וּכְרָעָיו״, וְנֶאֱמַר לְהַלָּן (רֹאשׁ וּכְרָעַיִם), מַה לְּהַלָּן – עַל יְדֵי נִיתּוּחַ, אַף כָּאן – עַל יְדֵי נִיתּוּחַ,

The Gemara asks: **And there,** with regard to bull sin-offerings that are burned,[N] **from where do we** derive that they are cut but not skinned? The Gemara answers: **As it was taught** in a *baraita*: "And the skin of the bull and all its flesh, with its head and with its legs, **and its innards, and its dung,** even the whole bull **shall he carry** outside the camp to a clean place, where the ashes are poured out, and burn it on wood with fire" (Leviticus 4:11–12). This **teaches that he brings it out whole.** One **might** have thought **that he should burn it whole. It is stated here: Its head and its legs, and it is stated there,** with regard to burnt-offerings, **head and legs. Just as there,** the burnt-offering is performed **by means of dissection,** as explicitly stated in the verse, **so too here it is by means of dissection.**

אִי מַה לְּהַלָּן עַל יְדֵי הֶפְשֵׁט – אַף כָּאן עַל יְדֵי הֶפְשֵׁט? תַּלְמוּד לוֹמַר: וְקִרְבּוֹ וּפִרְשׁוֹ. מַאי תַּלְמוּדָא? אָמַר רַב פַּפָּא: כְּשֵׁם שֶׁפִּרְשׁוֹ בְּקִרְבּוֹ – כָּךְ בְּשָׂרוֹ בְּעוֹרוֹ.

The Gemara asks: **If** so, derive the following from the same verbal analogy: **Just as there,** in the case of burnt-offerings, the dissection is performed **with skinning, so too here** it is **with skinning,** and he must remove the skin of the animals before burning them. The Gemara answers: Therefore, **the verse states "and its innards, and its dung."** The Gemara asks: **What is the derivation** from this phrase? **Rav Pappa said: Just as its dung is within its innards** and they do not remove it, **so too, its flesh is in its skin** and they do not separate the skin from the flesh.

״מֵאֵימָתַי מְטַמְּאִין בְּגָדִים״. תָּנוּ רַבָּנַן: ״יוֹצִיא אֶל מִחוּץ לַמַּחֲנֶה וְשָׂרְפוּ״.

§ It was taught in the mishna that the *tanna'im* disagree about the question of **at what point the** bull and goat **render the garments** of those who carried them **impure. The Sages taught** a *baraita* based on the verse: "The bull of the sin-offering and the goat of the sin-offering whose blood was brought in to gain atonement in the sacred place, **shall be taken outside the camp and they shall burn**" (Leviticus 16:27).

לְהַלָּן אַתָּה נוֹתֵן לָהֶם שָׁלֹשׁ מַחֲנוֹת, וְכָאן אַתָּה נוֹתֵן לָהֶם מַחֲנֶה אַחַת, אִם כֵּן לָמָּה נֶאֱמַר ״מִחוּץ לַמַּחֲנֶה״? לוֹמַר לְךָ: כֵּיוָן שֶׁיָּצָא חוּץ לְמַחֲנֶה אַחַת – מְטַמְּאִים בְּגָדִים.

One might wonder: **Below,** with regard to other bull sin-offerings that are burned, **you give them three camps,**[N] meaning that the bulls are burned outside the Israelite camp or, in the time of the Temple, outside Jerusalem. **And here you give them** only **one camp,** as they are burned as soon as they are taken out of the Temple courtyard, which is considered the camp of the Divine Presence. This seems unreasonable and is not to be accepted. **If so, why is it stated: "Outside the camp"?** The intention is not that they leave only one camp, but rather, **to say to you: Once it has left one camp** it immediately **renders the garments** of those carrying it **impure.**

וְהָתָם מְנָא לָן? דְּתַנְיָא: ״וְהוֹצִיא אֶת כׇּל הַפָּר״ – חוּץ לְשָׁלֹשׁ מַחֲנוֹת.

The Gemara asks: **And there,** with regard to other bull sin-offerings that are burned, **from where do we** derive that they are removed from all three camps? The Gemara explains: **As it was taught** in a *baraita*: It is stated about the bull sin-offering of the High Priest: **"Even the whole bull shall he carry outside** the camp…and burn it" (Leviticus 4:12), meaning that he should take it **outside of three camps.**

NOTES

Bulls that are burned – פָּרִים הַנִּשְׂרָפִים: There are two kinds of sin-offerings, outer sin-offerings and inner sin-offerings. Outer sin-offerings are brought by an individual who unwittingly violates a prohibition that carries a punishment of *karet* for those who violate it purposefully. This offering may be either a lambs or a goat; however, if a king brings the offering, it must be a goat. The blood of the offering is sprinkled on the corners of the outer altar, and its fats and sacrificial portions are burned on the altar. The remainder of the flesh is eaten by male priests. Inner sin-offerings are brought by the community or the High Priest for following a mistaken halakhic ruling. These offerings are bulls, and their blood is sprinkled toward the curtain and on the golden altar. Their organs are burned on the altar, but their flesh, hides, and innards are burned outside the camp. The bull and goat of Yom Kippur fall into this second category, and therefore the *halakhot* of inner sin-offerings apply to them.

Three camps – שָׁלֹשׁ מַחֲנוֹת: When the Jewish people were in the wilderness, the camp was arranged around the Tabernacle and was divided into three areas. The first camp was that of the Divine Presence, which included the Tabernacle and its courtyard. The second camp was the Levite camp, whose tents surrounded the Tabernacle. Surrounding this was the Israelite camp, where the rest of the nation pitched its tents. When the Temple was built in Jerusalem, a similar arrangement was instituted. The Temple and its courtyard comprised the camp of the Divine Presence, the Temple Mount was the Levite camp, and the city of Jerusalem was the Israelite camp.

NOTES

It is stated here, outside the camp, etc. – נֶאֱמַר כָּאן מִחוּץ לַמַּחֲנֶה וכו׳: *Tosafot* discuss the various derivations proposed in this passage, some of which contradict a principle stated in tractate *Zevaḥim* that a *halakha* derived from a juxtaposition cannot then serve as a source from which a *halakha* may be derived through another juxtaposition. Apparently, the derivations must be understood as based upon a verbal analogy, in which the *halakha* in one case is derived based upon a juxtaposition. Even according to the opinion that this form of derivation is not acceptable in the realm of sacrificial law, perhaps the Gemara here follows the opinion that the red heifer is not really an offering and therefore not subject to this principle (Ritva).

HALAKHA

The place where the sin-offerings are burned – מְקוֹם שְׂרֵיפַת חַטָּאוֹת הַנִּשְׂרָפוֹת: Bulls and goats of inner sin-offerings are burned together with their hides and dung outside Jerusalem in a location known as the place of the ashes (Rambam *Sefer Avoda, Hilkhot Ma'aseh HaKorbanot* 7:2).

אַתָּה אוֹמֵר חוּץ לְשָׁלֹשׁ מַחֲנוֹת, אוֹ אֵינוֹ אֶלָּא חוּץ לְמַחֲנֶה אַחַת? כְּשֶׁהוּא אוֹמֵר בְּפַר הָעֵדָה: ״אֶל מִחוּץ לַמַּחֲנֶה״, שֶׁאֵין תַּלְמוּד לוֹמַר, שֶׁהֲרֵי כְּבָר נֶאֱמַר: ״וְשָׂרַף אוֹתוֹ כַּאֲשֶׁר שָׂרַף אֶת הַפָּר הָרִאשׁוֹן״ וּמַה תַּלְמוּד לוֹמַר: ״אֶל מִחוּץ לַמַּחֲנֶה״ – לִיתֵּן לוֹ מַחֲנֶה שְׁנִיָּה.

Do you say that he takes it **outside of three camps, or is** he required to take it **outside of only one camp? When it says** with regard to **the bull** sin-offering brought for the sin of **the community:** "He shall carry the bull **outside the camp**" (Leviticus 4:21), that verse requires explanation, **as** there is **no** need for **the verse to state** this, **since it was already stated: "And burn it as he burned the first bull"** (Leviticus 4:21), which indicates that all the *halakhot* of the bull sin-offering of a High Priest apply to the bull sin-offering of the community as well. **And what** is the meaning when **the verse states outside the camp? To give it a second camp,** i.e., to indicate that it must be removed from the Levite camp in addition to the camp of the Divine Presence.

וּכְשֶׁהוּא אוֹמֵר ״מִחוּץ לַמַּחֲנֶה״ בַּדֶּשֶׁן, שֶׁאֵין תַּלְמוּד לוֹמַר, שֶׁהֲרֵי כְּבָר נֶאֱמַר: ״אֶל שֶׁפֶךְ הַדֶּשֶׁן״ – תֵּן לוֹ מַחֲנֶה שְׁלִישִׁית.

And when it says: "Outside the camp" (Leviticus 6:4) with regard to removal of the **ash,** that verse also requires explanation, as there is **no** need for **the verse to state** this, **since it was already stated** with regard to the bull sin-offering of a High Priest: "Even the whole bull shall he carry outside the camp to a clean place, where the ashes are poured out, and burn it on wood with fire; **where the ashes are poured out** shall it be burned" (Leviticus 4:12). Rather the repetition of the words: Outside the camp, indicates that he should **give it a third camp,** so that it is burned outside of the Israelite camp as well. Consequently, it has been derived that inner sin-offerings are burned outside of the three camps, and when the Torah states: Outside the camp, with regard to the bull and goat of Yom Kippur, it teaches that as soon as they are taken outside the Temple courtyard, the garments of those carrying them are rendered impure.

וְרַבִּי שִׁמְעוֹן הַאי ״מִחוּץ לַמַּחֲנֶה״ מַאי עָבֵיד לֵיהּ? מִיבָּעֵי לֵיהּ לְכִדְתַנְיָא. רַבִּי אֱלִיעֶזֶר אוֹמֵר: נֶאֱמַר כָּאן ״מִחוּץ לַמַּחֲנֶה״ וְנֶאֱמַר לְהַלָּן ״מִחוּץ לַמַּחֲנֶה״, מַה כָּאן – חוּץ לְשָׁלֹשׁ מַחֲנוֹת, אַף לְהַלָּן – חוּץ לְשָׁלֹשׁ מַחֲנוֹת. וּמַה לְהַלָּן בְּמִזְרָחָהּ שֶׁל יְרוּשָׁלַיִם – אַף כָּאן בְּמִזְרָחָהּ שֶׁל יְרוּשָׁלַיִם.

The Gemara asks: **And what does Rabbi Shimon do with** the phrase **outside the camp,** as he holds that those carrying the bull and goat are rendered impure only once they leave all three camps? The Gemara answers: **He needs it for that which was taught** in a *baraita*, that **Rabbi Eliezer says: It is stated here,** with regard to the bull of Yom Kippur, **outside the camp,**[N] **and it is stated there,** with regard to the red heifer, **"outside the camp"** (Numbers 19:3). **Just as here,** it is burned **outside three camps, so too there** the heifer, it is burned **outside three camps. And just as there** it is burned **east of Jerusalem,** since the heifer must be burned "toward the front of the Tent of Meeting" (Numbers 19:4), opposite the entrance to the Temple to its east, **so too here** the bull and goat of Yom Kippur are burned **east of Jerusalem.**

וְרַבָּנַן, הֵיכָא שָׂרֵיף לְהוּ? כִּדְתַנְיָא: הֵיכָן נִשְׂרָפִין?

The Gemara asks: **And according to the Rabbis, where do they burn them?**[H] The Gemara answers: **As it was taught** in a *baraita*: **Where are they burned?**

Perek **VI**
Daf **68** Amud **b**

לִצְפוֹנָהּ שֶׁל יְרוּשָׁלַיִם, וְחוּץ לְשָׁלֹשׁ מַחֲנוֹת. רַבִּי יוֹסֵי אוֹמֵר: אַבֵּית הַדֶּשֶׁן נִשְׂרָפִין.

North of Jerusalem, and outside of three camps. Rabbi Yosei says: They are burned in the place of the ashes.

אָמַר רָבָא: מַאן תַּנָּא דְּפָלֵיג עֲלֵיהּ דְּרַבִּי יוֹסֵי – רַבִּי אֱלִיעֶזֶר בֶּן יַעֲקֹב הוּא, דְּתַנְיָא: ״אֶל שֶׁפֶךְ הַדֶּשֶׁן יִשָּׂרֵף״ שֶׁיְּהֵא לְשָׁם דֶּשֶׁן. רַבִּי אֱלִיעֶזֶר בֶּן יַעֲקֹב אוֹמֵר: שֶׁיְּהֵא מְקוֹמוֹ מְשׁוּפָּךְ.

Rava **said: Who is the** *tanna* **who disagrees with Rabbi Yosei** on this issue? **It is Rabbi Eliezer ben Ya'akov, as it was taught** in a *baraita* with regard to the verse: **"Where the ashes are poured out** [*shefekh hadeshen*] **shall it be burned"** (Leviticus 4:12), which means **that there shall** already **be ash there** in that place, so that it is known as the ash heap even before this animal is burned there. **Rabbi Eliezer ben Ya'akov says:** This verse indicates **that its place should be slanted** [*meshupakh*] so that ash that is deposited there will roll downhill. Rava understood that whereas Rabbi Yosei requires that there already be ash present when the bull is burned, Rabbi Eliezer ben Ya'akov does not.

אָמַר לֵיהּ אַבָּיֵי: וְדִילְמָא בְּמְקוֹמוֹ מְשׁוּפָּךְ הוּא דִּפְלִיגִי?

Abaye said to him: There is no proof from here, as **perhaps they disagree** only **about whether the place must be slanted.** Rabbi Eliezer ben Ya'akov may agree there should be ash there to begin with, but he adds that the place must also be slanted. Therefore, there is no proof to support Rava's statement.

תָּנוּ רַבָּנַן: "וְהַשּׂוֹרֵף" – הַשּׂוֹרֵף מְטַמֵּא בְּגָדִים, וְלֹא הַמַּצִּית אֶת הָאוּר, וְלֹא הַמְסַדֵּר אֶת הַמַּעֲרָכָה, וְאֵי זֶהוּ הַשּׂוֹרֵף – זֶה הַמְסַיֵּיעַ בִּשְׁעַת שְׂרֵיפָה.

The Sages taught: It states: **"And he who burns** them shall wash his garments" (Leviticus 16:28), to indicate that only the **garments** of the one **who burns** the bull and goat of Yom Kippur **are rendered impure, but not** the garments of the one **who kindles the fire, and not** the garments of the one **who arranges the pile** of wood. **And who is the one who burns? It is the one who assists at the** actual **time of burning.**

יָכוֹל אַף מִשֶּׁנַּעֲשׂוּ אֵפֶר מְטַמְּאִין בְּגָדִים – תַּלְמוּד לוֹמַר: "אוֹתָם" – אוֹתָם מְטַמְּאִין בְּגָדִים וְלֹא מִשֶּׁנַּעֲשׂוּ אֵפֶר מְטַמְּאִין בְּגָדִים. רַבִּי אֶלְעָזָר בְּרַבִּי שִׁמְעוֹן אוֹמֵר: הַפָּר מְטַמֵּא, נִיתַּךְ הַבָּשָׂר – אֵינוֹ מְטַמֵּא בְּגָדִים.

One **might** have thought that **garments would be rendered impure even** after the bull and goat have **become ash.** Therefore, **the verse states: Them,** to indicate that **they** themselves, the bull and goat of Yom Kippur, **render garments impure, but they do not render garments impure once they become ash.**[H] **Rabbi Elazar, son of Rabbi Shimon, says: The bull causes ritual impurity** before it is burned, but once **the flesh is burned it no longer renders garments impure.**

מַאי בֵּינַיְיהוּ? – אִיכָּא בֵּינַיְיהוּ דְּשַׁוְיָה חֲרוּכָא.

The Gemara asks: **What is the** practical difference **between the** opinion of the first *tanna* and the opinion of Rabbi Elazar, son of Rabbi Shimon? The Gemara answers: **There is** a difference **between them when he turned it into a charred** mass and the form of the animal has already become distorted but has not actually become ash. According to Rabbi Elazar, son of Rabbi Shimon, it no longer causes impurity.

מתני׳ אָמְרוּ לוֹ לְכֹהֵן גָּדוֹל: הִגִּיעַ שָׂעִיר לַמִּדְבָּר. וּמִנַּיִין הָיוּ יוֹדְעִין שֶׁהִגִּיעַ שָׂעִיר לַמִּדְבָּר? דִּירְכָּאוֹת הָיוּ עוֹשִׂין, וּמְנִיפִין בְּסוּדָרִין, וְיוֹדְעִין שֶׁהִגִּיעַ שָׂעִיר לַמִּדְבָּר.

MISHNA **They said to the High Priest: The goat has reached the wilderness.**[N] **And how did they know** in the Temple **that the goat reached the wilderness?**[H] **They would build platforms** [*dirkaot*][L] all along the way and people would stand on them **and wave scarves** [*sudarin*][L] to signal when the goat arrived. **And** therefore **they knew that the goat reached the wilderness.**

אָמַר רַבִּי יְהוּדָה: וַהֲלֹא סִימָן גָּדוֹל הָיָה לָהֶם: מִירוּשָׁלַיִם וְעַד בֵּית חִדּוּדוֹ – שְׁלֹשָׁה מִילִין, הוֹלְכִין מִיל וְחוֹזְרִין מִיל וְשׁוֹהִין כְּדֵי מִיל, וְיוֹדְעִין שֶׁהִגִּיעַ שָׂעִיר לַמִּדְבָּר

Rabbi Yehuda said: Why did they need these platforms? **Didn't they** already **have a reliable indicator?**[N] **From Jerusalem to Beit Ḥiddudo,**[N] the edge of the wilderness, where the mitzva of dispatching the goat was performed, was a distance of **three *mil*.** Since the nobles of Jerusalem **walked a *mil*** to escort the dispatcher **and returned a *mil*, and waited** the time **equivalent** to the time it takes to walk **a *mil*, they knew that the goat reached the wilderness.** There was no need for the platforms.

רַבִּי יִשְׁמָעֵאל אוֹמֵר: וַהֲלֹא סִימָן אַחֵר הָיָה לָהֶם, לָשׁוֹן שֶׁל זְהוֹרִית הָיָה קָשׁוּר עַל פִּתְחוֹ שֶׁל הֵיכָל, וּכְשֶׁהִגִּיעַ שָׂעִיר לַמִּדְבָּר הָיָה הַלָּשׁוֹן מַלְבִּין, שֶׁנֶּאֱמַר: "אִם יִהְיוּ חֲטָאֵיכֶם כַּשָּׁנִים כַּשֶּׁלֶג יַלְבִּינוּ".

Rabbi Yishmael says: Didn't they have a different indicator? There was a strip of crimson tied to the entrance to the Sanctuary, and when the goat reached the wilderness and the mitzva was fulfilled **the strip would turn white, as it is stated: "Though your sins be as scarlet, they will become white as snow"** (Isaiah 1:18).

גמ׳ אָמַר אַבָּיֵי: שְׁמַע מִינָּהּ – בֵּית חִדּוּדוֹ בְּמִדְבָּר קָיְימָא, וְהָא קָא מַשְׁמַע לַן, דְּקָסָבַר רַבִּי יְהוּדָה: כֵּיוָן שֶׁהִגִּיעַ שָׂעִיר לַמִּדְבָּר – נַעֲשֵׂית מִצְוָתוֹ.

GEMARA **Abaye said: Learn from this** that **Beit Ḥiddudo is located in the wilderness, and this comes to teach us that Rabbi Yehuda holds that once the goat has reached the wilderness, its mitzva is complete** even before it is pushed off the cliff, and there is no need to wait any longer.

הדרן עלך שני שעירי

HALAKHA

They do not render garments impure once they become ash – **לֹא מִשֶּׁנַּעֲשׂוּ אֵפֶר מְטַמְּאִין בְּגָדִים:** One who burns the bull and goat of Yom Kippur is rendered impure, and his garments are also rendered impure. This is true of one who assists with the burning by moving the carcass, adding wood to the fire, or stoking the fire, and it applies even after the carcasses are charred, as long as they have not yet been turned to ash. However, once the carcasses have turned to ash, they no longer cause impurity. Furthermore, one who kindles the fire or arranges the pile of wood before the burning remains pure (Rambam *Sefer Tahara, Hilkhot Para Aduma* 5:4).

How did they know that the goat reached the wilderness – **מִנַּיִין הָיוּ יוֹדְעִין שֶׁהִגִּיעַ שָׂעִיר לַמִּדְבָּר:** Platforms were constructed along the way to the wilderness, and flags were waved to transmit the news that the goat had reached the wilderness (Rambam *Sefer Avoda, Hilkhot Avodat Yom HaKippurim* 3:7).

NOTES

The goat has reached the wilderness – **הִגִּיעַ שָׂעִיר לַמִּדְבָּר:** It is appropriate that the next part of the Yom Kippur service, the reading of the Torah, be performed after the main atonement of the day has been achieved through the scapegoat. The whitening of the ribbon is proof of that (see *Tosafot Yeshanim*; *HaBoneh*, Rabbi Yehuda Aryeh of Modena's commentary on *Ein Ya'akov*).

Didn't they already have a reliable indicator – **וַהֲלֹא סִימָן גָּדוֹל הָיָה לָהֶם:** Apparently, Rabbi Yehuda holds that there is no need to bother with messengers and flags in order to be certain that the goat had arrived. The first *tanna* holds that it is necessary to have concrete knowledge that the goat reached the wilderness, and therefore Rabbi Yehuda's calculation, which is based on projection rather than knowledge, and the miracle that Rabbi Yishmael relies upon, are insufficient.

Beit Ḥiddudo – **בֵּית חִדּוּדוֹ:** Beit Ḥiddudo was so called because the cliff was sharp [*meḥudad*] and had rocks protruding from it (*Tosefot Yom Tov*; *Melekhet Shlomo*). An alternative version of the text reads Beit Haroro, which has been explained as a location formed by two connected mountains [*harim*].

LANGUAGE

Platforms [*dirkaot*] – **דִּירְכָּאוֹת:** According to most versions of the text, the term here should be *didkhiot*. The origin of this word is the Greek διάδοχος, *diadokhos*, meaning a rear guard, or messengers who bring news from an army's front lines.

Scarves [*sudarin*] – **סוּדָרִין:** From the Greek σουδάριον, *sudariyon*, in Latin, sudarium. The term means scarf or towel.

Summary of **Perek VI**

This chapter discussed the scapegoat and the goat sacrificed as a sin-offering to God, which must be as similar as possible. Each one must be suitable for use as the sin-offering, and it is only the lottery that determines which goat is used for which purpose. If one of the goats dies before it is used for its intended purpose, the other goat is disqualified as well; a new pair of goats must be brought and new lots must be drawn. There are only limited circumstances in which a single new goat may be brought and paired with the remaining goat. These *halakhot* do not pertain only to the service on Yom Kippur; they also help clarify the general guidelines that apply to sin-offerings and other communal offerings that become disqualified.

The ritual of the scapegoat concludes with the pushing of the goat off a cliff in the Judean Desert. In the times of the Tabernacle, before the Temple was constructed, the goat was pushed off a cliff in a different location, in a wilderness located near the Tabernacle.

The Sages instituted several practical innovations with regard to the procedure of leading the scapegoat to the cliff. These include the construction of a ramp in order to lead the scapegoat out of the Temple and the preparation of huts in the wilderness in order for the man leading the goat to be able to rest, if necessary.

Additionally, protocols were established in the case of various difficulties, including if the goat or the man leading it takes ill, and if the goat does not die upon being pushed from the cliff. The guiding principle is that the ritual must be completed, even if it is done in a manner that departs from the general order of events.

Image **Credits**

All images are copyright © Koren Publishers Jerusalem Ltd., except:

p233 © courtesy of the Temple Institute; **p240** 1st image © Optograph; **p240** 2nd image © Eric Johnston; **p251** © HaRav Menachem Makover, courtesy of *Harenu Bevinyano*; **p252** © HaRav Menachem Makover, courtesy of *Harenu Bevinyano*; **p254** 2nd image © courtesy of the Temple Institute; **p261** © G. Eric and Edith Matson Photograph Collection; **p263** 1st image © Didier Descouens; **p263** 2nd image © Jean-Marie Hullot; **p280** 1st image © courtesy of the Temple Institute; **p280** 2nd image © HaRav Menachem Makover, courtesy of *Harenu Bevinyano*, with Koren Publishers Jerusalem Ltd.; **p280** 3rd image © Deror Avi; **p303** © HaRav Menachem Makover, courtesy of *Harenu Bevinyano*; **p309** © courtesy of the Temple Institute; **p318** © courtesy of the Temple Institute; **p321** 1st image © Linda Spashet (Storye book); **p321** 2nd image © Angela Montillon; **p322** © courtesy of the Temple Institute; **p326** © courtesy of the Temple Institute.